항공사 경제학 및 마케팅

저자_ Rigas Doganis
역자_ 박진우

Airline Economics and Marketing

Fifth Edition

도서출판
청람

Flying Off Course: Airline Economics and Marketing 5th Edition by Rigas Doganis

Flying off Course

항공산업은 글로벌 경제에 있어 가장 넓게 논의되는 산업 중의 하나이지만, 여전히 풀리지 않는 수수께끼가 존재한다. 항공산업은 2010~2018년까지 가장 오랜 기간 동안 지속적인 이익을 경험했다. 그러나 글로벌 항공사들의 거대한 이익으로 인해 어두운 면들이 감추어졌다. 많은 항공사들이 정상적이지 못한 이익과 심각한 손실을 입었고 동시에 다른 항공사들은 완전히 도산되기도 하였다. '*Flying Off Course*'의 제5판인 본서에서는 이러한 이유에 대하여 설명한다.

항공산업 전문가인 Rigas Doganis에 의해 집필된 본서는 흥미진진한 항공산업 내부 활동에 있어 없어서는 안 될 지침을 제공해 준다. 본서에서는 항공사 경제학 및 마케팅에 기초하여 완전하고 실용적인 소개를 통해 시장구조, 항공사 비용의 특성, 운임과 수요의 연관성 및 최근 개발된 전자상거래에 대하여 다룬다. 또한 여객 차터 및 화물항공사 등 실제 사례를 통해 항공산업 전반에 대한 역동적인 전망을 제공한다. 본서에서는 새로운 내용들을 추가하여 최근 수년간 항공사들에게 영향을 미쳤던 전반적인 변화들에 대하여 다루고 항공산업의 현 주소를 설득력 있게 제시하기 위해 항공사 얼라이언스, 장거리 저비용항공사, 새로운 항공운임정책 및 부가서비스 수익 등의 새로운 내용도 포함한다.

본서에서는 실질적인 접근방식과 더불어 실제 사례를 활용하여 항공산업을 처음 접하는 사람뿐만 아니라 항공사 운영 및 경제학에 대한 더 넓은 통찰력을 원하는 사람에게도 가치가 있을 것이다. 또한 본서는 교통, 관광, 비즈니스를 전공하는 학부생이나 대학원생들에게 흥미진진한 산업활동에 대하여 항공업계 내부자의 특별한 견해를 제공한다.

감사의 글

국제항공산업은 복잡하고 역동적이며 빠른 변화와 혁신을 겪는다. 항공산업의 경제와 운영특성을 이해하기 위해서는 항공산업과 그 맥을 함께해야 한다. 그런 면에서 나는 운이 좋았다. 나는 항공산업 분야와 항공운송 분야 모두에서 전문가와 자문위원으로 일할 수 있었다.

나는 항공경영 교수로 재직 중이던 1995년 2월, 뜻하지 않게 그리스의 국적항공사인 Olympic Airways의 회장 및 최고경영자로 운 좋게 위촉되었다. Olympic Airways는 많은 손실을 입었던 항공사였다. 당시 나의 역할은 구조조정 계획을 시행하는 것과 회사를 다시 정상적으로 돌아갈 수 있도록 운영하는 것이었다. 14개월 후, 그리스인 동료들과 나는 18년 만에 처음으로 Olympic Airways가 수익을 창출했다고 발표할 수 있었다. 국영항공사를 경영하는 것은 롤러코스터를 타는 것과 같은데, '단기 재난관리 속에 장기 위기관리가 포함되어 있는 것'으로 설명하는 것이 가장 적합할 것이다.

Olympic Airways 이후 2000년대 초, Olympic Airways와 동일한 문제가 있던 South African Airways에서 사외이사로서 4년의 시간을 보냈고, 2005년 12월부터 2014년 말까지는 사외이사 역할로 easyJet에서 역동적이고 흥미로운 시간을 보냈다. 이 시기는 easyJet이 유럽에서 두 번째로 큰 저비용항공사이자 거물급 항공사가 된 급속한 성장기였다. 이러한 세 항공사에서의 역할을 통해 항공사 비즈니스를 더욱 생동감 있고 풍부하게 이해할 수 있었고, Olympic Airways, South African Airways, easyJet에서 직원들과 경영진들로부터 많은 것을 배울 수 있었다.

나는 지난 30년 동안 항공산업 분야의 문제해결을 위해 관련 산업 분야에 직접적으로 관여를 해왔으며 항공운송에서의 전문가, 연구원, 자문위원으로서 열망을 가지고 활동하였다. 나는 Aer Lingus, Finnair, Emirates, LOT, Malaysia Airlines, Royal Jordanian, Scandinavian Airlines, Thai International, Vietnam

Airlines, Singapore Airlines와 같은 항공사들의 경영진을 대상으로 항공운송 세미나 및 교육과 같은 워크숍을 진행해 왔으며, 이러한 항공경영에 대한 세미나 및 워크숍을 20년간 진행했다. 이러한 세미나와 워크숍에서는 지속적인 과제로 남아 있는 항공사의 동향과 문제점을 솔직하게 논의하는 시간으로 공개토론회를 개최하였으며, 이를 통해 항공산업에 대하여 많은 것을 배울 수 있었다. 항공산업에 더욱 깊은 통찰력을 가질 수 있게 도와주었던 수많은 항공사들과 수많은 참여자들에게 감사의 뜻을 전한다.

또한 지금은 항공 분야에서 주요 직책을 맡고 있는 수많은 Westminster 대학교 그리고 Cranfield 대학교의 대학원 졸업생들에게도 감사의 뜻을 전한다.

지난 오랜 기간 동안 항공운송 분야에 참여하면서 기억할 수 없을 정도의 많은 이들이 나의 관념에 긍정적 영향을 주었는데, Cranfield 대학교에 있을 때뿐만 아니라 이후에도 오래 동안 많은 도움을 준 Cranfield 대학교 항공운송학과 동료들을 한 명 한 명 꼽고 싶다. Dr Fariba Alamdari(현재 Boeing 근무), Prof. Peter Morrell, Ralph Anker, Prof. Keith Mason, Dr Romano Pagliari, Dr Frankie O'Connell(현재 Surrey 대학교 근무), Ian Stockman과 Andrew Lobbenberg(현재 HSBC 항공 애널리스트로 근무). Cranfield 대학교 동료 이외에 IATA에서 수석 이코노미스트로 근무 중인 John Balfour, Paul Clark, Brian Pearce, Westminster 대학교에서 근무 중인 Dr Nigel Dennis 그리고 Dr Michael Hanke, Dr Conor Whelan, Andy Hofton, James Halstead, Tim Coombs, Chris Tarry, Peter Harbison에게 감사의 뜻을 전한다. 최근까지 이들 모두와 항공운송을 주제로 한 매우 다양한 토론을 수없이 진행해 왔는데, 이러한 토론들은 본서가 만들어지기까지 매우 큰 기여를 하였다.

또한 본서에 사용된 주요 지표들을 제공해 준 Boeing, Airbus 그리고 IATA에도 큰 감사의 뜻을 전하며, 특히 값진 항공산업의 데이터와 'Airline Monitor'에 접근 권한을 허락해 준 Edward Greenslet에게도 감사의 뜻을 전한다. 마지막으로 본서에서 사용하기 위해 작성된 도표 및 지표들을 만드는 데 특별한 도움을 준 Dr Conor Whelan과 새롭게 추가된 제12장 '부가서비스'의 영향력를 작성하여 본서의 가치를 더해준 Dr John F. O'Connell에게도 감사의 뜻을 전한다.

역자 서문

역자가 1990년대 말 항공경영에 대한 학업을 위하여 미국으로 갈 때만 하더라도 항공경영은 우리나라에서 매우 생소한 학문 분야였다. 항공경영 분야에 대한 정보가 거의 없었을 뿐만 아니라 항공경영을 접할 수 있는 서적도 국내에는 거의 존재하지 않았다. 항공경영 분야의 전문가가 되겠다는 부픈 꿈을 안고 건너간 미국에서, 항공경영에 대한 학업을 시작하면서 처음 접했던 서적이 '*Flying off Course*'이다. 이 책을 통해 항공경영 분야에 대한 기초지식을 쌓을 수 있었고, 이를 토대로 항공경영에 대한 다양한 이론 및 사례를 학습할 수 있는 계기가 되었다.

본서는 Rigas Doganis의 원서 '*Flying of Course*' 제5판을 번역한 것이다. 본서는 항공경영학 전공이 있는 해외유수대학에서 교재로 가장 많이 쓰이고 있는 서적 중 하나로 항공경영 분야에 관심이 있는 학생들은 반드시 읽어보아야 할 서적이라고 생각한다. 본서는 항공산업에 대한 기초적인 이해를 도와주고, 항공경영 분야에의 체계적인 지식 습득을 도와주는 내용을 포함하고 있다. 따라서 역자가 졸업한 미국과 호주 대학의 항공경영 전공프로그램에서는 본서를 교재로 활용하여 항공산업 및 항공경영 분야에 대한 학생들의 이해를 증진시키고 있다.

본서의 내용은 주로 항공사 경제학 및 항공사 마케팅과 관련된 것이다. 본서는 일반기업경영 분야와는 상이한 항공경영 분야에 대한 이해를 돕기 위해 항공자유화 및 규제제도와 같은 항공산업에 대한 전반적인 내용을 다루고 있고, 항공사의 비용, 저비용 모델, 항공화물운송의 경제학 등과 같은 항공사 경제학에 대한 구체적인 이론 및 사례를 포함하고 있다. 또한 항공사 상품계획, 가격전략 등과 같은 항공사 마케팅 관련 분야에 대한 상세한 설명들도 포함되어 있다. 본서가 항공경영을 처음으로 접하고 학습하는 학생들에게 항공산업 및 항공경영 분야에 대한 흥미를 유발시키고 기초지식을 쌓는 데 많은 도움을 주는 역할을 해줄 수 있다고 생각한다.

항공산업 및 항공경영 분야에서 사용되는 전문용어는 일반기업에서 사용되는 용어와 차이점이 많다. 본서를 번역하면서 역자가 가장 어려웠던 부분도 이러한 용어들을 한국어로 어떻게 설명하고 정의할지에 대한 것이었다. 항공경영 전공자로서 가능하면 원서의 내용을 독자들이 이해하기 쉽게 풀이하고 설명하려고 노력하였지만, 제4판에서는 전문용어에 대한 정의 및 설명이 원서가 품고 있는 내용을 충분히 반영하지 못한 부분도 있었다. 제5판에서는 제4판에서 다소 미흡했던 부분들을 항공 전문가와 독자들의 충고 및 견해를 토대로 보완하였고 독자들의 이해를 증진시키기 위해 내용을 전반적으로 쉽게 설명하려고 노력하였다.

본서가 발간되기까지 도움을 주신 분들에게 감사의 말씀을 전하고 싶다. 우선 '*Flying off Course*'의 출판을 결정해 준 도서출판 청람의 이수영 대표님과 제5판인 본서의 기반이 되는 제4판의 작업에 큰 도움을 준 류영경 님에게 감사를 드린다. 그리고 카타르항공, 유나이티드항공, 핀에어, 알리탈리아항공에서의 경력을 토대로 제5판 작업에 큰 도움을 주신 전 영국항공 정석훈 지사장에게 감사의 인사를 전하고 싶다. 또한 항공 분야의 전문지식을 토대로 본서의 출간을 위해 제4판 내용의 수정과 제5판 번역 및 교정을 위해 적극적으로 도움을 주신 Air France/KLM 이문정 한국 지사장님께 큰 감사의 말씀을 드린다. 그리고 본서의 작업에 많은 도움을 준 항공안전기술원의 정민주 연구원과 우수한 영어 실력을 토대로 본서의 출간을 위해 마지막까지 작업을 함께 해준 석사과정 지도 학생인 이상령 님에게도 큰 감사의 마음을 전하고 싶다.

무엇보다도 본서가 나오기까지 많은 응원과 지지를 해주신 부모님과 항상 나에게 기쁨과 희망이 되어주고 삶의 소중함을 일깨워 주는 가족들에게 감사와 사랑의 말을 전하고 싶다. 마지막으로 여기에 언급하지 못했지만 본서가 나오기까지 많은 도움을 준 모든 분들에게 감사의 마음을 전한다.

2022년 1월
박진우

차례

CHAPTER 07 경영수단으로서의 얼라이언스

CHAPTER 08 항공사 마케팅: 여객수요의 역할

CHAPTER 09 수요예측

CHAPTER 10 상품계획

CHAPTER 11 이익을 위한 가격?

CHAPTER 12 부가서비스의 영향력

CHAPTER 13 항공화물운송의 경제학

CHAPTER 14 성공전략

appendix 부록

약어

ACMI	Aircraft, Crew, Maintenance and Insurance(type of aircraft operating lease)
AEA	Association of European Airlines
ATB	Automated Ticket and Boarding pass
ATK	Available Tonne-Kilometre
BA	British Airways
CAA	Civil Aviation Authority
CAB	(US) Civil Aeronautics Board
CASK	Cost per Available Seat-Kilometre or **CASM** Cost per Seat-Mile
CRM	Customer Relationship Management
DOC	Direct Operating Cost
EASA	European Aviation Safety Agency
EDI	Electronic Data Interchange
EEA	European Economic Area
EU	European Union
FAA	(US) Federal Aviation Administration
FFP	Frequent Flyer Programme
GDP	Gross Domestic Product
GDS	Global Distribution System
GNP	Gross National Product
IAG	International Airlines Group(BA, Iberia, Aer Lingus and Vueling)
IATA	International Air Transport Association
ICAO	International Civil Aviation Organisation
IFE	In-Flight Entertainment
IOC	Indirect Operating Costs
IT	Information Technology
ITC	Inclusive Tour Charter
JAA	Joint Airworthiness Authority
JAL	Japan Airlines

JIT	Just In Time
MTOW	Maximum Take-Off Weight
OPEC	Organisation of Petroleum-Exporting Countries
PAL	Philippine Airlines
RASK	Revenue per Available Seat-Kilometre or **RASM** Revenue per Available Seat-Mile
RPK	Revenue Passenger-Kilometre
SAS	Scandinavian Airlines System
SIA	Singapore International Airlines
SITC	Standard International Trade Classification
td	time-definite cargo
ULD	Unit Load Device
UPS	United Parcel Service
VFR	Visiting Friends or Relatives

*주: ATK와 RPK는 항공운송 용어 부분에서도 언급되어 있으며 일부 약어가 이미 표시되어 있음.

서론

항공산업은 수수께끼와 같아서, 지난 50년 동안 지속적으로 낮아지는 단위비용과 때로는 항공상품에 대한 수요가 급속히 증가하는 격동의 시간을 보냈으며, 이는 재정적 성공의 비결이었다. 그러나 전반적으로 항공산업은 대부분의 기간 동안 이익이 상당히 작았으며, 2015~2018년이 되어서야 비로소 항공산업은 자본비용 이상을 충당할 수 있을 정도의 재정수익이 돌아왔다. 그러나 이익을 낼 수 있었던 이런 활황기에도 불구하고 많은 항공사들은 적자를 냈고, 몇몇 항공사들은 흑자도산을 했으며 상당수의 항공사들은 매우 낮은 이익이나 충분하지 못한 이익을 냈다.

항공사의 실적도 뚜렷한 주기로 나타났다. 2000년까지 지난 30년 동안 3~5년의 적자 이후에는 5~6년의 흑자가 발생했다. 장기적인 이익이 한계에 불과히다는 것을 확인한 것은 손실발생연수(loss-making years)였다. 항공기술의 향상으로 인해 단위비용이 하락하였고 이로 인해 항공사들은 운임을 낮출 수 있었다. 운임인하, 주요 경제 국가의 개인 소득 증가, 급속한 세계무역 확대로 인해 상용출장 및 레저 여행의 수요가 증가하였다. 그러나 이러한 현상에도 불구하고 항공사의 장기적인 이익을 보장하지 못했다.

항공산업의 뚜렷한 주기는 2000년대 초반 손실이 다시 발생하면서 분명해졌지만, 이러한 손실 주기는 이전의 손실 주기보다 더욱 길고 심각했고, 미국 항공사들 또한 막대한 손실을 기록했다. 모든 항공산업은 2001년 9월 뉴욕의 쌍둥이 빌딩 테러, 2003년 3월 이라크 전쟁, 사스 등으로 시작된 2000년대 세계 경제침체로부터 완전히 회복하는 데 7년이 걸렸다. 이러한 것들은 외부 환경으로부터 발생된 충격이었다. 이로 인해 항공산업은 2000~2005년까지 6년 동안 상당한 손실이 발생하였으나 2006년에는 손익분기점을, 2007년에는 처음으로 120억 달러의 이익을 달성하였다. 이후 2008년 세계 경제위기로 인해 항공산업의 손실은 다시 발생하였다(제1장 [그림 1-1]).

2000년대는 항공사에 힘든 10년이었지만 항공산업이 적절한 이익을 창출하지 못한 것은 외부로부터의 충격뿐 아니라 일부 내부의 문제 때문이기도 했다. 항공자유화와 경쟁의 심화로 많은 시장에서 공급과잉이 이루어졌고, 이는 비용이 상승하는 상황에서도 항공운임을 낮추는 결과를 가져왔다. 그러나 애초부터 공급과잉에 의해 혹은 더 이상 경쟁력이 없는 시장에서 공급을 줄이지 못하고 급속한 확장을 초래한 것은 항공사들 자신이었으며, 2000년대 말, 항공산업은 다시 한번 항로를 이탈하는 것처럼 보였다.

그러나 2008년과 2009년의 세계 경제위기로 인한 항공산업의 적자는 오래가지 않았고, 앞에서 설명한 전통적인 순환 주기는 깨지는 것처럼 보였다. 2010년 항공산업은 흑자 전환 기회로의 10년을 맞이하게 되었고, 항공산업은 자본비용을 충당하기에는 충분하지 않았지만, 2000년 이후 5년 동안 만족할 만한 수준의 이익을 달성했다. 그 후, 2014년 중반 항공유 가격의 붕괴에 이어, 2018년까지 최고의 이익을 기록했고 처음으로 자본비용보다 더 큰 이익을 내기 시작했는데, 이처럼 거의 10년간 지속된 글로벌 항공사들의 이익은 전례 없는 것이었다.

그러나 항공산업 전반에 걸친 높은 이익은 전 세계적으로 많은 항공사들이 지속적으로 적자를 내거나 충분하지 못한 수익을 내고 있다는 사실이 가리워져 있었다. 2017년 유럽에서만 Air Berlin, Monarch, Alitalia 세 개의 항공사가 파산했으며, 또한 Air India, South African Airways, Malaysia Airlines와 같은 항공사들의 경우 운항을 지속하기 위한 정부의 재정적 지원이 필요하였다.

최근 몇 년 동안 전체적인 항공산업의 높은 수익성과 많은 항공사들의 낮은 재무실적 사이의 명백한 모순에 대한 설명이 없다. 개별 항공사의 경우, 재무적 성공의 비결은 효율성과 수익성을 수요와 공급에 일치시키는 데 달려있는데, 이것이 본서의 기본 주제와 핵심이다. 항공사 경영진은 비용을 통제할 수 있지만, 수요에는 영향을 미칠 뿐 통제할 수는 없다. 따라서 효율성과 수익성을 수요와 공급에 일치시키는 프로세스는 쉬운 일이 아니다. 프로세스를 이해하는 데 도움을 주기 위하여 본서는 경제학의 개념적 틀 안에서 항공사 운영, 계획, 마케팅의 주요 측면에 대한 실용적인 사례들과 함께 이해를 돕고자 한다.

본서는 주요 이슈들을 논리적으로 정리하였다. 첫째, 규제구조를 포함한 항공산업의 주요 동향과 특성을 탐구한다. 그리고 산업의 공급 측면에서 다양한 면을 검토한다. 이 부분은 본서의 뒷부분에서 산업의 수요 측면에의 문제점에 대하여 향후 함께 다루기로 한다. 마지막 장은 간략하게 항공화물의 경제학에 대하여 다루고 있다.

항공산업은 운영에 영향을 미치는 몇 가지 독특한 특징을 보여주는데, 이러한 특징과 주요 동향은 제1장에 설명되어 있다. 항공산업의 경제에 대한 이해는 항공사의 자유로운 활동을 제한하고 제약하는 규제체제에서 시작해야 한다. 전통적이고 매우 규제된 국제항공노선의 시장 환경은 여전히 존재하지만 이러한 노선들은 줄어들고 있다. 항공운송의 경제적 규제는 미국 및 유럽연합과 여러 다른 국가들로부터의 압력의 결과로 인해 계속해서 완화되고 있다. 따라서 규제된 시장과 '항공자유화' 시장은 나란히 공존한다(제2장).

본서의 다음 부분은 항공사의 비용 및 비용에 영향을 미치는 요인에 초점을 두었다(제3장, 제4장). 이는 수요와 공급을 성공적으로 일치시키는 데 반드시 필요한 부분이다.

1990년대 후반까지 항공사 경제학은 허브공항을 토대로 운항하는 전통적인 네트워크 항공사가 주요 관심대상이었으나 이후 새로운 항공사 비즈니스 모델인 저비용항공사의 등장으로 이 또한 그들의 관심사가 되었다. 저비용항공사들이 높은 수익성과 함께 급속도로 성장하면서 기존 네트워크 항공사들에게는 큰 위협요인이 되었다. 저비용항공사 비즈니스 모델의 특별한 경제학은 평가될 필요가 있다(제5장). 저비용항공사 이전의 모델에는 차터와 부정기 항공사가 있는데, 유럽에서 이들의 중요성은 여전히 존재하지만 북미에서는 그 중요성이 낮다. 따라서 이들의 특징과 장점에 대해서는 주의하여 알아볼 필요가 있다(제6장).

지난 25년 동안 항공산업의 주요 특징은 단순한 양자간 상업협정, 다국적 얼라이언스에서 조인트벤처, 주식 교차 지분 보유에 이르기까지 다양한 종류의 항공사의 얼라이언스의 성장이었다. 그들은 항공산업의 공급 측면에서 중요한 요소가 되었다(제7장).

그 다음 본서에는 항공사 경영진이 충분한 이익을 창출하기 위해 수요와 공급을 조절할 수 있도록 항공사 서비스에 대한 수요와 마케팅 또는 가격책정과 같은 프로세스를 검토한다. 마케팅 프로세스에서 첫 번째 단계는 수요에 대한 이해이다(제8장). 항공사 내 모든 활동은 궁극적으로 예측에서 시작되기 때문에 교통량 창출 및 시장 예측을 위해서는 수요에 대한 완벽한 이해가 필요하다(제9장).

수요와 공급은 다양한 방법으로 연결되지만 결정적으로 효과적인 상품계획을 통해 가능하다(제10장). 가격은 항공사 상품 혹은 서비스의 주요한 구성요소로서 특별히 집중해서 이해해야 하며, 특히 저비용항공사들은 새로운 가격 개념을 도입하였으므로 항공사의 가격정책 및 전략은 신중하게 고려해야 한다(제11장). 최근 몇 년 동안 항공사들은 운임에 의한 매출을 보완하기 위하여 부가서비스 수익으로서 추가적인 재원을 마련했다. 부가서비스 매출은 다양한 서비스와 상품으로부터 나오며 많은 항공사들에 있어 재무실적 향상을 위한 방안으로 중요성이 증대되고 있다(제12장).

본서는 기본적으로 여객서비스에 초점을 맞추었지만, 항공화물의 중요성과 역할을 잊어서는 안 된다. 여러 항공사들에게 항공화물은 매출과 수익의 측면에서 매우 중요하며, 경제성과 운영상의 특징이 상이하기 때문에 특별한 주의가 요구된다(제13장).

이러한 분석들을 토대로 각각 다른 모델의 항공사들이 장기적인 성공을 위하여 수립해야 하는 전략에 대한 몇 가지 결론을 도출할 수 있다(제4장).

본서는 세계 항공산업 생산량의 2/3에 달하는 국제항공운송을 우선으로 다룬다. 미국, 소비에트연방, 브라질, 중국과 같은 소수 대형 국가의 항공사들은 국제선보다 국내선 운항을 더욱 활발히 운영하지만 이 국가들의 주요 국내선 항공사들은 국제선 운항도 병행한다. 대부분 국가의 대형항공사들은 기본적으로 국제항공서비스에 관련이 있으나 그중 몇몇 항공사는 국제선만 운항한다. 그럼에도 불구하고 경제성 분석은 여러 면에서 국내선 항공운송에도 동등하게 관련되어 있다.

국제항공산업에서 성공을 확신하는 마술 지팡이는 없다. 본서는 수요와 공급을 맞추기 위해 반드시 이해해야 하는 경제적 이슈와 운영 측면의 이슈에 대한 구체화를 시도하였다. 이러한 과정들이 완료되어야만 비로소 가장 다이내믹한 항공산업의 성공이 가능할 것이다. 자, 이제 우리 함께 날아 올라봅시다.

Chapter

01

항공사 운영의 특성과 동향

Chapter

01 항공사 운영의 특성과 동향

우리는 높은 투자비 대비 낮은 마진에 적응해야 한다. 말도 안 되는 조합이지만 이 사업의 생사를 가르는 것이다.

– Carsten Spohr, CEO Lufthansa, 2016년 5월

1.1 항공사 상품의 본질

항공산업은 세 가지의 주요 특징이 있다. 첫째, 항공서비스 수요는 여객이든 화물이든 파생된 수요이다. 둘째, 상품이 매우 동질적이다. 셋째, 상품은 저장할 수 없다. 이는 항공운송의 경제를 이해하는 데 있어 매우 중요하고 명백한 특징이다. 그리고 항공산업이 다이내믹하고 흥미진진하다는 것을 보여준다.

여객서비스에 있어 항공여행은 여행 그 자체로서의 끝이 아니라 출장의 일부, 여가생활을 위한 여행 또는 지인을 만나기 위한 주말여행을 의미한다. 항공여행은 다양한 상품 또는 서비스의 일부이다. 여기에는 고려해야 할 여러 가지 중요한 사항들이 있다. 여객서비스 수요는 파생된 수요이며 위와 같은 활동들에 대한 수요에 의존도가 크다. 따라서 항공서비스에 대한 수요를 예측하기 위해서는 다른 종류의 모든 지출에 대해 예측을 해야 한다. 이는 항공사들이 전체 여행상품에 더 큰 통제력을 갖기 위해 호텔, 여행사, 렌터카, 여행상품 운영업체와 같은 여행산업의 또 다른 분야로의 수직적 확장을 해야 하는 강한 부담이 있다고 볼 수 있다. 이러한 상황은 항공사들이 항공사의 단순한 항공상품을 판매하는 것보다는 출장, 휴가여행 그리고 주말여행 등을 위한 패키지상품으로 판매하는 항공사의 마케팅기법

에 직접적인 영향을 주고 있다. 항공사들은 신문이나 텔레비전 광고를 통해 특정 여행지나 특정 유형의 여행에 대하여 독자나 시청자들이 관심을 갖게 하려고 노력하는 반면, 실제 이용할 항공사에 대해서는 부수적인 제안을 하는 데 그치기도 한다.

반면에 승객의 관점에서 항공사들은 항공 좌석이 서로 매우 유사하며 제트항공기가 터보프롭과 같은 다른 항공기와 차이가 거의 없다는 사실을 인지해야 한다. 마찬가지로 화물운송업자는 항공으로 운송할 것인지 육상으로 운송할 것인지에 대한 결정을 내리는 것이 중요하다. 항공운송 시 특정 노선에서 비슷한 운항횟수를 가진 여러 항공사 사이에서 서비스 품질의 차이를 지각하기가 어려울 수 있다.

따라서 항공여행은 다른 시장구조를 가진 다양하고 다차원적인 상품이나 서비스의 한 부분에 불과할 수 있지만, 이러한 상품들에 있어 항공서비스 부분은 그 자체가 매우 동질적이다. 한 항공사의 좌석은 다른 항공사의 좌석과 매우 유사하며 화물적재공간 역시 다른 항공사와 다르지 않다. 항공사가 그들의 상품을 차별화하기를 원해도, 유사하거나 동일한 항공기를 운항하기 때문에 매우 유사한 상품을 제공할 수밖에 없다. 특히 이코노미 클래스와 단거리 노선에서는 더욱 그렇다.

항공사 상품의 동질성으로 인해 나타나는 결과는 두 부분으로 설명될 수 있다. 첫째, 항공사들은 경쟁이 심한 시장에서 그들의 경쟁항공사 대비 서비스 및 상품을 차별화하기 위해 많은 노력을 한다. 그들은 상품 차별화를 위해 신형 항공기 도입, 운항횟수 증편, 공항 수속서비스의 개선, 프리미엄 캐빈의 서비스 강화, 사용자 친화적인 웹사이트 구축 그리고 광고 및 소셜미디어의 효율적 사용 등에 노력하고 있다. 게다가 항공사의 광고 대부분은 객실승무원의 친절함, 셰프의 전문성, 좌석의 안락함 또는 평가하기 모호하고 어려운 승객의 클레임에 대하여 자사의 상품은 다른 경쟁사보다 더욱 경쟁력이 있다고 주장하며 승객이나 화물 취급업자들을 설득하는 데 그 초점이 맞추어져 있다. 결국, 서비스 품질과 관련된 것들은 차이를 입증하기가 어렵기 때문에 항공사들은 가시적이며 경쟁력을 입증할 수 있는 가격경쟁력에 의존하는 경우가 많다. 이는 저비용항공사(Low-Cost Carrier: LCC)들이 채택한 전략이다.

둘째, 항공사 상품의 동질성은 새로운 항공사를 탄생시키거나 다른 항공사가 기존 노선에 어려움 없이 새롭게 노선을 확장할 수 있게 만든다. 항공서비스의 이분법적인 특징인 상품의 이질성과 항공서비스 자체의 동질성은 항공사 운영계획에 있어 제약조건이 되어 항공사 경영진의 모순된 결정과 행동을 초래할 수 있다.

이 장의 서두에서 얘기한 항공산업의 세 번째 특징은 다른 운송수단 및 호텔과 같은 특성을 가지고 있는 항공산업은 재고가 없다는 것이다. 즉, 생산과 동시에 상품은 사라진다. 항공기가 출발하고 나면 빈 좌석 및 화물공간은 즉시 소멸된다. 항공사에게 있어 빈 좌석은 낭비이며 비용이다. 결과적으로 항공사 경영진들은 각 항공기의 로드팩터(load factor) 및 가용공간 사용률을 높임으로써 비용 낭비를 줄이기 위한 많은 노력을 한다. 그들이 할 수 있는 수단 중 가장 중요한 것은 가격이다. 여객 및 화물의 로드팩터 또는 탑재율을 높이기 위한 다양한 가격전략이 사용되어 왔다. 분명한 것은 판매되지 않은 좌석이 있을 때 항공기에 탑승한 승객이 자신의 비용뿐만 아니라 판매되지 않은 좌석의 비용도 충당해야 한다는 것이고, 이러한 상황은 운임 및 운임구조를 더욱 복잡하게 만들고 있다.

요약하면 항공산업은 상품 및 서비스 수요로부터 파생된 항공사 상품에 대한 수요를 충족시키기 위하여 노력하는 특징이 있다. 이러한 항공상품들은 매우 유사하며 차별화하기 어렵다. 무엇보다도 항공상품은 재고가 없다.

1.2 항공사 비즈니스 모델

본서에서 다루고 있는 항공사 경제학의 이론은 업계의 모든 부문과 관련이 있다. 그러나 모든 항공사들이 동일하지 않다는 것을 명심해야 한다. 역사적 이유 그리고 특히 과거 국내외 규제의 영향으로 다양한 항공사 비즈니스 모델이 출현했다.

제2장에서 설명할 전통적인 규제체제를 보면 항공사들이 자국을 기점으로만 운항할 수 있다는 것을 알 수 있다. 몇 가지 예외를 제외하고는 항공사들은 자국 이외의 두 국가 간의 지점에서 항공서비스 제공 및 여객운송을 할 수 없었다. 따라서

항공사들은 불가피하게 자국을 홈베이스로 국내 및 국제노선을 개발했다. 대부분의 경우 홈베이스는 자국 수도의 공항이었다. 이러한 베이스공항들은 직항편이 없는 두 지점 사이에 승객들이 항공편을 환승할 있게 해주는 '허브(hub)'공항이 되었다. 전 세계 대부분의 전통적인 항공사들은 방사형 네트워크(radial networks)를 기본으로 운영한다.

미국의 대형항공사들은 다소 다른 이유로 미국 내 두 개 이상의 주요 허브공항과 여러 개의 작은 허브공항에서 허브 기반의 방사형 네트워크를 구축했다. 상호보완적인 방사형 네트워크를 가진 수많은 항공사의 합병으로 인해 더 많은 허브공항이 생겨났다. United Airlines의 사장 Scott Kirby는 2018년 초에 허브 네트워크의 본질을 다음과 같이 정리했다: "허브앤스포크(hub-and-spoke)를 기본으로 운영하는 항공사는 실제로 연결편을 만드는 제조회사이다"(Airline Leader 인용, 2018년 1~2월).

승객들이 항공편을 환승할 수 있도록 다수의 허브공항을 기본으로 방사형 네트워크의 비즈니스 모델을 가진 항공사들을 본서의 '레거시(legacy)' 또는 '네트워크(network)' 항공사 부분에서 다루기로 한다.

네트워크 항공사 모델은 많은 경제적 이점이 있지만 비용상의 불이익도 있다(제5장 5.7절). 이 모델은 지난 30여 년간 출현한 '저비용(low-cost) 또는 버짓(budget)' 항공사 모델과 대조된다. 저비용항공사(LCC)는 국내선 및 국제선의 점진적인 항공자유화를 기반으로 빠르게 성장하였다. 오래된 규제의 제약에서 벗어나 항공사들은 국내외 노선을 개발했다. 항공사들은 주요 허브공항을 중심으로 하는 항공서비스를 제공하지만, 이러한 것들은 그들이 운항하는 국가나 지역을 가로지르는 서비스 매트릭스에 통합되어 있다.

미국 항공사 중 네 번째로 큰 저비용항공사인 Southwest는 다양한 공항 사이의 많은 노선에서 운항횟수를 증대시켜 직항편이 없는 지역으로 가고자 하는 승객들에게 편리하고 빠른 연결을 제공한다. 이것은 저비용항공사의 포인트 투 포인트(point-to-point) 모델을 다소 왜곡했다고 할 수 있다. Southwest는 20~25개의 작은 허브공항을 효율적으로 운영함으로써 많은 환승객을 유치했다.

기본적으로 저비용항공사 모델의 네트워크 구조 및 형태는 전통적인 항공사와 큰 차이가 있다. 근본적 차이는 두 항공사 모델의 운영과 경제성의 다양한 측면에 영향을 미친다. 어떤 면에서는 두 모델이 계속해서 유사해져 갈 것으로 보인다(예를 들어, 기내식을 제공하지 않거나 좌석 배정에 비용 지불을 하는 것).

이러한 두 개의 중요한 비즈니스 모델뿐만 아니라 또 다른 특징을 가진 다양한 항공사 모델이 있으며 이러한 모델은 본서의 후반부에서 다루어질 계획이다.

승객 측면에서의 세 번째 모델은 '레저(leisure) 또는 차터(charter)'항공사이다. 이러한 항공사들 대부분은 주로 항공편, 호텔, 렌터카 또는 크루즈, 유적지여행 등과 같은 휴가 패키지를 판매하는 여행사를 운영하거나 이들과 연결되어 있다. 여행상품은 패키지화되어 모회사인 여행사 또는 레저 항공사 좌석을 구매하는 다른 레저 여행사에 의해 판매된다. 여기서 언급한 레저 항공사는 여행 패키지가 아닌 승객에게 직접 좌석만을 판매하기도 한다. 레저 또는 차터항공사는 유럽에서 비교적 중요성이 부각되지만 북미와 다른 국가들에서는 다소 그 중요성이 낮다.

마지막으로 화물운송과 관련된 두 가지 항공사 비즈니스 모델이 있다. 화물운송의 양과 항공기 크기의 측면에서 가장 중요한 것은 '종합집배사(integrators)'이다. 이러한 회사들은 기본적으로 도어투도어(door to door)서비스를 제공하는 항공사이다. 그들은 주요 지점들 사이에 화물을 항공으로 운송할 뿐만 아니라 실제 출발지에서 화물을 수거하여 최종목적지까지 운송할 수 있도록 육상운송서비스도 제공한다. 항공화물 부분에 있어 종합집배사는 화물기를 직접 활용하거나 네트워크 항공사 여객기의 화물공간을 예약하여 활용하기도 한다. 항공화물의 두 번째 모델은 화물전용기를 가지고 화물운송서비스를 제공하는 '순수 화물(all cargo) 항공사'이다.

대부분의 네트워크 항공사가 여객 및 화물을 동시에 운송하지만, 일부 항공사는 화물운송에 더 많이 관여하는데, 이들이 운송하는 화물은 톤킬로미터 기준으로 총 운송량의 40~50% 정도이다(1.9절). 대부분의 여객 중심 항공사와는 다르게 이러한 항공사들은 화물운송을 더 많이 하고 있으며 작지만 상당한 수의 화물기를 운영하고 있다. 과연 그들은 다른 사업 모델을 대표할 수 있을 것인가?

1.3 고성장산업

지난 60년간 항공서비스 수요의 감소에도 불구하고 항공산업의 성장률은 계속 상승했다는 특성이 있다. 항공이 신산업이었던 1950~1960년대에 전 세계 여객수송의 연간 성장률은 빠르게 증가하였으나, 시간이 지나면서 산업은 성숙해지고 증가율은 감소했다. 그러나 당시 성장률은 여전히 인상적이다. 1970년대의 연간 성장률은 10%에 이르렀다. 이는 여객 교통량과 항공사가 크기 면에서 7년마다 2배씩 증가한다는 것을 의미했다. 그 후 10년간 성장률은 매년 약 6% 감소했고 1990년대에는 매년 평균 5.2%로 소폭 감소했다.

새로운 밀레니엄 시대의 첫 10년은 항공산업이 어려운 시간을 보낸 시기였다. 항공산업은 2001~2002년 세계 경제침체에 봉착했으며, 이후 2008년 9월에는 미국의 대형 은행인 리먼브라더스 붕괴로 인하여 다시금 큰 환경적 어려움을 겪어야 했다. 이러한 요소는 주요 경제를 불황으로 몰아넣었다. 이로 인해 항공여객 교통량이 급격히 감소했으나 이후 점차 회복되었다. 이러한 장애요인에도 불구하고, 2000~2009년 사이 10년 동안 전 세계 항공여객 교통량은 연평균 4% 정도의 성장률을 이어갔다. 물론 지역별 교통량 편차가 존재해서, 상당수 많은 아시아 국가에서는 연평균 6% 이상의 성장률을 보였으나, 북미와 아프리카 지역은 더디게 성장하였다. 그 후 몇 년 동안 연간 성장률은 계속해서 증가하였으며, 2010~2017년까지 평균 성장률은 6.5%였다. 2017년까지 항공교통, 특히 여객 교통량은 2008년 시작된 세계 경제위기의 영향으로부터 회복양상을 보였다. 항공화물시장은 2010년 큰 폭으로 성장을 했고 2017년 9% 급상승을 하였음에도 불구하고 전체적으로 더디게 성장했다.

항공여행에 대한 수요의 변동이 있었지만 많은 요인들에 의해서 항공 수요는 장기적으로 꾸준한 증가가 나타났다. 특히 중요한 네 가지 요인이 있었다.

첫째, 20세기 후반 기체 및 엔진기술의 급속한 발전으로 인해 항공기의 크기, 속도, 경제성 및 효율성이 증가하였다. 항공기의 시간당 생산성(비행시간당 승객킬로미터로 측정)은 증가했고 승객킬로미터당 단위비용(unit cost)은 감소했다(추가적인 기술변화 관련 내용은 1.7절 참조).

둘째, 1960~1970년대에는 서유럽과 북미의 인구비율의 증가 및 가계소득 증가로 인해 낮은 운임과 함께 새로운 목적지를 항공으로 이용하고자 하는 인구가 증가했다. 1990년대 및 2000년 이후에는 동남아시아 지역의 가계소득이 급속도로 성장했으며, 이는 중국, 인도와 같은 국가의 국제선 및 국내선 항공여행이 급속도로 성장하는 결과를 가져왔다. 반면, 유럽과 북미의 항공여행은 성숙기에 접어들었고 성장률은 둔화되었다.

항공여행 수요를 증가시킨 세 번째 요인은 국제선 및 국내선의 노선확장을 제한하였던 국제, 국내 규제를 점진적으로 자유화한 것이다(제2장 참조). 1980~1990년대에 이러한 규제 및 규정들이 완화되었다. 아직 곳곳에서 마무리되지 않은 자유화 프로세스는 항공여행을 자극하는 데 매우 큰 영향을 미쳤다. 첫째, 더 많은 목적지로의 직항편이 생겨났고 이로 인해 새롭고 매력적인 시장에 대한 접근이 가능해졌다. 둘째, 항공사들 간의 경쟁이 심화되었다. 이러한 경쟁 환경은 많은 시장에서 운임에 대한 통제를 완화시켰고 항공운임의 경쟁력을 강하게 요구하는 시장으로 변화시켰다. 신규 취항지의 출현과 낮은 운임으로 인해 항공여행 수요는 더욱 증가하였다.

항공여행 증가의 주요 원인이 된 마지막 요인은 저비용 또는 버짓 항공사라고 불리는 새로운 항공 비즈니스 모델의 출현이다. 미국에서는 1978년 국내선 규제완화 이후 Southwest가 저비용항공사를 만들어 텍사스를 넘어 국내선 운항을 확대하기 시작했다. 유럽에서는 1990년대 중반 유럽 단일 항공시장이 생기고 난 이후 저비용항공사가 급속도로 성장하기 시작했다. 동남아시아 및 동아시아에서는 시장 접근과 운임에 대한 규제가 점차 완화됨에 따라 새로운 밀레니엄 시대에 맞춰 국제선 저비용항공사가 출현했다. 저비용항공사 노선의 성장은 항공서비스의 점진적인 규제완화에 직접적인 연관이 있다.

저비용항공사는 레거시 또는 네트워크 항공사로 불리는 전통적인 항공사의 운임보다 40~60% 낮은 운임을 사용하였고 운임구조와 규정을 단순화시켰다. 그들은 취항하는 항공편이 없거나 매우 적은 공항들 위주로 신규 노선을 확장하였다. 저비용항공사들의 매우 낮은 운임과 많은 신규 목적지 취항을 통해 대다수 시장에서 빠른 수요 증가를 일으켰다. 이러한 증가는 신규 노선뿐만 아니라 기존의 레거시 항공사들이 이미 취항하는 노선에서도 나타났다. 이전부터 교통 밀도가 높은 시장이었던 런던–바르셀로나 노선의 경우 1997년 저비용항공사가 이 노선에 취항한 5년 후 여객 교통량이 2배가 되었다(제5장 저비용 모델의 경제성 참조).

저비용항공사는 항공운임에 두 가지 영향을 미쳤다. 그들의 운임 자체가 낮았을 뿐만 아니라 그들의 경쟁력 있는 운임은 레거시 항공사가 운임을 낮추고 유연성을 도입하도록 하는 압박요인으로 작용해 항공 수요를 더욱 자극하였다.

1.4 운임 및 일드(yield)의 하락

지난 50년 동안 항공운송의 가격을 낮춘 주요 요인은 기술혁신, 점진적 규제완화 이후 나타난 시장경쟁 증가 그리고 저비용항공사의 출현이다. 항공사가 운송한 톤킬로미터당 창출한 수익은 시간이 지남에 따라 여객 및 화물운임이 어떻게 하락했는지를 보여주는 좋은 지표이다. 톤킬로미터당 평균 수익은 현재가치로 1970년대 초 미화 2.40달러에서 15년 후인 1985년 약 1.30달러까지 약 50%가 감소한 것으로 나타났다. 2000년에는 톤킬로미터당 0.80달러 수준까지 떨어지기도 했다.

일드는 2010년까지 이 수준에서 등락을 거듭하다가 상승하기 시작한 후 2014년 이후 유가 및 비용의 하락에 따라 급격히 하락하였다. 2017년까지 일드는 톤킬로미터당 0.76달러였으며 2018년에는 어느 정도 상승할 것으로 기대했다.

물가상승에 맞추어 조정되고 있는 실질 또는 상수값으로(in real or constant value terms), 평균 일드는 2000년에서 2018년 사이 절반 수준으로 감소했으며, 특히 2012년 이후 급격히 감소하였다([그림 1–1] 참조). 일드는 초반에 경쟁 심화와 저비용항공사의 영향으로 감소했고, 2014년 이후에는 유가 하락으로 인하여 감소하였다. 일드의 하락은 항공사 경영진들에게 있어 지속적으로 중요한 문제가 되었다.

1.5 역설: 한계수익성

항공산업은 외부 변수에 의하여 큰 영향을 받는 것처럼 보인다. 이는 필연적으로 성장률이 해마다 변동한다는 것을 의미한다. 그럼에도 불구하고 기본적인 추세는 지속적인 수요 증가였지만 결과적으로는 성장률은 하락세이다. 상품이나 서비스에 대한 수요가 장기적으로 꾸준히 증가하는 산업이나 기업은 상당한 이익을 창출해야 한다. 그러나 항공사는 그렇지 않다. 이것이 역설이다.

항공산업이 심하게 규제되고 내부 경쟁으로부터 크게 보호될 때에도 세계 항공사의 재정적인 성과는 전체적으로 매우 부진하였다.

항공사들 사이에서 일반적으로 사용되는 수익성의 한 가지 척도는 이익률(또는 운영이익률)인데, 이는 연간 운영이익 또는 운영손실 또는 세후 순이익 또는 세후 손실인 총연간 수익의 백분율로 표시된다. 국제민간항공기구(International Civil Aviation Organization: ICAO)는 매년 세계 항공사의 운영이익률을 계산한다. 2000~2018년까지 항공사들의 이익률은 [그림 1-2]와 같다. 이 그림은 세계 항공사들의 부채이자와 영업 외 항목을 지불하고 난 뒤의 순이익을 보여준다.

그림 1-1 국제항공운송협회(International Air Transport Association: IATA) 항공사들의 톤킬로미터당 평균 일드, 미화 센트, 2000~2018년

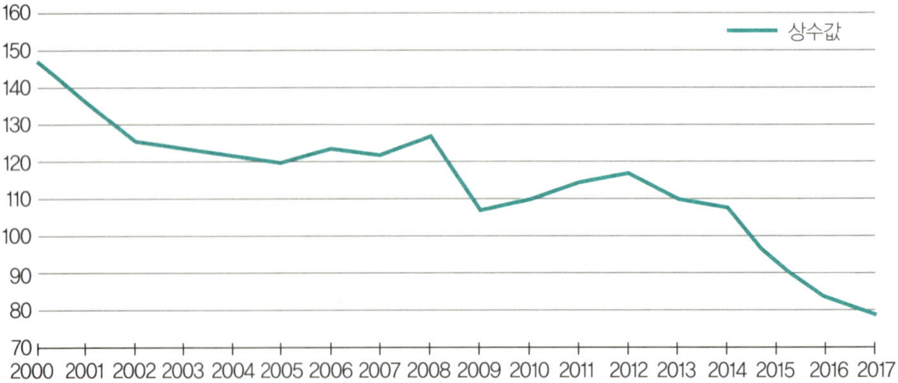

자료: Brian Pearce. *Airline Industry Economic Performance: Mid–2018 Update*. Geneva: IATA

그림 1-2 전 세계 항공사들의 순이익 · 순손실 및 이익률, 2000~2017년

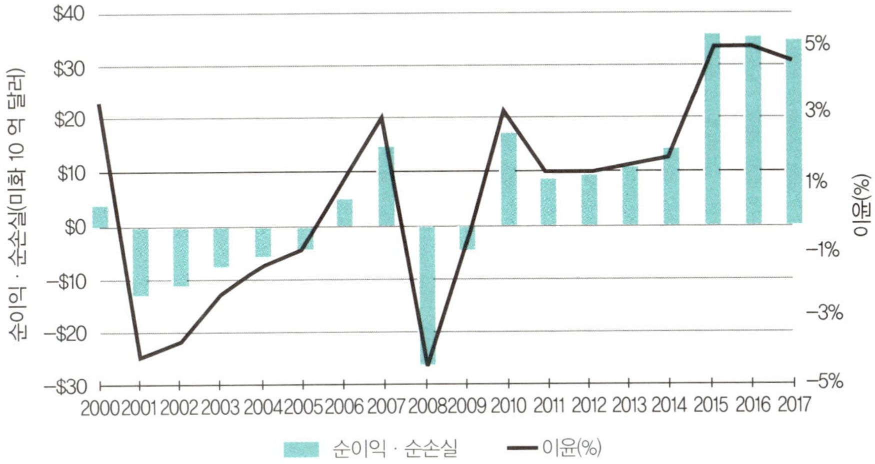

자료: 국제민간항공기구(ICAO) 및 국제항공운송협회(IATA) 자료를 토대로 저자 재구성

2000년 이전 30년 동안 항공산업의 재무성과는 뚜렷하게 나타났다. 4~5년간의 성과 부진은 일반적으로 5~6년 기간의 성과 호조 및 이익 개선의 결과 후에 나타났다. 그러나 이자 및 세후 이익이 매출액을 초과하는 경우는 거의 없었다.

위의 순환패턴은 새로운 밀레니엄 시대에 깨졌는데, 그 이유는 5년 동안 손실이 이전보다 더 크고 오래 지속되었기 때문이다([그림 1-2] 참조). 그 후 2006년과 2007년 2년 동안 재무성과가 개선되기 시작하였으나 2008~2009년 미국과 유럽의 은행 및 금융위기로 주요 시장에서 레저와 비즈니스여행의 하락이 초래되었다. 이 시기는 대부분의 항공산업이 경험한 가장 힘들었던 십 년간이었지만 Cathay Pacific, Singapore Airline, British Airways와 같은 항공사들은 2000년대에도 많은 수익을 창출하기도 했다.

2010년 이후, 특히 2014년에 항공유 가격이 급락하면서 항공사들의 재무성과가 다시금 개선되는 결과를 가져왔다. 2015~2018년은 글로벌 항공산업에 있어 수익성이 가장 좋았던 시기였다. 그러나 이 시기에도 Air India 또는 Alitalia 등의 항공사들은 손실을 보았다.

그럼에도 불구하고 이익률은 여전히 낮았으며 2015년까지 항공사의 자본비용을 충당하지 못했다. 이는 수많은 연구에서도 명확히 나타나는데 그중 하나가

McKinsey & Co.가 IATA의 위탁을 받아 항공산업의 투하자본수익률(Return On Invested Capital: ROIC)을 측정한 연구이다. 이는 부채 이자를 지급하기 전의 이익을 기준으로 계산되며 가중평균 자본비용(Weighted Average Cost of Capital: WACC)과 비교된다. 이 수치는 투자자들이 어떤 사업에 투자할 때 최소한 벌어들이길 기대하는 수치이다. IATA 리포트를 보면 항공산업에서의 투하자본수익률은 1990년대 중반 이후로 4%대에서 등락을 거듭해 왔고 2015년까지 가중평균 자본비용보다 낮았다([그림 1-3] 참조). 항공산업에서 자본비용을 충족시켰던 시기는 2015~2017년에 그쳤다. 이는 많은 부분 2014년 하반기에 발생한 항공유 가격폭락에 기인한다.

그림 1-3 2015년까지 자본비용보다 낮은 글로벌 항공사들의 수익률

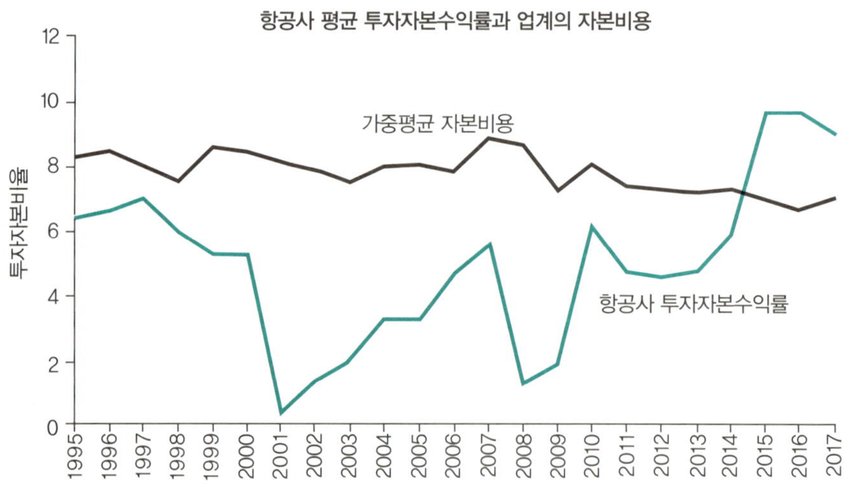

자료: Brian Pearce. *Airline Industry Economic Performance: Mid-2018 Update*. Geneva: IATA

반대로 1990년대 중반 이후 같은 기간 동안 항공사에 상품이나 서비스를 제공하는 많은 파트너사들은 자본비용 이상을 충당하였다. 특히 여행사, 화물운송업자, 컴퓨터 예약시스템 제공업체가 그러했으며, 그보다는 낮은 수준이지만 지상조업사, 기내식업체, 항공기 정비업체도 여기에 해당되었다.

많은 요인들을 통해 항공산업의 한계수익성과 2015년 이전 항공사들이 자본비용을 충당하지 못한 이유를 설명할 수 있을 것이다. 그중 가장 핵심은 앞에서 설명

한 평균 운임 또는 일드의 장기간에 걸친 하락이었다. 지난 40년 동안 단위비용 역시 하락했지만 항공산업 전체의 수익이 비용을 충분히 초과하는지 입증할 수 없었다. 일부 항공사들은 적정한 이익을 냈지만, 항공산업 전반적으로는 적어도 2015~2018년까지 그렇지 않았다.

1.6 항공사 수익성의 세 가지 요소

항공산업의 비교적 빠른 장기적 성장과 미미하지만 주기적인 수익성 사이에서 분명하게 나타나는 모순은 간단하게 설명할 수 없지만, 항공사가 이 모순을 극복한다는 것은 항공서비스에 대한 수요와 공급을 효율적이고도 적절한 방식으로 일치시키는 것이다. 이것이 항공사 경영 및 계획의 핵심이다. 이는 경영진이 전반적으로 통제할 수 있는 항공서비스의 공급과 경영진의 영향이 크게 미칠 수 없는 수요와의 일치에 관련한 것이다.

이러한 환경에서 성공하기 위해 항공사는 저비용항공사 또는 고비용항공사(high-cost operator)가 될 수 있다. 항공사의 수익성을 결정짓는 것은 항공사의 단위수익(unit revenue)이 단위비용보다 높게 창출될 수 있도록 하는 항공사의 능력에 달려있다. 규제 및 제약 내에서 항공사는 다양한 시장에서 공급량을 스스로 결정할 수 있다. 결과적으로 이러한 서비스를 체계화하고 시장공급에 필요한 서비스 제공을 관리하는 방법은 항공사 비용에 직접적인 영향을 준다. 항공유나 공항사용료 같은 투입비용은 외부적으로 결정되지만, 항공사는 외부에서 결정된 투입비용을 관리하는 방식으로 단위비용에 상당한 영향을 미칠 수 있다. 그러나 항공사가 그러한 비용을 충당하기 위해 필요한 낮은 단위수익조차도 창출할 수 없다면 비용효율성 및 낮은 단위비용은 이익을 보장하지 못한다.

항공사의 단위비용은 매우 다양하다. 일부 항공사의 평균 단위비용은 그들의 경쟁항공사의 단위비용보다 2배에서 3배 높다. 그렇다면 그들이 고비용항공사라는 것을 의미할 수 있는가? 반드시 그렇지는 않다. 본서를 통해 분명히 알 수 있겠지만, 일부 항공사들의 높은 단위비용은 부실경영의 결과라기보다는 운영의 특성 및 외부에서 결정되는 투입비용 때문이다. 예를 들어, 다른 조건들이 같다면 단거리 운항의 단위비용은 장거리보다 높다. 마찬가지로 소형항공기의 승객킬로미터당 비용은 대형항공기보다 높은 경향이 있다.

모든 항공사의 과제는 단위비용보다 높은 단위수익을 창출하는 방식으로 여객이나 화물에 대한 서비스를 계획하고 판매할 수 있을지에 대한 여부이다. 다시 말해, 단위비용이 낮다고 해서 반드시 수익성이 보장되는 것은 아니지만 수익을 달성하기가 훨씬 용이하다.

지난 10년 동안 아시아 지역 내 항공사인 Air India와 Pakistan International Airlines의 단위비용(Cost per Available Seat Kilometre: CASK)은 많은 전통적인 대형항공사보다 낮았다. 이는 낮은 인건비로 인한 단위비용의 이점이 있었기 때문이다. 그러나 오랜 기간 동안 그들의 상품 및 마케팅 전략은 낮은 단위비용을 충당할 수 있을 만큼의 단위수익(Revenue per Available Seat Kilometre: RASK) 조차 달성하지 못했다. 그 결과 그들은 상당한 손실을 보았고 운항을 위해 정부의 지속적인 현금 투입이 필요했다.

심지어 저비용항공사조차도 이러한 어려움에 직면할 수 있다. 20세기 초인 2002년 유럽에서는 SkyEurope이라는 저비용항공사가 시장에 출범하였다. 그러나 2009년까지 비교적 양호한 로드팩터를 달성하였는데도 불구하고 파산하였다. 그들의 운임은 지나치게 낮았다! 반대로 2008년 이후 Delta, American, British Airways 등 비교적 단위비용이 높은 항공사들이 대부분 기간에 수익성을 유지했다.

항공사는 비용이 낮으면서 수익성이 전혀 없거나 비용이 높으면서 재정적으로 건전할 수도 있다. 단위수익 또는 단위비용은 그들에게 중요한 것이 아니다. 항공사 경영진에게 있어 재정적 성공의 열쇠는 단위수익이 단위비용을 최대한 초과하도록 하는 것이다.

CASK는 좌석킬로미터당 비용이다. 이는 항공사 또는 노선의 총운항비용을 총좌석킬로미터(seat-kms)로 나누어 산출한다. RASK는 좌석킬로미터당 수익이다. 이는 승객 1인당 평균 수익 또는 운임(즉, 항공편에서 각 승객으로부터 벌어들이는 수익)과 항공기 좌석이 판매되어 승객에 의해 점유된 좌석의 비율을 나타내는 시트팩터(seat factor)로 산출한다. 즉, 승객 1인당 평균 수익에 승객 수를 곱하면 총수익을 산출할 수 있다. 총수익을 총좌석킬로미터(즉, 좌석에 운항거리를 곱한 값)으로 나누면 RASK가 산출된다. 이는 항공편, 노선, 항공사 전체 네트워크별로 산출할 수 있다.

RASK를 결정하는 것은 총수익이다. 그러나 총수익은 승객당 평균 수익과 좌석 판매 비율에 따라 결정된다. 시트팩터가 낮다면, 승객이 적게 탄 항공기의 운영비용을 충당하기 위해 항공운임 또는 승객당 수익이 높아야 한다. 반대로 항공편이 거의 만석이라면 승객당 평균 수익이 낮더라도 높은 총수익을 달성할 수 있고 이로 인해 더 높은 RASK를 달성할 수 있다.

승객당 수익에는 지불된 평균 운임 또는 일드뿐만 아니라 수하물수수료, 티켓 변경수수료 등과 같은 부가서비스 수익도 포함할 수 있다는 점을 명심해야 한다.

요약하면, 항공사 경영진 및 경영기획 인력들은 이익을 창출하기 위하여 CASK(좌석킬로미터당 비용), 승객킬로미터당 수익 및 로드팩터, RASK(좌석킬로미터당 수익)를 효율적으로 관리해야 한다. 이 세 가지 변수는 성공의 원동력이다.

항공사 경영진들이 이 세 가지 변수의 균형과 함께 공급과 수요를 맞추는 데 어려움을 겪는 이유는 항공산업이 매우 다이내믹하고 구조적으로 불안정하기 때문이다. 유가의 급격한 변화와 같은 외부적 요인과 과잉공급과 같은 내부적 문제들로 인해 업계의 운명은 크게 흔들린다.

그동안의 논의는 여객의 비용과 수익에 초점이 맞춰졌지만, 항공화물 역시 중요한 논의사항이다. 이익을 창출하기 위하여 화물담당 경영진들은 운송 톤당 화물수익(cargo revenues per tonne carried), 화물 로드팩터(cargo load factor) 그리고 유효톤킬로미터당 비용(costs per available tonne-km)간의 균형 잡힌 운영 및 관리에 집중해야 한다.

1.7 급속한 기술변화

지속적인 기술혁신은 항공운송에 있어 중요한 특징이었다. 초기에는 민간용 제트엔진의 개발을 중심으로 기술혁신이 이루어졌는데, 처음에는 터보프롭의 형태로, 이후에는 순수 제트기로서 개발되었다. 제트엔진의 연이은 발전으로 인하여 효율성과 추진력이 지속적으로 향상되었다. 기체 설계 및 제어시스템의 개선에 힘입어 더 크고 강력한 엔진이 출현했고 이로 인해 지난 50년 동안 항공기의 속도와 크기는 놀라울 만큼 성장을 하며 지속적으로 큰 개선을 이루어냈다. 더 빠른 속도와 더 큰 항공기로 인해 항공기의 시간당 생산성은 증가하였다(이는 항공기가 운반할 수 있는 최대적재량에 평균 시간당 운항속도, 즉 1시간에 날아갈 수 있는 거리를 곱하여 산출한다). 즉, 시간당 생산성이 높아지면 좌석당 비용이 낮아진다. 기술적 발전이 비용 및 운영에 미치는 영향은 항공사 경제학을 이해하는 데 있어 매우 중요하다.

초기 돌파구는 군용 터보제트 엔진을 민간항공기에 사용하는 것이었다. 터보제트엔진 시대의 도래는 두 가지의 주요 효과를 가져왔다. 1960년대 터보제트 항공기의 속도는 매우 증가하였지만, 항공기의 크기는 개선되지 않았다. 이후 1960년대 말과 1970대 초 기존 항공기들이 이미 음속에 근접했기 때문에 항공기의 속도는 크게 향상되지 않았지만, 광폭동체항공기(wide-body aircraft) 도입과 함께 항공기 크기는 괄목할 만큼 증가하였다. 초기 항공기 속도의 개선 이후 항공기 크기의 증대로 항공기의 생산성은 크게 향상되었고, 그 결과 1960년 Boeing 720B의 시간당 비행거리가 11,600톤킬로미터였으며, 불과 10년이 지난 후 '점보'라 불리는 Boeing 747의 시간당 생산성은 그보다 3배나 증가하였다. 1974년에 도입된 Airbus A300은 최초의 단거리 광폭동체항공기였다. Airbus A300 항공기의 시간당 생산성은 협폭동체항공기보다 2배가량 높았다.

다음으로 중요한 기술적 돌파구는 음속을 돌파하는 민간항공기의 개발이었으나 이는 경제적인 측면에서 실패하였다. 1976년 항공운송서비스를 개시한 Anglo-French Concorde는 이전 세대의 항공기보다 2배 이상의 속도를 낼 수 있었지만,

이는 항공기 크기를 상당히 축소함으로써만 가능했다. 이러한 결점으로 인하여 초음속 항공기는 장거리 노선에 있어 단위시간당 생산성이 타 경쟁 항공기보다 떨어졌을 뿐만 아니라 과도한 연료량을 소모해야 했다. 이로 인해 좌석당(좌석킬로미터) 비용이 높았고, 운임이 비쌌다. 초음속 항공기의 상업적 유효성이 문제시된 것도 바로 이러한 이유 때문이었다. 실제로 오직 British Airways와 Air France만이 초음속 항공기를 운영하였고, 이는 항공기 구입 후 자본 부채를 탕감한 후에 홍보의 목적으로 사용되었다. 결국, 2000년대 초반 두 항공사는 손실을 줄이기 위해 Concordes 운항을 중지하였다. 2003년 10월 24일 런던 히드로공항 착륙을 마지막으로 Concorde는 운항되지 않았다.

1970년대 중반이 지나면서 기술혁신의 성장률은 점점 떨어져만 갔다. 당시 관심은 장거리 노선용 항공기보다 Boeing 767이나 Airbus A310과 같은 효율적인 중·단거리용 항공기의 개발이었다. 경량 복합 재료, 기체구조 및 기타 부분에서 항공전자공학 영역의 주요한 개발이 있었지만, 기존 엔진 및 기체 기술개발이 주요 기반이 되었다. 동시에 대형항공기의 운영 추세는 지속되었다. 1988년 최대 180석으로 이루어진 Airbus A320이 출현함으로써 100~130석 규모의 항공기들을 대체했던 것이 좋은 사례이다. 다시 말해 항공사들은 단위시간당 생산성 향상으로 인해 좌석당 킬로미터의 비용을 낮추는 중요한 결과를 얻게 되었다.

1990년대에는 Boeing 767-200 EQ와 같은 200~250석 규모의 운항 가능 거리가 길어진 신형 트윈엔진 제트기의 도입에 초점이 맞춰졌다. 이러한 항공기의 등장으로 인해 400석 이상의 Boeing 747과 같은 장거리 노선용 대형 항공기가 지원할 수 없었던 저수요 장거리 노선의 직항이 가능하게 되었다. 장거리 서비스에 알맞은 중형기에 대한 이러한 추세는 1993년 Airbus A340, 1995년 Boeing 777의 등장으로 이어졌다.

소형여객운송 항공기에 사용될 수 있는 작지만 효율적인 라이트제트엔진의 개발은 기술적으로 더욱 중요하게 여겨졌다. 지금까지 소형항공기는 터보프롭 엔진으로 운용되어 시끄럽고 속도가 느렸다. 1992년에 처음 운항을 시작한 50석 규모의 Canadair Regional Jet(CRJ)와 1997년 처음 운항을 시작한 Embraer ERJ(50석)는 지역 항공서비스에 혁신을 일으켰다. 이는 터보프롭 항공기의 전유물이었던 저수요 단거리 노선에서 더욱 빠르고 편리한 서비스를 제공하였다. 2000년 상위 버전인 CRJ900(86석)과 Embraer190(98석)이 그 뒤를 이었다.

2000년 이후 엔진과 기체 부분의 기술적인 개발은 집중적으로 지속되었고, 이 두 가지 모두 중요한 경제적 효과를 가져왔다. 첫 번째는 기체에 사용되는 경량 부품의 증가였다. 이런 부품들의 지속적인 사용으로 인해 항공기의 무게는 감소되었고 연료소모량 및 운영비용을 줄일 수 있었다. 2006~2008년에 유가가 오르고, 이후 지속적으로 증가하면서 2014년 유가는 최고조에 달한 후 이는 더욱 중요해졌다. 항공기 배기가스에 대한 관심의 증가로 인하여 항공기 킬로미터당 연료 연소를 줄이는 것 또한 매우 중요해졌다. 새로운 복합기술의 채택을 주도한 것은 동체와 날개를 포함하여 1차 구조(primary structure)의 50%를 탄소섬유로 만든 Boeing 787 Dreamliner였다. All Nippon Airways는 2011년 Dreamliner를 최초로 도입한 항공사였다. Boeing은 더 가벼운 복합재와 개선된 엔진을 광범위하게 사용하면 기존 항공기보다 승객당 연료 소모를 최대 20%까지 줄일 수 있다고 주장하였다.

4년 후인 2015년 1월 A350은 Qatar Airways를 시초로 운항을 시작했다. Boeing 787과 크기가 비슷하며 동체와 날개의 많은 부분이 탄소섬유 복합체로 만들어졌다.

최근 두 번째로 큰 발전은 협폭동체항공기의 새로운 엔진기술이었다. Pratt and Whitney는 다양한 접근방식을 사용하여 터보팬 엔진을 설계하였고 CFM International LEAP의 엔진은 A320 및 Boeing 737 시리즈와 같은 단거리 항공기에 사용을 위해 처음 개발되었다. 복합소재를 사용한 A320neo(2016년 운항 시작)와 Boeing 737MAX(2017년 운항 시작)에 탑재된 이러한 엔진들은 킬로미터당 연료 소비량을 15%까지 감소시켰다. Embraer와 Bombardier는 Embraer E2 및 CSeries 소형항공기에 새로운 엔진기술을 도입했다.

또 다른 주목할 만한 혁신은 2007년 10월 Singapore Airlines의 A380항공기의 운영을 선두로 한 비약적인 항공기 동체 크기의 증가였다. Boeing 747-400보다 40% 이상 큰 최대이륙중량(Maximum Take-Off Weight: MTOW)으로 세 가지 객실 클래스를 탑재할 경우 최대 550~600명의 승객을 수용할 수 있으며, 이코노미 클래스로 설계할 경우 최대 800명까지 태울 수 있다. 이러한 항공기 동체 크기의 증가로 시간당 생산성 및 좌석킬로미터당 비용이 감소하였다. 하지만 이 항공기의 판매량은 저조했다. 출발지 또는 목적지 중 한 공항 또는 두 공항 모두 항공수요가 충분한 일부 간선 노선(trunk routes)에서 운영되는 것을 제외하면 항공기가 수요에 비해 너무 큰 것으로 나타났다. 최신의 Boeing 787 및 A350은 서로 비슷한 좌석킬로미터당 비용을 제공하는 동시에 수요가 적은 노선, 장거리 노선 또는 충분한 수요로 인해 더 많은 운항횟수가 필요한 노선에서 운항할 수 있는 유연성이 있다. Emirates는 지금까지 가장 많은 A380을 구매하여 운영하는 항공사이다.

1.8 기술혁신이 비용에 미치는 영향

항공기술 분야에서의 급속한 기술혁신과 함께 지상과 하늘에서의 눈부신 발전은 주로 제트엔진의 효율성이 증가했기 때문이다. 추진력이 향상된 새로운 엔진으로 인해 더 많은 여객과 화물을 더욱 신속하게 운송할 수 있게 되었다. 또한 항공기의 크기가 커짐으로써 얻을 수 있는 경제적 효과와 결합하여 공급 톤킬로미터당 비용(costs per capacity tonne-kilometre)의 지속적 하락이라는 결과를 낳았다(제4장 4.6절, 크기와 속도가 단위비용에 미치는 영향 참조). 항공기 생산성 증가를 이끌어낸 항공기술 향상의 중요성을 알 수 있다.

대형항공기로의 전환과 유가 하락의 영향으로 1980년대와 1990년대 항공사 비용은 지속적으로 하락하였다. 이러한 추세는 특히 1990년대 초반 비연료비용을 낮추기 위한 항공사들의 피나는 노력의 결과이다. 점점 더 많은 국제시장이 자유화됨에 따라 요금경쟁이 증가하였고 이로 인해 항공사들은 비용을 절감해야 하는 압력을 받았다. 유효좌석킬로미터(ASK)당 글로벌 단위비용은 [그림 1-4]의 상단에 표시된 것처럼 1990~2000년 사이에 약 3분의 1만큼 감소하였다.

새로운 밀레니엄 시대 초반 경기침체로 인해 많은 시장에서 일드가 붕괴되었고,

항공사의 손실 증가는 항공사의 내부 비용, 특히 비연료비용과 같은 통제 가능한 비용들을 절감하도록 하는 결과를 낳았다. 통제 가능한 비용을 줄이기 위해 항공사는 직원 수를 줄이고, 여행사에 지급하는 수수료를 줄이거나 철폐함과 동시에 전자항공권 도입 및 온라인을 통한 직접 판매를 늘리는 등 내부 비용을 줄이기 위한 노력에 집중하였다.

미국에서는 일부 주요 항공사들이 파산보호를 신청했다. 이는 항공사들의 직원 수를 3분의 1까지 대폭 줄이는 동시에 평균 급여를 약 30%까지 줄이는 상황까지 이르렀다. 또한 미국 주요 항공사들은 항공기 리스 계약 및 다른 계약들을 재협상하였고 이로 인해 항공사 내 비연료비용이 하락했다.

2002~2006년 사이 3배에 가까운 유가의 상승([그림 1-4]의 아랫줄)으로 인해 가능한 모든 비용을 절감해야 할 필요성이 강화되었다. 전반적으로 항공업계에서 비연료비용의 절감 수준은 증가된 연료비의 수준과 비슷한 수준이었다. 결과적으로 항공사 비용은 2000~2006년 사이에 다소 안정적이었으나 2007년과 2008년 중반 사이에 유가가 두 배로 뛰었을 때 총단위운영비가 치솟았다.

이후로 항공사의 단위비용은 유가의 움직임을 반영하는 경향이 있다. 2008년

그림 1-4 실제 단위비용 및 연료비용 추세, 1990~2017년

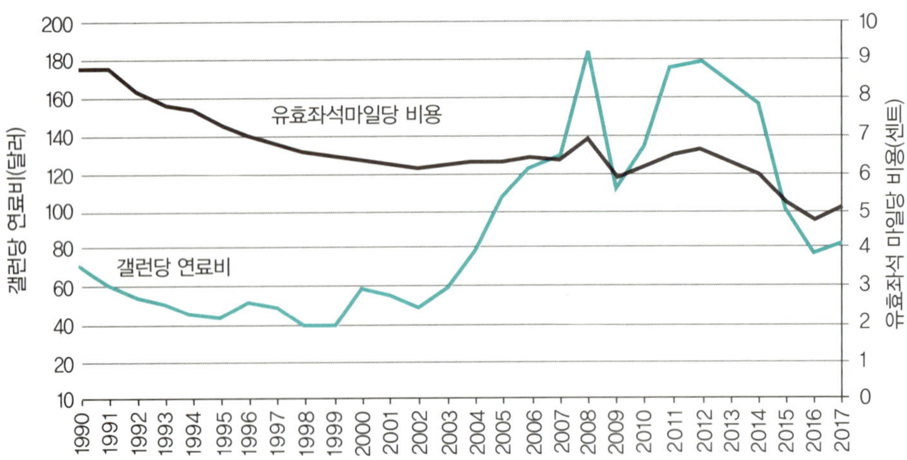

주: CASM은 1982~1984년 미국달러임. 갤런당 연료비용은 1987년 미국달러임.
자료: 2017년 10월 Airline Monitor 자료를 토대로 저자 재구성(ICAO 자료 기반)

유가가 떨어지면서 항공사의 비용도 하락했지만, 그 이후 천천히 증가했다. 2014년 후반 유가가 폭락했을 때 항공사의 비용도 감소했다. 항공유 가격은 2015년부터 2017년까지 매우 낮은 수준에서 맴돌았다. 이와 더불어 2007~2008년 경제위기 이후 항공사의 비연료비용을 절감하려는 과감한 노력과 조치로 인하여 항공산업은 2015년, 2016년, 2017년에 기록적인 수익을 창출하는 결과를 빚어냈다.

기술혁신은 좌석킬로미터당 또는 톤킬로미터당 단위비용을 장기적으로 낮추는 추세에 큰 기여를 하였다. 이러한 추세는 유가가 하락하고 항공사들이 비연료비용을 줄이기 위해 노력을 기울였을 때 더욱 뚜렷하였다. 분명한 것은 유가가 상승하고 있을 때 그러한 노력은 특히 두드러졌다.

1.9 여객 및 화물사업

일반적으로 항공사들은 여객을 수송하는 데 주로 관심이 있으며, 화물 및 우편은 생산량과 수익적 측면에서 비교적 중요하지 않다고 생각한다. 이것은 사실과 거리가 멀다. 2017년 전 세계 항공사의 약 26%는 화물 및 우편물 운송과 수익적인 관련이 있었으나 우편물의 비율은 작았다([표 1-1] 참조). 나머지는 여객이 차지했다. 거리가 더 늘어나고 항공운송 경쟁이 더 치열해지는 국세선 노선에서 화물은 전 세계 톤킬로미터의 약 3분의 1(32%)을 생산한다. 그러나 최근 몇 년 동안 화물의 비율이 감소하는 경향을 보였고 국내선 항공서비스에서 화물의 점유율은 더욱 낮았다. 국내 화물시장에서는 일반적으로 트럭과 철도를 이용한 화물운송이 더 경쟁력이 있기 때문이다.

이러한 글로벌 지표들은 항공사들 사이의 상당한 차이를 숨기고 있다. Federal Express와 UPS 또는 Cargolux와 같은 일부 대형 국제항공사들은 화물운송과 전적으로 관련이 있다. 그들은 예외이다. 대부분의 다른 항공사들은 복합운송항공사로서, 국제선 서비스를 통해 화물과 여객을 모두 수송한다. 그러나 화물운송이 차지하는 비율은 매우 다르며([표 1-2] 참조) 해마다 크게 달라지지 않는다.

표 1-1 전 세계 정기항공사들의 여객 및 화물 교통량, 2017년

	교통량 점유율			
구분	국제선 교통량(%)	국내선 교통량(%)	총교통량(%)	총서비스 수익
여객	68	89	74	85
화물 및 우편물	32	11	26	15
합계	100.0	100.0	100.0	100.0

주: 승객킬로미터를 승객톤킬로미터로 변환, 용어 참조
자료: ICAO/IATA 데이터를 토대로 저자 재구성

[표 1-2]의 아래에 있는 아시아 항공사인 Korean Air, Cathay Pacific, Qatar Airways, Singapore Airlines는 항공화물 운송량이 전 세계 총생산량의 절반에 가깝거나 심지어 절반 이상을 차지하고 있다. 이러한 대형 항공사들은 화물전용기를 운항함으로써 화물공급력을 강화한다.

그들은 확실히 [표 1-2] 상단에 있는 항공사들과는 상당히 다른 항공사들로, 화물과 우편이 전체 교통량의 20%를 차지한다. 흥미롭게도 미국의 주요 항공사인 American, United 그리고 Delta는 화물운송으로 약 10% 이하의 수익을 창출하고 있다. 이에 대한 이유로는 그들이 미국 국제선 및 대다수의 국내 화물시장을 Federal Express, UPS와 같이 도어투도어 화물운송서비스를 제공하는 종합집배사 혹은 Korean Air, Lufthansa와 같은 외국 항공사에게 빼앗겼기 때문이다(제13장 참조).

저비용항공사들은 화물운송에 있어 매우 적게 연관되어 있다. 대부분은 화물을 싣지 않거나 제한된 용량의 화물만 운송한다. 그들 사업의 주요 초점은 화물의 적재와 하역으로 인한 시간 지체보다, 항공기를 공항에서 신속하게 턴어라운드(turn-around)하는 데 있다. 화물이 항공사 전체 생산의 약 4분의 1을 차지하지만 총운영수익의 약 15%만을 창출한다는 것은 중요한 사항이다([표 1-1] 참조). 이는 화물 및 우편물의 톤킬로미터당 평균 수익이 승객톤킬로미터당 창출되는 일드 또는 평균 수익보다 현저히 낮다는 것을 의미한다. 그럼에도 불구하고 제13장의 내용에서 볼 수 있듯이 화물수익은 항공사의 전반적인 수익성에 중요한 기여를 한다는 것을 알 수 있다(승객킬로미터를 승객톤킬로미터로 변환, 용어 참조).

표 1-2 화객혼용항공사(combination airlines) 표본의 여객 및 화물 교통량 조합 2017년

유상톤킬로미터 분포				
항공사	여객(%)	우편물(%)	화물(%)	합계(%)
Delta Air Lines	91	1	8	100
Aeroflot	89	1	10	100
American Airlines	88	1	11	100
United Airlines	86	2	12	100
Aeromexico	85	*	15	100
Air Canada	80	1	19	100
Qantas	80	2	18	100
Air France	77	1	22	100
British Airways	76	1	23	100
Turkish Airlines	73	1	26	100
Global Airlines' Average	74	1	25	100
China Eastern	73	*	27	100
Emirates	68	1	31	100
Ethiopian Airlines	67	*	33	100
Lufthansa	67	1	32	100
Air China	65	1	34	100
Singapore Airlines	58	1	42	100
Qatar Airways	54	*	46	100
Cathay Pacific	49	2	49	100
Korean Air	46	1	53	100

주: *0.5% 미만

자료: IATA 통계를 토대로 저자 재구성

전반적인 항공산업에서의 화물운송은 화물이 흡수하는 생산적인 자원의 양과 전체 수익에 대한 기여 측면에서 볼 때 중요한 요소이다. 개별 항공사의 경우, 여객과 화물운송의 분리는 항공사의 마케팅정책과 수익구조에 명백히 영향을 미친다. [표 1-1]과 [표 1-2]에 나타나듯이 수익 측면에서의 우편물의 중요성은 매우 제한적이고 감소하는 추세이다. 불가피하게도 제13장을 제외한 후속 부분의 내용의 상당 부분은 여객 측면의 수요와 공급에 집중된다. 그러나 국제항공산업에

있어 항공화물의 중요성을 간과해서는 안 된다. 항공사의 성과를 평가하거나 비교할 때 항공화물 운송량의 정도를 고려해야 한다. 이것은 항공사 운영의 많은 측면과 그들의 노동생산성 그리고 비용과 수익 성과에 많은 영향을 미친다.

Chapter

02

국제규제: 양자간주의 또는 '항공자유화'

Chapter

02 국제규제: 양자간주의 또는 '항공자유화'

우리의 목표는 매우 단순하다. 아직 규제가 일부 남아있는 유럽시장과 나의 국가 카타르 사이의 하늘을 점진적이고 확실하게 개방하는 것이다.

– Akbar Al Baker, CEO Qatar Airways, 2016년 10월

2.1 두 가지 규제제도

항공사의 관리자들은 자유로운 업무직이 아니다. 그들은 항공산업의 또 다른 특징인 광범위하고 복잡한 국내외 규제에 대처해야 한다. 항공사의 기획과 경영은 항공사 관리자들이 통제가 가능한 서비스 부분과 통제가 불가한 부분에 대해 항공서비스의 규정과 수요를 일치시키는 과정이라고 오래 전부터 주장해 왔다. 이 과정은 그리 간단하지는 않다. 전통적으로 항공산업은 가장 규제가 심한 산업들 중 하나였다. 결과적으로 항공사 관리자들의 행동은 자국 내, 양 국가 간 또는 국제적 규칙 및 규제에 의하여 제한된다. 이는 경제적 또는 비경제적 특성을 내포하며, 항공사 행동의 자유에 대한 까다로운 제한요인들이 존재한다. 국제항공운송의 경제학을 이해하기 위해서는 이러한 규제의 범위와 영향력들에 대한 이해가 매우 중요하다.

1919~1949년까지 항공운송의 기술적, 경제적, 정치적 상황에 대응하여 국제규제에 대한 틀이 만들어졌다. 그것은 전 세계적으로 균일하고 광범위하게 적용되었다. 3세기에 걸쳐 1970년대 후반기까지 이 국제규제에 대한 틀은 거의 변함이 없었다. 이러한 국제규제의 틀은 양자간 항공협정(bilateral air services agreement),

항공사 간 협정, IATA의 운임협정이라는 세 개의 축으로 구성되어 있다. 이른바 '양자간주의'는 다른 국제적인 산업과는 달리 매우 규제가 심한 혁신과 변화를 억압하는 운영 환경을 만들어 왔다. 그러나 1979년 미국의 국제선 항공정책 검토는 20년 동안 국제 항공운송서비스에 영향을 미치는 경제적 규제의 점진적 자유화에 대한 새로운 기틀을 마련했다. 이 자유화의 과정은 주요 유럽 국가들에 의해 채택되었고 결과적으로 유럽연합에 의해 채택됨으로써 1980년대 중반 이후 더욱 가속화되었다. 이는 2007년 3월 미국과 유럽연합의 '항공자유화'협정 체결과 함께 최고조에 달했다.

결과적으로 2010년대 후반까지 전 세계에 두 가지의 규제제도가 있었다. 한편으로는 미국 도착 · 출발 주요 노선들, 유럽연합 국가 사이의 노선들, 일부 유럽 국가나 미국과 싱가포르 등 특정 아시아 국가들 사이의 노선이 '항공자유화'제도하에 운항되었다. 다른 한편으로 세계 많은 다른 지역에서 국제선 항공서비스는 여전히 전통적인 규제의 틀 안에서 운항되었고 여전히 운항되고 있다. 실제로 규제제도는 단순히 두 가지로 분류할 수 없다. 규제제도에는 각각 단계적인 차이가 있다. 일부 전통적인 양자간 협정(bilateral agreements)은 매우 제한적인 반면, 다른 협정들은 제한이 많지 않고 효율적인 경쟁을 허용하였다. 유럽연합과 미국의 시장관계와 같이 일부 자유화된 시장에서는 경제적 규제완화로 인해 항공사들 간의 경쟁에 있어 대부분의 제약이 철폐된 반면, 다른 곳에서는 항공사의 외국인 소유에 대한 제한과 같은 전통적인 규제의 자취가 남아있다.

또한 대부분의 국가들은 다소 자유롭거나 아니면 제한적인 양자간 협정의 혼합 형태를 유지하고 있다. 유럽연합의 회원 국가들이 좋은 사례라고 볼 수 있다. 대부분의 유럽 국가들은 항공사의 규제가 완화된 유럽시장 내에서 자유롭게 운항할 수 있고, 유럽 이외의 국가들과는 매우 제한적인 양자간 협정을 체결하여 그들의 국적항공사를 보호하고자 노력한다.

2.2 비경제적 기술 및 안전규제

항공기술의 고도화, 급격한 기술혁신에도 불구하고 승객 안전 확보에 대한 필요성 증대 그리고 항공산업의 국제적 속성 등으로 인하여, 전반적인 항공산업에서는 다른 어떤 산업보다도 더 복잡하고 포괄적인 외부 통제 및 규제를 도입하려는 경향이 지속되어 왔다. 이러한 규제조치는 크게 두 가지로 분류할 수 있다. 첫째, 앞서 본 장에서 논의되었던 사항과 같이, 이러한 규제들은 경제적인 항공운송의 사업적 측면과 상업적 측면을 규제하는 것과 관련이 있다. 둘째, 항공사 운영의 안전성 확보를 주목적으로 하는 기술적 기준과 규제이다. 이러한 규제는 항공사 활동의 모든 측면에 해당된다(세부내용은 부록 B 참조).

이러한 다양한 기술표준 및 안전절차는 항공사 관리자에게 분명한 제약요소로 작용하고 있으며, 동시에 항공사 운영에 있어서도 비용부담을 가중시키고 있다. 그러나 높은 안전기준을 유지하기 위해서는 이러한 외부적 통제요인이 필요하고 모든 항공사들은 이러한 통제요인들에 동일한 영향을 받는다. 그 어떠한 주요 국제항공사도 일반적으로 허용되는 수준 이하의 감항기준으로 운항하는 경쟁우위를 누릴 수 없다. ICAO기준과 안전감독절차는 선적부문과는 달리 항공운송에 있어서 항공사들이 비용 절감을 위해 국내적 또는 국제적 안전 관련 규제를 회피할 수 있는 '편의의 깃발(flags of convenience)'이 거의 존재할 수 없도록 한다. 이러한 규칙을 어기는 소수 항공사들은 결국 주요 시장에서 운항하는 것이 금지된다.

많은 기술규정과 규제들의 주요 목표는 안전이지만 이러한 규정과 규제들은 경제적으로도 영향도 미친다. 다음 두 가지 사례를 보자. 공항의 매우 높은 온도는 항공기에 실을 수 있는 승객 수 및 화물량을 제한하여 해당 항공편의 잠재적 수익이 감소할 수 있다. 또한 탑승객 수와 관계없이 항공기에 탑승해야 하는 객실승무원의 수는 운영비용에 영향을 미친다. 항공사 경제학을 고려할 때 기술 및 안전규정으로 인해 미칠 수 있는 모든 가능성을 염두에 두어야 한다.

2.3 경제적 규제의 성장

1919년 파리조약에서는 자국이 영공에 대한 주권을 갖는다는 사안이 채택되었고 이로 인해 항공운송에서 정부의 직접적인 개입이 불가피해졌다. 국가의 영공은 매우 중요한 자연자원 중 하나가 되었다. 결과적으로 초창기의 항공운송에 대한 자유무역의 자유방임적 접근(free-trade laissez-faire approach)은 차츰 항공사를 소유하고 있으면서 상대 국가에 취항하기를 희망하는 국가 간에 불완전한 양자간 협정(bilateral agreements)의 형태로 대체되었다. 그러나 '양자간주의'가 내포하고 있는 제한적 특성이 곧 나타나게 되었다. 제2차 세계대전 종전 직전인 1944년에 52개 회원국들이 시카고에 모여 국제항공운송에 있어 아래와 같은 세 가지 중요한 안건과 관련된 다자간 협정의 형태에 대하여 논의하였다.

① 운수권의 교환 또는 '항공운송의 자유(freedoms of the air)'(부록 참조), 즉 시장진입

② 운임(fares) 및 화물운임(freight tariffs)에 대한 통제

③ 운항횟수(flight frequencies) 및 교통량(traffic)에 대한 통제

경제학적 관점에서 보면 이와 같은 세 가지 측면은 운수권(traffic rights)을 통한 항공사의 시장진입, 가격결정의 자유로운 정도, 공급 수준의 통제에 대한 본질 등을 통해 모든 산업의 본질을 효과적으로 결정하게 된다. 만약 운임, 운항횟수, 공급석에 대한 통제가 없고, 시장진입을 의미하는 운수권의 교환이 무제한으로 가능하다면, 시장은 경쟁이 매우 심해짐과 동시에 시장진입에 대한 다른 장벽이 없는 것으로 간주될 수 있다. 반면에 운수권, 운임, 운항횟수가 모두 심하게 규제를 받는다면 그런 시장은 경쟁이 없거나 독점적인 시장일 것이다.

시카고에서는 운임, 공급석, 그리고 제5자유를 포함한 운수권의 최대 교환에 대한 통제를 원하지 않는 미국을 포함한 소수의 국가들과 보호주의적인 영국 및 대부분의 유럽 국가들 사이에 충돌이 있었다. 영국 등은 운임, 공급석 그리고 제5자유(부록 A 운수권에 대한 정의 참조)로 불리는 운수권 제한에 대한 엄격한 통제를

원했다. 그러나 이러한 양측의 상반된 견해는 조정되지 못하였고, 이후 세 가지 주요 이슈인 운수권, 운임 결정, 공급석에 대한 다자간 협정은 끝내 체결되지 못했다.

시카고조약이라 불리게 된 국제민간항공조약(Convention on International Civil Aviation)의 체결은 시카고회의의 가장 큰 결과라 할 수 있다. 이 조약을 통하여 국제항공운송이 질서 있고 안전하게 발전할 수 있는 틀이 마련되었다. 하늘과 지상에서 이루어지는 항공서비스 및 항공기 운항과 관련한 모든 사항을 다루는 여러 조항과 부속서들 역시 이 시카고조약에 의하여 만들어졌다. 이 조약은 또한 국제민간항공기구(ICAO)를 만들었는데, 이는 UN기구로 주요 항공 이슈에 대한 토론의 장이 되었고, 기술 및 운영기준과 절차에 대한 전 세계적 협업의 기초를 제공하였다. 또한 ICAO는 많은 회원국들에게 중요한 기술적 원조를 제공해 주었는데, 특히 아프리카와 아시아의 신생 독립국들에게 공항, 항행안전시설 그리고 민간항공 기반시설의 다른 측면들을 구성하는 데 도움을 주었다.

시간이 흐르면서 각국의 정부들과 항공사들은 시카고조약의 단점을 함께 피할 방법을 찾았다. 운수권의 교환은 양자간 항공협정의 사안이 되었고, 공급석과 운항횟수의 조절은 항공사 간 협정의 사안이거나 때로는 양자간 항공협정에서 다루어졌으며, 운임은 국제항공운송협회(IATA)에 의해 규제되었다.

2.4 양자간 항공협정

1940년대 중반부터 지속적으로 각 국가 사이의 항공운송서비스를 규제하기 위한 목적으로 여러 양자간 항공협정(bilateral air services agreement)을 시행했다. 그러한 양자간 항공협정의 주요한 목적은 운수권을 사용할 항공사를 지정함으로써 시장진입(운항지점 및 운수권에 대한 통제)을 위한 것이었다. 또한 몇몇 양자간 협정은 운항횟수 또는 각 항공사가 제공하는 공급석에 대한 통제를 하였다. 그러한 양자간 항공협정들은 오늘날 1,500개 이상이 체결되었고, 전 세계적으로 대부분 규제제도의 근본적인 핵심으로 남아있다. 양자간 협정은 보다 더 자유로워지거나 '항공자유화'협정으로 재협상되었다.

항공협정은 세 가지 부분으로 구분된다. 첫째, 양자간 협정 그 자체이다. 이는 항공운송서비스를 활성화하기 위해 제공되는 다양한 행정에 대한 수많은 조문들로 구성되어 있다. 항공기 부품 수입에 대한 관세 면제, 공항사용료, 영업사무소의 설치, 항공사 수익 등의 송금 등에 대한 사항이 여기에 포함된다. 더욱 중요한 사항은 그 조문이 협상의 경제조항을 다룬다는 것이다. 이들 중 주요 조문은 운임과 수송력에 대한 조항이다. 대부분의 양자간 협정에서는 여객운임 및 화물운임이 지정항공사에 의하여 승인되어야 한다는 것을 명시하고 있으며, 운영비, 적절한 이익과 같은 모든 관련 요소들이 고려되어야 한다. 그러나 초창기에 항공사들은 운임에 대한 합의를 위해 IATA의 운임조정위원회를 활용하도록 권장되었다.

1990년대까지 자국 국영항공사가 IATA의 회원이 되지 않았던 싱가포르나 말레이시아 같은 국가들도 양자간 협정에서 항공운임을 IATA를 통해 승인하는 것에 동의하였다. 따라서 IATA 운임절차에 대한 승인은 대부분의 양자간 협정에 포함되었다. 이것이 1978년 이후 자유화가 시작될 때까지 IATA 운임기구(tariffs machinery)에 힘을 불어넣어 주었다. 그러나 IATA뿐 아니라 양국 정부 역시 운임들을 승인했다. 비록 대다수의 국가들이 IATA의 합의된 운임을 자동적으로 승인하지만, 운임에 대한 궁극적인 통제는 양국 정부에 달려 있다. 공급석에 있어서는 양국의 항공사 간에 매우 엄격한 규제를 요구하기도 하고, 또 어떤 경우에는 최소한의 규제만을 요구하는 경우도 있다.

다른 경제적 이슈는 체결국들 사이에 운항할 항공사의 수를 결정하는 것이다. 원래 대부분의 양자간 협정에서는 하나의 노선에 각 국가당 하나의 항공사만 운항할 수 있는 '단일 항공사 지정(single designation)'을 시행했다. 대부분의 국가들은 하나의 항공사만 가지고 있다. 그러나 일부 양자간 협정에서는, 특히 미국의 경우에는 '두 개(double)' 또는 '복수의 항공사 지정(multiple designation)'을 허락한다. 최근에는 다른 국가들에서도 더 많은 항공사 지정을 허락했다. 각 국가로부터 지정된 항공사의 수와 관계없이 모든 항공사는 '지정된 국가(designating state)'의 국민들에 의하여 '실질적으로 소유되고 실효적으로 통제(substantially owned and effectively controlled)'되어야 한다. 사실상 모든 전통적인 양자간 협정에서 나타나는 이러한 규제는 국제선 항공운송산업의 표준화에 가장 큰 장애요인이 된다.

양자간 협정의 두 번째는 '스케줄과 노선'을 포함하고 있는 부속서이다. 여기에 양 협정국에 의해 승인된 운수권이 명시되어 있다. 운항 스케줄은 각국의 '지정(designated)'항공사에 의해 운항될 노선이 명시되어 있고, 항공사는 따로 언급되어 있지 않다. 따라서 항공사를 지정할 수 있는 권한은 각국 정부에 달려 있다. 지정항공사로 운항될 지점(도시)이 명시되며, 때로 일반적이지는 않지만 '영국 내 공항으로부터'와 같은 형태로 포괄적 권리가 부여되기도 한다. 한 국가의 지정항공사에 부여된 노선이나 지점이 반드시 협정에 서명한 상대 국가의 항공사에도 동일하게 적용될 필요는 없다. 만약 도시명이나 국가명이 노선 스케줄에 구체적으로 명시되어 있지 않으면, 지정항공사는 양자간 협정이 수정되지 않는 한 그 도시나 국가로 운항할 수 없다.

스케줄은 지정항공사가 두 협정 서명국 간의 공항 또는 기타 국가에서 여객 및 화물을 운송할 수 있는지 없는지에 대한 여부도 명시해 놓고 있다. 이것이 바로 제5자유 운수권이다. 그러나 관련된 제3국이 동의하지 않으면 제5자유 운수권은 활용될 수 없다. 따라서 미국과 싱가포르 간 양국 간 협정에서는 싱가포르의 지정항공사에게 싱가포르와 런던 간 운항서비스와 런던과 뉴욕 확장 구간에서의 제5자유 운수권을 싱가포르 지정항공사에게 부여하였다. 런던-뉴욕 운수권은 영국 정부가 싱가포르와의 자체적인 항공서비스에 대해 동의할 때까지 발휘될 수 없다.

양자간 협정의 마지막은 하나 또는 그 이상의 '양해각서'나 교환문서를 포함하기도 한다. 이것은 기본 항공협정의 특정 부분을 확장하거나 수정하는 것으로 일반적으로 비밀에 부쳐진다. 양자간 협정은 정부와 정부 간의 교환협정이다. 한 번 협상하고 서명이 되면 협정의 유효성은 재협상이 될 때까지 계속 유효하다.

많은 전통적인 양자간 협정은 보호주의적 태도를 나타낸다. 노선에서 제공될 수 있는 공급석에 대한 사전 합의를 하고, 합의된 공급석을 두 국가의 지정된 항공사(일반적으로 각 국가에서 한 개)가 균등하게 공유해야 한다고 명시한다. 이와 동시에 제5자유 운수권이 허용되는 경우는 거의 없다.

이보다 좀 더 자유로운 양자간 협정으로는 1946년 영국과 미국 간에 버뮤다에서 체결한 협정에 근거한 버뮤다 타입(Bermuda-type) 협정을 들 수 있다. 이 협정들은 위에서 언급한 보호주의적 또는 사전 결정 유형인 협정과 비교해서 다음과 같은 두 가지 차이점이 있다. 첫째, 제5자유 운수권이 보다 광범위하게 이용되고, 둘째, 관련된 양국 간 노선에서는 운항횟수 및 공급석에 아무런 제한이 없다.

전통적인 항공협정은 근본적으로 제한적이다. 비록 경제적 측면에서 항공사들이 운항하고자 해도, 해당 도시가 양자간 협정에 명시되어 있지 않거나 해당 항공사가 지정항공사로 선정되지 않았기 때문에 운항하지 못할 수 있다. 만약 정부가 추가적인 권리를 얻기 위하여 양자간 협정을 통해 관련된 사항을 재협상하지 못하거나 협상을 하기를 원하지 않는다면 항공사에게는 하나의 옵션만 남는다. 그들은 해당 권리의 영향을 받는 다른 항공사들에게 로열티 지불 또는 '수익 보상'을 통해 권리 취득을 위한 노력을 할 수 있다. 그러한 로열티 지불은 항공사들이 중 · 장거리 노선들에서 제5자유 운수권을 원할 경우 흔히 나타났으나, 오늘날에는 드물다.

2.5 항공사 간 풀링협정

자유화 이전에는 대부분의 국제노선에 양국에서 지정한 두 개의 대형항공사만 존재하였다. 이는 오늘날 많은 노선에서 여전히 나타나는데, 특히 아시아, 아프리카, 라틴아메리카를 운항하는 단거리나 장거리 노선에서 나타난다. 여러 복점 환경에는 시장을 공유하는 복점기업 간 공식 · 비공식협정에 대한 큰 이점이 있었기 때문이다. 1990년대 초반까지 이러한 협정은 수익분배풀(revenue-sharing pool) 또는 일반적이진 않지만 수익 및 비용분배풀(revenue and cost-sharing pool)의 형태를 띠고 있었다.

미국 출 · 도착노선의 경우, 풀링협정(pooling agreements)은 독점금지법에 의하여 금지되어 왔다. 그러나 이는 1990년대 초까지 유럽에서는 광범위하게 실시되었는데, 유럽 내 승객킬로미터(passenger-kms)의 75~80%가 풀링서비스에 의

하여 운항되었다. 풀링협정은 동남아 지역에서도 흔히 나타났고, 세계 다른 지역에서는 보다 적게 나타났다. 협정은 두 항공사가 소속된 국가 간에 운항하는 한 개 이상의 노선이나 구간 또는 두 항공사가 운영하는 모든 노선을 대상으로 한다. 일반적으로 항공사 풀은 제3자유 및 제4자유 수요를 포함한다. 대부분의 풀링협정은 두 개 항공사를 대상으로 하지만, 특히 동남아 지역에서는 세 개 또는 네 개 항공사 간에 풀링협정을 하는 경우도 흔하다.

두 항공사의 수익 및 비용분배풀은 두 국가 간 한 개 이상의 노선에서 운영되며 모든 비용과 수익은 합의된 공식에 기초하여 공유된다. 편명은 종종 두 항공사의 코드를 담고 있다.

가장 널리 알려진 풀링협정은 수익–분배 관련 협정이다. 이는 한 노선이나 구간에서 발생한 모든 수익이 그 노선 내 운항에 참여한 항공사들의 합의된 좌석수인 공급석에 따라 분배되는 것이다. 복잡한 합의를 통해 각 항공사가 노선에서 벌어들이는 수익을 계산하는 방법과 그중 얼마를 수익풀에 배분할지를 결정한다.

일단 풀링협정을 하게 되면, 관련 항공사들의 행동상 자유가 제한되고, 경쟁적인 경향이 없어지거나 둔감해질 수 있다. 왜냐하면 수익이 각 항공사의 노력과 관계없이 정해진 공식에 의해 분배되고 이는 항공사 간에 경쟁을 유발할 동기부여요소가 거의 없기 때문이다. 풀링협정의 또 다른 특징인 반경쟁적 요소는 풀 파트너들이 공동으로 공급석이나 운항횟수 제공에 대해 동의해야 한다는 것이다. 이를 통해 항공사들은 공급석 및 운항횟수를 제한함으로써 로드팩터와 운임을 높일 수 있다.

이러한 특징이야말로 항공공급업자 간 제한적, 반경쟁적 담합으로 여겨져 풀링협정은 미국으로의 출도착 노선에서는 결코 허가되지 않았다. 또한 1987년 12월 '첫 번째 패키지(First Package)'라고 불리는 항공자유화에 대한 결정에서, 유럽장관이사회(European Council of Ministers)는 풀링협정이 유럽연합 집행위원회(European Commission)에 의하여 특정한 면제가 승인되지 않는 한 불법이라고 간주했다. 임시적인 면제는 향후에 유럽 내 노선들의 풀링협정을 위하여 승인되었다. 그럼에도 불구하고 1990년대 초반에 유럽 내 항공사들은 그들끼리의 풀링협정을 점진적으로 개방하였다. 오늘날 풀링협정은 일반적으로 아시아, 중동, 아프리카의 몇몇 항공사들 사이에서만 나타난다.

최근의 핵심 이슈는 이전의 항공사 간 풀링협정이 반경쟁적 특징을 나타낼 수 있는 다른 형태의 항공사 협력으로 대체되었는지에 대한 여부이다. 공동운항(code-sharing), 블록 스페이스(block space) 또는 항공사 간 상업적 협정은 풀링협정과 유사한 목적을 가지고 있는 것으로 보인다. 다시 말해, 스케줄 조율을 통해 공급석 또는 운항횟수에 대한 경쟁을 낮추고 로드팩터를 높여 운임과 일드를 높이는 것이다. 최근에 북대서양과 같은 장거리 노선에서 일부 항공사가 체결한 메탈중립 조인트벤처(metal-neutral joint venture) 계약은 이전에 미국 정부와 유럽위원회에서 금지한 수익 및 비용분배풀과 매우 유사한 것으로 보인다. 그러나 대부분은 미국 교통부에서 미국 독점금지법에 따른 기소를 면제받았으며 다른 규제기관에서도 인정했다.

2.6 부정기편 항공서비스에 대한 제한된 규제

정기편 운수권과는 달리 부정기편 운수권은 전통적으로 양자간 항공협정에 의해 규제되지 않았다. 시카고조약 제6조에 따라 정기편 항공서비스는 목적지 국가로부터의 '특별 허가 내지는 기타 승인'이 요구되었는 데 반해, 제5조에서는 부정기편 항공서비스의 취항 승인을 개별 국가의 재량에 위임하였다(ICAO, 1980).

사실상 자유화 이전에 대부분의 국가는 자국으로 들어오는 부정기편에 대해 사전 승인을 부여할 것을 주장해 왔지만, 승인에 대한 태도는 상당히 다양하게 나타났다. 인도와 같은 일부 국가들은 규제주의적 접근방법에 입각하여, 자국 항공사가 운항하지 않거나 정기항공편으로 전환되지 않는 한 타국의 차터(charter) 항공편 운항에 대한 승인을 거부해 왔다. 반대로 기타 많은 국가들, 특히 관광 목적지인 스페인, 모로코, 튀니지와 같은 국가들은 보다 자유로운 정책을 유지하였고, 부정기편 항공서비스를 기꺼이 승인하였다.

미국을 포함한 부정기항공사 또는 차터항공사를 보유한 국가들은 일정 형태의 각국 내 규제 통제 내에서 부정기편 운항을 시작하였다. 이러한 규제는 국가마다 다르지만 정기항공사를 보호하기 위해 부정기 운항의 지역과 범위를 명확하게 설명하는 동시에 부정기항공사에게 지정된 지역 내에서 상당한 운항의 자유를 제공하는 것을 목표로 하였다.

차터 운항이 1960년대에서 1970년대까지 성장함에 따라, IATA로부터 압력을 받은 많은 정부들은 자국의 정기편 항공사들의 보호 목적으로, 차터서비스에 대해 독단적이고 때로는 제한적인 규제를 시행하였다. 그러나 값싼 차터편 운항을 강하게 선호하게 된 대부분의 유럽 국가들과 북미 국가들에서의 여론으로 인해 정부들은 점차 차터에 관련된 다양한 국내 규제를 점진적으로 완화할 수밖에 없었다.

부정기 항공서비스에 대한 점진적인 자유화와 임의의 규제에 대한 철폐는 차터 교통량을 급격히 증가시켰다. 1977년까지 대서양 횡단 노선 승객의 거의 3분의 1이 패키지 투어 또는 유사 그룹차터 승객이었다. 이때가 차터의 피크 시기였다. 이후 1978년 장거리 차터시장은 붕괴되었다. 이는 요금규제완화와 북대서양 노선에 Laker Airways와 같은 신규 항공사 취항이 만들어낸 직접적인 결과였다. 신규 항공사와 기존 정기항공사들은 전세항공사와 경쟁할 수 있는 운임을 제공하도록 경쟁력을 갖추어야 했다. 가격에 우위가 있지 않으면, 차터항공사들의 교통량은 급격히 감소했다. 오늘날 차터는 북대서양 여객 교통량의 5% 미만을 차지한다. 그러나 다른 지역 특히 유럽의 레저시장에서는 차터의 역할이 다소 지속되고 있으나 감소 추세에 있다. 차터항공사들은 1996년 이후 출현한 저비용항공사들과 유럽시장의 규제완화로 인하여 기존의 경쟁력이 상당히 훼손되었다(제6장 레저 차터의 경제성 참조).

2.7 IATA의 역할

IATA는 1945년에 쿠바의 아바나에서 제2차 세계대전 이후 주로 유럽 항공사로 구성되었던 조직을 승계하여 설립되었다. IATA의 주요 목적은 항공사들의 이익을 대변하고, 항공에 대한 정부의 이익을 주로 고려하는 정부 간 기구인 ICAO에 상응하는 기구로서 활동하는 데 있다. IATA는 매년 항공사 전문가들이 모여 수일 동안 각종 위원회와 소위원회를 개최하고, 이를 통해 항공사 운영 다양성에 대한 조정 및 표준화를 추구하였다. 재무위원회(Financial Committee)는 항공사들 간의 회계서류의 제출, 작성, 결제방법을 조정하는 한편, 운송위원회(Traffic Committee)는 항공기에 탑재하는 컨테이너나 그 밖의 단위탑재(unit load)장비들 그리고 여객 또는 화물의 취급에 관한 다양한 방면에서 표준화를 이루었다. IATA는 항공사 운영에 필요한 여러 분야를 망라하는 귀중한 통계자료, 설문, 리서치 보고서들을 만든다. 또한 IATA는 공항사용료나 항공기 납치방지조치 등과 같은 다양한 사항과 관련하여 공항관리당국, 정부, ICAO와 교섭을 할 때, 항공사의 입장을 대변한다. IATA는 항공사들 간의 토의 및 주요 이슈에 대한 해결책의 제시를 위한 토론의 장일 뿐만 아니라 국제항공사들의 관심사를 대신해 주는 압력단체로서의 역할을 한다.

IATA의 가장 중요한 기능 중 하나는 항공사 간의 환승수송에서 발생하는 부채를 결제하는 정산소(Clearing House)를 운영하는 일인데, 이러한 부채는 어떤 한 항공사가 발행한 항공권을 소지한 승객(또는 화물)을 다른 항공사가 수송하였을 경우에 발생하게 된다. 여기서 취급하는 총금액은 막대하다. 2017년의 예를 보면, 정산소를 이용한 300개의 기끼운 IATA 회원사와 비 IATA 회원사, 미국 내에 설치된 정산소를 이용한 80개의 항공사 그리고 100개 이상의 또 다른 항공 관련 업체로부터 560억 달러에 달하는 금액이 발생했다. 정산소는 IATA 회원 항공사 각각의 청구에 따라 항공사 간의 정산을 한다. 일반적으로 70% 이상의 청구는 어떤 형태의 현금거래(cash transaction)도 없이 정산된다. 정산소는 항공사 간의 부채를 정산하는 과정을 신속하고 간편하게 하여 비용을 대폭 절감시킨다. IATA는 또한 IATA로부터 인가된 여행사에서 판매, 판매현황 보고, 송금절차를 간소화한 '국제선 여객항공권 판매대금정산제도(Billing and Settlement Plan: BSP)'를 운영하고 있다. 화물대리점과 항공사들 간의 계정을 정산하기 위한 국제선 화물운임정산제도(Cargo Accounts Settlement Systems: CASS)라는 비슷한 시스템도 있다.

IATA는 항공서비스의 유통 및 판매를 위한 공통의 표준 및 권장지침을 만드는

데 있어 지속적으로 지대한 공헌을 하였다. 이와 같은 사실은 국제항공운송에 포함된 각기 다른 방대한 수의 항공사들과 그들 항공사들이 운항할 수 있는 다수의 국가들을 고려할 때 매우 중요하다. IATA는 승객이 여러 다른 항공사로 이루어진 세계일주 티켓을 뉴욕의 American Airlines에서 구매하고, 보르네오에서 발리까지 승객이 처음 들어본 항공사를 이용하더라도 티켓 사용을 가능하게 해주었다.

역사적으로 IATA의 가장 중요한 기능은 항공사의 여객 및 화물운임을 설정하는 것이다. 1979년까지 운임 책정을 위한 프로세스는 매우 엄격했다. 운임 책정은 제1지역의 북미와 남미, 제2지역의 유럽, 중동, 아프리카, 제3지역의 태평양 및 오세아니아 지역으로 구성된 이른바 '운송회의'를 통하여 이루어졌다. 이들 지역 내 또는 지역 간을 운항하는 항공사는 해당 회의에 소속되었다. 대략 4~6개월 전에 비공개로 개최되는 회의에서는 특정 기간, 통상 1년 동안 사용될 운임구조가 결정되었다. 또한 각 회의에서 각 지역 간의 운임에 대한 합의를 하였다. 여기서는 약 20만 종류에 이르는 여객운임과 10만 종류 이상의 화물운임이 각 운임과 관련된 기내서비스의 복잡한 조건을 동반하여 협의되었고, 이 기내서비스 조건에는 좌석의 간격, 기내식이 제공되는 횟수, 헤드폰사용료 등과 같은 사항들이 포함되었다. 이러한 상세한 서비스 조건은 IATA 회원 항공사들에게 엄격히 적용되어 서비스 표준화와 요금경쟁을 위한 운신의 폭이 좁았다.

항공사의 시각에서 운송회의(Traffic Conference)제도는 명확한 이점을 가지고 있었다. 이 제도는 상호 관련된 여객운임과 화물운임 간의 일관성 있고 체계적인 구조를 만들었으며, 운임과 관련한 규칙과 규제를 만들었다. 또한 운송회의는 항공수송에 관한, 즉 항공권, 화물운송장, 수하물 체크 등에 관한 서류와 계약의 표준화를 촉진하였다.

IATA의 운임은 전 세계적으로 수용되었는데, 이는 많은 양자간 협정 속에서 정부가 IATA의 절차를 통하여 교섭된 운임을 승인하는 것에 명백하게 동의하였기 때문이다.

IATA 회원 항공사들은 IATA 운임을 위반할 수 없었기 때문에, 가격경쟁은 불가능했다. IATA가 공급자들의 효율적인 카르텔이었다는 것은 의심할 여지가 없는데, 그 목적이 항공사들이 그들의 서비스를 판매하는 가격을 상호 간에 고정시킴으로써 회원사들의 이익을 극대화하고자 하는 것이었기 때문이다.

IATA가 카르텔이었지만 카르텔의 주목적인 회원사들을 위한 높은 이익을 창출시키는 데는 실패하였다. 1970년대와 1980년대에 항공산업의 재무적 성과는 좋지 않았다. 그럼에도 불구하고 운임결정을 보다 자율화하라는 압력이 유럽과 북미의 정부들에 가해지기 시작하였다. 동시에 IATA의 운임결정절차는 너무 엄격하고 융통성이 없어서 다음 두 가지의 새로운 변화에 대응하지 못하는 것으로 나타났다. 첫 번째는 1960년대와 1970년대의 저렴한 운임을 제공하는 부정기편 항공사 혹은 차터항공 서비스가 유럽과 북대서양시장에서 성장하며 정기편시장을 침식했다. 두 번째는 1970년대에 Thai International과 Singapore Airlines 그리고 Korean Air 같은 새롭고 다이내믹한 항공사의 확장이었다. IATA 비회원 항공사로서 IATA의 '서비스 조건(conditions of service)'에서 허용된 것보다 훨씬 더 높은 수준의 기내서비스를 제공하거나 더욱 유연한 운임으로 시장점유율을 확장해 나갔다.

이러한 외부 경쟁 압력으로 인해 IATA는 변화되어야만 했다. 그러나 1980년대와 1990년대에 운임 설정에 있어 더 큰 유연성을 제공해 주고 항공사에게 더 큰 자유를 도입하려는 IATA의 시도는 큰 영향을 주지 못했다.

새로운 밀레니엄이 시작되면서 여객 및 화물의 운임을 설정하는 IATA의 역할은 급격히 줄어들었고, 많은 주요 국제선 노선에서 시장 환경이 급격히 변화하였다. 보나 효율적인 허브공항과 글로벌 얼라이언스의 증가로 인하여 장거리 노선경쟁은 심화되었으며, 저비용항공사들의 급격한 증가로 인해 많은 단거리 노선에서 운임 수준을 통제하는 시도를 완전히 약화시켰다. 2000년대 초반까지 많은 시장에서 운임은 IATA에 의해 정해진 운임보다 시장경쟁력에 의하여 결정되었다. 동시에 규제기관들은 IATA 운임 조정의 반경쟁적인 특징에 대해 지속적으로 우려를 표현했다.

유럽연합은 2006년 9월, 이전 IATA 운임조정회의 승인조항인 독점규제법 내 집단 면제를 중단했다. 이러한 추세를 따라 2007년 3월 미국 교통부도 IATA 운임회의 기승인사항인 대서양 횡단 노선과 미국-호주시장을 독점금지법에서의 면책대상에서 제외했다. 최종확인서에 따르면 교통부는 "IATA 운임회의에서 경쟁사들 사이의 운임결정은… 본질적으로 반경쟁적이고 운임을 높일 가능성이 있다고 믿고 있다"(DOT, 2007).

IATA는 정치적 환경의 변화에 따라야 했다. IATA 운송회의는 연례회의에서가 아닌 온라인상으로 운임을 지속적으로 승인하였다. 미국의 항공사들은 더 이상 IATA의 운임을 사용하지 않았고 운임 부분에 있어 양자간 협정이 없는 소수의 항공사들에 의해 가이드라인으로서만 사용되었다. 2018년 IATA는 그해 11월부터 운임 조정을 중단하기로 결정하였다. 그 이후로 더 이상 IATA 운임은 존재하지 않는다.

유럽 공동항공구역과 북대서양에서 항공자유화가 체결되면서(이후 절 참조), 두 주요 시장에서 IATA 운임 조정 또는 기타 운임 조정이 필요 없게 되었다. 다른 곳에서는 점진적인 자유화와 특히 중동 지역을 경유하는 아시아와 유럽 사이의 제6자유 시장에서의 경쟁 증가로 인해 운임을 통제하는 것이 사실상 불가능해졌다. 이는 세계 항공시장의 대부분에 해당된다.

2.8 양자간주의의 영향

제한적인 양자간 협정시스템을 통한 국제항공서비스의 규제는 남아메리카의 많은 지역과 중국을 오가는 노선 등 여전히 세계 여러 곳에서 존재한다. 그러나 이러한 시스템은 두 가지 중요한 측면에서 변화되었다. 첫째, IATA는 더 이상 전 세계 항공운임 및 화물운임의 수준과 구조를 결정하지 않는다. 둘째, 일부 주요 시장에서는 조인트벤처로 대체되었지만, 양자간주의(bilateralism)가 흔한 지역에서도 항공사 간 수익분배풀은 널리 보급되지 않았다.

국제항공서비스에 대한 양자간 규제는 개별 항공사의 행동에 대한 자유에 심각한 제약을 초래했다. 첫째, 항공사들의 시장은 제한되었고, 본국과 양자간 협정에 의해 명시된 외국의 공항으로만 운항할 수 있다. 심지어 항공사들은 자국 정부가 특정 노선을 운항하도록 지정한 경우에만 운항할 수 있다. 항공사들은 이원지점에 대한 제5자유 운수권을 보유하거나 보유하지 못할 수도 있다. 둘째, 각 항공사의 공급석 투입에 대한 결정이 전적으로 자체 재량에 달려 있는 것은 아니다. 양자간 협정은 주당 운항횟수나 좌석수를 제한할 수 있으며, 제한이 없는 경우에는 외국의 항공사가 동의하는 경우에만 운항횟수나 좌석수를 늘릴 수 있다. 마지막으로 1980년대 점진적 자유화 이전까지는 대부분의 운임이 전통적으로 IATA 운임을 통해 책정되어 왔다.

제한적인 양자간 협정으로 인해 직면한 제약들을 두 가지 사례를 통해 설명할 수 있다. 영국-중국 두 국가 간 항공편수에 대한 항공협정은 국가별로 80편으로 제한되었다. 이러한 제한으로 인해 중국의 Hainan Airlines는 베이징과 맨체스터 간에 주 4회의 항공편을 운항하였지만, 런던으로는 항공편을 운항할 수 없었다. 2016년 10월 개정된 양자간 항공협정은 각 국가별로 항공편을 100편으로 증가시키는 것으로 개정되었고, 이후 Hainan Airlines는 2017년부터 런던으로 지속적인 항공서비스를 제공할 수 있었다.

프랑스-카타르 양자간 항공협정은 2015년까지 도하와 프랑스 노선의 주당 운항횟수를 18회로 제한하였다. Qatar Airways는 주당 15편의 파리행 항공편과 3편의 니스행 항공편을 운항하였다. Qatar Airways는 주 3편의 니스행 항공편에 만족할 수 없었기 때문에 카타르 정부를 통해 더 많은 항공편을 운항할 수 있도록 요청하였다. 프랑스 정부는 주당 18편으로 늘리는 것에 반대하였고 결국 Qatar Airways는 2015년 니스 항공편을 철수하였다. 그 후 2016년에 Airbus는 Qatar Airways에게 35내의 항공기를 판매하였고, 동시에 프랑스는 주간 운항편을 23회로 늘리기로 합의하였다. 결과적으로 Qatar Airways는 2017년 6월부터 주 5회의 도하-니스 항공서비스를 재개할 수 있었다.

2.9 자유시장으로, 1978~1991년

양자간 체제는 여전히 제한적이었는데, 이는 항공운송이 공공사업 또는 준공공사업이라는 이유로 정당화되었다. 항공운송의 사회적, 외부적 혜택이 위험에 빠지지 않도록 공익을 위해 지속적인 운영을 보장하도록 산업을 규제할 필요가 있었다. 이는 1960년대와 1970년대에 차터 및 부정기항공사의 급속한 발전과 비IATA 정기항공사와의 가격경쟁으로부터 기존 정기항공사를 보호하는 것을 의미했다.

경제적 논란이 무엇이든 간에 1970년대에는 엄격한 규제체제를 자유화하고자 하는 정치적 압력 및 소비자의 압력이 거세지고 있었다. 미국과 유럽의 소비자들은 왜 그들이 저렴하면서도 이용조건의 제한이 없는 운임에 자유롭게 접근할 수 없도록 하는 다양한 규제가 필요한지 이해할 수 없었다. 그 후 1978년에 새로 선출된 카터 대통령은 소비자지원을 선거 플랫폼의 핵심으로 삼았고, 10월 24일 '항공규제완화법(Airline Deregulation Act)'에 서명했다.

이 법은 1985년까지 민간항공위원회를 폐지시키기 위해 마련되었으며, 미국 국내선 면허와 운임에 대한 사실상의 모든 통제를 없앴고 민간항공위원회의 권한은 연방정부의 다른 부서로 넘어갔다. 이처럼 매우 빠르고 총체적인 미국 국내선 규제완화의 의의는 변화에 대한 압력이 당연히 국제선 항공운송으로 이어졌다는 것이다.

국제규제의 자유화에 대한 진전이 처음에는 느렸지만, 이후에는 속도가 빨라졌다. 카터 대통령 시절 미국의 국제항공정책은 반전되었다. 미국은 1978년부터 1991년까지 일련의 주요 양자간 협정을 재협상함으로써 더 큰 경쟁을 만들기 시작했다. 이러한 변화는 1978년 3월 미국과 네덜란드 사이에 서명한 최초의 개정된 양자간 협정에서 명백해졌다. 이 협정은 여러 가지 면에서 전통적인 양자간 협정의 선을 뛰어넘었다. 각국에서 두 개 이상의 항공사를 지정할 수 있도록 하는 복수 지정을 허용하였고, 운항횟수나 좌석수의 제한 없이 운항할 수 있는 각국의 노선을 증대시켰다. 또한 제6자유에 대한 제한이 없었고, 차터에 대한 무제한 권리를 승인하였다. 더 많은 미국의 양자간 협정, 특히 동아시아의 싱가포르, 한국, 필리핀 등과의 협정이 뒤를 이었다.

유럽에서는 항공자유화에 대한 소비자들의 압력이 1980년대 전반에 걸쳐 확산되었는데, 이는 영국이 앞장섰으며 1984~1993년 기간 동안 주요 유럽 국가들과의 양자간 협정 대부분의 재교섭을 추진하였다. 이러한 새로운 협정의 주요 특징은 신규 항공사의 자유로운 시장진입을 가능하게 하고, 두 국가 내의 어떤 지점에도 지정항공사의 자유로운 접근을 가능하게 하며, 공급석 규제에 대한 철폐 그리고 양국이 모두 반대하지 않는 경우 운임에 대한 규제를 철폐하는 것이었다. 후자는 '이중불승인(double disapproval)'이라는 의미로 개념화되었고 운임에 대한 통제를 거의 하지 않는 것을 의미했다.

유럽과 북아메리카 이외의 많은 국가들도 조심스럽게 항공운송산업에 대한 통제를 축소하려는 태도를 보이기 시작했다. 일본의 경우, 1986년부터 All Nippon Airways와 Japan Air Systems가 주요 국제노선에서 제2의 일본 국적항공사로 지명되면서 Japan Airlines의 효율적인 국제선 독점이 깨졌다. 일부 동남아시아 국가에서는 신규 항공사들이 국내선 및 국제선 항공서비스를 제공할 수 있게 되었고, 기존 국적항공사와의 직접적인 경쟁도 가능하게 되었다. 예를 들어, 한국에서는 Asiana Airlines가 1988년 2월에 설립되어 그해 말에 국내선 운항을 시작하였고, 1990년에 도쿄, 방콕, 홍콩으로의 국제선 서비스도 시작하였다. 대만의 Eva Air와 홍콩의 Dragonair도 하나의 사례이다. 1987년 호주에서는 새로운 항공정책이 수립되었고, 1990년 10월부터 국내선 항공서비스는 완전히 자유화될 예정이라고 발표했다. 이는 호주 정부가 국내선 운임과 공급석에 대한 규제를 완전히 철폐하기로 했다는 것을 의미하는 것이었다.

동아시아 · 태평양 지역의 자유화에 대한 이와 같은 시도들은 때로는 이웃에 접해 있는 국가들 간에도 시익석으로, 계획 없이 그리고 조정 없이 행해졌지만, 그 영향은 매우 제한적이었다. 대부분의 노선에서 단일 항공사 지정이 일반적인 추세였으며(일본 제외), 제3자유와 제4자유의 공급석과 운항횟수가 여전히 제한되었고, 대부분의 경우 수익공동배분협정(revenue-pooling agreements)을 따르도록 했다. 운임에 있어서는 보다 유연성이 있었는데 많은 국가에서 정부, 항공당국, 항공사들은 정부가 승인한 IATA의 운임의 불법적인 할인행위를 묵인했다. 사실상 이러한 방법으로 국제선 운임의 규제완화가 이루어졌다.

이러한 모든 양자간 협정은 재협상을 통해 다양한 방법으로 이전에 제한되었던 많은 시장과 노선을 개방하였으며, 이와 같은 개방으로 나타난 새로운 규제의 특징은 다음과 같다.

- 국가와 국가 간의 더 많은 지점(공항)에 대한 자유로운 접근
- 더 많은 제5자유 운수권의 승인
- 부정기 항공편에 대한 제한 철폐
- 각국의 복수 항공사 지정
- 운항횟수 또는 좌석수에 대한 제한 철폐(예 공급석 제한 철폐)
- 운임의 이중불승인(예 단지 양국 정부가 모두 승인하지 않을 때만 운임이 거부될 수 있음)

2.10 항공자유화, 1992년 이후

Delta, American 또는 United 같은 미국 대형항공사들은 새로운 '자유시장(open market)'에서의 양자간 협정이 여전히 그들의 범위와 행동의 자유를 제한하고 있다고 느꼈고, 이후 추가적인 자유화를 추진했다. 그들은 완전히 자유화된 항공자유화(open skies) 환경에서 그들만의 시장인 미국 내 대규모의 국내선 네트워크와 수요를 통해 외국 항공사들과의 경쟁에 있어 외국 경쟁항공사 대비 경쟁우위를 달성할 수 있을 것으로 생각했다. 미국 국무부와 교통부 또한 항공자유화가 자국 고객과 미국 항공사 모두에게 혜택을 줄 수 있다고 여겼다. 이와 동시에 유럽공동체도 항공자유화로의 거침없는 질주를 지속하였다.

1992년 9월 미국과 네덜란드 정부는 첫 번째 '항공자유화'협정에 서명함으로써 국제규제완화의 새로운 국면을 열었다. 이전 미국-네덜란드 양자간 협정과 비교했을 때 새로운 협정은 다음과 같은 내용을 포함했다.

- 노선 개방: 양국의 항공사들은 양국의 어떤 지점이라도 운항이 가능함
- 무제한 제5자유 운수권
- 운임규제 철폐(운임이 너무 높거나 낮은 경우는 제외)
- 항공사 공동운항의 자유 혹은 상업협정(commercial agreements)의 자유

이러한 특징들은 규제 환경의 완화를 의미한다. 이전 '자유시장'협정의 공급석 통제 금지, 복수 항공사 취항 허용에 덧붙여 운임규제 폐지 및 자유로운 시장 접근이 이루어짐에 따라 규제가 없는 자유화된 제도로 변화하는 듯 보였지만 꼭 그렇지는 않았다. 차후에 설명하겠지만, 항공자유화협정은 여전히 몇 가지 규제사항이 해결되지 않은 채로 남아있었다.

1992년 미국과의 '항공자유화'협정 직후에 KLM은 Northwest와의 파트너십에서 오는 잠재적인 이득을 충분히 이용하기 위해 미국당국으로부터 반독점면제를 신청하여 획득했다. KLM-Northwest는 면책권(immunity)으로 미국에서 암스테르담 및 그 이원구간 노선에서 두 항공사의 공동운항, 스케줄, 가격정책을 공동으로 자유롭게 계획할 수 있었다. 이는 나중에 두 항공사가 비용과 수익을 공유하는 조인트벤처가 되었다.

미국은 2017년까지 네덜란드와 비슷한 120개가 넘는 새로운 '항공자유화'협정을 체결하였다. 협정들은 모두 동일한 기본 조항을 포함했지만, 몇몇 경우에는 지역 현실을 반영해 일부 수정사항을 포함하였다. 예를 들어, 미국-일본 '항공자유화'협정하에서 미국 항공사들은 일본 내 어느 공항으로든 운항할 수 있는 권한이 있었지만, 도쿄의 두 공항에서는 추가 항공편들에 대한 제한이 있었다. 마찬가지로 2014년 말에 개정된 미국-멕시코 항공협정에서는 멕시코시티로의 항공편을 제외하고 양국 간의 항공편에 대한 제한을 철폐했다.

항공자유화정책은 몇몇 다른 국가에 의해 활발히 진행되고 적용되었다. 미국과 항공자유화협정을 체결한 뉴질랜드는 1999년까지 싱가포르, 말레이시아, 브루나이, 아랍에미리트, 칠레와 유사한 협정을 체결하였고, 이는 추가적으로 뉴질랜드와 호주를 단일항공시장조약으로 마무리되었다. 호주는 독자적으로 항공자유화협정을 추진했으며 최초로 아랍에미리트와 협정을 체결하였는데, 이는 주요 정책의 변화를 나타냈다. 호주는 미국 스타일의 항공자유화협정의 핵심적인 특징을 포함했을 뿐만 아니라 아랍에미리트 국적사들에게 호주와 기타 국가 사이의 항공운항에 대한 제7자유를 조건부 형식으로 승인을 고려하였다. 다만 국내선 카보타지(cabotage)는 협상의 대상이 아니었다. 신규 항공정책에서 호주는 소유권 규칙을 완화하여 외국 항공사들이 호주 국내 항공사들을 최대 100%까지 소유할 수 있도록 허가하였다.

앞서 언급되었던 미국-네덜란드협정과 일반적으로 매우 유사한 '항공자유화'협정은 특히 시장진입 그리고 운임규제와 관련한 몇 가지 관점에서 이전 '시장자유화(open market)'협정에 중요한 개선점들을 가지고 왔다. 이들은 양국에서 모든 지점의 노선 진입을 개방하였지만, 이전의 양자간 협정은 외국 항공사들이 미국으로 운항할 수 있는 지점의 수를 제한하는 경향이 있었다. 이전의 양자간 협정에서 제한적이었던 제5자유와 비교하여 상호 간 제5자유 운수권은 규제 없이 부여되었다. 운임과 관련하여, 이중불승인 혹은 발지국주의(country of origin) 규칙은 비합리적으로 높은 운임과 제한적인 운임으로부터 소비자를 보호하거나 정부 보조금이나 지원금으로 인해 인위적으로 만들어진 저렴한 운임으로부터 항공사를 보호하는 등 극단적인 경우 외에는 개입해서는 안 된다는 명확한 판결에 의해 대체되었다. 전통적인 양자간 협정 대비 항공자유화협정의 중요한 변화는 [표 2-1]에 요약되어 있다.

특히 추가적인 혁신은 공동운항(항공사가 파트너 항공사의 코드를 그들 고유의 항공편 수에 추가하는 것), 블록 스페이스 혹은 리스협정 등과 같은 항공사 간 상무협정(commercial agreements)을 다루는 조항과 임대계약협정을 포함했다. 두 국가 간 노선의 단순한 공동운항보다 더욱 긴밀하게 구축된 상무협정은 항공자유화협정이 체결되어 있지 않는 한 미국 독점금지법안에 저촉되는 위험을 각오해야 했다. 한 단계 더 나아가 2007년 이후 미국 교통부는 미국 항공사들이 미국과 항공자유화협정을 체결한 국가의 항공사들과 조인트벤처를 설립할 수 있도록 반독점 면책특권(Anti-Trust Immunity: ATI)을 발동했다. 승인된 조인트벤처 내의 항공사는 법적으로 공동운임을 설정하고, 노선 및 공급석을 할당하며, 수익과 비용을 분담하고, 하나의 항공사로서 효과적인 역할을 할 수 있다. 그들은 미국의 반독점법하에서 기소를 두려워하지 않고 이를 실행할 수 있었다. 반독점 면책특권은 쉽게 부여되지 않고 거절될 수 있으며, 항공사 간 조인트벤처가 진행되는 것을 방지하기도 한다. 2016년 11월 태평양횡단구간에서 Qantas와 American Airlines 사이의 조인트벤처 제안이 거절되었는데, 이 파트너십이 미국-호주시장의 약 60%를 차지해 독점의 우려가 있었기 때문이다.

표 2-1 전통적 양자간 협정과 '항공자유화'협정의 주요 특징

<table>
<tr><th>구분</th><th>전통적 양자간 협정</th><th>양자간 '항공자유화'협정</th></tr>
<tr><td rowspan="3">시장 진입
(Market access)</td><td>명시된 지점만 가능(일부)</td><td>자유로운 진입: 항공사들은 양국 간 어떤 지점이건 운항할 수 있음</td></tr>
<tr><td>일부 양자간 협정에서는 제한된 제5자유 승인</td><td>무제한 제5자유 운수권</td></tr>
<tr><td>차터에 대한 권리가 포함되지 않음</td><td>무제한 차터 운항</td></tr>
<tr><td rowspan="2">지정
(Designation)</td><td>단수제: 각국의 하나의 항공사</td><td>복수제</td></tr>
<tr><td colspan="2">항공사는 등록된 국가에 '실질적으로 소유'되어 있어야 하며 실효적으로 지배(effectively controlled)되어야 함'</td></tr>
<tr><td rowspan="2">공급석
(Capacity)</td><td>합의된 공급석 또는 50:50으로 분배</td><td rowspan="2">공급석, 운항횟수에 대한 제한이 없음, 공동운항, 블록 스페이스 또는 리스가 허용됨</td></tr>
<tr><td>양자간 자유화협정에서는 공급석, 운항횟수에 대한 제한이 없으나 재검토 가능</td></tr>
<tr><td>운임
(Tariffs)</td><td>양국 정부에 의한 이중승인제(double approval)</td><td>운임에 대한 통제 없음</td></tr>
</table>

주: 전통적 또는 '항공자유화' 양자간 협정은 국내선 카보타지 또는 제7자유를 허용하지 않음(용어정의는 부록 참조)

2.11 유럽공동항공구역의 성립

미국과 유럽 또한 항공자유화를 지향했었지만 접근법은 구조상으로 상당한 차이가 있었다. 미국의 전략은 기본적으로 양자간 협정이었으며, 항공자유화의 실현은 한 국가가 일련의 양자간 항공협정을 맺으며 촉진되었다. 이와 대조적으로 유럽 단일항공시장의 발전은 유럽연합의 회원국들에 의한 포괄적인 다자간 협정을 통해 달성되었다. 이러한 항공자유화에 대한 다자간 접근을 통해 유럽 국가들은 미국과의 양자간 협정을 따랐을 때보다 더욱 규제완화를 추구할 수 있게 되었다.

유럽연합 회원국들 간의 다자간 협정의 지향은 두 가지 상호 보완적인 접근방법에 의한 것이었다. 교통총국(Directorate General for Transport)은 일찌감치 항공사 규제완화를 지지하였고, 경쟁총국(Directorate General for Competition)은 정부 또는 업계 자체가 만든 경쟁력 없는 관행으로 인해 시장이 왜곡되지 않도록

유럽연합 내의 생산자와 서비스 제공자 간의 경쟁을 보장하고자 했다. 항공운송 자유화 및 공정한 자유경쟁이라는 두 가지 목표는 단계적으로 이루어졌는데, 1980년대 후반, 최초의 두 가지 자유화 패키지는 성공하지 못했다. 중요한 돌파구는 1993년 1월 1일에 시행되었던, 소위 항공정책의 '세 번째 패키지'를 통해 이루어졌다.

세 번째 패키지는 유럽연합 내 항공운항을 위한 '항공자유화'를 효과적으로 만들어내는 세 가지 규정과 연결되어 이루어진다. 첫째, 개방된 시장 진입(open market access)이다. 회원국 항공사들은 유럽연합 내 노선이 자국 밖의 노선이더라도 유럽연합 내 두 지점 사이 지역을 완전한 운수권으로 공급석 제약 없이 운항할 수 있다(CEC, 1992b). 이에 영국 국적항공사 easyJet은 밀라노를 근거지로, 영국이 아닌 제3국에서 이탈리아인 조종사 및 객실승무원으로 밀라노 출발을 기준하여 국내 및 국제선을 모두 운항할 수 있다. 정부는 환경, 기반시설, 지역발전 혹은 공공시설에만 제한을 가할 수 있지만 어떠한 제한이라도 반드시 타당해야 한다. 둘째, 운임 통제가 없다. 항공사들은 여객운임 및 화물운임을 제약 없이 자유롭게 결정할 수 있지만, 과도한 가격결정을 방지하는 몇몇 보호장치가 있었다(CEC, 1992c). 마지막으로 셋째, 유럽연합 회원국들의 운항증명(air operators' certificates)과 운항면허의 승인에 대한 기준을 통합시켰다(CEC, 1992c). 충족되어야 하는 기술적 및 재정적인 기준을 제외하고, 항공사는 반드시 유럽연합 회원국 중 한 국가의 국민이나 기업에 의해 상당 부분 소유되어야 하며(예 50% 이상) 관리되어야 한다. 그러나 항공사가 등록된 국가의 국민이나 기업의 소유일 필요는 없다. 추가적으로 이후 모든 규정은 정기서비스와 부정기서비스에 차별 없이 동일하게 적용하였다.

세 번째 패키지는 두 가지 중요한 관점에서 미국 스타일의 '항공자유화'협정보다 성공적이라 할 수 있었다. 첫째, 이는 양국의 하늘만 개방하는 것이 아닌 모든 지역을 포함하는 하늘을 개방하는 다자간 협정이었다. 둘째, 항공자유화협정은 국적규정을 전혀 바꾸지 못한 반면, 세 번째 패키지는 처음으로 외국인소유권(cross boarder ownership)을 허용했다. 이는 유럽연합 국민이나 회사에게 회원국에서의 항공사 설립 및 운영에 대한 권한과 이러한 항공사 인수에 대한 권한을 주었다.

1990년대의 이러한 권한은 British Airways로 하여금 독일에서 Deutsche British Airways 소유와 경영을 보장해 주었지만, Deutsche British Airways는 차후에 매각되어 Air Berlin이 되었다. 그러나 중요한 의미에서 설립권은 제한적이었다. Deutsche British Airways는 유럽연합 지역 내 자유로운 운항이 가능했음에도 불구하고, 영국 소유의 항공으로서 뮌헨에서 출발하여 모스크바로 가는 국제선 서비스 운항은 불가능했는데, 왜냐하면 독일-러시아 항공협정은 도착지 국가 국민의 실질적 소유권과 실효적 지배에 관련한 전통적인 조항을 포함하고 있었기 때문이었다. 독일에서 러시아로 가는 독일 항공사는 독일 소유여야 했다!

유럽공동항공구역이 유럽연합에 의해 만들어진 반면, 많은 국가들이 유럽연합의 다양한 항공지침과 규정을 수용함으로써 이에 동참했다. 2002년 스위스, 2006년 노르웨이, 아이슬란드가 동참하였고, 이후 유럽연합의 회원국이 아닌 몇몇 발칸 국가들이 그 뒤를 따랐다. 이러한 기준은 완화되어 지난 10년 동안 모로코, 요르단, 이스라엘과 같은 유럽연합이 아닌 여러 국가가 합류하였다. 이 국가들은 유럽연합의 항공규정을 수용하고 집행함에 따라 유럽시장에 접근할 수 있는 권리를 더 많이 획득하게 되었다.

항공운송규정의 자유화와 동시에 유럽위원회는 항공사를 위한 자유는 반드시 유럽연합이 이른바 '경쟁규약(competition rules)'의 효과적인 적용과 시행이 수반되어야 한다고 여겼다. 이러한 규약은 반경쟁적이었거나 고객에게 불이익이 될 수 있는, 왜곡된 경쟁에 의한 독점적인 관례나 행위를 방지하도록 설계되었다. 경쟁규약의 범위는 세 가지 광범위한 영역, 즉 카르텔 또는 제한적 협정, 독점 및 합병, 국가지원 혹은 공급자에 대한 보조금을 포함한다. 경쟁에 관한 기본원칙은 로마조약의 조항 제81-90조와 1989년의 합병에 대한 독립적인 의회규정에 근거한다(Regulation No. 4056/89).

중앙 정부 혹은 지역 정부에 의한 항공사의 보조금 지급은 명확하게 경쟁을 왜곡한다. 따라서 로마조약의 조항 제88조와 89조는 특히 '정부보조금'을 금지한다. 그러나 1980년대와 1990년대 초반 유럽 대부분의 많은 국영항공사들은 그들의 정부로부터 상당히 많은 보조금을 지원받았다. 이러한 모순을 극복하기 위해 1990

년대 유럽위원회의 잇따른 결정들은 수익성 있는 사업으로의 전환을 보장하는 목적하에 엄격한 조건을 적용하여 다수 항공사들을 위한 정부보조금의 투입을 승인하였다. 더욱이 정부보조금은 '마지막 한 번(one time, last time)' 원칙에 근거하여 승인되었다. 다시 말해, 추가적인 정부보조금의 승인에 대한 요청은 고려되지 않았다. 예외적으로 허가된 국가보조금 외에는 현재 유럽연합 내에서 어떤 형태의 직 · 간접적인 정부 혹은 항공사 보조금 지급도 허용되지 않는다.

그러나 예상치 못한 위기에 대처할 수 있도록 긴급 정부보조금이 예외적으로 승인될 수는 있다. 예를 들어, 2005년 초에 위원회는 정부지원대출 형태로 Cyprus Airways에 대한 긴급상태지원을 승인했다. 그러나 2014년 말 위원회는 2012~2013년 Cyprus Airways에 대한 추가 국가지원은 불법이며 정부에 상환해야 한다고 결정했다. 이로 인해 항공사가 파산했으며 2015년 1월 문을 닫았다.

경쟁규약의 핵심요소는 1989년에 합의되고 1997년에 수정된, 합병에 대한 유럽연합 규정의 첫 번째 협정이다(Regulation 1310/97). 매출액 기준에 명시된 허용 한도를 초과하는 인수합병은 위원회에 먼저 신고해야 한다. 그것은 인수합병이 지배적 지위를 강화시키거나 창출하지 않을 때만 승인된다. 이러한 일이 발생하지 않도록 위원회는 경쟁항공사가 사용할 수 있는 공항 슬롯의 반환을 포함한 까다로운 조건을 부과할 수 있다. 위원회는 Lufthansa가 2006년 Swiss Airlines를 인수하고 2008년 SN Brussels Airlines를 45% 매입했을 때 이를 적용하였다. 위원회는 또한 지배적인 지위를 만들어 소비자에게 해를 끼칠 수 있는 합병을 차단할 수도 있다. 2013년 Ryanair가 Aer Lingus 인수를 중단했던 것이 사례이다.

각료 의사회 및 유럽의회를 통해 대행하는 유럽연합위원회는 경쟁규약 적용을 벗어나 직접적으로 내린 판결에 덧붙여, 이전에 경쟁이 한정적이었던 지역과 불공정한 관례로 왜곡되었던 모든 경쟁을 보장하기 위해 다양한 지시서, 규정, 행동강령을 통과시켰다. 공항에서의 슬롯 배분에 대한 행동강령(Council Regulation 95/93 amended 2009/0042 COD)과 공항지상조업에 대한 지시서(Council Directive 96/97) 모두 치열한 경쟁의 보장을 목적으로 했다. 이후 2009년 3월의 공항사용료지침(Airport Charges Directive)은 다양한 공항에서의 항공사들의 공정한 경쟁의 보장을 목표로 했다(Directive 2009/12/EC). 다른 한편으로 컴퓨터 예약시스템에 대한 행동강령(Code of Conduct)은 불공정한 관습의 방지를 목표로 했다(Council Regulations 3089/93). 이러한 지시서와 규정은 고객을 직접 보호하기 위해 도입된 많은 정책(즉, 여객 보상권에 대한 규정 No. 261/2004) 이외에도 항공기의 안전성 등을 보장하기 위함이었다.

규제완화와 항공자유화의 목적이 경쟁 확대를 위한 것이라면, 경쟁규약은 반경쟁적 관례 혹은 지배적인 시장지위의 남용으로 경쟁이 약화되지 않도록 하기 위해 필요한 것으로 나타난다. 따라서 유럽연합의 유럽 내 항공자유화와 수많은 신규 경쟁규약은 함께 진행되었으나 이는 모순적 의미를 가진다.

'세 번째 패키지'와 다양한 유럽연합의 지침, 규정 및 실행규약은 유럽공동항공구역 내 항공운송에 대한 진정한 '항공자유화'제도를 창출했다. 2018년까지 인구 6억 명에 가까운 지역을 포함했는데, 27개 유럽연합 회원국뿐 아니라 유럽연합에 참여하지 않고 이러한 다양한 제도를 고유의 규정으로 적용시킨 노르웨이와 아이슬란드와 같은 다른 유럽 국가 또한 포함시켰다.

국민투표에 따른 영국의 유럽연합 탈퇴 결정은 거대 유럽의 항공자유화시장을 위협했다. 영국 정부는 2017년 3월 공식적으로 '브렉시트(Brexit)' 프로세스를 시작했으며, 2019년 3월 29일부로 유럽연합을 탈퇴하고 2020년 12월 말까지 전환기간을 갖게 되었다. 유럽연합 탈퇴로 인해 유럽연합 회원국이었던 영국의 모든 항공 관련 협정은 더 이상 유효하지 않게 되었다. 여기에는 다음과 같은 것들이 포함된다. ① 유럽연합 항공사에 부여된 제7자유 운수권, 항공자유화의 3단계 패키지에 포함된 소유권조항 및 기타 자유 조치, ② 영국 법에 영향을 미치는 250개 이상의 유럽연합규정 및 지침(일부는 항공 관련 규정인 반면, 경쟁규정과 같은 다른 규정들도 항공에 영향을 미침: 유럽연합에서는 시간이 지남에 따라 변경될 가능성이 높지만 영국에서는 그렇지 않음), ③ 모로코와 같이 유럽연합 밖의 여러 국가와 체결한 유럽연합 양자간 협정, 그중 가장 중요한 유럽연합-미국의 항공자유화협정 등으로 영국 항공사들이 이러한 시장에 접근할 수 있었지만, 향후 영국 국적항공사들은 더 이상 운항이 불가, ④ 영국이 유럽연합 국가로서 정식 회원국이었던 유럽항공안전국(European Aviation Safety Agency) 및 다양한 유럽연합기관(Doganis, 2017) 등이다. 이 모든 분야에서 영국의 위치를 명확하게 해야 하며 재협상이 필요하다.

항공에 관한 한 영국은 이전과 같은 것들이 유지되기를 원한다. 이론적으로 위에서 열거한 대부분의 이슈를 다루는 유럽연합과의 새로운 양자간 협정을 통해 이루어질 수 있다. 실제로 유럽연합 집행위원회는 별도의 항공협정을 원하지 않는다고 밝혔다. 항공은 무역, 이민, 재정, 예산 기여 등 모든 이슈를 커버하는 포괄적 협정의 일부여야 하는데, 이것이 하나의 패키지로 이루어질 수 있을지는 분명 의심의 여지가 있을 것이다. 2018년 4월까지 협상은 그리 진전되지 않았으며 2019년 3월 말까지 합의가 이루어질 가능성은 희박해 보였지만 이행기간이 끝나기 전까지는 가능해 보인다. 당분간은 불확실성이 우세할 것이다.

2.12 국적규정의 재정의

2002년 11월 유럽사법재판소는 미국과의 개별적 양자간 협정과 관련한 핵심 판결에서 양자간 항공서비스협정의 전통 조항이 유럽공동체조약 제43조를 위반했다고 선언했다. 이 조항은 각 유럽연합 국가의 국민이나 기업이 해당 국가 내에서 사업체를 설립하고 운영하는 것을 허용하도록 요구한다. 그러나 항공운송서비스의 경우 전통적인 소유권 및 국적조항은 지극히 제한적이다. 예를 들어, 독일과 미국 사이의 양자간 항공자유화협정 아래 독일 정부는 독일 국민에 의해 '실질적으로 소유하고 실효적으로 지배하는' 항공사만 지정할 수 있었다. 오직 독일 항공사만이 양자간 협정에서 부여된 운수권을 활용할 수 있었다. 제43조에 따라 유럽연합 항공사들은 독일과 미국 사이의 노선을 운항할 수 있는 항공사로 지정될 수 있는 기회가 주어져야 했다.

2002년 11월 유럽사법재판소의 판결은 특별히 미국과의 항공협정을 언급했음에도 불구하고, 유럽연합국과 유럽 외 다른 국가 사이의 다른 모든 항공협정 역시 동일한 법률문제에 직면했다. 따라서 유럽재판소의 결정은 미국과의 항공협정뿐만 아니라 25개 유럽연합국의 각 나라와 세계 다른 국가 사이의 수많은 항공협정 또한 수정될 수 있어야 한다는 것을 의미했다. 어려운 일이었다.

2003년 6월, 유럽이사회의 교통부(European Council of Transport Ministers)는 수많은 양자간 협정을 재교섭하는 복잡한 업무 해결을 위해 두 가지 결정을 내렸다. 첫 번째 조치는 유럽연합과 미국 사이의 항공운송을 완전히 자유화하기 위해 미국과 협상할 권한을 위원회에 부여하는 것이었는데, 이는 한동안 유럽의 목표이기도 했다.

두 번째 조치는 유럽 법원의 판결에서 강조되었던 기존 유럽연합국과의 항공협정에서의 법률문제를 바로잡기 위한 목적으로 제3국과 이른바 '수평적 합의'를 교섭하기 위한 또 다른 권한을 위원회에게 주는 것이었다. 연합 내 개별 국가와 제3국 사이의 수많은 별도 재협상을 방지하기 위하여, 각각의 항공협정을 유럽연합법에 의거한 단일 공동협정으로 이끌 수 있도록 유럽연합위원회가 제3국과 기존 양자간 협정조항을 수정하는 협상을 시작할 수 있는 수평적 권한이 주어졌다. 예를 들어, 제3국 협정의 기존 국적조항을 수정해 유럽연합 국적자가 소유한 항공사로 지정할 수 있다는 의미이다. 2018년까지 유럽위원회는 전 세계 40개 이상의 국가와 '수평적 합의'를 체결했다.

위원회가 다양한 교섭 권한을 시행하기 훨씬 전부터 유럽사법재판소의 장기적인 영향은 완전히 명확해졌다. 2003년 9월 Air France와 KLM은 두 항공사의 합병을 발표했으며 이는 2004년 4월 위원회 경쟁국의 승인과 두 항공사가 위원회의 조건을 수락한 후 실현되었다. 이는 오랫동안 기다렸던 유럽국적기로서 합병의 시작을 나타냈다. 유럽사법재판소는 '국적'의 엄격한 의미를 완화함으로써 국경을 넘는 인수합병의 문을 열었다. Air France-KLM 이후 Lufthansa가 그 뒤를 이어 2006년 Swissair, 2009년 Austrian Airlines, 2009년 Brussels Airlines의 45%를 그리고 2017년 1월 나머지를 인수했다.

2.13 북대서양의 '항공자유화'

4년간의 협상 끝에 2007년 4월 유럽연합-미국 항공협정이 체결되어 2008년 3월 30일부로 협정이 발효되었다. 이 협정은 개별 유럽연합 국가들과 미국 사이의 기존에 체결된 양자간 항공협정을 대체했다. 위의 주요 조항은 미국과 유럽연합 회원국 사이의 모든 운수권을 미국 혹은 유럽공동체 항공사들에 개방하는 것이었다. 유럽공동체 항공사는 유럽연합국 내 본국에서뿐만 아니라 유럽 어느 곳이든 출발하여 미국 어느 곳이든 운항할 수 있었다. 미국 항공사 또한 동일한 권리가 있었다. 제5자유 운수권을 가지고 있는 모든 항공사는 미국-유럽 간 어느 도시든 도착 · 출발편을 운항할 수 있는 권리가 있었고, 운항횟수, 공급석 혹은 운임의 규제 또한 없었다. 미국은 실질적 소유권과 실효적인 통제가 유럽연합 회원 국가들에 있고 주된 비즈니스가 유럽연합 내에 있는 '공동체 항공사'의 모든 노선 지정을 수락하였다(Official Journal of the European Communities, 25 February 2007).

본질적으로 미국은 광범위한 국적의 정의에 대하여 동의하였다. 그러나 유럽공동체 항공사의 미국 국내선 카보타지를 허용하지 않았으며, 미국 항공사를 지배할 수 있기 때문에 기존에 가지고 있던 미국 항공사의 엄격한 소유권 및 통제권규정을 유지했고, 미국에 유럽 항공사 자회사를 설립하는 것에는 동의하지 않았다. 미국 항공사의 외국인 소유권은 계속해서 25%로 제한되었다. 그러나 미국 항공사와 유럽 항공사 사이의 프랜차이징 및 브랜딩 협상은 허가가 가능했다.

이러한 단점들로 인해 2008년 3월 협정 발효 후 60일 이후에 재협상을 개시할 수 있는 조항이 추가되었으며, 운수권, 해외투자기회(즉, 소유권), 환경문제 및 항공기 포괄임차에 대한 자유화 확대를 2차 협정에서 결론짓고자 했다. 2010년 3월에 두 번째 단계 협정이 체결되었지만, 외국인 소유권 제한에 대한 문제를 해결하지 못했다. 여기에서는 안전, 보안, 환경 등의 분야에서 유럽연합과 미국의 협력을 강화하는 데 초점을 맞추었다. 많은 단점들이 있었음에도 불구하고 2007년 유럽연합-미국 협정은 두 가지 측면에서의 주요 돌파구를 마련해 주었다. 첫째, 전통적인 양자간 협정에서의 매우 엄밀한 '국적'에 대한 정의의 완화, 둘째, 대부분의 유럽 국가들과 미국 사이의 방대한 '항공자유화'시장의 창출이다. 이 영향은 신규 노선에서 신규 취항사로 대서양을 가로지르는 지점 간 서비스의 범위 확대, 저렴한 운임과 유럽 항공사 사이의 인수 및 합병에 대한 기회 상승이 되었다.

그 영향은 가히 놀라울 정도였다. 2010년부터 2016년 말까지 88개의 신규 직항 노선이 생겨났는데, 이들 중 상당수는 신규 취항사의 진입에 따른 것이었다. 그 결과 직항노선의 도시 수는 40% 증가했다.

유럽연합과 캐나다는 2009년 5월, 유럽연합과 미국의 '항공자유화협정'과 유사한 '항공자유화'협정을 체결하였고, 이로 인해 북대서양 지역에 새로운 돌파구가 열렸다. 특히, 유럽 투자자들은 최대 49%의 캐나다 항공사 지분을 취득할 수 있었으며, 장기적으로는 완전한 소유권 이전도 가능하게 되었다.

이와 같이 2010년 이후 유럽과 미국, 캐나다 사이의 북대서양 항공시장에서 '항공자유화'가 성행하기 시작했다. 이 구간은 세계에서 항공수요가 가장 많은 구간 중 하나인데, 두 가지 측면을 제외하고는 모든 면에서 '개방적'이다. 첫째, 대서양을 사이에 둔 항공사에 여전히 외국인 소유권에 대한 제한이 있다. 둘째, 국적항공사가 아닌 항공사에 의한 자국 내 국내선 영업이 허용되지 않는다. 즉, 유럽 항공사는 미국 두 도시 사이에서 여객을 수송할 수 없고 미국 항공사는 런던과 아테네 노선에서 영업을 할 수 없다. 물론 유럽공동항공구역 내에서 Lufthansa는 독일 이외의 도시라도 두 도시 간에 항공기 운항을 할 수 있다.

2.14 자유화의 확산

2000년대 초반 이후로 세계 다른 지역의 양자간 또는 다자간 협정에서도 항공운송의 규제완화가 가속화되고 있다. 첫째, 이전에 보호주의 항공정책을 따랐던 많은 정부는 자유경쟁적인 항공 환경이 가져오는 항공 부문과 관광산업에 대한 이점을 인식하기 시작했다. 인도가 좋은 사례이다. 국내 항공서비스 자유화로 인한 결과로 Indigo, Spice jet, Air India Express와 같은 신규 저비용항공사가

2005~2006년에 설립되었다. 시간이 지남에 따라 인도는 국제적으로 일부 항공협정을 재교섭하여 인도 지역에서 서비스되는 새로운 지점을 개방하였고 운항횟수를 확대하여, 국제선을 운항할 수 있도록 허가해 주었다. 중국도 인도와 마찬가지로 2000년대 중반부터 항공협정을 개방하기 시작했다. 예를 들어, 2004년 미국과 체결한 항공협정을 2007년 6월 개정하였는데, 3개의 신규 미국 항공사들을 허용하고 운항횟수를 추가하는 내용이 포함되었다. 앞서 언급했듯이 호주는 국내 및 국제노선 모두에서 규제를 가장 많이 완화했다.

둘째, 일부 다자간 지역협정은 자유화 확대를 목표로 했다. 2001년 5월 다섯 개의 태평양 국가인 미국, 브루나이, 칠레, 뉴질랜드, 싱가포르와 이후 합류한 페루(임시), 사모아, 통가, 몽골은 다자간 '항공자유화'협정을 체결하였다. 이러한 국가들이 자국민 소유의 항공사가 아닌 항공사로 다른 조인국의 운항서비스를 할 수 있도록 항공사 지정을 허가한 것은 주목할 만하다. 그러나 이러한 항공사는 지정된 국가 내에서 설립되고, 해당국 영토 내에 본사를 보유하고 있어야 했다. '다자간 국제항공 자유화협정(Multilateral Agreement on the Liberalisation of International Air Transport)'으로 알려진 협정을 중개한 미국은 다른 국가들이 여기에 동의할 것을 희망했다. 그러나 아무도 동의하지 않았다!

다른 다자간 협정도 동일한 방향으로 시도되었다. 예를 들어, 2009년 5월 동남아시아국가연합(Association of South East Asian Nations: ASEAN)은 회원국 사이 지역 간 '항공자유화' 구역 설정에 대한 계획을 발표했다. 목적은 여객과 화물의 점진적인 자유화였다. 이 협정은 2016년 ASEAN 회원국 모두에 의해 승인되었고, ASEAN 국가들에 기반을 둔 항공사들을 위해 제3자유, 제4자유 또는 제5자유에 대한 제한을 철폐하였다. 제7자유와 카보타지는 여기에 포함되지 않았고 소유권규정도 완화되지 않았지만, '아세안 공동체 항공사'의 개념 정립을 포함한 더 많은 자유화가 2020년까지 협상될 예정이다.

앞서 1999년 11월 아이보리 코스트에서 열린 회의에서 아프리카 국가들은 아프리카 항공운송산업의 자유화를 위해 새로운 정책 틀인 소위 야무수크로 결정(Yamoussoukro Decision)을 채택했다. 이 협정은 단일의 아프리카 항공시장을 조성하기 위하여 2002년까지 자유로운 시장 접근을 목표로 하는 매우 중요한 것이었다. 많은 국가의 비준을 받았으나 실제 야무수크로 협정은 아프리카 지역의 다른 사안에 밀리는 등 효과적으로 시행되지 못했다. 그 후 2018년 1월 아프리카 연합의 후원으로 아프리카 23개 국가에 의해 단일 아프리카 교통시장이 형성되었다. 그 목적은 야무수크로의 조항을 구현하고 유럽과 유사한 아프리카의 항공자유화 지역을 만드는 것이었다. 나머지 32개 아프리카 국가들이 적절한 시기에 가입하기를 기대하고 있다.

2.15 브렉시트와 항공

2017년과 2018년 초 영국의 유럽연합 탈퇴를 확정하기 위한 협상이 진행되었다. 이로 인해 영국과 유럽 내 항공에 미칠 잠재적 영향은 실로 어마어마했다. 영국 국적항공사들의 유럽연합 내 항공자유화 지역 운항 여부, 영국 국적항공사들의 운항에 영향을 미치는 250개 이상의 유럽연합 행동강령 및 지시서, 유럽연합 탈퇴 시 더 이상 적용이 불가능한 유럽연합과 제3국 간에 맺은 다수의 항공협정 등에 심각한 문제가 발생하게 된다. 이 중 가장 중요한 것은 미국, 캐나다와 체결한 항공자유화협정이었다.

이러한 문제들은 영국과 유럽연합의 별도 신규 항공협정 체결 협상을 통해 논의할 수 있지만, 유럽연합은 브렉시트 조건들에 대한 포괄적 협정 동의 · 서명 전까지 별도의 항공협정은 고려하지 않을 것이라고 밝혔다. 2018년 중반까지는 이러한 전반적인 합의가 거의 진전이 없어 보여 항공사들 사이에 불확실성이 만연했다. 불확실성의 핵심 영역은 국적에 관한 규정과 관련이 있는데 만약 영국이 별도의 항공협정 없이 유럽연합에서 탈퇴한다면, 유럽연합 회원국 소유 항공사만 유럽연합 공항 간을 운항할 수 있다. easyJet과 같은 영국 항공사들은 더 이상 베를린, 뮌헨 등 유럽 내 다른 도시에서 운항하는 것이 불가능해진다. 이러한 문제를 해결하기 위해 easyJet은 오스트리아의 운항증명을 취득했고 지배적 소유권이 유럽연합 국적에 있다는 것을 입증했다. 그러나 만약 더 이상 영국 국적항공사가 아니라면 영국에서 국내선 항공편을 운항할 수 있을 것인가? 마찬가지로 영국이 지배적 소유권을 보유하고 있지 않은 Virgin Atlantic은 런던과 미국 사이의 영국 운수권 사용이 불가능해질 것이다.

easyJet, IAG, Virgin Atlantic이 직면한 국적 문제를 극복하기 위하여 영국 정부는 과감한 조치를 취했다. 2018년 5월, 영국 정부는 easyJet의 지배적 소유권이 유럽연합 국적에 있지만, 브렉시트 이후에도 영국 국적항공사로 간주되는 것에 암묵적으로 '동의'했다. 유럽연합 내 운항을 위해서는 유럽연합 국적 지배적 소유권이 필요하기 때문이다. 사실상 다른 영국 항공사들도 비슷한 적용을 받을 수 있도록 영국 정부는 국적규정을 완화하기로 했다. 한편, 운수권 적용을 위해서 easyJet 등 영국에 거점을 두고 있는 항공사들을 영국 항공사로 간주한다는 것 또한 명확하게 했다.

이로써 영국은 국적에 근거한 소유권이 아닌 '사실상(de facto)'의 거점기준을 적용한 첫 번째 국가가 되었다. 이는 국적규정의 주요한 돌파구이며 이후 다른 국가들도 유사한 결정을 내리는 데 영향을 미칠 것이다.

2.16 규제 환경의 중요성

항공사 경제학에 관한 서적이 법률 및 항공운송의 국제규정에 관한 내용으로부터 시작한다는 것은 어쩌면 놀라운 일이다. 이에 대한 이유는 분명하다. 항공사, 특히 국제선을 운항하는 항공사는 운항할 수 있는 지역과 복잡한 국내선을 어떻게 운영하는지 그리고 기술적이고 경제적인 특징을 가지고 있는 항공협정과 국제규범 및 규제에 의해 제약을 받는다.

설상가상으로, 이미 살펴보았듯이 규제제도는 국가 및 시장에 따라 다르다. 유럽공동항공구역 내에서, 항공사들은 상업적으로 매력적이라고 생각하는 지역을 자유롭게 운항할 있으며, 주요 제약은 공항이나 ATC 공급석 부족으로 나타났다. 북대서양을 가로지르는 동일한 유럽 항공사는 항공사가 원하는 만큼의 운항횟수와 항공사가 정한 운임으로 유럽과 미국 사이 어디든지 비행할 수 있다. 그러나 미국항공사를 인수하거나 미국에 자회사를 설립하거나 미국의 국내선 운항은 하지 못한다. 유럽과 아시아, 남미, 아프리카의 많은 노선에서 유럽 항공사가 비행할 수 있는 노선과 항공편수에 제한이 있거나 전혀 운항하지 못할 수도 있는데, 이는 그 노선에 또 다른 유럽 항공사가 이미 지정되어 있었기 때문이다. 운항이 가능한 경우에도 해당 노선을 운항하는 외국 항공사와 공급석(즉, 운항편수나 좌석수)을 나눠야 할 수도 있다. 거의 모든 지역에서 소유권, 즉 국적규정에 대한 제약이 있지만, 운임 책정에 대한 통제는 거의 없다.

ASEAN 회원 항공사는 항공자유화를 향해 가고 있지만 소유권 제한은 계속되고 있다. 이를 극복하기 위해 말레이시아 국적항공사인 AirAsia는 ASEAN 국가들에 50% 미만의 지분과 경영권을 보유한 자회사를 설립해야 했다. 이는 국적 제한을 우회하기 위해서다. ASEAN 자회사로는 AirAsia Philippines, Thai AirAsia, Indonesia AirAsia가 있다.

자유화가 이루어졌음에도 불구하고, 유럽의 사례는 국제항공사의 관리자들이 직면하고 있는 문제들을 보여준다. 세계의 다른 지역에서는 항공사 경영진들이 직면하고 있는 제약조건이 더 심각할 수 있다. 해당 노선에서의 규제체제에 따라 각 노선에서 관리자들이 할 수 있거나 없는 것이 결정된다. 일부 노선은 중국의 많은 양자간 협정처럼 매우 제한적인 전통적 협정에 의해 통제될 것이고, 다른 곳에서는 미국으로 가는 일부 노선의 경우와 마찬가지로 보다 진보적인 '항공자유화'가 우세할 수도 있다. 규제 환경을 이해하는 것은 항공사 경제학과 때로는 항공사 운영에 관한 결정이 비이성적이거나 심지어 모순되는 것으로 보이는 이유를 이해하는 데 필수적이다.

Chapter

03

항공사의 비용구조

3.1 비용 산정의 필요성

3.2 전통적 접근방법의 항공사 비용

3.3 직접운영비

3.4 간접운영비

3.5 항공사 비용의 추세

3.6 회피 가능성의 개념

3.7 항공기 운영 의사결정을 위한 비용 할당

Chapter

03 항공사의 비용구조

성공하려면 비용 절감은 절대로 끝나지 않는 이슈라는 것을 인지해야 한다. 항공사들에게는 터무니없는 비용들이 발생된다.

– Peter Bellew, CEO Malaysia Airlines, 2017년 3월

3.1 비용 산정의 필요성

항공산업은 다이내믹하고 환경에 의해 급변하며, 예기치 않은 변화에 의해 투입된 비용에 많은 영향을 받는다. 항공서비스를 제공하는 데 수반되는 비용에 대한 이해는 항공사 관리자들이 다양한 의사결정을 수행하는 데 있어 필수적인 요소이다. 그러나 비용은 다양한 관점에서 바라볼 수 있으며 항공사의 비용은 사용 목적에 따라 구분되고 세분화된다. 항공사 운영계획에서 비용 정보는 일반적으로 4가지 주요 목적 때문에 필요하다. 첫째, 항공사들은 손익계정, 대차대조표 및 연간 보고서를 작성하기 위해 일반적인 관리 · 회계 도구로서 그들의 총비용을 서로 다른 비용 범주로 분류할 필요가 있다. 둘째, 항공사는 항공기 운항이나 정비 등 특정 기능 분야의 비용 효율을 측정하기 위해 시간의 경과에 따른 비용 추세 지표를 표시하고 관리하기 위해 비용의 일반적인 분류가 필요하다. 셋째, 항공사는 한 노선에 운항횟수를 추가 또는 축소할 것인지, 해당 노선을 그대로 유지하여 운항할 것인지와 같은 의사결정을 하기 위해 운항편 및 노선별로 매우 상세한 비용 정보가 필요하다. 이러한 노선별, 운항편별 비용 식별은 여객과 화물에 대한 운임정책 및 책정에 있어 중요하다. 마지막으로 신형항공기 구매 또는 신규 노선 및 신규

서비스 등과 같은 투자에 대한 분석을 위해서도 항공기 관련 비용에 대한 분석이 필수적이다.

단일 비용 분류로는 이러한 경영자들의 다양한 요구사항을 동시에 충족시킬 수 없다. 일반관리 목적으로 개발된 비용 분류는 가격전략의 목적으로 사용할 수 없고 운영에 대한 의사결정에만 어느 정도의 도움을 제공할 수 있다. 결과적으로 비용 자료를 여러 관리 목적으로 활용하기 위하여 대부분의 항공사들은 두 가지 이상의 방법으로 비용을 분류하고 있다.

각 항공사가 사용하는 비용 분류에 대한 접근방법은 그 국가의 회계관습에 의해 많은 영향을 받지만, 1970년대 이후 ICAO가 채택한 비용 분류방식에 의해서도 영향을 받고 있다. 이 분류는 미국과 유럽 항공사의 일반적인 원가계산 관행에 매우 밀접한 근거를 두고 있다. 따라서 글로벌 항공산업 전반에 걸쳐 일반적인 경영관리 입장에서의 사용 목적으로 비용 구분을 표준화하고 구분화하는 전통적인 접근방식이 존재한다.

다음 절에서 소개될 비용 분류는 일반적으로 널리 사용되고 있으며 운영, 가격책정 또는 투자결정을 내리는 데 유용하다. 이는 항공사 회계장부를 준비하는 데 사용될 수 있지만, 반드시 국제 또는 각 국가의 회계기준에 부합하지는 않으며, 상세하고 세분화될 수 있다.

3.2 전통적 접근방법의 항공사 비용

항공사의 회계계정은 운영 부문 및 운영외 부문으로 분류하는 것이 일반적이다. 이는 항공운송서비스 제공을 위한 운영과 직접적으로 관련이 없는 모든 비용과 수익을 운영외 부문으로 규정하여 분리시키는 데 목적이 있다. ICAO와 미국 관행에 따라 대부분의 항공사가 이 방식을 채택하고 있으며 다섯 가지의 운영외 부문 항목은 다음과 같다.

① 항공 및 비항공 부문에서의 자산 또는 장비 처분으로부터 발생되는 이익이나

손실이다. 이러한 이익 및 손실은 특정 항목에서 감가상각된 장부가격과 폐기 또는 매각으로 발생된 가격 간의 차이가 있을 때 발생한다.

② 차입금에 대한 지불이자와 은행 또는 예금에서 나오는 이자이다. 은행에 지불하거나 은행으로부터 받는 이자는 항공기 운항을 통한 비즈니스와는 별로 관련이 없다. 그러나 항공기 가치 평가와 같은 특정 비용 산정 목적을 위하여 항공기 관련 차입금에 대한 지불이자를 운영비에 포함하는 항공사도 있다.

③ 항공사의 자회사로부터 발생하는 모든 이익과 손실 중에는 항공운송과 직접 관련이 있는 것도 있다. 어떤 경우에는 이러한 항목들이 항공사의 전체 재무성과에 중요할 수도 있다. 2017년 Singapore Airlines는 Singapore Airlines Engineering, Singapore Airlines Cargo, SilkAir, Scoot and Tigerair(후에 합병됨)를 포함한 거대한 Singapore Airlines 그룹의 일부였다. 이 그룹은 또한 Virgin Australia 지분 20%와 태국 항공사 NokScoot 지분 49%를 포함하여 60개 이상의 항공 관련 회사에 투자했다. Singapore Airlines 그룹이 연결재무제표(consolidated accounts)를 구축하는 동안 Singapore Airlines 자체의 성과를 분석함에 있어 다양하게 연결된 회사의 배당금, 이익 또는 손실은 운영외 항목으로 처리되는 것이 가장 좋다. 그렇지 않으면 핵심 항공사의 실제 실적이 왜곡될 수 있기 때문이다.

④ 앞의 세 항목에 포함되지 않는 외환거래손익 또는 주식매매손익과 같은 항목이다. 최근 항공사들은 종종 환율의 갑작스런 변동으로 인하여 상당한 손익을 보고 있는데 이러한 것들은 운영외 부문의 항목이라 할 수 있다.

⑤ 마지막 항목은 직 · 간접적인 정부보조금 또는 이익에 대한 세금 및 기타 법인세이다. 이 중 일부 항공사들의 경우, 보조금이 상당한 금액이 될 수 있다. 2008년 이후 Air India는 부채를 줄이고 구조조정을 할 수 있도록 15억 달러가 넘는 것으로 추정되는 대규모의 국가 재정지원을 받았다. 다양한 형태의 국가 재정지원은 유럽, 아프리카 및 아시아의 많은 국영항공사에 주기적으로 지급되었다. 이러한 보조금들은 명백히 운영외 부문의 항목이라 할 수 있으며, 이와 유사하게 소득세나 기타 법인세는 운영외 부문으로 분류되어야 한다.

일부 항공사에 있어서 운영외 부문은 항공사들의 재무적 성과에 중대한 영향을 미칠 수 있다. Singapore Airlines(SIA)가 대표적인 사례인데 2015~2016년 회계연도에 Singapore Airlines 그룹은 7억 3,600만 달러의 세전 이익을 달성하였다. 이 중 3분의 2(63%)에 조금 못 미치는 이익이 항공사 운영에서 실현되었는데, 여기에는 화물운송과 Singapore Airlines Engineering이 포함되었다. 나머지(37%)는 주로 자회사로부터의 이익, 투자 배당, 은행 예금으로 벌어들인 이자 등으로 구성된 운영외 항목에서 발생되었다. 이후 Singapore Airlines의 운영외 수익이 급감했지만, Singapore Airlines의 사례는 항공기를 운항하는 핵심 사업이 얼마나 잘 수행되고 있는지에 대한 평가를 하기 위해 운영외 부문을 분리하여야 하는 이유를 충분히 설명해 준다.

운영외 부문의 항목들이 모두 이익이나 잉여를 발생시키는 것은 아니다. 운영외 부문은 손실이나 비용도 많이 발생시킨다. 대부분의 항공사들은 은행 예금 이자보다 많은 대출금 이자를 지불하고 있다. 특히 자기자본보다는 대출 승계에 의해 재원을 확보하는 국영항공사의 경우가 이에 해당되고 민영화된 많은 항공사들조차도 부채에 대한 큰 이자를 지불해야 하며, 그들의 현금 시재액으로 상쇄시키지 못할 수도 있다.

항공사 운영외 부문에서 수익 및 비용의 원천은 각 항공사별로 처해 있는 환경에 영향을 받는다는 특징이 있다. 따라서 운영외 부문 비용을 포함하는 항공사의 순이익 및 총비용에 대한 항공사별 비교는 큰 의미가 없을 수 있다.

사실 몇 년 동안 항공사들의 이익이 감소할 때, 많은 항공사들은 최종수익을 향상시키기 위하여 그들의 운영비용과 수익을 인위적으로 수정하였다. 예를 들어, 경영상태가 좋지 않은 항공사의 경우에는 항공기를 판매하고 다시 항공기를 리스하는 사례도 많이 발생한다. 운영외 부문 항목이 운영 손실을 상쇄시킬 수 있으므로 항공사들은 이를 통해 상당한 현금 유동성을 확보할 수 있다. 이러한 변동성과 복잡성 때문에 항공사의 비용과 수익을 평가할 때에는 운영외 부문 항목을 제외하는 편이 낫고 운영비용과 운영수익에 초점을 두어야 한다. 이러한 것들이 항공사 성과 측정을 위한 가장 좋은 방법이다.

운영 측면에서 살펴보면, 항공사의 회계계정은 운영수익(operating revenue)과 운영비용(operating cost)으로 구분된다. 운영비용은 직접운영비와 간접운영비로 더욱 세분화할 수 있지만, 항공산업에 있어서 직접운영비와 간접운영비는 일반적인 회계 사용과는 다른 의미를 내포하고 있다.

표 3-1 항공사 운영비용의 전통적 분류

직접운영비(Direct Operating Costs: DOC)
1. 운항비 • 운항승무원 인건비 및 부대경비 • 항공유 비용 • 공항 및 항행안전시설사용료* • 항공기 보험료 • 항공기 · 승무원 임차료**
2. 정비비 • 정비직원 인건비 • 정비 소모품비 • 정비관리비(간접비로 분류 가능)
3. 감가상각비 • 항공기 • 지상조업 기자재(간접비로 분류 가능) • 추가 감가상각비 • 개발비 및 승무원 교육 상환비
간접운영비(Indirect Operating Costs: IOC)
4. 스테이션 및 계류장사용료 • 지상조업 직원 인건비 • 건물, 장비, 교통비 • 기타 업체에 지불되는 조업비
5. 여객서비스비 • 객실승무원 인건비 및 부대경비(간접비로 분류 가능) • 기타 여객서비스비 • 여객보험료
6. 발권, 영업 및 프로모션비용
7. 일반관리비
8. 기타 운영비

주: *국제민간항공기구에서는 공항 및 항행안전시설사용료 항목을 간접운영비로 구분하여 '스테이션 및 계류장사용료'에 포함시키고 있음
**미국과 일부 다른 국가들은 관행상 임차료 항목을 '감가상각비'에 포함시키고 있음

이 두 비용 분류는 이론적으로는 명확하다. 직접운영비(direct operating costs)는 항공기 운항과 관련되는 모든 비용을 포함하며, 운항하는 항공기의 종류가 바뀌면 포함되는 모든 비용도 달라진다. 폭넓게 얘기하면 직접운영비에는 모든 비행 관련 비용(운항승무원의 급여, 항공유 비용), 정비비, 모든 항공기의 감가상각비가 포함되어야 한다. 간접운영비(indirect operating costs)는 운항 항공기의 영향을 받지 않는 모든 비용을 의미하는데 이는 항공기의 운항에 직접적으로 관련이 없는 비용이기 때문이다. 간접운영비에는 일반관리비뿐만 아니라 항공기보다는 여객과 관련된 비용인 여객서비스비, 발권 및 판매비용, 스테이션 및 계류장 사용료 등이 포함된다. 그러나 실질적으로 직접운영비와 간접운영비가 항상 명확히 구분되는 것은 아니다. 정비관리비 및 객실승무원비 같은 특정 비용들은 항공사들에 따라 직접비로 분류되기도 하고 간접비로 분류되기도 한다. 항공사의 운영비에 대한 주요 분류는 [표 3-1]과 같다. 이러한 비용 분류는 일부 수정되어 현재 전 세계 대부분의 항공사들에 의해서 채택되고 사용되고 있다. 미국 항공사들은 다소 다른 비용 분류를 사용하지만, 전반적인 접근방식은 유사하다.

3.3 직접운영비

3.3.1 운항비

운항비는 항공기 운항과 관련한 비용으로 운영비 중 가장 큰 단일 비용항목이다. 운항비에는 우선 운항승무원에 관련된 모든 비용이 포함된다. 이러한 비용에는 급여와 체재비, 제수당, 연금, 보험료, 기타 복리후생비 등이 있다. 대부분의 제트항공기의 경우 두 명의 운항승무원으로 구성되어 있고 이들의 급여는 항공기 타입에 따라 달라진다. 안전상의 이유로 기장 및 부기장은 한 타입의 항공기만 운항하게 되어 있다. 또한 일반적으로 항공기 크기가 커질수록 운항승무원의 급여는 커지며 운항승무원비용은 항공기 타입에 달려있다. 그러나 Airbus 319나 320 같은 공통성이 있는 기종의 경우에는 일정한 자격만 있으면 운항승무원들이 두 기종을 운항할 수 있다. 운항승무원비용은 노선별로 산출될 수 있으며 일반적으로 각 항공기 종류별 시간당 비용으로 나타낼 수 있다. 후자의 경우 특정 노선이나 비행편의 총운항승무원비용은 해당 노선에 투입된 항공기의 시간당 운항승무원비용을 해당 노선의 블록시간(block time)으로 곱하여 산출한다(항공운송용어에서 블록시간에 대한 정의 참조).

직접운영비 중 두 번째로 큰 항목은 항공유 비용이다. 운항비와 마찬가지로 항공유 비용도 항공기 특성과 관련이 있다. 연료 소모량은 항공기 타입별로 상이한데 엔진의 개수 및 크기, 엔진추력 및 타입 그리고 엔진의 연령에 따라 달라진다. 항공기 운항 중 실제 연료소모량은 노선의 운항거리, 항공기 중량, 기상조건, 순항고도 등에 따라 달라진다. 시간당 연료비용은 시간당 운항승무원비용보다 더욱 정확하게 추정할 수 있기 때문에 항공사에서는 각 노선별로 연료소모량을 산출할 수 있다. 항공유 비용에는 연료량에 따라 공항당국이 부과하는 연료처리비, 연료공급자에게 지불하는 조업비 그리고 흔하지는 않지만 정부가 부과하는 세금 등도 포함된다.

다른 주요 항목은 공항 및 항행안전시설사용료이다. 우선 항공사는 공항의 활주로와 터미널시설에 대한 사용료를 지불해야 한다. 공항사용료는 일반적으로 두 가지로 나눌 수 있다. 즉, 항공기의 중량과 관계있는 착륙료(landing fee)와 공항에서 탑승하는 승객의 수에 따라 부과되는 승객부담금(passenger charge)이다(승객부담금은 도착 승객 수로 계산되기도 한다). 명백하게도 착륙료와 승객부담금은 항공기의 타입과 관련이 있다. 대부분의 공항들은 기본 착륙료에 2~6시간의 항공기 주기를 허용한다. 만약 항공기가 이러한 기본 시간을 초과해서 주기하면 추가적인 착륙료 또는 격납고사용료를 지불해야 한다. 이러한 것들은 기본 착륙료 및 승객부담금에 비교하면 비교적 적은 금액이다.

항공사들은 항공기가 비행 중이나 이 · 착륙 시 이용하는 항행안전시설사용료를 지불해야 한다. 항행안전시설사용료의 수준은 최대이륙중량(Maximum Take-Off Weight: MTOW)과 비행하는 국가의 영공거리와 관련이 있다. 결과적으로 여객과 관련이 없는 비용인 공항사용료와 항행안전시설사용료는 항공기의 타입별로 달라지기 때문에 직접운영비로 간주된다. 반면에 여객과 관련되는 비용은 항공기 타입에 따라 직접적으로 달라지지 않는다. 비록 소수의 항공사들이 여기에 따르지만, 이것이 ICAO가 착륙료와 항행안전시설사용료를 간접운영비로 분류해야 한다고 주장하는 이유를 부분적으로 설명해 준다. 착륙료와 항행안전시설사용료는 각 국가와 공항별로 다르므로 이러한 비용들은 각 운항 또는 노선에 따라 구분하여 산출되어야 한다.

운항비 중 상대적으로 적은 비용 항목은 항공기에 대한 보험료이다. 각 항공기에 대하여 항공사가 지불하는 보험료는 항공기 취득가격에 특정 퍼센트로 계산된다. 연간 보험료는 항공사의 안전운항기록, 보험에 가입된 항공기 수, 항공기가 운항하는 지정학적 위치에 따라 상이하나, 일반적으로 항공기 취득가격의 1.5~3% 사이이다. 만약 항공사가 전쟁, 테러 혹은 무력분쟁 중인 지역을 통과하는 등 고위험에 대한 충분한 보상이 이루어지는 보험을 들면, 2%까지의 추가보험료를 지불해야 할 수도 있다. 고정된 연간 보험료는 항공기의 가동률, 즉 항공기가 연간 운항할 총블록시간으로 나누어 시간당 보험료를 산출할 수 있다.

추가적으로 많은 항공사들은 다른 항공사들이나 리스회사들로부터 임차하는 항공기에 대한 렌탈 또는 리스비용을 부담해야 한다. 리스비용은 일반적으로 항공기 운항비의 일부로 간주된다. 일부 소규모 항공사들은 종종 리스항공기를 기반으로 설립되는데, 지난 20년 동안 리스시장은 대형항공사에도 널리 활용되었다. 리스는 크게 운영리스와 금융리스 두 가지로 분류할 수 있다. 운영리스는 일반적으로 5년 또는 그 미만으로 행해지며 소유권은 임대인에게 있고, 금융리스는 10년 또는 그 이상으로 행해지며 항공기의 소유권이 항공사에게로 넘어간다. 운영리스의 경우, 렌탈 또는 리스비용이 높아서 항공사의 총운항비용이 비정상적으로 높은 수준을 보이게 된다. 이는 리스항공기의 렌탈비용이 항공기 소유자, 즉 임대인이 지불한 감가상각비와 이자비용을 실제적으로 포함하기 때문이다. 반대로 항공사는 렌탈비용을 통하여 간접적으로 감가상각비를 지불하기 때문에 감가상각비의 수준이 낮다. 금융리스를 사용하는 항공사는 렌탈비용을 지불하고 항공기에 대한 최종소유권을 보유하기 때문에 그들의 회계장부에 감가상각비를 부과하는 경향이 있다(리스항공기의 감가상각액 계산에 대한 내용은 Morell, 2013 참조).

미국의 회계 관습이 리스료를 운항비용으로 취급하기보다 감가상각비로 분류하는 것은 바로 리스료에 상당 부분의 감가상각비가 포함되어 있기 때문이다([표 3-1] 참조). 미국 이외의 많은 항공사들 역시 이러한 접근법을 따르고 있는데, 리스비용과 감가상각비는 항공기 소유비용(aircraft ownership costs)으로 간주되며, 많은 항공사들이 항공기 구매에 대한 이자비용을 항공기 소유비용에 포함시키고 있다.

마지막으로 항공기 운항과 관련된 비용들 중에 위의 항목에 포함되지 않는 것들이 있다. 이러한 추가적인 비용에는 운항승무원훈련비와 노선개발비가 있다. 그러나 만약 훈련비를 2~3년에 걸쳐 상각한다면 그 비용들을 통합해서 감가상각한다.

3.3.2 정비비

총정비비에는 개별적으로 다루어져야 할 정비 및 오버홀(overhaul)의 다른 분야와 관련된 모든 개별 비용들이 포함된다. 실제로 많은 공통비용들이 각각의 정비 분야에 존재하기 때문에 많은 항공사들이 총정비비를 개별 비용으로 분류하는 것이 가능하지만 어려운 편이다. ICAO는 모든 정비와 오버홀비용을 단일 비용 항목으로 통합한 반면, 영국 민간항공국은 정비비를 고정비 및 변동비 두 가지 항목으로 구분하였다. 이 중 변동비는 비행의 양에 따라 달라지는 비용이다.

정비비에는 라인정비(line maintenance)라고 알려진 항공기의 운영을 위해 행해지는 통상적인 정비비뿐만 아니라 광범위한 정기 점검과 기체 및 엔진의 메이저 체크도 포함된다. 여기에는 두 개의 주요 비용 분야가 포함되는데, 첫째로, 정비작업에 직·간접적으로 관련된 모든 담당자들의 높은 인건비가 포함된다. 가능하다면 파견된 정비 인력의 인건비는 스테이션비용과 구분되어 정비비에 포함되어야 한다. 두 번째로, 예비 부품 소비와 관련된 주요 비용이 있는데, 항공기 엔진 및 동체의 주요 부품은 블록시간 및 비행사이클의 횟수인 이·착륙 횟수에 따른 수명주기가 있기 때문이다. 일단 이러한 부품의 인증 수명이 만료되면 각 부품을 점검하거나 교체해야 한다. 따라서 예비 부품의 소비는 비싸고 비용이 많이 든다.

또한 작업장, 격납고, 사무실 관련 비용 등도 포함되어야 한다. 마지막으로 항공사가 정비 업무를 위탁하였다면 그 지급금도 정비비 항목으로 할당되어야 한다.

미국 교통부(Department of Transportation)는 항공기재의 정비비를 세 가지 항목으로 분류하고 있다. 기체에 대한 직접정비비(direct maintenance on the airframe), 엔진에 대한 직접정비비(direct maintenance on the engine), 정비부담금(maintenance burden)이다. 정비부담금이란 정비 업무와 관련된 일반관리비를 의미하며, 특정 기체나 엔진에 직접적으로 할당되지 않고 임의적 기준에 의하여 할당되는 비용이다. 미국 항공사들은 연방정부에 그들이 운항하는 각 항공기를 타입별로 구분하여 세 가지 항목으로 분류된 정비비를 제출해야 할 의무가 있다. 이렇게 발행된 자료들은 항공사 간의 비교뿐만 아니라 각 항공기 및 엔진 간의 정비비 비교를 위한 좋은 자료로 활용되고 있다.

미국 이외의 국가에서도 항공사들이 각 항공기 타입별로 정비비를 분류하려 하고 있지만, 이를 위한 표준화된 방식이 없고 각 항공사가 유효한 자료를 발행하더라도 항공사들 간의 비교에 활용하기에는 크게 도움이 되지 않은 실정이다. 개별 항공사들은 특정 항공기 타입의 총정비비를 추정하기 위하여, 정비비를 그 항공기 종류의 모든 블록시간으로 나누어 시간당 정비비로 산출하고 있다.

3.3.3 감가상각비

항공기에 대한 의존도가 높은 항공기재의 감가상각비는 직접운영비의 세 번째 구성요소이다. 항공사는 항공기재를 0~15% 이내의 잔존가치를 두고 정액법으로 감가상각을 하는 경향이 있다. 잔존가치는 감가상각이 끝난 시점에서의 항공기 예상가치이다. 최근에는 전 세계 항공사들이 그들의 광폭동체항공기와 신형 협폭동체항공기의 잔존가치를 5~10% 정도에 두고 감가상각기간을 15~25년 정도로 연상하는 추세이나. 특히 단거리 소형항공기와 터보프롭 항공기의 경우, 감가상각기간이 일반적으로 짧다.

미국 항공사들은 다른 항공사들보다 감가상각기간을 더 길게 하는 경향이 있는

데, 예를 들어 2015년 Delta Air Lines는 잔존가치를 5~10%로 두고 감가상각기간을 23~32년으로 두었고, 같은 해 Southwest는 기체와 엔진의 잔존가치를 2~20%로 두고 감가상각기간을 22~25년으로 두었다.

경제위기 때 항공사들은 연간 비용을 줄이기 위한 방안으로 감가상각기간을 연장하였다. 예를 들어, 2014년 회계연도에 Lufthansa는 감가상각정책을 12년 15% 잔존가치에서 20년 5% 잔존가치로 변경하였다. 이는 이미 많은 항공사들이 이 같은 방법으로 감가상각정책을 변경하여 적용하는 것과 같은 맥락이다. 더욱 중요한 것은 새로운 감가상각정책으로 인해 2014년 운영이익이 4억 4,500만 달러 초과 발생하였다!

감가상각의 목적은 두 가지로 분류할 수 있다. 첫째, 항공기의 수명주기 동안 항공기의 비용을 분산시키기 위함이다. 만약 항공기의 총가격이 구매한 해에 부채로 잡힌다면, 큰 규모의 구매비용으로 인해, 특히 여러 대를 구입한 경우 해당 연도의 이윤에 상당한 악영향을 미칠 수 있다. 대신 항공기 총구매비용을 일정 비율 나누어 매년 연간 수익에 단계적 비용으로 적용시킨다. 이러한 감가상각정책은 적용할 비율을 결정해야 하며, 항공사는 감가상각비를 커버하는 것으로 항공기 자산을 소유하는 비용을 충족시킬 수 있다는 것을 확신할 수 있다. 둘째, 매년 수익 중 감가상각을 통해 감가상각비에 상당하는 금액을 일반적립금에 충당하기 위함이다. 이론적으로 이러한 자산은 달성한 이익과 함께 미수이자를 포함한 항공기 구매비용과 대출금을 상환하는 데 사용될 수 있다. 만약 항공기를 항공사가 보유하고 있는 현금으로 완납하거나 일부를 지불하여 구매하였다면, 축적된 감가상각 충당금은 현재 항공기를 교체할 때 새 항공기를 구매할 자금으로 활용될 수 있다.

이론상 그리고 역사적으로 항공기 가격의 상승과 결합된 항공산업의 한계수익성은 몇몇 항공사만이 새로운 항공기 구매를 위한 충분한 현금을 보유하고 있음을 의미하며, 대부분은 항공기 대수를 늘릴 때 대출을 늘리거나 리스하는 것에 의존해야 한다.

항공사의 보유기간 중 특정 항공기의 연간 감가상각비는 추정된 잔존가치와 감가상각기간에 따라 결정된다. 2017~2018년에 여러 대의 Boeing 787-800 Dreamliner를 인도받기 위해 2015년 구매를 선주문한 항공사는 여러 대의 항공기를 구매함으로 인해 정가 2억 2,000만 달러의 항공기를 1억 7,000만 달러에 구매했고, 추가로 여유 부품을 3,000만 달러를 주고 구매하여 총 2억 달러의 구매비용이 들었다. 10%의 잔존가치에 20년 동안 감가상각한다고 가정하면 연간 감가상각비는 900만 달러가 될 것이다.

$$\text{연간 감가상각비} = \frac{\text{항공기 및 부품가격(2억 달러)} - \text{잔존가치(10\%)}}{\text{감가상각기간 20년}}$$
$$= \frac{\text{2억 달러} - \text{2,000만 달러}}{20} = \frac{\text{1억 8,000만 달러}}{20}$$
$$= \text{900만 달러}$$

그러나 만약 항공사가 감가상각기간을 줄인다면 연간 감가상각비는 늘어날 것이다. 따라서 항공사가 2016년 Emirates처럼, 위의 사례에 사용된 20년이 아닌 잔존가치 10%에 15년으로 감가상각한다면 동일한 Boeing 787 항공기의 연간 감가상각비는 900만 달러에서 1,200만 달러로 상승할 것이다. 이는 각 항공기의 연간 감가상각비를 높여 연간 운영비용의 증가를 초래할 것이다.

그렇다면 빠른 감가상각정책이 운영비용을 올리는데도 왜 Emirates 또는 몇몇 항공사들은 이러한 감가상각정책을 채택하였는가? 항공사는 더 빠른 감가상각과는 별도로 추가로 돈을 적립함으로써 더 높은 현금보유량을 축적하여 자기자본조달을 통한 항공기 확장 또는 항공기 개선을 더 쉽게 할 수 있기 때문이다. 또는 법인세 부채를 최소화하기 위해 단기적으로 연간 이익을 줄이고자 할 수 있다.

감가상각정책이 결정되면 항공기의 연간 감가상각비용은 고정비가 된다. 그러나 시간당 비용은 항공기의 운항시간과 관련이 있다. 각 항공기의 연간 시간당 감가상각비는 고정 연간 감가상각비를 항공기의 연간 가동률, 즉 연간 블록시간으로 나누어 산출할 수 있다. 2016년 All Nippon Airways의 사례와 같이 Boeing 787-800 항공기의 연간 블록시간이 3,680시간이라면, 시간당 감가상각비는 2,445달러가 될 것이다(900만 달러÷3,680시간). 연간 가동시간을 5,530시간으로 증가시킨다면 시간당 감가상각비는 34% 낮은 1,627달러이다(900만 달러÷5,530시간). 이것은 항공기의 일일 또는 연간 가동률을 높이는 것이 얼마나 중요한가를 나타낸다.

일일 또는 연간 가동률이 높아질수록 시간당 감가상각비는 낮아진다. 감가상각기간, 잔존가치 또는 연간 가동시간의 변화가 시간당 감가상각비에 영향을 미치기 때문이다.

감가상각정책을 수립하는 것은 복잡하다. 이는 항공기의 기본 비용이 각각 수명이 다른 기체, 엔진, 예비 부품, 기내 엔터테인먼트시스템을 포함한 기내 비품과 같은 개별 요소로 구성되어 있기 때문이다. 일단 항공기를 구매하면 기체 및 엔진 오버홀에 필요한 추가적인 대형 자본 지출이 주기적으로 발생하며, 항공사들은 별도의 자본 지출을 어떻게 감가상각을 할지에 대한 결정을 해야 한다. 예를 들어, 2016년 easyJet은 기체 및 엔진은 23년, 예비 부품은 14년, 선불 주정비(prepaid major maintenance)는 7~10년으로 감가상각기간을 설정했다.

ICAO는 지상자산(ground property) 및 장비에 대한 감가상각비도 직접운영비의 추가 항목에 포함시키고 있다. 이러한 관행에는 의문점이 있는데, 그러한 감가상각비가 특정 항공기 타입에 적용이 가능한 지상장비를 제외하고는 항공기 운항과 직접 연관이 없고, 항공사가 항공기를 바꾸더라도 영향을 받지 않기 때문이다.

많은 항공사들은 운항승무원의 훈련비와 신형항공기의 도입 및 신규 노선의 개발과 관련된 운항준비비용(pre-operating costs)을 감가상각하고 있다. 본질적으로 발생 당해 연도에 비용처리되는 대신에, 수년에 걸쳐 비용처리되는 것을 의미한다. 이러한 상각비용도 감가상각비에 포함이 되지만 그 액수는 상당히 작다.

3.4 간접운영비

3.4.1 스테이션 및 계류장사용료

스테이션 및 계류장사용료는 착륙료나 기타 공항사용료 이외에 공항에서 항공사에게 서비스를 제공함에 따라 발생하는 모든 비용이다. 이러한 비용에는 공항에

커미션은 신용카드사뿐만 아니라 항공권의 판매를 위해 사용되는 예약 · 판매 시스템(Global Distribution System: GDS)화에도 지불된다. 마지막으로 광고비용과 저널리스트나 여행업자를 대상으로 한 신규 노선 및 관광지 소개를 위한 다양한 형태의 프로모션비용도 이 항목에 포함되어야 한다.

3.4.4 일반관리비

일반관리비는 대체로 항공사의 총운영비 중에서 상대적으로 적은 부분을 차지한다. 이는 간접비가 항공사 내의(정비와 판매 같은) 특정 기능이나 활동과 연관되어 있으며, 그러한 활동에 따라 분배되기 때문이다. 따라서 엄밀히 얘기하자면, 실제로 항공사의 일반적인 업무와 특정 활동으로 배분이 어려운 비용만을 일반관리비에 포함해야 한다. 이러한 비용은 항공기 또는 유상하중 관련 비용이 아니라 '시스템' 관련 비용이다. 어떤 항공사들은 본사 중심의 비용관리를 가능한 많이 지역 중심의 비용관리로 할당하려 하지만, 다른 항공사들은 정책상의 문제 또는 그들의 회계절차가 충분히 정교하지 못한 문제 때문에 그렇게 하지 못한다.

항공사가 특정 비용을 앞서 언급한 비용 분류 항목 중 어느 곳에도 포함시키지 못하는 경우 그러한 비용은 '기타운영비'에 포함할 수 있다. 특정 항공사의 비용 분류에서 이 부분에 포함되는 비용이 큰 경우에는 항공사가 비용 컨트롤을 잘 행하지 못하고 회계절차도 부적합하다는 것을 의미한다.

3.5 항공사 비용의 추세

여러 비용 항목 중에서 총운영비용의 배분은 [표 3-2]와 같다. 2017년 대다수 세계 정기항공사에 있어서 총운영비용의 약 3분의 2(63.1%)가 직접비였고, 나머지는 간접비로 분류되었다.

항공유 비용은 일반적으로 단일항목으로는 항공사의 가장 높은 투입비용이기 때문에 유가의 변화는 항공사의 비용 수준 및 비용구조에 영향을 미치는 가장 중요한 요소였다. 역사적으로 유가가 낮았을 때, 항공사의 총운영비용은 직 · 간접적으로 다소 균등하게 배분되었다. 그러나 항공유는 매우 높은 투입비용이기 때문에 유가가 상승할 때 직접운영비는 총비용의 절반을 쉽게 초과하는 경향이 있다. 유가가 매우 높은 수준으로 상승한 2008년과 2014~2015년, 직접운영비는 총비용의 3분의 2 이상을 차지했다. 즉, 유가는 단일비용으로 가장 큰 항목일 뿐 아니라 시간이 지남에 따라 변동하며, 종종 매우 빠르게 변하기 때문에 중요한 비용변수이다.

표 3-2 비용구조: IATA회원 항공사, 2017년

(단위: %)

A. 직접운영비	
1. 운항비 – 합계	47.1
운항승무원비(급여, 비용, 훈련비)	(8.8)
항공유 비용	(22.8)
공항 및 항행안전시설사용료	(6.7)
항공기 렌탈, 보험료 등	(7.0)
기타 운항비	(1.8)
2. 정비비	10.3
3. 감가상각비 – 항공기(보험료 포함)	7.0
직접운영비 합계	63.1
B. 간접운영비	
4. 스테이션 및 계류장사용료*	7.8
5. 여객서비스비(객실승무원 포함)	8.2
6. 발권, 판매, 프로모션비	6.7
7. 일반관리비	14.2
간접운영비 합계	36.9
C. 총운영비	100

자료: International Air Transport Association, Geneva

1990년 이후 유가의 변동은 앞서 [그림 1-4]에서 설명하였고(제1장), 새로운 세기는 저유가로 시작되었다. 그 결과 2000년도에 항공유는 세계 항공사 비용의 약 14%에 불과했다. 그러나 2003년 이라크 전쟁 그리고 중국과 인도의 폭발적인 원유수요 증가와 OPEC 회원국들의 원유 생산의 조정으로 인하여 원유가격이 급격히 상승하면서 2006년까지 원유가격이 3배로 뛰었다. 항공유 가격도 동반 상승하였는데, 2007년 항공유의 배럴당 평균 가격이 미화 90달러에 도달했을 때 항공유는 항공사 비용의 25%를 차지하였다. 2008년 중반까지 항공유는 배럴당 126.7달러까지 올랐다가 하반기에 붕괴되었고 2009년에는 71달러까지 떨어졌다(여기에 언급된 가격은 [그림 1-4]에 표기한 미화 상수가치를 당일 최근가치로 표기).

2009년 이후에는 항공유 가격이 점차 상승해 2012년 배럴당 129.6달러로 최고치를 경신했으며, 이때 항공유 비용은 항공사 총비용의 33%를 차지했다. 항공사가 항공유 외의 비항공유 비용 항목에서 그 비용을 성공적으로 절감했기 때문에 항공유 상승으로 인한 영향은 컸지만 어려운 상황을 잘 극복했다. 그 후 항공유 가격은 2014년 중반까지 높은 수준을 유지하다가 다시 한번 급격히 하락하기 시작했지만, 많은 항공사들은 2013년 또는 2014년 초에 미리 확보한 항공유 헷지로 인해 항공유 가격 하락의 혜택을 톡톡히 보지는 못했다. 그들은 유가가 오르거나 계속 높을 것이라고 생각하고 항공유를 선구매했는데, 항공유 헷지를 거래한 항공사들은 2015년 시장가격보다 훨씬 높은 가격을 지불했다. 그 결과 2015년 항공유 비용은 총비용의 28.7%를 차지했고 그 다음 해는 22%로 떨어졌다.

항공유 비용이 2016년 초와 같이 매우 낮은 수준으로 떨어졌을 때, 일부 항공사의 총인건비(운항승무원, 객실승무원, 정비사, 공항 및 기타 직원 포함)는 항공유 비용을 초과하여 단일 비용 항목 중 가장 큰 항목이 되긴 했지만, 항공유 비용이 비교적 높았을 때도 단일비용으로 인건비가 가장 큰 미국 항공사들이 존재했다.

항공기 소유비용 또한 큰 투입비용 중 하나이다([표 3-2] 참조). 2017년에는 항공기 렌탈(6.9%)과 감가상각비 그리고 항공기 보험료(7%)가 총비용의 13.9%를 차지했다. 이는 앞서 지적했듯이 위기 상황에서 항공사들이 연간 감가상각비를 줄여 연간 소유비용을 낮추기 위해 감가상각정책을 변경하려는 이유다.

3.6 회피 가능성의 개념

앞 절에서 언급한 전통적인 비용 분류는 본질적으로 기능적인 것이다. 비용은 항공사 내에서의 항공기 운항이나 정비와 같은 특정 기능별로 분류되고, 직접비나 간접비로 분류된다. 이러한 비용 분류는 회계나 경영관리 목적으로 상당한 가치를 가진다. 특히 항공사 내부의 조직구조가 비용 목적을 위해 이용되는 동일한 기능적인 분야 — 다시 말해서, 항공사 내부에 운항본부, 정비본부, 영업본부 등이 있을 때 — 와 밀접히 연관될 때 더욱 그렇다. 비용들의 기능적인 분류는 항공사의 성과를 측정하거나 항공사별로 비용을 비교할 때 유용하게 사용된다. 비용은 특정 기능 분야 내에서 분해원가(disaggregate costs)를 상대적으로 쉽게 산출할 수 있도록 분류될 수 있어야 한다. 예를 들면, 정비 분야에서의 인건비와 스테이션 및 지상조업 분야에서의 인건비는 각기 별도로 분석될 수 있어야 한다.

추가적으로 직접비와 간접비의 구분은 항공기를 평가할 때에 특히 유용하게 활용할 수 있다. 간접비는 항공기 타입에 영향을 받지 않기 때문에 특정 노선이나 운항에 있어서 간접비는 일정하다고 가정할 수 있다. 따라서 새로운 항공기 타입이나 다수의 항공기들 간의 평가는 순수하게 직접운영비의 측정에 기반을 두고 이루어진다. 이 때문에 평가과정이 단순화된다.

전통적인 비용 분류 접근방법의 가장 큰 장점은 단순함이고, 기능별로 비용을 배분할 때 공동비용(joint cost) 또는 공통비용(common cost)의 배분과 관련된 많은 문제점을 회피할 수 있다는 점이다. 예를 들면, 여러 다른 서비스에 공통적인 스테이션 및 지상조업비는 하나로 분류되며, 특정 항공편이나 서비스로는 배분되지 않는다. 그러나 이러한 비용 분류의 간단함이 주요한 단점으로 지적되기도 한다. 왜냐하면 이러한 비용 분류방식은 특정 서비스나 노선에서의 경제성 평가, 가격 의사결정 또는 특정 노선에서 운항패턴의 변화에 따라 비용이 어떻게 변화하는지 등에는 제한적으로만 활용될 수 있기 때문이다.

이러한 부분과 여러 다른 영역에서의 원활한 의사결정을 위하여 비용의 '회피 가능성(escapability)'에 대한 개념의 도입이 필요하다. 회피 가능성의 정도는 특정 비용이 사라지기까지 필요한 시간에 따라 결정된다. 특정 비용들은 특별한 경영 의사결정을 통해 즉시 소멸될 수 있으며, 다른 비용들은 소멸되는 데 많은 시간이 요구되기도 한다. 회피 가능성 개념은 임시적인 차원을 포함한다. 각 비용별로 회피하기까지 필요한 기간은 각기 상이할 수 있으나 모든 비용은 언젠가는 소멸될 수 있다.

또한 회피 가능성 개념에는 기술적 측면이 존재하는데 회피 가능성의 정도는 항공서비스의 규모 및 본질 또는 항공사들이 고려하는 활동에 따라 달라지기 때문이다. 따라서 만약 특정 노선에 있어 모든 항공서비스가 중단된다면, 사라질 수 있는 비용의 속성은 단지 일주일 중 특정일의 한 항공편만 취소되는 것과는 많은 차이가 있을 것이다. 항공노선을 단항함으로써 항공기 운항비용의 절감, 스테이션의 폐쇄, 승무원의 감축 그리고 항공기의 보유대수까지 줄일 수도 있다. 주당 한 항공편의 취소를 통해서는 항공기 운항비용은 줄일 수 있으나 이는 미미한 수준일 것이다. 그 항공편이 취소된다 하더라도 나머지 항공편을 지원하기 위해서는 공동비용 또는 공통비용이 지속적으로 발생하기 때문이다. 그러므로 항공사 관리자들은 회피 가능성의 임시적이고 기술적인 측면을 항상 명심해야 한다.

항공사들이 비용절차에 회피 가능성 개념을 도입하는 방법은 각기 다르다. 가장 보편적인 방법은 전통적인 회계방식을 통해 고정비와 변동비를 구분하는 것이다. 항공사들은 비용을 직접운영비와 간접운영비로 분류하고 그 비용들을 다시 '고정비'와 '변동비'로 더욱 세분화시킨다. 앞에서 언급한 임시적이고 기술적인 측면으로 인해 여러 방법을 활용할 다양한 방법이 있을 수 있다. 대형항공사나 보다 조직이 잘 갖추어진 항공사들은 가격결정에 사용하는 비용 분류와 특정 서비스 및 노선들의 수익성분석에 사용하는 비용 분류를 다르게 운용하기도 한다. 이에 가능한 접근방법 한 가지는 다음과 같다.

3.6.1 변동 및 고정직접운영비

변동 또는 비행직접비(variable or flying direct costs)는 단기적으로 직접 회피 가능한 비용이다. 이들은 활동 관련(activity related) 비용이며, 운항이 취소되면 소멸될 수 있는 비용이다. 항공유 비용, 특정 항공노선 운항을 위해 발생하는 운항승무원의 체류비, 착륙료, 기내식 비용 등은 즉시 소멸될 수 있는 명백한 비용이다. 그러나 정비비와 같이 덜 명확한 비용은 변동비로 분류된다. 인건비와 스페어 부품 교체 등과 같이 항공기의 각기 다른 부품들에 대한 특정 정비 체크는 비행시간 또는 비행 사이클의 횟수에 따라 발생하게 된다(비행 사이클은 한 번의 이 · 착륙을 의미한다). 예를 들어, 이 · 착륙장치는 비행 사이클의 횟수와 관련이 있다. 항공기 정비의 많은 부분들이 비행시간이나 비행 사이클과 관련이 있으므로 항공서비스의 취소는 즉시 비행시간과 비행 사이클을 줄일 수 있으며, 이로 인해 특히 스페어 부품의 사용과 약간의 인건비 등과 같은 정비비를 줄일 수 있다.

고정비 또는 고정직접비(fixed or standing direct costs)는 특정 운항 또는 지속적인 운항에도 단기적으로 변동하지 않는 직접운영비이다. 이들은 항공기 크기(fleet size)와 관련이 있다. 연간 감가상각비 또는 리스비용과 같은 이러한 비용들은 단기적으로는 소멸되지 않지만, 중기적으로는 소멸될 수도 있는 비용이다. 이 비용은 항공편의 한, 두 시즌 항공 스케줄 기간 내에는 소멸되지 않는다. 즉, 특정 기간 동안 스케줄을 계획하고 항공기 대수를 계획해 둔 경우, 항공사 직원 및 정비 관련 부분은 설정된 특정 스케줄에 부합되어야 하기 때문에, 항공사에서는 공공적 차원에서 다음 스케줄이 공표되기까지 현재 계획된 스케줄을 마음대로 줄이거나 없앨 수가 없다. 이는 승객들의 부정적인 반응과 그 책임 때문이며, 일부 서비스를 즉시 없애더라도 단기적으로는 고정직접비를 절감할 수 없다.

새로운 스케줄은 일반적으로 일 년에 두 번 공표되지만 1년 이상의 시간을 두고 계획한다. 만약 항공사가 다음 시즌에 운항횟수를 줄이려고 한다면, 일부 항공기를 매각하면서 항공기 대수를 줄일 수 있으며 직원 수와 정비비 등도 줄일 수 있다. 고정비 또는 고정직접비는 일 년 또는 이 년 정도 후에 회피할 수 있는 비용이며, 항공사가 얼마나 신속히 스케줄을 변경하고 항공기, 직원 등을 줄일 수 있느냐에 달려있다. 따라서 운항승무원, 객실승무원 또는 정비 엔지니어들의 인건비는 단기간으로 보면 고정비이지만, 직원들의 출장비용 또는 운항승무원들의 보너스는 비행활동과 관련되기 때문에 변동비로 분류된다.

3.6.2 간접운영비

대부분의 간접운영비(indirect operating costs)는 단기간으로 보면 비행량과 무관하여 고정비이지만, 다른 비용들은 특정 항공편의 운항에 직접적으로 연관되는 것도 있다. 이는 주로 여객서비스 관련 비용으로서 기내식, 호텔비, 객실승무원비용의 일부분 등이다. 지상조업업체나 타 항공사에 지불하는 항공기, 승객, 화물과 관련한 지상조업비는 운항을 하지 않으면 회피할 수 있으며, 광고와 프로모션 비용 일부도 단기간으로 회피할 수 있다. 회피성을 토대로 비용을 분류하는 항공사들은 이전에 간접비로 분류된 상기 비용들을 고정직접운영비 혹은 변동직접운영비로 재분류한다. 이러한 비용은 특정 서비스 또는 노선에 영향을 받지 않는 간접비 항목으로 남아있으며, 단기간에는 고정비이지만 중기 또는 장기적으로 회피될 수 있다.

회피성 개념에 근거를 둔 한 가지 가능한 비용 분류는 [표 3-3]과 같다. [표 3-2]에서 직접운영비로 분류되었던 모든 비용이 여기에서는 고정비와 변동비로 분류되어 있다. 또한 [표 3-1]에서 간접운영비로 분류되었던 상당수의 비용들이 직접비로 재분류되어 있다. 이러한 비용들에는 객실승무원비, 타업체나 항공사에 제공되는 지상조업비, 기내식 비용, 기타 여객 관련 비용 등이 있다. 그러나 이러한 비용들은 다시 고정 또는 변동직접비로 분류된다. 지상조업비와 여객서비스비 그리고 객실승무원비 일부는 변동비로 간주되는데, 이러한 비용들은 비행량과 관련이 있기 때문이다. 반면에 기본 연봉을 포함하는 대부분의 객실승무원비는 고정직접비로 간주된다.

항공유 가격이 특히 높았던 2015년 3월까지의 회계연도에 회피 가능성의 개념을 적용하여 British Airways의 비용구조를 평가해 볼 수 있다. 영국 민간항공국이 발표한 운영비 자료(이러한 자료는 이후 중단됨)에 의하면 회피 가능성 측면에서 British Airways의 비용을 세분화할 수 있는 가능성이 입증되었다. 그해 British Airways 총운영비의 절반 또는 63.4% 이상이 변동직접비였고 즉시 회피할 수 있다는 것을 보여주었다. 추가로 21.3%는 중기적으로 회피할 수 있는 직접운영비었나. 놀랍게도 15.3%만이 장기적으로 회피할 수 있는 간접운영비였다.

항공유 비용은 일반적으로 가장 큰 단일비용이기 때문에 변동비에 큰 영향을 미친다. 2014년 한 해는 고유가가 지속되었고 이러한 상황은 다른 항공사들과 마찬가지로 British Airways의 변동직접비를 3분의 2에 가깝게 끌어올렸다. 이후 유가가 하락하면서 British Airways의 변동직접비도 50% 안팎으로 완화되었다.

변동직접운영비는 항공사의 활동 수준인 비행량에 관련이 있다. British Airways의 사례처럼 변동비의 높은 비율은 운항계획과 가격정책에 중요한 시사점을 준다. 낮은 탑승률이나 일드가 주요 변동비용을 상쇄하지 못하는 경우, 하나 혹은 그 이상의 항공편 스케줄을 취소함으로써 단기적으로 영업손실을 크게 줄일 수 있다. 다시 말하면, 수익이 작다 하더라도 그 수익은 최소한 변동비용을 초과해야만 한다. 만약 그렇지 않다면 운항을 지속하는 것은 출혈을 지속하는 것과 다름이 없다. 이러한 위험은 유가가 높을 때 더욱 커지는데 이로 인해 변동비의 상대적 비율이 증가하기 때문이다.

변동비는 즉시 회피될 수 있는 비용이다. 중기적(1~2년 이내)으로 이전에 고정비로 간주되던 많은 고정직접비들이 변동하기 시작하는데, 그러한 비용들은 항공기의 크기와 근본적으로 관련이 있다. 항공기 크기가 줄어들면 고정비 역시 크게 줄어들며, 항공기를 매각하거나, 감가상각비를 줄이거나, 운항 및 객실승무원 수를 줄이거나, 직원을 재배치하고, 정비직원을 위한 시설규모를 줄임으로써 고정비를 낮출 수 있다.

간접운영비는 운항하는 노선의 수, 제공하는 서비스 품질, 네트워크를 유지하기 위해 만들어진 판매 및 유통 채널과 밀접한 관련이 있으며, 광고 및 프로모션비용 역시 노선구조에 영향을 받는다. 운항노선의 수는 중기적으로 줄일 수 있으며 장기적으로는 전체 노선이 수정될 수 있다. 따라서 일부 간접운영비는 중기적으로 회피할 수 있지만 대부분의 간접운영비는 회피하는 데 오랜 시간이 걸린다. 요약하면, 고정직접비와 간접비들은 중기적으로 회피할 수 있는 비용들이다.

중요하지만 자주 망각하고 있는 사실은 총비용의 90% 정도가 운항의 전면 중단이나 부분적 철수를 통해 중기적, 즉 1~2년 후에 변동이 가능하다는 것이다. 북미 항공사의 사례처럼 터미널을 소유하고 있는 예외적인 경우도 있지만, 항공사들은 다른 공공 교통수단보다 쉽게 투자를 중단하거나 운항을 중단할 수가 있는데, 이는 항행안전시설이나 활주로 등에 대한 고정투자가 없기 때문이다. 그러나 투자 중단이 비교적 쉬운 반면, 구조조정으로 인해 퇴사한 직원에 대한 위로금 지급이나 항공기 리스계약의 조기 해지 등에 들어가는 비용도 상당히 많다. 만약 항공산업 전체가 호황이라면 투자 중단도 쉽다. 항공기를 쉽게 팔거나 재임대할 수 있고 직원들도 쉽게 재배치할 수 있기 때문이다. 그러나 일반적으로 경기가 좋지 않을

표 3-3 고정비 및 직접운영비에 근거한 비용구조

변동직접운영비	고정직접운영비
1. 항공유 비용 • 연료 • 오일	7. 항공기 유지비 • 감가상각비 또는 리스렌탈 • 항공기 보험료
2. 운항승무원 변동비* • 운항승무원 인건비 및 보너스	8. 연간 운항승무원비 • 운항시간 외 고정급 및 기타 경비 • 운항승무원 관리비
3. 객실승무원 변동비 • 객실승무원 인건비 및 보너스	9. 연간 객실승무원비* • 운항시간 외 고정급 및 기타 경비 • 객실승무원 관리비
4. 정비직접비 • 비행 사이클 관련 • 항공기 가동률	10. 정비간접비 • 비행시간 외 정비지원 인건비 • 정비관리비 및 기타 경비
5. 공항 및 항행안전시설사용료 • 착륙료 및 기타 공항사용료 • 항행안전시설사용료	
6. 여객서비스비* • 기내식 등 • 타 업체에 지불되는 조업비	
간접운영비	
11. 스테이션 및 계류장사용료 12. 여객서비스비 • 여객서비스 직원 • 여객 보험료 13. 발권, 판매 및 프로모션비용 14. 일반관리비	

주: *이 비용들은 이전에 '간접비'로 분류됨([표 3-1])

때 항공사들은 생산을 줄이려고 한다. 아무도 항공기를 구매하거나 직원을 신규로 채용하고자 하지 않기 때문에 이런 시기에 항공기 대수를 줄이는 것은 매우 어려운 일이다.

3.7 항공기 운영 의사결정을 위한 비용 할당

운항횟수를 줄이거나 늘려야 하는지 또는 신규 노선을 취항해야 할지와 같은 항공사 운영과 관련한 의사결정에 있어 비용 회피의 개념을 이해하기 위해서는 고정비 및 변동비들을 개별 항공편들이나 노선별로 할당할 필요가 있다. 항공사들마다 조금씩 다른 점이 있을 수는 있지만, 대체적으로 항공사들의 접근방법은 유사하다.

변동직접운영비의 할당은 간단하게 이루어지는데, 거의 모든 비용이 개별 항공편마다 특정하기 때문이다. 연료비, 운항 및 객실승무원비, 공항사용료와 항행안전시설사용료, 여객서비스비용([표 3-3]에서 정의된) 등은 사용된 항공기 타입, 항공기 크기 및 비행 노선에 따라 직접적으로 좌우된다. 이들은 매우 특징적이고 쉽게 산출할 수 있다. 예외는 예상하지 못한 엔지니어링 또는 정비비인데, 여기에는 어느 정도의 평균치가 요구된다.

일부 직접 정비작업 및 점검(checks)은 운항하는 항공기의 비행량과 관계가 있으며, 기타 점검은 비행 사이클 횟수와 관련이 있다. 이러한 항공기의 부분 정비는 주로 이 · 착륙에 영향을 받으며, 이 · 착륙장치나 플랩 같은 것은 비행 사이클 횟수와 밀접한 관련이 있다. 항공사들은 각 항공기의 종류별로 블록시간당 평균 정비비와 각 비행 사이클당 별도의 평균 비용을 산출한다. 개별 항공편의 변동정비비는 그 비행에 소요되는 비행시간과 비행 사이클 횟수에 근거를 두고 산출할 수 있다.

항공사의 고정직접운영비는 일반적으로 각 항공기 타입별로 블록시간당 비용으로 변환된다. 이후에 이러한 비용들은 항공기 타입과 구간 및 노선에서의 블록시간을 기준으로 각 비행 또는 노선에 따라 할당된다. 고정직접운영비의 첫 번째 구성요소는 감가상각비, 리스항공기의 임차료, 항공기 보험료를 포함한 항공기 유지비용이다. 이들 비용은 항공기 취득가격 및 리스율에 영향을 받기 때문에 항공기 타입별로 다르다. 또한 기종별 항공기 수에 근거한 연간 고정비용이며, 이를 연간 가동률로 나누어 시간당 감가상각비와 보험료를 산출할 수 있다(3.3절 참조). 또한 항공기를 리스할 경우에 12개월 동안 부담해야 하는 리스비용이 있는데 이러한 비용들은 비행량과는 관련이 없는 연간 고정비용이다. 따라서 감가상각비와 더불어 시간당 리스비용은 매년 비행량과 관련이 있다. 더불어 항공사들은 '정비충당금(maintenance reserve)'이라는 별개의 시간당 비용을 지불해야 하는 경우도 있는데, 이 역시 시간에 따른 고정비용이다. 연간 총지불비용은 비행량에 달려있으며, 이는 일반적으로 4년에서 6년 사이에 수행해야 할 D체크(D checks)에 필요한 지급준비를 위한 것이다. 비록 주요 정비 점검을 위해 궁극적으로 필요하지만, 시간당 정비충당금은 종종 임대료에 포함된다.

각 항공기 타입별로 기장과 부기장이 지정되어 있으므로 연간 운항승무원의 비용을 산출하는 것은 상대적으로 쉽다. 많은 경우, 특정 타입의 항공기가 여러 대 있다면 그 항공기들만을 위한 관리자가 있을 것이다. 그러나 일부 운항승무원 경비는 특정 항공기 타입에 따라서가 아니라, 여러 항공기 타입 간에 항공기 수나 연간 가동률과 같은 기준을 두어 할당할 필요가 있다. 특정 타입의 항공기에 대한 연간 총고정운항승무원비를 항공기의 연간 총가동률(이는 블록시간)로 나누어 그 항공기 타입의 블록시간당 운항승무원비를 산출할 수 있다.

직접운영비의 기타 고정요소들에도 유사한 접근법이 적용된다. 객실승무원의 경우에는 항공기 타입별로 연간 총고정비를 할당하는 데 있어 문제가 발생하는데, 객실승무원은 운항승무원과는 달리 언제든 다른 기종에서 근무할 수 있기 때문이다. 그럼에도 불구하고 연간 객실승무원비용은 투입되는 객실승무원의 수, 숙련도 그리고 그들이 비행하는 구간에 근거하여 항공기 타입별로 할당될 수 있다.

일부 고정정비비는 항공기 타입별로 상세하게 정해져 있으며, 그 외 정비비는 항공기의 타입, 정비노동시간(maintenance man hour)을 토대로 할당되어 있다. 따라서 항공사들은 항공기 타입별로 시간당 객실승무원 및 운항승무원비와 시간당 정비비를 추정하여 이러한 비용들의 고정비 부분들을 커버할 수 있다. 더 나아가 일부 항공사들은 각 노선별로 시간당 승무원 및 정비비를 산출하고 있다. 예를 들면, 몇몇 항공사들은 특정 항공기 타입이 장거리 구간보다 단거리 구간에 투입될 때 보다 높은 운항승무원비를 적용한다.

위에서 언급한 모든 고정직접비가 특정 항공기 타입별로 할당될 수 있으므로 일부 항공사들은 이들을 특정 항공기 기종의 '기단'비용으로 보기도 한다.

정의상 간접운영비는 운항하는 항공기 타입과 무관한 비용이기 때문에 할당이 어렵다. 일부 간접비는 노선에 따라 다르며, 전체 노선의 운항이 중지되면 중기적으로 회피할 수 있다. 만약 항공사가 다른 나라에 한 개의 노선만 운항한다면, 그 나라에서의 판매비 및 광고비 그리고 취항공항의 스테이션 및 지상조업비는 그 노선에 특정한 비용으로 명확히 인식될 수 있을 것이다. 그러나 대부분의 간접비는 고정된 공동비용이기 때문에 어떤 임의적 기준 없이는 개별 항공편이나 노선에 쉽게 할당하기 어렵다. 대부분의 스테이션비용, 여객 보험료, 발권비용, 판매 및 프로모션비용과 일반관리비는 일반적으로 유상톤킬로미터(revenue-tonne-kilometres)나 창출한 수익 같은 산출량을 토대로 특정 서비스나 노선에 할당된다. 각각의 접근법은 장 · 단점이 있는데, 이는 유상톤킬로미터와 같은 교통량 측정지표를 사용하는 것은 장거리 구간에 불리한데, 장거리 구간에서 톤킬로미터는 높지만 킬로미터당 수익은 낮기 때문이다. 이는 거리가 길어질수록 운임과 비용이 줄어드는 데 기인한다. 창출한 수익에 근거하여 간접비를 할당하는 것이 더 적절한 것처럼 보일 수 있지만 킬로미터당 운임이 높은 단거리 구간에서는 편차가 발생할 수 있다. 이로 인해 한 가지 이상의 할당방법이 사용될 수 있는데, 판매, 발권 및 여객서비스비용은 달성한 승객킬로미터를 토대로 항공편 간 할당하고, 화물특정비용(cargo specific costs)은 화물톤킬로미터(freight tonne-kilometres)를 활용하여 할당하는 것이다.

위에서 언급한 것과 같이 항공사들은 할당방법 및 자신들만의 특별한 필요사항이나 회계절차를 채택하여 개별 항공편이나 노선들에 비용을 할당한다. 그러한 비용은 네 가지 요소로 구성되어 있다.

① 모든 변동직접운영비는 항공편에 특정된 비용이고 항공편당 특정 노선의 모

든 항공편을 커버하는 총변동직접운영비를 합산하여 산출할 수 있다(이러한 비용들은 2013~2014년과 같이 항공유 비용이 높을 때는 총운영비의 45~60%를 차지하고 또한 운항거리에 영향을 받을 수 있다).

② 도착 국가나 지역에서의 광고비 또는 스테이션비용들과 같은 특정 노선과 관련된 간접운영비이다. 만약 이러한 비용이 필요하다면 더 세분화하여 특정 노선의 개별 항공편에 할당될 수 있다(일반적으로 총운영비의 5~10%를 차지한다).

③ 공동비용인 고정직접운영비는 블록시간을 기준으로 각 항공편이나 노선에 일반적으로 할당될 수 있다(총비용의 15%에서 25% 사이이다).

④ 특정 노선과 관련이 없는 간접운영비로 항공사의 생산량이나 수익지표들을 기준으로 각 항공편이나 노선별로 할당할 수 있다.

창출된 수익과 발생한 비용들을 비교함으로써 항공사 관리자들은 노선에 운항해야 할 운항횟수 또는 노선을 운항해야 할지 또는 하지 말아야 할지를 결정할 수 있다.

일부 항공사들과 분석가들은 간접비 또는 고정비에 기여하는 정도에 따라 비행편들이나 노선들을 분석한다. 이를 기여도분석(contribution analysis)이라고 한다. 다시 말해, 특정 항공편이나 노선에서 발생되는 수익이 최소한 해당 항공편이나 노선의 변동비(위의 항목 ①, ②)를 커버하기를 기대한다는 것이다. 다시 말해, 회피 가능한 비용들을 커버해야 하는데, 만약 현재 그렇지 않거나 가까운 미래에 그렇지 않을 거라 예상된다면 운항을 계속해야 할지는 의문이 들 수 있다. 노선이나 항공편에 발생되는 비용을 초과하는 수익만이 고정직접비와 불특정 간접비(위의 항목 ③, ④)에 기여할 수 있다. 이상적으로는 수익이 이러한 모든 추가적인 비용들 역시 커버해야 한다. 완전히 커버하지 못하더라도 특정 노선에서 창출되는 수익이 이러한 비용들을 커버할 수 있는 기여도의 수준(level of contribution)이 중요하다. 항공편을 중단하는 것은 단기간에 고정직접비와 간접비를 줄일 수 없을 것이다. 중기간이나 장기간에는 기재 크기를 줄임으로써 고정직접비용을 줄일 수 있지만, 간접비는 노선들을 없애거나 운항횟수 또는 네트워크를 줄임으로써 절감할 수 있을 것이다.

만약 많은 노선들에서 변동비와 특정 비용들(상기 언급한 비용요소 ①, ②)만 커버하고 간접비인 고정직접비와 간접비(상기 언급한 비용요소 ③, ④)에 대한 기여가 미미하다고 하면 항공사가 겪는 출혈은 클 것이다. 기여도가 매우 작은 노선을 중기적으로 없애거나 운항과 기재를 줄이는 편이 항공사 입장에서는 현명한 선택일 수 있다. 불행히도 항공사 관리자들은 위기 상황을 제외하고는, 어떠한 조치를 취해야 하는 상황이 명백한데도 그러한 시정조치를 하는 데 주저하고 있다. 그러나 몇몇 항공사들의 경영진들은 시장 상황이 나빠질 경우 신속하고 과감하게 서비스를 줄인다. 이는 항공 좌석이 9개월에서 12개월 전에 판매되기 때문이기도 하며, 항공사 관리자들이 스케줄 변경에 따른 승객들의 불만을 꺼리거나, 해당 노선이 항공사의 허브공항을 잇는 공급노선으로서 필수적인 것으로 간주되기 때문일 수 있다.

전통적인 대형항공사들은 저비용 또는 버짓 항공사들의 경우와는 다르게 노선을 수정하거나 노선을 없애는 데 시간이 오래 걸린다. 저비용 또는 버짓 항공사들은 노선의 수익에 대한 '기여' 수준이 낮거나 빠른 개선의 기미가 거의 보이지 않을 때 운항횟수를 신속히 감소시키거나 노선을 완전히 단항시킨다. 유럽의 저비용 항공사들의 경우, 이른바 '항로전환'이나 노선전환이 눈에 띈다. 실례로 2017년 Ryanair는 자사 최대 거점공항인 런던-스탠스테드에서 이전 10년간 취항했던 노선의 73%만 운항했고, 리버풀공항에서는 지난 10년 동안 취항한 노선의 41%만 운항했으며, 아일랜드의 샤논공항에서는 이 수치가 30%로 낮아졌다(Anna Aero, 2017년 2월).

2017년 3월 Malaysia Airlines 최고경영자 Peter Bellew가 Flightglobal과 인터뷰할 때 지적했듯이 비용 절감은 항공사 경영진에게는 끝이 없고 해결하기 쉽지 않은 매우 어려운 과제다. 성공하기 위해서는 항공사 비용을 조직화하고 구조화하는 다양한 방법을 명확하게 이해해야 한다. 다음 단계는 비용을 어디에서 어떻게 줄일 수 있는지 파악하고 집중하는 것이다. 이것이 다음 장의 주제이다.

Chapter 04

항공사 비용의 결정요인

Chapter

04 항공사 비용의 결정요인

이것은 매우 기본적인 사항이다: 항공사는 운영을 제대로 해야 한다. 좌석킬로미터당 비용을 줄이고 수익을 늘리기 위해서는 지속적으로 노력해야 한다.

– Ajay Singh, CEO, SpiceJet, India, 2018년 4월

4.1 비용에 대한 관리통제

본서의 주제는 통제가 어려운 수요와 통제 가능한 공급을 경쟁력과 수익성을 동반하여 대응시키는 항공사의 계획 및 경영 프로세스에 관한 것이다. 만약 항공사가 충분히 높은 수익을 창출하지 못한다면 단위비용이 낮더라도 효율성이나 수익성을 담보할 수 없다. 그럼에도 불구하고 가능하다면 비용을 통제하거나 비용을 줄이는 것은 경영의 핵심 목표이다. 항공운송시장의 자유화로 인해 항공사들의 국내선 및 국제선 노선의 경쟁이 고조되었고 특히 가격경쟁이 심화되었다. 승객킬로미터당 평균 일드가 실질적으로 많이 하락하면서 사실상 단위비용을 감소시켜야 하는 압박이 강화되었다. 그러나 항공사 경영진들이 단위비용에 얼마나 큰 영향을 미칠 수 있으며 동시에 단위비용을 얼마나 줄일 수 있을까? 또는 경영진의 관리를 넘어 외부적 요인의 의해 크게 영향을 받는 비용들은 얼마나 줄일 수 있을까?

국제선 항공사들의 단위비용은 매우 다양하다. [표 4-1]은 2016년 세계 25개 주요 항공사들의 유효좌석마일당 단위비용(unit cost per available seat-mile: CASM)을 보여준다. 이들 25개 항공사는 2016년 전 세계 승객킬로미터의 3분의 2 이상을 수송했다. 이는 국내선과 국제선 총운항에서의 단위비용이다. 표를 보면

항공사별 단위비용 수준은 상당한 차이가 있고, 지역 간에도 현저한 차이가 있다는 것을 알 수 있다.

표 4-1 25개 주요 항공사의 단위비용, 2016 회계연도

순위	유효좌석킬로미터당 미화 센트					
	북미		유럽 · 중동		아시아 · 퍼시픽	
1			Lufthansa	20.35		
2					All Nippon Air	18.41
3			Air France	15.20		
4					Korean Air	15.06
5					Cathay Pacific	14.98
6	Air Canada	14.40				
7			KLM	13.94		
8	Delta	12.34				
9			British Airways	12.12		
10	United	11.99				
11	American	11.89				
12					Qantas	11.83
13			Etihad	11.81		
14					China Eastern	11.36
15	Southwest	11.15				
16			easyJet	10.77		
17					Air China	10.70
18					Singapore Airline	10.56
19			Aeroflot	10.33		
20			Emirates	10.02		
21					China Southern	9.67
22			Turkish Airlines	9.45		
23			Qatar Airways	9.03		
24					Hainan Airlines	7.82
25			Ryanair	5.94		

주: 고비용항공사는 위에 배치됨
자료: Airline Monitor(2017b) 데이터를 활용하여 저자 재구성

Lufthansa, Air France 그리고 All Nippon Airways(ANA)와 같은 고비용구조 항공사들의 단위비용은 세계 각 지역 내 저비용 네트워크(lowest-cost network) 항공사 또는 해당 지역 내 레거시 항공사들의 단위비용보다 2배 이상 높다. 이 표의 주목할 만한 특징은 첫째, 북미 항공사의 단위비용 수준은 유사한 반면, 세계 다른 지역 항공사들의 단위비용은 크게 다르다는 것이다. 둘째, 중동 지역에 주요 허브를 두고 있는 Emirates, Turkish Airlines, Qatar Airways와 같은 '슈퍼 커넥터(super connector)' 항공사들의 경우는 단위비용이 매우 낮다. 마지막으로 미국 최대의 저비용항공사인 Southwest의 단위비용은 풀서비스 경쟁항공사보다 다소 낮은 것으로 보인다. 이는 유럽의 저비용항공사들, 특히 Ryanair가 기존 경쟁항공사들에 비해 단위비용이 현저히 낮은 것과 대조적이다.

항공사의 단위비용은 많은 요소들에 의해 영향을 받는다. 항공사 단위비용의 다양한 원인을 찾기 위해서는 경영진이 영향을 줄 수 있는 비용에 관심을 기울여야 하며, 이를 통해 운영비용의 결정요소를 평가할 필요가 있다.

항공사 운영비용에 영향을 미칠 수 있는 많은 요인들은 경영진의 통제 가능성 정도에 따라 세 개의 그룹으로 나눌 수 있다([표 4-2] 참조). 첫째, 항공사가 가격을 통제하기 어려운 외부의 경제적 요인들이 있다. 이러한 요인들에는 항공유 비용, 공항 및 항행안전시설사용료 등이 있다. 항공사들로서는 이러한 외부 요인들

표 4-2 항공사 운영비용에 영향을 미치는 요소들

관리통제의 정도(Degree of management control)			
외부결정 투입비용	낮음		
인건비		중간	
항공기 기종 · 특성		중간	
노선구조 · 네트워크 특성		중간	
여행사, 은행수수료		중간	
항공사 마케팅 및 상품규정			높음
항공사 재무정책			높음
기업전략			높음
경영의 품질			높음

이 결정되는 대로 수용해야만 하며 서비스 공급자나 항공유 공급자와의 협상을 통해 극히 일부분만을 줄일 수 있다.

둘째, 제한적인 범위 내에서 항공사가 통제가 다소 가능한 비용결정요인이 몇 가지 있다. 인건비, 항공사가 사용하는 항공기 타입, 항공기 운항패턴이 이러한 요인들에 속한다. 이들 중 항공기 타입 및 항공기의 운항패턴요인은 전적으로 항공사 경영진의 자유재량에 달린 것처럼 보이나, 실제로는 경영진이 전적으로 통제할 수 없는 요인이다. 항공사 거점 국가의 지리적 위치, 정부 간 서명한 양자간 항공협정, 노선의 교통량 및 그 밖의 다른 요인들이 항공기 타입과 운항할 노선망에 영향을 미친다. 경영진에게는 경영진이 원하는 대로 할 수 있는 절대적인 자유가 주어지지 않는다. 하나의 국적항공사만이 존재하는 국가들의 국적항공사들, 특히 소유권을 정부가 대부분 가지고 있는 항공사들의 경우에 더욱 그렇다. 항공사 경영진이 제한적이나마 일부 통제할 수 있는 비용관리부문은 여행사나 항공예약·판매시스템(GDS) 및 은행수수료 등이 있다.

비용결정요인의 세 번째 범주는 경영자에 의해 상당히 높은 수준의 통제가 가능한 부분이다. 마케팅, 상품기획, 재무정책 그리고 기업전략이 여기에 속한다. 마지막 분석단계에서 경영의 품질과 비용요인의 효율성을 반드시 고려해야 한다는 것이다. 이 부분은 위에 언급한 요인들이 긍정적 또는 부정적 영향을 미치는 정도를 경영진이 조절할 수 있기 때문에 매우 중요하다.

다양한 요소들이 비용에 미치는 영향에 대해 기술한 본 장의 분석은 정량적이라기보다는 정성적인 것이다. 일부 선행연구들에서는 독립변수(예 항공사의 규모, 운항승무원의 급여 수준, 운항거리)가 단위비용이나 노동생산성과 같은 종속변수들에 미치는 영향을 분석하기 위하여 다양한 형태의 다변량분석(multivariate analysis)을 사용하였다. 이론적으로 다양한 독립변수들이 항공사들의 단위비용에 미치는 상대적 영향을 다변량분석을 통해 파악할 수 있어야 한다.

일부 경제학자들은 위에서 언급한 연구들이 근본적으로 귀납적인 것이라고 주장하고 있다. 다변량분석은 변수들 간의 상관관계만을 분석할 뿐, 인과관계는 분석해 줄 수 없다는 것이다. 이는 다변량분석이 가지고 있는 큰 단점이다.

대안은 연역적 접근법(deductive approach)을 개발하는 것인데, 이는 총요인

생산성(total factor productivity)의 선별된 측정치를 사용하여 요인가격, 네트워크 특성, 항공기 규모 등의 차이를 조정함으로써 서로 다른 국가의 항공사들을 비교할 수 있게 한다(Tae Hoon Oum and Chunyan Yu, 1995의 사례 참조). 이러한 분석방법은 흥미롭고 잠재적으로는 가치 있는 접근방법일 수 있지만, 수학적으로 복잡하다는 단점이 있다. 항공사의 전반적인 생산성을 잘 설명해 주기도 하지만, 총요인 생산성이 시정조치가 필요한 것을 정확히 찾아내는 관리 도구로서는 가치가 제한적이다. 항공사 비용의 결정요인을 개념적으로 더 잘 이해하기 위해서는 위의 기법들과 분석보다는 정성적인 접근방법이 더 좋다고 할 수 있다.

4.2 수요가 비용에 미치는 영향

항공서비스 제공을 위해 투입되는 비용에 영향을 미치는 요소들을 평가하기 이전에, 수요 역시 단위비용에 영향을 미친다는 것을 인지해야 한다. 항공사의 비용은 항공서비스 가격에 영향을 미치기 때문에, 항공사의 비용이 수요에 직접적인 영향을 미친다는 사실은 어렵지 않게 이해할 수 있다. 비용은 또한 서비스 품질과 다른 상품의 기타 특성을 반영한다. 그러나 이러한 비용이 수요에 영향을 받는다는 사실은 종종 간과되고 있다. 비용 자체는 수요의 영향을 받고, 공급(비용)과 수요 간에는 쌍방적 관계가 있으며 상호 간에 영향을 주고받는다. 특히 수요의 두 가지 측면인 노선 교통량과 노선거리가 수요에 영향을 미친다.

한 노선에서의 교통량과 노선거리는 투입될 항공기의 크기 및 기종 선택에 영향을 미친다. 항공기의 기종, 특히 항공기의 크기는 단위비용을 결정하는 주요 요인이다. 노선 교통량도 필요한 운항횟수에 영향을 미치기 때문에 연간 가동률인 항공기의 운항시간에 영향을 미친다. 가동률이 높아질수록 비용은 낮아지게 된다. 교통량은 승객 1명당 또는 화물 1톤당 단위로 스테이션비용에 영향을 미친다. 스테이션비용은 취급되는 교통량에 따라 증가하지 않기 때문에 한 공항을 이용하는 교통량이 증가할수록 교통량의 단위당 비용은 더 낮아지게 된다. 이러한 관계는 다음 절을 보면 더욱 명확히 알 수 있다. 비용에 영향을 미치는 수요의 다른 한 측면은 일정기간 발생하는 수요의 변동이다. 성수기에는 항공기, 승무원, 발권 및 판매 직원, 기내식 설비 등이 추가적으로 요구되지만, 성수기가 지나면 이 요인들의 가동률은 낮아진다. 성수기가 지난 시점에서 항공사가 수요를 초과한 공급석을 유지하게 되면 많은 비용이 발생하게 된다. 비용 측면에서 볼 때, 연중으로 수요의 큰 변화가 없는 안정된 수요시장을 활용하는 것이 항공사에 도움이 될 수 있다(8장 8.6절 참조).

완전자유경쟁시장에서는 항공사가 노선의 거리 및 교통량을 고려하여 자신이 운항하고자 하는 시장을 자유롭게 선택할 수 있다. 이러한 현상은 미국 국내선 항공사들과 제한적이기는 하나 유럽 내 저비용항공사들 그리고 유럽연합 국가들 노선을 운항하는 항공사들에서 나타나고 있다. 그러나 대부분의 국제선 항공사들은 수요를 완전히 통제하지는 못한다. 이들이 운항할 노선 및 노선에서의 수요 밀도는 항공사가 통제할 수 없는 지리적, 정치적, 경제적, 사회적 요인들에 의해 결정되기 때문이다. 모든 국제선 항공사의 출발지는 그 항공사의 모국이 된다. 항공사 모국의 지리적 위치와 더불어 다른 국가와의 무역 교류량 및 여행자 교류량은 향후 잠재적인 노선 개설과 교통량에 영향을 미치게 된다. 호주와 몰타(Malta)는 양 극단의 사례를 잘 보여준다. 호주의 국제선 항공사는 호주의 지리적 위치로 인해 장거리 운항 항공사가 될 수밖에 없다. 반대로 유럽 남쪽에 위치한 몰타의 국적항공사는 몰타 섬의 지리적 위치와 작은 국가 규모로 인하여 중 · 단거리 운항 항공사가 될 수밖에 없으며 소수의 노선만을 운항할 수밖에 없다.

국제선 항공사가 하나인 국가의 경우, 항공사는 정치적인 압력으로 인해 취항계획이 전혀 없던 노선을 운항하게 되는 경우도 있다. 역으로 미국, 영국과 같이 두 개 이상의 국제선 항공사가 있는 경우 항공사들은 운항할 노선을 폭넓게 선택할 수 있다. 예를 들면, 영국의 Virgin Atlantic의 경우 다른 유럽의 메이저 항공사들과는 달리 장거리 대륙 간 서비스에 집중하여 운항하고 단거리나 유럽 내 노선은 운항하지 않는다.

위에서 언급한 일부 요인들에 의해 제약을 받기는 하지만 항공사들은 그들이 운항하거나 운항하기를 원하는 노선의 수요에 영향을 미칠 수 있다. 첫째, 항공사들은 교통량이 높은 노선에 운항을 더욱 집중시킬 수 있다. 둘째, 항공사는 항공서비스를 제공하는 노선에서 총교통량을 증대시키기 위해 마케팅 및 판매촉진활동을 할 수 있다. 셋째, 항공사들은 경쟁노선에서 자사의 시장점유율을 높여 교통량을 개선하기 위한 노력을 할 수 있다. 많은 항공사들은 자신들의 주요 노선에서 시장점유율을 높이는 데 큰 노력을 하고 있다. 이는 시장점유율 확대를 통해 수익 증대 및 비용 절감을 할 수 있기 때문이다

4.3 외부에서 결정되는 투입비용

항공사의 주요 투입비용 또는 생산요인들의 비용은 외부의 경제적 변수들에 의해 결정되고 개별 항공사 경영진이 통제하기가 매우 어렵다. 외부 변수들은 국가나 지역에 따라 달라질 수 있으므로 각 항공사의 투입비용요소 또한 상당히 달라질 수 있다. 항공사들은 자신들의 투입비용을 줄이기 위해 노력하고 있지만, 일부 주요 요소들은 제한된 범위 내에서만 가격을 줄일 수 있다. 항공사들은 이미 정해져 있는 일반적인 수준의 투입요소 가격을 수용해야 하고 제한된 범위에서만 이를 낮추기 위한 협상을 할 수 있다. 또 다른 특징 중 하나는 투입요소 가격변동은 갑자기 일어날 수 있다는 것이다. 항공유의 가격이나 특정 공항에서의 사용료가 갑작스럽게 변동하는 일들은 항공사 관리자들이 직면하는 공통된 문제 중의 하나이다.

4.3.1 항공유 가격

이전 장에서 언급했듯이 2016년 많은 항공사들의 항공유 비용은 전년도 평균인 28.7%에서 감소하여 총비용의 20%가량인 것으로 나타났다. 대부분의 항공사들에게 항공유 비용은 가장 큰 투입비용이다. 그러나 불행하게도 항공사 관리자들이 항공유 비용을 통제하기는 어렵다. 항공유 가격은 세계 항공유 가격과 연계되어

있으며 그 가격의 변화에 따라 등락을 반복하는데, 이는 항공유의 공급과 수요의 상호작용에 달려있다.

지역에 따라 항공유 가격은 크게 달라질 수 있는데, 이는 결과적으로 항공사 비용에 영향을 미친다. 개별 공항에서는 항공유 가격에 영향을 미치는 다양한 요인들이 존재한다. 원유가격 및 정제비용은 세계적으로 비슷하다. 그러나 유통 및 기타 처리비용은 큰 차이가 있다. 원유 정제기업들은 세계적으로 많이 분포되어 있지만, 상대적으로 소수의 기업만이 항공유를 정제한다. 공항의 거리가 멀 경우 항공유를 공급하는 비용이 높을 수 있는데, 특히 공항이 항구로부터 멀리 떨어져 있는 경우는 더욱 그렇다. 또한 공항에 공급하는 항공유의 양이 적을수록 수송비용이 올라간다. 공항에서의 처리비용은 사용하는 시설이나 항공유의 양에 따라 달라진다. 정부는 다음의 두 가지 방식으로 항공유의 가격에 영향을 미칠 수 있다. 정부는 수입관세 혹은 다른 여타의 세금을 부과할 수 있는데, 실상은 많은 정부들이 국제선에 사용되는 항공유에 대해 세금을 면제하고 있다. 일부 국가는 정부정책으로 항공유 가격을 통제하거나 고정시키기도 한다. 항공유 가격이 원유가격의 변화에 따라 오르고 내리기는 하지만, 위의 요인들에 의하여 지역별 항공유 가격은 다양하다([표 4-3] 참소).

2018년 3월 유가가 가장 낮았을 때, 라틴아메리카 지역의 항공유 가격이 가장 비쌌고 중동 지역과 아프리카 지역이 가장 낮았다. 그러나 각 지역 내에서도 개별 공항별로 항공유 가격은 많은 차이가 있었다. 예를 들어, 아프리카 항공사들은 사하라 남쪽의 많은 아프리카 공항들에서 매우 높은 항공유 비용을 지불해야 하는 불리한 점이 있었다. 내륙 지역에 위치하고 있어 항공유를 생산하는 정유소와 멀리 떨어져 있고 상대적으로 적은 양의 항공유를 사용하는 에리트레아의 아스마라 그리고 보츠와나의 가바론 같은 공항에서의 항공유 가격이 높은 근본적인 원인이었다. 2017년 5월 이들 공항의 항공유 가격은 갤런당 3.94달러였다. 나이로비의 항공유 가격은 갤런당 1.21달러였고 카이로는 이보다 낮은 1.13달러였으며, 아프가니스탄 카불의 항공유 가격은 4달러가 넘었다. 유럽에서는 항공유 가격이 바젤과 크라코프공항 같은 곳에서 더 높았는데, 이는 내륙에 위치하고 있고 주요 항구에서 멀리 떨어져 있기 때문이었다.

표 4-3 지역별 평균 항공유 가격, 2018년 3월 중순

지역	평균 항공유 가격 (US 갤런당 미화 센트)
라틴 및 중앙아메리카	190.9
유럽 및 독립국가연합	189.9
북아메리카	185.5
아시아 및 오세아니아	183.3
중동 및 아프리카	181.2
세계 평균	186.2

자료: IATA/Platts Market Commentary

원유가격과 정유회사의 정유비용 및 운송비 그리고 가격전략이 상호작용하여 세계 공항에서의 고시연료가격(posted fuel prices)이 결정된다. 기본 항공유와 더불어 항공사들은 일반적으로 조업비 또는 '항공기 투입(into plane)'비용이라고 불리는 비용을 지불해야 한다. 이는 공항별로 상당한 차이가 있다.

고시가격은 정기 항공운송서비스를 제공하지 않는 항공사가 지불해야 하는 가격이다. 실제로 고시가격을 그대로 지불하는 항공사는 거의 없다. 한 공항을 지속적으로 이용하는 항공사는 항공유 공급자들과의 협상을 통해 항공유에 대한 계약을 맺게 된다. 일반적으로 항공유 가격은 협상을 통해 고시된 가격보다 할인된 가격으로 결정되는데, 할인의 정도는 계약기간 동안 항공사가 사용하게 될 항공유의 총톤수에 따라 달라진다. 이는 결국 특정 공항에서 항공사가 운항하는 일일 운항횟수, 사용하는 항공기의 크기, 그들이 운항하는 운항거리에 달려 있다. 확실한 것은 본국의 공항을 사용하는 항공사들의 경우에는 항공유의 사용량이 가장 크기 때문에 가장 낮은 수준의 연료가격을 지불하고 사용하게 된다.

할인율은 항공유 공급자의 수에 의해서도 영향을 받는다. 만약 항공유를 공급하는 정유회사가 하나뿐이라면 가격을 할인할 수 있는 정도는 분명히 제한된다. 전세계적으로 대부분의 공항에는 일반적으로 소수의 항공유 공급회사만이 존재한다. 반면에 미국에서는 다수의 정유회사가 존재하고 항공사들이 사용할 수 있는 항공사 공용의 송유관이 많으므로 항공유 공급계약과 관련하여 경쟁하는 회사들

이 많이 있다. 이는 항공유 가격을 낮추는 데 강한 압력으로 작용하고 있다.

항공유의 개별 항공사별 협상가격은 비밀에 부치지만, 각 공항별로 항공사가 사용하는 총연료량에 따라 일반적인 할인 수준이 존재한다. 각 항공사들은 다른 항공사들이 연료비를 얼마나 지불하는지에 대해 잘 알고 존재한다. 따라서 Boeing 787 항공기로 런던 히드로공항에서 매일 두 편의 장거리 항공편을 운항하는 항공사들은 모두 매우 비슷한 수준의 항공유 가격을 지불하는 것을 예상할 수 있다. 정확한 가격은 각 항공사 항공유 구매자들의 협상능력에 달려있다. 항공사들은 하나의 항공유 공급자와 다수의 공항에서 항공유 공급계약을 맺으며 더 좋은 가격에 항공유를 공급받기 위해 노력하고 있다.

궁극적으로 각 공항에서는 일반적인 시장가격과 수용 가능한 할인 수준에 따라 항공유 가격이 결정될 것이다. 항공사의 항공유 구매 담당자들은 훌륭한 협상력을 통해 항공유 가격을 다소 낮출 수는 있겠으나 그 정도는 미미할 수밖에 없다. 항공유 가격은 공항별로 외부 시장 상황에 따라 결정된다.

항공사에 의해 지불되는 항공유 비용의 수준은 같은 지역에 있는 공항들 사이에서조차 상당히 다르다. 그리고 이러한 항공유 가격의 차이는 그들의 운영비용에 직집적인 영향을 미친다. 델리를 기점으로 운항하는 Air India는 항공유에 부과되는 각종 세금 때문에 그들의 자국 허브공항에서조차도 연료비가 비싼 문제점을 안고 있었다. 비록 규모가 가장 큰 항공유 구매자로서 평균 가격보다 낮은 항공유 가격을 지불하지만, 자국 허브공항에서의 높은 항공유 비용으로 인해 운영비용이 불가피하게 증가하였다. 반면 Singapore Airlines와 Malaysia Airlines는 확실히 자국 허브공항에서 낮은 항공유 가격의 혜택을 누렸다.

항공사들은 높은 항공유 가격의 비용부담을 줄이기 위하여 항공유 가격이 높은 특정 공항에서 탑재하는 항공유의 양을 줄였다. 대신에 항공유 가격이 낮은 공항에서는 가능한 많은 연료를 탑재하였다. 그러나 이러한 정책은 세부적인 검토가 필요한데, 항공유를 추가 탑재하면 항공기의 총중량이 늘어나고 이로 인해 소모되는 연료가 늘어나기 때문이다.

항공사들이 가지고 있는 또 다른 문제는 오늘날 정유회사들이 항공유 공급계약에 에스컬레이터 조항(escalation clauses)을 요구하고 있다는 것이다. 이는 원유

가격의 변화에 따라 항공유 가격의 인상과 인하를 허용하도록 하는 것이다. 그러나 항공사들은 미래의 항공유 가격 인상에 대비하여 추후 필요한 항공유를 고정된 가격에 살 수 있는 헷지를 할 수 있다.

2010년부터 항공유 가격은 상승하기 시작했으며 특히 물가가 높고 변동성이 컸던 2011~2014년 기간에는 항공유 가격이 계속해서 오를 가능성을 고려하여 항공사들은 향후 필요한 연료의 일부를 고정된 가격에 선구매하는 항공유 헷지를 통해 그 위험성을 줄이는 방향을 선택하였다. 영국에서 easyJet은 헷지에 대한 정책을 명확히 했는데, 이는 필요한 항공유의 65~85%를 사용 예상 시기 12개월 이전에 그리고 45~65%를 13~24개월 사이에 헷지하는 것이었다.

2014년 말에 항공유 가격이 폭락했을 때, 많은 항공사들은 선구매한 항공유 헷지에 의해 영향을 받았다. 2015년 이후 상당기간 동안 그들은 당시 항공유의 시장가격보다 더 높은 항공유 비용을 지불하게 되었다. 당시 항공사들은 헷지하지 않았던 부분의 항공유에 대해서만 낮은 시장가격으로 인한 혜택을 볼 수 있었다. 2016년 초, Delta Air Lines의 Ed Bastian 사장은 지난 8년 동안 항공유 헷지로 Delta Air Lines의 누적 손실금액이 약 40억 달러에 달한다고 말했다(Airline Business, 2016년 9월). Delta Air Lines는 2016년 초 분기당 1~2억 달러의 위약금을 내면서까지 '2016 헷지 계약'을 해지했다. 그럼에도 불구하고 2016년에는 모든 항공유를 시장가격으로 구입함으로써 약 30억 파운드의 비용을 절감할 수 있을 것으로 전망했다. 동시에 Southwest는 기존에 계약한 헷지로 인해 2018년까지 약 18억 달러의 잠재적 손실이 발생할 것으로 예측했다. 미국 항공사들 중 승자는 American Airlines로 당시 헷지를 전혀 하지 않았다. 항공유 가격이 높았을 때 어려움을 겪었지만 2015년과 2016년에 항공유 가격 하락의 혜택을 충분히 누릴 수 있었다. 유럽에서 Lufthansa 그룹은 2016년 9월까지 항공유 헷지로 인해 5억 7,100만 유로의 손실을 기록했다.

합의된 범위 내에서 미래의 연료가격을 제한하려는 '컬러(collars)'의 사용과 같은 보다 복잡한 헷지방법 또한 등장했다(Morrell, 2013 참조).

세계 대부분 지역에서 항공유 가격은 미국달러로 표시되기 때문에 환율변동에 따른 영향은 일부 항공사들에게 부정적 영향을 미칠 수 있다. 만약 달러 대비 특정 국가 통화 환율이 급격히 약화된다면 그 나라에서의 항공유 가격은 자국 통화의 기준으로 보면 급격하게 오르게 된다. 이는 해당 국가의 국적항공사에게 치명적인 타격을 가할 수 있는데 이들 대부분의 수입은 자국 통화기준이기 때문에 연료비는 상승할 수밖에 없다. 많은 항공사들이 항공유처럼 환율변화율에 대해서도 헷징을 하는데, 특히 달러 대비 자국 통화와 비교하여 헷징을 한다. 이것은 항공유와 별도로 항공사들이 미국달러로 항공기 리스비용이나 대출상환을 하기 때문이기도 하다.

easyJet은 통화에 대한 헷지의 잠재적 이점의 사례를 보여준다. 총비용의 3분의 1이 미국달러로 지불되는데 해당 분야의 수익은 1%에 불과하다. 2015년과 2016년 1.50달러당 1파운드의 환율을 적용하여 달러 매입계약을 체결함으로써 파운드화(£) 가치 하락에 대비하는 헷지를 통해 환율변동으로 발생 가능한 위험을 회피했다. 이는 현명한 조치였다. 2016년 6월 영국의 브렉시트 국민투표 이후 파운드화는 10% 가까이 붕괴되었다. 2017년 초에는 2017년 한 해 동안 필요한 easyJet의 미국달러 80%를 1파운드당 1.50달러에 헷지했는데, 2017년 4월까지 시장 시세가 1파운드당 1.22달러에 불과했기 때문에 easyJet에 상당한 이익을 가져다주었다. 2018년에는 비용에 필요한 미국달러가 53%였으며 헷지를 통해 1파운드당 1.43 미국 달러로 계약을 하였다.

항공사들이 연료가격에 영향을 미칠 수 있는 수준은 미미하지만, 항공사들은 연료 소비를 줄이는 노력을 통해 연료비용을 낮출 수 있다. 이러한 방법에는 여러 가지 대안들이 있다. 항공사들은 가벼운 기내의 장비 사용과 기체 외부 페인트의 사용을 줄임으로써 항공기의 무게를 줄일 수 있다. 또한 항공사들은 특정 노선에서 최소한의 안전기준을 충족시킬 만큼의 연료를 탑재하고, 그 이상의 불필요한 연료를 탑재하지 않음으로써 항공기의 무게를 줄일 수 있다. 또한 순항속도를 감소시킴으로써 연료를 절약할 수 있다. 1시간 혹은 그 이상의 시간이 걸리는 노선에서 항공기의 순항속도를 3~4% 줄이면 몇 분간의 추가 비행을 하는 데 들어가는 연료비용을 6~7% 줄일 수 있게 된다. 디지털화된 운항계획을 통해서도 연료 소비를 줄일 수 있다. 또한 항공교통관제소의 승인 범위 내에서 낮은 각도의 이륙과 하강, 높은 고도에서의 순항을 선택함으로써 소비되는 연료를 더 줄일 수 있다. 가장 큰 폭으로 연료 소비를 줄이는 방법은 더욱 발전된 기술을 바탕으로 만들어진 연료 효율성 엔진이 탑재된 신형항공기로 교체하는 것이다.

4.3.2 사용자부담금

세계의 모든 항공사에 있어 사용자부담금, 즉 공항사용료 및 항행안전시설사용료는 항공사의 총운영비 중 7%를 차지하고 있다(제3장 [표 3-3]). 그러나 이는 전 세계평균일 뿐이다. 착륙이 빈번한 단거리 노선에 국제선을 운항하는 항공사는 그 비중이 더욱 크다. 2017년, 단거리를 운항하는 저비용항공사인 easyJet의 공항사용료 및 항행안전시설사용료의 합은 항공사 총비용의 20%를 초과했다. 반면, 다양한 네트워크를 보유한 British Airways의 경우에는 7% 정도 수준이었다. 미국 항공사들의 경우 이 비중은 2~4%로 작은 비중을 차지하였는데, 미국의 경우 이런 시설들의 운영자금이 다르게 지원되기 때문이다.

연료가격과 마찬가지로 사용자부담금은 일반적으로 외부 요소에 의해 결정된다. 그러나 연료가격과는 대조적으로 조정할 수 있는 여지가 거의 없다. IATA에 가입한 항공사들은 하나로 단결하여 특정 국가에서의 착륙료 혹은 영공통과료의 인상을 막아보려고 노력할 수는 있지만, 개별 항공사가 독자적으로 이러한 협상을 할 수는 없다. 모든 항공사들이 이와 같은 상황에 있는데, 이는 1944년 시카고회의에서 언급된 모든 항공사는 동등하게 대우받아야 한다는 제15조항 때문이다. 항공사별로 차별이 존재해서는 안 된다는 것이다. 실제로 일부 공항들은 신규 취항하는 항공사들에게 2~3년 동안 사용료를 감면해 줄 수 있다. 그러나 이론적으로 이러한 감면의 기회 역시 신규 취항하는 모든 항공사들에게 열려 있어야 한다. 최근에 유럽의 저비용항공사들은 일부 공항에서 사용료가 낮은 시설이나 설비가 낙후된 시설을 이용하거나, 신규 취항으로 인해 개발이 더딘 지역에 경제적 영향을 미칠 수 있다는 이유로 사용료 할인을 협상하기도 했다. Ryanair와 같은 일부 항공사들은 공항과 그 지역에 경제적 기여도가 있다는 이유로 유럽의 작은 공항들에게 항공사 비용 절감에 기여하도록 설득할 수 있었다.

공항사용료의 수준은 공항 자체적으로 일부 결정되기도 하고, 공항 혹은 정부 지원을 통해 비용 전액 또는 항공사의 이익이 발생하는 수준에서 결정된다. 결과적으로 착륙료는 공항에 따라 크게 달라진다. [그림 4-1]과 같이 2018년 런던 히드로공항에서 델리로 운항하는 British Airways Boeing 777-330ER 항공기는 델리에서의 이 · 착륙을 위해 4,200달러를 지불해야 했다. 그러나 런던으로 돌아오는 항공편은 정부의 여객세를 제외하고, 5배 가까운 비용인 22,300달러를 런던에서 착륙료로 지불해야 했다. 히드로공항의 British Airways나 요하네스버그의 South African Airways와 같이 비용이 높은 공항을 허브로 사용하는 항공사들은 그들의 착륙료 수준이 비싸기 때문에 비용에 있어 불리함이 있었다. 반면에 Qatar Airways, Aeroflot, Air India 같은 항공사들은 공항사용료가 저렴한 공항을 허브 공항으로 운항하기 때문에 비용 측면에서 많은 혜택을 누렸다.

공항사용료는 두 개의 주요 부분으로 구성된다. 항공기의 중량에 따른 착륙료와 승객 1인당 부과되는 여객부담금이다([그림 4-1] 참조). 이러한 두 비용들과 더불어 탑승교사용료, 단기 무상시간을 제외한 항공기 주기료, 항행안전시설사용료, 보안비용 등이 있다. 지난 20년 동안 많은 공항들이 항공기 관련 사용료로 벌어들인 수익보다 승객비용으로부터 벌어들인 수익이 더 많아지는 추세로 변화되어 왔다([그림 4-1] 참조).

미국의 경우는 독특하다. 여객 시설사용료(Passenger Facility Charge)로 알려진 착륙료와 여객부담금은 일반적으로 매우 낮지만, 항공사나 승객에게 부과되는 기타 수수료와 세금이 다양하게 존재한다(Graham, 2008 참조). 반면에 미국 항공사들은 공항에 자신들의 터미널을 건설하여 사용하고 있으므로 이로 인해 발생하는 항공사들의 비용이 증대되고 있다. 세계 기타 지역에서는 항공사들이 자체적인 화물 복합단지를 가지고 있을지라도 그들만의 여객터미널을 운영하는 것은 매우 드문 일이다.

다른 나라들과는 다르게 미국 정부는 오랫동안 승객들에게 다양한 공항세를 부과하였다. 이러한 비용에는 국제선 여객세, 농산물 검사비용, 세관 및 법무 시설 비용들이 포함된다. 후자의 세 개의 사용료들은 [그림 4-1]의 여객 관련 사용료에 포함된다.

1990년대에는 다른 많은 국가의 정부들도 온전히 세수입을 높이기 위하여 공항을 이용하는 승객들에게 세금을 부과하기 시작했다. 이러한 현상은 영국, 노르웨이, 그리스, 덴마크에서 시작되었다. 일부 국가의 정부들은 결과적으로 이러한 추세를 따르기 시작했고 더 많은 국가의 정부들이 이를 따를 것으로 예상되었다. 이러한 세금은 공항당국에 의해 부과되는 일반적인 비용에 추가적으로 부과되며, 승객들에게 직접적으로 부과되기 때문에 [그림 4-1]에 나타난 세금에는 포함되지 않는다. 영국에서는 일부 공항에서 항공편당 승객에게 부과된 세금이 착륙료와 여객수수료보다 높은 경우도 있었다. 엄격히 말하자면, 정부 세금은 항공사 비용으로 간주되어서는 안 되고, 정부를 대신해서 항공사가 수집하는 자금으로 간주되어야 한다. 이러한 것들은 지속적으로 항공권과 항공운임 이외의 별도 항목으로 여겨지고 있다.

영공통과료는 자국의 영공을 통과하는 항공기를 대상으로 민간항공국에 의해 부과되는 비용이며 이를 통해 항공교통통제 및 항행안전서비스 등에 드는 비용을

그림 4-1 Boeing 777-300ER의 공항사용료, 2018년 3월(미국달러)

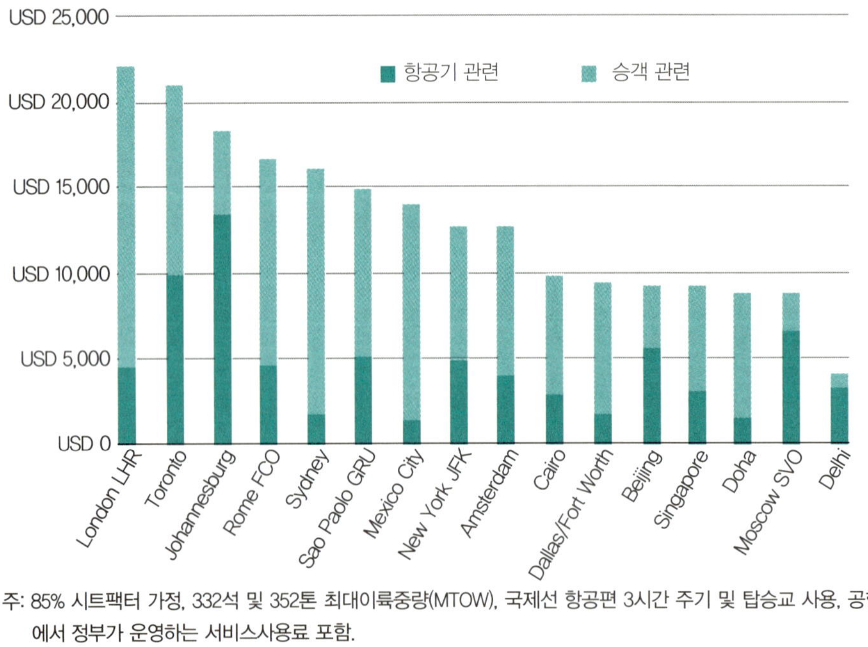

주: 85% 시트팩터 가정, 332석 및 352톤 최대이륙중량(MTOW), 국제선 항공편 3시간 주기 및 탑승교 사용, 공항에서 정부가 운영하는 서비스사용료 포함.

자료: Centre for Air Transport Management, Cranfield University

충당하게 된다. 영공통과료는 영공을 통과하는 항공기의 중량과 각 국가의 영공 내에서 비행하는 거리에 따라 부과된다. 그러나 여기에는 몇몇 차이점이 있다. 이집트, 인도, 태국과 같은 몇몇 국가들은 항공기의 중량은 무시하고 영공에서의 비행거리에 의해서만 영공통과료를 부과한다. 일본이나 케냐와 같은 소수의 국가들은 항공기의 중량이나 영공에서의 비행거리에 상관없이 고정적인 비용을 부과한다. 사용료 부과방법이 무엇이든 [표 4-4]에서 볼 수 있듯이 사용료 수준은 매우 다양하다. 유럽의 영공통과료가 매우 높은 반면 북미는 대체적으로 낮은 수준에 속하고 이집트와 말레이시아는 매우 낮은 수준에 속한다. 따라서 항공사가 어느 지역을 운항하느냐가 영공통과료에 영향을 미친다.

항공사들에게 영공통과료는 정해져 있는 비용이며 협상 불가한 비용이다. 소수의 국영항공사들은 자국의 정부 혹은 공항당국을 설득하여 공항사용료 혹은 항행안전시설사용료에서 유리한 대우를 받고 있다. 그러나 이는 드문 경우인데 이러한

표 4-4 | 일부 국가들의 영공통과료 비교, 2018년, A320-NEO

국가	400km 영공통과료(미화 달러($))
스위스	579
오스트리아	422
영국	401
독일	397
러시아	381
프랑스	375
베트남	255
일본	229
인도	221
중국	206
미국	180
사우디아라비아	156
디기	141
이집트	91
말레이시아	21

자료: RDC Aviation

특혜조치가 시카고조약의 제15조 및 양자간 항공협정상의 상대국 항공사에 대해 동등한 대우를 제공한다는 원칙에 위배되기 때문이다.

결론적으로 두 가지의 투입비용인 항공유 비용 그리고 공항 및 항행안전시설사용료는 2017년 항공유 가격기준으로 대부분 항공사 총비용의 35~40%를 차지한다. 이러한 투입가격의 차이는 항공사 간 비용의 다양성 일부를 설명해 준다. 그러나 항공사들이 이러한 투입비용의 수준을 낮출 수 있는 영향력은 아직 미미한 수준이다.

4.4 판매 및 유통을 위한 지급수수료

대부분의 네트워크 항공사나 대형항공사들에게 있어 판매, 발권, 프로모션활동을 위한 유통비용은 총운영비용의 10분의 1 미만을 나타낸다([표 3-3] 참조). 앞장에서 언급하였듯이(3.4절) 이러한 비용은 항공사의 직접 판매, 온라인 판매 확대, 전자티켓 사용, 여행사에 지급하는 커미션 축소 또는 폐지를 통하여 지난 10~15년 동안 큰 폭으로 감소하였다. 그럼에도 불구하고 항공권 판매의 유통비용은 중요한 비용 항목으로 여전히 남아있다.

유통비용의 주요 요소는 항공사의 예약 및 판매에 도움을 주는 제3자에게 지급하는 수수료였다. 수수료는 다음과 같은 세 곳, 즉 여행사, GDS, 신용카드회사에 가장 많이 지급된다.

역사적으로 대리점 또는 온라인 여행사와 GDS에 가장 많은 수수료가 지불되었는데, 티켓가격의 수수료율은 국가와 시장마다 각기 다르다. 국제선 항공권 판매수수료율은 5~6% 정도지만 계속해서 하락하고 있고, 국내선수수료의 경우에는 이것보다 더 낮다. 일반적으로 항공권 판매수수료를 지급하는 국가 또는 시장에서는 모든 항공사들이 제삼자를 통한 판매에 있어 경쟁력을 유지하기 위하여 동일하거나 유사한 비율의 수수료를 지불하게 된다.

비록 특정 시장에 운항하는 항공사들은 대리점들에게 일반적인 수수료율을 적용하여 지급하고 있지만, 최근에는 항공사들이 이러한 대리점수수료율을 축소하려고 하고 있다. 그들은 두 가지 방법으로 이를 실현하고자 한다. 첫째, 일부 주요 시장에서 항공사들은 일제히 대리점수수료를 폐지하고 그들의 티켓을 수수료 없이 대리점을 통해 판매한다. 항공사들은 대리점들로 하여금 승객들에게 예약서비스수수료를 받게 하고 티켓을 제공한다. 둘째, 항공사들은 항공권을 자사의 예약센터 또는 특히 인터넷 웹사이트를 통해 직접 판매함으로써 대리점의 역할을 없애고 있다.

1980년대와 1990년대에 항공사들은 대리점들이 항공권의 예약, 판매를 할 수 있도록 컴퓨터 기반의 예약시스템을 제공하는 GDS인 Amadeus, Sabre, Galileo(이후 Travelport가 됨)와 같은 업체에 점점 더 의존했다. 항공사들은 항공권 예약이 여행사를 통해 되었다고 하더라도 GDS에게 항공노선당 고정비용을 추가로 지불했다. 항공사들은 자사 항공편에 대한 자체 예약 시에도 GDS를 이용한 경우, GDS업체에게 비용을 지불해야만 했다. 처음에는 GDS가 모든 항공사들에게 동일한 예약수수료를 적용하였으며, 2000년 기준, 항공예약 내 한 노선당 각각 3달러의 수수료를 적용하였다. 그러나 2000년 이후, 심지어는 위기 상황에서조차 몇 년 동안 계속해서 GDS의 예약수수료가 인상되었다. 실례로 미국 항공사인 Northwest는 2004년에 자사의 평균 GDS 수수료가 노선당 12달러 50센트라고 발표하기도 했다.

특히 항공산업에서 가장 빠르게 성장하는 저비용항공사에 의해 GDS의 사용이 회피되면서 주요 GDS 3사인 Sabre, Travelport, Amadeus는 수수료를 인하해야 하는 환경에 직면했다. 이러한 환경에 의해 GDS업체들은 수수료를 낮추거나 유연성을 높이기 위한 다양한 제도를 도입했다. 예를 들어, 2004년 Amadeus는 '가치가격(value pricing)'이라고 불리는 예약수수료 구조를 적용시켰는데, 이에 따라 특정 예약이 항공사에 가져오는 가치에 따라 수수료가 달리 책정되었다. 이로써 기존의 예약당 고정수수료가 새로운 수수료 구조로 대체되었다.

항공사들은 여행사 및 GDS 수수료를 줄이기 위해 자체 웹사이트나 콜센터를 통한 매출 증대에 집중하려고 노력해 왔다. 그럼에도 불구하고 2012년 대형항공사들은 여전히 GDS를 통한 항공권 판매가 55%에 달했다. 이는 저비용항공사의

GDS를 통한 판매 수준인 16%와 비교되는 수치이다. 대형항공사들은 항공권 수수료비용을 줄이기 위해 제삼자를 통한 판매 의존도를 줄이는 것에 더 큰 노력을 기울여야 했다.

일부는 극단적인 조치를 취했는데 그중 하나는 Lufthansa였다. 그들은 2015년 중반부터 GDS를 통해 판매한 모든 대리점에게 판매된 항공권의 종류와 상관없이 티켓당 16유로의 수수료를 부과했다. 이는 Lufthansa, Austrian, Swiss 그리고 Brussels 항공권 판매에 적용되었다. 이러한 수수료는 예약 건당 부과되는 것이 아니라 항공권당 부과되는데, 이유는 하나의 예약에 여러 사람의 예약이 포함될 수 있기 때문이다. 이 수수료는 승객들이 부담하거나 대리점이 부담한다. 이러한 과감한 조치를 통해 Lufthansa 그룹은 GDS를 통해 판매된 항공권에 대해 GDS에 지급해야 할 수수료를 일부 회수할 수 있었고, 여행사들이나 소비자들에게는 16유로의 수수료를 지불하지 않는 대신, 자사 웹사이트나 콜센터를 통해 직접 예약하도록 유도했다. Lufthansa는 수수료 도입 후에도 예약이 감소하지 않았다고 주장했다. British Airways와 같은 다른 항공사들은 Lufthansa 전략을 따르기 시작했다.

GDS수수료를 줄이기 위한 혁신은 불가피하다. 대부분의 대형항공사들은 자체 예약시스템을 개발했음에도 불구하고 자국이 아닌 다른 시장에서 상당수의 매출은 여전히 GDS에 의존하고 있다. 그러나 GDS가 보다 유연한 수수료를 도입함에 따라, GDS수수료는 과거에 비해 통제 가능한 비용이 되었다.

마지막으로 항공사들은 자사 온 · 오프라인 예약센터 또는 인터넷 판매 시 신용카드로 지불되는 항공권에 대하여 신용카드회사들이나 기타 중개인들에게 수수료를 지불해야 한다. 이러한 수수료율도 역시 협상하기가 어렵다. 수수료 또는 신용카드 판매 관련 비용은 항공권 판매수익의 2~2.5%에 해당한다. 다른 유통비용이 감소됨에 따라, 예약에 따른 신용카드수수료가 큰 부분을 차지하기 시작했다.

유럽에서는 2000년대 초, 저비용항공사들이 항공권 결제 시 신용카드 사용에 대해 예약 거래당(항공권당 수수료 아님) 수수료를 승객에게 부과하기 시작했다. 이것은 신용카드회사가 항공사에 부과하는 신용카드 수수료비용을 충당하기 위한 방법이었다. 시간이 지나면서 이러한 관행은 대형항공사들에 의해서도 사용되었다.

온라인 여행사 또는 기타 여행사나 타 항공사에 지급하는 수수료, GDS에 지급하는 수수료, 신용카드사에 지급하는 수수료 등 세 가지 수수료는 항공사의 총운영비용의 5~6%를 차지한다. 국제선을 운영하는 소규모 항공사들에 있어 대리점, GDS 및 다른 타 항공사들에게 지급하는 수수료는 큰 부분을 차지하지만 협상의 여지는 적다.

4.5 인건비

유가가 낮은 시기에는 임금 및 그와 관련된 사회보장보험, 직원 연금이 대부분의 항공사에 있어 가장 큰 비용요소이다. 물론 그것은 항공사 내 업무부서에 따라 다르다. 유가가 낮았던 2016년에는 북아메리카의 메이저 항공사들에게 사회적 비용을 포함한 인건비는 평균적으로 총운영비의 35~40% 정도를 차지했다. 기존 유럽 항공사들의 2016년 평균 수치는 15~25%로 다양했지만, 저비용항공사들의 경우가 가장 낮았다. 아시아의 경우 항공사의 인건비가 경쟁사인 유럽과 미국의 네트워크 항공사보다 상당히 낮은 것을 알 수 있다. 대부분의 아시아 항공사들의 경우 인건비가 총비용의 대략 15~25%를 차지하고 있으며, 일부 항공사는 그보다 더 낮았다. 예를 들어, 2016~2017년 회계연도에 Singapore Airlines의 인건비는 총비용의 18.4%를 나타냈다. 인도의 저비용항공사인 Indigo의 경우 같은 해 인건비는 총비용의 12%였다. 인건비가 전체 비용 중 차지하는 부분이 크기 때문에, 임금평균 수준의 변동은 항공사의 비용에 직접적인 영향을 미치고 이로 인해 항공사에 따라 주목할 만한 비용 차이가 발생할 수 있다.

자유로운 임금협상이 이루어지는 국가에서 항공사의 다양한 직종에서 근무하는 직원에 대한 급여 지불은 항공사가 필요로 하는 직원범주의 수요와 공급에 의한 상호작용, 그리고 급여 수준을 폭넓게 결정하는 특정 노동조합의 힘에 따라 결정된다. 그 밖의 국가에서의 임금 수준은 정부, 고용주조합, 노동조합 간의 국가적합의에 따라 결정된다. 경우에 따라서는 정부가 직접 임금 수준을 결정하고 이를 고용주와 근로자에게 적용시키기도 한다. 모든 경우에 있어 일반적인 직종별 임금 수준은 해당 국가의 생활 수준 및 생계비와 관련이 있다.

각국 항공사들의 임금 수준을 비교하면 확실히 환율의 영향을 받는다. 자국에서는 조종사들의 연봉이 높다고 느낄 수 있지만 미국달러로 환산하면 낮다고 느낄 수 있으며, 이는 통화가치가 높은 고임금 국가 항공사의 조종사 연봉과 비교하면 더욱 그렇게 느낄 수 있다.

기본적인 임금과 더불어 항공사들은 통상 사회보장, 보험, 기여형 퇴직연금, 의료비와 같은 다양한 종류의 사회적 비용을 지불해야 한다. 이러한 것들은 종종 해당 국가의 사회적 입법으로 추진되고 의무적이며 교섭의 여지가 없다. 이러한 것들이 인건비에 미치는 영향은 상당하다. 예를 들어, 사회보장비용이 매우 높은 유럽에서는 전체 인건비에 미치는 영향이 매우 클 수 있다. 독일이나 프랑스에서 이러한 비용은 임금에 40%까지 가산될 수 있다. 반면 영국이나 아일랜드에서는 훨씬 낮다.

대부분의 항공사에 있어, 인건비가 가장 높은 세 가지 그룹은 운항승무원, 객실승무원 그리고 정비엔지니어들이다. 영국과 다른 유럽 항공사들에게 있어 운항 및 객실승무원의 인건비는 총운영비용의 10~12%를 차지한다. 비슷한 직종에 종사하는 근로자들의 임금 수준이 지역별, 심지어 같은 국가 내의 항공사별로도 상당한 차이가 있다. 2015년 British Airways의 조종사 1인당 연평균 비용은 12만 8천 파운드였지만 Virgin Airways는 조종사 1명당 10만 4천 파운드 정도였다. Virgin Airways는 British Airways와 달리 단거리 네트워크가 없고 모든 조종사들이 대형 장거리 항공기를 운항했기 때문이다. 대형항공기를 운항하는 조종사들에게 일반적으로 더 큰 비용이 지출되고 있다는 점을 고려할 때, 조종사 1인당 비용이 British Airways보다 더 높다고 예측할 수 있다.

항공사의 급여 수준을 주요 지역별로 비교해 보면 일부 지역적 편차가 뚜렷이 나타난다. 서유럽에 본사를 둔 항공사에서 근무하는 조종사와 객실승무원들은 세계에서 가장 높은 임금을 받는 것으로 보이며 미국 동료들보다 더 많은 보수를 받고 있다. 이는 2002년에서 2013년 사이에 Southwest를 제외한 대부분의 대형 미국 항공사들이 임금을 낮추기 위해 파산법 제11장에 따른 파산절차를 거쳤기 때문이다.

Malaysia Airlines, Garuda, Philippine Airlines, Thai와 같은 동남아시아 항공사들의 임금 수준은 특히 낮다. 중국 항공사들도 마찬가지다. 그러나 예외도 있다. Singapore Airlines와 특히 Cathay Pacific은 경쟁항공사보다 인건비가 더 높다. Cathay의 경우, 부분적이지만 여전히 많은 외국인 조종사들을 높은 급여로 고용하고 있어서 생활비, 출장비 또는 심지어 자녀들의 학교 교육비를 지불하고 있다. 중동 항공사들도 마찬가지다. [표 4-1]에서 보여주듯이 아시아 항공사들의 단위비용이 상대적으로 낮은 원인 중 하나가 낮은 인건비라는 것이 나타나 있다. 반면, All Nippon Airways 및 Japan Airlines는 다른 아시아 항공사들과 비교하여 운항 및 객실승무원에게 매우 높은 급여를 지불한다. 이러한 높은 급여는 일본이 통화 강세가 있는 고임금경제 국가라는 사실을 반영하고 있으며, All Nippon Airways의 단위비용이 왜 높은지를 설명하는 데 도움이 될 수 있다.

항공산업에서 오랫동안 유지되었던 전통적인 견해로 임금과 사회적 비용은 시장물가, 노동시장 또는 사회정책과 같은 외부 요인에 의해 결정되기 때문에 경영진이 인건비의 단위비용에 영향력을 행사할 수 있는 부분이 제한적이라는 것이다. 따라서 항공사의 경영진들은 보다 큰 항공기와 시스템의 자동화 등을 통하여 가능한 직원 수를 늘리지 않고, 생산량을 늘리면서 직원의 생산성을 높이는 데 집중을 하게 되었다. 그러나 지난 30여 년 동안 항공권 운임과 일드 하락을 동반한 국·내외의 경쟁 심화로 인해 노동생산성의 미미한 개선만으로는 인건비를 억제하기에 충분하지 못했다. 항공사들은 인건비의 단위비용과 노동력 자체를 줄이기 위한 시도를 시행할 수밖에 없었다.

이러한 추세는 경기침체와 함께 동반된 위기로 인해 더욱 심해졌다. 이로 인해 항공사의 관리자들은 인건비에 대한 접근방식을 재고해야 했다. 그러한 비용들을 통제하기 위하여 더욱 공격적인 자세로 임하였고 다음 네 가지 측면의 문제에 대해 집중했다. 첫째, 노동생산성을 높이기 위하여 임금을 동결시키거나 줄이려고 노력했고 또한 고용조건에 대하여 재교섭을 하였다. 둘째, 직원 수를 줄여 남은 직원들을 통한 생산성을 늘리기 위한 노력을 했다. 셋째, 많은 항공사들은 IT 개발이나 콜센터와 같은 노동집약적 활동들을 저임금 국가에 아웃소싱을 하면서 노동 비용을 줄였다. 그들은 지상조업이나 엔지니어링과 같은 기타 노동집약적 기능의 전부 또는 일부를 전문회사에게 아웃소싱했다. 마지막으로 지역 내 구간 또는 단거리 항공서비스를 소규모 항공사업자에게 프랜차이징함으로써 비용을 절감하기도 했다.

미국 항공사는 1980년대 초에 인건비 문제를 정면으로 다룬 최초의 항공사였지만, 미국 항공사 관리자가 인건비에 가장 큰 영향을 미친 것은 2001년 이후였다. 미국 항공사들의 붕괴 위험으로 인해 네 개의 메이저 항공사들의 경우, 파산법 제11장을 적용하여 자사의 직원 수를 3분의 1까지 줄였으며, 개인 임금 수준도 25~30%까지 삭감하였다(Doganis, 2006). 이러한 과정은 2008~2009년 금융위기 이후 반복되었으며, 이는 미국 항공사의 임금 수준이 상대적으로 낮은 이유를 설명해 준다.

직원 수 및 임금의 급격한 절감은 유럽과 다른 지역에서 법적, 사회적 또는 정치적 제약으로 인하여 좀 더 어려운 점이 있었다. 그러나 큰 영업손실에 직면했던 1990년대 초 중반의 위기기간에 많은 유럽 항공사들은 첫 번째 인력감축을 실행할 수 있었다. 이러한 프로세스는 국영항공사의 구조조정을 쉽게 진행하기 위해 일부 정부들로부터 부여된 '국고보조금(state aid)'이라고 불리는 현금 투입과 함께 권고되었다(Doganis, 2006, 8장). '국고보조금'의 일부는 직원 수를 줄이기 위한 조기은퇴 또는 정리해고를 유도하기 위하여 사용되었다. 유럽에서는 2000년대 초반에 이어 2010년대 중반에 다시 인력감축 바람이 불었는데, 2011~2014년 기간에 매우 높은 유가와 저비용항공사의 단거리 시장 잠식이 동시에 일어났다. 기존 항공사들은 2010년 이후 매출이익이 개선될 때에도 인원 감축, 근무조건 변경, 급여 동결 등으로 대처했다. 그 결과 2014~2017년 Air France, Lufthansa 및 그 외 항공사에서는 빈번한 산업분쟁과 파업이 발생했다.

또 다른 접근법은 임금 수준이 보다 낮은 국가로 고용을 이전하는 것이었다. 이는 사실상 항공사의 특정 부분을 본사로부터 멀리 옮기는 것을 의미한다. 일부 유럽 항공사들은 자사의 콜센터를 폴란드와 같은 유럽의 저임금 국가나 아시아, 심지어 피지로까지 옮겼다. 수익관리부나 전산팀 같은 부서는 종종 인도 지역으로 옮겨갔다. 인건비를 낮추기 위한 또 다른 방법은 낮은 임금 수준 국가의 운항승무원이나 객실승무원을 고용하는 것이다. 일부 유럽 항공사들은 아시아계 승무원이나 조종사들을 고용함으로써 인건비를 낮추었다. Norwegian은 싱가포르 국적의 일부 조종사를 고용하고 있다. 반대로 Cathay Pacific은 운항승무원들을 임금 수준이 높고 거주비용이 많이 드는 홍콩에 두지 않고, 영국 운항승무원 임금 수준의 런던 베이스로 고용함으로써 높은 운항승무원비용을 줄이려고 노력했다.

일부 항공사들은 종종 자사를 대신해 소형항공기로 항공서비스를 제공하는 저임금 항공사를 설립하거나 인수함으로써 자사의 높은 임금 수준에서 오는 부정적 영향을 극복하려고 노력해 왔다. 소형항공사는 인건비가 낮을 뿐만 아니라 다른 부분에서도 비용이 낮기 때문이다. 예를 들어, Lufthansa는 2013년부터 프랑크푸르트나 뮌헨의 주요 거점 노선을 제외한 모든 단거리 노선의 서비스를 자회사인 저비용항공사 Eurowings로 전환했다. 미국에서는 지역 항공사들이 주요 항공사를 대신하여 단거리 노선에 정기편을 운항한다. 예를 들면, Piedmont Airlines의 경우 American Airlines을 대신해서 단거리 구간에 항공서비스를 제공하였고, 2017년 Skywest는 Delta Connection이라는 이름으로 150대 가까운 소형항공기를 Delta Air Lines를 위해 운항했다. 위와 같은 전략의 효과는 베이서 항공사들의 단위당 인건비를 줄이려고 하는 것이 아니라 임금 수준이 낮은 항공사를 활용하여 특정 노선을 운항함으로써 영향을 완화하는 것이다.

최종적인 인건비는 다른 분야의 직원들에게 지불되는 평균 임금 수준뿐만 아니라 노동생산성에 따라 달라진다. 이는 부분적으로 주당 근무일수, 연간 휴가일수, 주당 기본 근무시간 등과 같은 제도적 요인 그리고 직원 1인당 더 많은 생산량을 끌어낼 수 있는 경영진의 능력에 달려있다. 이는 결국 장거리 비행 후 파일럿과 승무원의 휴식일수와 같은 업무 관행을 결정하는 각 항공사와 해당 항공사 직원 간의 단체협약에 달려있다. 그것은 실제로 얼마나 많은 직원들이 고용되었는지에도 달려 있다. 기존에 오래된 많은 항공사들은 시간이 지나면서 직원 수가 불균형적으로 증가했고, 국영항공사의 경우 더욱 그러했다. 이전의 과잉 고용된 인원은 매출이나 서비스 수준에 크게 영향을 미치지 않고 직원 수를 크게 줄일 수 있음을 의미한다.

요약하면, 1980년대 중반까지 인건비는 경영진이 통제할 수 없는 부분이었다. 그러나 항공산업이 직면한 잇따른 경제위기로 인해 항공사 경영진은 비용 절감을 위해 보다 직접적이고 적극적인 역할을 해야만 했다. 모든 경우는 아니지만, 그들은 이러한 인건비를 크게 절감할 수 있음을 보여주었다. 오늘날에는 인건비가 자국에서의 경제적 또는 사회적인 요소에 의하여 크게 결정되지만 국가 노동법과 사회적 환경이 허용한다면 임금 수준과 비용 역시 효율적인 경영관리에 의해 영향을 받을 수 있다.

항공사들은 직원 1인당 평균 임금과 사회적 비용을 더한 인건비의 단위비용을 줄이는 데 있어 어느 정도 유연성이 있지만, 더 적은 수의 직원을 고용하여 정해진 수준만큼 생산을 함으로써 전반적인 인건비를 줄일 수도 있다. 다시 말해, 항공사들은 노동생산성을 높이기 위해 여러 가지 방법들을 고려할 수도 있다. 그러나 노동생산성은 단체협약과 근로 관행의 상호작용이다. 그것은 또한 운항하는 항공기 기종뿐만 아니라 서비스를 제공하는 노선 네트워크의 특성에 의해서도 영향을 받는다.

4.6 항공기의 타입 및 특성

각 항공기 타입의 많은 기술적 측면은 해당 항공기 운영비용에 직접적인 영향을 미친다. 경제적인 관점에서 볼 때 가장 중요한 것은 항공기의 크기, 순항속도(cruising speed) 및 최대적재(full payload)상태에서의 항공기의 항속거리(range)이다. 항공기의 크기, 순항속도, 항속거리는 항공기의 시간당 생산성을 결정하고, 결국 항공기의 비용에도 영향을 미치기 때문에 매우 중요하다.

4.6.1 항공기의 크기

예외가 있기는 하지만 일반적으로 항공기의 크기가 크면 클수록 그 항공기의 블록시간당 비용은 커지게 되고, 좌석킬로미터당 비용(cost per seat-km)은 더 낮아지게 된다. 만약 다른 조건이 같다면, 항공기의 직접운영비는 항공기의 크기나 항공기의 유상하중용량(payload capacity)보다는 더 적게 증가한다.

미국 항공사들의 사례를 통하여 이러한 기본적인 원리를 설명할 수 있다. 2016년 미국 항공사의 134석 A319 항공기의 직접운영비용 평균은 블록시간당 평균 3,098달러이다(Airline Monitor, 2017a). 156석을 갖춘 A320 항공기의 직접운영비용 평균은 블록시간당 대략 3,310달러이다. 규모가 큰 A320의 시간당 비용은 A319보다 7% 높지만 좌석 측면에서 볼 때 공급석은 16%가 크다. A320의 공급석이 크기 때문에 이는 높은 시간당 비용을 상쇄하고도 남는 것이다. 결과적으로 단위비용은 유효좌석마일당 미화 5.49센트이다. 이는 더 작은 항공기인 A319의 좌석마일비용인 6.41센트(17% 더 높은)보다 현저히 낮았다.

항공기의 크기가 비용에 미치는 영향은 두 가지이다. 첫째는 크기가 증가함에 따라 공기 역학적인 장점이 커진다는 것이다. 항공기가 커질수록 항력이 낮아지며 중량단위당(per unit of weight) 유상하중(payload)이 커진다. 동시에 더 크고 효율적인 엔진이 사용될 수 있다. 따라서 215~221석인 Boeing 767-300은 최대이륙중량이 Boeing 737-800의 2.5배에 달하지만, 미국 항공사의 2016년 시간당 연료 소모는 2배 미만이었다(Airline Monitor, 2017a). 작은 항공기 기체보다 큰 항공기 기체를 공기를 통해 밀어내는 것이 상대적으로 더 쉽고 중량단위당 비용도 낮다. 같은 원리가 수중에서도 적용되어 초대형 유조선이 개발되는 것이다.

둘째, 노동의 사용과 관련된 다른 규모의 경제가 있다. 인건비 대부분을 차지하는 정비비는 항공기 크기의 증가에 비례하여 증가하지 않는다. 이는 A321과 A320 비교를 통해 확실히 알 수 있다. 2016년 미국 항공사들의 시간당 정비비에 따르면, 운항승무원 두 명이 필요한 이 두 종류의 항공기는 더 큰 A320과 더 작은 A319의 정비비는 비슷하지만, A320 항공기 좌석수가 16% 더 많았다. 또한 규모의 경제는 운항승무원비용에도 나타난다. 보다 큰 항공기를 운항하는 기장과 부기장의 급여가 더 높기는 하지만 일반적으로 항공기가 크다 하여 더 많은 승무원이 필요하지는 않기 때문이다.

[그림 4-2]를 통해 2016년 미국의 간선노선 운항 항공사들이 이용하고 있는 주요 항공기들의 크기와 단위비용 간의 관계를 알 수 있다. 상단 라인은 좌석수로, 항공기의 크기가 증가함에 따라 시간당 직접운영비가 선형관계로 증가하는 것을 나타낸다. 그러나 시간당 비용은 좌석킬로미터당 비용으로 환산할 때 크기에 비례하여 증가하지 않기 때문에 강한 하향곡선(하단선)이 그려지게 된다. 편차와 극단 수치가 있지만 항공기의 크기나 좌석 공급석 증가와 단위비용 감소 사이의 관계는 분명하다.

[그림 4-2]에서 언급된 항공기는 실제로 평균 운항거리(average sector length)가 다르며 이는 나중에 설명하겠지만 그림과 같이 단위비용에 영향을 미친다는 점을 항상 염두에 두어야 한다. Embraer 145나 보다 작은 Canadair CRJ-700과 같은 신세대 소형 제트항공기의 단위비용이 매우 높은 것을 그림을 통하여 알 수 있다. 이러한 비용의 약점은 항공기의 작은 크기 때문이다. 반면에 그들의 시간당

그림 4-2 항공기 크기가 항공기의 직접운영비에 미치는 영향, 2016년 미국 항공사

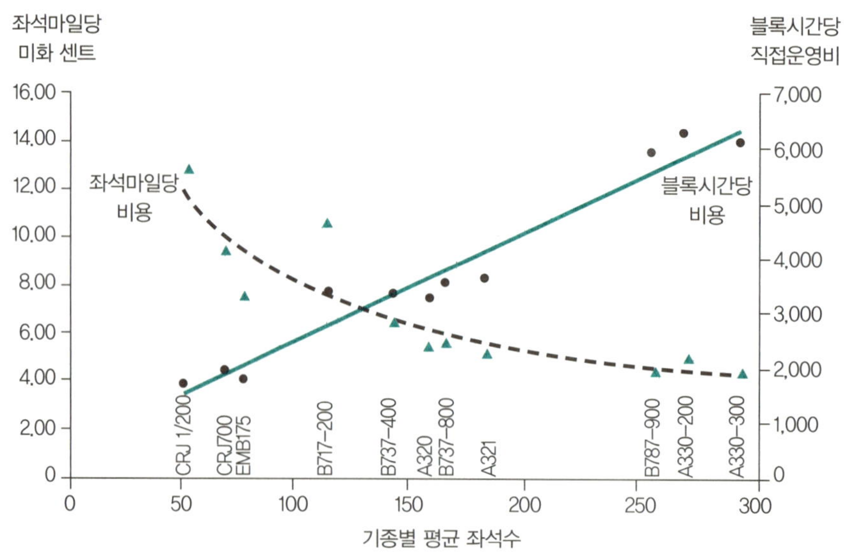

자료: Airline Monitor 자료를 토대로 저자 재구성(2017a)

비용은 낮으므로 높은 좌석-마일당 비용을 상쇄할 만큼 높은 운임을 적용할 수 있는 덜 붐비는 노선을 운항하는 것이 적합하다.

마지막으로, 동일한 구간을 운항하였을 때 대형항공기의 좌석킬로미터 혹은 톤킬로미터비용은 소형항공기보다 낮지만, 그들의 총왕복운항비용(total round-trip costs)은 대부분 더 크다. 이러한 점은 항공사 경제학 및 노선계획에 있어 복잡하고 어려운 기본적인 문제가 된다. 항공사가 좌석킬로미터비용이 낮은 항공기를 선택해야 하는가, 아니면 운항비용이 낮은 항공기를 선택하여야 하는가? 명백하게도 이러한 결정은 예상된 항공패턴과 수요의 수준에 달려 있다.

4.6.2 항공기의 속도

항공기의 크기와는 별개로 항공기의 속도 역시 단위비용에 영향을 미친다. 이는 항공기의 시간당 생산성에 영향을 미친다. 시간당 생산성은 유상하중 및 속도와 관련이 있으므로 항공기의 순항속도가 커질수록 항공기의 시간당 생산성은 더 커진다. 만약 항공기가 평균 시속 800킬로미터로 운항하고 유상하중이 20톤이면 이 항공기의 시간당 생산량(output)은 16,000톤킬로미터이다. 같은 유상하중의 항공기가 평균 시속 900킬로미터로 운항한다면 시간당 생산량은 18,000톤킬로미터이고, 이는 더 느린 항공기보다 생산량이 12.5% 높다는 것이다.

일부 비용의 요인들은 속도가 빠른 항공기일 경우 더 높을 수 있다. 공기역학적 설계 개선으로 인해 속도가 빨라지지 않은 한 연료 소비량은 다소 증가할 수 있다. 그러나 특히 블록시간당을 기본으로 계산되는 비용들은 유사하다. 운항승무원 및 객실승무원 인건비, 정비비, 보험료, 착륙료, 감가상각비는 대부분 거의 비슷하다. 이처럼 비슷한 시간당 비용은 12.5%만큼 톤킬로미터에 추가 분산된다. 따라서 모든 조건이 동일하다면 속도가 빠른 항공기의 톤킬로미터당 비용이 더 저렴하게 된다. 실제로 속도가 빠른 항공기가 일반적으로 크기도 더 크기 때문에 크기와 속도의 비용우위가 상호작용하여 가장 낮은 좌석킬로미터 혹은 톤킬로미터 비용을 달성하게 된다.

4.6.3 이륙성능 및 항속거리

더 크고 더 빠른 항공기의 단위비용이 낮은 이유로 항공사가 항상 소형항공기나 느린 항공기보다 크고 빠른 항공기를 선호해야 한다는 것은 아니다. 항공사들은 이전에 언급된 어려운 문제를 풀어야 한다. 톤킬로미터당 비용이 낮은 대형항공기는 소형항공기보다 운항비용이 더 높다. 항공기의 타입을 선택할 때에는 항공기가 투입될 노선의 수요 수준 및 패턴 그리고 이러한 노선들과 관련한 항공기의 설계 특성과 같은 다른 요인들도 함께 고려하여야 한다. 항공기는 특정 교통량 및 운항거리(stage lengths)에 맞추어 설계되어 있다. 따라서 항공기 타입마다 각기 다른 이륙 및 운항거리의 특성이 있고 이는 단위비용에 다시 영향을 미친다. 특별히 긴 활주로가 있어야 하는 항공기나 공항에서 높은 순환절대온도(high ambient temperature)에 의해 심각한 영향을 받는 엔진을 탑재한 항공기는 비용에 있어 불리하다. 이러한 두 상황에서 설계상의 결함을 극복하기 위해서는 이륙중량을 가볍게 하도록 유상하중을 줄여야 한다. 이륙중량을 가볍게 하면 활주로 길이의 한계 또는 절대온도한계에도 불구하고 이륙할 수 있게 된다. 그러나 유상하중의 감소로 인해 톤킬로미터당 비용이 높아지게 되는데, 같은 비용이 더 적은 산출단위에 분산되기 때문이다.

항공기의 항속거리성능(range performance)은 [그림 4-3]의 유상하중-항속거리(payload-range)를 통해 알 수 있다. 이 그림은 A340 시리즈 두 기종의 유상하중-항속거리 특징을 보여준다. 각 항공기는 최대이륙중량(Maximum Take-Off Weight: MTOW) 상태에서 이륙할 수 있도록 인가되었다. 이 중량은 안전상의 이유로 초과될 수 없다. 최대이륙중량은 항공기의 '운항자중(operating weight empty)'과 약간의 연료 그리고 유상하중으로 구성되어 있다. 최대유상하중과 함께 항공기는 자신의 최대이륙중량으로 이륙하여 특정 거리를 운항할 수 있도록 설계되어 있다. 이것을 '최대유상하중하에서의 항속거리'라고 한다. 항공기가 이 구간을 항속거리를 넘어 운항하고자 할 때 반드시 유상하중을 줄이고 추가로 연료를 탑재하여야 하고, 이러한 중량이 최대이륙중량을 넘지 않도록 하여야 한다. 이는 두 종류의 A340 항공기 기종 모두가 '최대유상하중하에서의 항속거리' 이상으로 비행한다면 유상하중이 줄어들고, 유상하중곡선이 감소하는 이유이다. 유상하중을 줄이기 위해서는 우선 여객보다는 화물칸의 화물을 줄이는 것을 고려할 수 있지만, 그다음에는 여객도 줄여야 한다.

연료를 증가시키고 유상하중을 줄임으로써 항공기의 항속거리는 계속 증가할 수 있는데, 이는 연료탱크를 다 채우고 더 이상의 예비연료 탑재가 불가능할 때까지 지속될 수 있다. 이때 항속거리는 '최대연료적재량에서의 항속거리(range at maximum fuel capacity)'가 된다. 이것이 항공기의 최대유효항속거리(effective maximum range)이다. 실제로 항공기는 유상하중을 감소시킬 경우 연료의 추가 탑재 없이도 더 운항할 수 있는데 이는 항공기의 무게 감소로 인해 시간당 연료를 덜 소모하기 때문이다. 이것이 [그림 4-3]과 같이 최대항속거리에서 유상하중이 정확히 수직이 되지 않고 급경사로 떨어지게 되는 이유이다. 각 항공기의 유상하중 항속거리선(payload range line)의 모양은 모두 다른데 이는 항공기가 특정 시장의 요구를 만족시킬 수 있도록 설계되었기 때문이다.

항공기의 크기, 속도 그리고 항속거리는 항공기의 생산성곡선을 결정하고 이에 따라 항공기의 단위비용이 결정된다. 이들 간의 관계가 [그림 4-4]에 나타나

그림 4-3 A340 두 가지 기종의 유상하중 비교

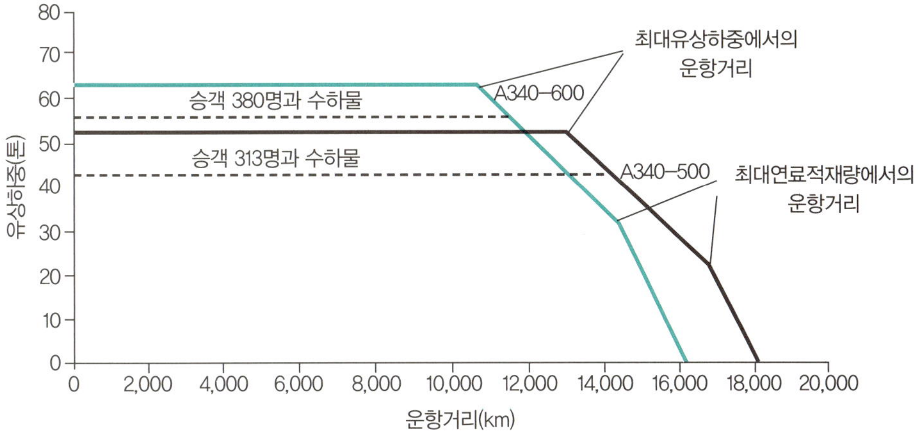

주: 500 시리즈는 유상하중을 줄임으로써 A340의 운항거리를 연장시킨 기종임. 두 항공기는 3개의 클래스로 구성됨. 여객하중은 95kg 기준임. 점선 위쪽의 적재량은 화물임.

있다. 맨 위의 그래프는 특정 항공기의 유상하중–운항거리 도표를 보여준다. 중간 도표는 운항거리의 증가가 유효톤킬로미터인 항공기의 시간당 생산성에 미치는 영향을 보여준다. 평균 속도가 증가하기 때문에 운항거리가 증가함에 따라 생산성은 증가한다. 아래 그림은 시간당 생산성이 증가하면 거리가 증가함에 따라 유효톤킬로미터당 단위비용이 어떻게 절감되는지를 보여준다.

그림 4-4 유상하중–운항거리, 생산성 및 비용 간의 관계

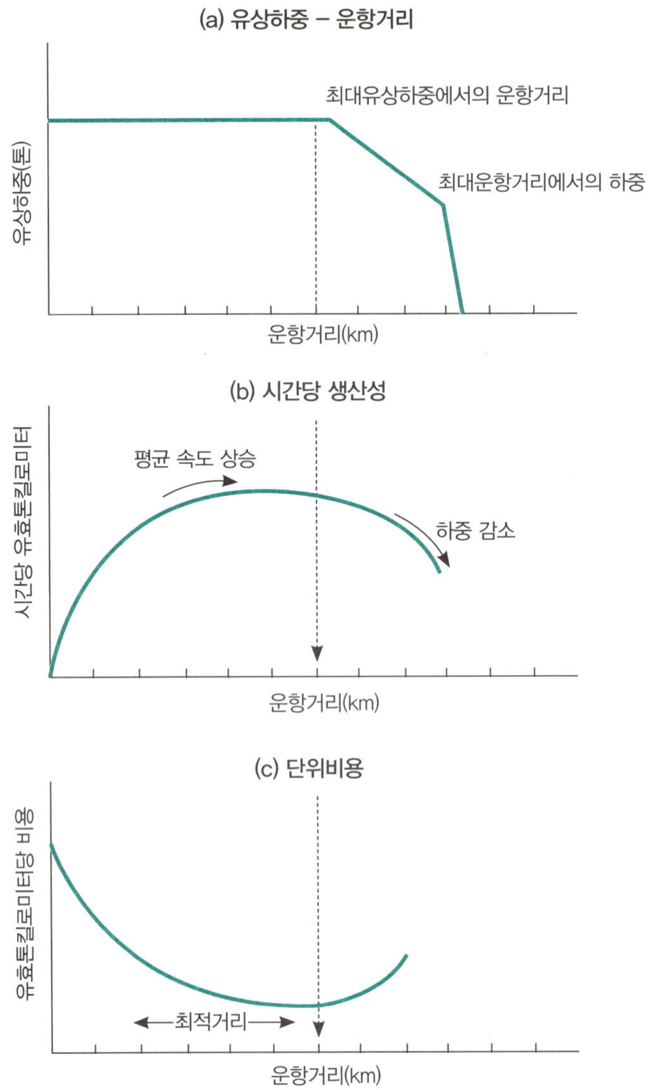

시간당 생산성은 항공기의 크기 및 속도에 의해 만들어진다. 항공기의 평균 속도는 구간거리가 증가함에 따라 증가한다. 이는 항공기의 속도가 항공기 운항에 따른 블록시간을 기준으로 계산되기 때문이다. 블록시간은 엔진을 켜고 엔진을 끌 때까지의 시간이다. 따라서 블록시간에는 지상에서 소모되는 시간까지 포함된다. 지상시간은 각 공항의 활주로, 유도로, 주기장의 배치에 따라 달라질 수 있으며 주어진 시간 동안에 이동하는 항공기의 수에 따라 달라진다. 런던-히드로 혹은 프랑크푸르트공항과 같이 매우 붐비는 국제공항에서 항공기는 엔진 시동에서부터 이륙하는 데까지 20분 정도나 소요되는 경우도 있다. 이 시간은 항공기가 계류장에서 푸시백 트랙터로 끌려 나와 분리되는 시간, 지상 교통관제의 지시를 기다리는 시간, 스테이션에서 분리되어 몇 분에 걸쳐 유도로를 따라 활주로 끝으로 가는 시간, 항공기가 활주로로 이동하여 이륙하는 데 필요한 지시를 기다리는 데 걸리는 시간이다. 착륙 시에는 피크 시간대에 유도로가 비워지기를 기다리거나 이륙하는 항공기가 사용하는 계류장이 비워지기까지 기다릴 때도 있으나 일반적으로 지상시간은 이륙할 때보다 짧다. 규모가 크고 혼잡한 공항에서 출발 및 도착을 위해 소요되는 총지상시간은 20~30분 정도 걸릴 수 있는데, 국제선 항공운송서비스를 위한 모든 지상서비스를 15분 이내에 끝내는 것은 거의 불가능하다.

비행할 때 항공기는 출발공항을 선회한 후 순항고도에 오르게 된다. 항공기의 상승과 하강속도는 특히 수평적인 거리를 비행할 때보다 상대적으로 떨어진다. 단거리 구간에서 항공기는 운항시간의 대부분을 저속으로 상승 혹은 하강을 하고 이륙 후 불과 몇 분 동안만 최고 고도에서 순항속도로 비행한다. 순항거리가 증가함에 따라 더 많은 시간을 순항속도로 운항할 수 있어서 지상조업 및 항공기의 이륙, 착륙단계가 블록시간에서 차지하는 비중은 적어진다. 따라서 평균 블록속도(average block speed)는 증가하게 된다.

2018년 맨체스터(영국)에서 더블린 구간, 맨체스터에서 스페인 알리칸테 구간을 운항하는 Boeing 737-800 항공편을 살펴보면, 운항거리가 항공기의 평균 속도에 미치는 영향을 알 수 있다([그림 4-5] 참조). 매우 짧은 노선인 맨체스터-더블린 노선은 Boeing 737-800 항공기로 비행시간이 50분 걸린다(맨체스터에서의 지상시간이 10분이라고 가정). 그러나 이 시간 중 18분가량을 두 지점의 공항 지

그림 4-5 운항거리가 블록시간 및 블록연료에 미치는 영향

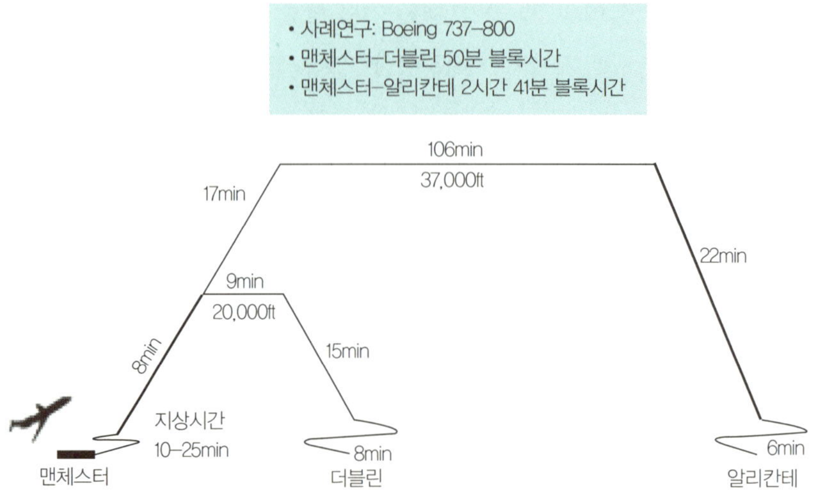

주: 블록시간은 맨체스터에서 10분 지상시간을 토대로 함.

상에서 엔진을 켜 놓은 채 소모하게 된다. 노선 내 비행시간의 대략 절반인 23분은 이륙(8분)과 착륙(15분)에 소비하게 된다. 단지 9분만 순항고도에서 순항속도로 비행하게 된다.

훨씬 더 장거리 노선인 맨체스터-알리칸테 노선에서의 지상시간은 16분으로 유사하다(맨체스터에서는 10분으로 가정). 순항고도가 조금 더 높기 때문에 이륙 및 착륙하는 더블린 항공편보다 시간이 조금 더 걸린다. 그러나 항공기가 순항고도에 도달하면, 항공기는 161분 비행시간의 66%인 106분을 비교적 빠른 순항속도로 비행한다. 이 사실이 평균 블록속도에 미치는 영향은 인상적이다. 단거리 노선인 더블린 노선에서의 평균 블록속도는 320km/hr인 반면, 더 긴 알리칸테 노선은 거의 두 배인 630km/hr이다.

또 다른 사례는 Southwest Airlines의 댈러스-오클라호마시티(302kms) 노선과 댈러스-마이애미(1,77kms) 노선의 비교인데, 이 노선에서의 블록시간 분석은 위와 비슷한 결과를 보여준다. 블록속도는 거리와 함께 증가하며 단거리 노선은 평균 블록속도에 특히 부정적인 영향을 미친다.

늘어난 운항거리가 평균 속도에 미치는 영향과 시간당 생산성에 미치는 영향은 [그림 4-4]의 중간 도표에 나타나 있다. 처음에는 증가하는 운항거리가 항공기의

유상하중용량에 영향을 미치지 않으며, 최대로 그리고 지속적으로 유지된다. 그러나 운항거리가 증가하면 유상하중용량은 일정하게 남아있어도 증가한 평균 속도는 시간당 생산성을 증가시킨다. 생산성은 최대유상하중에서의 항속거리에 도달될 때까지 계속하여 증가한다([그림 4-4]의 점선에 의해 표현됨). 이 구간을 넘는 거리에서는 유상하중이 내려가고, 평균 속도가 미미하게 증가된다고 할지라도 실제는 시간당 생산량[공급석(capacity)×평균 속도(average speed)]이 내려가게 된다.

승무원비용, 보험, 감가상각 같은 비용은 생산성 단위에 일정하게 분포되어 있기 때문에 시간당 생산성은 단위비용에 직접적인 영향을 미친다. 따라서 단위비용곡선은 항속거리 및 시간당 생산성이 증가함에 따라 단위비용이 어떻게 감소하는지를 보여주는 생산성-항속거리곡선(productivity-range curve)으로부터 도출될 수 있다([그림 4-4] 아래 그래프). 더 멀리 비행하기 위해 유상하중을 줄여 시간당 생산성이 떨어질 때까지 단위비용은 지속적으로 감소한다. 단위비용곡선은 항공기의 크기, 속도, 항속거리의 특성에 따라 달라진다. 각 항공기 타입에 따라 단위비용을 통해 항속거리를 알아낼 수 있는데 이는 해당 항공기의 최적비용항속거리(optimum cost range)로 생각할 수 있다. 이제까지의 논의는 시간당 총비용이 구간거리에 관계없이 일정하다고 가정하였다. 다음 절에서는 구간거리가 비용에 미치는 영향을 보여주는데, 거리가 증가함에 따라 비용이 상대적으로 감소되는 것을 알 수 있다. 이것은 시간당 생산성을 증가시키는 효과를 강화시킨다. 이에 대해서는 향후 다루게 될 것이다.

4.6.4 엔진성능

항공기 타입의 큰 특징 중 하나는 항공기가 사용하는 엔진이다. 엔진은 항공기의 속도와 적재량에 영향을 줄 뿐만 아니라 연료 소비에도 영향을 미치기 때문에 중요하다. 이는 운영비용에도 영향을 미친다. 점점 더 동일한 엔진 혹은 다른 제조사에 의해 제작된 동일한 추력을 가진 엔진이 유사한 타입의 항공기에 널리 사용되고 있다. 이는 전 세계에 몇 안 되는 민간 제트엔진 제조업체가 있고, 동일한 항공기에 자사 엔진을 탑재하려는 업체들의 경쟁으로 유사한 제품이 생산되기 때문이다. 그러나 비슷한 엔진일지라도 연료 소비가 다를 수 있다는 사실을 간과해서는 안 된다. 특히 새로운 엔진은 연료 효율성이 좋다. 2010년대 초반 A320 Neo와 Boeing 737 Max와 같은 새로운 협폭동체항공기를 위한 두 개의 새로운 엔진이 출시되었다. 엔진은 CFM International Leap-1A와 Pratt and Whitney의 PW1000G의 터보팬이었다. 새로운 엔진은 연료 소모율을 14~16% 줄였고 정비비를 20%까지 절감시켰다.

새로운 엔진이든 오래된 엔진이든 항공기의 엔진 타입이 항공사의 운영비용에 영향을 미친다는 것은 명백한 사실이다. 항공사들의 비용을 평가할 때에는 항공사가 사용하는 항공기의 타입뿐만 아니라 항공기의 엔진 유형이 비용에 영향을 미친다는 것을 명심하여야 한다.

4.6.5 항공기 기종이 비용에 미치는 영향

결론적으로 항공기 타입이 비용에 상당한 영향을 미친다는 것은 명백한 사실이다. 이러한 문제를 고려할 때 중요한 점은 단위비용을 줄이기 위해 항공사가 자신이 원하는 타입의 항공기를 선택할 자유가 어느 정도 확보되었는지, 운항할 노선의 교통량, 운항거리 또는 기타의 요인에 의해서 항공기의 선택이 어느 정도 제한을 받을지이다. 항공기의 선택은 두 단계를 통해 이루어지는데 경영진이 영향을 미치게 되는 중요한 단계는 두 번째이다. 첫 번째 단계는 주어진 운항에 투입될 가능성이 있는, 선호하는 엔진이 탑재된 항공기 타입을 간략하게 나열하는 것이다. 항공기의 타입이 다른 엔진으로 운영될 수 있는 경우 엔진을 선택하는 것은 한층 더 복잡한 문제이다. 앞서 강조된 바와 같이 국제선 항공사의 노선구조 및 수요패턴은 항공사의 지리적 입지, 경제적 · 정치적 요인 등과 같은 일반적으로 항공사가 통제할 수 없는 요인들에 의해 결정된다. 노선구조, 사용 공항, 특히 활주로 길이, 노선에서의 교통량이 투입될 항공기 타입의 선택에 영향을 미치게 되는 요인이다.

특정 노선의 경우, 운항거리 및 교통량으로 인해 항공사가 선택할 수 있는 항공기의 타입이 두 개 혹은 세 개로 한정될 수 있다.

어떤 경우에는 오직 한 가지 기종만이 노선의 특성이나 예상되는 수요 수준에 적합할 수 있다. 2017년 8,000~10,000km의 상대적으로 장거리 노선이지만 400석 이상의 A380을 운항하기에 교통량이 너무 빈약한 노선을 운항하는 항공사들은 이를 대체하기 위해 세 종류 객실 클래스, 250~300석에 쌍발엔진이 탑재된 신형 항공기를 구매하는 것을 계획하였다. 이러한 시장 제약조건하에는 아마도 A350-900, Boeing 787-9 중 하나를 선택할 수 있을 것이다. 다른 예로, 북유럽에서 미코노스 또는 산토리니와 같은 그리스 에게해 군도에 국제선 부정기편을 운항하고자 하는 항공사는 교통량이 대형항공기를 운항하기에 충분하지만, 활주로 길이의 제약으로 인해 Boeing 737-800, A320 혹은 이 기종의 새로운 Max 또는 Neo 버전밖에 사용할 수 없을 것이다. 이는 교통량이 많아 더 큰 항공기를 운항할 수 있는 경우에도 마찬가지이다. 이와 같은 사례를 통해 알 수 있듯이 운항 가능한 항공기의 목록은 다양한 외부 요인과 교통특성에 의해 결정된다.

경영진의 역할이 중요하게 되는 것은 목록에 열거된 항공기 중 하나를 선택하여야 하는 기재계획(fleet planning)의 두 번째 단계에서이다. 경영진은 다양하고 중요한 의사결정을 내려야만 한다. 경영진은 항공사의 니즈를 가장 잘 충족하고 최고의 재무성과를 내는 후보 항공기 타입 중에서 선택해야 할 뿐만 아니라, 항공기의 대수를 결정하여야 하고 항공기 구성을 최적화하여야 한다. 기재계획은 양방향으로 움직인다. 한편으로 항공사는 항공기 크기나 각 노선에서의 운항거리 특징에 따라 최적의 항공기를 선택해야 하며, 동시에 정비비와 승무원비용을 줄이기 위하여 다른 기종의 항공기 수를 최소화시켜야 한다(Clark, 2017). 따라서 각 노선에서 각기 다른 기종의 항공기를 운항할지 아니면 모든 노선에서 단지 한 기종의 항공기를 운항할지를 고려해야 한다. 경영진은 또한 한 종류 이상의 엔진을 탑재하는 것이 가능할 경우 항공기에 탑재할 엔진을 결정하여야 한다. 이러한 모든 의사결정은 결과적으로 항공사의 비용에 영향을 미치게 된다.

항공사가 네트워크의 다양한 노선에 투입할 특정 항공기 타입을 결정하고 투자를 하게 되면 그러한 항공기의 타입은 계획대로 사용되어야 한다. 항공기의 기종을 매년 바꿀 수는 없다. 운항승무원 훈련, 정비, 지상 설비에 대한 투자로 인해 항공기 타입은 변경되지 않는 특성이 있고, 수년 후에나 변경된다. 일단 항공기가 항공사의 운항을 위해 도입되면 연료비와 같은 투입비용 수준을 제외하고 운항비용에 영향을 미치는 가장 중요한 요인은 항공기가 운항할 노선구조이다.

4.7 노선구조 및 네트워크 특성

4.7.1 운항거리

항공사 운항패턴의 다양한 측면들이 운항비용에 영향을 미칠 수 있지만 가장 중요한 요인은 항공기가 운항하는 운항거리이다. 항공사의 전체 네트워크에서 노선의 유형에 따라 각기 다른 항공기가 선택되기 때문에 평균 운항거리는 항공사 내에서도 항공기의 타입에 따라 다르다. 그럼에도 불구하고 각 항공기 타입에 있어 항공기의 운항거리가 길어질수록 생산단위당 직접운영비는 더 적어진다. 이는 운항거리가 매우 길어 유상하중을 줄이는 경우까지 해당된다.

운항거리가 증가함에 따라 단위비용이 급격히 떨어지는 것은 항공사 경제학의 기본적인 특성이다. 이러한 관계를 설명하는 데에는 많은 요인들이 필요하다. 이러한 요인들 중의 하나인 운항거리가 블록속도에 미치는 영향과 항공기의 시간당 생산성에 대해서는 이미 앞부분에서 설명하였다. 운항거리가 증가함에 따라 총블록시간에서 지상이동시간(ground manoeuvre time) 및 항공기의 느린 이륙과 착륙단계가 차지하는 비율이 감소한다는 것은 중요하다. 이는 결론적으로 평균 블록속도를 증가시키고, 톤킬로미터 혹은 좌석킬로미터의 관점에서 시간당 생산성을 높여준다. 또한 직접고정비 및 간접고정비가 좀 더 많은 생산량단위로 분산되어 유효톤킬로미터 또는 좌석킬로미터당 총운항비용은 감소하게 된다.

같은 맥락에서 볼 때 블록속도에 영향을 미치는 요인들은 블록연료(block fuel)에도 영향을 미친다. 항공기의 출 · 도착 시 지상이동시간 동안 연료는 소모된다.

지상에서 20~30분 동안 머무는 사이 항공기는 상당한 양의 연료를 소모한다([그림 4-5] 참조). 이륙과 착륙단계에서의 연료 소비는 수평적 거리를 운항하고 있을 때보다 상대적으로 높다. 반대로 연료 소비는 순항 모드에서는 가장 적고 고도가 높을수록 감소한다.

앞의 맨체스터-더블린, 맨체스터-알리칸테 두 개 노선의 사례와 같이 운항거리는 연료 소비에 영향을 미친다. 장거리 노선의 경우에는 총시간에서 지상시간 및 이륙과 착륙단계의 시간이 차지하는 비율이 적다. 운항시간의 절반 이상을 순항하는 데 사용하기 때문에 연료 소비는 최소화가 되고, 또한 짧은 거리를 운항할 때보다 더 높은 고도를 활용하기 때문에 연료 소비량은 더 적게 된다. 요약하면 운항거리가 증가함에 따라 소모된 연료의 총량에서 지상이동 및 이륙과 착륙단계 시 소모된 연료가 차지하는 비율이 감소하게 된다. 결과적으로 연료 소비는 운항거리가 길어지는 것에 비례하여 증가하지 않는다. 따라서 운항거리가 500km에서 두 배 증가한다고 해도, A321 Neo 또는 Boeing 737 Max의 연료 소비량은 두 배가 되지 않는다. 노선의 특수한 상황에 따라 차이가 있을 수는 있지만 연료 소비는 거리 증가율에 따라 60~70%만 증가한다.

실제 하나의 사례를 보면, A320-200이 승객만 탑승시키고 런던-파리 구간을 운항했을 때 약 1,700kg의 연료를 소비하였는데, 런던에서 거리가 118%나 더 먼 제네바를 운항한 Airbus 항공기는 약 2,800kg의 연료를 소비하여 증가량이 65%에 그치고 있다. 이것은 총비용에서 연료가 상당부분을 차지하기 때문에 대단한 비용 절감이라 할 수 있다. 2,500km가 넘는 장거리 구간에서는 운항거리가 증가하더라도 이로부터 얻는 연료절약은 미미한 수준이다. 런던을 기점으로 한 Boeing 737 Max-9의 연료 소비량은 [그림 4-6]과 같다. 킬로미터당 연료 소모율은 운항거리가 증가함에 따라 급격히 감소한다.

운항거리는 연료 소모량에 영향을 미칠 뿐만 아니라 항공기 및 승무원 가동률 그리고 비용에도 영향을 미친다. 항공기는 매우 비싼 자본 장비 중 하나이다. 항공사는 항공기를 운항해야 수익을 창출할 수 있고 이를 통해 초기의 높은 비용을 상쇄할 수 있게 된다. 항공기가 운항을 많이 하면 할수록 시간당 비용은 더 적어진다. 이는 감가상각비나 보험료와 같은 연간 고정비가 좀 더 많은 생산시간에 분

그림 4-6 구간 거리별 연료 소모 실태: 런던 기점 Boeing 737 MAX-9의 경우

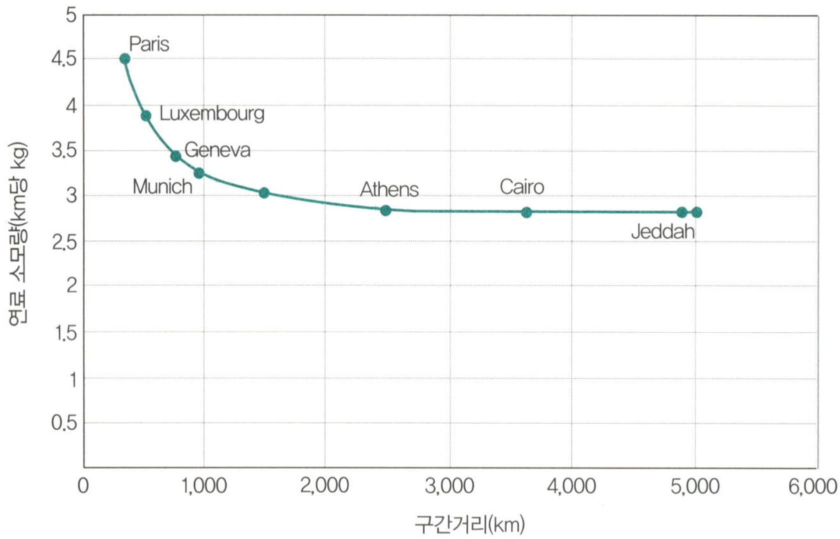

자료: Boeing Commercial Aircraft(Copyright 2017 Boeing)

산되기 때문이다. 만약 운항거리가 더 길다면 항공기를 더 쉽게 운영할 수 있다.

뉴욕-보스톤, 런던-파리 또는 싱가포르-쿠알라룸푸르와 같은 단거리 구간의 경우 항공기가 매 40~50분 비행 후에 착륙해야 하고 지상에서 1시간 이상을 보내야 하기 때문에 하루에 6시간 혹은 7시간 이상의 블록시간을 달성하는 것이 매우 어렵다. 게다가 공항이 야간 비행을 금지하는 경우에 특히 그렇다. 항공기 가동률을 더 높이기 위해서는 운항일 내에서 더 많은 비행을 할 수 있도록 항공기의 턴어라운드 시간(turn-around time)을 최소화시키거나 아침 일찍 혹은 늦은 저녁 출발 스케줄을 편성하여 운항 가능시간을 증대시켜야 한다. 유럽과 다른 지역의 저비용항공사들은 상대적으로 짧은 노선에서 운항 가능시간을 이른 아침 또는 밤늦게까지 확대하고 항공기의 턴어라운드 시간을 30분 미만으로 줄여서 높은 가동률을 달성하고 있다. 그 결과 2016년 easyJet의 A320 항공기의 하루 평균 가동시간은 14.3시간이었던 반면 British Airways는 9시간에 불과했다.

예를 들어, 블록시간이 5시간 되는 장거리 구간을 살펴보면, 한 항공기가 매일 두 구간만을 왕복 운항한다고 하여도 지상시간이 몇 시간일지라도 10시간의 가동

률을 달성할 수 있다. 운항거리가 더 멀어질수록 항공기의 일일 가동률을 높이는 게 더 쉬워지고, 따라서 항공기의 연간 고정비를 더 많은 블록시간과 유효톤킬로미터에 분산시킬 수 있다. 운항거리와 항공기 가동률 간의 긴밀한 관계는 2016년 British Airways의 A321항공기를 살펴보면 알 수 있다. 운항거리가 평균 1,300km가 되는 단거리 노선을 운항하는 A321기는 8.6시간의 일일 가동률을 나타냈지만, Thomas Cook 항공사는 동일한 항공기로 장거리 노선인 평균거리 2,700km인 노선을 운항하여 10.2시간의 가동률을 달성할 수 있었다. 이는 매일 1시간 30분 이상 생산성을 높인 것이며, 넓은 의미에서 Thomas Cook 항공사가 네 대의 항공기로 달성한 것과 동일한 생산성을 달성하기 위해서 British Airways의 경우 거의 다섯 대의 항공기가 필요한 것과 같다.

운항승무원 및 객실승무원은 항공기와 마찬가지로 높은 가치의 값비싼 자원이다. 승무원비용 중 많은 부분이 고정비이고 단기적으로 변화하지 않는다. 항공기의 비행시간이 더 길수록 블록시간당 승무원비용은 낮아지게 되며, 단거리 구간의 경우 승무원들은 상대적으로 더 많은 시간을 지상에서 보낸다. 1~1시간 30분이 소요되는 노선에서는 승무원들의 실제 근무시간은 12~14시간 중 4~6시간만을 비행한다. 운항거리가 증가하면 승무원들은 근무시간의 많은 부분을 실제 비행에서 근무하게 된다.

이 밖에 비행구간이 짧은 경우 공항사용료, 스테이션비용, 타 업체에 지불하는 지상조업비가 장거리 구간보다 더욱 빈번히 발생한다. 따라서 이러한 비용들은 총비용에 미치는 영향이 더욱 크다. 영국 내 세 개 항공사의 비용구조를 살펴보면 이를 알 수 있다. 2014~2015년 영국 국내선 및 유럽 내 서비스를 제공하는 easyJet의 경우, 평균 운항거리가 1,110kms에 불과했다. 착륙료와 기타 공항사용료 그리고 지상조업비를 포함한 스테이션비용은 총비용의 26.8%에 달했다. 그러나 같은 해 British Airways의 평균 운항거리는 2,450kms로 훨씬 길었으며, 공항사용료, 스테이션비용, 지상조업비가 총운항비용의 11%에 불과했다. 평균 운항거리가 6,800km 이상인 장거리 전용 항공사 Virgin Atlantic의 경우, 이 비용은 총비용의 7.6%에 불과했다.

정비비 중 일부는 운항거리와 관련이 있다. 이는 특정 정비검사 및 여유 부품의 교체 일정이 비행 사이클(flight cycle) 횟수인 이 · 착륙의 횟수와 관련이 있기 때문이다. 운항거리가 길어지면 이 · 착륙 횟수는 더 적어진다. 비행 사이클 횟수와 관련한 정비는 여러 부분이 있지만 그중 가장 명백한 부분은 이 · 착륙장치이다.

위의 모든 요인들이 항공기의 생산성에 기초를 두고 있는 이전 절 그리고 [그림 4-4]에 언급된 비용과 운항거리 간의 관계를 보다 더 이론적으로 강조해 준다. 더불어 이 요소들로 인해 모든 유형의 항공기 타입이 전형적으로 U자형의 비용곡선을 갖도록 해준다. 운항거리가 증가하면서 처음에는 단위비용이 급격하게 하락하며, 그 이후 유상하중에 대한 제약이 비용을 올리기 시작할 때까지 단위비용은 완만하게 감소하게 된다. [그림 4-7]은 Boeing 737 Max-9의 노선과 비용에 관한 연구를 기초로 하여 작성한 비용곡선이다. 이 연구 및 다른 유사한 분석에 따르면 거리와 관련하여 가장 중요한 경제성은 단거리에서 중거리, 즉 300~500km에서 1,500km 정도로 운항거리를 늘림으로써 발생한다. 이러한 점이 항공사에 시사하는 점은 명백하다. 항공사들은 단거리 운항을 회피해야 하는데, 단거리 구간의 운항이 매우 높은 비용을 발생시키기 때문이다. 항공사들은 비용이 가장 낮은 운항거리를 중점으로 각 항공기를 운영해야 한다. 이는 각 항공기의 운항거리를 최적화해야 한다는 것이다.

운항거리와 단위비용의 관계는 항공사 경제학의 기본적인 규칙 중 하나이다. 좌석킬로미터 또는 유효톤킬로미터당 비용의 관점에서 단거리는 장거리보다 본질적으로 운항하는 데 비용이 더 많이 든다. 다른 조건들이 동일하다면 단거리 항공사들은 평균 운항거리가 긴 항공사들보다 단위비용이 더 높은 경향이 있다. 이것은 항공사 비용을 비교할 때 명심해야 할 사항이다.

보다 큰 항공기가 보다 긴 운항거리를 운항하게 되면 항공기의 크기와 운항거리의 이중효과는 강화될 수 있다. 그 결과 광폭동체항공기로 운항되는 장거리 구간의 운항비용은 소형항공기로 운항되는 단거리 구간의 비용보다 20~25%가 낮다. 이와 같은 사실은 런던을 출발하는 노선에서 150석 중 · 단거리용 A320과 300석 장거리용인 A340을 비교하면 명확히 알 수 있다([그림 4-8] 참조).

장거리 구간에서 대형항공기의 유효좌석킬로미터당 직접운항비용은 런던-파리 구간의 소형항공기 직접운항비의 40%에 불과하다.

그림 4-7 런던발 Boeing 737 MAX-9의 운항거리별 단위비용 실태

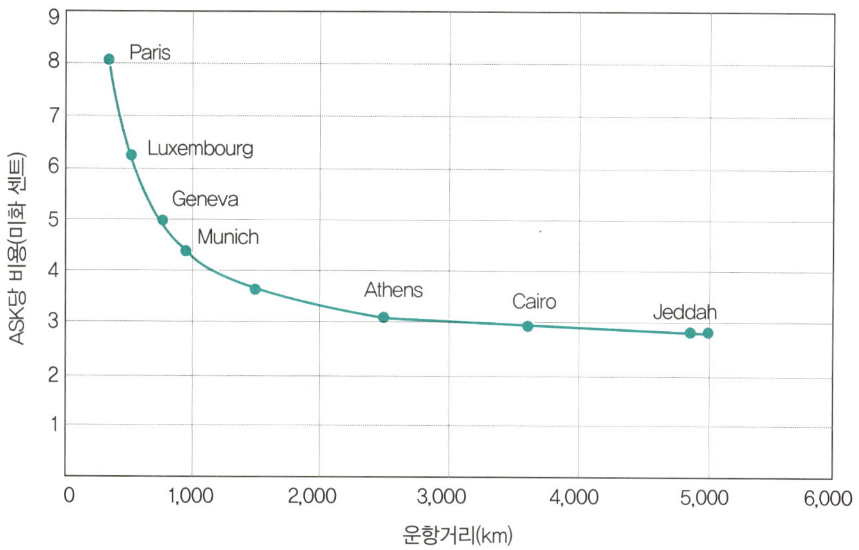

자료: Boeing Commercial Aircraft(Copyright 2017 Boeing)

장거리 구간에 대형항공기를 운항하는 항공사는 소형항공기로 국내선 및 중·단거리 국제선을 운항하는 항공사보다 단위운항비용이 항상 낮게 나타난다. 그러나 이들의 낮은 비용은 경영효율성 때문이 아니라 항공기의 크기 및 운항거리로 인한 것이다!

운항거리가 단위비용에 결정적인 영향을 미친다면 경영진의 의사결정에 따라서는 단위비용이 얼마만큼의 영향을 받을 수 있는가? 이전에 지적한 바와 같이 항공사의 노선구조에 따른 운항거리는 항공사 거점 위치, 서비스를 제공하는 시장의 지리적 위치, 항공사가 자유롭게 진입할 수 있는 시장 내에서의 규제제도와 관련이 있다. 그러나 어느 정도 행동 가능한 범위가 있다. 경영진은 창출된 수익이 높은 비용을 초과하는지 또는 적어도 고정비에 어느 정도 기여를 할 수 있는지를 알기 위하여 지속적으로 단거리 구간의 성공 가능성을 평가하고 재평가해야 한다. 장기적인 수익성을 달성하기 어렵고, 항공사의 허브공항을 통한 경유승객들을 창출하는 데 있어 큰 도움이 되지 못하는 단거리 구간은 단항시킬 수도 있다. 특히 국내선 노선에서의 다구간(multi-sector)서비스는 특정 구간을 경유하는 지점을

없애거나 직항노선으로 바꿀 수 있는지 재평가할 수 있다. 1980~1990년대에 일반적이었던 장거리 노선과 연계되어 운항하는 단거리 노선은 특히 비용이 많이 드는데 이는 거리가 매우 짧고 사용되는 항공기가 대형항공기이기 때문이다.

그림 4-8 운항거리 및 항공기 규모별 단위비용: 런던발 A320-200 및 A340-600의 경우

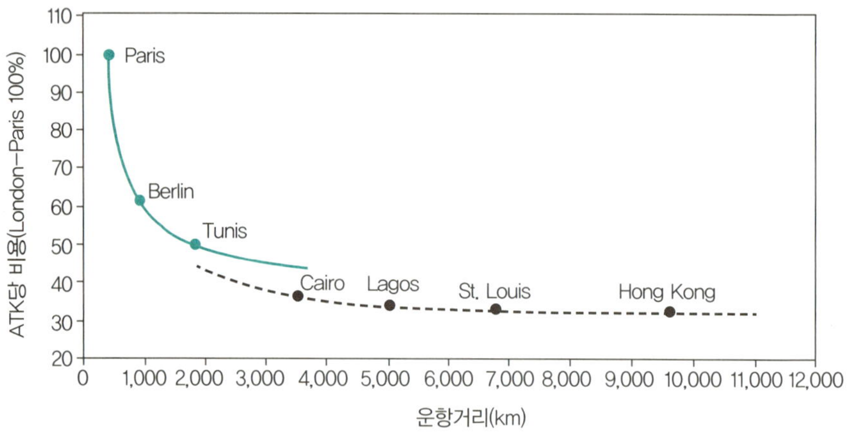

주: A320은 150석 쌍발엔진, A340은 300석으로 운항되는 엔진이 4개인 기종임.

4.7.2 운항횟수

높은 운항횟수는 항공사의 스케줄 계획에 있어 많은 유연성을 제공해 주기 때문에 항공사의 항공기 및 승무원의 가동률을 높일 수 있게 해준다. 항공기 및 승무원이 거점인 자국으로 돌아오면 운항 가능한 항공 스케줄에 이들을 비행할 수 있게 하는 것이 훨씬 쉬워진다. 단거리와 중거리 노선에 운항횟수가 낮은 항공사는 항공기가 왕복 비행을 마쳤을 때 항공기를 어떻게 활용해야 할지에 대한 문제에 직면하게 된다. 이러한 문제는 운항횟수가 낮은데도 상업적인 이유로 대부분 이른 아침에 출발해야 하는 항공사에게 특히 심각한 문제이다. 이런 경우 대부분의 항공기는 이른 오후에 항공사의 거점으로 돌아온 이후 더 이상 비행하지 못하기 때문에 항공기를 잘 활용할 수 없게 된다. 항공기와 승무원의 낮은 가동률을 피하기

위해 이른 아침에 출발해서 돌아온 항공기를 다시 늦은 오후 시간에 출발시킬 수 있다. 그러나 늦은 시간에 출발하는 항공기는 상업적 측면에서 볼 때 덜 매력적일 수 있다.

장거리 노선에서 운항횟수가 높으면 항공사는 승무원들의 체류기간 및 체류비용을 감소시킬 수 있게 된다. 역으로 운항횟수가 낮은 경우에는 비용이 높아지게 된다. 2018년 5월, Finnair는 A330-300 항공기로 헬싱키에서 일본 후쿠오카까지 주 3회 운항했다. 운항횟수가 낮다는 의미는 비용이 높다는 의미인데, 이 경우 운항 및 객실승무원들은 자국으로 돌아오는 항공 스케줄을 위해 후쿠오카에서 2~3일을 지내야 했기 때문이다.

항공사의 운항 가능한 항공기, 시장의 수요패턴, 양자간 항공협정에 의한 제약요건, 항공사 간 협정은 노선의 운항횟수를 결정하는 데 영향을 미친다. 그러나 사용하는 항공기 기종을 변화시키거나 운항패턴 또는 노선구조를 변화시킴으로써 운항횟수를 증가시키기 위하여 노력한다. 많은 운항횟수는 마케팅 측면에서도 이점이 있다.

4.7.3 항공사 및 항공기 규모

미국 항공사와 관련한 항공사 경제학의 초기 연구에 따르면, 회사 크기에서 오는 규모의 경제가 있을 수 있다. 그러한 규모의 경제는 대량 구매의 혜택 및 생산단위에 간접비용을 분산시킬 수 있는 대형항공사들의 능력을 통해 발생할 것으로 예상되었다. 또한 대형항공사들은 항공기 운용에 필요한 최소한의 주요 정비점검 또는 예약발권시스템과 같은 별도의 조치를 통해 경제적인 혜택을 얻을 수 있었다. 1970년대와 1980년대에 항공사 운영에 있어 비용의 규모의 경제에 의문이 제기되기 시작했다.

이러한 의문은 1978년 미국의 국내선 규제완화 및 다른 지역에서의 자유화로 인해 실제로 확인되었다. 지난 40년 동안 미국, 유럽 및 기타 규제완화시장에서 다수의 소규모 신생 항공사들이 등장했다. 많은 항공사들은 살아남지 못했지만,

생존한 항공사들은 대형항공사와 대항하여 가격경쟁력을 무기로 살아남을 수 있었다. 대부분의 경우, 조직이 슬림하고 관리비용과 기타 간접비용이 적었기 때문에 이들의 단위비용은 대형항공사에 비해 낮았다.

항공기 10대를 보유한 항공사가 항공기를 20~30대의 규모로 늘릴 때 일부 제한된 비용 편익이 있을 수 있다. CEO와 경영진 등 높은 비용의 일부 간접비는 더 많은 생산단위, 즉 승객킬로미터에 분산될 수 있다. 그들은 또한 항공기를 대량으로 구매함으로써 다양한 공급자들로부터 더 낮은 가격으로 제공받을 수도 있다. 그러나 더 큰 규모의 혜택은 제한되어 있다. 50대의 항공기에서 100대 또는 150대로 항공기의 규모가 커지면 일부 비용은 절약될 수 있지만, 항공사의 운영이 복잡해지면서 다른 비용이 증가할 수 있다. 항공사가 소규모에서 대규모로 성장하는 단계 중 어디쯤에서 제한적인 비용의 경제로부터의 혜택이 멈추어 더 이상의 성장이 단위비용에 미치는 영향이 미미해지는지는 분명하지 않다.

항공산업은 규모로 인한 지속적인 수익이 특징이다. 다시 말해 비용 측면에서는 뚜렷한 규모의 경제가 존재하지 않는다. 이러한 결론은 규제정책, 합병 및 얼라이언스 전략에 큰 영향을 미친다. 신규 진입이나 공급석에 대한 통제가 없는 상황에서는 신규 항공사가 기존 시장에 진출해 기존 항공사와 비용경쟁력을 가질 수 있는 위치에 있어야 한다는 의미다. 비용 측면에서는 항공산업의 경제성이 독점보다는 경쟁으로 향하는 자연스러운 경향을 나타내고 있다. 실제 국제항공운송에서 이러한 경향이 양자간 항공협정, 주요 공항의 수용능력 부족, 이전 장에서 논의된 규제에 관한 기타 제약으로 인해 왜곡된다.

비용과 관련하여 규모의 경제가 뚜렷하지 않다면 항공사들이 인수합병을 통해 규모를 키우고자 하는 요인은 무엇인가? 브뤼셀의 유럽연합 집행위원회는 무엇보다도 유럽 항공사 간의 합병을 강화해야 한다고 주장해 왔다. 실제로 합병은 단위비용의 감소보다는 마케팅 이익으로 이어졌다. 이러한 이익은 부분적으로 시장에서 경쟁하던 항공사들이 합병함으로써 경쟁이 없어지기 때문에 발생한다. 더욱 중요한 것은 합병은 두 항공사가 운영을 통합함으로써 운항횟수 증가, 더 나은 스케줄 제공을 통해 더욱 광범위하고 매력적인 네트워크를 활용하여 항공사의 시장 지배력을 증가시킨다.

더 큰 규모의 비용 이점은 제한적으로 보이지만, 방대한 네트워크 범위를 가진 대형항공사들은 마케팅 측면에서 뚜렷한 규모의 이익을 발생시킨다. 비용의 시너지보다 판매 및 마케팅의 이점이 합병을 유도하게 된다. 2004년 Air France의 KLM 인수는 이에 관한 좋은 사례이다. 비용 편익이 주장되었지만 각 항공사의 비용 절감은 양사가 독립적으로 달성할 수 있는 정도였다. 반면에 그들이 두 항공사의 네트워크를 결합하고 조정함으로써 얻는 마케팅 이익은 상당했다.

2011년 초 British Airways가 Iberia와 합병했을 때도 마찬가지였다. 향후 5년 동안 연간 5억 3,300만 달러의 비용 절감이 목표였다. 이는 두 항공사의 총 연간 비용이 약 180억 달러인 것을 고려할 때 작은 금액이라고 볼 수 있다. 또한 많은 합병비용으로 인해 어려움을 겪었는데 2012년 한 해에만 합법비용이 4억 1,400만 달러에 달했다. 이후 Iberia는 비용을 절감했지만, 이는 합병이 아닌 내부 조치 때문이었다. British Airways의 경우 합병을 통해 남미 8개 도시로 신규 취항했고 British Airways의 광범위한 아시아 네트워크를 Iberia에 연결했다. 미국에서는 Delta와 Northwest(2008~2010), American 및 US Air(2013~2015), United 및 Continental(2010~2012) 등 대규모 항공사들의 합병을 통해 단위비용을 절감할 수 없었지만, 시장 지배력과 수익 창출은 훨씬 강화되었다.

항공사 규모와 관련하여 유의미한 규모의 비용 경제가 없다면 항공기 규모와 관련해서는 어떠할까? 다양한 운항거리와 교통량으로 인해 항공사들은 혼재된 항공기를 보유할 필요성을 가지지만, 이는 바꿔 말하면 일부 항공사, 특히 규모가 작은 제3세계 항공사들은 같은 종류의 항공기 두 대 또는 세 대만 운영하는 것이 가능하다는 것을 의미한다. 같은 종류의 항공기 수가 너무 적으면 비용이 높아질 가능성이 있다. 같은 유형의 항공기 수가 일정 수준 이하인 경우 항공기 구매가격의 비율로 표시되는 부품 보유비용이 올라간다. 예를 들어, 항공사가 동일한 유형의 항공기를 3대 또는 15대 보유하고 있는 경우 하나의 예비엔진이면 충분할 수 있다. 운항승무원과 정비사 교육비용은 더 적은 항공기에 분산되어야 하므로 그 비용은 더 높아진다. 엔진이나 항공기를 다른 곳에 보내 정비를 해야 하는 경우 적은 수의 항공기 정비비는 특히 높을 것이다. 보유 항공기의 수가 적으면 더욱 발전되고 특정화된 정비시설의 설치가 불가능할 수 있다. 또한 하나의 항공기 유형에 제한된 정비 또는 지상조업장비를 2~3대의 항공기에만 적용하도록 하면 정비비 또는 조업비가 상승한다. 특정 항공기 타입에 배치한 승무원 그룹은 항공기 타입이 다른 항공기에 근무 전환 배치를 할 수 없기 때문에 항공기 수가 매우 적을 경우 비용이 더 높을 수 있다. 운항승무원은 한 번에 하나의 항공기 타입에 대해서만 운항 인증이 가능하다. 위의 모든 고려사항을 통해 적은 수의 항공기를 운영하는 것이 상대적으로 비용이 많이 든다는 것을 알 수 있다.

특정 유형의 항공기 규모가 2대 또는 3대에서 15대로 증가하면 시간당 직접운영비가 5~10% 절감되는 것으로 추정된다. 이보다 더 큰 항공기 규모는 추가적으로 유의미한 비용 경제를 달성하지 못하는 것으로 보인다. 이는 소규모 및 혼재된 항공기를 보유한 항공사가 비용상 불리하다는 의미이다.

2017년 여름 Air Madagascar는 네 개의 다른 항공기 제조업체가 만든 네 가지 종류의 항공기를 11대 운영했다. 동일한 유형의 항공기가 4대 이상 없었다. 이처럼 적은 수의 네 개 기종을 운영하면 비용 부담이 발생할 수 있지만, 이러한 기종 구성은 Air Madagascar가 운항하고자 하는 지리적 위치와 시장 때문이었다. 같은 해 여름, 그리스의 지역 항공사인 Aegean는 모두 같은 계열의 A320 항공기 47대를 운영했다. 이 항공기 중 A320이 38대였고 A321이 8대, A319가 1대였다. 항공기 부품에 대한 공통성이 있었고 그 공통성으로 인해 각 운항승무원이 모든 항공기를 운항할 수 있었다. 저비용항공사들은 여기에서 교훈을 얻었다. 대형, 때로는 초대형항공기를 보유하고 있음에도 불구하고, 그들은 한두 개의 항공기 유형만 운항하는 것을 표준화하는 것에 목표로 두었다.

성장이나 합병을 통해 같은 유형의 항공기가 많아지거나 다른 항공기 타입을 줄일 수 있다면 일부 비용의 이점이 발생할 수 있다.

4.8 항공사의 마케팅 및 상품정책

상품 및 서비스 품질은 항공사 마케팅 전략 및 비용결정에 있어 중요한 요소이다. 이는 또한 항공사가 많은 부분에 있어 비용을 통제할 수 있는 분야이다. 그러나 항공사가 네트워크 전체 혹은 대부분의 노선에서 독점 운항을 하는 경우를 제외하고는 완벽한 통제는 불가능하다. 이것은 대부분 국내선 운항에서 발생할 가능성이 크며 직 · 간접적인 경쟁을 하는 국제선 시장과 경쟁이 치열한 국내선 시장에서 항공사들은 전적으로 자유롭지는 않다. 항공사가 주요 시장에서 직면하고 있는 경쟁의 강도와 원천은 시장에서 항공사의 포지셔닝과 함께 상품전략과 그들의 비용에 주요한 영향을 미칠 것이다. 예를 들면, 대형항공사들은 저비용항공사들과 직접적인 경쟁에 직면해 있고 그들의 비용을 줄이는 것을 통해 가격경쟁을 하기를 원한다. 예를 들어, 무료로 기내식을 제공하지 않고 승객이 기내에서 간식이나 음료를 구매하도록 하는 것과 같이 상품 및 서비스를 없애거나 단순화시킴으로써 가능할 수 있다. British Airways는 2017년 봄 유럽 단거리 노선에 이러한 전략을 채택했다. 하지만 장거리 노선에서의 경쟁 환경은 각기 다르고 다양한데, 특히 일부 경쟁사들이 자신들의 허브에서 연결편을 제공하는 경우에 더욱 그렇다.

상품 및 서비스의 기준은 여행시간보다 운항거리에 달려 있다. 서비스 기준은 6시간 구간과 1시간 구간이 달라야 한다. 서비스는 또한 낮 운항인지 밤 운항인지에 따라 다를 수 있다. 무엇보다도 서비스 품질은 같은 노선이나 비슷한 노선을 운항하는 다른 경쟁항공사들의 움직임에 따라 즉각 반응해야 한다. 항공사는 항공사의 네트워크 전체에 동일한 상품을 제공해야 하기 때문에, 특정 노선을 독점 운항하는 경우에도 해당 노선 역시 영향을 받는다. 독점 노선에만 낮은 품질의 서비스를 제공해 승객들을 멀어지게 만들 필요는 없을 것이다.

치열한 경쟁 환경에 놓인 항공사들은 해당 비행시간 안에서 매우 자유롭게 마케팅 전략을 결정할 수 있다. 이는 서비스를 제공하는 시장을 결정할 뿐만 아니라 이러한 시장에 항공사가 제공하고자 하는 상품의 타입과 서비스 품질에 대한 결정 그리고 가격정책까지도 의미한다. 마케팅에 대한 전체적인 이슈는 제8장에서 자세히 다루어진다. 그러나 마케팅정책의 몇몇 부분들이 비용 수준에 직접적인 영향을 미친다는 것을 이해하는 것이 중요하다. 그것은 두 가지 항목으로 분류할 수 있다. 상품 및 서비스 특징과 연관된 비용 그리고 판매, 유통, 프로모션 활동 관련 비용들이다.

4.8.1 상품 및 서비스 특징

항공사들은 화물 및 여객시장에서 그들이 제공하고자 하는 상품의 특성 및 품질을 결정하여야 한다. 이와 관련하여 항공사에게는 특정한 제약요인들이 존재한다. 상업적 및 경쟁적인 이유에서 항공사들은 상품 품질에 대한 최소한의 표준을 따라야만 한다. 항공사는 또한 다양한 국제 또는 국내 안전 및 기술상의 규제에 따라야 한다. 이러한 사항들은 비상구 앞에 있는 좌석 간 거리나 최소한의 승무원 수 등과 같은 기내 배치요소에 영향을 미친다. 이러한 제약범위 내에서 항공사들은 하늘이나 지상에서 제공하고자 하는 상품의 품질결정을 통해 발생하는 비용에 대해서는 매우 자유롭다.

여객서비스에 있어 기내서비스 표준 중 세 가지 측면이 특히 중요하다. 이 중 단위비용에 영향을 미치는 기내 배치도 및 좌석 밀도가 가장 중요하다. 각 타입의 항공기는 최소한의 좌석 간 거리(좌석과 좌석의 뒷면 거리)에 이코노미 클래스 좌석 배치를 기본으로 하는 최대설계좌석공급능력(maximum design seating capacity)을 갖도록 설계되어 있다. 한 항공사가 자사의 특정 타입 항공기에 설치하는 좌석수는 다양하고 중요한 의사결정에 따라 달라진다. 항공사는 각 노선에서 항공기에 하나, 두 개, 세 개 또는 네 개의 객실 클래스를 제공할지를 결정해야 한다.

Delta Air Lines, Scandinavian Airlines, Garuda 또는 KLM과 같은 대다수의 항공사들이 몇 년 전부터 장거리 노선에서 퍼스트 클래스를 없애고 비즈니스 클래스와 이코노미 클래스만 운영하고 있다. 최근 일부 항공사들은 장거리 노선에 프리미엄 이코노미 클래스를 도입했다. 기본적으로 프리미엄 이코노미 클래스는 이코노미 클래스보다 3~5인치가량 더 넓은 좌석공간을 제공하며, 다리를 뻗는 공간이 더 넓고 한 단계 높은 기내식 서비스를 제공한다.

2000년에 British Airways가 최초로 180도 평면 좌석을 비즈니스 클래스에 도입했고 다른 항공사들도 이러한 추세를 점차적으로 따랐다. 2017년까지 대다수 미국의 대형항공사들과 유럽 항공사들 그리고 일부 아시아 항공사들은 장거리 노선의 비즈니스 클래스에 180도 평면 좌석 또는 평면에 가까운 좌석을 설치했다.

많은 항공사들이 퍼스트 클래스를 전면 폐지하고 비즈니스 클래스를 그들의 최고 프리미엄 상품으로 집중하게 된 것은 바로 180도 평면 침대형 비즈니스 클래스 좌석 때문이었다.

오늘날, British Airways, Air France, Singapore와 같은 항공사들은 고가 상품에 대한 수요가 있는 몇몇 장거리 노선에서만 퍼스트 클래스를 운영하고 있다. 또한 해당 항공사들은 최근 변화하고 있는 혁신에 대응하고 있다. 2008년 여름 Emirates는 퍼스트 클래스 '스위트(suites)'를 갖춘 초대형 A380을 선보였다. 스위트는 넓은 독립공간과 함께 프라이버시를 보장하고 샤워실이나 더블 침대를 제공한다. Qatar Airways나 Singapore 등의 일부 항공사들도 스위트를 제공하고 있다. Singapore Airlines는 현재 모든 항공편에 제공하는 것은 아니지만, 장거리 구간에 스위트, 퍼스트 클래스, 비즈니스 클래스, 프리미엄 이코노미 및 이코노미 클래스를 운영한다.

세계 대부분 지역의 항공사는 단거리 및 국내시장에서 두 개 객실 클래스인 비즈니스 클래스 및 이코노미 클래스만을 제공하고 있다. 퍼스트 클래스는 대부분의 단거리 시장에서 난세적으로 폐지되고 있다. 미국은 예외인데, 미국 항공사들은 많은 장거리 국내선에서 여전히 퍼스트, 비즈니스, 이코노미를 제공하고, 일부 항공사는 자사 상품의 브랜드화를 목적으로 다른 이름을 붙여 사용하고 있다.

하나 이상의 객실 클래스가 존재하는 경우, 항공운임 클래스에 따른 구별, 각 클래스의 좌석 종류 및 좌석 간 거리, 같은 열에 배치할 좌석수 등이 좌석공급석을 결정하는 데 있어 중요한 요인이다. 좌석공간, 갤리, 화장실, 보관공간 배치 역시 고려해야 할 요인이다. 공급하는 좌석의 수가 적을수록 좌석킬로미터당 비용은 높아지는데, 이는 항공기의 운항비용이 더 적은 수의 좌석킬로미터에 분배되기 때문이다.

[표 4-5]는 2017년 두 가지 타입의 항공기를 운항하는 국제선 항공사의 다양한 좌석 밀도를 보여준다. 일부 정기항공사들은 프리미엄 상품전략으로 다른 항공사들이 공급할 수 있는 좌석수에 비해 20% 이상의 좌석을 감소시켜 넓고 편안한 좌석을 공급하는 좌석배치를 선택하고 있다. 항공사 상품은 개선될 수 있지만 이에 따른 비용은 심각할 정도로 높다. 예를 들어, 2017년 British Airways는 Boeing

787-9에 3개의 객실에 216석을 배치하였다. 이는 Air Canada가 3개의 객실 클래스로, Etihad가 2개의 객실 클래스로 298석가량의 좌석을 운영한 것에 비해 좌석당 비용이 38% 높은 것이다([표 4-5] 참조).

확실한 것은 British Airways는 장거리 노선에서 프리미엄 상품과 서비스에 집중하고 있으므로 저밀도 좌석을 운영한다는 것이다. 단거리 시장에서의 초점은 유럽 내 시장 지배력을 점점 늘리고 있는 저비용항공사들과 경쟁하는 것이다. 따라서 단거리 노선에서 British Airways의 A320 항공기에는 대부분의 대형항공사들보다 더 많은 좌석이 설치되어 있다. 평균적으로 두 개의 객실에 166석 정도지만 전환 가능한 좌석을 사용하면 180석 정도로 늘릴 수 있고 비즈니스 좌석 또한 다소 유지할 수 있다. 목표는 더 높은 좌석 밀도를 통해 좌석당 또는 승객당 비용을 줄이고 easyJet과 같은 저비용항공사와 경쟁하는 것이다.

표 4-5 좌석 밀도가 좌석당 비용에 미치는 영향, 2017년

항공사	Airbus A320		항공사	Boeing 787-9	
	좌석수**	좌석당 비용*		좌석수**	좌석당 비용*
정기항공사			정기항공사		
British Airways(2)	166	100	Etihad(2)	299	100
Bangkok Air(1)	162	102	Air Canada(3)	298	100
Air France(1)	158	105	American(4)	285	105
American(3)	150	111	Korean(3)	271	110
Silk Air(2)	150	111	United(3)	252	119
Jet Blue(2)	150	111	ANA(3)	246	122
Air India(2)	140	119	British Airways(3)	216	138
저비용항공사			저비용항공사		
easyJet(1)	186	89	Scoot(3)	375	80
Spirit(2)	182	91	Norwegian(2)	344	87
AirAsia(1)	180	92			

주: * 운영비가 동일하다는 가정하에 '좌석당 비용'은 최대 좌석 보유 정기항공사의 좌석 밀도를 반영한 것으로 가장 낮은 좌석당 비용지수는 100임.

** ( )는 객실 클래스의 수를 의미함.

저비용항공사 모델의 핵심 요소는 더 많은 좌석을 항공기에 설치함으로써 좌석당 비용을 절감하는 것이다. 이는 [표 4-5]에 분명히 나타나 있다. 단거리 및 장거리 시장에서 대부분의 저비용항공사는 대형항공사보다 훨씬 더 많은 좌석을 동일한 항공기에 설치하고 있다. 그 결과 다른 모든 비용이 비슷하다고 가정하더라도 좌석당 비용은 훨씬 더 낮을 수 있다.

결론적으로 항공사 경영진은 특정 항공기 또는 특정 시장에 그들이 채택한 좌석 밀도를 통해 단위비용에 영향을 미칠 수 있다.

다음으로 비용에 영향을 미칠 수 있는 기내서비스 중 하나는 기내 승무원의 인원수이다. 각 타입별 항공기마다 최소한의 승무원 인원수가 안전규제에 의해 요구되고 있고, 최소 인원수에 추가적으로 승무원을 투입하고자 하는가는 각 항공사에 달려 있다. 이것은 부분적으로 항공사가 제공하는 객실 클래스 수 및 운항거리와 관련성이 있다. 식사 및 그 밖의 기내서비스를 할 수 있는 시간이 부족한 중 · 단거리 구간에서는 승무원 수를 최소화할 수 있을 것이다. 장거리 구간에서 항공사들은 기내서비스를 통해 상품을 차별화하고자 하는 노력을 하는데 이 중의 하나가 승무원의 수를 늘리는 것이다. 객실승무원의 임금이 국제 수준에 비해 낮은 경우에는 객실승무원의 수를 증가시켜도 기내서비스 품질을 높이는 데 발생되는 비용이 그리 높아지지 않는다. 아시아 항공사들이 여기에 해당한다. 반대로 높은 임금을 지불하고 있는 항공사가 객실승무원의 수를 늘리게 되는 경우에는 많은 비용이 발생하게 된다.

기내서비스 요인 중의 중요한 세 번째 요소는 기내식 및 이와 관련된 기내 상품 특성이다. 국제노선 간 항공자유화의 결과로 인해 항공사의 경영진들이 장거리 노선에서 주도할 수 있는 기내서비스의 범위는 넓어졌다. 많은 항공사들은 유명한 쉐프가 조리한 최고의 음식과 값비싼 와인 그리고 최고의 커피를 제공함으로써 잠재고객 유치에 중점을 두고 있다. Turkish Airlines는 객실승무원 외에 일부 장거리 노선에 흰색 복장의 쉐프를 배치하는 데까지 이르렀다. 승객 설문에서 기내식이 항공사 선택에 영향을 미치는 중요한 요소가 아니라는 것이 계속해서 나타남에도 불구하고 항공사는 기내식에 집중해 왔다. 게다가 경쟁 환경은 그들의 경쟁항공사들이 제공하고 있는 것과 거의 같은 수준을 제공하도록 만든다. 비록 항공사

간 기내식 비용이 다르지만, 이러한 이유로 항공사 간 총단위비용 차이를 설명하는 데 기내식은 크게 중요하지 않은 것으로 보인다. 장거리 노선에서 신문과 저널, 탑승 기념품, 세면도구 주머니 등과 같은 기내서비스의 작은 요소들에 있어서도 유사한 현상이 나타난다.

항공사별로 옵션들이 다르기 때문에 기내 엔터테인먼트를 제공하는 데 있어서는 많은 비용 차이가 존재한다. 예를 들면, 두바이의 Emirates는 이코노미 클래스 승객을 위한 다양한 채널 선택이 가능한 개인 좌석 비디오를 수년 동안 제공해 왔다. 이는 항공기를 보다 비싼 좌석으로 개조하고 비싼 장비를 설치해야 하므로 항공사 입장에서는 명백하게 값비싼 마케팅 의사결정이다. 게다가 비디오와 오디오 프로그램은 구매비용이 비싸고 자주 업데이트를 해줘야 한다. 개별 모니터와 관련한 제어장치는 무게가 상당히 나가 연료 소모량을 증가시킨다.

지상에서도 상품을 차별화할 수 있는 범위가 있다. 항공사들은 승객들의 대기시간을 줄이기 위하여 더 많은 체크인 카운터를 임차하거나 운영할 수 있고, 여객 처리 및 지원을 위하여 더 많은 지상 직원을 배치하는 것 또한 결정할 수 있다. 더 나아가 국제선 항공사들은 경쟁사가 운영하지 않고 있는 퍼스트 클래스 혹은 비즈니스 클래스 라운지를 공항에 운영하기도 한다. 예를 들면, Singapore Airlines는 상품정책으로 항공 운항횟수 및 퍼스트 클래스 혹은 비즈니스 클래스 승객의 수와는 상관없이, 자사가 취항하는 거의 모든 공항에서 자사 전용의 퍼스트 · 비즈니스 클래스 라운지를 제공하였다. 이런 방식으로 Singapore Airlines는 자사의 브랜드와 상품 스타일을 라운지에 반영하고 있다. 다른 항공사들은 비용을 절감할 목적으로 하나 혹은 그 이상의 항공사와 라운지를 공동으로 사용하고 있다. 같은 글로벌 얼라이언스 항공 회원사들은 서로의 허브공항에서 VIP 라운지를 공유하는 경향이 있다.

4.8.2 판매, 유통 및 프로모션정책

정기항공사들은 판매 및 프로모션활동을 구성하고 운영하는 데 있어 많은 재량을 가지고 있다. 항공사들은 타 항공사 또는 대리점을 통하기보다 자신들의 예약 발권센터, 콜센터, 웹사이트 등을 통해 어느 정도의 서비스를 판매할 것인가를 결정한다. 이러한 결정은 비용과도 관련이 있다. 자신의 판매망을 설립하고 운영을 하더라도 비용이 발생하지만, 이렇게 함으로써 대리점에 지불해야 될 수수료를 절감할 수 있게 된다(커미션이 비용에 미치는 영향은 4.4절에 설명되어 있다).

2000년대 항공사들에 있어 주요한 발전은 항공사의 자체 웹사이트를 통한 온라인 판매로의 전환이었다. 미국의 Southwest와 유럽의 easyJet과 같은 저비용항공사는 인터넷의 가치를 간파한 최초의 항공사들로, 과거 총비용의 6~10% 사이였던 대리점 수수료를 삭감함으로써 유통비용을 절감하였고, 다른 항공사들도 이러한 추세를 적용하였다. 동시에 Expedia나 Opodo와 같은 온라인 여행사의 시장 지배력이 강화되면서 승객들의 직접 접근이 가능하게 되었다. 도심의 대리점들은 Amadeus, Sabre 또는 Travelport 같은 GDS를 계속 사용했지만, 항공사들은 자신의 웹사이트나 온라인 여행사로부터 발생하는 매출에 더욱 집중하고 있었다. 이것은 특히 유럽과 미국 항공사에 해당하며, 소매 대리점은 여전히 많은 아시아시장에서 중요한 역할을 하고 있다.

판매 및 프로모션과 관련하여 또 다른 의사결정을 해야 할 사항이 있다. 온라인 판매를 통한 항공여행의 디지털화와 전자티켓으로 인해 많은 항공사들이 도시에 위치한 자사의 항공권매사무소 운영을 중단했다는 것이다. 이들 중 다수는 비용이 높은 주요 도시 중심부에 위치하고 있었다. 런던에서는 2000년대 초까지 많은 항공사가 런던 중심부의 유명한 Regent Street 및 그 주변에 그들의 항공권 판매사무소를 운영하였으나 이제 모두 사라졌다. 일부 항공사들은 런던 중심가를 벗어나 비용이 훨씬 더 저렴한 지역으로 사무소를 이전하였으며, 종종 비용이 높은 1층보다 비용이 저렴한 높은 층으로 판매처를 옮겨 비용을 절감하였다. 자국 또는 해외에서 여전히 자체 판매사무소를 유지하고 있는 항공사는 이러한 비용이 가치가 있는지를 재평가해야 한다.

중요한 이슈는 국제선 항공사가 자신이 운항하지 않는 도시 또는 국가에 오프라인 판매망을 설치하여야 하는가이다. 마찬가지로 덜 중요한 해외 지역에 자사가 판매지점의 직원을 선발하고 지점을 직접 운영하여야 하는지 또는 다른 항공사를 판매할 수도 있는 총판대리점(General Sales Agent: GSA)을 활용하여야 하는지에 대한 의사결정 역시 중요할 수 있다. 외국 항공사와 전략적 제휴를 체결하는 경우, 파트너사의 국가 혹은 두 개 이상의 파트너 항공사가 운항하는 국가에서 판매사무소와 판매직원들을 통합함으로써 유통비용을 절감할 수 있다.

광고 및 프로모션활동에 대한 결정은 경영진의 재량에 많이 달려있다. 광고 및 프로모션을 위해 얼마나 많은 비용을 쓸 것인지 그리고 어떻게 쓸지에 대한 결정은 전적으로 항공사에 달려있다. 중요한 결정은 자사 온라인 채널, Facebook 및 기타 소셜미디어 플랫폼을 사용하는 디지털 기반 접근방식 또는 보다 전통적인 미디어 매체를 대상으로 하는 접근방식들 사이에서 어떻게 그들의 계획을 잘 분배할 것인가 하는 것이다. 후자의 경우, 다수의 프로모션 경로가 항공사들에게 주어지는데, 많은 잠재적 고객을 대상으로 하는 텔레비전, 라디오, 주요 언론사 광고가 있다면 화물대리점, 여행사, 여행기자 등 상대적으로 소수를 타겟으로 하는 업계지 광고가 있을 것이다. 많은 항공사들은 수익의 약 2%를 광고 및 프로모션활동 예산으로 설정하고 있다. 그들은 특정 시장에서 보다 많은 비용을 지출하는데, 특히 신규 노선에 취항을 하는 경우나 제3국에서 그 국가의 국적항공사들보다 잘 알려지지 않은 경우이다. 항공사들의 경쟁이 더욱 심한 시장에서는 광고비 지출이 더 증가하는 경우가 많다.

[표 4-6]을 보면 항공사 경영진들의 광고에 대한 성향을 알 수 있는데, 이는 2016년 영국 언론, 라디오 및 텔레비전에서 광고비 지출을 가장 많이 하는 20개 항공사를 보여준다. 여기에는 항공사의 정책에 일부 흥미로운 차이가 나타난다. 그리 놀라운 일은 아니지만, 가장 지출비용이 많은 항공사들은 자국 시장에 집중하는 영국 국적의 항공사들과 영국을 자국 시장 중 하나로 생각하는 아일랜드 항공사 Ryanair이다. 그러나 놀라운 것은 전체 지출규모가 가장 큰 항공사는 Jet2로, 2017년 협폭동체항공기를 70대 보유한, 비교적 규모가 작은 영국 국적항공사로 항공기 규모가 3.5배 큰 easyJet과의 비용 지출 차이가 주목할 만하다. Jet2의 경영진은 집중적인 광고가 마케팅 전략의 핵심 요소라고 생각했다. 영국 국적항공사가 아닌 타 국적항공사 중 가장 지출을 많이 한 항공사들은 Emirates, Turkish, Qatar 그리고 Etihad이다. 비즈니스 모델의 핵심 목표인 중동 지역 이원구간으로

여행하는 승객을 유치하기 위해 더 큰 비용을 지출해야 했기 때문이다.

흥미롭게도 미국 항공사들은 런던-미국 시장이 주요 국제시장 중 하나였음이 분명한데도 큰 지출을 하지 않았다. 그들 모두 런던으로의 운항횟수가 많았지만, 고객 대부분이 미국 출발이라고 생각하고 영국 고객을 유치하는 것에는 관심이 적었을 수 있다. Delta Air Lines는 영국 광고를 파트너인 Virgin Atlantic의 광고에 의존하는 것으로 보인다. 이러한 사례는 광고비가 경쟁의 영향을 받기는 하지만

표 4-6 2016년 영국 시장 내 항공사 미디어 광고 총지출액: 인쇄, TV, 라디오 등 (디지털 디스플레이 제외)

본사-영국 (UK-based)	본사-영국 외 (Non-UK airlines)	총지출액 (단위: 1,000파운드)
Jet2(항공편)		20,431
easyJet		15,565
British Airways		13,514
	Emirates	9,409
Ryanair(아일랜드)		5,940
	Turkish	3,594
Virgin		2,643
	Air France/KLM	1,862
	Norwegian	1,587
	Qatar Airways	1,514
	Etihad	1,453
	Aer Lingus	1,248
	American	1,071
	Cathay Pacific	972
	Lufthansa	957
	Singapore Airlines	517
	Air Canada	211
	United	144
	Malaysia Airlines	51
	Thai Airways	27

주: 기타 항공사들은 연간 £25,000 미만을 지출함.

경영진의 재량에 따라 결정된다는 것을 보여준다.

발권, 판매 및 프로모션비용은 정기항공사의 총운영비의 8%에 달하고 있으며 단거리 노선에서는 더욱 많이 차지한다. 이들은 당연히 주요 지출비용의 중요한 항목이지만 개별 항공사들이 취하는 정책들에 의해 매우 많은 영향을 받는다.

4.9 재무정책

감가상각비 및 리스비, 렌탈비와 같은 항공기 소유비용은 총비용의 10% 이상을 차지한다. 경영진은 이러한 비용에 세 가지 방법을 통해 영향력을 미칠 수 있다. 첫째, 항공기 구매 또는 리스 시 가격협상, 둘째, 항공기 취득 시 사용된 자금조달 방법, 셋째, 채택된 감가상각정책을 통한 방법이다.

4.9.1 항공기 주문의 시기와 크기

새 항공기 및 중고 항공기의 가격과 리스료에는 다양한 변수들이 영향을 미친다. 산업이 재정적으로 호황을 누리고 있을 때, 항공기의 수요는 높아지고 이로 인해 항공기 가격과 리스료는 상승한다. 항공산업이 위기에 있을 때는 반대의 상황이 발생한다. 항공사가 리스를 종료하거나 리스를 갱신하지 못하면 리스율은 떨어진다. 항공기는 지상에 머물며 항공기 인도는 지연되고 옵션은 취소된다. 새로운 항공기에 대한 수요가 낮을 때 항공기를 구매하거나 리스하면, 항공사들은 구매 또는 리스비용을 상당히 많이 절감할 수 있다. 시기가 모든 것을 결정하고 주문량의 크기 또한 중요하다. 한 번에 30대 이상의 항공기를 주문하는 항공사는 몇 대의 항공기를 주문하는 항공사보다 더욱 좋은 가격으로 항공기를 구매할 수 있다. 이러한 이유로 항공사 경영진은 서로 다른 기종의 항공기라 할지라도 항공기를 다수 교체해야 할 때까지 주문을 지연시키기도 한다.

시기적절한 항공기 주문의 좋은 사례는 2002년 easyJet의 A319 120대 주문으로, 이 120대는 향후 A320 또는 A321 기종으로 교환할 수 있는 옵션을 포함하였다. 이러한 주문은 항공산업이 심한 침체기에 있고 새로운 항공기에 대한 주문이 급감하였을 때에 실행되었다. 그 당시 모든 저비용항공사가 그러했듯이 기존에 작은 항공기로 Boeing 항공기만을 운항하는 항공사로서는 상당한 규모의 주문이었다. Airbus는 저비용항공시장에 항공기를 공급하는 데 필사적이었다. 이러한 요인과 항공기 주문 대수 그리고 시기적으로 유리한 상황에서 easyJet은 대폭 할인된 가격으로 협상에서 우위를 점할 수 있었다. 이러한 할인은 시장가격의 3분의 1 이상의 할인이 적용된 것으로 알려져 있다. 일 년 후인 2007년 9월 British Airways는 7대의 옵션을 포함하여 19대의 A380을 주문했다. 이 시기, 2년간의 생산 지연으로 인하여 이 신형항공기의 신규주문은 급감했었다. A380의 주문을 재활성화시키고 동시에 Airbus 항공기를 한 번도 주문하지 않았던 British Airways로부터 비즈니스를 창출하기 위하여, 제작사는 고시가격에서 50%까지 할인하여 판매하였다(The Times, 2007년 9월 28일, 런던).

4.9.2 자금조달의 방법

기재를 확장하거나 갱신하는 것을 결정하고 나면 경영진은 자금조달을 할 준비가 되어 있어야 한다. 이는 Singapore Airlines와 easyJet과 같은 현금이 풍부한 항공사에게도 해당되는데 이는 이 항공사들이 모든 항공기를 현금으로 구매할 수 없기 때문이다.

항공기 구매 또는 리스를 위한 자금조달방법은 본서에서 자세히 다루기에는 너무 복잡하고 다양하다. 그러나 경영진은 주문할 항공기를 구매할지 리스할지를 결정하는 것뿐만 아니라 재정 모델 대안 중에 어떠한 재정 모델을 결정할지에 대해 중요한 역할을 한다(Morrell, 2013).

차입금에 대한 이자는 항공운송산업에서 운영 외 비용항목으로 간주된다. 따라서 그것은 운영비용 또는 운영결과에 영향을 미치지 않는다. 그러나 이자와 다른 운영 외 항목들이 포함된 후에 각 항공사의 전반적인 이익 또는 손실에 영향을 미친다. 비록 일부 항공사들에게 있어 현금 유동성 문제나 전년도에 발생한 재무적 손실로부터 발생하는 당좌차월에 대한 이자가 있을 수도 있지만 대부분의 이자비용은 항공기 취득을 위해 조달된 자금과 관련되어 있다.

항공사는 자체 형성한 기금으로 항공기 구매자금의 일부 또는 전체를 조달하고 이를 통해 이자비용을 줄이거나 회피할 수 있다. 자체 자금조달이 차입하는 경우보다 확실히 저렴한데, 특히 이자율이 높을 때 그렇다. 이를 위해 항공사는 먼저 이익과 감가상각비를 축적해 현금을 준비해야 한다. 그러나 이윤이 높은 항공사일지라도 그들의 자본지출에 대해 일부만 자체적으로 자금을 조달할 수 있을지 모른다. Singapore Airlines는 이전에 언급한 빠른 감가상각정책과 높은 이익으로 인하여 지난 15년 동안 많은 현금을 준비할 수 있었다. 그럼에도 불구하고 Singapore Airlines의 최근 자체 자금조달비율은 70%에 지나지 않는다. Singapore Airlines와 같이 좋은 재정 상황에 있는 항공사는 얼마 되지 않는다. 대부분의 항공사들은 자금조달을 외부 요인에 의존하고 있다.

항공사들은 자체 자금조달을 선호하지만 제한적인 범위를 제외하고는 자신들의 감가상각비와 유보이익으로 자금조달을 충분히 할 수 없다. 나머지 필요한 자본은 두 가지 방법 중 하나로 조달할 수 있다. 첫째, 자기자본을 항공사에 투입하는 것이다. 자기자본조달의 장점은 항공사들이 이익을 창출하는 경우에만 자기자본에 대한 이자를 배당의 형태로 지급한다는 것이다. 미국을 제외한 국제선 항공사 대부분은 부분적 또는 전체가 정부에 의한 소유이다. 그러나 정부는 항공기 구매 자금조달에 더 이상의 자본을 투입하기를 꺼리는데, 특히 자금의 합이 매우 클 경우에 그렇다. 이것이 정부로 하여금 항공사를 부분적으로나 전체적으로 민영화하게끔 하는 이유 중 하나이다. 항공사의 민영화를 통해 확보한 자금의 일부를 투입함으로써 항공사의 부채와 금융수수료를 줄일 수 있기 때문이다.

만약 자기자본조달이 불가능하다면 항공사는 어떤 형태로든 차입을 하여야 한다. 다양한 형태의 자금차입이 가능하지만, 이들 모두는 직접 또는 간접적으로 이자비용을 포함하고 있다. 이 점은 금융리스 또는 운영리스인 경우에도 마찬가지이다. 과거에는 국영항공사들이 전통적으로 자체 자금조달 또는 자기자본조달보다는 외부 자금조달에 의존함으로써 항공사들의 자기자본 대비 부채비율이 대단히 높아졌다. 다시 말해, 자본의 많은 부분을 차입에 의존하고 자기자본에 의존하는 비율이 낮다는 것을 의미한다. 많은 항공사들이 자본부족 문제에 직면하는데, 만약 이자부담을 감당할 수 있으며 파산하지 않고 새로운 항공기를 주문할 수 있는 상황이라면 자본 투입이 필요하다. 일반적으로 부채 대비 자기자본비율은 25:75가 바람직하며 최대 50:50이 될 때까지는 수용 가능한 것으로 판단한다. 새로운 항공기의 가격이 매우 비싸기 때문에, 항공사들은 새로운 자본을 투입함으로써 항공사가 수용할 수 있는 수준 내에 있을 수 있다.

앞에서 언급한 바와 같이 자금조달이 마땅치 않은 항공사들이 고려할 수 있는 다른 해결방법 중의 하나는 GECAS, AerCap과 같은 전문적인 항공기 리스회사나 Orix와 같은 작은 회사들 또는 동일한 서비스를 제공하는 금융회사로부터 항공기를 리스하는 것이다. 지난 20년 동안 대형항공사들을 포함하여 모든 항공사들이 리스를 활용하는 추세가 더 증가했다. 이 해결책은 특히 구매규모가 너무 작아 항공기 제조업자로부터 좋은 조건의 가격을 이끌어내기가 어려운 항공사나 직접 구매를 통해 절세가 어려운 항공사들에게는 매우 매력적이다. 이론적으로 리스회사는 이 두 가지를 모두 행함으로써 항공기를 이론상 실제보다 싸게 공급할 수 있다. 그러나 여기서도 시점이 매우 중요하다. 리스가격은 추가적인 항공기에 대한 수요가 공급 가능한 항공기를 초과할 때에는 필연적으로 올라간다.

대규모로 항공기를 주문하는 대형항공사들은 높은 할인을 받을 수 있어 구매가 리스보다 더 저렴할 수 있다. 그러나 리스는 특히 유연성 측면에서 다른 이점을 제공할 수 있으며, 이는 비용이 더 들더라도 여전히 매력적일 수 있다.

4.9.3 감가상각정책

항공기의 시간당 감가상각비용(3.3절에서 설명한)은 감가상각기간의 길이, 상각기간 후의 잔존가치, 항공기의 연간 가동률에 따라 결정된다. 연간 가동률, 즉 연간 비행한 블록시간은 운항의 패턴, 운항거리, 항공사 경영진의 효율적인 스케줄링에 따라 결정된다. 채택할 감가상각의 기간 및 예상되는 잔존가치는 항공사의 재무정책에 따라 결정된다. 많은 국가에서의 법률 또는 회계 관습에서 특정 감가상각정책을 채택하도록 요구하거나 또는 최소한의 특정 요구사항을 부과하기도 한다. 그러나 대부분의 국제선 항공사들은 항공기의 효율적인 상업적 수명 및 사용기간 이후의 잔존가치를 결정할 때에 약간의 유연성을 활용할 수 있으며, 이 유연성은 중요하다. 만약 한 항공사가 항공기의 감가상각기간을 20년으로 하고 잔존가치를 10%로 하는 감가상각법을 채택하였을 경우(연간 가동률이 같다고 가정할 때), 감가상각기간을 12년으로 하고 잔존가치를 항공기 구매가의 20%로 하였을 때보다 시간당 감가상각비는 32% 줄게 된다.

이러한 두 가지의 감가상각정책은 각기 다른 항공사에 의해 사용되고 있으며, 각기 다른 감가상각정책의 수용으로 인해 항공사들의 감가상각비용은 큰 차이가 나타나게 된다. 일부 항공사들의 감가상각비용은 항공사 총운항비용의 8~10% 정도이기 때문에 채택된 감가상각정책이 총비용에 미치는 영향은 3% 정도이다.

많은 항공사들이 비용을 늘리거나 줄이기 위해 감가상각정책을 변경하기도 한다. 비용을 줄이고 재무적 성과를 향상시키기 위하여 수익성이 떨어지는 기간에는 빈번하게 감가상각기간을 늘리거나 잔존가치를 증가시키는 것이다. 이에 반해 경기가 좋을 때에 감가상각기간을 줄이는 것은 흔치 않은 일이다. 앞서 2014년 회계연도에 Lufthansa가 감가상각기간을 대폭 늘리고 그에 따라 4억 5,200만 달러의 추가 이익을 달성한 방법에 대해 언급한 바 있다(제3장).

Singapore Airlines는 감가상각정책을 변경하는 좋은 사례를 보여준다. 1980년대에 8년이라는 매우 빠른 감가상각기간을 사용했는데, 그 후 1989년 4월 Singapore Airlines는 항공산업의 관행에 따르기 위하여 다시 감가상각기간을 10년으로 연장하였고 잔존가치도 구매가의 20%로 설정하였다. Singapore Airlines의 빠른 감가상각은 항공기를 빠르게 갱신하고자 하는 자사 정책 및 과제 상쇄가 가능한 싱가포르의 투자정책에 기인한다. 2001년에 발생했던 위기가 항공사의 이윤에 악영향을 미쳤기 때문에, Singapore Airlines는 감가상각기간을 산업 관행에 따라 다시 바꾸는 것을 공표했다. 2001~2002년 회계연도 동안 Singapore Airlines는 감가상각기간을 10년에서 15년으로 늘렸고, 잔존가치를 20%에서 10%

로 줄였다. 이러한 변화로 인하여 연간 감가상각비용을 1억 5,100만 달러나 절약하였다! 2016년까지 Singapore Airlines는 여객기의 감가상각정책을 감가상각기간 15~20년과 잔존가치 5~10%로 다시 변경했다. 화물기의 잔존가치는 5%였다.

감가상각비를 고려할 때 추가적인 문제는 구매가 아닌 리스한 항공기를 어떻게 취급해야 하는가인데, 이는 법적으로 항공사가 항공기의 소유자가 아니기 때문이다. 하나의 접근법은 금융리스와 운영리스의 차이인데, 금융리스는 통상 리스 종료 시 항공사에게 소유권을 이전하는 반면, 운영리스는 일반적으로 기간이 짧으며 소유권을 주지 않는다. 금융리스의 경우, 항공기가 일반적인 방법으로 감가상각되고, 감가상각비는 항공사의 손익계정에서 직접운영비로 분류된다. 그러나 리스료에 포함된 이자는 항공사의 계정에 있는 다른 금융수수료에 추가되고, 자본상환금요소는 손익계정에 달아놓지 않고 단지 부채로 보여진다. 자산에 대한 자본비용이 이미 감가상각비에 포함되기 때문에 이중계산을 피할 수 있다. 반대로 운영리스의 연간 리스료는 항공기의 직접운영비로 나타나며 별도의 감가상각비는 없다. 이는 Singapore Airlines에 의해 채택된 방법이다. 항공기 리스의 타입에 대한 항공사의 협상은 감가상각비의 절대적 및 상대적 수준에 영향을 미칠 것이다.

4.10 기업전략

항공사의 기업전략 및 목표는 항공사의 비용구조 그리고 비용 수준에 주요한 영향을 미칠 가능성이 있다. 주로 차터나 부정기 항공편을 운송하는 국제선 항공사가 전통적인 정기 네트워크 항공사보다 비용이 적은 것은 자명한 일이다. 비용은 각기 다른 비즈니스 모델을 적용하기 때문에 상이할 것이다.

주요한 전략적 의사결정은 항공사가 여객운송뿐만 아니라 어느 정도 화물운송에도 집중해야 하는가이다. 평균적으로 IATA의 정기항공사들은 총국제선 운송량의 약 4분의 1을 화물운송으로 달성하고 있다(제1장 [표 1-2] 참조). 그러나 일부 항공사들은 기업전략의 일환으로 화물에 더욱더 집중하고 있다. 2016년 Korean Air

의 톤킬로미터당 수익의 53%가 화물로부터 발생하였다. 특별히 화물운송 성장에 전략적 중점을 둔 여타 항공사들의 화물운송 수치는 Cathay Pacific 48%, Qatar Airways 42%, Singapore Airlines 43%로 나타났다. 반면에 미국 항공사들은 특히 국내선 운항편에서 여객서비스 이외에 거의 화물수송을 포기하였고, 화물은 FedEx와 UPS와 같은 화물전용 항공사들에 의해 더 많이 판매되었다. 이 때문에 결과적으로 화물은 크게 중요시되지 않았다. 2016년 화물운송이 총운송량에서 차지하는 비율을 살펴보면, United와 American은 10% 그리고 Delta는 겨우 9%였다. 화물을 수송하는 비용이 같은 양의 여객을 수송하는 것보다 현저히 낮으므로 화물에 집중하는 항공사는 주로 여객을 수송하는 항공사보다 단위비용이 낮을 수밖에 없다.

다른 전략적 이슈는 항공사가 주요 네트워크 항공사를 지향하는지 또는 좀 더 제한적인 '틈새' 항공사로서의 역할을 하는지이다. '틈새'는 지역적인 범위 또는 네트워크 항공사의 허브공항에 지선서비스(feeder services)를 제공하는 것과 같은 특정 타입의 운항을 하는 것이다. 틈새 항공사는 전문화를 통해 비용을 줄일 수 있다. 예를 들어, 한 가지 타입의 항공기만 운항할 수 있고 운항패턴의 단순화를 통하여 운항승무원 및 직원의 생산성을 높일 수도 있다. 모든 사람의 취향을 맞추고 싶은 항공사는 다양한 종류의 항공기와 승무원을 활용하여 모든 가능한 시장을 운항하고, 복잡한 정비계획을 가지고 있으며 인력 과잉의 본사와 지역사무소를 운영한다. 비용이 올라가는 것은 불가피한 것이다.

국제선 항공사가 하나만 있는 국가에서 국내선 네트워크를 운항하고 있는 항공사들의 기업 미션은 정부정책에 의해서 심하게 영향을 받는다. 특히 국영항공사의 경우에는 더욱 그러하다. 그러한 항공사들은 상업적으로 타당하고 재정적으로 자립하기 위해 국내선 서비스를 제공한다기보다는 주요 목적이 국가의 사회적, 경제적 결속이나 국내 관광의 활성화를 위한 것일 수 있다. 사회적인 목적으로 제공되는 서비스는 일반적으로 소형항공기로 운항하는 수요가 적은 노선들이며 수요에 비하여 운항횟수가 매우 많은 편이다. Malaysia Airlines, Air Algeria 등은 전통적으로 기업의 목표가 작은 국내 지역사회에 항공서비스를 제공하는 것을 포함한다. 정부가 국내선 항공운임 인상을 제지하는 경우가 많으므로 이런 사회적 서비스는 항공사의 지속적인 재정적 출혈의 원인이 될 수 있다.

다른 기업들과 마찬가지로 항공사도 복수의 기업 목표를 가지고 있으며, 이 중 몇 가지는 서로 상충될 수 있다. 변함없이 수익적인 운영을 하는 것이 목표 중의 하나이다. 그러나 핵심 질문은 수익성이 기업의 주요 핵심 목표로 추구되는 정도이다. 따라서 항공사의 관리자들은 그들이 비용을 줄일 수 있는 모든 방법을 동원해야 하는 환경에 놓일 것이다. 이것은 대부분의 민영화된 항공사들이나 Singapore Airlines처럼 완전히 민영화가 안 되었다고 하더라도 전적으로 영리기업으로 운영되는 항공사에 해당하는 사례다. 많은 국영항공사들은 수익적인 운영을 바라고 있다. 그러나 이러한 목표는 단독 혹은 주요 주주인 정부가 종종 부여하는 일련의 기업 목표 사이에서 소멸되거나 무뎌진다. 이익을 내는 것이 기업의 명백한 주요 목표가 아닐 때 다른 목표들을 추구하기 위해서 비용들이 증가할 수 있다.

4.11 경영의 질

지금까지의 분석을 통해 항공사 비용에 영향을 미치는 가장 중요한 변수들에는 투입비용의 수준, 사용되는 항공기의 기종 및 크기, 항공기가 운항하는 운항거리가 있다는 것을 알 수 있다. 이 변수들 중에 후자의 두 변수는 항공사가 만족시키고자 노력하는 수요패턴 및 수요 수준의 영향을 받기 때문에 수요 역시 중요한 변수로 고려될 수 있다. 상대적으로 중요성이 낮긴 하지만 다른 변수들 또한 논의되었다. 이들 중 많은 변수는 특히 경영의사결정 및 선택과 관련된 것들이다. 그러나 항공사의 단위비용 수준을 설정하는 데 있어 절대적으로 중요한 더 높은 수준의 경영활동들이 있는데, 이것은 정의하거나 측정하기가 어렵다. 단지 이를 포괄적으로 경영의 질이라고 정의할 수 있으며, 이는 항공사 활동의 거의 모든 영역에 스며드는 것이다.

경영의 질은 다른 시장에서 각기 다른 수요의 타입과 수준을 만족시키기 위해,

항공사의 경영진이 모든 수단을 동원하여 다양한 생산요소들을 결합할 수 있는 효율성에 영향을 미친다. 이론적으로 투입비용, 운항하는 항공기의 타입, 운항거리, 기타 다른 변수들이 원인이라고 할 수 없는 항공사들 사이의 비용 차이를 경영진의 능력 혹은 무능력으로 설명할 수 있다.

실제로 어떠한 항공사도 모든 경영 분야에서 동일하게 효율적이거나 또는 비효율적이지는 않다. 운항승무원 스케줄링과 같은 분야에서 다른 항공사보다 효율적이지만 상대적으로 정비 프로세스가 비효율적일 수도 있다. 따라서 항공기의 운항 또는 정비관리와 같이 활동의 개별적 영역에서 큰 성과 차이가 있더라도 항공사의 총단위비용을 살펴보는 것만으로는 알 수 없다. 항공사들 간의 비교는 개별 영역을 기준으로, 그러한 개별 영역들을 분리해서 살펴보면서 행해져야 한다.

Chapter

05

저비용 모델의 경제성

Chapter

05 저비용 모델의 경제성

저렴한 운임으로 판매하는 것은 세상에서 가장 쉬운 일이다. 어려운 것은 저렴한 운임으로 어떻게 수익을 내는가이다.

– Greg Saretsky, President and CEO, WestJet, 2017년 5월

5.1 저비용항공사의 등장

2000년 이후 3~4년 동안 많은 시장에서 항공수요의 성장이 둔화되고 수익률이 계속 하락하면서 항공시장은 쇠퇴하였거나 붕괴되었다. 이때는 항공산업에 있어 격동의 시기였다. 2005~2006년에 이르러서야 업계가 전반적으로 다시 살아나기 시작했으나, 2008~2009년 금융위기와 함께 또 다른 불안정한 시기가 이어졌다. 그러나 이렇게 어려웠던 두 시기에 미국 최대의 저비용항공사인 Southwest와 유럽 최대의 저비용항공사인 Ryanair 및 easyJet 그리고 말레이시아의 AirAsia는 수익을 내며 지속적으로 성장했다.

불필요한 서비스를 없앤 저비용항공사의 노프릴(no-frill) 비즈니스 모델은 비교적 최근 현상으로, 규제완화의 확산으로 인하여 미국의 국내선에 처음으로 등장하였고 이후 세계 시장으로 확대되었다.

1980년대까지 성장한 국제항공사들의 대부분은 기본적으로 네트워크 항공사(network carriers)였다. 이들은 메인베이스(main base) 또는 허브(hub)를 중심으로 방사형 네트워크(radial networks)방식으로 운항하였다. 일반적으로 국적항공사의 경우 한 개 또는 두 개의 허브공항체제로 운항하였는데, 미국의 메이저 항

공사들은 2차 허브공항 또한 보유하고 있었다. 국적항공사들의 국제선 네트워크의 경우는 비교적 단순하였는데, 항공편이 허브공항을 기준으로 나가고 들어오는 방식으로 운항하였다. 이는 양자간 규제제도에 의한 제약요인 때문이다(제2장). 미국의 메이저 항공사들은 미국의 국제선 관문(gateway)공항에서 허브를 운영했지만, 국내 허브공항을 통해 훨씬 더 복잡한 국내 네트워크 노선을 상호 연결했다. 대형항공사들의 주요 목적은 가능한 많은 목적지와 연결편을 제공함으로써 교통량을 더 많이 창출하는 데 있었다. 그들은 직항편이 없거나 제한된 항공협정 때문에 직항편이 제공되지 못하는 노선의 승객들을 위해 허브공항에서 환승을 통해 연결하는 항공서비스를 제공하였다. 그러한 연결서비스로 매출 기회를 극대화하기 위해 네트워크 항공사는 복잡하고 비용이 많이 드는 항공스케줄과 운영방식을 채택해야 했다. 심화된 경쟁 환경으로 인해 그들은 기내식, 공항 VIP 라운지 등 지상 및 공중에서 광범위한 서비스와 상품을 제공하여야 했다. 이러한 이유로 네트워크 항공사는 레거시 또는 풀서비스 항공사(full-service carriers)라고도 한다(제10장 10.7절, 허빙 참조).

전통적인 네트워크 모델의 특징은 본질적으로 비용이 많이 들고 여객운임이 상대적으로 높다는 것이었다. 이에 대응하여 두 가지의 다른 항공사 비즈니스 모델이 등장하였는데, 주된 목적은 저렴한 운임을 제공하는 것이었다. 두 가지 모델 중 조금 더 이전의 모델은 차터 또는 부정기 레저 항공사였다. 이러한 항공사들은 1960년대와 1970년대에 빠르게 확장하였고, 특히 유럽 휴가 노선과 북대서양 지역, 이후 북미와 캐리비언 지역의 시장으로 확산하였다. 그러나 다른 지역에서는 이들의 영향력이 매우 제한적이었다. 이들이 특정 시장에서 초기 성공이 가능했던 이유는 정기편보다 덜 엄격하게 규제되었기 때문이었다(제6장). 대부분의 경우 이들은 소위 패키지 투어를 위해 여행사에 좌석을 제공했고, 여행사들은 이 좌석을 호텔 객실이나 렌터카 등과 결합해 여행자들에게 완전한 패키지로 판매했다.

두 번째 모델은 버짓 항공사라고도 불리는 불필요한 서비스를 없앤 저비용항공사인 노프릴 항공사이다. 이 항공사 모델은 기존 차터항공사와는 다른 상품과 시장전략을 가지고 있었고, 네트워크 항공사들이 무료로 제공하는 부가서비스 비용을 없애서 낮은 운임을 제공하는 데 중점을 두었다. 이들의 출현은 항공산업에 영향을 미치는 국내선의 점진적 자유화, 이후 국제선의 자유화와 밀접하게 관련되어 있다.

국내 및 국제항공서비스의 점진적인 규제완화는 항공사가 더욱 혁신적인 비즈니스 모델을 시도할 수 있는 기회를 제공하였다. 이를 최초로 시도한 항공사는 Southwest였다. 1971년에 항공운송서비스를 시작한 Southwest는 오직 텍사스주 내에서 단거리 운항을 중심으로 이용조건이 유연한 낮은 운임, 높은 빈도의 포인트 투 포인트 서비스, 우수한 정시성을 바탕으로 운영되었다. 이 모델의 본질은 단순함이었다. 단순한 상품으로 단순하게 운항하는 것이었고, 이는 성공적이었다. 이로써 Southwest는 다른 항공사의 승객들도 유치할 수 있었고, 사람들에게 여행 욕구를 불러일으켜 새로운 수요를 창출했다. 단순한 상품과 운영 모델로 인하여 Southwest는 훨씬 더 낮은 단위비용으로 운항할 수 있었고, 이는 낮은 운임의 제공을 가능하게 하여 수요를 더욱 활성화할 수 있었다. 1978년 미국의 규제완화로 인해 Southwest는 이들의 저비용항공 모델을 텍사스 이외 지역으로 확대시킬 수 있었다. Southwest는 저비용 모델을 점진적으로 확대하였는데, 초기에는 남서쪽과 서부 해안시장에 주력하였고, 1990년대에는 선벨트(sun belt) 지대 너머로 확장하였다. 다른 미국 항공사들도 저비용 노프릴 전략을 시행하였지만 일부 항공사만이 생존했다. 1993년과 1999년 사이에 신규 저비용항공사들이 급격히 증가하였는데, 12개의 저비용항공사가 서비스를 시작하였다. 2018년 기준 오직 세 항공사 Frontier, Allegiant, JetBlue만이 살아남았다.

유럽에서 저비용항공 모델의 출현은 유럽 내 항공서비스의 자유화와 관련이 있었으며, 이것은 1993년 1월에 시행되었던 항공자유화의 '세 번째 패키지(Third Package)'의 일부였다. 1992년 Ryanair가 영국과 아일랜드 사이에 저비용 항공서비스를 시작하였지만, Ryanair를 비롯한 easyJet, Debonair, Go, Buzz 등의 신규항공사들이 유럽 내 저비용 항공서비스를 시작한 1995년이 되어서야 성장이 빠르게 이루어졌다. 초기 유럽 저비용항공사들의 대부분은 살아남지 못하였다. 오직 Ryanair와 easyJet만이 매우 수익성 높게 지속적으로 빠르게 성장하였다. 항공 분야에서 그들은 첫 주자로서, 경제학자들이 선점자의 우위(first-mover advantage)라고 부르는 이점을 통해 유럽 전역에 널리 알려지게 되었다. Ryanair와 easyJet

의 성공으로 유럽 다른 지역에서 저비용항공사들이 생겨나기 시작했다. 대부분은 생존하지 못했지만 일부는 살아남았다. 2018년에 이르러서는 Vueling, Wizz 및 Norwegian도 중요한 저비용항공사가 되었다.

유럽에서 두 모델의 운영에 있어 결정적인 차이점은 네트워크 항공사의 경우 사실상 모든 항공기와 승무원을 본국에 그리고 대부분의 주요 거점이 자국 수도에 위치하며 방사형 네트워크를 운영한다는 점이다. Lufthansa 또는 Scandinavian Airlines와 같은 일부 항공사들은 두 개의 대형허브를 가지고 있다. 그들의 항공편들은 다른 한 허브에서 출발해 방사형으로 운항하고 주요 허브로 돌아간다.

유럽 저비용항공사들은 서비스 매트릭스를 운영하고 있다. 그들은 자국에 한 곳 이상의 주요 베이스를 두는 것과 별도로, 전 유럽에 걸쳐 항공기 및 현지 승무원을 배치한 여러 곳에 베이스를 만들었다. Ryanair는 주요 거점 지역인 더블린과 영국 외에 유럽 전역에 걸쳐 30곳 이상의 베이스를 두었으며 그중에는 항공기 한두 대와 이를 담당할 승무원밖에 없는 베이스도 있다.

easyJet은 영국 이외 지역에는 베이스가 적지만, 이탈리아 북부 밀라노-말펜사에 25대 이상의 항공기와 이탈리아 조종사 및 승무원을 배치한 자사 최대 규모의 베이스가 있다. 이 모든 것이 1993년 유럽연합의 항공서비스 자유화에 의해 가능해졌다. 이를 통해 EU 항공사들은 다른 EU 국가에 거점을 두고 EU 안에서 어떠한 노선이든 운영할 수 있었다. 저비용항공사들은 이를 통해 유럽을 가로지르는 일련의 항공서비스를 제공할 수 있었다. 네트워크 항공사는 이러한 운영구조를 만드는 데 실패하였고 대신 단거리 노선 연결에서 발생되는 장거리 수요에 집중함으로써 자국 내 허브를 방어하는 데 주력했다.

세계의 다른 지역에서 저비용항공사의 출현은 지금까지 항공사 경영을 제한했던 국내 및 국제규정의 점진적인 자유화와 직접 관련이 있었다. 아시아-태평양 지역에서는 2001년 기준 5개의 저비용항공사들이 운항하였지만, 국내선 서비스만 제공하였다. 그 후 정부가 국내 규제와 양자간 항공협정을 서서히 완화함에 따라 아시아와 다른 지역에서도 많은 저비용항공사들이 출범했다.

2018년에 이르자 아시아-태평양 지역에서 50개 이상의 저비용항공사들이 운영되었고, 가장 큰 항공사는 말레이시아의 AirAsia와 인도네시아의 Lion Air였다.

아시아의 레거시 항공사들은 저비용항공사가 미칠 수 있는 잠재적 영향을 유럽 항공사들보다 더 빨리 인식했고, 사실상 그들 모두가 저비용 자회사를 설립했다. Singapore Airlines(SIA), Thai Airways 및 All Nippon Airways와 같은 일부 항공사에는 실제로 두 개의 자회사가 있었다. 2017년 Singapore Airlines는 두 개의 자체 저비용항공사를 Scoot라는 단일항공사로 통합했다. 따라서 아시아의 대형 레거시 항공사들은 전통적인 항공사와 저비용항공사 두 개의 브랜드 모델로 운영되었다. British Airways를 제외한 유럽 항공사들은 이 모델을 완전히 채택하는데 시간이 오래 걸렸다. Lufthansa와 Air France/KLM은 몇 년 동안 소규모 저비용 자회사를 운영해 왔지만, Ryanair, easyJet 및 다른 저비용항공사들에 대한 시장 침투에 대비하기 위해 Eurowings(Lufthansa)와 Transavia(Air France)와 같은 자체 저비용 자회사를 심도 있게 확장하고 개발해야 한다는 사실을 2012년 이후에야 받아들였다.

아시아에서의 항공자유화는 유럽에서만큼 진행되지는 않았다. 양자간 항공협정에서 국적조항을 우회하기 위해 아세안 지역 저비용항공사는 다른 국가에 자회사를 50% 미만의 지분으로 설립하여 효과적인 운영을 할 수 있었다. 이를 통해 유럽 저비용항공사와 유사한 형태의 매트릭스형 네트워크를 운영할 수 있었다. 이와 관련하여 말레이시아의 저비용항공사인 AirAsia는 Thai AirAsia, AirAsia India, Indonesia AirAsia 및 AirAsia Japan을 포함한 다른 아시아 국가에 기반을 둔 10여 개의 파트너 자회사 또는 제휴사를 보유하고 있다.

5.2 저비용 모델의 본질

저비용항공사 사업 모델의 본질은 두 가지이다. 첫 번째, 불필요한 서비스를 없앤 노프릴 상품을 제공하거나 단순한 운항서비스를 제공함으로써 가격을 최소화하고 효율성의 극대화를 제공하여 '단순함'을 유지하는 것이다. 두 번째, '수요 창출'로, 현존하는 여객수요에 만족하지 않고, 낮은 요금을 제공하거나 새로운 목적

지로 운항해 새로운 수요를 활발하게 창출하는 것이다

Southwest의 사업 모델은 한 가지의 항공기 타입을 사용하여 포인트 투 포인트 운항방식의 단순하지만 깔끔하고 저렴한 비용의 항공서비스를 제공하는 동시에, 주요 공항이 아닌 2차 공항(secondary)이나 복잡하지 않은 공항을 이용하여 항공기와 승무원의 가동률을 극대화시키는 것이었다. Ryanair와 easyJet과 같은 다른 저비용항공사들도 Southwest 모델을 적용하였으나, 각자 시장 요구에 맞추어

표 5-1 유럽 저비용 모델의 특징

단순한 운영	
네트워크	• 포인트 투 포인트 • 허브 또는 환승 없음: 승객 자체 환승 • 단거리: 500~1,000kms, 최대 5시간 내 • 야간 체류 없음(No night stops)
항공기	• 단일 대형기종: 최대 2개 타입 • 높은 항공기 가동률(일일 11시간/단거리)
공항	• 공급석 확대가 가능한 혼잡하지 않은 공항 • 2차 공항 또는 지역 공항 선호 • 신속한 회항(turn-around) • 지상조업 아웃소싱
직원	• 인건비가 적은 젊고 새로운 직원 • 유연성이 높은 근무조건, 높은 생산성
단순한 상품	
운임	• 최저, 단순, 편도 운임: 최소한의 제약조건 • 번들로 묶이지 않은 단순 요금: 추가 사항은 구매 • 출발일이 가까워질수록 요금이 상승함 • 상용고객우대제도 없음
기내	• 단일 객실서비스 • 높은 좌석 밀도 • 무료 좌석지정 없음: 비용 지불 • 기내식 또는 무료 음료 없음
유통	• 100% 직접 판매 목표(온라인 또는 콜센터) • 여행사를 통한 판매 없음 또는 최소화 • 수수료를 지불하지 않은 경우에만 GDS 사용 • 전자항공권 사용
화물	없음

Southwest의 모델을 수정하여 적용하였다. 예를 들어, Southwest와 Ryanair와는 다르게 easyJet은 1995년 출범 때부터 여행사를 통한 판매를 전혀 하지 않았는데, 초기에는 자사 콜센터를 통한 판매를, 이후 점차 자체 웹사이트를 통해 100% 직접 판매에 집중했다. 다른 항공사들도 이후 이와 같은 방법을 적용했다.

저비용항공사 모델의 본질에 대한 특성은 [표 5-1]에 요약되어 있다. 항공사들 간의 차이가 있음에도 불구하고, 전 세계 여러 지역에 있는 저비용항공사들은 그들의 운영에 있어 일반적인 저비용항공사 특징의 대부분을 적용하였다. 이러한 특징을 채택함으로써 저비용항공사가 유사한 항공기 사용 및 노선을 운영하는 네트워크 항공사보다 30~60% 낮은 좌석킬로미터당 단위 운영비를 달성할 수 있다. 유럽에서 저비용 혁명이 시작된 이후 약 20년 동안 네트워크 풀서비스 항공사들은 저비용항공사의 특징 중 일부를 적용해 왔지만, 두 모델 사이에 여전히 존재하는 뚜렷한 단위비용 차이는 이후에 논란이 된다.

[그림 5-1]에서 볼 수 있듯이 두 비즈니스 모델인 네트워크 또는 허브 모델과 포인트 투 포인트 저비용 모델 사이의 단위비용의 차이는 상당히 크다. 2016년 유럽에서 가장 비용이 낮은 저비용항공사는 Ryanair와 Wizz로 유효좌석킬로미터당 단위비용은 미화 3~3.50센트였다. 이는 Austrian이나 Aer Lingus와 같이 평균 운항거리가 매우 유사한 레거시 또는 풀서비스 유럽 네트워크 항공사의 단위비용보다 50~70% 낮은 것이다. easyJet의 비용은 Ryanair와 Wizz보다 2배가량 높았지만, 기존의 다른 항공사보다는 30~40% 낮았다.

아시아에서도 마찬가지로 더 큰 규모의 성공적인 저비용항공사, 특히 AirAsia의 단위비용은 평균 운항거리가 비슷한 대형항공사보다 40~50% 낮았다. 2016년 AirAsia의 유효좌석마일당 비용은 미화 3.15센트였다. 주요 경쟁사인 Malaysia Airlines는 평균 운항거리가 AirAsia보다 400km 이상 길었고 이는 단위비용을 줄이는 데 도움이 되는데도 불구하고 단위비용이 6.81센트로 2배 이상 높았다.

눈에 띄는 점은 미국 최초이자 최대 저비용항공사인 Southwest와 미국 3대 네트워크 항공사 사이의 비용 격차가 유럽이나 아시아의 경우보다 훨씬 적다는 점이다([그림 5-1] 참조). 시간이 지남에 따라 Southwest의 비용은 상승했으며 3대 메이저 항공사는 파산법 제11장(Chapter 11)에 의거하여 파산보호절차를 통해 비

그림 5-1 단위비용: 저비용항공사 및 네트워크 항공사 샘플 비교, 2016년

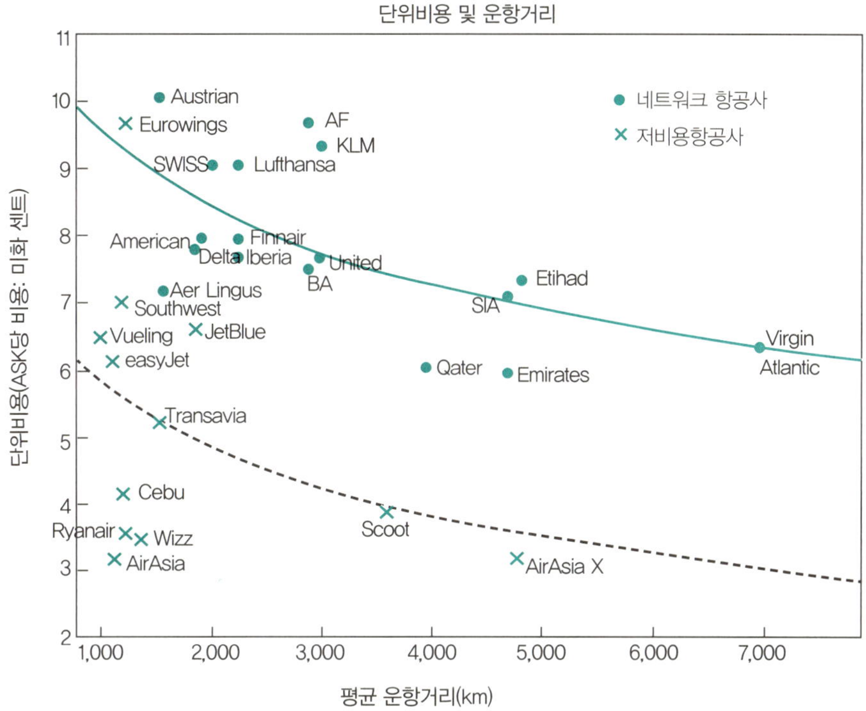

자료: Aviation Strategy, 2017년 12월

용을 절감할 수 있었다. 세 항공사 모두 2002년부터 2011년까지 이 절차를 진행하였다.

2017년 Southwest의 협폭동체항공기 유효좌석마일당 단위비용은 평균 운항거리가 150~450마일 더 길어 단위비용에서 우위에 있던 3대 메이저 항공사인 American, Delta, United보다 다소 낮았다([표 5-2] 협폭동체항공기 단위비용 참조). 그러나 특히 신생 초저비용항공사(Ultra-Low-Cost Carriers: ULCC)인 Spirit와 Frontier는 네트워크 항공사와의 비용 차이가 더 크다. 두 항공사 모두 2017년 유효좌석마일당 평균 단위비용이 레거시 항공사 중에서 가장 낮은 United Airlines보다도 26~29% 낮았다. 다른 레거시 항공사들과의 단위비용 격차는 더욱 컸으며 Southwest보다도 단위비용이 상당히 낮았다([표 5-2] 참조).

[표 5-2]는 각 항공사의 모든 협폭동체항공기의 평균 비용을 비교하여 보여준다. 미국 네트워크 항공사가 운영하는 매우 다양한 타입의 항공기와 평균 운항

▮ 표 5-2 ▮ 미국 레거시 네트워크 항공사와 저비용항공사의 협폭동체항공기 평균 단위비용, 2017년

항공사	유효좌석마일당 비용(미화 센트)	평균 운항거리(마일)
Delta	6.90	894
American	6.74	1,042
United	6.29	1,217
Southwest(LCC)	6.18	754
Allegiant(ULCC)	5.99	893
Spirit(ULCC)	4.64	1,006
Frontier(ULCC)	4.44	1,106

주: 협폭동체항공기의 국내선 및 국제선 총운영 데이터
'운영'비용만 포함(예 항공유비용, 운항승무원비, 정비비, 항공기 감가상각 및 렌탈)
자료: Airline Monitor(2018년 8월) ESG Aviation Services, Ponte Vedra Beach, Florida

▮ 표 5-3 ▮ 미국 레거시 네트워크 항공사와 저비용항공사의 블록시간비용 비교: Boeing 737-800, 2017년

항공사	블록시간당 비용(미국달러)	평균 구간마일
Delta	4,084	1,292
United	4,007	1,200
American	3,921	1,085
Southwest(LCC)	3,025	1,038

주: '운영'비용만 포함(예 항공유 비용, 운항승무원비, 정비비, 항공기 감가상각 및 렌탈)
자료: Airline Monitor(2018년 8월) ESG Aviation Services, Ponte Vedra Beach, Florida

거리의 차이로 발생할 수 있는 비용의 영향을 줄이기 위해 [표 5-3]은 한 가지 타입인 Boeing 737-800을 기준으로 2017년 네트워크 및 저비용항공사 단위운영비용을 비교하여 보여준다. [표 5-3]에서 알 수 있듯이 Boeing 737-800 항공기를 운영할 때 Southwest의 블록시간당 비용은 같은 기종을 운항하는 3대 메이저 네트워크 항공사의 블록시간당 비용보다 약 25% 낮았다. 다시 말하지만 네트워크 항공사들은 비용 절감에 도움이 되는 운항거리가 다소 긴 노선에 Boeing 737-800 기종을 운항했음에도 불구하고 블록시간당 비용이 높았다. 초저비용항공사는 이 항공기를 운항하지 않았다.

5.3 저비용항공사의 비용우위

전 세계 많은 저비용항공사들의 단위운영비용은 전통적인 네트워크 항공사들보다 뚜렷하게 낮다. 비용에 있어 이들의 장점은 앞서 [표 5-1]에 요약된 저비용 모델의 특성으로 인한 것이다. 저비용항공사는 제각기 다른 모델을 적용하여 운영하므로 비용을 낮추는 방법이 다를 수 있지만, 유럽 항공사들의 운영을 보면 저비용항공사가 비용 경제를 달성할 가능성이 가장 크다는 것을 확인할 수 있다.

직접운영비는 비행하는 항공기 타입에 따라 달라지는 모든 비용이며, 저비용항공사는 네 가지 영역에서 비용우위를 나타낼 수 있다.

첫 번째로 운항 및 객실승무원 비용이다. 저비용항공사는 급여를 낮게 책정하거나 또는 객실승무원의 수를 줄이거나 직원의 생산성을 높이는 방법으로 이를 달성할 수 있다. 예를 들어, 2015년 British Airways의 객실승무원은 연간 평균 37,200파운드를 받았고, easyJet은 평균 21,800파운드를 받았다. 당시 운영하던 또 다른 저비용항공사인 Monarch의 봉급은 16,500파운드로 훨씬 적었다. 저비용항공사는 하나의 객실 클래스만 운영함으로써 객실승무원 수를 안전규정에 따라 요구되는 최소한의 수준으로 유지할 수 있다. 풀서비스 항공사는 퍼스트 클래스, 비즈니스 클래스 캐빈이 있는 경우, 해당 클래스에 맞는 서비스를 제공하기 위해 최소한의 안전인원보다 한 명 또는 두 명의 승무원을 추가로 투입하기도 한다. 또한 운항승무원들 역시 적은 급여를 받을 수도 있다. 예를 들어, 2015년 Lufthansa 신임 기장의 초봉은 13만 5,000유로, 신입 부기장의 초봉은 6만 5,000유로였다. 그러나 Lufthansa의 저비용 자회사인 Eurowings의 경우 초봉이 78,000유로와 44,000유로에 불과해 훨씬 더 낮았다(Der Spiegel, 2015).

저비용항공사는 또한 운항 및 객실승무원을 보다 효율적으로 운영할 수 있어 생산성이 향상되고 유효좌석킬로미터당 비용을 절감할 수 있다. 그들은 오래된 업무관행이 여전히 존재하는 네트워크 항공사보다 더 유연한 고용조건을 통해 이를 가능하게 한다. 더불어 단일 항공기종으로 제공하는 포인트 투 포인트 서비스 기반 운영 모델을 통해 월별 또는 연간 최대치에 가깝게 운항 및 객실승무원을 운용할 수 있다. 이는 공항에서 더 짧은 항공기의 턴어라운드(turn around) 실현과 야간 비행을 피함으로써 용이해진다.

British Airways나 Air France와 같은 네트워크 항공사는 경쟁우위를 위한 이른 아침 출발편이 필요하기 때문에 단거리 마지막 편을 목적지에서 마무리한다. 이는 승무원 생산성을 낮추고 추가 호텔비용을 발생시킨다. 예를 들어, British Airways는 상용출장객을 위한 이른 런던행 항공편을 위해 야간 항공편과 승무원을 밀라노에서 체류시키는 반면, easyJet은 많은 유럽 베이스 중 하나인 밀라노에 항공기가 있으므로 그럴 필요가 없다.

두 번째 중요한 비용 절감은 공항사용료인 착륙료와 여객서비스 관련 비용이다. 런던발 단거리 노선에서 easyJet의 좌석킬로미터당 공항사용료는 British Airways보다 낮을 수 있는데 이는 British Airways의 주요 베이스인 히드로공항보다 공항사용료가 더 낮은 개트윅, 루턴 또는 스탠스테드공항을 이용하기 때문이다. 유럽 내 노선에서 easyJet은 공항사용료가 저렴한 2차 공항 또는 지역 공항을 이용하고 있다.

Ryanair는 대부분의 네트워크를 새로운 항공사를 유치하기 위해 필사적으로 노력했던 소규모 2차 공항이나 거의 사용되지 않는 공항에 집중시킴으로써 이 분야에서 훨씬 더 큰 비용을 절감했다. Ryanair의 승객당 공항사용료는 easyJet보다 훨씬 낮은 경우가 많았다. 게다가 Ryanair는 이전에 국제선 서비스가 거의 없거나 전혀 없는 공항들을 설득하여 자체적인 비용을 절감할 수 있었다. Ryanair는 이 작은 공항들에게 자신들의 항공서비스를 운영함으로써 지역경제를 활성화하는 데 도움이 된다고 설득했다. 이를 통해 Ryanair는 자신들의 새로운 항공서비스에 보조금을 지원하는 것을 정당화시켰다. 이탈리아 북부의 베로나공항이 그러한 사례였다. 2010년 이후 5년간의 계약에 의해 Ryanair는 공항당국으로부터 출발 승객당 17.50유로를 받았다. 또한 출발 승객당 지불해야 하는 조업비도 약 5유로에서 1유로로 줄일 수 있었다. 하지만 유럽연합 집행위원회의 항의에 따라 공항은 이러한 계약을 취소했고 Ryanair는 2012년 9월에 베로나에서 철수했지만, 비슷한 종류의 거래가 유럽 전역의 몇몇 소규모 공항들 사이에서 이루어졌다. 유럽의 단거리 부문에서는 일반적으로 공항사용료가 총비용의 10~20% 이상을 차지하므로 해당 사용료에 대한 절감은 전체 비용에 상당한 영향을 미칠 수 있다. 이것은 확실히 Ryanair가 주요한 비용 이점을 누리는 부분이다.

저비용 혁명 초기에 유럽의 저비용항공사들은 항공사를 유치하기 위해 노력하는 공항들과 5년에서 10년 기간의 공항 이용에 대한 거래를 협상하기가 더 쉬웠다. 하지만 이는 점점 어려워졌는데 특히 대형 공항으로 운항하는 경우, 저렴한 터미널을 사용하지 못할 때 더욱 어려웠다. 유럽연합 집행위원회는 이러한 거래 또한 경쟁을 왜곡하는 것으로 간주한다. 이렇듯이 저비용항공사가 제2공항이나 옛 군사공항에 항공서비스를 제공하는 정도에 따라 비용에 대한 이점이 크게 달라질 것이다.

2018년 3월, AirAsia의 Benyamin Ismail 최고경영자는 AirAsia의 호주 멜버른 운항편을 주공항인 툴라마린공항에서 소규모 아발론공항으로 옮겨 공항사용료를 40~50% 절감하는 것을 목표로 하고 있다고 밝혔다.

세 번째로 저비용항공사가 일부 비용 절감을 할 수 있는 직접운영비는 정비비이다. 이는 다음과 같은 세 가지 요소 때문이다. 첫 번째, 유지비용이 많이 들지 않는 신형 혹은 기령이 낮은 항공기를 운영한다. 급격한 성장과 높은 이익률은 새로운 항공기에 투자하는 것을 쉽게 만들어 준다. 2017년 easyJet이나 Ryanair 항공기의 평균 기령은 7년이 조금 넘었고, Wizz 항공기의 평균 기령은 5년 미만이었다. 그러나 대부분의 네트워크 항공사의 단거리 항공기 평균 기령은 10년 이상이었으며, 이 중 일부는 상당히 오래된 항공기였다. 두 번째, 많은 저비용항공사들이 최대한의 비용 절감을 위해 대부분의 필요한 정비, 때로는 라인정비(line maintenance)까지 아웃소싱하여 정비관리직이나 값비싼 격납고 및 유지보수시설을 없앴다. 마지막으로 저비용항공사는 단일 기종을 운영해 시설과 예비부품비용을 낮추었는데, 주 기종 외에 부 기종을 운영하는 경우에도 각 기종의 항공기 수를 충분히 보유하거나 주 기종과 부 기종 사이의 공통성을 확보해 규모의 경제를 이루고자 했다.

easyJet은 2017년 여름 국내 및 유럽 내 서비스에 254대의 항공기를 운영했다. 모두 Airbus 320 계열로 A319, A320, A320 그리고 두 대의 A320neo로 공통성이 매우 컸다. 프랑스 국내선과 프랑스발 유럽 내 단거리 서비스에서 easyJet과 경쟁하는 Air France는 매우 다양한 항공기를 보유했다. 모 회사인 Air France는 123대의 A320 계열 항공기를 운영했지만, Air France의 지역 항공사인 HOP는 ATR 42s와 72s, Bombardier CRJ700과 1000s 그리고 145s, 175s, 190s와 같은 다양한 항공기를 운영했다. 반면 Air France의 저비용 자회사인 Transavia는 Boeing 737-800s 29대를 운영했다. 상대적으로 작은 항공기 규모로 이렇게 다양한 항공기를 운영하게 되면 easyJet의 낮은 정비비 수준을 맞추기 어렵게 된다. 유사한 경우로 2017년 미국 Delta Air Lines의 800여 대 협폭동체항공기는 Boeing 717, Boeing 737, 비교적 오래된 Boeing 757, A320 패밀리 그리고 MD80과 90 등과 같은 다섯 가지의 매우 다양한 타입의 항공기로 운영되었다. 이와 대조적으로 저비용항공사인 Southwest는 약 700대의 항공기를 운항했지만 모두 Boeing 737 버전이었고 이 중 474대는 Boeing 737-700이었다.

이러한 모든 요인의 결과로 2016년 10월부터 2017년 12월까지 유럽에서 두 번째로 큰 저비용항공사인 easyJet은 유효좌석킬로미터당 유로 0.32센트의 정비비를 달성했지만, British Airways와 Lufthansa의 정비비는 각각 유로 0.60센트와 유로 1.40센트였다(Ainley, 2018).

저비용항공사의 직접운영비 절감의 네 번째는 감가상각, 리스 또는 렌탈비용이다. 만약 그들이 총블록시간인 높은 연간 가동률을 달성할 수 있다면 단위비용을 낮출 수 있다. 이는 감가상각 및 리스비가 연간 고정비이기 때문이다. 따라서 연간 가동률이 증가함에 따라 고정비용은 더 많은 시간에 걸쳐 분산되며 시간당 비용과 유효좌석킬로미터당 비용은 감소한다(3.3절 참조). 성수기인 2017년 7~9월 British Airways의 A320 항공기 일일 가동률은 9.6시간인 반면, easyJet의 A320의 일일 가동률은 평균 12시간이었다. 다시 말해 5대의 easyJet A320 항공기가 British Airways의 A320 6대의 임무를 수행하고 있었다. 항공기를 보다 집중적으로 사용함으로써 easyJet은 시간당 감가상각비를 줄일 수 있었으며, 시장 요구를 충족시키면서도 항공기 구매 혹은 리스를 줄일 수 있었다. 다른 유럽 네트워크 항공사들은 단거리 노선에서 easyJet 또는 Ryanair보다 낮은 가동률을 달성하였다.

저비용항공사가 뚜렷한 비용 이점을 누리기 어려운 직접비의 두 가지 명확한 범주가 있는데, 바로 항공유 비용과 항행안전시설사용료이다. 항공유 비용은 주요 비용 항목이며 대부분의 단거리 항공사의 경우 단일 항목 중 가장 큰 비용이다. 그러나 항공사들은 항공유에 대해 매우 비슷한 가격을 지불한다. 더 큰 규모의 항공사들은 많은 소비량으로 인하여 조금 더 낮은 가격으로 협상할 수 있지만, 가격 차이는 크지 않다. 공항 간 연료가격에는 현저한 차이가 있으므로 항공기가 출발하거나 도착하는 곳이 항공유 비용에 영향을 주지만 유럽 내에서는 차이가 제한적이다.

저비용항공사는 연료를 더 싸게 살 수 없지만, 연료 소비량이 적으면 이득을 볼 수 있다. 첫째, 저비용항공사는 보다 연료 효율이 높은 엔진을 탑재한 최신 항공기를 운영함으로써 좌석킬로미터당 연료비를 다소 낮출 수 있다. 신생 항공사들은 새로운 항공기를 구매하고 운영하는 경향이 있다. 둘째, 저비용항공사는 지상에서 체류하는 시간이나 하늘에서 대기하는 시간이 길지 않은 더 작고 덜 혼잡한 공항을 이용함으로써 연료 소모를 최소화한다. 네트워크 항공사는 지상 및 하늘에서의 정체가 빈번한 대형 허브공항을 운항하기 때문에 연료 소비가 증가할 수 있다.

비용 절감에 있어 다른 여지가 없는 비용 부분은 항행안전시설사용료이다. 항행안전시설 사용에 대한 사용료는 협상할 수 없기 때문이다. 동일한 항공기를 이용하는 노선의 모든 항공사는 비슷한 사용료를 지불한다. 보험료는 저비용항공사가 크게 줄일 수 없는 또 다른 항목이다. 그들이 할 수 있는 것은 항공기 가동률을 더 높여 보험료를 분산시키는 것이다.

직접운영비 절감이 중요할 수 있지만 저비용항공사는 기존 네트워크 항공사에 비해 간접운영비의 대부분 영역에서 큰 절감을 하였다. 그러나 이것들은 또한 일부 레거시 항공사들이 최근 몇 년 동안 저비용항공사로부터 배움으로써 대항할 수 있었던 비용 영역이기도 하다.

저비용항공사의 간접운영비 절감은 주로 조업 및 마케팅 관련 비용에서 발생한다. 항공사가 운항하는 각 공항에 지상 및 체크인 직원, 장비, 비즈니스 라운지, 오피스 공간 및 관련 시설들과 연관된 비용인 스테이션 및 지상조업비에서 상당한 절약을 할 수 있다. 전통적인 항공사들은 상당한 수의 직원 및 장비를 유지하고 있으며 특히 그들의 베이스나 대형 공항에서 비즈니스 라운지와 오피스를 위해 상당한 공간을 임대하는 반면에, 저비용항공사들은 그들의 승객과 항공기 취급의 대부분을 아웃소싱하고 자체 직원을 극히 적은 숫자만 유지함으로써 이 지출의 대부분을 없앤다. 저비용항공사들은 환승객이나 환승화물이 거의 없으므로 그러한 조업을 위한 직원이나 시설이 필요하지 않다. 대부분의 저비용항공사는 화물을 운송하지 않기 때문에 화물을 처리할 필요도 없다. 물론 비즈니스 라운지도 전혀 필요하지 않다. 유럽에서는 저비용항공사가 지상조업을 아웃소싱하므로 경쟁입찰을 통해 비용을 추가로 줄일 수 있다.

비용 절감의 또 다른 영역은 항공기 청소이다. 대부분의 경우 레거시 네트워크 항공사는 항공기가 계류하는 동안 항공기 내부를 청소하는 자체 하청 직원을 보유하고 있다. 저비용항공사는 객실승무원이 직접 쓰레기를 수거하고 승객들이 하기한 후 객실을 정리함으로써 매 도착 시마다 객실을 청소하도록 한다. 무료 기내식이 없기 때문에 이 모든 것이 더 용이하다. 체크인 데스크, 오피스 등을 위한 공간을 임대해야 하는 경우 저비용항공사는 임대료가 매우 낮은 곳을 이용하거나 소규모 2차 공항에서 임대료를 전혀 지불하지 않을 수 있다. 어디에서든 그들은 저렴한 요금에 대한 대가로(예 더 긴 체크인 대기열) 승객들이 어느 정도의 불편함을 받아들인다는 점을 알기 때문에 필요한 공간을 최소화한다. 미국의 Southwest가 그러하듯이 신규 노선 취항이 교통량을 증가시킨다는 점을 강조해, 작은 공항들이 그들에게 무료 또는 매우 저렴한 공간을 제공함으로써 얻을 것이 많다고 설득한다.

대표적인 저비용항공사의 또 다른 간접운영비 절감방법은 여객서비스비용이다. 여기에는 식사, 음료 및 승객이 여행 경험의 일부분으로 인식하는 서비스와 환승객과 항공기 지연 승객들에게 제공되는 식사나 숙박시설을 포함한다. easyJet이나 Ryanair와 같은 항공사들은 기내식이나 음료를 무료로 제공하지 않고, 승객들이 음료나 가벼운 스낵을 살 수 있는 트롤리를 운용하기 때문에, 그들의 여객서비스 비용은 미미하다. 사실 그들은 기내 식음료 판매를 통해 추가로 부가서비스 수익과 이익을 창출하고자 한다. 또한 포인트 투 포인트 서비스만 제공하므로 환승객 또는 항공편을 놓친 연결 승객을 위한 서비스를 제공할 필요가 없다. 항공편이 취소된 경우, 높은 비용을 감수하면서 다른 항공사의 항공편에 승객을 태우는 대신 다음 날에 자사 항공편으로 다시 예약해 준다. 여객서비스비용은 주요 항목이 아니지만 저비용항공사가 매우 크게 줄일 수 있는 비용이다.

발권, 영업 및 프로모션은 오래전부터 저비용항공사들이 절대적으로나 상대적으로 중요한 비용 절감을 할 수 있는 부분이다. 이들은 직거래를 기반으로 혁신적인 유통 프로세스를 도입한 최초의 항공사로서 이를 수행했다. 직거래는 저비용항공사와 고객 사이의 판매 프로세스에서 모든 중개자를 차단함으로써 레거시 항공사가 지불해야 하는 모든 수수료를 절약했다. easyJet은 이 부분의 선구자로 1995년에 출범한 이래로 여행사 판매를 모두 없애고 100% 직접 판매하여 GDS를 이용하지 않은 최초의 항공사였다. 이런 식으로 여행사와 GDS에 지불하는 모든 수수료를 절약했다. 2014년 항공권 판매에 대해 지불한 British Airways의 수수료는 총비용의 3.4%에 달했으나 easyJet에는 그러한 비용이 없었다. 또한 저비용항공사는 임대료가 높은 도심에 자체 판매 사무실을 설치하지 않음으로써 비용을 절감한다. easyJet은 유럽에서 처음으로 자체 웹사이트를 통해 인터넷 판매를 시작했으며 2010년까지 모든 판매가 인터넷에서 이루어졌다. Ryanair 또는 Southwest와 같은 다른 저비용항공사는 처음에는 100% 직접 판매에 집중하지 않았다. 그들은 여행사를 활용했지만 곧 easyJet을 따르기 시작했고 인터넷을 통한 직접 판매에 점점 더 집중했다.

2007년 말에 easyJet은 두 개의 GDS를 통해 처음으로 가용 좌석에 접근할 수 있도록 했다. 이는 미국 JetBlue의 사례를 따른 것인데, 당시 GDS에서 판매되는 평균 운임은 항공사가 직접 판매한 요금보다 35달러 높았다. easyJet은 또한 상용출장 전문여행사에 의존도가 높은 기업 출장 승객을 타깃으로 삼고자 했다. 그러나 easyJet은 Travelport와 Amadeus와의 거래에 어떠한 비용도 들이지 않았다. GDS수수료는 대리점 또는 승객이 부담하게 했다. 이는 GDS서비스수수료에 대한 돌파구가 되었고 다른 저비용항공사들도 이를 따랐다.

저비용항공사는 직접 판매에 집중하고 예약, 가격 및 발권의 전체 프로세스를 단순화함으로써 유통비용을 크게 절감할 수 있다. 그러나 네트워크 항공사가 온라인 판매와 100% 전자항공권 같은 저비용항공사의 관행을 점점 더 많이 채택하고 있어서 저비용항공사와 네트워크 항공사의 격차는 줄어들고 있다.

저비용항공사들은 더 작고 더 엄격한 경영관리를 할 가능성이 많은데 이는 다양한 아웃소싱을 하기 때문이기도 하고, 신생 또는 상대적으로 새로운 기업이기 때문에 오래된 기존 항공사들이 안고 있는 행정적인 문제 등이 없기 때문이기도 하다. 예를 들어, 그들은 IATA 문제 또는 양자간 항공협정을 다루는 많은 부서 및 직원들이 없다. 기존 항공사에서 두세 명의 별도 직원이나 심지어는 부서 자체가 필요했던 것에 비해 작은 규모, 한 명이 두세 가지 영역을 수행하게 하는 유연한 인력 운용이 저비용항공사의 본질이다. 저비용항공사는 기존 경쟁항공사의 절반 또는 그 이하로 좌석킬로미터당 관리비용을 달성할 것으로 예측된다. 저비용항공사들은 비용을 낮추기 위해 비핵심 기능의 많은 부분을 가장 저렴한 공급자들에게 아웃소싱하며 원격으로 운영한다.

이 분석은 저비용항공사가 비즈니스 모델의 특성으로 인해 비용을 절감할 수 있는 비용 범주를 설명해 준다. 전 세계의 많은 저비용항공사들은 기본적으로 노프릴 포인트 투 포인트 모델에 기반하여 특정 시장의 니즈를 고려한 자체 방식을 적용해 왔다. 결과적으로 비용을 주로 절감할 수 있는 영역은 각기 다르다. 그럼에도 불구하고 대부분의 단거리 시장에서 저비용항공사는 동일한 항공기를 사용할 때 항공기 운영비용이 네트워크 항공사보다 동일한 항공기를 사용하는 네트워크 항공사보다 항공기 운영비용이 20~50% 낮다. 미국에서는 이러한 비용 격차가 이른바 초저비용항공사인 Spirit, Allegiant 그리고 Frontier에 의해서만 나타난다([표 5-2] 참조).

5.4 더 많은 좌석과 높은 항공기 가동률

이전 논의에서는 저비용항공사가 단거리 및 중거리 노선에서 네트워크 항공사와 동일한 항공기를 운항할 때 블록시간 또는 항공기 운항비용을 절감하기 위해 비용을 줄일 수 있는 영역을 파악하였다. 저비용 모델의 낮은 블록시간비용은 승객들에게 제공되는 상품의 단순성과 상품 생성에 필요한 운영의 단순성에서 기인한다.

저비용항공사가 낮은 단위비용, 즉 유효좌석킬로미터 또는 유효좌석마일당 비용으로 전환할 수 있도록 하는 저비용 모델에는 두 가지 특징이 있다. 모델 경제성의 핵심은 항공기의 더 높은 좌석 밀도와 네트워크 항공사와 비교 시 이러한 항공기로 달성된 더 높은 일일 가동률(즉, 일일 블록시간)이다. 이 두 가지 특징은 유효좌석킬로미터 또는 유효좌석마일로 측정한 각 항공기의 시간당 및 연간 생산성을 모두 증가시키기 때문에 중요하다.

유효좌석킬로미터의 항공기 시간당 생산성은 한 시간에 운항한 평균 운항거리에 공급한 좌석의 수를 곱해준다. 같은 항공기로 동일한 구간을 비행한 시간당 비용이 똑같다고 할지라도 저비용항공사의 거리당 단위비용은 대형항공사보다 더 낮게 측정되는데, 저비용항공사는 항공기에 더 많은 좌석을 제공함으로써 거리당 좌석수가 더 많기 때문이다. 간단히 말해 만약 같은 항공기에 더 많은 좌석을 제공한다면 좌석당 비용은 더 낮아진다. 두 개의 객실 클래스 배치를 포기하고 따뜻한 기내식을 위한 갤리를 없애고, 각 열 좌석 간 거리인 좌석 피치(seat pitch)를 줄이면서 저비용항공사는 항공기에 상당히 많은 좌석의 수를 확보할 수 있었다. 일반적인 네트워크 항공사의 항공기 좌석 피치가 30~33인치라면, 저비용항공사 항공기는 28인치 또는 29인치까지 좌석 피치를 줄였다.

유럽에서는 2017년 저비용항공사인 easyJet이 156석으로 A319 항공기를 운항하는 동안 풀서비스 경쟁사들은 좌석수가 훨씬 적은 동일한 항공기를 운항하고 있었다. A319 항공기의 항공사별로 탑재한 좌석수는 British Airways 123석, Lufthansa 122석이었고 SWISS는 좌석수의 절반 이상을 비즈니스 좌석으로 배치해 108석이었다. 동남아시아에서 AirAsia와 자회사는 180석의 A320을 운영했다. 그러나 여러 주요 노선에서 경쟁하는 풀서비스 항공사인 SilkAir는 동일한 항공기를 150석으로 운영했다. 마찬가지로 2017년 미국에서 American과 United는 150석, Delta는 158석으로 A320을 운영했다. 그러나 '초저비용'항공사들은 이 항공기에 훨씬 높은 좌석 밀도를 유지했는데, Spirit은 179석, Frontier는 180석이었다.

좌석 밀도가 단위비용에 미치는 영향은 2017년 미국 Boeing 737-800의 블록시간비용을 검토해 보면 알 수 있다([표 5-3] 참조). 이는 동일한 항공기를 사용할 때 Southwest의 블록시간비용이 기존 네트워크 항공사의 시간당 비용보다 약

25% 낮다는 것을 보여준다. 그러나 Southwest는 경쟁항공사들이 사용하는 160개 또는 165개 좌석보다 더 많은 좌석인 175개의 좌석을 설치했다. Southwest의 높은 좌석 밀도가 단위비용에 미치는 영향은 [표 5-4]에서 확인할 수 있다. 시간당 25%의 비용우위를 유효좌석마일당 단위비용으로 전환하면 기존 항공사보다 31~33% 낮은 수준이다.

앞서 언급한 바와 같이 저비용 운영 모델의 두 번째 주요 특성은 대부분의 저비용항공사가 일간 그리고 연간 항공기를 더 많은 시간 사용한다는 점이다. 결과적으로 감가상각, 보험 및 일부 간접비와 같이 고정된 모든 연간 비용은 더 많은 시간에 걸쳐 분산되므로 시간당 비용은 더 적을 것이다. 가능한 덜 혼잡한 공항의 사용, 지상직원이 아닌 객실승무원에 의한 신속한 항공기 청소, 신속한 탑승, 탑재에 시간이 걸리는 기내식과 화물의 부재 등은 저비용항공사들의 항공기 턴어라운드 시간을 빠르게 한다. 단거리 노선에서 easyJet이 30~35분의 턴어라운드를 목표로 하는 반면 풀서비스 경쟁항공사들은 50~60분 이상 턴어라운드 시간을 잡는다. 지상에서 더 적은 시간을 소비함으로 인해 하늘에서 더 많은 시간을 소비할 수 있고 따라서 일일 가동률을 높일 수 있다.

심야 운항에 제한이 있을 수 있는 주요 허브를 운항하지 않고 이른 출발 또는 심야 도착을 포함해 스케줄링함으로써 저비용항공사는 일일 운항시간을 늘릴 수 있고, 이를 통해 항공기 가동률을 높일 수 있다. 네트워크 항공사들은 주요 허브에서 다른 단거리 또는 장거리 운항편을 연결하는 것을 염두에 두고 단거리 노선을 가장 적합한 시간에 스케줄링해야 한다. 이는 스케줄링에 제약요인이 되고 단

표 5-4 좌석 밀도가 단위비용에 미치는 영향: Boeing 737-800, 2016년

항공사	비용/블록시간 (미화 달러)	항공기당 좌석수	비용/유효좌석마일 (미화 센트)	유효좌석마일당* 비용지수
American	3,921	160	6.57	100
Delta	4,084	160	6.39	97
United	4,007	165	6.18	94
Southwest	3,025	175	4.38	66

주: *가장 높은 단위비용 American의 비용지수를 100으로 설정
자료: Airline Monitor(2017년 8월) 자료를 활용하여 저자 재구성

거리 항공기에 대한 높은 일일 가동률을 달성하는 것을 더욱 어렵게 만든다.

2017년 미국에서는 '초저비용'항공사인 Spirit Airlines가 A320 항공기를 매일 평균 11.40시간씩 운항하고 있었다. 이는 United(9.20시간), Delta(9.11시간), American(8.86시간)이 동일한 항공기를 운항하는 것보다 매일 최소 2시간 이상 더 많은 것이다. 앞서 언급했듯이 Spirit Airlines의 A320은 179석인 데 비해 세 개의 경쟁항공사는 150석 또는 158석에 불과했다. 높은 좌석 밀도와 함께 높은 일일 가동률은 좌석마일당 4.68센트의 운영비로 이 항공기를 운항할 수 있는 항공기를 운항하게 하는 Spirit Airlines의 능력을 설명하는 두 가지 핵심 요소다(운영비에는 운항승무원비, 항공유 비용, 직/간접 정비비, 유지보수비, 감가상각 및 리스비 포함). 이는 동일 기종의 Delta(6.90센트) 및 American(6.86센트)보다 약 32% 낮았고, United(United)의 7.49센트와 비교하면 더 낮았다(Airline Monitor, 2018년 8월). 4개 항공사 모두 평균 운항거리가 950~1,000마일이었기 때문에 운항거리는 이러한 비용에 큰 영향을 미치지 않았다.

5.5 높은 시트팩터

유럽에서는 easyJet과 Ryanair의 주요 저비용항공사뿐 아니라 Wizz와 같은 소형 저비용항공사도 시트팩터(seat factor)라고도 불리는 높은 승객 로드팩터(passenger load factor)를 통해 확실한 비용우위를 누리고 있다. 2016년과 2017년 평균적으로 그들은 연평균 90%에 가깝거나 그 이상의 승객 로드팩터를 달성한 반면, 대부분의 유럽 네트워크 항공사들은 단거리 국내 및 유럽 내 서비스에서 약 70~85%의 로드팩터(load factor)를 기록했다. 저비용항공사는 좌석 밀도를 높이고 많은 좌석을 판매함으로써 동일하거나 유사한 기종을 이용하는 풀서비스 항공사보다 각 항공편에 더 많은 승객을 탑승시켰다. 이는 승객당 비용 또는 유상승객 킬로미터당(revenue passenger-km) 비용에 큰 영향을 미친다.

2017년 easyJet의 A319를 네트워크 항공사의 유사한 기종과 비교한 결과 높은 좌석 밀도와 높은 로드팩터의 영향이 명확히 나타났다. 2017년 유럽 네트워크 항공사들은 앞서 언급한 바와 같이 108석에서 140석까지 다양한 좌석 밀도를 가진 A319 항공기를 운영했다. easyJet은 156석으로 운영했는데, 네트워크 항공사가 평균 130석으로 운영한다고 가정하면 easyJet은 20% 더 많은 좌석으로 운영한 것이었다([표 5-5] 참조).

2017년 easyJet의 연간 로드팩터는 92%였다. 유럽의 네트워크 항공사들은 여러 가지 이유로 국내 및 단거리 유럽노선 운영에 있어 이러한 로드팩터를 맞추는데 어려움을 겪었다. 그들의 단거리 항공편은 주요 허브에서 출 · 도착하는 장거리 항공편에 맞추어 스케줄링되었다. 환승을 하지 않는 승객들에게는 스케줄이 최적이 아닐 수 있다. 그들이 원하는 환승 승객의 비율이 높기 때문에 로드팩터가 낮은 특정 노선을 계속 운영하기도 한다. 상용출장 승객이 많은 일부 노선에서는 상용출장 승객의 특징인 출발이 임박한 예약을 가능하게 하기 위해 시트팩터를 낮게 유지할 수 있다. 2017년에 유럽 네트워크 항공사는 유럽 내 운항에서 평균 시트팩터가 80% 정도로, 개별적인 항공사의 차이가 있지만 70~85% 사이였다. 이러한 시트팩터는 10년 전보다 10% 이상 높은 수준이다.

A319 항공기에 더 많은 좌석을 설치해 156석을 배치한 easyJet은 92%의 시트팩터를 달성하여 평균 144명의 승객을 태웠다. A319 기종에 130석을 배치한 네트워크 항공사가 80%의 시트팩터를 달성했다면 탑승객이 104명이었을 것이다([표 5-5] 참조). 결과적으로 easyJet은 42% 더 많은 승객을 태운 것과 같다. 5.3절에서 설명한 바와 같이 저비용항공사가 일부 비용을 절감할 가능성을 배제하고, easyJet과 유럽 네트워크 항공사가 A319를 운항할 때 블록시간비용이 같다고 가

▌표 5-5▐ 높은 좌석 밀도 및 탑승률의 영향: Airbus A319, 2017년

구분	easyJet	유럽 네트워크 항공사
좌석수	156 = 20% 더 많은 좌석	130(평균 추정치)
시트팩터	92%(실측치)	80%(추정치)
승객수	174 = 42% 더 많은 승객	104

정해 보면, 네트워크 항공사처럼 104명이 아닌 144명의 승객이 탑승하면 easyJet은 승객당 비용을 28% 절감할 수 있다. 현실적으로 easyJet은 앞서 설명한 것처럼 여러 영역에서 비용을 절감할 수 있으므로 승객당 비용이 훨씬 더 낮았을 것이다.

요약하면, 적어도 유럽에서는 저비용항공사의 비용 절감은 좌석 밀도가 더 높고 현저하게 더 높은 로드팩터를 달성할 수 있는 능력에 의해 확대된다. 아시아에서도 저비용항공사 항공기의 좌석 밀도가 더 높다. 그들은 또한 네트워크 항공사들에 비해 높은 시트팩터를 달성하지만, 시트팩터의 차이는 유럽에 비해 작다. 2016년 아시아 최대 저비용항공사인 AirAsia는 시트팩터가 78%였던 반면 주요 경쟁사인 Malaysia Airlines와 SilkAir는 각각 71.5%, 70.5%의 시트팩터를 기록했다.

미국 항공사들의 패턴은 예외이다. 2016년 저비용 및 네트워크 항공사는 80% 중반인 83~87%의 시트팩터를 달성했는데 이는 시트팩터 측면에서 큰 이점을 누리지 못하는 것으로 보인다. 가장 높은 시트팩터의 일부는 대형 네트워크 항공사인 American, Delta, United에 의해 달성되었으며, 이들의 국내선 시트팩터는 86~87%였다.

5.6 장거리 저비용항공사?

유럽에서는 사실상 모든 단거리 저비용항공사의 평균 운항거리가 1,500km 미만이다. 미국의 경우 저비용항공사의 평균 운항거리는 일반적으로 1,700km 미만이지만 저비용항공사는 더 긴 거리를 비행할 수 있다. '단거리'로 분류할 수 있는 한계는 약 3,800km 정도이며, 이는 약 5시간에서 5시간 반의 비행시간에 해당한다. 이것은 또한 항공기가 개조되지 않았을 때 A320과 Boeing 737 항공기 계열의 최대운항거리에 가깝다. 이보다 더 긴 거리는 조종사 근무시간을 제한하는 규정 때문에 목적지에서 야간 체류가 필요하며 관련 호텔 및 기타 비용이 필요하다.

2000년대 중반까지 저비용항공사는 단거리 운항에 집중했다. 그 모델이 훨씬 더 긴 노선에서 성공할 수 있을 것인지에 대해서는 상당한 의구심이 있었다. 그러나 2004년 말 Zoom Airlines는 캐나다에서 유럽으로 저비용 운항을 시작했으며 2006년에는 장거리 저비용으로 창업한 Oasis가 홍콩에서 런던 및 파리로 취항했다. 항공유 가격이 상승하면서 2008년에 두 항공사 모두 붕괴되었다. 이러한 붕괴는 장거리 모델의 생존 가능성에 대한 의구심을 강화시켰다. 그사이 다른 두 개의 저비용항공사가 장거리 서비스를 개시해 살아남았다. Jetstar는 2006년에, AirAsia X는 2007년에 장거리 서비스를 시작했다. 두 항공사 모두 각 항공사의 자체 단거리 운항의 도움을 받았다. Jetstar는 이미 호주에서 단거리 국제선 서비스뿐만 아니라 국내선 네트워크를 가지고 있었다. 2016년까지 AirAsia X는 적절한 이익을 창출하지는 못했지만, 모기업인 AirAsia가 쿠알라룸푸르 허브로 공급하는 단거리 지선수요(feeder traffic)의 혜택을 받았다.

불확실성은 여전히 남아있었고, 또 다른 장거리 저비용항공사가 출범하기까지는 다시 5년이 걸렸다. 그것은 Singapore Airlines가 2012년에 설립한 Scoot였다. Scoot가 2016년까지 이익을 창출하지 못했음에도 불구하고, 2012년부터 2017년 말까지 14개의 장거리 저비용항공사가 시장에 진출했다. 대부분이 기존 단거리 저비용항공사로 Cebu Pacific, Lion Air and WestJet 등이 신규 장거리 노선을 개설했다. 이전에 AirAsia X 및 Jetstar의 경우와 마찬가지로 이후의 모든 장거리 저비용항공사는 자체 단거리 지선서비스를 제공할 수 있었거나 관련 항공사가 그러한 서비스를 제공할 수 있었다.

당시 Norwegian Air는 유럽의 소규모 저비용항공사 중 하나로 2013년 여름 오슬로와 스톡홀름에서 뉴욕과 방콕까지 장거리 서비스를 시작했다. 이어 장거리 저비용사업 확대에 나섰다. 2018년 기준 유럽의 여러 지점에서 미국의 동 · 서해안 목적지는 물론 방콕과 두바이에 이르는 광범위한 노선을 운항하고 있었으며, 남아메리카 노선 및 아시아 추가 노선 등 기타 계획된 노선도 다수 있었다. Norwegian Air는 2018년 말까지 32대의 장거리 Boeing 787-9 항공기를 보유하고 189인승 Boeing 737 MAX-8 단일 항공기로 대서양 횡단 서비스를 개시할 예정이었다.

장거리 저비용항공사의 위협에 직면하고 특히 Norwegian Air의 급속한 확장에 위협을 느낀 네트워크 항공사들은 시장을 보호하기 위해 자체적인 장거리 저비용 자회사를 설립했다. 이 가운데 첫 번째는 2013년 Air Canada가 설립한 Canada Rouge, 그다음은 Lufthansa의 Eurowings였다. British Airways와 Iberia 모회사인 IAG는 Norwegian Air의 북 · 중남미로의 장거리 노선을 예상해 2017년 바르셀로나를 기점으로 한 'Level'을 출범시켰다. Air France는 2017년 말 'Joon'을 설립했다.

6개 저비용항공사의 장거리 항공기가 운항하는 평균 운항거리는 [표 5-6]과 같다. 2015년 여름 데이터에 따르면 6개 중 Jetstar, 브라질의 Azul, Norwegian 등 세개 항공사만 실제로 장거리를 운영하고 있다. 다른 항공사들은 장거리 노선 및 중거리 노선에서 모두 장거리 항공기를 운항하여 평균 운항거리가 비교적 낮은 편이다. 다른 사업자들과 달리 특히 장거리 사업자로서 장거리 시장에 서비스를 제공하기 위해 설립된 Scoot도 마찬가지였다.

2012년 이후에 많은 장거리 저비용항공사가 출범한 것을 고려할 때, 주요 이슈는 단거리 저비용항공사가 얻은 것과 유사한 비용 절감을 달성할 수 있느냐 하는 것이다.

직접비 측면에서 그들은 비노조 또는 저임금의 객실승무원이나, 운항에 따라 임금을 지불하는 운항승무원이나, 임금이 낮은 국가의 승무원을 활용하여 비용을 낮출 수 있다. 단, 유항승무원 비용은 총비용의 약 5%에 불과하므로 전체적인 절감액은 1~2%에 불과하다. 장거리 노선에서 같은 노선의 다른 항공사보다 높은 조종사 생산성을 달성하는 것도 어렵다. 기내 승무원과 관련하여 저비용항공사는 안

표 5-6 저비용항공사 장거리 항공기의 평균 운항거리, 2015년 여름

구분	평균 운항거리(kms)
Norwegian(Boeing 787)	7,450
Azul(A330)	6,637
Jetstar(A330 및 Boeing 787)	6,019
AirAsia X(A330-300)	4,543
Scoot(Boeing 777 및 787)	3,354
Cebu Pacific(A330)	3,256

자료: Airline Leader(2017년 5~6월)

전규정에서 요구하는 최소 수준을 충족시키는 반면, 풀서비스 네트워크 항공사는 둘, 셋 또는 네 개의 다른 객실 클래스에 대한 기내식을 제공해야 하므로 더 많은 승무원이 필요하다. 여기서도 약간의 비용을 절감할 수 있다. 저비용항공사가 사용료를 낮춰주는 작은 공항으로 운항하지 않는다면 착륙료 및 여객서비스비를 쉽게 줄일 수 없다. 이는 Norwegian Air가 일부 대서양횡단 노선에서 경험한 것이다. 이 항공사는 영국 지방 및 기타 공항에서 맨해튼에서 60마일 떨어진 스튜어트공항, 보스턴에서 50마일 떨어진 프로비던스공항으로 운항한다. 이를 통해 공항사용료와 지상조업비를 절약할 수 있다. 저비용항공사가 최신 항공기를 구매하지 않는 한 기존 네트워크 항공사보다 정비비가 낮아지지는 않는다. 그러나 다시 말하지만 총운항비용에 미치는 영향은 제한적일 것이다.

단거리 운영에서, 앞에서 살펴본 바와 같이 저비용항공사는 일일 항공기 가동률을 상당히 높임으로써 블록시간당 감가상각비와 보험비용을 줄일 수 있다. 장거리 운영에서는 저비용항공사가 네트워크 항공사보다 하루에 더 높은 블록시간을 달성할 가능성은 작다. 단거리 운영에서 저비용항공사는 야간 운항을 하지 않음으로써 승무원들을 위한 숙박비 및 일부 비용을 절감했다. 장거리 비행에서는 그러한 지출을 피할 수 없다.

단거리 운영과 마찬가지로 저비용항공사는 Boeing 787, A350 또는 Boeing 737 MAX-8과 같은 최신 항공기를 사용하지 않는 한 경쟁사보다 낮은 항공유 비용으로 장거리 비행을 할 수 없다. 현재 일부 북대서양 노선에서 볼 수 있는 경우이다. 이러한 이점은 경쟁사가 자신의 항공기를 업그레이드할 때까지만 지속된다. 항행안전시설사용료는 장거리 노선에서는 분명히 중요하지만 저비용항공사가 비용을 절감할 수 있는 범위는 없다.

직접비 측면에서 장거리 저비용 모델은 항공사가 약간의 비용 절감을 할 수 있게 하지만, 단거리 운영에서 달성할 수 있는 것보다는 더 제한적이다.

장거리 운항에서 간접비는 총운항비용의 25~30%를 차지할 수 있다. 저비용항공사가 더 현저한 비용 절감을 할 수 있는 것은 바로 이 부분이다. 그들은 여러 가지 방법으로 여객서비스비용을 줄일 수 있다. 별도 요금을 지불하지 않는 한 기내식 서비스를 거의 제공하지 않으며 프리미엄 승객을 위한 라운지도 제공하지 않는다. 항공사 자체의 지상 직원을 최소로 유지하면서 전문회사에 아웃소싱하여 지상조업비를 줄일 수 있고, 공항에서 임대하는 체크인 또는 수하물 데스크 수를 최소화할 수 있다. 반면 자체 또는 모기업의 단거리 노선 연결편 역할을 하는 경우 장거리를 운영하는 저비용항공사는 순수 단거리 저비용항공사만큼 스테이션비용을 절감하지 못할 수 있다. 기존 네트워크 항공사는 관리 및 기타 간접비를 많이 떠안고 있는 경향이 있는데, 이는 이전에 진행된 합병으로 규모가 커졌거나 오래된 업무 관행 및 관리구조로 인해 발생한다. 저비용항공사는 새롭고 합리적이기 때문에 그러한 간접비를 최소화할 수 있다.

장거리 저비용항공사는 운영된 기간이 짧고 모델이 다양하므로 통계 데이터가 제한되어 있다. 저비용 운영이 달성할 수 있는 비용경제 수준에 대해 정확하게 말하는 것은 어렵지만, 단거리 서비스에서 달성되는 비용경제 수준만큼은 아니어도, 운항비용의 10~25%를 절약할 수 있을 것으로 추산된다. 이러한 비용 절감은 'Aviation Strategy'가 2017년 중반에 수행한 기밀 보고서에서 확인되었다. 그들은 런던발 대서양 횡단노선을 새로운 Boeing 787-9 기종으로 운항하는 저비용항공사는 같은 기종을 운항하는 기존 네트워크 항공사에 비해 총운항비용이 24% 낮다는 것을 발견했다.

단거리 저비용항공사에 대한 이전의 논의에서 항공기의 높은 좌석 밀도와 적어도 유럽 저비용항공사의 경우에는 높은 시트팩터로 인해 운항비용 절감의 이점이 크게 확대되었음을 알 수 있었다. 더 큰 규모의 네트워크 항공사가 이미 연중 85~90%의 높은 탑승률을 달성하기 때문에 동일한 장거리 시장에서 운영되는 저비용항공사가 이보다 상당히 높은 시트팩터로 운영될 가능성은 작다. 반면에 그들은 더 많은 좌석으로 항공기를 운영하기 때문에 좌석킬로미터당 비용이 절감된다. 동일한 기종을 운항하는 네트워크 풀서비스 항공사와 비교한 저비용항공사의 좌석 밀도는 [표 5-7]과 같다.

이 표는 풀서비스와 저비용항공사의 동일한 기종의 좌석 밀도에 대해 큰 차이를 보여준다. 예를 들어, 영국의 여러 공항에서 미국으로 비행하는 Norwegian Air는 2018년 가을과 동일하게 344석의 Boeing 787-9를 사용한다. 이는 British Airways가 운항하는 같은 기종보다 128석, American Airlines의 Boeing 787-9

보다 59석이 더 많다. 좌석수의 차이가 이렇게 크면 Norwegian Air의 좌석킬로미터 비용은 최소화될 것이다. 싱가포르에 본사를 둔 Scoot은 같은 기종에 Norwegian Air보다 더 많은 좌석을 배치한다. [표 5-7]은 아시아 장거리 저비용항공사가 항공기의 좌석 밀도를 높이는 데 특히 성공했음을 보여준다. 저비용항공사 항공기의 높은 좌석 밀도는 상당한 공간을 차지하는 퍼스트 및 비즈니스 클래스 객실, 갤리, 식음료 보관 및 준비 구역을 줄임으로써 달성할 수 있다. 일부 저비용항공사는 프리미엄 클래스를 제공하지만 좌석 피치가 짧을 수 있다. British Airways 비즈니스 클래스가 78인치인 데 비해 Norwegian Air의 프리미엄 좌석은 46인치이고, Scoot의 프리미엄 시트는 38인치이다. 장거리 저비용항공사가 훨씬 더 낮은 좌석킬로미터 비용으로 운항하기 위해서는 더 높은 좌석 밀도가 중요하다.

Boeing 787-9에서 Norwegian Air가 344석의 좌석 밀도를 사용하고 저비용항공사 대서양 횡단 운항에 대해 'Aviation Strategy'에 의거해 운항비용이 24% 절감되었다고 가정하면, British Airways, United 또는 American의 좌석 밀도가 훨씬

▮표 5-7▮ 표본 항공사들의 장거리 항공기 좌석 밀도 비교, 2018년

항공기 타입	풀서비스 네트워크 항공사	좌석수	저비용항공사	좌석수
Boeing 787-8	Air India	256	Scoot	335
	Air Canada	251	Jetstar	335
	American	226	Norwegian	291
	United	219		
	British Airways	214		
	Japan Airlines	186		
Boeing 787-9	Air Canada	298	Scoot	375
	American	285	Norwegian	344
	ANA	246		
	British Airways	216		
Airbus A330-300	Delta	293	Cebu Pacific	436
	American	281	AirAsia X	377
	Malaysia	283		

낮은 동일한 기종보다 좌석당 비용이 약 50% 낮다는 사실을 발견할 수 있다([표 5-7] 참조).

2016년 9월 마이클 루소 Air Canada 최고재무책임자는 "Air Canada의 장거리 저비용 자회사 Rouge가 대서양 횡단 레저 노선에서 Boeing 767-300 ER을 운항해 본선 항공기(mainline aircraft)에 비해 좌석킬로미터 비용을 25% 낮추었다"고 주장했다. 절반에 가까운 절감효과는 좌석 밀도가 높아졌기 때문이며, 낮은 인건비로 인한 절감은 40%, 기내서비스 감소로 인한 절감은 10%에 달했다(Airline Business, 2016년 11월).

5.7 저비용항공사의 비용우위는 지속 가능한가?

이전의 분석에 따르면 운영이 잘 되는 유럽 저비용항공사들은 이들이 경쟁하는 유럽 대형항공사보다 좌석킬로미터당 비용이 30~50% 낮다. Ryanair 또는 Wizz의 경우, 비용차이는 훨씬 더 큰 것으로 나타난다. 저비용항공사는 경쟁사들보다 연평균 5~20% 더 높은 로드팩터를 기록하기 때문에 승객킬로미터당 비용으로 표시하면 비용 차이가 더 크다. 그러나 미국에서는 Frontier 또는 Allegiant와 같은 이른바 '초저비용'항공사만이 미국의 주요 네트워크 항공사와 비교할 때, 유럽 저비용항공사들이 누리는 것과 견줄 만한 비용 이점이 있다. 아시아와 남미에서는 단위비용 차이가 대체로 비슷하다.

여기에서 핵심은 이러한 비용 차이가 장기간 지속이 되느냐는 것이다. 이러한 문제는 두 가지 추세(countervailing trend)에 달려있다. 한 가지는 대형항공사들이 비용 격차를 눈에 띄게 삭감시키는 것과 다른 한 가지는 저비용항공사들의 규모가 확대되고 자리를 잡아가면서 단위비용이 더 낮아지는 것이다.

저비용항공사는 연료 이외의 비용 증가를 통제하거나 적어도 최소화할 수 있다. 비용 증가는 특히 운항승무원에 대한 새로운 임금계약, 공항사용료 인상 또는 정비비 상승의 결과로 발생할 수 있다. 저비용항공사는 그러한 변화의 영향을 통제하기 위해 엄청난 노력을 들이고 있다. 또한 저비용항공사들 간의 직접 경쟁이 증가함에 따라 상품 및 서비스를 개선하여 그들 자신을 차별화해야 하는 부담도 있다. 이것은 좌석공간이 더 넓은 프리미엄 클래스, 일부 기내식 제공, 공항의 패스트트랙 채널, VIP라운지 또는 기내 엔터테인먼트 채널까지 도입하는 것을 의미할 수 있다. 그러한 움직임은 단위비용을 상승시키지만 대부분의 경우 영향이 제한적일 가능성이 크다.

따라서 두 부문 간의 단위비용 차이를 줄일 수 있는지는 네트워크 항공사의 자체 비용 절감능력에 달려있다. 2000년대 초반과 2008년 이후 항공산업의 세계적인 침체뿐만 아니라 저비용 혁명이 두 가지 면에서 네트워크 항공사에 악영향을 미쳤기 때문에 비용 절감에 대한 큰 압력이 발생했다. 많은 단거리 시장에서 그들은 빠르게 성장하고 있는 저비용항공사들에 의해 승객과 시장점유율을 잃었다. 동시에 이러한 대부분의 시장에서 저비용항공사의 낮은 운임은 네트워크 항공사들이 경쟁력을 유지하기 위해 가격정책을 변경하고 자사 운임을 인하하도록 했다. 이로 인해 기존의 운임 하락에 대한 압박이 더욱 강화되었다. 유럽과 아시아 일부 지역에서는 비용이 운임만큼 빠르게 떨어지지 않았기 때문에 일드 하락으로 인해 네트워크 항공사의 단거리 운항 경제성이 손상되었다. 유럽, 아시아, 미국의 네트워크 항공사들, 특히 저비용 경쟁으로 가장 많이 영향을 받는 항공사들은 비용을 절감해야 했다. 그들은 또한 가능한 한 저비용 모델의 장점을 배우고 모방하려고 노력했다.

전통적 네트워크 항공사의 비용 절감은 네 가지 분야에 초점을 맞추었다. 첫째는 인건비이다. 예를 들어, 항공기의 객실승무원 수를 줄이고 베이스가 아닌 공항에서의 정비 또는 지상조업을 아웃소싱하여 생산성을 향상시킴으로써 네트워크 항공사는 인건비를 절감할 수 있었다. 미국에서는 모든 주요 항공사와 다수의 소규모 항공사가 2002년과 2013년 사이의 기간에 파산법 제11장 규정에 따라 파산보호를 신청했다. 이를 통해 직원 수를 최대 3분의 1까지 줄였을 뿐만 아니라 특히 승무원의 임금 수준을 크게 낮출 수 있었다. 캐나다의 파산규정을 적용하는 Air Canada도 마찬가지였다. 미국 네트워크 항공사의 운항 및 객실승무원의 인건비 절감과 함께 Southwest의 운항승무원 급여가 상승함에 따라 이전의 Southwest의 운항승무원 인건비 이점이 크게 사라졌다. 2010년 미국 주요 항공사들이 흑자로 돌아선 이후 미국의 주요 노동자들이 과거의 임금인하에 대한 만회를 주장하였다. 임금은 오르기 시작했으나 직원 수는 증가하지 않았다. 유럽에서는 항공사들이 미국처럼 임금을 삭감하거나 직원 수를 대폭 줄일 수 없었기 때문에 노동 생산성 향상에 훨씬 더 초점을 맞추었다. 이는 더욱 유연한 고용조건을 협상함으로써 이루어졌다.

둘째, 항공기의 소유에 필요한 비용은 적어도 Boeing MAX와 A320neo가 인도될 때까지 새로운 협폭동체항공기 구매를 지연시키고 단거리 노선에서의 항공기 가동률을 향상시킴으로써 절감되었다.

셋째, 정비비는 작고 오래된 항공기를 퇴기시키고 기종 타입을 줄이는 기종 최적화 혹은 항공정비인력을 줄이거나 정비 아웃소싱 분야를 확대하는 최적화를 통해 절감되었다.

마지막으로 최근 대형항공사들이 이루어 낸 가장 중요한 비용 절감은 여객서비스 관련 비용인데, 저비용항공사들이 처음으로 시행했던 방법을 적용한 것이다. 지상조업, 여객서비스, 무엇보다 판매와 유통에 관련한 것들이다. 대형항공사들은 점점 더 직접 판매, 특히 온라인 판매에 초점을 맞추었고, 항공권은 전자항공권으로 완전히 대체시켰다. 동시에 여행사의 수수료를 없애거나 줄였고 GDS의 비용을 재조정하였다. 전자항공권은 종이항공권의 높은 비용을 없앴고 셀프 체크인으로 공항 핸들링 비용을 절감시켰다. 이러한 절감은 공항에 필요한 공간과 지상근무를 하는 직원들의 수요를 줄여 주었다. 많은 항공사들이 단거리 구간 노선에 저비용항공사처럼 기내식 서비스를 줄이고 별도로 판매하기 시작하였다. British Airways는 2016년부터 이를 시행했고, 몇몇 항공사들은 일부 노선에서 항공기 내 두 개의 객실 클래스를 하나의 객실 클래스로 바꾸었다. 이처럼 줄어든 기내식 서비스와 단일 객실 클래스 서비스로 인해 객실승무원의 수를 감소시킬 수 있었다.

항공유 비용을 제외하고 지난 10년 동안 유럽과 미국 대형항공사들이 단거리 운항노선의 항공유 외 단위비용을 상당히 줄일 수 있었던 것에는 의심의 여지가 거의 없다. 그러나 대형항공사들이 저비용 노프릴 항공사와 경쟁하는 시장에서 비용의 차이를 충분히 상쇄하거나 줄였을까? 앞에서 인용한 자료들은 이것이 아직 유의미한 정도까지 줄어들지 않았음을 시사한다.

본질적으로 네트워크 비즈니스 모델을 운영하는 항공사는 특정 비용이 많이 들어가기 때문에 어쩔 수 없이 더 높은 비용에 직면하게 된다. 이 모델은 승객들이 공항 허브시스템을 통해 어디로나 비행할 수 있도록 연결성을 제공하는 것을 목표로 한다. 이 모델은 또한 승객들에게 높은 수준의 편의성과 편안함을 보장하는 것을 목표로 한다. 이는 승객과 수하물을 허브로 운송하는 데는 효과적이지만 비용이 많이 드는 과정을 의미한다. 도착하는 항공기가 지연되는 경우, 연결되는 승객을 태우기 위해 출발 항공기를 다시 지연시켜야 한다. 이에 따라 좋은 공항시설과 우수한 기내서비스 및 지상서비스가 필요하다. 또한 항공편 지연 · 취소를 처리하기 위해 충분한 예비 항공기가 필요하다. 네트워크 항공사들은 교통량이 많고 적은 다양한 단거리 및 장거리 노선에서 그들의 허브로 공급할 필요가 있으므로 매우 다양한 항공기 타입을 운영할 수밖에 없다. 앞서 언급한 Air France, Delta Air Lines 및 Malaysia Airlines가 좋은 예이다. 다양한 항공기는 더 높은 정비비 및 운항승무원 인건비를 의미한다. 또한 종종 더 많은 예비 항공기가 필요함을 의미한다.

허브 네트워크 모델은 단시간 내에 도착하고 출발하는 모든 항공기를 스케줄링하는 것에 달려있다. 이렇게 항공기들의 스케줄링을 통해 연결시간을 최소화하는 것을 '뱅크(banks)'라고 칭한다. 따라서 그들은 짧은 시간 안에 많은 양의 항공기, 승객, 화물을 처리하기 위해 더 많은 직원과 지상조업이 필요한 피크타임이 생성된다. 그 다음 '뱅크'인 2~3시간 또는 4시간 후까지는 모두 활용도가 낮아진다. 이는 온종일 교통량 흐름 패턴이 일정한 경우보다 비용이 더 많이 든다(제10장 10.7절 허빙 참조).

저비용항공사는 항공기에 더 많은 좌석을 설치하고 더 많은 비율을 판매함으로써 좌석킬로미터당 단위비용을 승객킬로미터당 더 낮은 비용으로 확대한다. 네트워크 항공사들은 소수의 예외를 제외하고 단거리 항공기의 좌석 밀도를 크게 높이지 못했다. 이것은 이전 설명에 명확히 나타나 있다. 지역 내 포인트 투 포인트 구간을 이용하거나 허브에서 프리미엄 장거리 연결편을 이용하는 상용출장 승객을 위한 서비스 제공을 위해 유럽 네트워크 항공사들은 대부분의 단거리 노선에서 다양한 크기의 비즈니스 클래스 객실을 유지하였다. 비록 항공기 인테리어를 재구성하는 것 자체가 비용이 많이 들지만, 그들은 이코노미 클래스에서 기내식 서비스를 없앴을 때도 따뜻한 기내식을 준비하는 갤리를 유지함으로써 더 많은 좌석을 위한 공간을 확보하지 않는 경향이 있었다.

단거리 운영에서 저비용항공사와 네트워크 항공사 간의 단위비용 격차는 부분적으로 두 모델이 운영하는 방식에서의 차이에서 발생한다. 장기적으로는 같은 노선에서 경쟁할 때 잘 운영되는 저비용항공사들은 네트워크 항공사가 효율적으로 운영한다 해도 좌석킬로미터비용을 15~25% 더 낮게 계속 유지할 가능성이 크다. 네트워크 항공사가 저비용항공사의 좌석 밀도를 맞출 수 있다면 이러한 간격을 줄일 수 있을 것이다. 특정 시장에서 저비용항공사가 더 높은 탑승률로 계속 운영할 수 있다면, 승객킬로미터당 운영비용의 차이는 더 벌어질 것이다.

5.8 수익의 이점

저비용 노프릴 항공사는 저비용 모델의 특징에서 생긴 상당한 비용우위를 누리는 한편, 수익적인 측면에서도 독보적인 이점을 누렸다.

그 첫 번째는 수익관리와 관련되어 있다. 매우 낮은 평균 운임에서 손익분기점을 초과하기 위해서 저비용항공사는 연중 높은 로드팩터를 달성하는 것이 필요하다. 고정적인 스케줄을 기반으로 매일 비교적 높은 운항횟수가 운영될 때 높은 로드팩터를 달성하는 것은 어려운 일이다. 일별 및 시기별 수요변화는 승객 로드팩터의 변동을 야기한다. 그러므로 정기편 항공사와 마찬가지로 저비용항공사 역시 항공기당 발생하는 수익을 최대화할 수 있는 수익관리가 필요하다. 대형항공사보다 저비용항공사들은 수익관리를 더 쉽게 할 수 있는데, 그 이유는 저비용항공사가 일부 예외를 제외하고는 포인트 투 포인트 편도구간의 항공권만 판매하기 때문이다. 결과적으로 저비용항공사는 두 개 이상의 객실 클래스와 다양한 통화 및 다른 가치로 판매되는 다구간 항공권에서 발생하는 수익률 평가 문제에 직면하지 않아도 된다. 다양한 통화로 지불되는 다구간 요금과 변동이 심한 통화에 대한 수익관리는 대형항공사에 어려운 문제를 야기하였다. 지리적 특성으로 인해 유럽과 북미에 있는 많은 저비용항공사들은 대부분의 항공권을 한두 개 통화로만 판매하는 경향이 있다. Southwest는 사실상 모든 항공권을 미국달러로 판매하였다. 2016년 easyJet의 경우 판매분의 89%가 파운드와 유로로 거래되었다. 나머지 대대부분의 판매는 스위스프랑이었다. 이는 단순화된 운임구조를 통해 더욱 간편하고 효율적인 수익관리가 가능하기 때문이다.

운임구조의 복잡한 특성 때문에 대형항공사들은 수익관리시스템에서 최대 24개 이상의 다른 예약코드를 사용해야 했다. 저비용항공사는 일반적으로 개별 항공편에 대해 각기 다른 운임을 반영하기 위한 적은 수의 예약코드만을 사용하며, 이로 인해 수익관리를 보다 쉽고 저렴하게 할 수 있다. 네트워크 항공사들은 전통적으로 동일 시간대 동일 항공편의 동일한 좌석을 운임조건이 다른 다양한 운임으로 판매해 왔으며 이는 종종 다구간 여정의 일부였다. 하지만 저비용항공사들은 예약시점 기준으로 각 항공편당 하나의 운임으로만 판매하는 경향이 있었다. 현재는 일부 저비용항공사들이 조금 비싸고 제약조건을 완화한 유연한 운임을 제공하는데, 이 운임에는 무료 좌석 배정, 예약변경, 빠른 수속 또는 기타 편익 등의 혜택이 포함되기도 한다.

이는 Ryanair와 easyJet의 가격전략이다. 예매가 시작되면 광고에 노출된 가장 저렴한 선두(lead–in)운임의 판매를 먼저 하고 이에 대한 판매가 다 되면 그들의 부킹시스템은 자동적으로 더 높은 운임으로 이동하는데, 출발일이 다가오거나 특정 항공편에 판매계획된 인원을 초과하게 되는 경우가 이에 해당한다. 예약시점이 같다면 각 항공편 운임은 통상 한 가지이지만 간혹 '플렉스(flex)' 운임이 제공되기도 하는데, 수요에 따라 동일 노선, 동일한 날짜나 주간이더라도 운임에 차이가 발생할 수 있다. 높은 수요가 예측되는 기간에는 선두운임이 높은 수준에서 시작되거나 낮은 운임은 제한된 수의 좌석만 제공될 수 있다. 반대로 판매가 저조하면, 저렴한 운임은 사전에 계획되었던 것보다 오랫동안 제공될 수도 있고 심지어 출발일이 가까워지더라도 운임이 인하될 수도 있다. 전반적인 목적은 항공편당 수익을 극대화하는 것이다. 이러한 과정에서 효과적인 수익관리는 대다수 항공편의 승객당 평균 수익이 최저 운임 수준보다 훨씬 상회하는 것을 보장한다. 동시에 빠르게 변화하는 가격은 매우 높은 시트팩터를 보장한다.

저비용항공사의 추가적인 이점은 다구간 티켓으로 인한 수익가치절하(yield dilution)를 겪지 않아도 된다는 것이다. 예를 들어, 런던(루턴)에서 암스테르담으로 가는 노선의 경우 easyJet은 정상운임(full fare)을 받고 티켓을 판매한다. 그러나 KLM의 경우, 런던(히드로)에서 출발하는 항공편 승객의 상당한 비율이 암스테르담 스키폴공항에서 다른 KLM 항공편이나 다른 항공사의 항공편으로 환승하여 다양한 목적지로 향한다. 다구간 티켓이 구간별 비행한 거리를 비례 배분하는 방법을 사용하기 때문에 KLM은 런던–암스테르담 지역 포인트 투 포인트 승객보다 암스테르담 환승객들에게 훨씬 더 적게 운임을 받는다. 더욱이 이러한 환승객들은 운임을 다양한 통화로 지불한다. 이러한 수익가치절하로 인하여 메이저 허브공항을 통해 운항하는 많은 단거리 구간에서 승객당 평균 수익이 줄어들 수 있는데, 저비용항공사들은 이러한 수익가치절하에 직면하지 않는다. 반면에 전통적인 항공사들은 비즈니스 클래스를 제공함으로써 매우 높은 수익을 창출할 수 있다.

저비용항공사들이 누리는 또 다른 수익의 장점은 여행사를 통하지 않고 직접 판매를 할 때, 승객들은 반드시 신용카드를 이용하여 예약을 해야 한다는 것이다. 승객들은 값을 지불하지 않으면 예약을 할 수 없다. 직접 판매를 하는 easyJet과 같은 항공사들은 승객들이 항공기에 탑승하기 전에 현금 수익을 얻는다는 뜻이다. 이는 전 세계 다양한 온라인 여행사, 일반 여행사 및 GDS를 통해 훨씬 더 많은 티켓을 판매하는 전통적인 레거시 항공사들과 대조적이며, 그들은 출발일이 되기 전까지 각 항공편에 대한 비용을 받지 못할 수 있다. 이러한 차이는 저비용항공사의 현금흐름 및 현금관리를 쉽게 하고 현금 예금을 통한 상당한 이자 수익을 창출할 수 있게 한다. 차터항공사 또한 이러한 수익의 이점을 누렸다.

또 다른 장점은 저비용항공사에서 한 번 예약하고 결제한 대부분의 예약은 추가 수수료를 지불하는 일부 경우를 제외하고는 쉽게 변경할 수 없으며 일반적으로 티켓을 취소하거나 환불할 수 없다는 것이다. 이것은 출발 당일에 '노쇼(no shows)'가 매우 적다는 것을 의미한다. 노쇼가 발생했을 때에도 항공사들은 여전히 수익을 얻을 수 있다. 네트워크 항공사의 일부 저렴한 요금에도 추가 수수료를 지불해야 환불, 변경이 가능하거나 아예 환불이나 변경이 불가한 운임조건이 있는데, 이는 저비용항공사를 벤치마킹한 것이다.

마지막으로 저비용항공사들은 저렴한 운임을 보조하기 위해 티켓과 관계없는 영역에서 추가적으로, 소위 '부가서비스(ancillary)' 수익을 발생시키고자 항상 노력한다. 기내 면세품 판매는 오래전부터 국제선 항공사 영업의 특징이었다. 그러나 저비용항공사는 부가서비스 수익을 창출하기 위한 수많은 새로운 접근법을 모색했는데, 그 첫 번째는 식음료의 기내 판매였다. 무료 기내식의 제공 없이 저비용항공사들은 식음료 판매로 상당한 수익을 창출할 수 있었다. 식품 등의 공급은 전문케이터링회사에 아웃소싱하여 비용을 최소화하고 고품질을 보장했다.

2007~2008년과 2014년에 유가가 급격히 상승했을 때 유럽 네트워크 항공사는 티켓가격에 유류 할증료를 부과하였고, 저비용항공사는 다양한 부가서비스 수익을 도입하여 대응했다. 유럽에서는 이전에 특정 중량 미만인 경우에 무료였던 위탁수하물에 대부분 요금을 부과하기 시작했다. 이후 특정 열에 대한 좌석 배정, 비상구 열 또는 객실 앞 좌석에 대한 요금을 부과하였다. 수익을 창출할 수 있는 다른 혁신적인 방법들도 고안되었다. 2016년 Ryanair는 승객들이 집이나 사무실에서 온라인으로 체크인하지 않고 공항에서 체크인하는 것에 대한 요금을 부과하기 시작했다. 한편 easyJet은 프리미엄 멤버십 카드인 'easyJet Plus'를 판매하고 있다. 이것은 2017년 기준 연간 170파운드인데, 'easyJet Plus' 가입자는 무료 좌석 선택, 전용수하물 수속, 패스트트랙, 신속한 탑승 및 추가 기내 휴대수하물을 별도의 비용 없이 이용할 수 있다. 다른 저비용항공사들도 일종의 프리미엄 상품을 선보였다. 스페인 저비용항공사인 Vueling은 그 첫 번째 항공사 중 하나였는데, 앞쪽 첫 열과 두 번째 열에 좌석 배정을 받을 수 있는 혜택뿐이었다.

수익을 창출하는 또 다른 방법은 티켓 구매 시 신용카드 사용에 대한 비용을 청구하는 것이다. 유럽에서는 저비용항공사의 판매가 모두 온라인이나 전화로 이루어졌기 때문에 모든 항공권 구매를 위해서는 신용카드를 사용해야 했다. 또한 저비용항공사는 호텔 및 렌터카 예약 그리고 여행 보험과 같은 추가상품 및 서비스의 판매를 촉진하기 위해 웹사이트를 디자인하는 데 주력하고 있다. 그들은 이러한 서비스의 제공자들에게 수수료를 받는다. Ryanair와 같은 일부 항공사는 웹사이트에 광고공간을 판매하거나 외부 웹사이트로 연결되는 링크를 유로로 판매한다.

기존 네트워크 항공사는 이러한 추세에 따라 좌석 배정 또는 위탁수하물요금과 같은 다양한 부가서비스를 도입했다. 또한 대부분의 저비용항공사가 할 수 없는 상용고객우대프로그램의 판매 포인트로부터 수익을 창출한다. 그럼에도 불구하고 네트워크 항공사의 총수익 대비 부가서비스 수익의 비율은 저비용항공사보다 현저하게 낮으며, 유럽 항공사들 사이에서는 그 정도가 더 크다. 2016년 대부분의 유럽 저비용항공사는 총수익의 15% 이상을 부가서비스 수익으로 창출했고 일부의 경우는 20%를 훨씬 넘었다(제12장 [그림 12-2]). Wizz Air의 경우 39.4%였던 반면, 유럽 네트워크 항공사들은 Aer Lingus를 제외하면 8% 미만이었다(부가서비스 수익 및 그 경제적 중요성에 대한 내용은 제12장 참조).

북미의 대형 저비용항공사인 Southwest와 WestJet은 부가서비스 수익을 주요 수익원으로 개발하는 데 있어 유럽 항공사에 뒤처져 왔다([표 5-8] 참조). 반면 '초저비용'항공사인 Spirit, Frontier 및 Allegiant는 승객당 매우 높은 부가서비스 수익(48~50달러)과 총수익의 40%를 초과하는 매우 높은 비율을 부가서비스 수익으로 창출하였다.

[표 5-8]의 미국 네트워크 항공사의 승객당 부가서비스 수익은 대부분의 유럽 네트워크 항공사에 비해 높지만 오해의 소지가 있다. 그 이유는 부가서비스 수익의 약 절반이 은행, 소매점 및 기타 업체로의 상용고객우대 포인트 판매로부터 나왔기 때문이다. Delta Air Lines의 경우 2017년 부가서비스 수익의 52%가 상용고객우대제도 및 공동 브랜드 프로그램에서 비롯되었다. 그러나 이것은 판매된 포인트의 일부가 항공기 좌석을 구매하는 데 사용되므로 순이익은 아니다. 엄밀히 말하면 이 중 일부는 부가서비스 수익보다는 항공권 판매 수익으로 간주되어야 한다.

일부 저비용항공사들은 부가서비스에서 성공적으로 수익을 창출해 왔지만, 통상적으로 그들은 화물을 운반하지 않기 때문에 몇몇 대형항공사가 취할 수 있는 수익원을 이용할 수 없다. 그러나 이는 저비용항공사들이 화물 관련 비용을 회피했다는 의미이기도 한다.

표 5-8 북미 항공사의 부가서비스 수익, 2016년

<table>
<tr><th>저비용
①</th><th>전통적인 네트워크
②</th><th>총수익 대비 비율(%)
③</th><th>승객당 수익(미국달러)
④</th></tr>
<tr><td>Spirit</td><td></td><td>46.6</td><td>49.89</td></tr>
<tr><td>Allegiant</td><td></td><td>40.0</td><td>48.93</td></tr>
<tr><td>Frontier</td><td></td><td>42.4</td><td>48.60</td></tr>
<tr><td rowspan="7">JetBlue</td><td>United</td><td>17.0</td><td>43.46</td></tr>
<tr><td>Alaska Air</td><td>17.9</td><td>31.41</td></tr>
<tr><td>Delta</td><td>13.1</td><td>28.15</td></tr>
<tr><td rowspan="2">Air Canada</td><td>10.4</td><td>26.29</td></tr>
<tr><td>14.4</td><td>25.00</td></tr>
<tr><td>American</td><td>12.2</td><td>24.66</td></tr>
<tr><td>Hawaiian</td><td>9.7</td><td>21.41</td></tr>
<tr><td>Southwest</td><td></td><td>13.9</td><td>18.67</td></tr>
<tr><td>WestJet</td><td></td><td>9.5</td><td>13.77</td></tr>
</table>

자료: Car Trawler Yearbook of Ancillary Revenue, 2017년

지금까지 저비용항공사들이 누렸던 수익의 이점은 그들의 비용우위를 누릴 수 있는 것보다 네트워크 항공사에 의해서 쉽게 약화되었다. 일부 네트워크 항공사, 특히 저비용항공사와 가장 경쟁이 심한 항공사들은 경쟁사들의 가격책정 및 부가서비스 수익전략을 많이 채택하기 시작했다. 예를 들면, Aer Lingus는 이러한 전략을 채택한 첫 번째 항공사 중 하나였다. 이 항공사는 Ryanair와 정면 승부를 벌이는 유럽 시장에서 자사 웹사이트에 매우 낮은 편도운임을 미리 게시한다. 운임은 출발일이 다가올수록 인상되며 체크인 수하물에 대한 높은 편도요금을 비롯해 여러 선택적 추가요금을 부과한다. 각기 다른 좌석에 대해서는 다양한 요금이 부과되며, 가장 비싼 요금은 두 개의 더 넓은 비상구열 좌석이다.

끝으로 저비용항공사의 비용우위는 수익 측면에서 더 제한적인 이점으로 강화될 수 있다. 이는 특히 전체 재고를 온라인으로 판매하는 항공사들에게 해당된다.

5.9 결론: 두 가지 뚜렷한 비즈니스 모델

저비용항공사와 네트워크 항공사의 다양한 부분에서 상품 및 서비스의 특징이 점점 비슷해지고 있지만, 두 모델 사이의 근본적인 차이점은 여전히 남아있다. 그들의 네트워크구조는 다르다.

네트워크 항공사는 하나 또는 그 이상의 허브를 왕복하는 경로로 방사형 네트워크를 운영한다. 그들의 허브 기반 네트워크는 허브를 통해 연결할 수 있는 출발지 및 목적지 수를 최대화한다. 그러나 이 모델은 앞에서 설명한 특정 추가비용을 수반하는데, 이는 줄일 수는 있지만 완전히 없앨 수는 없다.

최신 저비용 모델은 포인트 투 포인트 노선망에 중점을 두고 있으며, 대부분의 노선이 짧아서 4시간 이내에 운항할 수 있다. 네트워크는 복잡하지만 운영은 간단하고 비용 절감이 용이하다. 이는 단일 항공기 유형 또는 두 가지 유형의 항공기를 사용한 높은 수준의 일일 가동률이 가능하며, 항공기 및 승무원들의 야간 체류를 최소화함으로써 비용 절감이 달성된다. 이것은 기존 네트워크 항공사와 저비용항공사 간의 주요 구분 요소인 네트워크 형태이다. 이는 기내서비스, 가석구조 또는 유통전략이 아니므로 이 모든 것들이 점점 더 비교 가능해질 수 있다.

두 모델 모두 장 · 단점은 존재하며, 기재계획, 스케줄링, 상품 및 서비스 품질, 가격 및 마케팅 전략 측면에서 각기 다양한 사항이 요구된다. 네트워크 항공사가 저비용항공사와의 단위비용 차이를 줄일 수 있지만 두 모델의 특성상 상당한 차이는 남아있다.

낮은 단위비용으로 인해 저비용항공사는 허브가 아닌 시장을 장악하고 허브공항이 수용능력이 있다면 허브로 가는 수요가 많은 노선을 공략할 것이다. 저비용항공사는 유럽, 인도 및 동남아시아의 장거리 및 중거리 시장에서 점점 더 많은 비중을 차지할 것이다. 이미 유럽 내 정기항공운송의 40% 이상이 저비용항공사이고 폴란드 등과 같은 일부 시장에서는 50%가 넘는다. 미국에서는 30% 이상의 국내 여행객들이 저비용항공사를 이용하고 있다. 많은 네트워크 항공사들은 자신의 단거리 네트워크에서 이익을 창출하기가 어려울 것으로 판단하고 허브 운항편이 아닌 노선에서 철수하거나 계속 손실을 입을 것이다. 많은 기업이 그랬던 것처럼 일부 기업은 저비용 자회사를 신설하거나 확장하여 다시 사업을 추진하려고 할 것이다. 이들은 모기업보다 낮은 단위비용으로 운영되겠지만, 지금까지의 경험에 따르면 많은 기업이 진정한 개별기업으로서 독립적으로 운영되지 않는 한 우수한 저비용항공사에 견줄 만한 단위비용으로 운영될 수 없을 것이다.

Chapter 06

레저 차터의 경제성

Chapter

06 레저 차터의 경제성

차터는 — 아니 더 정확히 말하면, 패키지여행은 — 끝나지 않았다

— Carl Denton, Managing Director, SvenCarlson Aviation Consulting, 2014년 10월

6.1 차터: 첫 번째 저비용 모델

차터(charter) 또는 '레저(leisure)' 항공사는 저비용항공사라 불리는 항공사가 등장하기 오래전에 세계 일부 지역에서 저비용 및 저운임 여객서비스로 매우 성공적으로 운영되어 왔다. 그들은 1960년대와 1970년대에 주를 이루었던 제한적인 규제 환경에 대응하여 성장했다.

차터항공사에 대한 규제가 정기항공사보다 일찍 완화되면서 차터항공사들은 좌석당 비용을 훨씬 더 낮게 시장에 제공함으로써 사업을 확장할 수 있었다. 두 가지 유형의 차터항공편이 출현하였는데, 하나는 스포츠 행사, 종교 축제, 판매 프로모션과 같은 특정 행사를 위한 항공기가 임차되는 일회성 특별 차터(ad hoc charters) 이고 또 다른 하나는 '시리즈 차터(series charters)'이다. 후자는 관광사업자, 석유회사, 군대 혹은 정기적 이동이 필요한 단체를 위해 다수의 항공편으로 운영되는 차터이다. 비록 특정 계절 혹은 특정 기간에만 운영하는 경우가 많지만, 그들은 일반적으로 정해진 시간표에 따라 정기적으로 운항을 한다.

2010년대 중반 승객킬로미터로 측정되는 세계 국제여객 교통량의 5% 정도가 차터항공편으로 운송된다는 사실에서 여객 차터의 전 세계적인 중요성을 파악할 수 있다. 흥미롭게도 이러한 차터항공편 중 1/3에 해당하는 비율은 놀랍게도

Austrian, Aegean, Tunis Air와 같은 정기 네트워크 항공사 또는 Norwegian, Wizz 같은 저비용항공사에 의해 운영된다.

차터 모델의 경제는 차터 운영자들이 특정 여행지 노선의 좌석을 정기운항 항공편의 운임보다 40~70% 더 저렴하게 단체여행 알선업자(tour operator)나 여행사를 통해 판매했다. 저비용항공사가 출현하여 유럽 내 지역의 모든 국제선 여객 교통량의 40%를 차지하기 이전인 1990년대 중반까지 유럽 차터항공사들은 이러한 저렴한 운임을 제공할 능력이 있었다. 특히 2000년대 초, 저비용항공사의 빠른 성장으로 인해 유럽에서 차터가 상대적으로 감소하기 전인 1990년대 중반, 유럽 단거리 국제시장에서 차터는 최고 점유율을 기록했다. 차터항공사는 새로 출현한 경쟁 환경에 적응하고 변화해야 했으나 일부는 어려움에 빠졌다. 그러나 2016년에도 여전히 유럽 차터 교통량은 유럽 항공사가 생산하는 모든 승객킬로미터의 1/10(10.6%)을 차지했다(IATA, 2017). 차터항공사는 유럽에서 주로 활성화되었다. 가장 큰 차터 또는 레저항공사 그룹인 TUI와 Thomas Cook은 기존 중 · 소형 규모의 유럽 항공사보다 더 많은 항공기들을 보유하고 있다.

북미에서는 Air Transat과 Sunwing과 같은 비교적 작은 캐나다 차터항공사들이 있고, 미국 차터항공사로는 Omni Air와 XTRA가 있다. 미국에서는 승객킬로미터의 약 2.7%가 차터로 운송된다(IATA, 2017).

북대서양 차터 교통량의 기록적인 시장점유율의 해는 대서양 횡단 승객의 1/3이 차터항공기를 이용했던 1977년이었다. 오늘날에는 대서양 횡단 승객의 4% 미만이 차터를 이용하고 있다. 그럼에도 불구하고 북대서양 차터는 중요한 시장으로 남아있다. 또 다른 중요한 시장은 캐나다나 미국의 북동부 해안과 플로리다 그리고 카리브해 사이의 시장이다.

세계의 다른 지역에서는 차터시장의 중요성이 다소 떨어지고 종종 축제나 스포츠 행사와 같은 특정 이벤트에 활용된다. 대규모 틈새시장은 메카 순례(hajj)기간 동안, 이슬람교 인구가 있는 나라에서 매년 수백만 명의 순례자들을 사우디아라비아로 실어 나르는 것이다. 이러한 항공편은 차터항공사와 정기 네트워크 항공사가 차터로 운항하는 항공편에 의해서 제공된다. 유럽이나 북미와 달리, 다른 시장에서 차터항공편의 높은 운영비율은 기존의 정기항공사에서 리스한 항공기로 운영된다.

6.2 차터 상품의 본질

전통적으로 세계에서 가장 큰 차터시장인 유럽과 지중해 연안 지역 간의 차터 항공편 대부분은 포괄여행차터(Inclusive Tour Charter: ITCs)이다. 이 경우 항공기 전체가 왕복항공권과 호텔 또는 다른 숙박시설을 단일 '패키지'여행으로 기획한 하나 이상의 패키지 투어 전문여행업자에 의하여 임대된다. 승객은 소매업자, 온라인 여행사 또는 여행사로부터 휴가 패키지를 단일가격으로 직접 구매하며, 총가격에 대한 여행의 상세비용을 알지 못한다. 일부 차터 패키지는 최소한의 숙박을 포함시키거나 렌터카, 보트 임대, 크루즈, 캠핑 또는 다른 서비스를 포함시키기도 한다. 직접 취사가 가능한 포괄여행(self-catering inclusive tours)은 호텔이나 식사가 포함된 상품이 아닌, 단지 주택이나 콘도만을 제공하는 패키지이다.

네트워크 항공사 및 저비용항공사 등 대부분의 대형항공사들은 자체 여행사가 있거나 자체 항공사의 좌석을 포함한 여행 패키지를 만드는 여행사와 연결되어 있다. 이러한 형태의 구조는 오랫동안 지속되어 왔지만, 항공사의 총운송실적에는 극히 일부만을 차지한다.

최근에는 여행자들이 휴일을 계획할 때 유연성이 큰 여행상품을 선택하기 때문에 포괄여행 패키지 휴가는 상대적으로 중요성이 낮아졌다.

1993년 유럽 항공자유화의 세 번째 패키지가 유럽 내 차터항공편에 대한 모든 규제를 철폐하였다. 결과적으로 항공편을 임대한 패키지 투어 전문여행업자 또는 항공사가 휴가 패키지 없이 좌석단독(seat-only)' 판매를 할 수 있게 되면서, 차터 경제의 중요한 요소가 되었다. 이들은 차터항공사들이 로드팩터 및 수익을 높이는 것을 가능하게 한다. 좌석만 단독으로 판매하는 티켓의 운임은 일반적으로 매우 저렴하지만 포괄여행 패키지의 수요가 적어 대형항공기의 사용이 적합하지 않을 경우의 노선에서 더 큰 항공기와 더 경제적인 항공기 투입이 가능하도록 추가적인 교통량을 발생시킬 수 있다.

2000년대 중반 이러한 좌석단독 판매의 성공은 Condor와 같은 독일 차터항공사들이 독일 밖으로 나가는 차터항공기를 '정기'항공편으로 지정하면서, 그들의 차터항공기는 운항시간표와 컴퓨터 예약시스템에 노출되었다. 이는 좌석만 단독으로 판매하는 것을 용이하게 하였지만, 정기운항편과 차터의 구분을 모호하게 만들었으며, 영국 및 다른 지역의 항공사들도 이를 적용하기 시작했다.

1990년대 유럽에서 생겨난 차터에 대한 또 다른 추세는 북유럽과 지중해 간 단거리 혹은 중거리 시장에 대한 의존으로부터 멀어지고 이전 정기운항 항공사의 전유물이었던 장거리 레저시장으로 나아가는 것이었다. 유럽에서 플로리다, 카리브해, 걸프 그리고 스리랑카와 몰디브와 같은 인도양으로의 차터항공편에는 평균 이상의 성장이 있었다. 이 변화는 새롭고 거리가 더 먼 목적지에 저렴하게 접근하고자 하는 고객수요의 증가와 운영비용이 저렴한 소형 장거리 쌍발 제트 항공기 도입의 결과이다. 또한 대형 장거리 항공기는 여름 휴가철 교통량이 높은 지중해 리조트로의 비행을 가능하게 했다. 더욱 중요한 것은 차터항공사들의 비수기인 유럽의 겨울기간이 장거리 노선의 성수기인 경향이 있어 현금 유동성을 발생시킬 수 있었다는 것이다. 장거리 차터항공편은 정기운항서비스가 있지만 레저여행의 높은 계절적 수요를 충족시킬 수 없는 노선에서 발달되었다.

좌석단독 판매가 확산됨에도 불구하고 유럽과 세계 다른 지역에서 정기운항편과 차터항공편 서비스를 구별 짓는 두 가지 본질적인 특징이 있다. 첫 번째는 정기항공사 승객들은 직접 구매가 가능하지만, 차터항공기의 경우 대부분의 좌석이 휴가 패키지의 일부로써 판매되기 때문에 승객 대부분이 항공사로부터 좌석을 직접 구매하지 않는다는 것이다. 패키지 여행은 패키지 투어 전문여행업자, 여행대리점, 학생회 등과 같은 중개업자를 통해서 구매된다. 이와 같은 구분은 실제적이기보다는 표면적인 것으로, 중간 판매대리점이 차터항공사의 자회사인 경우가 많다. 일반적으로 대중에게 좌석의 일정비율만이 직접 판매가 가능하지만, 일부 항공편은 대중을 대상으로 직접적인 판매를 할 수 있는 좌석이 없을 수도 있다. 두 번째 구분되는 특징은 차터항공사에 의한 항공편은 개별 여행자들의 수요 발생을 위한 것이 아니라 패키지 투어 전문여행업자로부터의 특정 사전 계약에 근거해 투입된다는 것이다. 노선과 운항횟수는 차터항공사에 의한 결정이 아닌, 패키지 투어 전문여행업자에 의해 결정된다. 이는 차터항공편이 정기편으로 재지정되어도 마찬가지이다.

6.3 변화하는 시장에의 적응

유럽과 북미의 여객차터 시장점유율은 1990년대 중 · 후반 최고조에 달했고 그 이후 감소하였다. 여러 가지 요인들에 의해 차터항공편이 상대적으로 감소하는 데 있어 영향을 미쳤다. 첫째, 인터넷 예약의 사용 증가는 고객들이 가격비교를 손쉽게 할 수 있게 하였을 뿐만 아니라 여행준비단계에서의 호텔, 자동차 렌트 등 다른 예약을 독립적으로 가능하게 하였다. 점점 더 많은 휴가객들이 차터항공의 포괄여행 패키지로 제공되는 7일 혹은 14일의 유연성 없는 '보편적인(one-size-fits-all)' 휴가 패키지를 거부했다. 유연성을 원하는 이러한 수요는 유럽인들이 전통적인 2주 여름휴가를 보내는 대신 3~5일의 단기간의 휴가를 취하는 것을 선호하는 경향이 높아짐에 따라 두드러졌고, 인터넷 판매가 확산되면서 촉진되었다. 둘째, 특히 2000년 이후 유럽의 저비용 · 저운임항공사의 빠른 성장은 차터항공사의 시장 기반을 약화시켰고 좀 더 독립적이고 자체적으로 계획하는 휴가 트렌드는 더욱 강화되었다.

2006년 영국의 민간항공국에서 실시한 연구는 런던 출발 차터 노선에서 저비용항공사가 미친 영향에 대하여 보여준다(CAA, 2006). 해당 노선에서 저비용항공사와 경쟁한 차터항공사는 2000년부터 2005년까지 5년 사이에 대략 절반에 가까운 승객을 잃었다. 놀랍게도 일반적으로 저비용 경쟁이 없는 장거리 노선에서조차도 이 5년의 기간 동안 차터항공사는 대략 10%의 승객을 잃었다. 이러한 영향은 분명하다. 저비용항공사의 저렴한 운임과 새로운 목적지, 스케줄의 유연성은 전통적인 차터항공사의 승객들을 신규 저비용항공사로 전환시켰다. 영국 차터항공사의 승객은 2000년 3,350만 명에서 2016년 1,560만 명으로 감소했다.

악화된 시장 환경에 대한 대안으로 차터항공사들은 다양한 행동을 취했다. 첫째, 일부 회사들은 저비용항공사의 경쟁이 가장 심한 유럽 노선에 좌석단독 판매 비율을 늘리고 저비용 경쟁사들과의 직접적인 경쟁을 하였다. 일부는 더 나아가 그들만의 저비용항공사를 새로 설립하였다. 예를 들어, TUI 그룹의 일환인 UK Britannia Airways는 Thomsonfly를 설립하는 반면, Air Berlin은 이들의 많은 차터항공편을 저비용 스케줄로 전환하여 운영하였다. 영국에서 가장 큰 차터항공사이자 위의 두 메이저 그룹과 관련이 없는 Monarch는 2016년 저비용항공사로 브랜드 이미지를 쇄신했지만 1년 만에 붕괴되었다.

둘째, 차터항공사들과 특히 그들의 모회사들은 저비용항공사의 고객들이 요구하는 유연성을 받아들여야 한다는 사실을 깨달았다. 결과적으로 차터항공사들은 모든 것을 포괄적으로 묶었던 그들의 상품을 '분리'하였다. 승객들은 포괄휴가상품이든 좌석단독 판매든 더욱 더 많은 옵션을 제공받았다. 승객들은 휴가 패키지의 기간과 호텔 선택에 따른 유연성을 제공받았으며 호텔 간 체류기간을 나누는 것도 가능했다. 또한 승객들은 편도항공권의 구매도 가능했으며, 추가비용을 내면 좌석 간 간격이 넓은 좌석과 다양한 종류의 기내식을 선택할 수 있었고, 더 나아가 공항 라운지 이용도 가능했다. 이제 '다이내믹 패키지(dynamic packaging)'는 차터항공편의 좌석판매 및 휴가상품 판매의 핵심이다. 이는 소비자들이 스스로의 선택에 따라 다소 복잡하고 비용이 많이 드는 여행상품을 묶을 수 있다.

셋째, 더욱 거리가 먼 장거리 차터 목적지로의 추세가 더욱 강화되었다. 유럽과 북미의 차터항공기 공급석은 이제 5시간 이상의 노선인 장거리 목적지에 더 많이 제공된다. 유럽 차터항공기의 목적지는 홍해, 동아프리카, 인도양, 동남아시아, 플로리다, 미국 동부, 카리브해 지역, 중미의 리조트를 포함한다. 공급석은 대체로 휴가 패키지에 제공되지만, 좌석만 단독으로 판매하는 경우도 많이 있다. 여객 차터는 최초의 장거리 저비용 모델이 되었다.

2000년대 중반에 많은 불확실성과 시장 불안정에 직면했을 때 여행기업과 그들과 관련된 차터항공사의 최종대응은 시장 부문 내에서 새로운 합병 및 통합을 시작하는 것이었다.

6.4 수직적 통합–수평적 통합

통합은 여행산업 부문에서 새로운 것이 아니다. 유럽의 차터산업은 오랫동안 여행업체 또는 패키지 투어 전문여행업자, 차터항공사 그리고 호텔 또는 호텔 그룹 간의 수직적 통합으로의 추세가 강했다. 이는 독점금지법안에 기초하여 이러한 통합을 방지하는 미국과 뚜렷한 대조를 나타낸다. 단일회사 혹은 단체가 필요한 차터항공기의 좌석을 요청하고 이를 다양한 휴가 목적지의 호텔과 결합하기 쉬우므로 이러한 수직적 통합은 필수 불가결하였다. 만일 동일한 여행기업이 호텔을 소유하거나 장기적으로 다수의 호텔 객실 혹은 크루즈 객실을 계약한다면 휴가 패키지를 진행하는 과정은 수월할 것이다. 여행기업은 또한 시내 중심가에 있는 소매 여행사들을 통해 휴가 패키지를 판매하는 것이 가능하다. 주요 여행 국가에 위치한 대부분의 대형 여행알선업체들은 여러 여행사를 소유하고 있는 동시에 다양한 브랜드의 이름을 사용하여 영업하며 다수의 차터항공사들과 거래한다. 그들은 그들이 확보하고 있지 않은 항공사의 좌석 또한 종종 거래하기도 한다.

유럽에서 수평적 통합의 첫 단계는 1999~2000년이었다. 주요 여행기업들은 인수합병을 통해 여행상품의 유통, 차터 항공좌석의 공급, 호텔 객실의 구매에서 규모의 경제를 통한 경쟁력을 확보하기를 원했다. 또한 여러 유럽시장의 통제는 공급과잉을 방지해 차터항공기의 운임을 상승시켰다. 패키지 휴가산업에 있어 공급과잉은 고질적인 것으로 나타나는데, 이는 대형 여행업체들이 더 많은 공급석을 시장에 제공하여 시장점유율을 늘리고자 하기 때문이다. 수평적 통합의 한 가지 목표는 공급과잉을 줄이는 것이다.

2000년대 초반 저비용항공사들의 성장으로 인해 일부 시장에서는 차터 수요가 정체되거나 하락하였고, 2006~2008년까지 수평적 통합의 2단계에 이르렀다.

수평적 통합의 두 번째 단계를 위한 경제적인 원동력은 첫 번째 단계와 비슷했다. 대형 여행기업들은 시장의 수용력 잠식과 주요 경쟁사 간의 경쟁을 줄이기 위해 합리적인 항공사와 호텔 운영이 필요했다. 이는 패키지 이용 여행객의 평균 수익을 올리기 위한 목적이었다. 동시에 두 개 이상의 여행사들과 항공사들을 통합함으로써 상당한 비용의 시너지를 창출할 수 있었는데, 특히 일부 대형 여행사들은 너무 많은 대리점의 개설로 인해 비대해져 가고 있었으며 인력 또한 과다했다. 비용경제는 서비스, 호텔 객실, 연료 등의 대량 구매로부터 효과를 발휘했다. 이러한 합병과정을 주도한 곳은 대형 독일기업이었다.

이러한 합병을 처음 시도한 기업은 당시 유럽에서 두 번째 규모였던 Thomas Cook이었는데, 2007년 2월 유럽에서 세 번째로 큰 레저기업이자 영국에 기반을 둔 My Travel과의 합병을 발표하면서 유럽에서 두 번째로 큰 레저그룹이 되었다. My Travel은 2003년에 거의 파산 직전으로 다른 기업과 연합하기를 간절히 원했다. 2007년 중반에 런던증권거래소에 등록된 Thomas Cook Group(TCG)은 약 90대가량의 항공기를 운영했다. 이러한 기업인수는 Thomas Cook Airlines, My Travel Airways 그리고 독일의 Condor Flugdienst와 함께 이루어졌다. 비용적인 측면에서 TCG는 My Travel과의 합병을 통해 일 년에 약 2억 달러만큼의 비용 절감효과가 있다고 주장했다. 이는 사무실의 축소와 많은 수의 인력 감축 그리고 유통비용의 절감으로 인한 것이었다. 2017년 말까지 TCG의 5개 항공사는 107대의 항공기를 운항했으며, 독일 Condor와 영국 Thomas Cook은 각각 45대의 항공기를 운항했다.

2007년 9월, 유럽연합 집행위원회는 수익 측면에서 유럽에 현존하는 최대의 레저그룹인 TUI와 네 번째로 큰 First Choice의 합병을 허가했다. 여기에는 Thomsonfly, TUIfly, First Choice Airways를 포함한 7개 항공사의 140대 가량의 항공기가 포함되어 있다. 흥미롭게도 TUI그룹은 2017년에 새로운 Boeing 787 Dreamliner 23대를 주문함과 동시에 장거리 차터 목적지로의 지속적인 트렌드를 강조했다. 2017년 말 기준 이 그룹은 151대 이상의 항공기를 운영했다. 당시 TUI로 항공사의 브랜드를 바꾼 영국의 Thomson Airlines는 62대의 항공기로 세계에서 가장 큰 차터 · 레저 항공사였다. TUI는 전 세계 300개의 호텔과 14개의 크루즈를 소유하고 있었다. 지난 10년간 항공사는 성장하지 않았지만 호텔과 크루즈선의 수가 증가한 것은 방어전략으로써 수직 통합에 초점을 맞추고 있다는 명백한 증거였다.

수평적 통합의 세 번째는 Air Berlin이었지만, 여기서의 통합은 다른 형태의 통합이었다. TUI와 Thomas Cook 두 곳 모두 여행기업과 연관된 차터항공사로 더 큰 레저그룹을 만들었다면, Air Berlin의 공격적인 인수전략의 목적은 전통적인 정기항공사, 저비용항공사 그리고 차터항공사의 모든 형태를 통합한 대형 하이브리드 항공사 그룹을 만드는 데 있었고, 이러한 하이브리드 항공사는 레저 및 상용

시장에 초점을 두었다. Air Berlin은 1978년에 차터항공사를 시작으로 2002년에 베를린과 뒤셀도르프의 양대 거점으로부터 유럽 주요 도시 노선에 저비용운항을 시작했으며 또한 관광사업자를 위한 차터도 계속 운영했다. 2006년에는 대규모의 국내선 정기편을 운항하는 뮌헨에 본사를 둔 항공사 dba를 인수했다. 6개월 후인 2007년 3월, Air Berlin은 LTU를 인수한 후, 독일의 세 번째로 큰 차터항공사가 되었다. 같은 기간 동안 Air Berlin은 스위스 차터항공사인 Belair도 인수했다.

이러한 것들이 Air Berlin을 모든 항공사 모델, 즉 전통적인 대형항공사, 저비용항공사, 차터항공사를 운영하는 진정한 하이브리드 항공사로 만들었는데, 이 때문에 다소 모호한 브랜드 이미지를 갖게 되었다. 그 후 전략적 우선순위는 계속 변화했고 지속 가능한 이익을 달성하기 어려웠다. 2011년 12월 아부다비의 항공사인 Etihad는 Air Berlin의 지분율을 기존 3%에서 29%로 높였고 이로 인해 Air Berlin에 더 많은 현금을 투입하면서, Etihad는 Air Berlin 경영에 있어 중요한 역할을 하게 되었다. 그러나 계속되는 문제와 함께 큰 규모의 연간 손실이 지속되었다. 다양한 회생 노력에도 불구하고 Air Berlin은 Etihad의 지원 철회에 따라 2017년 8월 파산상태에 들어가게 되었다.

6.5 차터항공사의 비용우위

차터항공 모델은 저비용 모델의 전신이다. 차터의 비용경제가 저비용항공사의 비용경제와 같은 영역이고 유사하다는 것은 놀라운 일이 아니다(5장 5.3~5.4절).

'진정한' 차터항공사의 각 비용요소를 분석, 검토하여 정기항공사의 비용과 비교해 보면 이는 명확하게 나타난다. 서로 다른 기종과 운항거리에서 발생하는 영향을 제거하기 위해 어떤 비용의 비교이든 동일 노선에서 동일 기종을 사용한다고 가정해야 한다. 2017년부터 정기항공사와 차터항공사가 A320을 운영하고 있는 노선 중 런던 지역에서 바르셀로나 및 카탈로니아 지역 공항과 같은 2시간 거리의 지중해 노선이 좋은 사례이다.

6.5.1 직접운영비

운항승무원비용, 객실승무원비용, 연료비, 공항 및 항행안전시설사용료, 보험료 및 감가상각비를 포함하는 항공기 운영비는 항공사 직접비의 가장 큰 부분을 차지한다. 차터항공사는 이러한 비용에서 제한적인 이점을 취할 수 있다.

운항승무원비용에 관해서는 차터든 정기편이든 대부분의 경우, 같은 항공기를 조종하는 운항승무원의 급여 수준에 거의 차이가 없다. 이는 차터항공사가 터키나 키프로스 같은 차터 운항 지역에서 운항승무원의 월급이 상당히 낮은 목적지 국가에 베이스를 두는 경우를 제외하고는 마찬가지이다.

이와 반대로 차터항공사의 객실승무원비는 낮다. 그들은 승무원에게 더 적은 임금을 지불하면서 더 높은 생산성을 달성하려고 노력할 것이다. 2015년 British Airways는 객실승무원 한 명당 매년 평균 37,200파운드의 비용이 발생했다. Thomson Airways는 승무원당 31,500파운드의 비용이 발생했으며 Thomas Cook Airlines는 21,500파운드의 비용이 발생했다(CAA, 2016)(2015년 이후 영국 CAA는 항공사의 상세한 재무 데이터 공개를 중단했다). 이와 동시에 차터항공사는 안전에 필요한 최소 법정 인원을 유지하며 정기항공사가 동일한 항공기 타입에 투입하는 승무원 수보다 더 적은 수의 객실승무원을 투입하는 것을 목표로 할 것이다. 차터항공사는 객실 앞쪽에 프리미엄 서비스를 제공할 수 있지만, 정기항공사처럼 비즈니스 클래스를 위한 추가 승무원을 태울 가능성은 작다. 또한 객실승무원 대부분이 계절별로 고용되므로 나머지 기간은 비용부담이 되지 않을 것이다. 일부 차터항공사들은 직원 수의 50%를 성수기 6개월 기간 동안만의 투입을 위한 계약직으로 고용한다. 단거리 구간에서 차터항공사들은 자국 밖에서 승무원이 야간 체류를 하지 않도록 승무원 로테이션 스케줄링을 편성하여 체류수당을 절감했다. 낮은 급여와 적은 수의 승무원 투입으로 인한 비용 절감을 통해 차터항공사는 전반적인 객실승무원비용을 절감한다.

반면에 동일 노선에서 동일 항공기 기종을 운항하고 동일한 가격으로 연료를 구매할 경우, 정기항공사와 차터항공사 간에 연료비의 큰 차이는 없다.

항행안전시설사용료는 정기항공사와 차터항공사가 동일 기종을 운항할 때 같을 것이다. 반대로 차터항공사는 공항사용료가 저렴한 공항을 이용함으로써 비용을 줄일 수 있는데, 특히 자국 내에서는 그것이 더욱 용이하다. 차터는 또한 선택이 가능하다면 목적지에서도 더 저렴한 공항을 이용할 것이다. 따라서 카탈로니아로 가는 차터항공사들은 바르셀로나의 엘프랏공항보다는 근처의 헤로나공항 또는 레우스공항으로 운항하는 것을 선택할 수도 있다.

정비비는 정기항공사와 차터항공사가 동일 노선에서 동일 기종을 운항할 때는 거의 같은 수준이다. 다른 항공사들의 객실승무원과 같은 직종에 비해 정비사들은 항공사별로 급여변동이 적다.

보험료는 총비용에서 매우 작은 부분을 차지하지만 매우 안정된 항공사(정기 또는 차터항공사)가 보험료에서 혜택을 보는 경향이 있다.

시간당 감가상각비 또는 리스 항공기의 시간당 리스비용은 차터항공사와 정기항공사가 연간 동일한 항공기 가동률을 달성했을 경우에는 같아질 것이다. 그러나 이는 실제로 가능할 것 같지 않다. 첫째, 정기항공사가 사용하는 항공기는 다양한 노선에서 운항될 것이고, 대부분 비교적 단거리 노선에 사용된다. 예를 들어, 런던–바르셀로나 노선에 필요한 항공기는 런던–암스테르담과 같은 다른 단거리 정기노선에 사용되어 항공기의 연간 가동률을 불가피하게 감소시키게 되는데, 이러한 항공기를 차터항공사가 운항하는 런던–바르셀로나, 런던–카나리아제도 혹은 런던–터키와 같은 장거리 노선에 투입해 가동률을 높일 수 없기 때문이다.

둘째, 여름 성수기 동안 차터항공사는 보유한 항공기를 주야간 모두 가동할 수 있을 것이다. 중·단거리 노선 정기편의 경우 승객들이 오전 7시 이전 출발편과 오후 10시 이후 도착편을 선호하지 않기 때문에 하루 14~16시간 정도만 가동률을 달성할 수 있다. 또한 정기항공사는 보통 야간 운항에 제한이 있는 런던의 히드로공항이나 많은 독일의 공항으로 운항한다. 이러한 두 요인의 결과로 정기 단거리 항공기는 종종 공항에서 야간 체류하게 되지만 차터항공사는 그렇지 않다. 다수의 레저여행객들은 운임이 낮다면 야간 출·도착을 기꺼이 수용하기 때문에 차터항공사는 성수기에 야간 출·도착을 금지하는 공항을 제외하고 야간 비행을 한다. 이는 차터항공기가 2~3시간 구간을 하루 3회 왕복 운항할 수 있게 해주지만, 정기항공사의 경우 1일 2회 왕복 운항 정도만을 계획한다.

그러나 차터서비스는 큰 폭의 계절적 수요변동이 존재하기 때문에 비수기시즌인 겨울철에는 1일 항공기 가동률이 정기항공편에 미치지 못하게 된다. 그러나 야간운항을 통한 높은 항공기 가동률로 이를 충분히 상쇄할 수 있다. 또한 차터항공사 중에는 자사의 비성수기 동안에 성수기 기간인 지구 반대편에 있는 차터항공사에게 항공기를 임대하는 항공사도 있다. 관련하여 2016~2017년 TUI 그룹의 차터항공사들은 캐나다 항공사들에게 항공기를 임대해 주었으며, 캐나다 항공사들은 이 항공기를 겨울시즌 동안 카리브 지역의 차터 수요에 사용했다. 대안으로, 여름시즌에 지중해로 향하는 중거리 광폭동체항공기를 운항한 Condor 혹은 Thomsonfly와 같은 항공사들은 겨울에는 카리브 지역, 동아프리카 혹은 인도양 노선으로 전환할 수 있다.

Thomas Cook이 소유한 A321 차터항공기의 2016년 평균 일일 항공기가동률은 10.2시간이었으나 British Airways의 A321 가동률은 8.6시간이었다. 결과적으로 Thomas Cook의 감가삼각비 혹은 시간당 리스비용은 25% 이상까지 줄어들었다. 높은 항공기 가동률은 또한 더 많은 운항 및 객실승무원의 가동률로 이어져 결과적으로 높은 노동생산성으로 이어질 수 있다.

요약하면 런던-바르셀로나 시장 또는 유럽-지중해 지역의 기타 단거리 시장에서 차터항공사는 정기항공사와 비교하여 제한적인 직접비용경제를 달성할 수 있다. 높은 일일 항공기 가동률을 통해 감가상각비 또는 시간당 리스비용을 질감할 수 있으며, 작은 비용항목이지만 적은 수의 객실승무원과 낮은 급여를 통해 비용을 절약할 수 있다. 또한 만일 저렴한 공항을 출발지 혹은 목적지에서 이용할 수 있다면 공항사용료의 수준을 절반 이상 절감할 수 있을 것이다. 단거리 노선 공항사용료는 총비용의 8~15%를 차지하고 있으므로 이 비용 절감은 매우 중요할 수 있다. 이는 저비용항공사가 비용을 절감하는 영역과 동일하다.

6.5.2 간접운영비

유럽 정기항공사와 차터항공사 간 직접운영비용의 차이점은 크지 않다. 차터항공사와 정기항공사의 비용이 큰 격차를 보이는 곳은 간접운영비 영역이다. 간접운영비란 스테이션 및 계류장사용료, 여객서비스비, 발권, 판매 및 프로모션비용 그리고 일반관리비를 말한다.

차터항공사의 스테이션비용은 낮다. 차터항공사는 목적지 공항에서 대부분의 항공기, 여객 및 수하물 조업에 대해 아웃소싱을 실시함으로써 비용을 절약한다. 계절에 따라 운항을 할 경우 자사 직원이나 사무실 그리고 그 밖의 시설들을 유지할 필요가 없다. 운항규모가 큰 공항에는 한 명 또는 적은 수의 자사 직원들이 현지 지상조업사를 관리 감독하기 위해 상주하기도 한다. 운항을 위하여 직원을 필요로 할 때도, 차터항공사는 계절에 따라 임시직원을 고용할 수 있는 유리한 위치에 있다. 반면에 주요 유럽 목적지로의 일일 운항편이나 그 이상의 운항횟수를 보유하고 있는 정기항공사의 대부분은 다른 스테이션과의 업무를 추진하고 현지 직원들을 관리할 스테이션 관리자를 고용해야 한다. 많은 부분을 아웃소싱할지라도 직원을 관리할 자사직원으로 구성된 팀이 있어야 하고, 공항이나 공항 부근에 사무실을 임대함으로써 임대료와 그 밖의 부수적인 비용이 발생할 것이다. 정기항공사의 연간 비용은 차터항공사보다 높아지게 된다. 세계 많은 지역에서와 같이 유럽에서도 정기항공사는 상용고객들을 위한 별도 공항라운지를 제공하거나 다른 항공사의 비즈니스 라운지를 이용하고 비용을 지불한다. 이는 차터항공사가 회피하는 추가비용이다. 이러한 차이점으로 인해 차터항공사는 훨씬 저렴한 스테이션 비용 및 계류장 비용을 갖게 된다.

여객서비스비의 한 가지 측면은 객실승무원비용이다. 차터항공사는 객실승무원을 적게 고용하고 앞에서 설명한 바와 같이 인건비를 줄임으로써 여객서비스비용을 줄일 수 있다. 객실승무원 수는 법적 최소 수준으로 유지하고, 성수기 기간 동안만 임시 충원할 수 있다. 2014~2015년 회계연도에 British Airways는 승무원 1인당 평균 37,200파운드를 지출한 반면, Thomson Airways(현재 TUI)는 31,500파운드를 지출했으며, 영국의 Thomas Cook Airlines는 21,500파운드를 지출했는데 이는 British Airways보다 42% 적은 수준이다(CAA, 2015).

또한 일부 차터항공사는 좀 더 넓은 좌석과 기내식을 제공하지만, 정기 네트워크 항공사의 서비스 특징인 비즈니스 클래스 기내식, 신문, 잡지 등이 제공되는 서비스가 필요하지 않으므로 여객서비스비의 현저한 절감효과가 나타난다. 차터항공사는 일반적으로 그들이 책임져야 할 환승객이 없기 때문에 네트워크 항공사들이 부담하는 승객과 수하물 환승 및 처리비용을 회피할 수 있다.

차터항공사가 가장 크게 비용을 절감할 수 있는 부분은 항공권의 발권, 판매 및 프로모션 분야이다. 차터 모델의 대부분은 차터항공사가 제공하는 좌석들이 패키지 투어 전문여행업자 또는 여행회사들에 의하여 임차되고 지불된다. 좌석의 예약, 발권 및 수익관리는 후자의 몫이지 항공사가 하지 않는다. 차터항공사가 일부 좌석을 좌석단독 판매하였다 할지라도, 이는 항공편을 임대한 여행대리점 혹은 항공기 자사 웹사이트를 통해 이루어지게 될 것이다.

차터항공사는 판매비용을 최소화시킬 수 있다. 일반인들에게 항공권을 직접 판매하지 않기 때문에 판매사무소를 개설하고 직원을 고용할 필요도 없으며, 항공권 판매를 위하여 추가적으로 판매수수료를 지불할 필요도 없다. 그러나 정기항공사에 있어 대리점, GDS 그리고 신용카드회사에 지불하는 수수료는 중요한 비용항목이다. 2014~2015년 회계연도에 British Airways는 운영비용의 3.4%를 판매수수료로 지불했다. 차터항공사는 그들의 서비스를 승객이 아닌 여행대리점, 여행알선업자 또는 다른 차터 임대업자들에게 판매한다. 따라서 수수료가 필요 없다. 유럽 또는 북미 차터항공사의 공급좌석 대부분은 연계된 여행사에 판매되는 편이다. 나머지 좌석은 다른 대형 여행사나 소수의 독립 여행사에 판매된다. 따라서 차터항공사의 연간 판매 및 프로모션 비용은 차터의 핵심 구매자와의 회의 및 식사비용에 지나지 않을 수 있다. 그러나 IT 패키지 또는 차터항공기의 좌석단독 판매를 담당하는 여행사에게는 수수료를 지불할 수도 있다.

수수료는 차터항공사가 좌석만을 단독으로 대중에게 판매할 때만 발생한다. 또한 차터항공사는 수수료 지불을 피하거나 최소화하기 위해 많은 노력을 기울인다. 발권, 판매 및 프로모션 지출이 거의 없으므로 차터항공사에 전체적으로 막대한 비용 절감효과가 발생한다. British Airways의 마케팅비용을 영국의 3대 차터항공사와 비교했을 때 이는 분명하다. 2014~2015년 회계연도에 British Airways는 발권, 판매(수수료 포함) 및 프로모션에 560,000파운드를 지출했다. Thomas Cook Airlines, Thomson Airways(현재 TUI) 및 Monarch Airlines는 총비용의 합계가 British Airways 지출의 10% 미만인 50,000파운드 미만이었지만, 승객킬로미터 기준으로 British Airways가 운송하는 교통량의 절반을 운송했다. 이후 몇 년 동안 불균형은 똑같이 나타났다.

차터항공사의 경우 소수의 관리 및 회계직원만 필요하기 때문에 일반관리비 역시 매우 낮은 경향이 있다. 정기항공사에게는 필수적이고 꼭 필요한 많은 기능들이 차터항공사들에게는 존재하지 않거나, 차터 운항의 상이한 특성 때문에 소수의 직원만 필요하다. 예를 들면, 차터항공사는 예측과 수익관리를 수행하는 대규모 부서의 직원 또는 수익 및 판매 회계 그리고 항공사 간 항공권 정산을 다루는 회계 직원들을 고용할 필요가 없다.

차터항공사는 사실상 간접비의 모든 부문에서 비용을 절감할 수 있다. 스테이션 비용 및 지상조업비용은 더 낮출 수 있으며 여객서비스비용 또한 마찬가지이다. 단거리 국제정기항공사가 전체 비용의 평균적으로 대략 8~12%를 사용하는 판매, 발권 및 프로모션비용을 차터항공사는 최소한으로 사용한다. 관리비용 역시 훨씬 낮다. 결과적으로 동일기종으로 동일노선을 운항하는 차터항공사의 간접비는 정기항공사보다 최대 절반 이하로 낮아질 것이다.

단거리 운항에서 총비용의 1/4~1/3을 차지하는 간접비와 다소 낮은 직접비는 유사한 항공기로 운항하는 부정기 차터항공사가 동일한 노선을 운항하는 네트워크 항공사보다 15~20% 낮은 비용으로 왕복운항이 가능할 것이라고 추정할 수 있다. 그러나 기본적으로 15~20% 낮은 운영비용상 이점은 부정기항공사의 경제성을 구성하는 두 가지의 중요한 요소인 높은 좌석 밀도와 높은 로드팩터에 의해 더욱 확대된다. 이는 저비용항공사들이 누리는 두 가지 이점과 같다.

6.5.3 높은 좌석 밀도

차터항공사의 좌석 밀도는 저비용항공사와 유사하다. 2017년 여름 British Airways는 유럽에서 A321을 많은 정기항공편에 투입하였다. 일반적으로 A321은 두 종류의 객실 클래스로 178석이 탑재되어 있다. A321은 차터항공사에게 인기 있는 항공기로 Thomas Cook Airlines처럼 최대 220석까지 좌석배치가 가능했다. 항공기에 24% 많은 좌석을 배치함으로써 Thomas Cook은 모든 여행비용이 동일하다고 가정하더라도 좌석비용을 약 19% 줄일 수 있다. 좌석 밀도가 더 높은 것은 광폭동체항공기에서도 찾아볼 수 있다. 장거리 구간에서 Boeing 767-300 항공기를 운항하는 차터항공사는 일반적으로 이코노미석 객실만 있을 때는 325석에 가까운 좌석을 탑재할 수 있으며 두 개의 객실 클래스일 경우 약 290석까지 탑재할 수 있다. 그러나 두 개의 객실 클래스를 보유한 British Airways의 동일한 항공기는 2017년 기준 244석 또는 247석밖에 되지 않았다.

6.5.4 높은 탑승률

부정기항공사는 항공기 기내의 좌석수를 늘릴 뿐만 아니라 탑승률을 상당히 올릴 수 있다. 이유는 이전 절에 설명되어 있다(5장의 5.4절). 유럽의 정기항공사는 특히 단거리 또는 중거리 노선에서 75~80%의 연중 로드팩터를 달성하기가 어렵고 80%를 넘는 항공사는 거의 없다. 그러나 대형 차터항공사들은 유럽 내 노선에서 85% 이상의 시트팩터를 달성하고 있다. 2015년 독일 차터항공사 Condor와 TUI Fly는 각각 89.9% 및 90%의 시트팩터를 달성했다. 2016년 Thomas Cook Airlines의 시트팩터는 89.9%였고 Thomson Airways는 94.1%였다. 이는 더 큰 저비용항공사에 의해 달성된 것과 비슷한 수준이었다.

일반적으로 시트팩터는 대형항공사가 차터를 운항하더라도 비슷한 조건의 정기편보다 부정기편의 최소 10~25% 더 높은 것으로 결론지을 수 있다. 좋은 예로 2015년 Finnair의 경우 유럽 내 중 · 단거리 정기운항편에서 80%의 시트팩터를 기록했지만 부정기편에서는 96%의 높은 시트팩터를 기록하였다. 유럽 항공사와는 달리 미국 차터항공사의 시트팩터가 훨씬 낮다는 것은 분명하다. 이는 휴가 패키지 여행에 덜 의존하는 미국시장의 사업 환경에 의한 것이다.

매우 높은 로드팩터는 부정기항공사 자체의 노력보다는 도매로 매입한 좌석을 소매가격으로 판매할 책임이 있는 여행대리점과 레저회사의 노력에 의한 것이다.

호텔, 취사가 가능한 숙소, 지상 교통 등과 같은 항공 및 기타 여행의 구성요소를 세심하게 상품화하고 예약함으로써, 여행업자들은 항공기의 높은 시트팩터를 달성할 수 있고 그들이 예약한 호텔 및 그 밖의 시설들에 대한 높은 이용률을 달성할 수 있다. 호텔을 보유하고 있는 여행알선업체와 차터항공사 간의 수직적인 결합은 호텔과 항공기의 좌석에 대한 수요와 공급계획을 용이하게 한다. 저렴하고 경쟁력 있는 가격을 유지하기 위해서는 높은 로드팩터를 달성해야 한다.

패키지 투어 차터의 좌석을 채우기 위해 항공권 중개인도 활용된다. 판매가 되지 않은 여유 좌석은 좌석단독 판매에 활용될 수 있다. 로드팩터를 높이기 위해 항공편의 개별 승객 예약 수가 상세하게 모니터링된다. 차터 기반 패키지 투어를 위해 완벽하게 조정되고 차별화된 가격구조를 사용하여 잠재적인 고객이 비교적 덜 붐비는 날이나 시간 또는 계절에 여행할 수 있도록 유도한다.

높은 로드팩터는 네트워크 항공사의 서비스 대비 차터의 승객킬로미터비용을 절감시켜 준다. 본질적으로 총 왕복 운영비용을 더 많은 승객에게 분배함으로써 부정기항공사는 승객당 운영비용을 크게 줄일 수 있다. 높은 좌석 밀도 및 로드팩터는 차터의 승객당 비용을 줄이는 데 있어 운영비용을 절감하는 것보다 더 큰 영향을 미칠 수 있다.

이전 분석을 통해 부정기항공사는 기본적으로 왕복기준으로 15~20%의 비용우위가 있다는 것을 알 수 있는데, 이는 그들의 낮은 간접비로 인한 것이다. 차터항공사는 항공기의 좌석수를 늘림으로써 좌석킬로미터당 비용우위를 더욱 확대시키게 된다. 차터항공사가 정기항공사보다 늘어난 좌석으로 85~90%의 탑승률을 달성하게 되면, 승객킬로미터당 비용은 정기항공사에 비하여 더욱 낮아지게 된다. 결과적으로 왕복비용상 15~20%였던 비용우위가 승객 1인당 비용에서는 40~50% 이상으로 늘어나게 된다.

실제로 정기항공사와 차터항공사의 비용 차이는 운항거리, 야간 비행 허용 여부, 차터항공사 대비 정기항공사가 실제로 달성한 시트팩터 등과 같은 몇 가지 요인에 따라 달라진다.

6.6 계획과 금융상의 이점

직접적인 비용상의 이점 외에도 차터항공사는 차터시장, 특히 패키지 여행 또는 포괄여행차터에 내재된 계획 및 재무적 장점을 보유하고 있다. 유럽 패키지 여행의 성수기는 6월 중순부터 9월 중순까지의 여름이다. 이러한 휴가상품의 마케팅 및 판매는 한 해 전 여름부터 시작하는데, 겨울이 최성수기이다. 이러한 조기 판매 때문에 주요 여행업자들은 봄 혹은 그 이전 여름에 여행안내 책자를 발행하고 웹사이트에 다양한 휴가 패키지의 자세한 사항을 일찍 올려놓게 된다. 이를 위해서는 수개월 앞서 항공편을 계획하고 스케줄을 정해야 하며 호텔 객실을 '선구매'해야 한다. 이러한 계획단계는 18~24개월 전에 수행되어야 한다. 겨울시즌 포괄패키지차터인 스키리조트 상품이나 캐리비안, 인도양과 같은 장거리 목적지 상품도 마찬가지로 1년 이상 전에 차터계약이 마무리된다.

여행업자와 여행대리점이 휴가 패키지를 미리 계획하고 판매해야만 한다는 상업적인 압력이 차터항공사에게는 오히려 이득이 되는데, 이는 사전에 계획을 세울 수 있기 때문이다. 노선, 기종, 운항횟수, 출발 요일, 출발 시각 역시 상세히 논의되고, 해마다 비행 프로그램의 상당 부분은 동일하게 진행된다.

차터항공사는 혜택을 받는 위치에 있다. 차터항공사가 그들의 다양한 고객들과 계약을 끝내면 그들은 1년 이후의 노선과 운항횟수를 미리 알 수 있고 필요한 항공기와 승무원을 파악할 수 있다. 차터항공사는 가능한 가장 효율적으로 수요와 공급을 정확하게 일치시킬 수 있도록 생산자원에 대한 배분계획을 수립할 수 있다. 사전에 수익규모를 예측할 수 있으므로 차터항공사는 비용이 수익을 초과하지 않도록 비용을 조정하거나 재편성할 수 있다. 이와는 반대로 정기항공사의 경우 일반적으로 비용이 발생하기 전에는 수익규모를 예측할 수 없고, 이후에 비용에 대한 중요한 조정을 하기에는 너무 늦게 된다.

차터항공사는 추가적인 보호수단이 있다. 일련의 차터에 대한 계약가격은 일반적으로 왕복 항공편당, 최저 운항 수의 블록시간당 또는 시즌당 블록시간으로 결정하게 된다. 그러나 가격은 체결 당시의 항공사 투입비용에 기초를 두고, 실제 또는 예측된 항공유 비용, 공항사용료, 항행안전시설사용료 그리고 관련된 통화에 대한 환율변동예측까지 포함하여 고려하게 된다. 영국 항공사들의 경우 파운드는 미국달러로 환산한다. 차터항공사는 출발 전 기준비용에 변동이 발생할 경우 이를 임차자, 즉 일반적으로 여행알선업체에게 통보할 의무가 있다. 만일 비용이 상승했을 경우 임차자는 추가비용을 지불해야 하고, 비용이 하락했을 경우에는 환불을 받을 수 있게 된다. 이론적으로 합의된 차터요금에 대한 추가요금제도는 투입비용의 급변과 불리한 영향으로부터 차터항공사를 보호하게 되지만, 실제로는 추가요금에도 제한이 있을 수 있다.

차터항공사는 대량의 주류, 담배, 향수, 시계 등의 기내 판매를 통해서 자금 운용에 대한 도움을 받는다. 유럽에서 승객 1인당 기내 판매액은 정기항공사보다 차터항공사가 높다. 이는 차터의 경우, 특히 방문 국가의 면세점이 잘 갖추어지지 않은 보조공항에서 출발하는 경우가 대부분이기 때문이다. 반대로 정기항공편에 상용고객의 비율이 높으면 기내에서 돈을 덜 쓰는 경향이 있다. 또한 정기편에서는 기내 판매에 대한 우선순위가 낮은데 이는 근무에 있어 객실승무원의 시간적 여유가 부족하기 때문이다.

기내 면세품 판매가 부정기항공사의 영업에 매우 긍정적인 영향을 미치고 있는 반면에, 화물수익의 부재는 항공기 운항을 통해 발생할 수 있는 잠재적 화물수익을 확실히 감소시킨다. 일반적으로 차터항공사는 경쟁사인 정기항공사처럼 여객수익을 화물수익으로 보충할 수 없다. 정기항공사의 장거리 여객 항공편에서 화물이 10~15%의 수익을 발생시킬 수 있다. 차터항공사는 승객 좌석을 판매하는 가격에 이러한 차이를 반영해야만 한다.

차터에 대한 초기의 교섭과 투입비용의 변동에 따른 차터 운임의 조정능력은 부정기항공사에게 확실성과 재무적 안정성을 제공한다. 차터항공사는 비용이 상승할 경우 재조정한 가격으로 본인들의 상품을 미리 판매할 수 있고, 판매한 공급석을 제공하는 데 필요한 자원을 확보할 수 있다. 대형항공사와 저비용항공사 모두를 포함한 정기항공사는 이와는 정반대로 업무를 수행하기 때문에 차터항공사에 비해 핸디캡을 가지고 있다. 정기항공사는 수요예측 또는 매출 목표치를 충족시키는 데 필요한 공급석의 수준을 결정한 후 자원을 할당하고 이를 판매하기 위해 노력해야 한다. 또한 정기항공사는 얼마만큼 판매할 수 있는가를 확실히 알지 못한 상태에서 공급계획을 미리 수립해야 한다. 결과적으로 정기항공사는 차터항공사보다 수요와 공급을 맞추는 데 훨씬 더 큰 어려움에 직면하게 된다.

6.7 차터항공사의 미래가 존재하는가?

예를 들어, 하지순례를 위해 사우디아라비아로 향하는 순례자 또는 운동경기를 위한 승객운송과 같은 구체적인 수요를 충족시키기 위한 일회성(one-off) 차터와 단기간(short-series)의 여객차터는 지속될 것이다. 그러나 주요한 의문은 유럽 또는 북미에 출 · 도착하는 레저 기반 계열의 차터항공사에 장기적인 미래가 있느냐 하는 것이다.

차터의 비즈니스 모델은 일부 경쟁우위를 제공하는 것으로 나타난다. 차터항공사는 2~5시간 구간의 동일한 노선을 운항하는 전통적인 정기항공사보다 40~50% 더 저렴한 좌석킬로미터당 비용으로 차터항공기를 운항한다. 이러한 비용우위는 저비용항공사의 특징과 비슷하다. 장거리 구간에서는 차터항공사와 정기항공사 사이의 비용 차이는 훨씬 적어진다. 또한 차터항공사는 차터 모델의 두 가지 독특한 특징으로 혜택을 누린다. 첫째, 여행알선업체 또는 여행사에 다량의 좌석판매를 하는 것이다. 이는 높은 로드팩터를 보장하여 공급과 수요의 일치를 용이하게 한다. 둘째, 제한적인 비율의 좌석단독 판매를 제외하고는 승객에게 직접 판매를 하지 않기 때문에 항공사 자체적인 판매나 마케팅비용이 없다는 것이다. 판매 노력은 국가별 한정된 수의 여행알선업체에 중점을 두고 있다.

여객차터는 좋은 공급 모델로 보인다. 하지만 수요는 어떠한가? 명백한 우위에도 불구하고 유럽과 북미 차터항공사는 지난 20년 동안 우여곡절이 많았다. 강력한 경쟁 압력과 다른 주요 경쟁사들의 공격에 직면해야 했다. 대형항공사는 온라인여행사 및 자체적인 웹사이트를 이용해 단거리 승객들에게 가격에서 훨씬 많은 유연성과 저렴한 편노운임을 제공했으며, 고객 스스로 호텔과 자동차 렌트를 예약할 수 있는 서비스를 제공했다. 또한 장거리 레저노선에서 훨씬 가격경쟁력이 높아졌다. 앞에서 나타난 것처럼 저비용항공사 역시 승객들에게 유연성을 제공하고 다양한 운임과 목적지 그리고 호텔을 제공함으로써 단거리 차터를 공격하였다. 무엇보다도 매우 저렴한 편도운임과 높은 운항횟수로 인하여, 이전에 차터항공사를 이용하던 많은 승객이 저비용항공사로 전환하였다. 소비자 취향의 변화와 유연성 향상에 대한 욕구에서 가장 이익을 얻고 있는 것은 저비용항공사이다. 저비용항공사는 확실히 단거리 차터항공사 및 레저항공사에 가장 큰 위협적인 존재이다.

일부 차터항공사는 자체적인 저비용서비스 또는 부수적인 항공서비스를 시작하거나, Condor가 했던 대로 좌석단독으로 판매를 더 많이 하거나 또는 두 방법을 모두 사용하여 이러한 경쟁적인 도전과 변화하는 시장 환경에 대응하였다. 영국 차터항공사인 Monarch도 2010년 초저비용항공사로 전환하려고 했지만 2017년 10월에 실패하고 무너졌다.

다른 항공사 및 여행사들에 의해 레저여행객들이 인터넷을 통해 스스로 휴가 패키지를 만들 수 있도록 하는 유연성을 제공한다 해도 기성 여행 패키지에 대한 수요는 계속될 것이다. 이러한 수요는 점점 더 많아지고 있는 노인들, 자녀를 둔 일부 가족들 그리고 여행에 경험이 없거나 불안한 여행자들로부터 창출될 것이고, 다양한 수요를 발생시킬 것이다. 한편으로는 지중해나 카리브해 휴양지의 값싼 해변에서 보내는 가족들의 수요가 상당할 것이고, 다른 한편으로는 아시아, 아프리카 또는 중남미 등 장거리 지역으로의 고급 관광에 대한 수요가 생길 것이다. 특히 Thomas Cook이나 TUI와 같은 대형 여행사들은 호텔 및 크루즈선과 장기 임대계약을 체결함으로써 그러한 시장에서의 입지를 다질 것이다. 객실을 대량으로 구매하고, 종종 자체 항공기에서 시리즈 차터를 활용하며, 여행사들은 휴가비용을 낮출 수 있을 것이다.

차터 또는 레저 항공사의 장기적인 생존은 가격경쟁력이 있고 가치가 우수하며 다양한 시장 부문에 매력적인 휴가 패키지를 제공할 수 있는 능력에 달려있다. 저비용항공사는 경쟁이 덜한 3시간 이상의 장거리 목적지와 계절적 수요변동이 많아 네트워크 또는 저비용항공사에 적합하지 않은 장거리 시장에 점점 더 집중할 것이다. 이렇게 새로운 시장 상황에 적응하는 과정에서 저비용 모델과 차터 모델

간의 구분이 점점 모호해지고 있다.

그 다음 문제는 전통적인 시리즈 차터 모델이 존속 가능한가이다. 시리즈 차터의 미래는 있지만 미래는 제한적이다. 앞서 제안한 단거리 또는 장거리 시장에서 운영되거나 대규모 여행사와 소규모 전문관광사업자가 승객에게 아래의 두 가지를 제공하는 경우에만 시리즈 차터는 살아남을 수 있다. 첫째, 소비자가 온라인 쇼핑을 통해 스스로 체험하기 어려운 경험을 제공할 수 있도록 휴가상품과 서비스를 다양화하고 차별화해야 한다. 이는 여행사가 승객당 수익을 올리는 데 도움이 될 것이다. 둘째, 그들은 승객들에게 더 큰 유연성과 선택권을 계속 제공해야 한다. 즉, 승객이 지불하고자 하는 상품 및 서비스를 직접 선택할 수 있도록 항공상품 및 휴가 패키지의 모든 부분을 분리하는 것이다. 그러한 '다이내믹 패키지'는 시리즈 차터의 생존에 핵심이 될 것이다.

Chapter

07

경영수단으로서의 얼라이언스

7.1 얼라이언스 열풍

7.2 양자간 상업협정

7.3 글로벌 얼라이언스

7.4 지분 참여방식 얼라이언스 및 합병

7.5 메탈중립 조인트벤처

7.6 얼라이언스 전략

Chapter

07 경영수단으로서의 얼라이언스

오늘날 글로벌 얼라이언스의 가치가 높아지고 있다. 그러나 10년 후에도 글로벌 얼라이언스가 존속하고 있을지는 의구심이 들지만, 만일 존재한다면 나에겐 놀라운 일이 될 것이다.

– Willie Walsh, CEO International Airline Group, 2016년 11월

7.1 얼라이언스 열풍

항공산업의 특징은 양자 또는 다자간의 다양한 얼라이언스로 특히 국제선 항공사에서 두드러진다. 대부분의 항공사 얼라이언스가 추구하는 최우선 목표는 항공서비스의 공급조건을 변경하여 더 많은 수익을 창출하는 데 있다. 그러나 일부 얼라이언스는 한발 더 나아가 수익 증대뿐 아니라 비용 절감도 목표로 삼는다.

항공사 간 상업협정은 경영의 주요 수단으로 대부분의 국제선 및 다수의 국내선 시장에서 중요한 역할을 한다. 항공서비스 공급조건은 각 노선을 운항하는 항공사들이 체결한 얼라이언스의 특성에 따라 결정된다. 이는 항공산업 운영방식을 이해하기 위한 주요한 요소인데, 이는 항공사 주요 노선에서 이윤 확보 수단의 역할을 하기 때문이다. 항공사 간 상업협정은 새로운 것이 아니며 수적으로 팽창하고 복잡성을 띠며 성장해 왔다.

1990년대 후반부터 2000년대 초반에는 다양한 형태의 항공사 얼라이언스 열풍이 일었다. 이는 10년 전 미국에서 있었던 사례와 유사하다. 1997년 후반 빠르게 성장하던 동아시아 국가들의 경제위기부터 시작하여, 1998년 유럽 일부 국가의 경기 둔화, 뒤이은 1999년 유가 급등은 국제선을 운항하는 항공사들의 재무성과

를 악화시켰고, 이는 활발한 얼라이언스 형성 시대를 불러왔다. 전 세계의 경제침체가 2000년을 넘어서도 계속되자 항공산업의 위기가 심화되었고, 2001년 9 · 11 테러 이후에 더욱 악화되며 얼라이언스 열풍이 더욱 거세졌다. 그 후 이어진 10년의 침체기 동안 많은 항공사의 관리자들은 얼라이언스 구축이 곧 생존전략의 핵심축이라 여겼다.

얼라이언스 구축은 국내 및 국제규제의 점진적 자유화가 미국, 유럽 및 여러 시장에서 항공수송에 영향을 끼치면서 가능해졌는데, 1980년대에 시작된 얼라이언스 구축은 1990년대와 2000년대에 특히 두드러졌다. 규제완화는 항공사의 얼라이언스 가입을 용이하게 하였고, 얼라이언스 형성에 새롭고 혁신적인 방식을 도입할 수 있게 해주었다. 동시에 규제완화는 항공사들 간의 경쟁을 심화시켜 얼라이언스를 더욱 매력적으로 만들었는데, 항공사 경영진들이 얼라이언스 형성을 경쟁완화의 수단으로 보았기 때문이다. 얼라이언스는 다양한 형태를 띠지만 가장 중요한 핵심 역할은 추가 수익 창출이었다. 대부분의 얼라이언스는 양자간 형식을 택했는데 이는 새로운 방식은 아니었다. 더 혁신적인 형태는 각기 다른 지역의 다수의 항공사가 세계를 연결하여 네트워크를 제공하는 글로벌 얼라이언스의 등장으로 나타났다. 이러한 방식의 첫 번째 글로벌 얼라이언스는 1997년 United Airlines, Lufthansa, Air Canada, Scandinavian Airlines, Thai Airways 등이 시작한 Star Alliance이다. 뒤이어 Oneworld는 1999년에, SkyTeam은 그 이듬해인 2000년에 창립되었다. 그 이전에도 1990년대 중반 Swissair, Sabena, Austrian Airlines, Delta Air Lines 등이 참여한 'Atlantic Excellence'와 같이 여러 글로벌 얼라이언스가 있었지만 끝까지 유지된 얼라이언스는 없었다.

한 걸음 더 나아가 일부 항공사의 경영진들은 인수, 합병이 항공산업 통합을 이루어 얼라이언스의 이점이 극대화될 것으로 생각했다. 이는 특히 미국 항공사들에서 더욱 두드러지게 나타났다. 2001년 American Airlines는 TWA를 인수했으며, 2008년 Delta Air Lines는 Northwest와 합병했다. 2010년에는 United와 Continental이 합병했으며, Southwest가 Air Tran을 인수하면서 미국 내 주요 저비용항공사 간의 합병이 이루어졌다. American Airlines는 2013년 다시 US Airways와 합병하였는데, US Airways는 8년 전 America West와 US Air의 합병으로 만들어진 항공사였다. 미국의 주요 10대 항공사들은 12년에 걸쳐 총 4개의 항공사로 통합되었으며, 그중 하나가 저비용항공사인 Southwest였다.

유럽에서도 마찬가지로 통합에 대한 압력이 높아졌다. 2003년 10월, Air France의 네덜란드 항공사 KLM 인수 제안이 발표되었고, 이듬해인 2004년 인수 합병절차가 모두 완료되었다. Air France와 KLM의 인수합병은 대서양 지역 두 규제당국의 승인으로 유럽 내 국경을 넘어 이루어진 첫 번째 중요한 '합병'이었으며, 얼라이언스 형성의 또 다른 혁신을 보여주었다. 이후 국가 간 인수 사례들이 잇따르게 되었는데 Lufthansa가 주도적 위치에 있었다. 2017년 말에는 Lufthansa, SWISS, Austrian Airlines의 세 프리미엄 네트워크 항공사와 Eurowings, Brussels Airlines과 같은 포인트 투 포인트 항공사로 구성된 Lufthansa Group이 만들어졌다. 한편, British Airways와 Iberia에 의해 탄생한 International Airline Group에는 두 창립 멤버 외에도 Aer Lingus와 스페인의 저비용항공사인 Vueling이 포함되었다. 여기서 주목할 점은 이렇게 세 그룹에 소속된 모든 항공사들이 계속 각자의 상호와 브랜드로 운항한다는 점이다.

운항방식의 특징이나 차이점이 항상 뚜렷하게 드러나는 것은 아니지만, 지난 30년간 네 가지 종류의 주요한 상업적 얼라이언스가 탄생했다. 회원 항공사들에게 추가 수익을 창출하고, 가능하다면 비용 절감을 실현한다는 비슷한 목적을 가졌기 때문에 모든 또는 대부분의 얼라이언스는 공통된 상업적 특징을 지니고 있다. 예를 들어, 공동운항은 얼라이언스의 형태나 구조와는 상관없이 대부분 항공사 간 얼라이언스에서 매우 중요한 역할을 한다. 상이한 얼라이언스 형태의 가치를 평가할 때 다음 사항을 기억해야 한다.

- 양자간 상업 얼라이언스
- 글로벌 얼라이언스
- 소주주 또는 지배주주와의 지분 얼라이언스
- 메탈중립(metal–neutral) 조인트벤처

1990년대 초반 Michael Porter는 업계 전반에 대해 이렇게 썼다. "얼라이언스는 항공업계가 구조적 변화를 겪거나 경쟁이 심화되는 시기에 경영진들이 제대로 대처하지 못할까 하는 두려움에 번성하게 되는 과도기적 장치이다. 이는 불확실성에 대한 반응이며, 회사가 무언가의 조치를 취하고 있다는 위안을 준다." 1990년대 후반에서 2000년대 후반까지 몰아친 국제선 항공 얼라이언스의 광풍은 어느 정도 이런 원인이었던 것일까? 경제침체기하에서 규제완화와 심화된 경쟁에 대처하지 못한 관리자들의 무능력으로 인한 과도기적 장치에 불과했을까? 아니면 항공사 얼라이언스와 업계 통합은 항공사 운영의 경제적 특성에 대한 불가결한 반응이었을까?

7.2 양자간 상업협정

수년간 항공사의 필요를 충족시키기 위한 광범위하고 복잡한 항공사 간 협정이 증가 추세에 있었다. 얼라이언스 열풍에 앞서 이루어진 이러한 협정들은 국제선 운항이나 마케팅을 용이하게 하는 것이 주목적이었다. 때로는 협정이 순수하게 기술 분야에서만 이루어지기도 했는데, 예를 들면, 각 항공사 거점에서의 대기 엔지니어 인력, 동일 유형의 항공기 정비 등에 대한 협력이다. 항공사가 자신의 거점에서 파트너사 운항 항공편을 위해 지상조업을 제공하는 것은 흔한 일이며, VIP 비즈니스 라운지를 함께 공유하기도 한다.

그러나 다수의 항공사 간 협정은 본질적으로 상업적 특성을 가지며, 여객과 화물서비스의 마케팅과 판매 촉진을 최우선으로 고려한다. 예를 들어, 파트너사 운항편에 자사 코드를 부여하기도 하는데, 이를 코드셰어(code share)라고 칭한다. 모든 협약에는 파트너 항공사가 공동운항으로 판매할 수 있는 운항편의 좌석수와 방법이 명시된다. 이렇게 되면 파트너 항공사는 실제 운항을 하지 않더라도 자사 코드를 부여해 자유롭게 좌석을 판매할 수 있다. 규정상 허용된다면 파트너 항공사는 공동운항 여부와 관계없이 공급력과 스케줄을 조정할 수 있다. 항공사는 상용고객우대 프로그램 가입에 동의할 수 있으며, 공동으로 운항하는 노선이나 시장에 대한 마케팅 수단 결합조건에 동의할 수도 있다. 어떤 협정은 여객 및 화물 항공편에 대한 공동운영과 관련된 것일 수 있으며, 두 개 이상의 파트너 항공사를 대표하는 한 항공사의 항공편 운항에 관한 내용일 수도 있다. 하나의 항공사만 서비스를 운영하는 경우, 비운항 항공사가 운항 항공사에게 구매할 좌석수와 지불금액을 확정하기 위한 일종의 수익배분협정이 이루어져야 한다. 그러한 협정은 다소 복잡할 수 있는데, 그 간단한 해결 공식은 '블록 스페이스 협정(block-space agreement)'이다. 블록 스페이스 협정은 좌석들이 얼마나 채워지는지와는 상관없이, 한 항공사가 다른 항공사로부터 정해진 특정 좌석수를 특정 가격에 구매하는 것을 의미한다.

코드셰어를 비롯한 유사한 협정은 소수의 노선만을 지정하는 경우도 있지만 특정 지역이나 국가를 운항하는 다수의 노선을 포함하기도 한다. 특정 지역, 국가 운항 노선을 포함하는 경우, 한 항공사가 다른 항공사의 허브로 운송량을 공급하는 역할을 하게 된다. 그렇게 되면 지역 수요공급을 맡은 지선(feeder) 항공사는 허브에서 출발하는 항공사의 일부 혹은 전체 항공편에 자사 코드를 부여하는 것을 협상하기도 한다. 또 다른 종류의 지역 얼라이언스로는 대형항공사와 지역 또는 지선 항공사 간의 프랜차이즈협정이 있다. 가맹사(franchisee)는 본사(franchiser)가 되는 항공사의 기체 디자인, 브랜드, 서비스표준을 도입하게 되며, 일반적으로 자사 코드가 아닌 대형항공사의 코드만을 사용한다. 예를 들어, British Airways는 South Africa를 거점으로 운영하는 Comair와 프랜차이즈계약을 맺고 있으며, Comair는 British Airways의 편명으로 South Africa 노선을 운항한다.

양자간 상업협정은 다소 복잡할 수 있으나 대부분의 경우 기본 목표는 양측 항공사(또는 두 개 이상의 항공사가 참여한 경우 협정을 맺은 모든 항공사)의 더 많은 수익 창출에 있다. 같은 시장(들)에서 경쟁하는 항공사들에게 스케줄 조율 혹은 코드셰어는 파트너 항공사의 서비스를 더욱 매력적으로 만든다. 만약 각자의 허브에서 이원구간에 대해 코드셰어를 실행한다면 이는 자사 잠재고객들에게 더 많은 목적지를 제공하게 되는 이점이 있으며, 더 커지고 넓어진 네트워크에 대한 마케팅적 이점도 누리게 된다.

항공사 간 협정의 두 번째 목표는 경쟁을 약화시켜 수익 증대를 꾀하는 것이다. 만약 파트너사가 특정 노선(들)을 운항하는 유일한 항공사라면 상업협정을 통해 해당 노선(들)을 유사 독점노선으로 바꾼 후, 운임 수준 혹은 공급석을 합의해 수익을 최대화할 수 있다. 해당 노선에 다른 경쟁사가 있다면 협정을 맺지 않은 항공사의 경쟁 입지는 약해진다. 양자간 협정을 맺은 항공사는 더욱 매력적인 스케줄을 제공하기 위해 운항시간을 합리적으로 조정하는 동시에 노선에 대한 좌석공급력을 지배함으로써 경쟁 입지를 확실히 강화할 수 있다. 해당 노선에서의 지배적인 위치는 경쟁사의 지속적인 운항이나 신규 취항을 어렵게 만든다.

이의 좋은 예는 1995년 Lufthansa와 Scandinavian Airlines가 프랑크푸르트와 뒤셀도르프에서 코펜하겐, 스톡홀름, 오슬로까지 각각 총 6개의 노선을 운항하는 얼라이언스를 맺은 이후의 상황에서 살펴볼 수 있다. 스케줄 협의가 이뤄졌으며 운임도 비교적 높은 수준에서 유지되었고, 그들 외 다른 항공사는 운항하지 않았다. 유럽연합 집행위원회는 신규 취항사에게 활주로 슬롯을 제공하도록 두 항공사에 권고했으나, 양사가 독일과 스칸디나비아에서 너무나 강력한 위치를 점하고 있기 때문에 선뜻 신규 취항을 원하는 항공사가 없었다. 2002년 Ryanair가 프랑크푸르트에서 120km 거리인 한과 오슬로에서 120km 거리인 토프, 스톡홀름에서 88km 거리인 스카브스타 사이를 취항할 때까지 해당 노선은 7년간 경쟁사 없이 운항되었다. 2017년 여름까지 Lufthansa와 Scandinavian Airlines는 코드셰어를 지속하며 프랑크푸르트와 코펜하겐, 스톡홀름, 오슬로 사이 3개 노선, 뒤셀도르프와 오슬로 사이 노선을 운항하는 유일한 항공사였다. 얼라이언스로 인한 시장시배력 때문에 가능한 일이었다.

얼라이언스의 결과로 나타난 경쟁상 가장 두드러진 부작용은 이전에 제3의 항공사 없이 두 항공사가 경쟁하던 하나의 노선에 이제는 얼라이언스 파트너사 중 하나의 항공사만 운항하게 된 것이다. 많은 사례가 있는데 그중 가장 분명한 사례는 스위스와 벨기에 두 국가 간 노선이다. 1990년대 후반 이후로 취리히 및 제네바에서 브뤼셀까지 가는 노선은 양 국가의 두 항공사에 의해 운항되었다. Swissair가 취리히-브뤼셀 노선을, 벨기에 항공사인 Sabena가 브뤼셀-제네바 노선을 독점 운항하며, 모든 항공편에는 양사의 코드를 부여했다. 이 두 항공사 외에 운항하는 항공사는 없었기 때문에 두 항공사가 운항하던 노선이 단일 독점노선이 되어 경쟁요소를 제거함으로써 공급석 확대를 방지하고 운임 수준을 높게 유지할 수 있었다. 이후 이 두 항공사의 소유권과 경영권 후임자의 이름이 바뀌었음에도 이러한 협정은 지속되었으며, 이는 양사 소유주가 Lufthansa로 변경된 후에도 그대로 유지되어 2018년 초 취리히-브뤼셀 노선은 SWISS가 단독운항하고 있다. 브뤼셀-제네바 노선은 easyJet과 제한적으로 경쟁이 있기는 하지만 Brussels Airlines 코드셰어 편이 운항하고 있다.

미국 및 일부 국가에서는 항공사 간에 공급석, 스케줄, 운임을 합의하는 것이 항공당국의 예외 승인을 받는 경우를 제외하고는 반경쟁적 행위로 금지되어 있다.

양자간 얼라이언스의 세 번째 목적은 비용 절감일 수 있으나, 지금까지는 양자간 상업협정으로 인한 비용 시너지는 상당히 제한적이었다. 지상조업 협업이나 비즈니스 라운지 공유 혹은 체크인 데스크나 사무실 공유에서 어느 정도 비용 절감이 가능하고, 공동 마케팅을 추진할 수도 있지만 그 외의 비용 절감효과는 크지 않다. 전반적으로 해당 시장의 노선에 대한 총비용의 영향은 3% 미만 수준이다. 그러나 스케줄 합의가 운항횟수 감축, 혹은 대형항공기 투입 등을 이끌어낼 수 있다면 비용에 끼치는 영향도 커지게 된다.

반면 규모가 큰 고비용 파트너 항공사는 얼라이언스를 통해 소규모 파트너사의 낮은 운항비용에서 이점을 누릴 수 있다. 항공사의 단위비용에 영향을 미치는 주요 요인은 인건비인데, 이는 국가 간의 차이가 있으며, 같은 국가에서도 강성 노조 유무 등으로 항공사 간의 차이가 있을 수 있다. 일부 소규모 항공사들은 낮은 인건비로 관리비용 및 간접비용을 낮추고, 때로는 정비나 케이터링 등 주요 업무를 아웃소싱하여 비용적 이점을 강화한다.

항공사 간 단위비용 차이가 크기 때문에 대다수의 얼라이언스들은 마케팅적 이점을 주요 목표로 삼고 있으며, 한층 더 나아가 파트너사의 낮은 운영비용에서 이점을 누리고자 하는 경우도 있다. 이는 특정 노선 혹은 지역적 얼라이언스의 경우 더욱 뚜렷하게 나타난다. 스페인 현지의 지역 민간항공사인 Air Nostrum은 항공기 43대를 보유하고(2017년 기준) Iberia 국내선 노선의 3분의 1을 프랜차이즈 형태로 운항하고 있다. 이는 Air Nostrum의 100석 이하 터보프롭과 소형 제트기 운용 및 낮은 인건비가 이끌어내는 낮은 단위비용의 이점을 누리고자 하는 것이다. 이로써 Iberia는 수요가 적어 적자가 발생했던 노선을 흑자로 전환시킬 수 있었다.

Air Nostrum은 Iberia 항공기 디자인을 따르고 Iberia에 프랜차이즈비용을 지불하며, Iberia는 마케팅, 영업, 지상조업을 제공한다.

미국에서는 세 개의 주요 네트워크 항공사가 지역 항공사들과 얼라이언스를 형성하고 있다. 지역 항공사들은 주요 항공사에 비해 낮은 단위비용으로 주요 항공사의 허브로 운항한다. 예를 들어, 세계 최대 규모의 Embraer 170과 175 소형 제트 여객항공기를 보유한 미국의 지역 항공사 Republic은 American Airlines를 대신하여 'American Eagle'로 운항하고 있다. 또한 Delta를 위해 'Delta Connection', United를 위해 'United Express'로 운항한다.

양사 간의 얼라이언스는 전략이라기보다는 필수적인 전술이며, 오로지 제한된 범위의 협력과 상호 지원을 제공한다. 항공사들은 파트너사들의 장기적 성장이 얽혀있는 좀 더 전략적인 협정인 글로벌 얼라이언스, 조인트벤처나 지분참여 파트너십으로 눈을 향하게 된다.

7.3 글로벌 얼라이언스

네트워크 확장의 측면에서 가장 두드러지는 얼라이언스는 분명 글로벌 범위의 얼라이언스이다. 이러한 얼라이언스의 주된 목적은 지리적으로 확연히 구분된, 두 개 이상의 항공사 네트워크를 연결해 마케팅적 이점과 규모의 경제를 달성하는 것이다. 글로벌 얼라이언스에는 보통 많은 노선에 걸쳐 코드셰어를 운영하지만, 스케줄 협업, 사무실 및 지상조업 공유, 상용고객우대제도 결합, 정비 협업 등으로 한발 더 나아가고자 하며, 때로는 상호 지분참여를 포함하기도 한다. 글로벌 파트너십하에서 회원사들은 각자 특정 노선별로 많은 수의 제휴를 추진하고, 글로벌 얼라이언스의 회원이 아닌 다른 항공사들과 일부 지역을 대상으로 얼라이언스를 체결할 수 있다. 따라서 네트워크 규모 및 글로벌 얼라이언스의 영향력은 처음보다 훨씬 더 커질 수 있다. 글로벌 얼라이언스의 목표는 다른 지리적 지역에서 항공사들을 효과적으로 연결하고 전 세계 네트워크를 형성하여 규모와 범위상 이점을 창출하는 것이다.

항공사들이 글로벌 얼라이언스의 수익과 마케팅 이점을 점점 인식하게 되면서 이러한 얼라이언스에 가입하는 것이 많은 항공사들에게 생존전략 중 주요한 요소가 되었다. 일부 지역을 대상으로 한 소규모 얼라이언스들은 글로벌 얼라이언스의 일부분이 되거나 흡수되었다. 1998년부터 2003년까지 세계 경제위기가 심화되면서 예상하지 못했던 새로운 파트너십들이 출현했고 예전 협정들은 붕괴되었다. 이와 관련한 예로, Swissair, Sabena, Austrian Airlines, Delta Air Lines를 잇는 'Atlantic Excellence' 얼라이언스가 가장 큰 피해를 입었다. 1999년 6월 Delta Air Lines가 Atlantic Excellence를 탈퇴하고 Air France와 새로운 글로벌 얼라이언스를 만들겠다고 선언했기 때문이다.

'Atlantic Excellence'가 해체되는 동안 한편에서는 세 개의 다른 글로벌 얼라이언스가 등장하여 파트너십 기반을 확장해 나갔다. 이 중 첫 번째 대규모 얼라이언스는 1997년 5월 Air Canada, Lufthansa, Thai International, United Airlines, Varig에 의해 결성된 Star Alliance였다. 이 얼라이언스에는 2017년까지 27개 항공사가 가입했다. Oneworld는 1998년 British Airways, American, Qantas, Cathay Pacific, Canadian Airlines에 의해 설립되었는데, Canadian Airlines는 이후 Air Canada와 합병하면서 Oneworld에서 탈퇴했다. Oneworld는 2017년 기준 15개의 항공사를 회원으로 보유하여 회원항공사 숫자로만 볼 때 세 개의 글로벌 얼라이언스 중 가장 작은 얼라이언스가 되었다.

2000년 Air France–Delta Air Lines의 파트너십에 Aeromexico, Korean Air가 참여, 전 세계로 범위를 넓히면서 세 번째 글로벌 동맹체인 SkyTeam이 탄생했다. 2004년 4월 Air France가 KLM을 인수함에 따라 KLM과 협력 회원사였던 Northwest도 규모 면에서 Star Alliance 및 Oneworld에 필적하는 SkyTeam에 가입하게 되었다. 2017년까지 SkyTeam에는 중국의 최대 항공사인 China Southern과 China Eastern 두 곳을 포함해 20개의 항공사가 회원으로 가입했다.

2016년 기준 이 세 얼라이언스에 속해 있는 회원항공사 및 파트너사는 전 세계 승객킬로미터의 59%와 유상승객킬로미터의 62%를 점유했다([표 7–1] 참조). 하지만 이 항공사들 중 대다수는 해당 글로벌 얼라이언스에 속해 있지 않은 개별 항공사들과 코드셰어 그리고 프랜차이즈 등 별도의 협약을 맺거나 지역 얼라이언스를 맺고 있기 때문에 이러한 지역 파트너들까지 계산에 넣는다면 3개의 동맹체가 전 세계 국내, 국제선 스케줄 운항편의 3분의 2가량을 점유한 것이다. 집중도가 너무 심해 문제가 되지는 않을까?

[표 7-1]에서 명확하게 알 수 있듯이 승객킬로미터 기준 전 세계 상위 50여 개 항공사들은 이 세 얼라이언스 중 한 곳에 속해 있다. 그러나 눈에 띄는 예외의 경우도 있다. 중동 항공사인 Emirates와 Etihad, 유럽 및 북미 지역의 대형 저비용

표 7-1 글로벌 얼라이언스 순위(2016년 정기편 승객킬로미터 기준)

얼라이언스	국제 승객킬로미터 점유율(%)	국내 승객킬로미터 점유율(%)	총승객킬로미터 점유율(%)
Star Alliance(27개 회원사)			
Adria, Aegean, Air Canada, Air China, Air India, ANA, Air New Zealand, Asiana, Austrian, Avianca, Brussels, COPA, Croatia, Egyptian, Ethiopian, EVA, LOT, Lufthansa, SAS, Shenzhen, SIA, SAA, SWISS, TAP, Thai, Turkish, United	25.6	17.2	22.6
SkyTeam(20개 회원사)			
Aeroflot, Aerolineas Argentinas, Aeromexico, Air Europa, Air France, Alitalia, China Airlines, China Eastern, China Southern, Czech, Delta, Garuda, Kenya, KLM, Korean, MEA, Saudia, TAROM, Vietnam Airlines, Xiamen	18.0	21.9	19.4
Oneworld(15개 항공사)			
Air Berlin, American, BA, Cathay, Finnair, Iberia, JAL, LAN, Malaysia, Qantas, Qatar, Royal Jordanian, S7, Sri Lankan, TAM	18.5	15.1	17.2
총 3개 얼라이언스	62.1	54.3	59.3
세계 총합	100.0	100.0	100.0

주: 얼라이언스 회원사와 협력 교통량 데이터
자료: 세계 항공교통 통계 2017, IATA: 제네바

항공사들 그리고 GOL, Alaska Airlines와 기타 소수 항공사들이다. 그러나 이들 중 다수는 글로벌 얼라이언스에 소속된 회원사와 양자간 협정을 맺고 있다. 예를 들어, 2017년 GOL은 자사의 소수 지분을 보유한 SkyTeam 회원사인 Delta Air Lines와 광범위한 코드셰어협정을 체결하였다. 한편 중동 항공사 중 하나인 Etihad는 유럽과 중동 사이에 Air France/KLM과의 코드셰어협정을 통해 이점을 누리고 있다.

아시아에서는 2016년 저비용항공사를 중심으로 U-FLY 및 Value Alliance라는 두 개의 작은 지역 얼라이언스가 출범했다. 두 얼라이언스 중 규모가 더 크고 항공서비스 국가 수가 더 많은 Value Alliance에는 Cebu Pacific(필리핀), Jeju Air(한국), Nok and NokScoot(태국), Scoot(싱가포르), Tigerair(호주) 및 Vanilla Air(일본) 등이 참여하였다.

무엇 때문에 이러한 대륙 간 얼라이언스가 탄생했을까? 이는 국가를 초월한 업계 집중과 합병 가능성에 바탕을 두고 있는 것으로 보이며, 이에 대한 네 가지 주요 원인은 규모와 범위에서 오는 마케팅적 이점, 세계 항공산업의 자유화 및 경쟁 심화로 가능한 한 경쟁을 줄이고자 하는 필요성, 비용 절감을 위한 노력, 마지막으로 국경을 초월한 인수합병을 사실상 불가능하게 만드는 '국가규정'이다.

7.3.1 규모와 범위 확대로 인한 마케팅 이점

미국에서의 규제완화 이후 10년 후인 1980년대가 되자 규모의 경제가 항공사 운영에 있어 제한적인 수준에서 효과를 미친다는 것이 분명해졌다. 다시 말해서, 소위 '메이저'라고 불리는 미국의 대형항공사들은 큰 규모를 이용해 작은 항공사들보다 낮은 단위의 운영비용을 달성하는 것이 불가능했다. 사실 그 반대로 그들의 단위비용은 규제완화 이후 등장한 신규 소형경쟁사보다 오히려 높았다. 그럼에도 대형항공사들은 호황을 누렸고, 저비용 및 저운임을 기본으로 한 신규 항공사들은 결국 대부분 무너졌다. 메이저 항공사들이 살아남을 수 있었던 이유는 그들만이 누릴 수 있었던 마케팅 이점 때문이었다. 실제로 앞서 언급한 바와 같이 두 개의 저비용항공사를 포함한 10개의 미국 대형항공사들이 4개로 통합되었기 때문에 마케팅 이점이 강화된 것이다.

[표 7-2]에 요약된 이러한 이점들은 대규모 운항과 네트워크 확장에 불가결한 뿌리를 두고 있다. 미국 주요 항공사들은 자사 허브(들)를 통한 허브앤스포크 운항 방식을 택해 승객들이 여행하고자 하는 대부분의 목적지로 환승이 가능했다. 또한 허브를 활성화하는 것은 지점 간의 직접 운항 없이 운항횟수를 늘리는 효과가 있었으며, 승객 측면에서는 항공편 환승에 대한 불편함을 낮은 운임으로 보상받을 수 있었다. 주요 항공사들이 두 개 이상의 허브공항에서 독점적 위치를 점했기 때문에 다른 항공사들은 해당 허브공항에서 제대로 경쟁할 수 없었다. 게다가 신규 진입 항공사들은 종종 활주로 슬롯이나 터미널 게이트를 충분히 배정받는 것이 극도로 어려웠으므로 효과적인 경쟁을 할 수 없었다.

이러한 노선에 다른 항공사가 신규 진입을 하려고 할 때, 기존 항공사는 지사의 항공편을 증편하거나 경쟁사와 출발시간 바로 직전으로 자사 항공편의 출발시간을 조정하고 이를 저지하기 위해 필요하다면 운임 인하 등을 실행하여 경쟁사들을 밀어냈다. 또한 대형항공사들은 더욱 효율적인 유통시스템을 갖추고 있으며, 큰 규모로 인해 더 많은 시장의 더 많은 여행사에 접근할 수 있었고, 이는 광고비 측면에서도 이점이 있었다. 대규모 네트워크를 통해 더 많은 취항도시와 항공서비스를 홍보하는 것이 가능하며, 하나 이상의 대형 허브를 통해 방대한 지역으로 운항하므로 승객들이 환승해야 하는 경우에도 높은 수준의 기내 · 지상서비스가 일관

표 7-2 지역적 범위와 네트워크 확장에서 오는 마케팅 이점

- 가능한 '모든' 목적지를 연결하는 광범위한 네트워크가 주는 매력
- 네트워크 확장으로 인해 특히 출장자, 기업 여행객들에게 상용고객우대제도 매력도 상승
- '모든' 목적지를 제공함으로써 허브에서 타 항공사로 승객 이탈 방지(예 타 항공사로 환승하는 비율 감소)
- 여러 허브에서의 시장지배력
- 허브 환승 수요로 허브-스포크 간 운항횟수 증가
- 대규모 광고 집행으로 이점 극대화
- 항공편 · 항공사 환승에도 불구하고 전 세계 네트워크에서 높은 서비스 수준 유지
- 주도적인 운임전략, 증편 및/혹은 스케줄 조율로 특정 노선에서 경쟁사 압박

되게 유지된다. 또한 대규모 네트워크를 보유한 항공사는 훨씬 매력적인 상용고객우대제도를 통해 마일리지 적립과 사용 기회를 다양하게 제공한다. 상용고객우대제도가 기업 출장에서 필수사항이 된 만큼 광범위한 네트워크를 가진 항공사들이 더욱 유리하다.

이 분석에서 설명한 마케팅 이점은 주로 넓은 범위에서 비롯되는 것으로 보이는데, 넓은 범위란 규모 그 자체보다는 지역적으로 얼마나 확장되었느냐를 말한다(물론 지역과 규모는 분명히 관련성이 있기는 하다). 이러한 '넓은 범위'의 장점은 뚜렷한 이점으로 인식되었고, 1980년대 중반 미국에서 인수합병 유행 시기가 처음 도래했을 때 주요 동인으로 작용했다. 전통적인 메이저 네트워크 항공사들은 이러한 방식으로 운영규모와 시장지배력을 높일 수 있었다. 그 결과 초기의 미국 저비용항공사 중 극소수만이 살아남았고, 그중에서도 특히 Southwest가 두각을 나타냈다(제5장 참조).

미국 국내선 네트워크의 확장과 강화 사례에서 분명하게 나타난 이유와 근거는 국제선 항공서비스에도 똑같이 적용된다. 외국 항공사들과의 코드셰어 및 기타 상업협정으로 미국 항공사들은 새로운 시장에 접근했으며 추가적인 비용을 지출하지 않고서도 네트워크를 확장하고 시장지배력을 획기적으로 높일 수 있었다.

1989년 미국의 두 메이저 항공사인 Northwest와 Delta Air Lines가 최초로 다국적 글로벌 얼라이언스에 먼저 가입했다는 것은 놀랍지 않은데, 이들은 국제선 네트워크, 특히 북대서양 네트워크가 취약했기 때문이다.

다국적 얼라이언스는 두 가지의 추가적인 마케팅 이점을 제공한다. 외국항공사 파트너가 공급하는 운송량이 더해지면서 기존 시장을 확장할 수 있는데, 이는 추가비용이 거의 없이 가능하다. 또한 다국적 얼라이언스는 이전에 접근할 수 없었던 새로운 시장으로의 확장을 가능하게 해준다. 1993년 10월 United와 Lufthansa가 얼라이언스를 맺으며, 이전에 United가 운수권 문제 혹은 직항편 취항 시 불충분한 수익성으로 인해 접근할 수 없었던 동유럽 시장을 Lufthansa의 프랑크푸르트 허브를 통해 접근하고 개발할 수 있게 해주었다. 얼라이언스는 기존 시장을 성장시키고 새로운 시장을 개척하게 해주는 수단으로 인식되었다.

요약하자면 얼라이언스에는 두 가지 긍정적 효과가 있다. 각 항공사는 범위를 넓히고 네트워크를 확장함으로써 마케팅의 이점을 누릴 수 있고 결과적으로 각 회원사가 기존 노선에서 더 많은 여객과 화물을 유치할 수 있게 된다. 동시에 얼라이언스 자체로 각 항공사는 추가비용을 거의 들이지 않고 지리적으로 새로운 시장을 확장하여 전반적으로 시장을 넓힐 수 있다.

얼라이언스 구축 초기, Delta Air Lines의 경영진은 얼라이언스 형성의 마케팅 이점을 다음과 같이 요약하였다.

> 얼라이언스가 중요한 이유는 간단하다. 얼라이언스는 항공사가 더 많은 진열대에 자사 상품을 진열할 수 있게 해주며, 효과적으로 네트워크를 확장할 수 있게 해준다. 수익을 창출해야 하는 사업을 하고 있는 우리에게 얼라이언스는 적은 투자로 추가 수익을 확보할 수 있게 해준다.
>
> (Lobbenberg, 2001년)

7.3.2 경쟁 감소

앞서 언급한 바와 같이 양자간 얼라이언스는 2, 3개 이상의 항공사가 경쟁하던 노선이나 시장에서 두 항공사가 협업하며 강력한 시장지배력을 형성함과 동시에 경쟁사들을 약화시켜 독점 혹은 과점 상황을 만들어 낸다. 강력한 허브 기반 항공사들이 글로벌 얼라이언스에 함께 참여하는 경우에 이러한 경향은 더욱 강화된다. 이는 출 · 도착지 허브로 공급되는 운송량에 따라, 특히 장거리 노선에서 얼라이언스 파트너들의 시장지배력이 증가하기 때문이다. 이로 인해 얼라이언스에 가입하지 않은 항공사들은 해당 시장에서 효과적으로 경쟁하는 것이 극도로 어려워진다.

북대서양 시장에서 American Airlines가 겪은 사례는 얼라이언스가 경쟁에 미치는 영향을 분명하게 보여준다. 1990년대 중반 American은 뉴욕–취리히 노선에서 38%의 점유율을 보이며 순항하고 있었다. 그리고 뉴욕–브뤼셀 직항 노선에서는 43%의 여객 점유율을 기록하였다. 시카고–뒤셀도르프 노선은 단독 운항이었으며, 마이애미–프랑크푸르트 노선은 32%를 점유하고 있었다. 그러나 이러한 노선에서 유럽 항공사들과 얼라이언스 파트너로 운항을 하는 다른 미국 항공사와 경쟁에 부딪히자 시장점유율이 무너졌고, 1998년 American은 위 노선에서 모두 철수했다. 이 4개 노선의 교통량은 2017년 가을까지 증가했지만 American은 뉴욕–취리히 노선에서만 매일 운항을 재개했을 뿐 나머지 노선은 계속 운항하지 않았다. Delta Air Lines도 American과 함께 이 노선을 매일 운항했지만 Star Alliance 회원사인 SWISS와 United가 하루 4회 운항하는 코드셰어 편과 경쟁해야 했으며, 이 4회 운항은 여러 시간대에 걸쳐 편성되어 Delta와 American보다 승객들에게 더 경쟁력 있는 스케줄을 제공했다. 게다가 아테네에서 출발하는 Aegean Airlines를 비롯한 유럽의 Star Alliance 회원사뿐 아니라 SWISS가 운항하는 광범위한 유럽 항공편을 통해 취리히에 교통편을 제공할 수 있었다.

글로벌 얼라이언스가 경쟁 구도에 폭넓게 미치는 영향은 [표 7–3]에서 확인할 수 있다. 이 표는 2017년 운항횟수를 기준으로 대서양 횡단 노선에서 글로벌 얼라이언스 파트너의 시장점유율을 보여준다. Star Alliance의 파트너인 Lufthansa, SWISS and United는 프랑크푸르트, 뮌헨, 취리히에서 뉴욕, 시카고, 워싱턴, 로스앤젤레스, 샌프란시스코로 가는 노선에 대해 운항횟수 측면에서 시장을 완전히 장악하고 있음을 알 수 있다. 이 노선들은 대서양 횡단 노선 중에서도 승객 수 기준에서 가장 붐비는 노선이다. 교통량 및 운항횟수가 적은 노선도 이와 비슷한 시장지배력을 발휘하고 있었다. 대부분의 독일 노선은 Star Alliance가 독점하고 있음을 확인할 수 있다. 그들은 해당 노선의 유일한 운항사이며, 파리나 런던 등 다른 도시에서 환승 옵션이 없는 승객들로 인해 매우 제한적이고 미미한 경쟁 상황만을 맞이할 뿐이다. 타 도시에서 환승하는 승객들도 다수 있지만, 이들을 유치하기 위해서는 Air France나 British Airways에서 낮은 운임을 제공해야 한다. 표에 나와 있는 대부분의 노선에서 Star Alliance 회원사들의 시장지배력이 막강해 어떠한 메이저 항공사도 감히 이 시장에 진입하거나 점유 경쟁을 하기가 어렵다. 분명 Star Alliance 회원사들은 그러한 시장지배력으로부터 이점을 누리고 있을 것이다. 특히 이 노선들에서는 Star Alliance 회원사들이 조인트벤처로 운항할 때 더욱 그렇다(7.4절 참조).

SkyTeam 회원사가 파리 및 암스테르담에서 출발하는 대서양 횡단 노선에서 발휘하는 장악력은 Star Alliance의 노선만큼 압도적이지는 않았다([표 7–3] 참조).

이러한 특징은 특히 파리 노선에서 두드러지게 나타난다. 하지만 암스테르담에서 출발하는 많은 노선은 SkyTeam 회원사인 KLM과 Delta Air Lines가 독점으로 운항했다.

얼라이언스 회원사가 자사의 허브공항뿐만 아니라 다른 대형 공항에서도 활주로 슬롯을 관리할 수 있다면 시장지배력은 더욱 커진다. 시장의 기존 경쟁자나 신규 진입자들은 얼라이언스 회원들과 효율적으로 경쟁할 수 있는 매력적인 시간대의 슬롯을 확보하기가 매우 어려울 수 있다. 다수의 유럽 및 아시아 지역의 공항 슬롯은 성수기에 이미 모든 슬롯이 차 있으며, 기타 다른 기간에도 대부분의 슬롯은 여유가 없이 운영되고 있다. 어떤 항공사가 지배력을 가진 얼라이언스 항공사와 효율적으로 경쟁하려 해도 매력적인 시간대에 충분한 슬롯을 확보하기 어려울 것이다. 이는 프랑크푸르트공항의 사례를 통해 알 수 있다. 2017년 6월 Lufthansa가 65% 그리고 다른 Star Alliance 회원사가 12.2%의 활주로 슬롯을 점유해 Lufthansa 및 Star 회원사 파트너 항공사가 사용하는 슬롯이 3/4에 달했으며, 실

표 7-3 총운항횟수 대비 얼라이언스 조인트벤처의 점유율(%): 주요 대서양 횡단 노선

Star Alliance						
출발지/도착지	EWR	JFK	ORD	IAD	LAX	SFO
프랑크푸르트	100	75	100	100	100	100
뮌헨	100	100	100	100	50	100
취리히	100	33	100	100	100	100
SkyTeam						
출발지/도착지	EWR	JFK	ORD	IAD	LAX	SFO
파리-샤를드골	25	40	33	67	65	53
암스테르담	50	100	50	100	100	100

주: 직항 노선 점유율

- EWR: 뉴어크/뉴욕
- JFK: 뉴욕
- ORD: 시카고
- IAD: 워싱턴
- LAX: 로스앤젤레스
- SFO: 샌프란시스코

제로는 모든 선호시간대 슬롯을 Lufthansa 및 Star Alliance 회원사가 차지해 다른 항송사들에 의한 경쟁이 이루어지기 극도로 어려운 상황이었다.

얼라이언스가 경쟁을 약화시키는 영향은 중 · 장거리 노선보다 4시간 이하의 단거리 노선에서 훨씬 크다. 단거리 노선의 경우 타 허브공항에서 다른 노선으로의 환승 경쟁력이 떨어질 가능성이 크기 때문이다. 특히 시간에 민감한 승객에게는 더욱 그럴 것이다. 정부당국은 양자간 협정이나 글로벌 얼라이언스 형성으로 인해 단거리 노선이 독점상태가 되어 생기는 위험성을 충분히 인지하고 있다. 유럽연합 집행위원회는 적절한 예방수단이 없는 한 많은 얼라이언스 회원사들이 경쟁 구도에 문제를 가져올 것이라고 여겨왔다. 지난 15년간 유럽 위원회는 얼라이언스 신규 회원사 가입 시 특정 노선의 슬롯을 포기하도록 해 잠재적 경쟁사에게 경쟁의 문을 열어주도록 했다. 2003년 Air France와 Alitalia가 얼라이언스에 가입했을 당시 파리-이탈리아 노선에 대해, 그리고 Lufthansa가 Swissair를 인수하였을 때 취리히-독일 노선에 대해 해당사항을 권고를 한 바 있다. 그 외에 다른 사례도 있었다. 그러나 얼라이언스의 시장지배력이 너무나 막대해서 대부분의 경우 경쟁사들은 가용 슬롯을 최대한 이용하지 못했다.

7.3.3 얼라이언스의 비용 시너지

규모와 범위가 크다고 해서 반드시 단위비용이 낮아지는 것은 아니다. 항공산업에도 규모의 경제가 있지만, 작은 규모였을 때만 적용된다. 항공사가 보유 항공기를 2~3대에서 약 15~20대 규모로 확장하면 특정 고정비와 간접비용이 더 많은 생산단위에 분산되어 단위비용이 감소하는 경향이 있다. 이러한 현상은 특히 보유한 항공기가 단일 기종으로 구성된 경우 뚜렷하게 나타난다. 그러나 항공사의 항공기 규모가 15~20대 이상으로 증가했을 때 순수한 규모의 확장으로 발생하는 비용의 경제에는 한계가 있다. 항공기의 크기, 평균 운항거리, 임금 수준 등과 같은 요인들은 주요 비용의 요인이 된다(제4장).

얼라이언스 형성의 주요 원인은 비용 절감보다 시장지배력 증대였으며 이는 계속해서 얼라이언스 형성의 동력이 되고 있다. 얼라이언스가 비용 측면에 주는 세 가지 이점을 생각해 볼 수 있다. 첫째, 네트워크 확장 및 시장지배력 상승으로 운송량이 높아지는데, 사실 이것이 얼라이언스의 가장 중요한 목적이다. 운송량이 많아지면 수요층이 두꺼워지는 효과가 나타나기 때문에 증편, 탑승률 증가, 대형 항공기 투입 등을 통해 단위비용을 낮추지 않고도 일정 운송량에 도달할 수 있다. 또한 수요가 증가하게 되면 고정자산인 공항시설 및 영업사무실 등의 활용도를 높임으로 추가적인 비용 절감을 할 수 있다.

둘째, 비용의 경제는 얼라이언스 회원사 간의 시너지효과에서 발생할 수 있다. 운영이나 마케팅 측면에서 시너지가 발생하면 회원사들은 노선을 합리적으로 개선하여 비용을 분담 또는 절감할 수 있게 된다. 파트너 항공사들은 영업 사무소, 라운지, 예약 · 발권 · 지상조업 직원 등 공항자원을 공유하거나, 기종을 통일해 항공기 · 승무원 공유, 정비시설 통합 · 공유, 조업설비 통일 등으로 비용을 낮추기도 한다. 항공사들이 자산을 공동으로 사용하기 시작하면서 얼라이언스의 성격이 상업적인 면에서 좀 더 전략적인 방향을 향하고 있으므로 비용 공유 및 절감의 범위가 점차 넓어지고 있다.

마지막으로 비용 절감의 가장 큰 이점은 지상조업, 기내식, 정비, 연료 및 항공기와 같이 외부 물자 및 서비스의 공동구매에 있다. Star Alliance 회원사들은 연간 200억 달러 이상의 물자와 서비스를 공동구매를 통해 5% 절감한다고 해도 매년 10억 달러를 절약할 수 있다. 가장 큰 비용 절감은 항공사의 항공기 공동구매로 실현할 수 있다. 대량구매를 함으로써 항공사들이 개별 주문했을 때보다 항공기 단가를 낮출 수 있기 때문이다. 만약 항공사들이 엔진 종류 등 기체의 기술적 세부 사양을 합의하고 통일할 수 있다면 비용 절감의 폭은 훨씬 커질 것이다. 일반적인 내부 배치 및 좌석 설계와는 별개로 갤리와 화장실 등은 표준화될 수 있다. 하지만 글로벌 얼라이언스 안에는 너무 많은 회원사가 서로 다른 이해관계를 가진 채 세계 전 지역에 흩어져 있다. 따라서 같은 지역에서 공통의 관심사를 지닌 소규모 그룹의 항공사들을 제외하고는 기종 통일 등 중요한 이슈에 대한 합의에 이르는 것이 거의 불가능하다. Lufthansa, Austrian, SWISS, Brussels 항공사가 속해 있는 Lufthansa Group이 상당한 비용 절감을 이뤄낸 것은 같은 글로벌 얼라이언스에 속해 있기 때문이 아니라 같은 그룹에 속해 있기 때문이다.

일부 Star 회원사들은 연료 공동구매를 통해 약간의 비용 절감을 꾀하기도 한다. 비즈니스 라운지 공유, 체크인 카운터 공동사용 및 일부 공항에서의 상호 정비 혹은 지상조업 제공 등도 시도하지만 전반적인 비용 절감 수준은 제한적이다. 이러한 점에 대해 2013년 11월, 당시 International Airline Group의 CEO였던 Willie Walsh는 다음과 같이 말했다. "글로벌 얼라이언스는 비용 절감에 아무런 도움이 되지 않는다. 우리는 상호 지분보유를 통해 더 나은 시너지를 창출할 수 있다"(7.4절 참고).

얼라이언스에는 부정적인 측면 또한 있을 수 있다. 간접비가 올라가거나 상용고객우대프로그램 마일 사용이 늘어나면서 비용이 높아질 수 있고, IT 통합비용처럼 기대하던 시너지를 달성하기 위해 지불해야 하는 비용이 예상보다 높을 수 있다. 각기 다른 항공사들이 함께 합의를 도출해야 하지만 몇몇 항공사 경영진들은 자사의 독립적 시스템을 포기하는 것을 꺼려해 주요 사안에 대한 결정이 늦어지기도 한다. 노조 문제는 얼라이언스의 한 회원사에서 다른 회원사로 확산될 수 있다. 특정 회원사의 낮은 서비스 수준이 다른 회원사들의 브랜드에 부정적 영향을 미치기도 한다. 이러한 위험성을 줄이기 위해 글로벌 얼라이언스 회원사들은 강력한 중앙조정기구를 만들어 운항 및 상업적 표준화를 이루고자 한다. 세 개의 글로벌 얼라이언스 모두 이 중요성을 인지하여 중앙조정기구를 운영하고 있다. 하지만 수많은 회원사들로부터 결정을 통합하고 실행을 이끌어내는 문제는 여전히 어려운 과제로 남아있다.

다자간 항공사협정으로 구성된 얼라이언스는 비용 절감의 범위를 더 넓혀주지만, 실질적인 비용 절감이 이루어지기까지는 상당한 시간이 소요된다.

판매와 마케팅과 관련된 일부 비용의 절감은 상당히 빠르게 이루어질 수 있다. 예를 들어, 특정 시장에서의 영업 사무소 공유, 공항라운지 공동사용, 공통 지상조업 등을 통해 즉각적인 비용 절감효과를 볼 수 있다. 그러나 세부 사양이 통일된 항공기를 대량으로 구매하거나 공동 IT 플랫폼과 같이 더욱 현저한 비용적 이득을 취할 수 있는 부분에 대해서는 회원사 간 합의점을 도출하기가 더욱 어렵고, 실제 이행하기에는 더 많은 시간이 소요된다. 2003년 초반 Oneworld는 얼라이언스 창립 이후 3년 동안 공동구매를 통해 3억 달러의 비용을 절감하였다고 발표하였다(Airline Business, 2003년 7월 자료). 하지만 이 숫자는 8개 회원사가 3년에 걸쳐 달성한 것이라는 것을 고려하면 그리 큰 금액은 아니다.

7.3.4 규제 장벽 회피

앞서 논의한 내용을 통해 항공산업이 규모와 범위를 키움으로써 상당한 수익적 이점과 어느 정도의 비용적 이점을 이끌어낼 수 있다는 것을 파악하였다. 이는 규모가 큰 단위를 소수만 남기도록 하는 경제적 힘이 작용하고 있다는 것을 보여준다. 기타 산업군이나 여행 분야에서도 규모를 키우고 마케팅 범위를 확장하며 세계화를 지향하는 경제적 압력은 다국 간 인수합병으로 귀결된다. 2016년 Starwood 그룹을 인수하여 현재 5,500개 호텔을 보유하고 있는 Marriott, 프랑스 Accor 그룹 및 호텔을 5,000여 개 보유한 Inter-Continental Hotels 그룹과 같이 글로벌 체인 호텔산업에서도 이러한 사례를 살펴볼 수 있다. 유럽의 여행산업에서도 두 개의 주요 그룹인 Tui와 Thomas Cook 그룹이 통합되었다(6장 6.4절 참조).

다양한 항공사들의 통합은 미국 및 유럽 내 개별 국가에서 일어났고, 기타 지역에서는 그보다 적은 수준으로 이루어졌다. 국가 간 항공사들의 인수합병은 국제항공 규제로 인한 제약을 받았다. 항공사들은 글로벌 혹은 양국 간 얼라이언스를 통해 이러한 규제를 회피하고, 통합으로 얻을 수 있는 이점을 끌어내려 노력했다.

앞서 논의한 바와 같이(제2장 2.4절 참고) 자국민에 의해 '실질적으로 소유되고 실효적으로 통제되는' 항공사를 해당 국가가 운수권을 보유한 노선에 운항할 수 있도록 정부가 지정할 수 있다. 타국 국민이나 기업이 소유한 항공사의 경우 해당 노선에서 운항할 수 없고, 미국을 비롯한 많은 나라들이 외국 소유 지분이 25%를 넘지 않도록 국적규정을 적용하고 있다. 유럽연합 국가들을 포함한 일부 국가들의 경우, 50%까지 근접하지만, 그 이상의 지분소유는 허용하지 않는다. 당연히 유럽연합 내 소유권과 지배권은 유럽 내 국민 및 기업에 개방되어 있다.

국적규정은 국가 간 지분 취득을 허용하지만 이해관계를 지배하는 완전한 인수합병은 금지하고 있는데, 이러한 지배 권한 없이는 외국 항공사 인수 의사를 끌어내기 어렵다. 대신에 항공산업은 산업 집중화를 통한 이점을 창출하고 국적규정을 회피하는 수단으로 얼라이언스를 이용하고 있다.

국적 및 소유권규정과는 별개로 항공사의 인수합병에는 많은 기타 법률적 제약이 존재한다. 주로 정부에 의해 반경쟁 행위 혹은 시장에서의 지배적 지위를 방지하기 위한 시도가 있다. 대부분의 선진국에는 경쟁이 제대로 이루어질 수 있도록 하는 규정들이 존재하는데, 이러한 규제는 정부가 직접 관여하거나 독일의 연방정부, 영국의 경쟁시장국(Competition and Markets Authority)과 같은 특수 경쟁당국에 의해 직접적으로 시행된다. 미국에서는 법무부와 교통부가 국내 항공사 간 합병 시 미국 항공사와 외국 항공사 간 협력협정이 문제를 야기할 수 있음을 주지시킨 바 있다. 유럽연합 집행위원회는 합병과 경쟁에 관한 자체 규정이 있다. 게다가 위원회의 경쟁 감독관(Competition Directorate, DG comp)의 과거 의사결정사항들은 EU 회원국의 항공사 간 뿐만 아니라 EU 항공사와 비 EU 항공사 간의 협력협정 및 얼라이언스와도 직접적인 관련이 있다.

국적 또는 소유권규정은 국내 혹은 역외 규정들과 더불어, 항공산업이 순수한 마케팅 협정에서부터 전략적 파트너십까지 다양하고 복잡한 항공사 간 얼라이언스 형성으로 향하게 한다. EU 내부를 제외하고 진정한 의미에서 국경을 초월한 인수합병을 수반한 얼라이언스는 드물다. 그러나 다른 산업에서는 한 기업이 다른 기업을 지배하는 것이 당연한 일이다. 국가 간 지분 인수가 일어나는 경우, 양자 간 협정에서 국적규정을 위배하지 않고, 국제선 노선 운항권을 위태롭게 하지 않기 위해 완전한 지배권 없이 소수 지분만을 보유하게 된다. 2004년 4월, Air France와 KLM의 합병은 진정한 의미의 국경을 넘어선 합병이라 할 수 있다. 하지만 KLM이 항공사로서 브랜드를 유지하도록 함으로써 이 합병도 복잡한 구조를 띠게 되었다. 또한 네덜란드 정부는 제3국과 운수권 문제가 생길 경우 KLM 주주들의 국적 문제가 불거지지 않도록 KLM 표결권의 50.1%를 취득하였다.

실효적 측면에서 얼라이언스 성장에는 근본적인 모순이 있다. 국제규정의 점진적 자유화로 국가 간 항공 얼라이언스가 필요하기도 하고 가능해지기도 했지만,

아직 남아 있는 국제규정, 특히 소유권과 국적규정은 얼라이언스가 지향하는 방식에 제약을 가져오기 때문이다.

7.4 지분 참여방식 얼라이언스 및 합병

한 항공사가 다른 항공사의 지분을 매입하는 지분 참여방식 얼라이언스는 오랜 기간 항공산업의 일반적인 특징으로 존재해 왔다. 1990년대 초, British Airways는 US Air 지분의 24.9%를 보유하고 있었으며, Scandinavian Airlines는 미국 Continental 지분의 16.8%를 보유하였다. Iberia는 Aerolineas Argentinas를 지배하는 컨소시엄 중 하나였으며, Swissair는 Delta Air Lines의 4.6%, Delta Air Lines는 Swissair의 4.5%에 해당하는 지분을 보유했다. 그러나 이 모든 파트너십은 해지되었는데, 지불한 지분대금이 관계를 지속하기에 충분하지 않았기 때문이다.

지난 20년 동안 항공사 양자간 또는 글로벌 얼라이언스의 개발 및 강화를 위한 소수 지분 보유가 확대되어 왔다. Singapore Airlines는 수년간 Virgin Atlantic의 지분 49%를 보유하였고, 2012년 12월 결국 Delta Air Lines에 이를 매각하였다. 그러나 Singapore Airlines는 Virgin Australia의 지분 20% 그리고 인도의 신생 항공사인 Vistara의 지분 49%를 여전히 보유하고 있다. 2015년 Delta Air Lines는 China Eastern Airlines의 지분 3.55%를 4억 5,000만 달러에 인수했고, KLM은 Kenya Airways의 지분 26.7%를 인수했다. 항공사들의 타국 항공사 지분 보유에 대해서는 더 많은 유사 사례들이 있다. 대부분의 경우 주요 목적은 두 파트너사 간 스케줄을 조율하고 공동 마케팅을 펼치며 각 공항에서의 공동 지상조업을 비롯해 가능한 정비를 함께 하기 위해서다. 초점은 수익 창출과 시장 개척에 맞추어져 있다. 비용 시너지효과도 있을 수 있지만 타 항공사에 투자하기로 한 결정에 있어 비용 시너지는 중요도가 낮다.

항공사들은 보통 출자나 출자 전환 전후에 양자간 협정을 체결한다. 보통 지분 보유, 즉 지분 매입은 전통적인 상업적 협정보다는 조금 더 양자간의 관계를 강화하기 위한 것이다. 이는 파트너 관계의 지속을 보장하고 경쟁 항공사가 파트너사와 상업적 협약을 체결하는 것을 방지하게 된다. 또한 국제항공규정의 국적규제를 위반하지 않기 위해 지분 보유는 50% 미만으로 한다(7.3.4절 참조).

뚜렷한 이점에도 불구하고 소수 지분 보유에도 문제가 될 소지가 있다. British Airways 경영진에 따르면, British Airways는 오랜 기간 Qantas 지분의 25%를 보유했지만, 이는 양사 간의 행동의 자유를 제한하면서 양사의 이익보다는 다른 많은 문제를 야기했다. 2004년 말, British Airways는 Qantas 주식을 매각하였고 두 기업 간 관계는 회복되었다. 2012년 British Airways와의 지분관계에서 자유로워진 Qantas는 Emirates와 새로운 협정을 체결해 유럽 목적지를 런던 대신 두바이를 통해 수송할 수 있게 되었다. 2000년 Singapore Airlines(SIA)는 6억 파운드에 Virgin Atlantic의 지분 49%를 매입하였다. 이와 같은 상당한 투자에도 불구하고 Singapore Airlines 측에는 수익성이 크지 않았고, 2012년 Delta Air Lines에 해당 지분을 2억 2,400만 파운드에 매각하여 당초 투자액 대비 상당한 손실을 기록하였다.

일부 항공사들은 다른 항공사의 지분 매입으로 그들 자신만의 글로벌 얼라이언스를 구축하기 위해 노력해왔다. 이를 처음 실행한 것은 1990년대 후반 Swissair로 소위 European Qualiflyer를 설립하였다. 이 얼라이언스는 2000년 초까지 벨기 항공사 Sabena에서 49.5%, 스위스 항공사인 Crossair에서 70%, 프랑스 항공사인 Littoral과 AOM에서 각각 49%, 이탈리아 항공사인 Air Europe에서 89%, South African Airways에서 20%, Portugalia에서 42% 그리고 마지막으로 폴란드 항공 LOT에서 10%에 해당하는 지분을 보유했다. 하지만 이렇게 상당한 규모의 지분참여도 얼라이언스의 결속력이나 지속성을 보장하지는 못했다. 지분을 매입하는 비용과 일부 항공사들의 심각한 손실을 보강하기 위한 대규모의 투자는 2001년 말에 이르러 Qualiflyer와 Swissair를 모두 파국으로 이끌었다.

이와 같은 사례에도 불구하고 10년 후 Etihad는 비슷한 전략을 펼쳤다. 유럽에서 오스트랄라시아에 걸쳐 2017년까지 글로벌 지분참여 얼라이언스를 설립하였다. 지분의 크기 순서대로 Alitalia 49%, Air Serbia 29%, Air Seychelles 40%,

Air Berlin 29.21%, Virgin Australia 24.2%, 인도의 Jet Airways 24% 등 총 6개 항공사를 대상으로 하였으며, 이들 중 일부 항공사는 적자를 기록하고 있었다. Air Berlin과 Alitalia는 심각한 재정난에 빠져 있었는데, Etihad는 자사 경영진을 파견하고 수억 달러를 투입하였으나 아무런 효과가 없었다. 두 항공사는 2017년 Etihad가 지원을 중단하자 도산하였다. Air Berlin은 분할 매각되었고, 이탈리아 정부는 Alitalia 매수자를 찾아 나섰다. Etihad는 최고경영자를 교체하고 이러한 지분 얼라이언스 전략을 포기하였다. 이로써 시사점은 분명해졌다. 신규 시장 개척과 수익 증대방안으로 취약하거나 손실을 내는 항공사 지분을 사들이는 것은 고위험전략이다.

기타 여러 지분참여방식의 얼라이언스에 의해 야기된 중대한 차질에도 불구하고, Delta Air Lines는 신규 시장 진출 및 개척을 위해 신중하게 대상을 골라 국외 지분 파트너십을 맺는 전략을 채택했다. Delta Air Lines는 이미 중남미 지역에서 브라질 항공사 GOL의 소수 지분을 보유하고 있었으며, Aeromexico의 지분을 추가로 32%까지 확대했다. 2017년 3월에는 북대서양 지역에서, 이미 언급한 대로 Singapore Airlines가 보유하고 있던 Virgin의 지분 49%를 매입했다. Delta Air Lines는 China Eastern Airlines 지분의 3.55%를 보유하고 있으며, 앞으로도 지분투자를 확장할 것으로 보인다.

소수 지분투자는 부가 수익을 창출하는 데 도움이 될 수 있으나 비용 절감에는 별 도움이 되지 않는다. 비용 절감효과를 충분히 높이려면 완전한 합병을 통한 지배주주가 되어야 이루어질 수 있다. 그래야만 두 항공사의 항공기를 최적화하고, 운항 중인 항공기 중 상이한 항공기 유형의 수를 줄이며, 항공기 대량구매를 통해 구매비용을 절감할 수 있게 된다. 또한 정비시설 조율을 통해 비용이 낮은 곳에서 정비를 수행하도록 할 수 있다. 체크인 데스크, 라운지, 지상조업 등 공항 관련 설비도 효율적으로 공동사용이 가능하며, 기획, 마케팅 수익관리, 운항관리 등에 대한 간접비와 관리비도 절감할 수 있다. 두 개 이상의 IT 플랫폼 대신 단일 IT 플랫폼을 사용할 수도 있고, 대부분의 영역에서 직원의 수를 줄일 수도 있다. 이러한 비용 절감은 일부 시장에서의 네트워크 확대, 시장지배력 확장 등을 통해 발생하는 수익 향상과 더불어 대규모 합병의 이점이 된다.

미국의 항공사들은 합병의 잠재적 이점을 명확하게 이해하였고, 2001~2013년 사이, 미국 내 항공사 상위 규모 10개 항공사는 일련의 합병을 통해 네 개의 주요 항공사로 압축되었다. 몇몇 항공사들은 Chapter 11 파산 보호 신청하에서 비용, 특히 인건비 삭감을 실현한 후에 이 합병과정에 동참했다. Chapter 11하에서의 합병은 2001년부터 2008년에 이르는 동안 문제점들과 적자로 고민하던 많은 항공사들을 2012년 이후 세계 항공산업에서 가장 수익이 좋은 분야로 탈바꿈시키면서 미국 항공산업의 변모를 가져왔다. 2013년부터 2017년까지 미국과 캐나다의 항공사들은 매년 세계 항공산업 순이익의 절반 또는 그 이상을 창출했다!

유럽 항공사들 또한 합병의 잠재적 이익과 비용 편익을 이해하고 있었다. 유럽의 사례는 2003년 Air France가 KLM을 매입한다는 발표와 함께 시작되었다. 수익적 이점은 그다지 중요하게 고려되지 않았고, 창출되는 비용 시너지효과를 강조하였다. 두 항공사의 네트워크는 경쟁관계가 아닌 상호 보완적이었다. '합병'의 결과, KLM 고객들에게는 90개의 새로운 목적지가 추가되었는데, 신규 노선의 43개 노선은 장거리 목적지였으며 그중 절반은 아프리카에 위치하였다. Air France 고객들에게는 암스테르담을 경유하는 40개의 신규 목적지가 제공되었으며 그중 대부분은 장거리 노선이었다. 특히 그 당시 합병한 Air France와 KLM은 유럽 내 최대 항공사가 될 것이라 여겨졌으므로 분명 수익 창출에 영향이 있을 것으로 예상되었다. 그러나 합병으로 인해 두 항공사에 발생하는 시너지효과를 상세하게 분석한 결과, '수익 증가'에 대한 부분은 따로 설명되지 않았다. 단지 "비용 절감 측면에서 약 60%의 잠재적 시너지가 창출된다(Air France 보도자료, 2003)"라는 평범한 발표가 있었을 뿐이었다. 추정컨대, 그 시너지효과는 수익 측면의 편익에서 기인한 것이었다. 두 항공사는 2017년 기준 다수의 지역 항공 자회사들과 저비용항공사 Transavia를 보유하고 있었다.

이후 Lufthansa와 British Airways도 타 유럽 항공사들을 인수 · 합병하기 위해 움직이기 시작했다. 2017년 말까지 Lufthansa Group은 Lufthansa, SWISS, Austrian Airlines와 포인트 투 포인트를 운항하는 두 개의 저비용항공사, Brussel과 Eurowings를 보유하였다. International Airlines Group(IAG)은 British Airways, Iberia, Aer Lingus와 스페인의 저비용항공사인 Vueling을 보유했다.

이들 대형항공사들은 일부의 비용 시너지효과를 누렸다. 예를 들어, Air France와 KLM은 두 항공사의 기획부서를 하나로 통합하였으며, IAG는 그룹 내 소속된 모든 항공사의 기재계획과 조달, 항공기 사양을 합리적으로 개선하였다. 그러나 유럽의 항공사들은 앞서 언급하였던 국적규정 때문에 비용을 절감하고 수익을 극대화하는 데 있어 미국 항공사만큼의 성과를 낼 수 없었다. 그들은 유럽연합 밖으로 운항하는 국제선을 운항하기 위해 완전한 합병이 아닌 별도의 항공사로 운항을 해야 했다. 예를 들어, SWISS의 경우, Lufthansa에 의해 '실질적으로 소유되고 실효적으로 통제'되기는 하였지만, 스위스와 케냐, 일본 간 운수권을 이용하기 위해 독일 항공사가 아닌 스위스 항공사의 색깔을 유지해야 했다. 이는 SWISS항공 고유의 로고와 브랜드를 가진 독자적 회사로 운영해야 함을 의미한다.

이러한 공동소유의 유럽 항공사를 별도의 운영회사로 유지하는 것에 대한 단점은 [표 7-4]에 요약되어 있다. 네트워크 항공사들의 개별 브랜딩과 마케팅은 단거리 시장에서 범유럽 브랜드와 마케팅 이점을 누리고 있는 Ryanair나 easyJet 등 대형 저비용항공사들과의 경쟁에서 뒤처지게 만든다. 또한 개별 항공사로 남아있게 되면 비용 절감 기회도 적어질 수밖에 없다.

2012년 남미에서는 칠레의 LAN Airlines와 브라질의 TAM 간 국경을 넘어선 합병이 이루어졌는데 이는 유럽보다 더욱 진전된 의미의 합병이었다. LAN과 TAM은 유럽의 합병 사례와는 달리 2015년부터 모든 운항편에 LATAM이라는 단일 브랜드 및 상징 색상을 사용하였다. 이는 콜롬비아, 에콰도르, 파라과이, 아르헨티나와 페루의 자회사에도 그대로 적용되었다. LATAM은 남미 최대의 두 항공사와 그 자회사를 하나의 지주회사로 통합하면서 글로벌 항공사로 발돋움했다. 그러나 브라질의 경기침체와 맞물리는 등, 통합과정이 쉽지는 않았다. 통합을 통해 운항편 조율, 항공기 주문 연기, 기재 구매비용 절감 등으로 이점을 누리기도 했지만, LATAM은 2016년이 되어서야 연간 순이익을 창출할 수 있었다.

7.5 메탈중립 조인트벤처

완전 합병과는 별개로 항공사에게 가장 집약적인 형태의 협력은 메탈중립 조인트벤처(metal-neutral joint ventures)이다. 지난 15년간 세계 '전 지역'의 장거리 인기 노선에서 둘 혹은 그 이상의 항공사 사이에 이러한 형태의 조인트벤처가 생겨나기 시작했다. 실제 노선에서 어떤 항공사가 항공기를 운항하고 있는지와는 관계없이 파트너 항공사들이 노선의 수익을 공유하기 때문에 메탈중립 조인트벤처라고 불린다.[01] 모든 수익은 총액 대비 항공사가 각각 시장에 투입한 공급석, 즉 좌석 공급량에 비례하여 배분한다. 수익이 공유되기 때문에 각 항공사는 자신들의 영업활동을 통해 유치한 승객이 자사의 항공기를 이용하는지 혹은 파트너사의 항공기를 이용하는지에 관해 관심이 없거나 중립적이다. 그래서 메탈(항공기)중립이라고 한다.

사실상 이는 조인트벤처계약 안에서 개별 항공사가 노선과 항공서비스를 공동으로 운영하는 방식이라고 볼 수 있다. 조인트벤처의 전반적인 전략은 참여 항공사의 최고경영자에 의해 결정되지만, 네트워크 및 운영, 상품 그리고 가격, 수익관리, 광고, 브랜딩, 판매 등 일상적인 운영은 전반적인 마케팅 분야에 대한 기획과 운영을 담당하는 공동의 팀에서 일임하게 된다.

조인트벤처의 파트너사들은 그들의 자원을 묶음으로 나누어 활용함으로써 공급석, 스케줄, 운임에 대한 협업이 가능하다. 결과적으로 비용을 줄일 수 있다. 예를 들어, 수요패턴에 맞추어 항공편 스케줄을 최적화하여 탑승률을 최대화할 수 있다는 의미이다. 공항시설과 지상조업서비스는 더욱 밀접하게 통합하여 비용을 절감할 수 있다. 각 파트너사들의 운송량을 통합해 더 큰 항공기를 투입하여 좌석킬로미터당 비용을 줄이는 것도 가능하다.

마케팅 또한 조인트벤처를 통해 개선될 수 있다. 운임담당 팀이 조인트벤처 노선에서 파트너사 간 운임을 조정하고 운임 결합을 가능하게 하며, 다양한 채널에

01 [역주] '메탈중립 조인트벤처'의 '메탈'은 항공기를 이르는 업계 통용 용어이다.

표 7-4 상이한 두 가지 합병 모델

국내 합병(Domestic mergers)	유럽 국가 간 합병(Cross-border European)
예 미국, 캐나다, 영국	예 Lufthansa의 SWISS, Austrian Brussels 인수
• 단일 브랜드 집중 • 단일 마케팅 • 단일 항공편명 • 단일 수익관리시스템 • 노선 판매 네트워크 최적화 • 비용 조율(원가 조정) • 비용 절감으로 효율성 증대	• 개별 브랜드 유지 • 개별 마케팅: 때로 경쟁을 하기도 함 • 개별 코드 및 공동운항 • 일반적으로 개별 수익관리시스템 • 상이한 비용구조 • 개별 항공사의 비용 절감 능력 감소

주: 유럽 지역 합병은 '국적규정'을 회피하기 위해 개별 브랜드 유지

대한 공급전략을 조율함으로써 비용 절감도 이루어진다. 또한 조인트벤처하에서 각 파트너사는 다른 파트너사가 자국 시장에서 구축한 영업 및 브랜드 측면에서의 강점을 누릴 수도 있다.

또한 파트너사가 독자적으로 신규 노선을 개척할 때 직면할 수 있는 경제적 위험도를 낮추는 한편, 항공편을 공동으로 마케팅함으로써 상용고객우대프로그램을 최적화해 고객에게 더 매력적인 프로그램을 제공할 수 있다. 따라서 American, British Airways, Iberia 세 항공사의 조인트벤처는 런던-샌디에이고 노선과 같은 수많은 신규 대서양 횡단 노선 취항을 가능하게 했는데, 이 노선들을 개별 항공사가 독자 운항했다면 수익을 내지 못했을 것이다.

조인트벤처는 분명 협력 항공사 간의 경쟁을 감소시키지만, 한편으로는 그들이 서비스하는 시장에서 보다 폭넓게 경쟁하기 때문에 양국 항공당국의 승인을 필요로 한다. 미국 교통부는 관련 국가와 '항공자유화' 또는 자유화된 항공서비스 협정이 있을 경우, 독과점 금지법에 따른 기소 면책특권을 부여하고 조인트벤처를 승인할 준비가 되어 있다. '항공자유화'체제는 면책조항 아래에서 조인트벤처가 운항하는 노선에 신규 항공사를 진입할 수 있게 하는 것으로 간주하였다. 규제당국은 가능한 범위 내에서 이를 더욱 확실시하기 위해 조인트벤처 승인 전에 조건을 부과할 수 있다. 이와 관련하여 2016년 12월, Delta Air Lines와 Aeromexico의 조인트벤처를 승인하고 독점금지법 위반조항을 면제할 때, 교통부는 두 항공사로 하

여금 뉴욕 JFK공항의 4개 슬롯, 멕시코시티의 24개 슬롯을 포기하도록 해 경쟁사들이 국제선 운항에 이용할 수 있도록 했다.

2008년부터 효력을 발생하기 시작한 유럽연합과 미국 사이의 '항공자유화'협정은 북대서양 지역의 메탈중립 조인트벤처 승인을 가능하게 했다. 이때 세 개의 주요 조인트벤처가 생겨났는데, 각각 세 개의 글로벌 얼라이언스와 연관되었다. 2016년까지 북대서양 지역 좌석킬로미터의 76%가 3개 주요 조인트벤처에 의해 공급되었다. 참여 항공사 수의 측면에서 가장 큰 규모의 조인트벤처는 United, Air Canada, Lufthansa, SWISS, Austrian Airlines, Brussels Airlines 사이에 이루어졌다. 이 조인트벤처는 해당 항공사들이 운항하는 모든 북대서양 노선과 연결편을 포함하였다. 이러한 항공사들은 모두 Star Alliance의 회원사이다. 그러나 폴란드 항공사 LOT 또는 Scandinavian Airlines와 같이 대서양 노선을 보유하고 있으나 조인트벤처에 속해 있지 않은 Star Alliance 회원사도 있었다.

북대서양 지역 외에도 태평양 지역, 유럽과 동아시아, 동남아시아 간 일부 노선에도 조인트벤처가 존재했다. 2011년 All Nippon Airways(ANA)는 일본과 미국 간 노선에 대하여 United와 조인트벤처를 체결하였다. 2016년 ANA의 대표 겸 CEO인 Shinya Katanozaka는 양 항공사의 허브를 통한 수송량이 5년 새 2배가 되었다며 이는 조인트벤처의 마케팅적 이점을 명확하게 보여준다고 주장했다(Airlines International, 2016).

주요 글로벌 항공사에 있어 조인트벤처의 중요성은 Lufthansa Group이 2016년 장거리 수익의 70%가 조인트벤처를 통해 창출되었다고 밝힌 것에서 알 수 있다(Lufthansa, 2016). 북대서양 조인트벤처와는 별개로 Lufthansa, Austrian, SWISS로 구성된 그룹은 일본과 유럽을 잇는 11개 노선을 운항하는 All Nippon Airways와 조인트벤처 관계에 있다. 유럽과 싱가포르 간 노선에는 Lufthansa, SWISS, Singapore Airlines가 조인트벤처를 체결해 유럽 항공사들이 동남아시아와 오스트랄라시아를 목적지로 진입할 수 있게 했다. 더 최근인 2017년, Lufthansa Group은 Air China와의 조인트벤처에 착수하였다.

대부분의 조인트벤처가 동일한 글로벌 얼라이언스 내의 항공사 간에 이루어지지만, 항상 그런 것은 아니다. 예를 들어, 2011년 Delta Air Lines는 Virgin

Australia와 미국-호주 시장에 대한 조인트벤처를 체결했는데, Virgin Australia는 Delta Air Lines가 소속되어 있는 SkyTeam이나 다른 얼라이언스의 회원사가 아니었다. 2018년 초, Delta Air Lines는 캐나다의 저비용항공사 Westjet과 새로운 조인트벤처 추진을 위해 협상을 하였다. 이는 상이한 비즈니스 모델을 가진 항공사도 조인트벤처에 참여할 수 있다는 것을 보여주었다. 2018년 초반 같은 시기에 Delta Air Lines는 Korean Air와의 조인트벤처를 통해 세계 전 지역에 조인트벤처를 맺는 전략을 완수했다.

조인트벤처는 미국-멕시코 노선과 같은 일부 단거리 시장과 많은 장거리 시장에서 비교적 빠르고 지속적으로 확장되고 있으며, 해당 항공사에 주는 중요성을 볼 때 상당한 수준의 마케팅 및 수익적 이점을 창출하고 있음을 보여준다. 항공사들은 자신의 글로벌 얼라이언스 회원사 자격보다 조인트벤처의 가치를 더 크게 평가하는 것으로 보인다. Finnair의 최고 영업책임자 Juha Jarvinen은 "Finnair에게 진정한 가치를 창출하는 것은 Oneworld 얼라이언스라기보다는 유럽과 일본 노선에서의 British Airways, Japan Airlines와의 조인트벤처, 북대서양 지역에서의 British Airways, American, Iberia와의 조인트벤처이다"라고 밝혔다(CAPA World Aviation Conference 연설, 헬싱키, 2015년 10월).

7.6 얼라이언스 전략

항공사 간 상업적 얼라이언스는 네트워크 확장, 수익 증대에 주요한 역할을 하며 비용 절감효과도 기대할 수 있다. 얼라이언스는 항공사 전략 기획에 필수요소이다. 올바른 얼라이언스 전략은 항공사의 규모, 장-단거리 운항 여부, 네트워크 항공사인지 저비용항공사인지 여부 등에 따라 달라질 것이다. 얼라이언스를 선택할 때 더 복잡한 문제는 이 얼라이언스가 항공사 네트워크 전체를 포함해야 하는지 혹은 메탈중립 조인트벤처처럼 운항편 중 일부분만을 포함해야 하는지이다.

소규모 네트워크 항공사에게는 강사진 얼라이언스가 확실히 도움이 된다. 경쟁자였던 항공사들과 제휴관계를 만드는 동시에 그들의 여러 노선에서 더 많은 교통량을 창출할 수 있기 때문이다. 경쟁이 줄어들면 일드가 증가할 수 있다. 하지만 글로벌 얼라이언스에 가입했을 때 확실히 더 큰 이익을 누릴 수 있을지는 확실하지 않다. 얼라이언스 회원비용을 지불해야 하며 이로 인해 큰 비용이 들 수도 있다. 소규모 항공사는 얼라이언스에 가입하더라도 적은 숫자의 회원사들, 상대적으로 소수의 노선들에 대해서만 교류가 이루어지게 된다. 이러한 항공사들은 글로벌 얼라이언스에 가입하기보다는 다양한 항공사들과(그들이 어떤 얼라이언스에 참여하고 있는지는 상관하지 않고) 각각 다양한 노선에 대해 여러 개의 양자간 협정을 체결하는 것이 더 나을 수 있다.

2015년 Air Baltic의 CEO Martin Gauss는 "우리는 British Airways, Scandinavian Airlines, Air France/KLM 등과의 19개의 양자간 코드셰어협정에 집중한다. 글로벌 얼라이언스에 가입하는 것은 이 중 몇몇 협정을 포기해야 한다는 것이다"라고 밝혔다(CAPA Conference 연설, 헬싱키, 2015년 10월). 150석 이하 항공기를 30대 보유하고 있는 적은 항공기 규모를 고려하였을 때 이는 올바른 전략으로 보인다. 종종 글로벌 얼라이언스는 회원사들과 비회원사들 간 코드셰어 협정 체결 수준을 제한하는 프로토콜을 보유하고 있다. 예를 들어, 항공사 공급석의 일정 비율만을 비회원사와의 코드셰어에 사용하도록 한다거나, 비회원사와의 코드셰어를 얼라이언스가 승인하는 방식을 채택하고 있다. 그러나 이러한 제한은 얼라이언스 내의 대형 회원사보다는 소규모 회원사에 더 많은 영향을 미치게 된다.

실질적으로 대형항공기를 보유한 항공사들에게는 글로벌 얼라이언스에 가입하는 것이 더 매력적일 수 있다. 네트워크 확장이 수익 증대를 이끈다는 것은 이미 널리 알려진 사실이며, 특히 다수의 주요 허브 출·도착편을 운항하는 경우에 더 두드러진다. 이것이 글로벌 얼라이언스의 경제 논리이다. 얼라이언스는 일부 노선에서의 경쟁을 줄이거나 심지어 특정 시장에서 독과점을 만들 수도 있다. 얼라이언스를 통해 얻을 수 있는 비용 절감효과는 수익이나 네트워크효과보다는 제한적이며 정량화하기 어렵지만, 그럼에도 항공사의 비용 절감을 도울 수 있다는 기대는 유효하다.

항공사들은 1990년대 후반부터 십여 년 동안 글로벌 얼라이언스에 가입해야 한다는 경제적 압박이 있었다. 특히 점점 더 경쟁이 심화되는 시장에 있는 항공사에 강하게 작용하였다. 한편으로는 어려운 상황에 놓인 일부 항공사 경영진들이 얼라이언스 가입이 위기 극복을 도와줄 것이라는 믿음에서, 혹은 그들이 무언가를 결정하고 실행하고 있다는 것을 보여주기 위해 얼라이언스에 가입하기도 했다. 2017년 무너진 Air Berlin이나 Mexicana가 이런 유형에 속했다. 사실 Mexicana는 2000년부터 2004년까지만 Star Alliance의 회원사였고 2009년에는 Oneworld에 가입했지만 이듬해 파산했다. 두 개의 글로벌 얼라이언스에 연달아 가입했지만 Mexicana를 구제하지는 못한 것이다!

2017년에는 60개 이상의 국제선 항공사들이 3개의 글로벌 얼라이언스 중 하나의 정식 회원사가 되었지만, 일부 소규모의 항공사들은 준회원으로 하나 혹은 그 이상의 동맹체와 관계를 맺었다. 앞서 언급한 바와 같이 2016년 글로벌 얼라이언스 회원사는 전 세계 승객킬로미터의 약 60%를 담당하고 있다. 그러나 장기적 관점에서 글로벌 얼라이언스 모델의 지속 가능성에 대한 우려가 점차 커지며, 다음과 같은 몇 가지 요인들이 그 가치를 약화시키고 있는 것으로 여겨진다.

- 각각 세 개 글로벌 얼라이언스에 속한 항공사 수가 너무 많고 이해관계가 분산되어 있기 때문에 얼라이언스에 모든 항공사의 니즈를 적절하게 반영하기가 점점 더 어려워지고 있다. 더구나 15~20년 전 가입 당시의 상업적 이해관계와 전략은 시간이 지나면서 달라지고 변화했다.
- 대규모의 글로벌 항공사들이 의사결정권을 지배하게 되면서 각 얼라이언스 내에서 회원사 구조가 2단계 또는 3단계로 나누어지는 현상이 나타났다. 소규모 항공사들은 영향력 행사 범위가 제한적이라고 느낄 수 있는데, George Orwell의 소설 '동물농장'에 비유하자면, "모든 얼라이언스 회원사들은 평등하다. 그러나 어떤 회원사들은 다른 회원사들보다 더 평등하다!'
- 대형 글로벌 얼라이언스 내에서 메탈중립 조인트벤처는 소규모로 결집력이 강한 얼라이언스를 형성하며, 일부 회원사들은 이러한 소규모 '클럽'에서 배제되었다고 느낀다. 예를 들어, LOT는 Lufthansa, United, Air Canada, SWISS, Austrian, Brussels에 의해 운영되는 Star Alliance 주도의 대서양 지

역 조인트벤처에 포함되지 않는다. 그러나 LOT는 Star Alliance의 회원사이며 대서양 횡단 노선을 운항하고 있기 때문에 회원사들에 의해 불공정한 경쟁에 직면해 있다고 느낀다. Star Alliance의 회원사인 Scandinavian Airlines와 TAP도 마찬가지이다. 이보다 더 심각한 글로벌 얼라이언스 내 불공정성 사례는 LOT가 바르샤바-도쿄 취항을 시작하였을 때에서 명백하게 드러났다. LOT는 노선의 수익성을 위해 글로벌 얼라이언스 파트너사인 ANA가 운항하는 도쿄 이원구간 운항편에 코드셰어가 필요했다. 그러나 ANA와 Lufthansa 간의 조인트벤처로 인해 여타 유럽 항공사와의 협업은 Lufthansa의 승인이 필요했고 이는 결국 승인되지 않았다.

- 글로벌 얼라이언스 회원사는 다른 얼라이언스 회원사와 양자간 공동운항협정을 체결함으로써 자체적인 얼라이언스를 약화시키기도 한다. 예를 들어, China Eastern(SkyTeam)은 Japan Airlines(Oneworld) 및 British Airways(Oneworld)와 공동운항협정을 맺고 있다. 2017년 초반, Star Alliance 회원사가 아닌 항공사들과의 코드셰어 확대전략의 일환으로 Lufthansa Group은 Oneworld 회원사인 Cathay Pacific과 코드셰어협정을 체결해 유럽과 오스트랄라시아 노선을 연결했다. 또한 같은 시기에 Oneworld 회원사 American Airlines는 SkyTeam 회원인 China Southern 지분의 2.76%를 취득하였다. 이는 영업, 코드셰어, 공항시설 등을 아우르는 상무협정의 연장선상이었다.

위의 모든 사항들은 글로벌 얼라이언스의 입지를 약화시킨다. 중장거리 노선을 운항하는 대형항공사는 동일 노선이나 시장에서 운항하는 다른 항공사와 조인트벤처를 통한 최대의 이점을 누리고 있다. 조인트벤처는 상당한 수준의 마케팅 이점을 창출하며 경쟁 압박을 줄이고 비용적 시너지도 창출 가능하다. 따라서 조인트벤처의 수는 증가할 것이며, 주요 시장을 지배할 것이다.

이러한 추세는 Aeroflot의 전략 및 제휴담당 부사장인 Georgeo Callegari에 의해 조명되었다. 2016년 10월 브뤼셀에서 있었던 European Aviation Club에서 그는 "글로벌 얼라이언스는 과거의 일부이다. 얼라이언스의 회원사들은 더 이상 밀접하게 협력하지 않는다. 긴밀한 협력과 이점을 보장하는 것은 조인트벤처이다"라고 하였다.

얼라이언스는 항공사 경영진에게 중요한 수단이다. 얼라이언스의 옵션은 언제든지 활용할 수 있다. 어떤 얼라이언스에 들어갈 것인지, 얼라이언스의 속성은 어떤지가 항공사 수익에 중요한 영향을 미칠 것이다.

항공사 얼라이언스는 항공산업 내에서 증가하는 경쟁 압박과 규제 환경의 변화에 대응하기 위해 빠르게 확산되고 있다. 앞서 살펴본 많은 사례와 분석에 의거하면 항공사 얼라이언스는 상당한 마케팅적 이점과 약간의 비용 절감, 경쟁 약화에 목적을 두고 있으며, 규모가 커지고 네트워크가 넓어짐에 따라 자연스럽게 시장이 과점 상황으로 흐르게 된다. 얼라이언스는 업계가 진정한 통합으로 가는 과정이다. 국제규제가 완화되어 완전한 지배권 소유가 가능한 다국간 합병이 가능해질 때에서야 현재의 많은 얼라이언스를 대체할 진정한 통합이 이루어질 것이다.

Chapter

08

항공사 마케팅: 여객수요의 역할

Chapter

08 항공사 마케팅: 여객수요의 역할

마케팅은 고객의 니즈를 발견, 생성, 유발 및 충족시키기 위하여 긴밀하게 통합된 노력으로 구성된 전체 비즈니스 프로세스를 고찰하는 것이다.

– Theodore Levitt

8.1 공급과 수요의 상호작용

첫 장에서 강조한 것과 같이 항공사 경영은 항공사들이 통제할 수 있는 항공서비스의 공급과 항공사들이 전혀 통제할 수 없는 수요를 잘 조화시키는 것이다. 이런 환경에서 성공하기 위해서는 항공사는 저비용 오퍼레이터(low-cost operator) 또는 고비용 오퍼레이터(high-cost operator)가 되는 것을 고려할 수 있다. 수익성을 결정짓는 것은 단위비용보다 높은 단위수익을 달성하는 항공사의 능력에 달려있다. 단위비용이 낮다고 하더라도 항공사가 그러한 비용들을 커버할 만큼의 단위수익을 창출하지 못한다면 이익을 보장할 수 없게 된다.

실제로 수익성은 세 개의 주요 변수 간의 상호작용에 따라 달라진다. 단위비용, 단위수익 그리고 로드팩터이다. 단위비용은 일반적으로 유효톤킬로미터당(per available tonne-km: ATK) 측정되거나 또는 유효좌석킬로미터당 비용(cost per available seat-km: CASK)으로 측정되며, 단위수익 또는 일드는 유상톤킬로미터당(per revenue tonne-km: RTK), 유효좌석킬로미터당(per available seat-km: RASK) 또는 승객킬로미터당(per passenger-km: RPK), 즉 판매된 생산량의 단위당으로 측정된다.[01] 로드팩터는 제공된 공급석 중 실제로 판매된 양(유상톤킬로

01 일드 또는 좌석킬로미터당 수익(revenue per seat-km)은 승객당(per passenger) 또는 팔린 좌석

미터가 유효톤킬로미터의 퍼센티지로 표현된 것)을 나타내는 반면, 시트팩터는 승객킬로미터(passenger-kms)가 좌석킬로미터(seat-kms)의 퍼센티지로 표현된 것이다. 일드가 낮은 경우에는 높은 시트팩터 및 로드팩터로 보완될 수 있지만 일드가 비용에 비해 매우 낮을 경우, 로드팩터가 높다고 하더라도 수익성을 보장하지는 못한다. 반대로 일드가 높으면 낮은 로드팩터가 중요하지 않을 수 있다(11장 11.1절 참조).

이와 같이 공급과 수요의 조화를 통한 수익달성을 위해서는 단위비용, 단위수익 그리고 로드팩터 사이의 올바른 균형이 필요하다. 이를 위해서 항공사 관리자들은 그들이 만족시키고자 하는 항공사의 수요에 대한 철저한 이해가 필요하다. 수요에 대한 완벽한 이해가 항공사의 계획수립에 대한 기초가 되는 것이다. 항공기 타입의 선택, 노선개발, 스케줄링, 상품계획, 가격정책 및 광고 등에 대한 의사결정은 궁극적으로는 여객 및 화물과 관련된 교통량에 대한 수요분석을 통해 가능하다.

다른 산업에서와 마찬가지로 항공산업에 있어서도 공급과 수요는 독립적인 요소가 아니다. 두 요소는 서로 영향을 미친다. 항공기의 타입 및 속도, 출발 및 도착시간, 운항횟수, 항공운임, 기내서비스, 지상서비스의 품질과 그 밖의 공급특성들이 항공서비스의 수요에 영향을 미칠 것이다. 반대로 수요도 그 자체가 이러한 공급특성들에 영향을 미친다. 여객수요의 밀도, 성수기 · 비수기, 여행 목적, 여행거리, 화물수요의 특성과 수요의 여러 가지 다른 측면 역시 항공서비스가 제공되는 방법에 영향을 미치고 비용에도 영향을 미칠 것이다(원가에 대한 수요패턴의 영향은 4장의 4.2절에서 간단히 설명하였다). 그러므로 항공사 계획과 경영은 다이내믹하며 상호적인 과정이다.

항공교통의 수요에 대한 이해와 평가를 통해 서비스의 공급을 결정하고 이러한 것은 다시 수요에 영향을 미치게 된다. 공급석의 조절은 수요변화를 발생시키고 이러한 상호작용이 계속된다. 시장이 규제를 받지 않고 경쟁적일 때에는 수요와

당(per seat sold)이라기보다는 공급석 단위당 수익(revenue per unit of capacity)을 측정하는 지표이다. 따라서 시트팩터 또는 로드팩터와는 독립적인 수익측정지표이다. 그러나 공급석 단위당 수익을 측정함으로써 달성한 승객 로드팩터는 제쳐놓고 특정 노선에서의 좌석킬로미터당 비용(즉, CASK)을 직접적으로 비교할 수 있다.

공급의 상호작용이 더욱 활발하게 이루어지며, 항공사의 관리자들이 처하는 어려움은 더욱 커지게 된다. 마케팅은 이러한 적당한 이익을 발생시키는 방식으로 수요와 공급을 조화시키는 다이내믹하고 상호작용적인 과정과 관련이 있다.

8.2 항공사 마케팅의 주요 단계

마케팅은 생산된 것을 판매하는 활동이라는 잘못된 인식이 널리 퍼져 있다. 마케팅은 그 이상의 의미가 있다. 마케팅은 상품을 판매할 방법에 대한 문제뿐 아니라 어떤 상품을 생산할 것인가에 대한 문제까지 다루고 있다. 마케팅은 어떤 산업에 있어서든지 핵심적인 역할을 하며, 빼놓을 수 없는 항목이다. 항공사의 모든 직원들이 사실상 마케팅 프로세스에 기여할 수 있다는 것을 인지하는 것이 중요하다.

마케팅의 본질은 고객의 욕구를 파악하고 이를 만족시키는 것이다. 생산 또는 공급 중심적인 전략이 아니라, 고객 또는 시장 중심적인 목표나 전략을 수립해야 한다. 만약 항공사가 고객이 원하는 것이 무엇인지 그리고 지불할 의향이 있는지를 파악하기 전에, 단지 생산된 상품의 판매에만 노력을 집중하게 된다면 결국 실패할 운명에 처할 것이다. 초음속기가 그 좋은 사례가 될 수 있다. 초음속 콩코드 항공기는 기술적으로 가능하다는 이유만으로 생산되었지만, 승객들이 실제 이 항공기의 이용을 위해 과다하게 높은 비용을 기꺼이 지불하고자 하는지 또는 2~3시간의 여행시간을 줄이기 위해 초음속항공기의 높은 비용을 지불할 의사가 있는지에 대한 검토가 이루어지지 않았다. 이러한 서비스를 필요로 하는 승객들이 다소 존재하긴 하였지만, 콩코드 항공기는 상업적인 성공을 거두기에는 부족하였다. 콩코드 항공기는 1970년 중반에 운항을 시작하였지만, British Airways와 Air France만이 콩코드 항공기를 이용한 항공서비스를 지속적으로 제공할 수 있었으며, 이는 자본비용을 자국 정부가 지원해 줌으로 인해 항공사들이 직접 콩코드 항공기 운항에 따른 초과비용을 지불하지 않아도 되었기 때문이었다. 콩코드 항공기는 초기에 16대를 생산하였으나, 그 이후로는 더 이상 생산되지 않았다. 27년 후인 2003년 10월 23일 콩코드 항공기는 런던 히드로에서 마지막으로 운항되었다.

마케팅에는 네 가지 논리적인 단계가 있다. 마케팅의 첫 번째 단계는 수익이 될 수 있는 시장 확인 및 세분화된 시장을 인지하는 것이다. 이를 위해서는 마케팅 조사를 활용하는데, 이론 기반의 단순한 통계적인 분석에서 현재 또는 잠재 항공서비스 고객에 대한 설문조사에 이르기까지 매우 다양하다. 마케팅의 목적은 다양하게 세분화된 시장의 욕구를 이해하고 또한 그러한 욕구가 현재 어느 정도 만족되지 않고 있는지에 대한 이해를 하는 것이다. 당연히 이를 통해 교통량 수요예측이 이루어지는데, 가능하다면 상세하게 그리고 세분화하여 진행해야 한다. 그러나 저비용항공사들은 종종 대안적인 접근법을 사용해 왔다. 그들은 특정 노선의 네트워크 항공사가 제공하는 공급석과 운임을 살펴본 후, 시장에 공급석이 부족하며 상당히 낮은 운임을 통해 빠르게 확장될 것이라고 결론 내렸다. 그들의 예측은 통계적 연구에 근거하기보다는 직관적이었다.

마케팅의 두 번째 단계는 시장분석을 바탕으로 시장에서 제공되어야 할 항공서비스와 하늘 및 지상에서의 상품특성을 결정하는 것이다. 이것이 바로 상품기획이다. 가격은 상품특성 중 가장 중요한 특성 중의 하나이지만, 10장에서 언급될 내용과 같이 항공사의 상품 및 서비스 제공은 결정해야 할 매우 다양한 특성이 있다. 상품계획의 수립은 세 가지 요인과 관련이 있다. 시장의 욕구 확인, 경쟁 항공사의 현재 및 미래의 상품특성 그리고 상이한 상품 및 서비스들의 가격이다. 계획하고 있는 상품의 비용을 평가할 때에는 항공산업의 공급과 수요라는 측면이 동시에 고려되어야 하는데, 공급과 수요는 서로 상충관계에 있기 때문이다. 상품계획자는 고객이 지불하고자 하는 가격이 어느 정도인지를 파악하고 상품 및 서비스 특징에 균형을 맞추어야 한다.

세 번째 단계는 마케팅 계획을 토대로 상품의 판매와 유통에 대한 계획 및 준비를 하는 것이다. 여기에는 항공사가 직접적으로 소유하고 있는 판매 및 유통 지점을 설립하고 운영하는 것을 포함하는데, 이러한 것에는 판매 사무소, 콜센터, 웹사이트 그리고 다양한 대리점, 부 대리점(sub-agent) 및 온라인 여행사 등과 같은 간접 판매소가 있다. 잠재고객을 유치하기 위해서는 마케팅 계획이 모든 미디어 및 사용이 증가하는 소셜미디어의 광고 그리고 프로모션에 대한 구체적인 프로그램을 포함하고 있어야 한다. 유통은 전자상거래의 효과적인 활용에 초점을 두어야 할 것이다.

마지막으로 마케팅은 항공사들이 계획한 상품특성과 서비스 기준을 지속적으로 충족시킬 수 있는지 하는 점과 이러한 상품들에 대한 고객들의 반응을 점검하고 검토하는 것이다. 이를 위해 항공사에서는 주간 판매실적, 고객 설문, 온라인 판매 데이터의 분석, 불만사항에 대한 검토 그리고 기타 마케팅 조사기법을 활용한다. 이를 통해 획득한 자료는 항공사가 단기 시정조치를 취할 수 있게 해주며 또한 서비스나 상품특징의 변화에 대한 장기전략을 수립할 수 있게 해준다.

본서의 목적은 항공사의 공급과 수요를 조화시켜 나가는 과정에서의 마케팅의 역할을 평가해 보는 것이다. 마케팅은 수요에 대한 이해에서부터 출발한다. 따라서 본 장에서는 항공여행의 수요특성에 대해 알아보고 특정 시장에서 수요의 수준과 성장에 영향을 미칠 수 있는 다양한 변수에 대해 살펴보고자 한다. 수요에 대한 이해를 통하여 항공사들이 가장 널리 이용하고 있는 수요예측기법에 대해서도 살펴볼 것이다(제9장). 제10장에서는 상품계획 및 유통에 대한 평가가 이어지며, 제11장에서는 핵심 요소인 가격정책에 관하여 살펴보고자 한다.

8.3 항공여행의 동기

항공여행은 대부분 상용출장 또는 레저가 목적이다. 상용출장은 기업의 필요에 의한 여행으로 회사에서 경비를 지불한다. 상용출장 여행자와 고용주는 경우에 따라 동일인일 수도 있으나, 고용주의 출장여행 시에도 기업에서 여행경비를 지불한다. 레저시장은 두 개의 범주로 세분화된다. 그중 하나가 휴가여행시장(holiday travel)이며 다른 하나는 친구나 친지 방문 목적(Visiting Friends or Relatives: VFR)의 여행시장이다. 각 항목은 세분화될 수 있다. 예를 들어, 휴가여행시장은 단기 혹은 장기 휴가여행으로 분류될 수 있으며, 포괄 휴가 패키지상품과 여행경비와 숙박을 각각 따로 지불하는 상품으로 더욱 세분화될 수 있다. 뚜렷하게 증가하는 범주는 별장(second home)으로 주말여행을 하는 것이다. 이는 때로 VFR 여행 범주로 분류되기도 한다. 그러나 여행의 종류를 막론하고, 상용출장 여행자들이 아닌 레저 여행자들은 자신들이 여행경비를 지불한다. 상용출장 여행시장과 레저 여행시장 간에도 많은 차이점이 있는데, 이는 상용출장 여행자들의 경우 자신의 여행경비를 직접 지불하지 않는 데 반해, 레저 여행자들의 경우는 스스로 자신의 여행경비를 지불한다는 데서 비롯된다. 이러한 것들은 추후에 논의될 것이다

마지막으로 소수이기는 하지만 상용출장이나 휴가 또는 VFR 여행의 범주에 포함되지 않는 항공 여행자들이 있다. 이러한 여행자들에는 해외유학생, 의료적인 치료 목적으로 여행하는 사람들, 이민을 위해 다른 국가로 이주하는 사람들이 있다. 이러한 여행객들은 '기타(other)' 범주로 분류된다.

2016년 영국의 해외 여행객 6,000만 명 중 9.9%가 상용출장 여행자들이었고, 24%는 친구나 친지 방문, 3분의 2(64%)는 휴가여행 목적이었다(ONS, 2016). 나머지 2%는 기타 다양한 목적을 가진 여행객이었다. 이것은 매우 포괄적인 수치이다. 어느 시장에서나 노선에서든 목적에 따른 승객믹스(passenger mix)는 국가와 노선(국제선 혹은 국내선)에 따라 다양하다. 일반적으로 상용출장 승객의 비율은 국제선보다는 국내선에서 더 높은데, 국내 노선은 거리가 짧아서 레저 승객의 경우 특히 여러 명이 함께 이동할 경우 더 저렴한 자동차, 버스, 기차 등을 이용하기 때문이다. 결과적으로 2016년 영국 최대 공항의 국내 승객 3분의 1 이상(37%)은 업무상 여행을 하고 있었다는 것을 보여준다(CAA, 2017).

승객믹스에는 다양한 요인들이 영향을 미치는데, 이러한 요인에는 항공사의 서비스가 대형항공사의 정기편 서비스인지, 부정기편 혹은 저비용항공사인지, 승객의 거주국, 출발지 및 도착지에서의 경제활동, 공항 관련 요인 등이 포함된다.

영국에 거주하는 이용객들의 4분의 1 정도가 친구나 친척을 방문하기 위해 외국을 가지만 일부 시장에서는 VFR 승객이 더 중요할 수 있다. 캐나다, 카리브해 또는 동남아시아와 호주로 가는 노선에서 친구나 친척들을 방문하는 영국발 교통량의 비율은 상당히 높아진다. 예를 들면, 2016년 캐나다를 방문한 영국 거주자의 절반이 친구와 친척 방문 목적이었고, 호주를 방문한 영국 거주자의 60%가 같은

목적이었다. 반대로 이 두 나라에서 영국으로 온 방문객의 약 40% 정도가 친구나 친척 방문 목적이었다(CAA, 2017). 이러한 시장에서 항공사 마케팅의 상품계획 및 가격은 VFR이 여행의 주요 목적인 환경을 반영해야 한다.

기타 지역에 있어서의 상용출장, 휴가, VFR 여행객과 기타 여행객의 분포는 다양하게 나타난다. 일반적으로 국민의 가처분소득이 높은 국가일수록 그 국가에서 발생되는 총국제선 항공여행에 대한 휴가여행의 비율이 증가한다(해외여행 제한 또는 외국환 거래 제한이 그 국가의 국민들에게 부과되지 않는 한). 아프리카 국가들은 소득 수준이 낮기 때문에 아프리카 대륙 내 국제선 수요의 대부분은 상용출장여행 수요이다. 반대로 중국의 급속한 개인소득 성장과 최근 동아시아 신흥산업 국가들의 등장으로 인하여 레저여행 부문이 급속하게 성장하였는데, 특히 지난 20년간 동아시아 지역의 항공사들의 성장률이 매우 높았다는 사실을 통해 알 수 있다. VFR 여행객 추세는 초창기 인구 이동이 활발했던 국가들 간의 항공 노선에서 중요하게 여겨졌다. 앞에서 언급한 영국의 경우 이외에도 VFR 여행의 비율이 높은 노선으로는 프랑스에서 알제리나 모로코로 가는 노선, 미국에서 필리핀으로 가는 노선 그리고 싱가포르에서 인도 남부로 가는 노선을 들 수 있다.

항공사 마케팅 매니저가 다루어야 하는 승객의 여행 목적과 믹스의 변화에 대한 사항은 2016년 영국과 유럽을 항공기로 여행한 여행객들의 조사에 나타나 있다 ([표 8-1] 참조). [표 8-1]의 조사결과는 다음과 같다.

- 서유럽 국가로 여행하는 영국 방문객들이 서유럽 국가에서 영국으로 여행하는 방문객보다 2.5배 더 많은 극명한 불균형을 나타낸다.
- 해외로 출국하는 영국인과 영국으로 입국하는 방문자의 여행 목적은 상당히 다르다.
- 휴가를 목적으로 대략 3분의 2 또는 67.8%의 영국 거주자가 유럽으로 여행하는 반면, 유럽 항공 여행객의 3분의 1 또는 34.9%만이 휴가를 목적으로 영국을 방문한다.
- 35.2%에 달하는 높은 비율의 유럽 방문객은 VFR을 목적으로 영국을 방문하는 반면, 영국 거주자들은 20.8%만이 같은 목적으로 유럽을 방문한다.
- 영국 거주민의 10분의 1 또는 9.4%가 상용출장을 위해 서유럽으로 출국하는

반면, 영국 방문객의 22.1% 또는 1/5 정도가 상용출장 목적으로 방문한다.

- 2016년 높은 비율(26.6% 또는 1/4)의 영국 여행객들은 유럽으로 패키지여행을 하였다. 이들은 영국의 부정기편 교통량을 상당히 증가시켰다(제6장). 많은 영국 여행객들이 네트워크 항공사나 저비용항공사로 패키지여행을 했지만, 유럽에서 영국을 방문한 경우에는 매우 적은 수만 패키지여행을 한 것으로 나타났다.

표 8-1 영국과 유럽연합 간 항공 여행객들의 여행 목적, 2016년

여행 목적	영국 거주자들의 유럽 방문(%)	유럽으로부터의 영국 방문(%)
상용출장	9.4	22.2
휴가(패키지 투어)	67.8(26.6)	34.9(2.7)
친구 · 친지 방문	20.8	35.2
기타 목적	2.0	7.8
합계	100.0	100.0
방문객	4,600만 명	1,940만 명

자료: ONS 자료를 활용하여 저자 재구성, 2017년

교통량의 방향적 불균형과 출발지 · 목적지에 따른 여행 목적의 현저한 차이는 영국과 유럽 사이에서 항공사들이 그들의 서비스를 판매하고 홍보하는 장소와 방법에 분명한 영향을 미쳐야 한다. 그러한 두드러진 차이는 내부분의 시상이나 개별 노선의 공통적인 특징이다.

이전의 사례에서 다른 시장들과 노선들 사이 그리고 같은 노선의 방향에 따른 매우 다양한 교통량믹스(traffic mix)를 설명하였다. 어떤 시장과 노선이든 상용시장과 레저 또는 VFR 사이의 승객믹스는 마케팅과 가격전략 그리고 승객당 평균일드에 중요한 영향을 미친다. 여행 목적을 레저, 상용출장, VFR 및 기타 등 네 가지 광범위한 범주로 분류하는 것은 유용하지만, 이러한 각 범주 내에는 더 많은 하위 그룹이 존재한다는 사실은 간과된다. 예를 들어, 레저 승객들은 장기 체류 또는 주말 여행자와 해변 휴가, 등산 또는 역사적인 도시로 가는 여행객들로 더 세분될 수 있다. 급속도로 성장하고 있는 하위 그룹은 레저 여행자들이 크루즈여행을

위해 항구로 향하는 것이다. 출장자 중에서는 통상적인 출장이나 기타 등과는 달리 긴급출장이 있을 수 있다. 각 출발지 · 목적지에서 여행 목적 측면에서 승객믹스에 대해 상세히 이해하고 알고 있는 것은 항공사 관리자에게 매우 중요하다.

또한 항공여행시장에서 개별 여행자가 보통 하나 이상의 항공편을 이용하기 때문에 기록된 승객 여행횟수보다 작다는 것을 알아야 한다. 여행자 수와 기록된 승객 여행횟수 간의 관계는 노선별로 다르다. 이는 노선의 상용출장 여행자비율에 따라 크게 영향을 받는데 이들의 항공서비스 이용 빈도가 가장 높기 때문이다. 많은 차터 패키지 투어 노선에서 각 여행자는 1년에 한 번 이상 왕복여행을 하지 않는 경우가 많으므로, 이들의 출국과 입국을 고려하면 여행자의 수는 아마도 그 노선에 기록된 승객 수의 절반에 가까울 것이다. 정기편 시장에서 이는 더 복잡하며 적은 비율의 단골 고객이 전체 여행객 수에 있어 높은 비율을 차지한다. 이러한 단골 고객들은 대개 출장으로 항공편을 이용하지만, 어떤 여행자들은 휴가나 VFR 여행을 할 수도 있다. 예를 들어, 플로리다에 휴가용 아파트를 가진 뉴욕 시민이나 페낭에 아파트가 있는 싱가포르 사람들은 일 년에 5회 이상의 휴가여행을 할 수 있다.

한 사람이 여러 명의 승객의 티켓을 구매할 수 있기 때문에, '예약자'의 수가 승객 수보다 상당히 적다는 것을 알고 있어야 한다. 2017년에 easyJet은 약 8,000만 명의 승객을 운송했지만 1,300만 명의 예약자를 보유하고 있었다. 반복 판매 마케팅에 중요한 것은 이러한 적은 수의 예약자이다.

여행의 목적은 여행횟수뿐만 아니라 여행기간에도 영향을 준다. 상용출장 여행객은 더욱 자주 여행할 뿐 아니라 여행기간도 짧다. 레저 여행객 중에서 패키지여행을 하는 사람들은 가장 긴 기간 동안 여행을 하는데, 휴가가 일반적으로 몇 주로 고정되어 있기 때문이다. 여행거리가 증가됨에 따라 여행 목적이 어떻든지 여행기간 또한 길어졌다. 2016년 히드로공항의 여객 설문을 살펴보면(CAA, 2017), 히드로에서 출국하는 국제선 영국 레저 여행객들의 64%가 한 주 이상 해외에 체류하는 반면, 오직 19%의 상용출장 여행객들만이 레저 여행객만큼 해외에 체류한다는 것을 알 수 있다. 실제로 국제선을 이용하는 22%의 상용출장 여행객들은 이틀 안에 돌아왔다. 국내선을 이용하는 영국 상용출장 여행객들의 3분의 2에 가까운 여행객들은 이틀 미만으로 체류하였다. 다시 말해, 여행의 목적은 여행시간에 직접적인 영향을 미치며 항공서비스 마케팅에 매우 중요한 역할을 한다. 이러한 수치는 항공사의 높은 운항횟수가 상용출장 승객들에게 중요한 이유를 강조한다.

8.4 항공 여행객의 사회 · 경제적인 특성

여행횟수, 동반 여행객의 수, 또는 예약시기와 같은 여행 동기 및 여행행동의 측면들은 개인 여행자의 사회경제적인 특징과 관련되어 있다. 성별, 나이, 가계소득, 사회계층, 가족의 수, 직업은 여행패턴에 영향을 미치는 많은 사회경제적인 특징의 일부분이다. 이러한 일부 특징들은 독립된 시장세분화의 분류 범위 내에서 다르게 나타날 수 있다. 항공사가 현재고객 또는 잠재고객에 대해 더 많이 파악하고 있으면 계획과 목표설정을 보다 쉽게 할 수 있고, 각 세분시장이 특별히 요구하는 서비스와 상품을 적절하게 설정할 수 있다. 항공승객들과 현재 항공서비스를 이용하지 않는 고객들을 대상으로 한 설문조사와 일반적인 설문조사 및 시장조사 모두 각 시장의 요구에 대한 이해를 명확히 하기 위해 사용된다. 설문조사 및 시장조사를 고려하거나 활용하는 데 실패하는 항공사는 종종 항공사가 나아가야 할 방향을 알지 못한다. 여러 타입의 항공 여행객들의 사회경제적 특징에 대한 심층분석은 너무 장황하고 여기에 적합하지 않은 것 같지만, 그럼에도 불구하고 이러한 것을 강조하는 것도 흥미로운 일이다.

일반적으로 남성들이 상용출장시장의 다소 많은 부분을 차지할 것으로 생각되는데, 실제로 상용출장 여행객 중 남성들이 차지하는 비율은 이보다 훨씬 높다. 2016년 영국의 경우 상용출장 목적의 항공 여행자 중 약 4분의 1만이 여성이었다(ONS, 2016). 유럽의 다른 지역에서도 유사한 경향을 보이는 반면, 미국의 경우 상용출장 여행자 중 여성비율이 더 높아 45%에 달한다.

누구나 예상할 수 있듯이 레저시장의 경우는 성별에 따라 승객의 확연한 차이가 존재한다. 일부 유럽과 북미의 레저시장에서는 여성 승객이 지배적인 편이다. 국제선 VFR 승객 중에서 여성의 비율은 훨씬 높게 나타나며 일부 시장에서는 3분의 2에 달한다. 미국 레저시장의 경우, 여성은 총항공여행의 절반 이상을 차지하여 압도적으로 높은 비율을 나타낸다.

전통적으로 상용출장 여행자들은 주로 중간관리자, 경영진, 중역, 변호사, 건축가, 컨설턴트 또는 기타 전문직으로 인식되어 왔다. 이들은 보통 중년층이나 그 이상의 연령층으로 구성되어 있다. 그러나 최근 상용출장시장에 근본적인 변화가 나타나고 있다. 전 세계 무역과 산업의 국제화, 항공여행의 실질적 비용 감소, 항공여행이 제공하는 신속성을 토대로 최근에는 일반직원이나 기술직 근무자들의 상용출장여행도 증가하기 시작하였다. 이러한 승객들은 전통적인 상용출장 승객보다 나이가 젊고 소득이 낮은 성향을 보인다.

레저여행 수요에 영향을 미치는 사회경제적인 변수 중에서 가장 중요한 변수는 개인소득 또는 가계소득인데, 이는 레저여행의 경우 승객이 비용을 지불해야 하며, 또한 배우자 및 자녀들의 요금도 지불해야 할 수도 있기 때문이다. 결과적으로 소득이 높은 여행객들이 레저시장에서 보다 높은 비중을 차지한다. 영국의 여행 경험에 대한 설문조사에 따르면 관리직 및 전문직 종사자 중 71%가 지난 12개월 동안 적어도 1회의 항공여행을 한 것으로 나타났으며, 이에 비해 중간 직종 종사자는 50%, 수공업 종사자는 36%에 불과했다(DfT, 2014).

영국의 경우 다른 유럽 국가와 미국에서도 동일하다. 인구의 작은 비율을 차지하는 고소득자들이 국제선 여행뿐 아니라 국내선 여행에 있어 대부분의 비중을 차지하였다. 평균 가처분소득 수준이 낮은 많은 제3세계 국가들의 경우, 국제선 항공여행은 총인구 중 소득 수준이 가장 높은 5~10%의 사람들로 한정되어 있다. 기타 지역에 있어서 국제선의 레저여행이 사회 여러 계층에 보다 확산되어 있기는 하지만, 여전히 고소득층의 비율이 압도적으로 높다.

영국 항공여행시장의 핵심적인 사회적인 변수는 해외에서의 주택소유이다. 해외에 주택을 소유하고 있는 사람들은 그렇지 않은 사람들보다 1~1.5배 더 많은 국제선 레저여행을 한다. 이것은 모든 소득층에 해당되는 것으로 나타났다(CAA, 2008).

각 시장에서 여객수요의 사회경제적 특성에 대한 평가는 항공사들의 광고와 프로모션 그리고 판매활동에 대한 계획수립에 도움을 준다. 이는 항공사가 그들의 광고캠페인에서 어떤 신문, 잡지, 또는 텔레비전 채널을 활용하여 광고를 할지 그리고 그들 서비스의 어떤 특성을 강조할지를 결정하는 데 도움을 준다. 시장에 대한 이러한 지식은 상품계획 및 가격정책, 경우에 따라서는 수요예측에도 도움이 될 수 있다.

8.5 시장세분화

전통적으로 항공사들은 각 노선별로 여행의 목적에 따라 시장세분화를 한다. 앞서 나온 바와 같이 항공사들은 상용출장, 레저, VFR 및 기타 승객 등 3~4개 영역으로 분류한 후, 성별, 나이, 가계소득 등을 이용해 더욱 세분화한다. 이러한 방식의 시장세분화는 매우 가치 있는데, 왜냐하면 차별화된 세분시장은 각각 다른 성장률을 기록하고 운항횟수, 출발시간, 운임변화와 같은 내부 공급적인 변수들 또는 환율변화, 경제적 침체와 같은 외부적 요인들에 대하여 다른 반응을 보이기 때문이다. 각 노선에 있어 각 세분시장의 특성과 그 규모를 이해하는 것은 수요예측에 필수적이고, 스케줄링, 기내서비스 그리고 특히 가격결정과 같은 상품계획의 많은 측면들에 있어서도 필수적이다. 그들의 시장에 대해 면밀한 지식을 갖고 있지 않은 항공사의 경우 공급과 수요를 조화시키는 데 있어 어려움에 처할 가능성이 높다.

최근에 항공사 관리자들 사이에 여행 목적을 기준으로 한 단순화된 시장세분화 접근법에 여러 결점이 있다는 인식이 증가하고 있다. 첫째, 승객의 인구통계적인 특성과 사회경제적인 특성을 지나치게 강조하는 경향이 있다. 나이, 성별, 사회적인 계층 등은 항공여행을 할 때 승객의 욕구 및 이들이 원하는 것을 평가할 때에 그리 중요한 요소가 아닐 수도 있다. 항공사들에게는 성별이나 나이를 확인하는 것보다 승객이 마지막에 예약을 취소할 것인지 혹은 출발시간이 조금 불편하기는 하지만 운임이 낮다면 이용할 것인가를 파악하는 것이 더 중요하다. 물론 나이나 성별이 예약행동이나 운임에 대한 태도에 영향을 미치는 경우는 제외이다. 둘째, 항공여행은 점진적으로 다목적이 되어 가고 있다. 상용출장여행이 휴가와 연계되어 있거나 또는 남편의 상용출장여행에 부인이 동반하는 경우도 있으며, 많은 사람들이 친구나 친지를 방문하는 것을 휴가로 여기기 때문이다. 셋째, 전통적인 시장세분화는 여행 의사결정에 포함되어 있는 동기요인들을 지나치게 단순화하였다. 갑작스러운 일이 있어 즉시 다른 나라로 가야 하는 상급관리자나 엔지니어들은 다른 교통수단을 이용하고자 하거나 몇 달 전에 이미 자신의 정규 해외출장을 계획하는 영업직원과는 상이한 교통수단의 필요성을 가지고 있을 것이다. 또한 고객 미팅을 위한 출장, 컨퍼런스를 위한 정부 고위직 출장 등 여행 요건이 다르더라도 모두 상용출장 승객으로 분류된다. 마찬가지로 연간 2주간의 일괄적인 여행 패키지를 구입한 가족 여행객들은 개별적으로 숙박을 예약한 사람들이나 몬트리올에서 뉴욕으로 또는 싱가포르에서 홍콩으로 가는 주말 커플 여행객들과는 상이한 욕구를 가진다.

대부분의 항공사 담당자(airline planner)들은 현재 시장을 여행 목적에 대한 기준으로 간단히 네 개의 범주로 세분해서는 안 되며 여행 목적뿐만 아니라 승객들의 욕구 및 행동패턴도 고려하여 시장을 세분화하여야 한다고 생각한다. 따라서 상용출장시장의 세분화는 일반 출장(routine business), 긴급 출장(emergency business), 컨퍼런스 또는 무역박람회 참석(trade fair travel), 해외취업, 주재원들의 자국 방문휴가(home leave) 등으로 더욱 세분화되어야 한다. 레저시장의 휴가여행은 패키지 여행, 다중 목적지 여행(multi-destination touring segment), 주말여행 등으로 세분화되어야 한다. 이러한 부분은 더 세분화될 수 있다. 예를 들어, 휴가 패키지는 호텔, 취사 가능한 숙소, 크루즈 여행 등으로 세분화될 수 있다. 시장세분화방법은 어떤 시장이 가장 중요한 세분시장인가 하는 각 항공사들의 평가에 따라 달라질 수 있다. 보다 복잡한 시장세분화에 대한 요점은 각각의 세분시장이 독특한 욕구와 기대를 가지고 있다는 것인데, 예약 또는 노선을 바꿀 수 있는 자유, 중간 체류의 욕구, 특별한 운임 수준을 지불할 능력, 기내서비스 및 안락함에 관한 다양한 기대 등이 그러한 것들이다. 행동패턴 또한 중요한데, 매우 일찍 예약하는 일부 승객도 있는 반면, 다른 이들은 마지막 순간까지 예약하지 않거나 여행날짜를 바꾸는 경향이 있을 수 있다.

런던-아테네, 싱가포르-홍콩과 같은 중거리 노선의 세분시장 중 네 개의 세분시장만을 대상으로 한 욕구의 변화가 [그림 8-1]에 나와 있는데, 긴급 상용출장 여행객과 2주 휴가 여행객들의 대조적인 욕구가 두드러지게 나타난다. 후자의 경우 저렴한 운임이 매우 중요하며, 전자의 경우 높은 서비스품질-좌석 이용 가능성, 항공기 운항횟수 등이 중요하고 가격은 비교적 중요하지 않다. 주말 여행객들과 2주 휴가 여행객들을 비교해 보았을 때, 레저시장은 여행객의 욕구와 요구에 따라 더욱 뚜렷하게 세분화될 수 있는 것으로 보인다. 이러한 각 그룹들의 사회 · 경제적인 다른 특징은 그들에게 어떠한 구체적인 마케팅 노력을 해야 하는가를 결정할 때 도움이 될 것이다. 그러나 핵심은 여행객들의 욕구와 요구이다. 여행객들이 원하고 필요한 서비스와 상품은 무엇인가?

시장세분화에 있어 보다 정교한 접근법은 항공사들의 수요예측에 도움을 주고,

그림 8-1 여행 목적 및 승객 욕구에 의한 시장세분화:
3~4시간 비행구간 내 가능한 세분시장의 표본만 포함

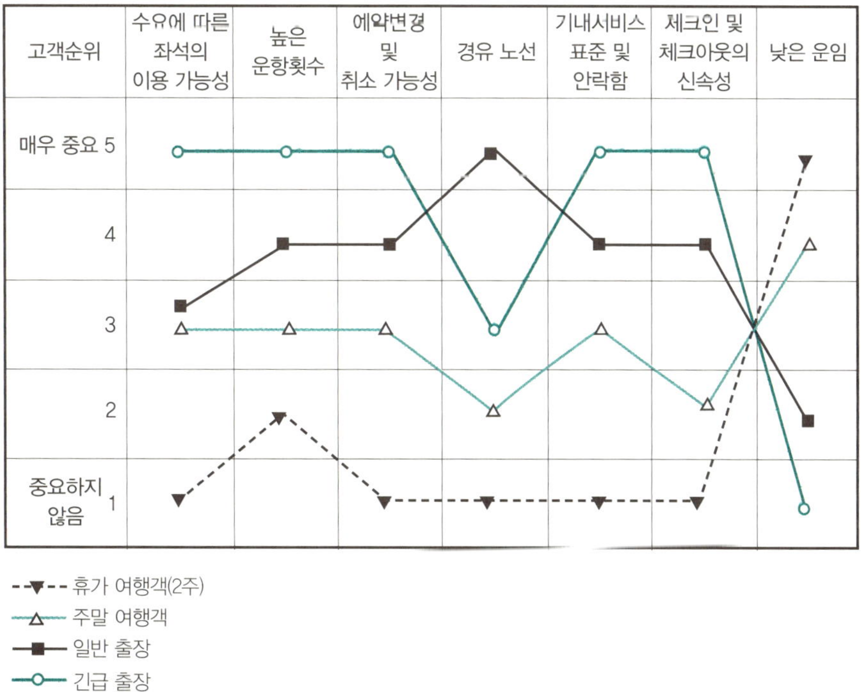

특히 상품계획 및 가격결정에 있어 중요하다고 할 수 있다. 그것은 항공사들이 각각의 세분화된 시장에서 승객을 유치하기 위해서나 최소한의 시장을 충족시키기 위한 방안으로 특별한 상품 및 가격의 조합을 계획하는 데 도움을 준다. 이는 또한 시장세분화에 따른 비용에 근접하여 운임을 결정하는 데 도움을 줄 수 있고, 본래 높은 운임을 부담할 수 있는 승객이 낮은 운임을 이용하지 못하도록 각 요금마다 다양한 이용조건 및 제한을 설정하는 데 도움을 주게 된다.

온라인 판매 및 발전방식의 발달로 항공사는 단독, 커플 또는 대가족단위 여행, 여행횟수, 선호하는 목적지, 일 년 중 가장 빈번한 여행시기, 선호하는 공항, 거주지(사회 · 경제적 수준을 나타내는 지표일 수 있음), 항공편 예약을 하고 지불하는 사람 등과 같은 그들의 고객에 대한 승객여행정보시스템을 구축할 수 있었다. 저비용항공사는 온라인 직접 판매에 독점적으로 초점을 맞춘 최초의 항공사였기 때문에 특히 성공적이었다. 이 데이터는 특정 시장 부분을 식별한 다음 다양한 소셜 미디어 판매처를 포함한 마케팅 및 판매전략을 사용하여 해당 부분을 타깃팅하고 유치하는 데 사용할 수 있다.

8.6 계절적 변동의 문제

많은 다른 운송산업들과 마찬가지로, 특별히 승객을 다루는 항공산업은 매일, 매주 그리고 계절적 성수기에 따라 수요가 큰 폭으로 변화하는 특징이 있다. 성수기의 패턴과 강도는 노선별, 지역별로 다양한데 성수기 운송량이 항공사에 비용 불이익이 되기 시작하면 심각한 문제가 된다. 성수기 동안 수요를 처리하기 위해서 항공사는 운항승무원이나 객실승무원 등과 같은 항공기 관련 인력뿐 아니라 지상조업 또는 판매와 같은 분야의 직원, 장비, 시설들에 대한 추가 공급력을 확보해야 한다. 이러한 공급력 증대는 비수기 동안에는 활용되지 않는다. 성수기와 비수기의 격차가 크면 클수록 성수기에 대응하여 확대시킨 공급력을 비수기에 활용하는 것은 매우 어려워지는데, 성수기 동안에 공급력은 운영상 비용이 많이 드는

데 이는 실제로 사용되는 극히 단기간 동안에 모든 고정비와 간접비를 회수해야 하기 때문이다. 다시 말해 성수기에 대비한 고가의 설비나 직원들은 수요가 낮은 기간에는 사실상 사용되고 있지 않거나 충분히 활용되지 못하고 있다.

계절적 성수기는 학교의 방학기간에 맞춰져 있으며 아이가 있는 항공사 직원들은 동일한 기간에 휴가를 보내고 싶어 하기 때문에 성수기 때는 추가로 더 많은 직원들이 필요하다. 일부 지역에서는 성수기 3~6개월 기간 동안 고용된 임시직원을 활용하여 성수기의 문제를 극복하는 것이 가능할 수 있다. 많은 항공사가, 특히 객실승무원 분야에서는 이러한 방법을 택하고 있다.

항공서비스 수요의 계절적인 성수기현상이나 국가별 또는 특정 노선별 성수기 현상은 제도적인 혹은 기후적인 요인 때문에 발생하기도 한다. 학교 방학의 기간이나 분포, 공장이나 사무실의 연중 휴가패턴, 크리스마스, 중국의 음력새해, 메카순례와 같은 종교적 축제 그리고 주요 문화행사 혹은 스포츠 이벤트는 시기적으로 항공수요의 성수기를 유발하는 제도적인 요인이며, 기후요인 또한 휴가패턴에 중요한 영향을 미친다.

제도적인 요인과 기후요인이 동시에 영향을 미치는 경우 계절적인 성수기현상은 더욱 뚜렷하게 나타나게 된다. 유럽 지역의 경우, 학생들과 종업원들의 전통적인 여름휴가는 기상조건에 맞추어 지중해 지역에서 일시에 일어나는데, 지중해가 바닷가 휴가에 적합하고 특히 북유럽보다 기후가 현저하게 좋기 때문이다. 결과적으로 여름 몇 달 동안은 북유럽 지역에서 남쪽으로 이동하는 사람들이 많다. 항공사의 성수기에 미치는 영향은 두드러지는데, 주로 이 지역에서 발생하는 수요를 담당하는 부정기편 또는 차터운항 항공사들에게는 더욱 그렇다. 북미 지역에서는 크리스마스 휴가시즌 기간이 캐나다와 미국 일부 지역에서는 매우 추운 반면, 플로리다와 카리브연안은 일광욕을 즐기기에 적합한 날씨이다. 이러한 상황으로 인하여 12월 말부터 1월 초까지는 카리브연안으로 가는 항공수요의 극성수기현상이 나타나게 된다.

매일 또는 주중에 수요가 몰리는 시간은 근무시간의 패턴 및 근무요일과 관련이 있다. 상용출장여행의 경우 하루 중 이른 아침과 초저녁에 수요의 몰림현상이 발생하며, 일요일 저녁이나 월요일 아침 그리고 금요일에도 수요의 몰림현상이 발생한다. 그러나 목요일과 금요일이 휴일인 무슬림 국가들의 경우에는 상용출장여행의 수요 몰림현상이 이와 상이할 수 있다. 레저 목적의 항공여행 수요는 주말이 피크이며 성수기에는 이와 같은 현상이 더욱 심하게 나타난다. 필연적으로 모든 노선에서는 상용출장과 레저 수요의 비율이 일간, 주간 그리고 계절적인 수요변동에 영향을 미치게 된다.

수요에 있어서 일간과 주간의 수요의 몰림현상은 일반적으로 그리 심각한 문제는 아닌데, 대부분의 항공사들이 운영상 유연성을 발휘하여 일간 또는 주간의 특정 시간대나 특정 요일에 발생하게 되는 공급력을 조절할 수 있기 때문이다. 수요가 없는 비수기 동안에 항공기는 정비를 받거나 비행훈련용으로 이용될 수 있으며, 또는 항공기가 차터 항공운송업자에게 대여될 수도 있다. 많은 국제항공사들은 상용출장 승객의 비율이 높은 정기노선의 경우, 주말에는 수요가 떨어진다는 것을 알기 때문에 토요일과 일요일에는 운항횟수를 줄이고 있다. 일부 항공사는 주말여행을 선호하는 레저시장의 요구를 충족시키기 위해 이 여분의 공급력을 주말 항공편에 사용한다. 따라서 주중에 런던시티공항에서 주로 유럽 내 상업도시로 운항하는 British Airways City Flyer는 여름철에는 항공기를 주말에 레저 휴가지로 전환하여 운항한다.

수요의 계절적 성수기현상은 이보다 더 많은 문제점과 비용을 발생시킨다. 수요의 월별 변화는 국제노선의 종류에 따라 많이 달라진다. 결과적으로 항공사가 각기 다른 노선을 운항할 때 발생하는 다양한 문제점에 대응하기 위하여 조금씩 다른 대응법이 필요할 수 있다. 2017년 런던에서 출발하는 6개 노선에서의 승객 수송량의 최고점과 저점이 [표 8-2]에 나타나 있다. 3개는 장거리 노선이고 나머지 3개는 유럽 내 중 · 단거리 노선이다.

예상대로 가장 심각한 계절적 성 · 비수기 문제를 나타내는 교통 흐름은 주요 휴가 목적지로 가는 경로에서 발견된다. 런던 개트윅에서 포르투갈의 파로까지의 교통량은 2017년 2월보다 8월에 거의 4배나 높았다. 개트윅에서 올란도까지의 여객 교통량은 8월에 2월보다 거의 3배나 많았다. 이는 기후 때문에 성수기가 명확히 나타나는 휴가 노선의 수요패턴이다. 북유럽에서 지중해로 그리고 캐나다에서 카리브해로 가는 많은 노선이 이러한 패턴에 속하지만, 후자의 경우 성수기는 북부

| 표 8-2 | 계절적 문제: 최고 월 대비 최저 월, 런던 노선 표본, 2017년

노선	2017년 2월 승객(천 명)	2017년 8월 승객(천 명)	증가율
단거리			
히드로–아테네	46	74	+ 61%
히드로–뮌헨	81	107	+ 16%
개트윅–파로	30	116	+ 287%
장거리			
히드로–싱가포르	90	111	+ 23%
히드로–워싱턴	45	82	+ 82%
개트윅–올란도	35	103	+ 186%

자료: CAA 데이터를 활용하여 저자 재구성

지역의 겨울시즌이다.

다른 시장에서는 계절적 변동이 덜할 수 있지만, 여전히 매우 두드러질 수 있다. 히드로–아테네가 그 사례인데([표 8–2] 참조), 2017년에는 5월부터 10월까지 지중해 여름철에 교통량이 균일하게 높았지만, 이 수치는 일반적으로 가장 약한 겨울시즌 2월보다 50~60% 높았다. 이는 마찬가지로 여름 휴가철에 최고치인 히드로–뮌헨과 비교해 볼 수 있는데, 히드로–뮌헨 노선의 최고치 및 최저치 변동이 훨씬 낮다. 가장 높은 달이 가장 낮은 달보다 16% 높았을 뿐이다. 이것은 뮌헨 노선이 상용출장 목적의 여행수요가 높고, 해안 기후를 원하는 레저 교통량이 적기 때문이다.

교통량의 뚜렷한 계절변화를 가진 시장에서 항공사는 운영에 있어 심각한 전략적 딜레마에 직면할 수 있다. 만일 항공사들이 성수기에 필요한 공급력을 제공하도록 시도한다면, 항공사들은 그들 대부분의 생산력(항공기와 승무원)이 비수기 때 충분히 활용되지 못하게 된다는 것을 발견할 것이고, 결국 그에 대한 대가가 매우 크다는 것을 알게 될 것이다. 반대로 만일 항공사들이 수요가 최고치에 달하는 가장 바쁜 시기에 제공해야 하는 추가적인 공급석을 제한한다면 수익률이 높은 승객과 시장점유율 또한 잃게 될 것이다. 하지만 공급석을 제한함으로써 운임 인상이 가능할 수도 있는데, 항공산업의 각기 다른 부문은 이러한 딜레마를 다르게 다루고 있다.

저비용항공사는 많은 계절적인 노선에서도 성수기 대비 비수기 공급석을 크게 줄이지 않는다. 다시 말해, 인지된 수요에 비해서 비수기 수용력이 매우 크더라도 저비용항공사들은 매우 낮은 운임과 잇따른 저렴한 운임 프로모션을 통해 비수기 좌석을 소진한다.

적어도 가격은 성수기 또는 준성수기 기간을 연장하는 데 도움이 될 수 있다. 그들은 또한 성수기 기간에 이른 아침과 늦은 저녁 출발 항공편까지 활용하여 항공기의 가동률을 높이려고 노력한다. 주요 허브공항에는 종종 소음규제가 있기 때문에 네트워크 항공사들은 이를 수행하지 못할 수 있다. 또한 항공기 지상체류시간을 최소화해 일일 가동률을 높일 수 있는데, 성수기 동안의 높은 항공기 가동률은 운항횟수가 줄어드는 비수기 항공기 가동률을 부분적으로 상쇄할 수 있다. 영국 저비용항공사들은 지중해의 휴양지로 가는 항공기를 겨울 스키장이 있는 목적지로 변경하여 서비스를 제공할 수 있다. 하지만 이 모든 것이 충분하지 않을 수도 있다. 그들은 수요가 적은 기간에 여전히 일부 항공기를 지상에 계류시키고 성수기에 한시적으로 고용한 직원을 내보내거나 가능하면 최소 시간계약을 체결해야 할 수 있다. 이러한 이유로 2015~2016년 겨울 Ryanair는 여름 스케줄을 줄이면서 몇 달 동안 항공기의 약 4분의 1을 계류시켰다.

대형항공사와 전통적인 정기편 항공사들은 성수기에 그다지 큰 성공을 거두지 못하였다. 성수기가 상이한 노선을 운항하는 정기편 대형항공사는 시기에 따라 가동률을 높이기 위하여 노선 간에 항공기와 기타 자원을 이동시킬 수 있다. 그러나 [표 8-2]의 British Airways와 같이 항공사의 홈베이스인 런던으로부터 출발하는 전 노선을 운항하는 항공사의 경우 런던 노선의 대부분이 성수기와 비수기가 연중 동일한 기간에 나타나기 때문에 노선 간의 항공기 및 자원이동에 한계가 있었으며 여러 다른 항공사들 또한 동일한 문제에 직면하였다. 하지만 경쟁 압박과 성수기 때 창출되는 높은 일드로 인해 항공사들은 일반적으로 성수기 때 운항횟수를 늘리게 된다. 결과적으로 성수기에 국제선 정기편을 운항하는 항공사들의 공급석은 실제로 수요가 낮은 계절의 공급석보다 훨씬 높다.

수요변동의 문제는 항공화물의 경우에도 나타나지만, 여객서비스의 경우만큼 심각한 문제는 아니다. 장거리 노선에서 광폭동체 제트항공기를 사용함으로써 상당한 정도의 화물공급력을 보유할 수 있어서 항공화물의 흐름은 추가적인 공급력의 제공 없이도 해결될 수 있었다. 항공화물운송에 있어서 이보다 심각한 문제는 교통량 흐름의 불균형 문제인데, 여객운송과는 달리 항공화물은 왕복운항이 아니라 편도운항이기 때문이다(제13장 참조).

수요의 계절적 변동에 대처하는 것은 일부 항공사들에게는 주요한 골칫거리로 작용하는데, 이러한 수요의 변동이 항공사 운영의 많은 부분에 영향을 미치기 때문이다. 교통량의 성수기와 비수기가 항공기 및 승무원의 가동률과 탑승률 그리고 단위비용에 미치는 부정적 영향을 최소화하기 위하여 항공사는 가격정책, 운항스케줄, 정비 및 항공기 점검, 광고캠페인을 신중하게 조정해야 한다(성수기 요금에 대한 내용은 제11장 참조). 높은 성수기 수요로 인한 부정적 영향을 줄이기 위하여 항공사는 항공기를 임차하거나 또는 성수기 기간 동안에만 근무할 수 있는 임시직원을 고용하도록 하는 방안을 모색하여야 한다. 항공사가 이러한 영향을 줄이기 위한 어떤 방법을 사용하든지, 수요의 계절적 문제는 모든 항공사들에게 크고 작은 정도의 차이는 있을 수 있지만 해결해야 할 문제로 남을 것이고 항공사의 계획 및 마케팅의 많은 측면에 있어 제약요인으로 작용할 것이다.

8.7 여객수요에 영향을 미치는 요소

여객서비스에 대한 수요는 다른 세부시장에 차별적으로 영향을 미치는 많은 요인들의 복잡한 상호작용을 통해 발생한다. 이러한 요소는 크게 두 개의 그룹으로 나눌 수 있는데, 모든 시장의 수요에 공통적으로 영향을 미치는 일반적인 경제 및 공급 관련 요소들과 여타 노선에는 전혀 영향을 끼치지 않지만 특정 노선들의 수요에 영향을 미칠 수 있는 좀 더 특별한 요인들이다. 이는 [표 8-3]에 나타나 있다.

수요에 영향을 미치는 일반적인 요인들 중 항공운임과 시장에서 개인의 소득 수준 및 개인소득의 분포가 아마도 가장 중요한 요인일 것이다. 지난 40년간 달성한 괄목할 만한 항공여행의 성장은 항공운임의 하락(제1장에 논의된)과 특히 세계 경제 및 개인소득 성장으로 인한 것으로 볼 수 있다. 가격변화가 미친 영향에 대해서는 다음 절에서 자세히 다루기로 한다.

경제성장이 미치는 영향에 대하여 살펴보면, 과거 40년간의 세계 국내총생산(GDP)의 연간 성장률과 유상승객킬로미터로 측정되는 항공여행의 성장률 간에는 매우 밀접한 상관관계가 있는 것으로 나타난다. 대체로 항공여행은 매년 평균적으로 세계 GDP의 1.5~2배 정도 빠르게 성장했다.

교통량의 성장은 일반적인 경제 상황뿐만 아니라 지역화된 요인에 의해 영향을 받는다. 특정 시점의 특정 시장에서 교통량 증가속도가 빨라진 것은 대개 노선의 출발지와 목적지 중 한쪽 또는 양쪽에서 개인소득이 급속하게 증가하거나 항공운임이 하락했기 때문이다. 세계경제 상황과 특정 국가 또는 특정 지역에서의 경제성장률은 매우 복잡하고 다양하게 수요에 영향을 미친다. 그들은 각국의 산업 및 경제활동의 수준을 결정하고 보다 일반적으로 국제무역의 원천 및 수준을 결정한다. 이러한 경제활동과 무역의 수준은 상용출장 여행수요의 성장에도 직접적인 영향을 미친다. 이는 또한 레저 여행수요에도 간접적으로 영향을 미치는데 그것이 개인소득의 성장과 소득 수준에 영향을 미치기 때문이다.

개인소득이나 산업활동과 같은 경제적 요인들은 인구통계학적 맥락에서 이해되

표 8-3 여객수요의 성장 및 수준에 영향을 미치는 요인

모든 시장에 영향을 미치는 요인	특정 노선에 영향을 미치는 요인
개인 가처분소득의 수준	관광 명소의 수준
공급조건	• 경치 · 기후 · 역사 · 종교 속성들
• 요금 수준	• 충분한 관광 인프라
• 항공여행의 속도	• 상대적 가격(comparative prices)
• 항공여행의 편의성	환율변동
경제활동/무역 수준	여행 제한
인구 크기 및 성장률	역사적 · 문화적 연계
사회적 환경	초창기의 인구이동
• 유급 휴가 일수	최근의 노동이동
• 여행에 대한 태도	경제활동의 본질

어야 한다. 노선이 제공되는 지역의 인구규모와 분포는 잠재적 수요의 수준을 결정하는 주요한 제약요인이 된다. 싱가포르의 경우, 개인소득이 매우 급속히 증가하고 있지만, 작은 규모의 섬 인구가 560만 명 정도에 불과하기 때문에 항공여행에 대한 잠재수요는 상당히 적은 편이다. 만일 국제항공교통에서 여전히 중요한 항공사로 남아있기를 원한다면, Singapore Airlines는 제5자유 및 제6자유를 확대해 나아가야 할 것이다. 이와는 반대로 일본은 인구가 약 1억 2,500만 명이고 1990년대 중반까지 빠른 경제 성장률을 보였음에도 레저 교통량이 간신히 잠재적 항공수요에 도달하였다. 급속한 인구 성장이 이론적으로는 항공시장의 규모를 키울 수 있지만, 실제로는 만약 급속한 인구 증가로 인해 1인당 소득이 낮아지거나, 항공여행의 가능성이 거의 없는 어린이의 인구 비중이 높다면 오히려 악영향을 미칠 수 있다. 위 두 요소는 모로코와 알제리와 같이 출산율이 세계 평균을 훌쩍 넘는 국가에서도 명확히 나타난다.

사회적인 환경 또한 모든 시장에서 중요한 요인 중 하나인데, 사회적 환경이 여행 가능한 휴가 일수 또는 여행에 대한 사회적 태도를 결정하기 때문이다. 일본의 경우, 노동자들이 연차를 모두 사용하지 않고 계속 근무하는 것을 발견할 수 있다. 일본은 직장여성들의 가처분소득이 상대적으로 높은 편이지만, 남성들에게는 일반적인 '자신만의 휴가'를 여성들도 갈 수 있다고 사회적 분위기가 바뀌기 시작한 지 거우 20여 년밖에 되지 않았다. 이러한 이유 및 높은 소득 수준으로 인해 일본은 직장인들이 휴가를 챙기기 시작할 것이며, 여성들은 자신만의 여행을 더 많이 하는 등 여행에 대한 사회적 태도변화가 일어나 엄청난 잠재시장이 될 것이다. 다른 쪽 극단으로는 서부유럽 국가의 대부분은 여름휴가와 그보다 좀 짧은 겨울휴가로 두 번의 장기휴가를 떠나는데, 이는 중상위 소득층의 전통적인 사회적 기대에 기반한다. 그러나 최근에 이러한 현상은 짧은 휴가를 여러 번 가는 경향으로 바뀌고 있다. 이는 저비용항공사의 매우 저렴하고 단순한 운임으로 인하여 활성화되었다고 볼 수 있다.

수요와 공급이 단지 가격 메커니즘에 의하여 상호작용하는 것은 아니다. 앞에서 언급되었듯이 가격 이외에도 다양한 공급 상황들이 수요에 영향을 미친다. 단기적으로는 운항횟수, 가용 좌석수, 출발과 도착시간대, 경유지의 수와 다른 공급의 특징 등이 경쟁항공사 사이의 수요와 유통 수준에 영향을 미친다.

전체 시장에 공통적으로 영향을 미치는 요인 이외에도, 특정 개별 노선에 해당되는 일부 기타 현지화된 요인들 또한 수요에 영향을 미칠 수 있다. 이 요인들은 일부 노선에서의 성장률로 설명될 수 있지만 다른 노선에서는 불가능하다([표 8-3] 참조). 휴가여행에 대한 수요는 특정 도착지의 관광명소와 관련이 있을 것이다. 보다 매력적이고 여행지로서의 잠재력을 가지기 위해서는 휴양지 또는 도시가 다음의 두 가지 여건을 충족해야 한다. 즉, 여행지는 독특한 경치, 좋은 기후, 역사적 또는 문화적인 우위가 있어야 하며, 일정 수준 호텔의 충분한 객실, 적합한 지상 교통수단, 레스토랑, 오락시설, 쇼핑시설과 같이 여행자 요구를 충족시켜줄 수 있는 기반시설이 잘 갖추어져 있어야 한다. 여행지로서의 매력도가 높다고 하더라도 필요한 기반시설을 제대로 갖추지 못한 경우 대부분의 개발도상국 사례에서 찾아볼 수 있듯이 휴가여행에 대한 중요한 수요를 충분히 창출하지 못하게 된다. 이처럼 두 가지 요소는 반드시 밀접하게 연관되어야 한다.

여행시설 자체만으로 충분하지 않을 수 있다. 여행시설의 사용료는 유치하기 원하는 시장에 적합하게 그리고 경쟁 목적지와 비교하여 결정하여야 한다. 휴양지의 호텔과 기타 시설들의 상대적인 가격 수준의 변화는 특정 항공노선의 교통 성장률을 가속화하거나 지연시킬 수 있다. 또한 국가의 상대적인 휴가비용은 내부 경제상황이나 정부결정에 의하여 영향을 받을 수 있으며, 또한 이는 일반적으로 환율변동에 의해 결정될 수도 있다. 때로는 한 목적지에서 다른 목적지로의 여행수요의 변동이나 또는 특정 국가로부터 외국으로 나가는 여행객들이 갑작스럽게 증가하는 것도 환율의 변동과 관련이 있을 수 있다. 2016년 후반에 영국 파운드화의 가치가 유럽통화에 비해 급격하게 하락하여 유럽은 영국 여행객들에게는 상대적으로 매력적이지 못한 여행지가 되었다. 반대로 이와 같은 파운드화의 하락으로 유럽에서 영국으로의 여행이 촉진되었다.

환율의 변동뿐 아니라 정치적인 사유로 인하여 정부가 자국 국민들에게 여행규제를 할 수 있다. 이러한 규제에는 해외여행에 대한 금지조치, 해외로 나가는 여행자들에 대한 여행세금부과 또는 여행 목적으로 인출하는 외환금액 제한 등과 같은 것들이 있다. 아시아의 여러 국가들을 강타하였던 경제공황으로 인해 1997년 후반 한국, 필리핀, 인도네시아, 태국은 모두 여행에 있어 일정기간 동안 여러 가지의 규제를 가했다.

물론 레저여행은 여행객의 취향과 관련이 있다. 여행 목적지는 수요가 감소하거나 선호도가 떨어질 수 있고, 다른 나라의 불리한 상황으로 인하여 특정 국가들이 더 매력적으로 변할 수 있다. 한 예로서 지중해 동부의 다른 레저 목적지에 영향을 미치는 정치 및 안보 문제로 인해 2016년과 2017년 그리스로의 여행이 가속화된 경우를 들 수 있다.

특정 노선의 VFR 수요는 인구이동이나 이민수요에 의하여 영향을 받는다. 프랑스와 모로코, 알제리, 튀니지 간의 항공수요가 많은 이유는 주로 프랑스에서 거주하거나 일을 하는 이러한 국가들로부터의 이민자 수가 많기 때문이다. 반대로 북아프리카와 영국 간의 VFR 여행 교통량은 거의 없는 반면, 영국과 캐나다, 서인도제도, 파키스탄, 호주 그리고 싱가포르에서 인도 남부 또는 스리랑카 간의 교통수요는 초창기에 매우 많은 이민자들이 발생했다는 것으로도 설명이 가능하다. 이는 미국과 이스라엘 간의 항공수요 그리고 미국과 아일랜드 간의 항공수요의 경우도 마찬가지이다. 초기의 인구이동은 식민기간과도 관련이 있는데, 식민지였던 관계는 특정 국가들 간의 언어적 및 문화적인 연계를 만들었고, 이로 인해 특정 타입의 레저 여행객이 만들어지고 많은 학생 여행자들의 수요가 생겨났다. 싱가포르, 말레이시아, 홍콩의 경우 학생들이 영어권 국가, 즉 호주, 영국 또는 미국과 같은 영어권 국가로 공부하기 위해 이동하였다. 이처럼 학생들의 고국과 그들이 공부하는 국가 간의 학생수요는 상당히 중요한 수요 중의 하나이다.

일이나 정착을 위한 인구이동 역시 여행패턴에 영향을 미친다. 1980년대 이래로 필리핀, 인도, 파키스탄에서 사우디아라비아 및 기타 중동 국가로의 이주노동자들의 이동이 활발했다. 가장 최근에는 많은 수의 폴란드 노동자들이 영국과 아일랜드로 이민하여 항공여객의 수요를 활성화하고 있으며 종종 저비용항공사를 이용하기도 한다.

상용출장 여행수요는 몇몇 요인들과 관련이 있는데, 단지 두 도시 간의 무역이나 상업활동의 수준만 관련이 있는 것은 아니다. 산업의 본질, 공항 배후지에서의 상업적 활동과 다른 활동들은 상용출장 여행수요의 수준을 결정하는 중요한 요인이다. 또한 특정 활동들은 다른 요인보다 훨씬 많은 상용출장여행을 발생시킬 수 있다. 런던공항의 경우, 금융 및 재무 관련 상용출장여행자의 비율은 영국 출발 상용출장 여행객의 25% 이상으로 불균형하게 높지만, 이는 전체 고용인원의 10% 이하에 지나지 않는데, 이것은 런던의 국제금융센터로서의 역할을 보여준다. 행정수도는 확실히 다수의 정부 관련 여행을 유발하며, 이와 유사하게 주요한 국제항구에서도 불균형한 상용출장 항공여행을 발생시킨다. 때로는 특별한 산업 상황으로 인하여 단기간에 항공수요가 급증하기도 한다. 새로운 유전의 탐사 및 개발 또는 새로운 산업기지의 구축 및 시운전이 그러한 사례이다.

모든 노선에서의 수요패턴과 수요의 성장률은 출 · 도착 도시의 경제적 · 인구통계적인 특성 및 가격이 가장 중요한 비중을 차지하는 항공서비스 제공의 공급특성으로 이해될 수 있다. 그러나 개별 노선에서 교통량 성장률을 검토하기 위해서는 앞에서 언급한 노선수요에 영향을 미칠 수 있는 특정 요인들이나 지역적 요인들을 고려해야만 한다. 이러한 요인들에는 출 · 도착 도시의 여행매력도, 운항하는 두 시장의 역사적 · 문화적인 연계, 환율변동, 초창기 또는 현재의 인구이동 등과 같은 것들이 있다. 이러한 다양한 요인들로 노선의 수요 수준과 수요 성장률에 대한 설명이 가능하며, 이 요인 중 한 가지라도 변화가 발생한다면 미래의 수요 성장은 영향을 받게 될 것이다. 그럼에도 불구하고 항공여행에 대한 전반적인 수요는 궁극적으로 가격 및 잠재고객의 소득 수준과 가장 밀접한 관계가 있다. 따라서 소득과 가격변화가 미치는 영향은 더욱 면밀히 고려해 볼 필요가 있다.

8.8 수요의 소득탄력성과 가격탄력성

총수요의 증가와 분배의 변화를 예측하기 위해서는 국민소득과 개인소득의 변화가 미치는 영향에 대한 이해가 필요하다. 역사적으로 볼 때 레저여행은 개인소득 수준과 매우 밀접한 관련이 있다. 항공여객에 대한 설문조사에 따르면, 개인소득이 증가함에 따라 두 가지 현상이 발생하는 것으로 나타났다. 첫째, 사람들은 꼭 필요하지 않은 많은 소비를 한다는 것이다. 여기에는 모든 교통수단을 이용하여 여행에 대한 지출 증가를 포함한다. 둘째, 장거리 여행에서 비용은 높지만 더 쾌적하고 편리한 항공여행이 육상교통보다 경쟁우위에 있어, 항공 교통수단으로 수요의 추이가 차츰 이동하는 것으로 나타났다. 다시 말해, 소득이 높으면 장거리 휴가여행과 VFR 여행에 대한 지출이 늘어나고, 동시에 지출의 많은 부분이 육상 교통수단보다는 항공기를 이용한 여행에 보다 많이 지출된다는 것이다.

소득변화와 항공여행에 대한 수요와의 관계는 경제학자들이 소득탄력성이라고 부르는 개념으로 측정할 수 있다. 이는 소득변화로 인해 발생한 수요의 변화율을 수요의 변동을 가져온 개인소득의 변화율로 나누어 산출할 수 있다.

$$\text{소득탄력성} = \frac{\text{수요변동률(\%)}}{\text{소득변동률(\%)}}$$

따라서 만약 개인소득이 3% 증가하고 그 결과 항공여행에 대한 수요가 6% 증가하게 된다면, 소득탄성력은 6% 나누기 3%가 되어 +2가 된다. 이는 소득이 1% 증가할 때마다 수요가 2% 증가한다는 것을 의미한다. 2008년까지 20년 동안의 세계 GDP 및 항공여행의 연간 변화를 비교한 결과, 세계 GDP 대비 수요탄력성은 약 +1.4로 나타났다(IATA, 2008). 이것은 물론 국가와 시장에 따라 다르다.

여러 국가 또는 시장에서 항공여행 수요의 소득탄력성을 파악하기 위해 다중회귀모델이 사용된다. 이 모델은 항공승객 수, 개인 또는 국가 소득 또는 GDP 수준 및 하나 또는 그 이상의 다른 변수들과 같은 과거 시계열 데이터를 사용하여 수요가 소득변화에 어떻게 반응하는지를 파악하는 것을 목표로 한다.

여기에는 많은 문제점이 나타난다. 첫째, 운임변동으로 인한 수요변화와 같은 다른 요인들의 영향을 어떻게 격리하거나 제거할 것인가 하는 것이다. 이는 다중회귀분석을 이용하여 분석 가능한데, 다음 장에 논의되듯이 방법론상 여러 가지 문제점을 안고 있다. 둘째, 개인소득을 측정하는 방법에 대한 문제이다. 출 · 도착 도시의 인구나 시장을 구성하는 개인의 가처분소득(인플레이션의 영향을 제거한 후)을 이용하는 것이 가장 이상적이긴 하지만, 가처분소득 자료가 언제나 이용 가능한 것이 아니며, 국가별로 상이하게 가처분소득을 계산을 하기도 한다. 따라서 가처분소득을 대신할 수 있는 것을 활용하여야 한다. 국민총생산(Gross National Product: GNP) 또는 국내총생산(Gross Domestic Product: GDP)이 자주 이용되고 있는데, 이러한 지표는 1인당 국내총생산으로 바뀌어야 한다. 후자의 지표는 소득분포가 정규분포를 이룬다고 가정하고 있으나, 실제로는 거의 드물게 나타난다. 과거에 영국의 민간항공국은 항공수요를 예측함에 있어서 다른 국가의 소비자들로부터 쉽게 입수할 수 있는 소비자 지출지수를 활용했다. 셋째, 레저를 위한 항공여행비용은 새로운 형태의 지출이기 때문에, 소득이 증가하는 초기단계에는 매우 높은 성장을 기록하다가 고소득층이 더이상 레저여행에 지출하지 않는 포화상태에 이를 때까지 점진적으로 성장하게 된다. 하지만 포화 수준 도달시점을 어떻게 알 수 있는가?

상용출장 수요는 1인당 소득과 밀접한 관계가 있지 않다. 이는 상용출장 여행자들의 지출패턴이 일반적으로 자신의 개인소득과 관련이 있는 것이 아니라, 그들의 고용주들에게 달려 있기 때문이다. 다른 한편으로는 몇몇 연구에 따르면 국내총생산 또는 한 국가의 소득 또는 부에 대한 다른 측정치는 창출되는 출장수요의 크기와 관계가 있는 것으로 나타났다. 국가 전체의 부가 증가할수록 비즈니스활동과 상용출장여행이 증가할 수 있기 때문에 이는 당연한 것이다. 따라서 상용출장여행의 경우에는 소득탄력성 계산이 가능한데, 이는 개인소득이 아니라 국민소득의 변화를 이용하여 추정 가능하다.

영국의 항공수요에 대한 연구결과 대체로 다양한 분야의 항공여객 소득탄력성은 +1.0에서 +1.5 사이로 나타났다. 모두가 예상한 대로 상용출장여행은 레저여행과는 달리 낮은 소득탄력성이 나타났다.

[표 8-4]는 가장 최근의 분석 중 하나인 2017년 영국 교통부의 항공수요예측을 위한 소득 및 가격탄력성 수치이다. 국제항공여행과 관련해서 영국 레저 부문의 소득탄력성이 +1.4인 반면, 영국 상용출장 부문의 탄력성은 +1.2에 불과하다는 것을 알 수 있다. 영국을 방문하는 외국인의 경우 상용출장 및 레저 수요에 대한 탄력성이 모두 낮았다([표 8-4]의 ②열).

그러나 이것들은 단지 전반적 수치이며, 세분화된 소득탄력성은 여행 목적과 지

표 8-4 영국 항공수요예측에 활용된 소득 및 가격탄력성, 2017년

시장부문 ①	소득탄력성 ②	가격탄력성 ③
영국 상용		-0.2
영국 레저	+1.4	-0.7
외국 상용	+1.0	-0.2
외국 레저	+1.0	-0.7
국내선 상용	+1.0	-0.5

자료: 영국 항공예측, 영국 교통부, 2017년 10월

역별 시장에 따라 차이가 있는 것으로 나타났다. 따라서 남아프리카공화국을 제외한 사하라 지역 및 사하라 이남 지역의 아프리카 저개발 국가들로의 영국인들의 레저여행은 +1.84로 해외시장 중 탄력성이 가장 높은 것으로 나타났다.

IATA에 의해 수행된 초기의 더 많은 글로벌 연구도 매우 유사한 결과를 보였다. 선진국 여객수요의 소득탄력성은 단거리 여행의 경우 +1.3이었고 장거리 여행의 경우 +1.5로 높았다(IATA, 2008). 미국에서는 탄력성이 단거리 +1.6, 장거리 +1.8로 더 높았다. 이러한 수치는 수익이 증가할수록 장거리 여행이 점진적으로 더 매력적으로 된다는 것을 시사한다. 이것은 영국 교통부의 연구결과와 마찬가지이다.

소득 이외에 가격은 역사적으로 항공여행 성장률에 막대한 영향을 미치는 변수이다. 가격 또는 운임변동에 대한 수요의 반응 역시 소득과 마찬가지로 탄력성 계수로써 계산이 가능하다.

$$\text{가격탄력성} = \frac{\text{수요변동률}(\%)}{\text{가격변동률}(\%)}$$

소득탄력성과 달리 가격탄력성은 가격과 수요가 반대 방향으로 움직이기 때문에 항상 음(-)의 값을 갖는 것으로 나타난다. 운임이 올라간다면 수요는 떨어질 것이며 운임이 내려간다면 수요는 증가할 것이다. 따라서 가격탄력성의 값은 항상 음(-)의 값을 갖게 된다. 만약 운임이 3% 올라가고 수요가 6% 하락한다면 가격탄

력성은 (−6%) ÷ (+3%) = −2.0의 값을 갖게 될 것이다.

일반적으로 시계열 회귀분석 모델의 일부는 다른 시장에서 운임 또는 가격탄력성을 파악하기 위해 사용된다. 앞에 언급된 소득탄력성의 계산에서 야기되었던 문제점들이 가격탄력성을 계산하는 경우에도 동일하게 발생하는데, 이 밖에도 가격탄력성의 경우에는 특별히 발생하는 문제가 있다. 교통량과 운임 데이터를 이용함에 있어서, 일정한 기간 동안의 한 노선 또는 복수노선에서 가격변동지표를 위해 어떤 운임을 사용할 것인가? 각각의 노선에 다수의 운임이 존재할 뿐만 아니라 운임 수준 변경이 잦으며, 때로는 매일 변경될 수 있다. 몇몇 분석가들은 다른 운임 그룹별로 각각의 가격탄력성을 적용함으로써 이 문제를 극복하고 있다. 중요한 것은 현재 가격 수준이 아니라 상숫값으로 나타낸 실질적인 운임 수준이다. 따라서 다른 상품이나 서비스비용의 변화를 고려하여 항공서비스의 실제 비용을 계산하기 위해서는 물가변동을 고려하여 운임을 조정해야 하며, 국제선 노선의 경우 이는 각 노선의 출발, 도착 지역별로 각각 조정하여야 한다. 가격탄력성을 계산하는데 있어서 또 다른 문제는 패키지 여행의 경우인데, 패키지 여행을 하는 사람들은 자신들의 총휴가여행 패키지 가격 내에서 항공운임이 차지하는 비중이 얼마인지 알지 못한다. 게다가 여행 패키지에서 운임의 변동은 잠재적인 패키지 여행 고객이 지불할 총패키지 여행비용에 미미한 영향을 미칠 것이다.

상용출장 여행자들은 직접 자신들의 여행비용을 지불하지 않는 한, 운임변화에 상대적으로 덜 민감할 것이다. 이는 상용출장 여행자의 경우나 대부분이 상용출장 여행자들로 구성된 고운임을 지불하는 세분시장에 속하는 그룹의 경우 가격탄력성이 낮다는 것을 의미한다. 가격탄력성을 조사한 대부분의 연구에서 이것이 사실임을 알 수 있다. 앞서 언급한 영국 교통부 보고서가 그 예다([표 8-4]의 ③열). 이는 영국으로의 노선을 이용하는 영국 및 외국 여행객 모두에게 가격탄력성이 상대적으로 낮음을 나타낸다. 흥미롭게도 가격에 가장 민감한 세분화된 시장은 종종 시장의 하단에 있는 세분시장, 즉 새로운 시장에 진입할 때 저비용항공사가 제공하는 것과 같이 매우 할인된 요금으로 여행하는 세분시장이다.

레저시장에서 가격변화에 따른 수요의 높은 탄력성은 미국의 Southwest, 유럽의 Ryanair, easyJet과 같은 저비용항공사 수요의 빠른 성장으로 설명될 수 있다.

그러나 다른 요인 또한 이에 일조하는데, 이는 가격교차탄력성(price cross-elasticity)이라 불린다. 상품 B(대형항공사의 운임)의 가격에 대해 상품 A(저비용항공사)의 수요가 어떻게 반응하는지를 측정하는 것이다. 다시 말해서, 만약 저비용항공사의 운임이 매우 저렴할 때, 그들은 높은 운임을 제공하는 항공사뿐만 아니라 버스나 자동차 같은 다른 교통수단의 승객들을 끌어올 수 있을 것이다.

경제학 교과서에서는 주로 탄력성에 대한 개념과 수학적인 계산을 주로 다루고 있다. 여기서 탄력성의 복잡한 개념에 대해 다루는 것은 적합하지 않다고 생각한다. 가격결정과 다른 마케팅 의사결정을 위해서는 항공사 관리자들은 그들이 다루고자 하는 노선들 및 노선의 각 세분시장과 관련한 가격탄력성에 대한 감각을 보유하고 있어야 한다. 그러한 감각이 없다면 주요 계획이나 가격결정에 있어 실수를 범할 수도 있다. 그들은 기본적으로 시장 또는 각 세분시장이 가격에 대해 탄력적인지 비탄력적인지를 알아야 할 것이다. 또한 그들은 가격교차탄력성이 시장에 영향을 미칠 수 있다는 것을 인지하고 있어야 한다.

만약 특정시장에 있어서 수요의 가격탄력성이 −1.0보다 크다면, 즉 −1.1, −1.2 또는 그 이상의 값을 가지게 된다면, 그 시장은 탄력적인 것으로 간주해야 한다. 이는 가격 또는 운임의 변화가 수요에 비해 비례저인 영향보다 더 큰 변화를 가져올 것이라는 것이며, 가격이 줄어든 것보다 더 큰 폭으로 수요가 증가할 것이라는 의미이다. 비록 승객이 지불하는 금액은 이전보다 적어질 수 있지만, 보다 많은 승객들이 여행을 하게 됨으로써, 결과적으로 총수익은 증가하게 될 것이다. 반대로 탄력적 시장에서의 운임 인상은 수요에 악영향을 미치게 되어, 총수익은 운임이 인상되었음에도 불구하고 하락할 것이다. 많은 상용출장시장처럼 가격탄력성이 −1.0 이하인 경우, 수요는 탄력적이지 않다. 운임변화는 수요 수준에 대해 비례적인 영향보다 더 적은 영향을 미친다. 즉, 운임을 인상하게 될 경우 운임이 인상된 만큼 수요가 떨어지지 않기 때문에 총수익은 보다 더 커질 것이다. 반면 운임 인하는 약간의 교통량 증가를 가져올 수 있으나, 운임의 인하에 비해 상대적으로 적게 증가하게 되므로 총수익은 하락할 것이다.

간단한 사례를 통하여 가격정책과 여러 가지 가격탄력성에 따른 수익의 영향을 알아볼 수 있다. 단거리 국제선 노선에서 한 항공사가 200개의 좌석을 갖춘 항공

표 8-5 사례연구: 단거리 국제선 왕복 항공편–$100 편도운임

일일 총공급좌석(200석 편도)	= 400
상용출장 승객(대략 50석 편도)	= 100
레저 승객(대략 50석 편도)	= 100
일일 탑승률(200명/400석)	50%
상용출장시장 수익(100×$100)	= $10,000
레저시장 수익(100×$100)	= $10,000
일일 총수익	= $20,000

기로 왕복운항을 한다고 가정하자. 이 노선은 독점 운항노선으로 운임은 100달러(편도)이다. 해당 노선의 일일 교통량과 수익은 [표 8-5]에 요약되어 있다.

연료비의 증가 때문에 항공사는 이 노선에서 약 4%의 수익 증대를 모색해야 한다. 단기적으로 다른 비용항목을 통해 비용을 절감하는 것이 불가능하기 때문에 마케팅 관리자는 운임의 변화를 통해 추가적인 수익을 창출하고자 한다. 비용 증가를 만회하는 기본적인 방법은 운임 인상일 것이다. 그러나 이전의 시장조사에 따르면, 상용출장 수요의 가격탄력성은 −0.8 정도로 상대적으로 비탄력적인 반면, 레저시장의 가격탄력성은 −2.0으로 탄력적인 것으로 나타났다. 이러한 가격탄력성을 활용하여 마케팅 관리자는 운임이 100달러에서 110달러로 10% 인상되었을 때 교통량과 수익의 영향 정도를 추정할 수 있다.

상용출장시장의 가격탄력성이 −0.5라는 것은 운임이 1% 증가할 때마다 항공사가 0.5%만큼 시장을 잃게 된다는 것을 의미한다. 따라서 운임이 10% 증가한다면 상용출장 승객의 5% 정도를 잃게 되는 결과를 가져올 것이다(즉, 수요변화=(+10%)×(−0.5%)=−5.0%). 따라서 일일 탑승객은 100에서 95로 줄어들 것이다. 레저시장의 수요는 가격변동에 대해 보다 민감하기 때문에(운임 1% 증가 시 −2.0% 하락), 평균적으로 탑승객은 100명에서 80명으로 20% 정도 줄어들 것이다.

놀랍게도 10% 운임 인상이 수익의 하락에 미치는 영향은 매우 크다([표 8-6] 참조). 비록 교통량이 하락하지만, 상용출장 승객으로부터 얻게 되는 수익은 올라가는데, 교통량의 하락이 상용출장 승객들이 지불하는 높은 운임에 의해 보전되기

때문이다. 그러나 레저 승객의 경우 높은 운임에 대해 크게 반응하기 때문에 수익이 크게 하락하게 된다. 결과적으로 만약 항공사가 즉각적인 반응을 하여 운임을 10% 인상한다면, 교통량이 상당히 하락할 것이고 탑승률은 50%에서 44%로 떨어질 것이며, 이로 인해 결과적으로 총수익은 낮아질 것이다. 하지만 항공사들은 운임 인상이 그들의 총수익을 하락시킨다는 것을 잘 알지 못한다.

표 8-6 편도요금 $100에서 $110로 $10 인상으로 인한 영향

상용출장 승객 95명, 요금 $110 = $10,450
레저 승객 80명, 요금 $110 = $8,800
총승객 175명: 총수익 = $19,250
탑승률: 175명/400석 = 44%

만약 항공사가 운임을 10% 하락시켜 90달러가 되면 어떠한 효과가 발생할 것인가? 상용출장시장 및 레저시장의 수요는 증가할 것이다. 전자는 약 5%(즉, (−10%)×(−0.5%)=(+5.0%)), 후자는 약 20% 증가할 것이다. 이전의 가격탄력성을 활용하여 교통량과 수익은 다음과 같이 산출할 수 있다([표 8−7] 참조).

표 8-7 편도요금 $100에서 $90로 $10 인하로 인한 영향

상용출장 승객 105명, 요금 $90 = $9,450
레저 승객 120명, 요금 $90 = $10,800
총승객 225명: 총수익 = $20,250
탑승률: 225명/400석 = 56%

운임이 낮아짐으로써 매일 25명의 승객이 증가할 것이고 탑승률도 50%였던 것에서 56%로 높은 성장을 보일 것이다. 추가적으로 늘어난 승객은 주로 가격에 민감한 레저 승객이며, 운임이 낮아짐에 따라 레저시장으로부터의 수익이 보다 큰 폭으로 증가할 것이다. 상용출장 승객의 수 또한 증가하겠지만, 5%의 승객 증가가 상용출장시장의 운임을 10% 인하함에 따른 수익 감소분을 보전하기에 충분하지 않기 때문에 수익은 하락할 것이다. 그러나 총수익은 250달러만큼 증가할 것이다. 이는 추가적으로 늘어나는 25명의 승객에게 공급되는 기내식 비용과 같은 추가적

인 비용을 간신히 보상할 정도의 수준일 것이다. 운임 인하는 운임 인상으로 발생시키는 수익보다 많은 수익을 발생시킨다. 이로 인해 총수익이 1.25% 증가하게 되지만, 이는 필요한 4%보다 여전히 낮은 수준이다.

이 두 케이스는 항공사가 2개의 운임구조를 활용하여 수익을 극대화할 수 있다는 것을 보여준다([표 8-8] 참조). 항공사는 운임에 대해 비탄력적인 상용출장 승객에게는 더 많은 운임을 부과하여야 하지만, 가격탄력성이 높은 레저시장에는 보다 낮은 운임을 부과하여야 한다. 이는 낮은 운임이 비례적으로 더 많은 수요를 창출하고 이를 통해 이 세분시장에서의 총수익이 증가하기 때문이다.

표 8-8 2개 운임구조의 영향, $90 및 $110

상용출장 승객 95명, 요금 $110 = $10,450
레저 승객 120명, 요금 $90 = $10,800
총승객 215명: 총수익 = $21,250
탑승률: 215명/400석 = 54%

각각의 세분시장에 대해 개별적으로 운임을 적용함으로써 항공사의 총수익은 1,250달러 증가 또는 6.25% 증가했으며, 탑승률도 54%가 되었다. 순수익은 낮을 수 있는데, 이는 15명 이상의 승객을 추가적으로 실어 나르기 위한 추가적인 비용이 발생할 수 있기 때문이다. 이 솔루션은 또한 항공사가 상용출장 승객이 저운임 이용을 방지하기 위해 효과적인 운임 '지지선(fence)'을 만들 수 있다는 것을 전제로 한다. 요약하면 위의 사례는 가격탄력적인 시장에 있어서 운임 인하는 총수익을 증가시킬 것이며, 가격이 비탄력적인 시장의 경우에는 운임 인상이 보다 높은 총수익을 달성할 수 있게 해준다는 것을 설명하고 있다.

단순 노선에서조차도 최선의 가격결정은 상이한 세분시장들의 가격탄력성과 시장믹스(market mix)의 가격탄력성이라는 두 가지 변수들에 달려있는데, 이는 각 시장에 의해 전체 시장이 어떻게 구성되어 있는가를 의미한다. 위의 사례에서도 상용출장 승객이 시장의 90%를 차지한다거나 또는 레저시장의 가격탄력성이 −2.0이 아니라 −2.4라면 채택되는 가격정책도 달라질 것이다.

8.9 운임 · 가격탄력성이 낮은가?

앞서 언급한 바와 같이 항공 여행객에 대한 영국 교통부 연구에 따르면, 영국을 오가는 항공여행에 대한 수요는 항공운임의 변화에 상대적으로 비탄력적이다([표 8-4]의 ③열). 수요의 가격탄력성은 레저의 경우 −0.7이었으며 상용출장의 경우 −0.2로 더욱 낮았다. 대부분의 연구에 따르면, 예상대로 상용출장 수요는 단거리 노선보다 장거리 국제노선의 운임변화에 덜 민감하다. 이는 단거리 구간에서는 여행자가 운임변화에 대응하여 지상 교통으로 전환할 수 있지만, 장거리 구간에서는 이러한 전환이 불가하다는 사실을 반영하는 것이다.

가격탄력성에 대한 IATA 검토에서도 비슷한 결과가 나타났다. 지난 30년 이상 항공수요 증가의 주요 요인은 실제 항공운임 하락이 아니라는 점을 시사한 것이다. 운임의 변화는 항공사 선택에 영향을 미치거나 목적지를 바꾸게 할 수 있다. 그러나 항공여행 수요의 장기적인 성장은 소득 증가에 의해 주도되었다. 이는 대부분 시장에서 소득탄력성이 가격탄력성보다 높다는 수많은 연구에서 입증된다. 그 이유 중 하나는 레저여행의 경우 항공료가 전체 휴가비용의 일부에 불과하기 때문일 것이다.

낮은 가격이나 가격탄력성은 수요가 운임변화에 반응하지 않음을 시사하지만, 이는 상대적으로 운임변화가 작거나 제한적임을 가정한다. Southwest와 유럽 저비용항공사들은 50~70% 이상의 극단적인 운임 인하가 운임탄력성이 −0.8 이하라도 수요의 폭발적 증가를 야기할 수 있다는 것을 깨달았다. 1990년대 후반과 2000년대 초 유럽에서 Ryanair와 easyJet은 매년 새로운 시장에 진입하고 주요 운임 수준을 낮추어 교통량을 20~30%씩 증가시켰다. 훨씬 더 낮은 운임으로 인해 새로운 수요가 창출될 뿐만 아니라, 가격교차탄력성이 높아져 승객들은 계속해서 더 비싼 운임을 부과하는 전통적인 네트워크 항공사들로부터 멀어지게 되었다. 유럽에서는 저비용항공사들이 패키지 휴가의 유연성이 충분하지 않은 차터항공사의 수요를 전환 유치했다. Ryanair와 easyJet은 이전의 Southwest처럼 가격탄력성의 개념을 분명히 이해했다. 아마도 교통량 자체의 현저한 상승을 자극하기 위해 매우 큰 가격 하락이 필요했다는 사실은 기본적인 가격탄력성이 낮았음을 시사한다.

수요탄력성의 개념은 더 나아가 다른 변수의 변화에 대한 승객수요의 반응을 확립하는 데 활용할 수 있다. 예를 들어, 운항횟수나 여행시간과 같은 서비스요소의 수요탄력성을 계산할 수 있다. 여행시간탄력성은 상용출장여행이 여행시간 단축에 가장 많이 반응하고, VFR 수요는 아마도 가장 적게 반응한다는 것을 보여줄 것이다. 앞서 언급한 가격교차탄력성의 개념도 있다. 이것은 경쟁상품이나 서비스가격의 변화에 따른 항공여행 수요에 대한 영향을 측정한다.

같은 시장에서도 각기 다른 연구에 따라 소득탄력성과 가격탄력성이 다른데, 항공사들은 이러한 탄력성들 중 하나를 선택하는 데 어려움이 있을 수 있다. 대형항공사들은 가장 관심 있는 노선에 대한 탄력성을 설정하기 위해 자체 연구를 수행할 수 있다. 만약 그들이 데이터와 방법론적 문제를 극복할 수 있다면, 그들은 여전히 탄력성이 분석에 포함되지 않은 운임이나 소득 이외의 특정한 변수에 의해 영향을 받을 수 있는 과거 교통량 데이터에 기초하고 있다는 사실을 직시해야 한다. 한편, 가격, 소득 또는 기타 탄력성은 시간이 지남에 따라 변화한다는 문제가 존재하지만, 이것은 본질적이고 피할 수 없는 것이다. 탄력성은 수요의 비례적 변화에 근거하기 때문에 그러한 비율은 총수요의 변화에 따라 변한다. 여기서 제시된 간단한 사례에서, 요금이 100달러에서 새로운 수요 수준을 생성하는 새로운 운임으로 변경되면 그 변화는 상대적으로 작을지 모르지만, 가격탄력성도 그 수요 수준에서 변경될 것이다.

탄력성을 확립하는 데 관련된 실용적이고 방법론적인 문제로 인해 항공사는 이 개념을 포기하지 않아야 한다. 탄력성에 대한 이해는 가격책정, 마케팅 및 수요예측에 매우 중요하므로 무시할 수 없다. 주요 세분시장에 대한 가격 및 소득탄력성의 대략적인 평가도 항공사들이 더욱 좋은 의사결정을 내리는 데 도움이 될 것이다.

Chapter

09

수요예측

Chapter

09 수요예측

9.1 수요예측의 필요성

항공사의 경영에 있어 수요예측은 가장 중요한 부분이다. 항공사는 수요를 충족시키고, 필요한 서비스에 대한 공급계획을 수립하기 위하여 수요예측을 실시하고 있다. 대체적으로 전략적 또는 운영적 의사결정은 6개월에서 18개월 기간 동안의 단기적인 수요예측에 기초를 두고 행하여지며, 이러한 의사결정에는 항공사의 운영계획 및 해당연도와 차기연도의 예산이 포함된다. 항공기 스케줄링 결정, 정비계획, 광고 및 판매계획, 신규 영업소의 개설 등은 궁극적으로 단기 수요예측에 달려있다.

반면 경영계획과 경영목표와 관련된 전략적 의사결정은 장기 수요예측을 토대로 행해진다. 항공기 구매, 항공사의 기재계획, 신규 노선 또는 시장의 확장, 운항승무원의 훈련, 신규 정비시설의 투자결정 및 이와 유사한 전략적 의사결정은 5년 이상의 장기 수요예측을 토대로 행해진다. 항공사의 전술적 · 전략적 의사결정 대부분은 궁극적으로 수요예측으로부터 시작된다. 동시에 수요예측은 오차가 가장 많이 발생하는 부분이며 확실성이 매우 낮다. 수요예측에 있어 절대적인 정답은 없으며, 절대적인 정밀도를 보증하는 최적의 예측기법도 존재하지 않는다. 대신에 항공사의 수요예측담당자는 수학적으로 복잡한 여러 예측기법 중 한 가지 방법을 선택해서 사용해야 하는데, 이들은 각각 장 · 단점을 지니고 있지만 일관된 정확성을 보장하는 방법은 없다. 그러나 많은 의사결정이 수요예측을 토대로 행해지고 있으므로 수요예측은 진행되어야 한다.

항공서비스 공급과 관련한 연간 예산 및 장기적인 계획에 대한 의사결정들은 여객과 화물에 대한 수요예측에 전적으로 의존하게 된다. 수요예측은 다양한 종류가 있으므로 이러한 각각의 수요예측에 있어서 각기 다른 방법론적인 문제가 발생하게 된다. 첫째로, 항공사에서는 운임 및 기타 공급요인들의 급격한 변화가 없을 것이라는 가정하에 수요예측을 할 필요가 있다. 항공사는 특정 노선이나 지역별 노선들 또는 지리학적 지역에 여객 및 화물의 전체적인 성장을 예측할 것이다. 이를 통해 총수요를 예측하게 되고, 수요가 과거와 비슷한 추세로 성장할 것이라는 가정하에 해당 항공사의 점유율과 교통량을 예측하게 된다.

그러나 일반적으로 모든 조건이 동일하게 유지되는 것은 불가능하다. 경제 상황, 환율, 관광 트렌드의 변화는 많은 외부요인 중 수요에 영향을 미치는 요인 중 일부이고, 테러공격과 같은 경우는 매우 빠르고, 장기간에 걸쳐 수요에 영향을 미치는 요인이 되기도 한다. 항공여행과 항공화물의 수요에 직접적으로 영향을 미치는 수많은 외부요인은 예측할 수 없다. 이러한 외부요인은 지역적으로 또는 그 이상으로 더 크게 영향을 미칠 수도 있는데, 이는 예상할 수 없고 항공사 수요예측에 대단히 많은 불확실성을 만들기 때문이다.

또한 수요는 수많은 내부요인 및 변화에 따라 달라진다. 항공사는 공급조건의 변화에 따른 수요의 반응에 대해서도 예측할 필요가 있다. 그러한 변화에는 실제 운임 수준의 증가 또는 감소, 협폭동체항공기에서 광폭동체항공기로의 전환, 운항횟수의 증대 또는 항공기 출발시간의 변경 등이 포함된다. 공급조건의 중요한 변경은 항공사가 스스로 수행하기도 하지만, 하나 또는 다수의 경쟁항공사로 인하여 변경해야 할 경우도 있다. 따라서 각 상황에 따라 공급조건의 변화에 따른 교통량의 반응을 예측해야 할 필요가 있다.

항공사가 취항하고자 하는 신규노선을 대상으로 수요예측을 진행하는 경우, 다소 상이한 수요예측 문제가 발생한다. 신규노선은 이전에 전혀 직항서비스가 없었으나 항공사가 신규로 항공기를 투입하는 노선을 의미한다. 이러한 노선의 경우, 항공사는 취항의 경험이 없고 수요예측의 기초가 되는 과거의 교통량 자료를 거의 보유하고 있지 않게 된다. 특히 이전에 전혀 항공서비스가 없었던 노선일 경우 더욱 그렇다. 이러한 상황에서 수요예측을 진행하는 것은 대단히 어려우며, 오류가 발생할 가능성이 매우 크고, 일반적으로 사용되는 수요예측기법과는 다른 기법을 사용해야 할 경우도 있다.

마지막으로, 세분시장의 수요예측에 대한 문제가 있다. 어느 한 노선에서 여객의 교통량은 여행 목적 및 요구되는 서비스에 의해 다양한 시장으로 세분화된다. 이렇게 세분화된 시장은 다시 출발지점을 기준으로 더 세분화될 수도 있다. 앞서 설명한 수요요인에 대한 분석에 따르면 각각의 세분시장마다 수요의 탄력성이 다르고 성장률도 다르다는 것을 알 수 있다(제8장). 따라서 처음부터 시장 전체의 수요를 예측하는 것보다는 각 세분시장별로 별도의 수요예측을 하고 그것들을 통합함으로써 보다 더 정확한 예측을 할 수 있게 된다. 많은 전통적인 대형항공사들은 이미 여행 목적에 따라 상용출장과 레저 승객으로 나누거나 요금 타입을 기준으로 세 개 이상의 세분시장으로 나누어 수요예측을 진행하고 있다. 그러나 시장을 세분화하여 수요예측을 진행하는 항공사는 단지 일부에 불과하다. 앞으로는 많은 항공사들이 계획을 수립하고 예측의 정밀도를 높이기 위해 세분시장을 기준으로 한 수요예측을 진행할 것으로 판단된다. 많은 항공사들은 수요예측방법으로 이분법(dichotomy)을 사용한다. 만일 항공사가 수익관리시스템(resource management system)을 가지고 있다면, 수익관리를 담당하는 관리자는 1~2년 단위의 짧은 기간 동안 운임종류에 따라 세분화된 매우 상세한 수요예측방법을 사용할 것이다. 그러나 동일한 항공사에서 노선과 기종을 담당하는 관리자는 적은 수의 세분시장을 가지고 비교적 간단한 모델을 통해 3년에서 10년간의 수요예측을 진행할 것이다.

본 장의 목적은 최적의 수요예측기법을 제시하는 것보다 수요예측에 따른 문제점들을 평가하고, 수학적으로 너무 깊이 들어가는 대신 국제항공운송산업에서 가장 일반적으로 사용되는 몇 가지 예측기법을 검토하고자 하는 것이다. 결과적으로 이러한 검토는 포괄적이라고는 할 수 없는데, 항공사들이 많이 사용하지 않는 예측기법은 여기서 고려되지 않기 때문이다. 항공사들이 가장 널리 사용하는 수요예측기법들은 대개 복합적으로 사용되며 다음과 같이 크게 세 가지 즉, 질적 연구방법(qualitative methods), 시계열분석방법(time-series projections), 인과모형(casual methods)으로 나눌 수 있다.

9.2 질적 수요예측기법

9.2.1 경영진의 판단

항공사가 활용 가능한 다양한 수요예측기법 중에서 경영진의 판단(executive judgement)은 항공사에서 가장 광범위하게 사용되고 있는 방법 중 하나로, 일반적으로 수학적인 예측기법을 수정하고 적용하여 사용된다. 이러한 판단은 보통 수요예측 전문가가 아닌 노선이나 시장에 관해 특별한 지식을 가지고 있는 개인의 평가나 견해에 기초를 둔다. 예를 들어, 항공사에서 특정 국가 또는 특정 지역을 담당하는 관리자는 수시로 해당 노선에서 교통량의 성장을 예측해야 하는 의무가 있다. 이들의 지식에는 현재 교통량, 경쟁사 동향 정보 등이 포함된다. 그들은 또한 그들의 시장과 그 시장의 특징, 미래수요에 영향을 미칠 수 있는 경제 및 기타 개발사항에 대해 인지하고 있다. 그들은 관련 요인들에 가중치를 두고 비교하기 때문에 이들의 판단이나 예측이 보다 타당한 근거가 되긴 하지만, 이러한 접근법은 기본적으로 단순하게 행해지고 비과학적일 수 있다. 더욱더 자세하고 장기적인 예측을 행할 시에 경영진의 판단은 부적절한 경우가 많아질 수 있다. 반면에 예측기법으로서 경영진의 판단은 두 가지 장점이 있다. 우선 신속하게 실행할 수 있다는 점이다. 경영진의 판단에 의한 예측은 대부분 즉시 실행될 수 있으며, 이를 위한 자세한 평가나 자료의 수집이 필요하지 않다. 또한 예측담당자는 데이터에 기반을 둔 기법을 활용하지 않고서도 특정 노선의 미래수요에 영향을 미칠 수 있는 외부요인 및 특정 요인들을 파악할 수 있다. 이와 같은 이유로 인하여 많은 항공사들은 데이터에 기초한 예측을 기반으로 하고 주요 관리자나 경영진의 수정을 통하여 예측을 하고 있다.

9.2.2 시장조사

여객 및 화물에 대한 수요 특성을 분석하기 위하여 항공사는 광범위한 시장조사 기법을 활용할 수 있다. 이러한 기법들에는 승객의 태도 및 행동에 대한 설문조사가 포함될 수 있으며, 항공을 이용하지 않는 승객을 대상으로도 설문조사가 이루어질 수 있다. 이러한 조사에는 호텔 및 관광시설에 대한 조사, 여행사 및 소형 사업체에 대한 조사, 무역량 및 기타 비즈니스 거래 등에 대한 분석이 포함된다. 공항에서 공시하는 기존 교통의 흐름분석 또는 정부 통계 정보를 사용하여 교통 흐름과 패턴 및 여행 정보를 분석할 수 있다. 항공권의 판매현황을 파악하는 전문회사를 이용함으로써 허브를 경유하는 환승객의 데이터에 접근하여 실제 출발지와 목적지를 파악하는 것도 가능하다. 이러한 조사는 시장조사 전문기업에 위탁되는 경우도 있고 항공사가 자체적으로 실행하는 경우도 있다.

다수의 대형항공사들은 자사 승객들의 욕구와 특성을 이해하기 위하여 정기적이고 체계적인 설문조사를 시행하고 있다. 다른 항공사들은 해결해야 할 특별한 문제 발생 시 즉석으로 설문조사를 시행한다. 항공사들은 또한 그들의 예약시스템, 특히 온라인을 통한 직접 예약과 상용고객우대제도를 통해 수집한 데이터를 활용하여 시장지식을 축적한다. 이러한 모든 조사의 목적은 항공운송에 있어 각기 다른 부분의 수요가 어떠한 차이가 있는지를 실증적으로 평가하는 것이며, 특히 항공화물의 경우에는 사업부문의 차이에 따라 수요가 어떠한 차이가 있는지를 평가하는 것에 목적이 있다. 조사결과는 사회적, 인구통계학적, 경제적 변화에 근거를 한 기타 예측과 결합하여 미래의 수요 수준을 예측하는 데 활용될 수 있다.

그러한 경험적 접근법에 의해 예측을 하는 것이 계량경제학적 방법을 활용해서 예측하는 것보다 많은 상황에서 더 적절할 때가 있다. 도착지의 부족한 호텔에 의해 수요가 제한되고 있는 노선에서는 과거의 교통량 추세를 분석하는 것보다 목적지의 호텔이나 관광 기반시설에 대해 연구하는 편이 미래 여행수요에 대한 예측에 있어 보다 더 좋은 지표를 제시할 수 있다. 시장조사기법은 항공화물 수요예측에도 유용하게 활용할 수 있는데, 특히 화물수송량이 비교적 적은 노선에서는 더욱 유용하다.

다수의 노선에서는 항공화물이 불안정하고 불규칙한 성장을 보이기 때문에 시계열분석이나 기타 계량경제적 기법을 활용하기가 어렵다. 항공화물 수요예측모형은 일반적으로 여객 수요예측모형에 비해 성공적이지 않다. 대부분의 항공노선들에서 항공으로 수송될 수 있는 화물은 명확하게 규정된 일부 대상에 한정되어 있다. 많은 개발도상국으로부터 발생하는 항공수출품은 일반적으로 1~2가지 상품에 한정되며, 수입품의 종류가 많다고 하더라도 이 또한 제한적이다. 결과적으로 항공화물에 대한 수요예측은 일부 중요한 상품의 무역량에 대한 시장조사기법을 토대로 할 경우 더 정확한 결과를 도출할 수 있다.

시장조사는 과거의 교통량 자료가 완전하지 않거나 전혀 없어 시계열분석 등과 같은 계량경제적 예측이 가능하지 않을 때 특히 유용한 기법이다. 이러한 기법은 특히 개발도상국에서 출발하는 다수의 노선들과 완전한 신규 노선에서 행해진다. 또한 시장조사는 항공사가 성·비수기의 변화와 같은 공급조건의 변경에 대한 수요의 반응을 예측하는 데 유용하며, 세분시장별로 예측을 실행하고자 하는 경우에 세분시장에 대한 이해를 높이는 데 활용될 수 있다.

9.2.3 델파이기법

델파이기법은 미래에 대한 수요 추세를 예측할 때 충분한 전문적 지식을 갖추고 있는 전문가들의 의견을 토대로 합의된 예측치를 이끌어내는 기법이다. 이 과정은 반복적으로 행해지며, 합의를 도출하기 위해 여러 번의 협의가 필요할 수도 있다. 요약하면 우선 특정 지역 또는 시장에 대한 수요를 몇몇 전문가들에게 예측하게 할 수 있다. 이러한 각각의 예측치들을 이용하여 복합적인 예측치를 도출할 수 있다. 그러고 나서 다른 전문가의 예측치와 본인의 예측치를 비교하여 자신의 예측치를 변경시키고자 하는 전문가가 있을 경우 다른 이들의 예측치를 알려주게 된다. 이 두 번째 협의과정에서 도출된 개인의 예측치를 사용하여 예측치의 동의 또는 합의를 이끌어낸다. 이것이 델파이기법의 원리이다. 실제로 이러한 합의에 이르는 과정은 전문가들 사이에 교환되는 정보량에 따라 다소 복잡해질 수도 있다.

델파이기법은 각 노선에 대한 예측보다는 주요 시장 또는 주요 지역의 종합적인 교통량을 예측할 때에 보다 적합하다. 결과적으로 현재 항공사 내부에서 델파이기법이 거의 사용되고 있지는 않지만, 2014년까지는 국제항공운송협회(IATA)가 매년 작성하고 있는 산업 전체에 대한 수요예측의 토대였다. IATA는 유럽–중동, 중동–극동 등과 같은 거의 20개 지역에 대한 지역별 예측을 수행했다. 화물 교통량에 대해서도 각 운항 방향별로 예측이 실행되었다. 개별 항공사들은 그들의 개별적인 노선과 시장에 대한 수요예측치를 제시하면, 개별 항공사 수요예측 모음을 기초로 한 합의예측치(consensus forecast)가 IATA에 의해 작성되었다. 이는 전문가 의견을 토대로 한 델파이 예측기법에 근거를 둔 것이다. 소형항공사들은 이러한 IATA의 연간 예측치를 활용하여 그들의 수요예측을 수행했으며, 대형항공사들은 이를 자사가 수행한 예측치를 비교 확인하는 수단으로 활용했다. 2014년 이후 IATA는 계량경제학 모델을 사용하는 방향으로 수요예측을 진행했다.

9.3 시계열분석

시계열분석(time–series) 또는 추세분석(trend projection)은 국제선 항공사들 사이에서 가장 널리 사용되는 예측기법이다. 많은 소규모 항공사들은 이 기법 외에 기타 다른 기법을 거의 사용하지 않는다. 시계열분석은 기본적으로 과거에 나타난 추세를 그대로 미래에 반영하는 것이다. 즉, 과거 항공 교통량에 영향을 미친 요인들이 유사하게 미래에도 계속 영향을 미친다고 가정한다. 교통량에 영향을 미치는 유일한 독립변수는 시간이고, 시간이 지남에 따라 교통량이 변화한다는 것이다.

교통량(종속변수)과 시간(독립변수)과의 관계를 정립하기 위해서는 대상 노선에 대한 정확하고 상세한 교통량 통계치를 수집하는 것이 필수적이라 할 수 있다. 이러한 자료가 없는 경우에는 추세분석기법을 활용할 수 없다. 예측과정의 첫 번째 단계는 월별 또는 연도별로 월간 또는 연간 교통량에 대한 시계열 자료를 그래프 상에 점으로 나타내는 것이다. 각 점을 활용하여 곡선을 그리면 이 노선의 교통량 추세가 지수형(exponential)인지 선형(linear)인지 확인할 수 있다([그림 9-1] 참조). 지수형 추세란 각 단위기간마다 교통량 성장률이 일정한 것을 의미한다. 이는 각 기간 중의 승객 수 또는 화물톤의 절대적 증가량이 이전 기간보다 크다는 것을 의미한다. 이는 각각의 연속적 성장이 일정비율(constant percentage)로 이루어지며 총계는 이전보다 더 커지기 때문이다. 지수곡선의 등식은 다음과 같다.

$$수송량(y) = a(1+b)^t$$

a는 상수, b는 성장률, t는 기간이다. 선형 또는 직선 추세(straight-line trend)는 각 단위기간별로 교통량 증가의 절대량이 일정한 것이다. 이는 다음과 같은 형태로 표현된다.

$$수송량(y) = a+bt$$

a와 b는 상수, t는 기간이다. 각 단위기간별 변화량은 일정하고, 총교통량은 증가하기 때문에 성장률은 점차 감소하게 된다.

따라서 지수형 추세가 교통량예측에 미치는 영향과 선형 추세가 교통량 증가예측에 미치는 영향에는 근본적인 차이가 존재하게 된다. 지수형 성장은 성장률의 변화 없이 다소 일정하지만, 이전보다 큰 연간 또는 월간 교통량 증가가 나타나게 된다. 선형 성장의 경우 교통량 증가분이 일정하게 나타나게 되지만 성장률은 떨어지게 된다. 따라서 어느 한 노선의 교통량을 잘 나타내 줄 수 있는 추세 유형을 선택하는 것은 수요예측에 중요한 영향을 미치게 되는데, 특히 장기적인 수요예측의 경우 더욱 그렇다. 한 노선에서의 교통량 성장 추세가 초기에는 선형이었는데 이후에 지수형으로 변화하는 경우도 나타날 수 있으며 그 반대의 상황도 나타날 수 있다. 추가적인 문제는 종종 지수형 추세와 선형 추세 중 어느 것을 채택하느냐에 대한 것인데, 이에 따라 완전히 다른 수요예측치가 나올 수가 있기 때문이다.

일부 항공노선 및 항공시장은 몇 년간 급격한 성장을 달성한 후에 안정기에 도달하여 교통량의 성장이 둔화되는 현상이 나타나게 된다. 시장이 성숙되고 시장이 포화될 경우에 안정 수준에 도달한 것이라고 종종 가정된다. 만약 이러한 현상이 특정 노선에 나타났거나 나타나려 한다면, 과거 교통량 추세는 로지스틱곡선(logistic curve)이나 곰퍼츠곡선(Gompertz curve)과 같이 상한에 점차적으로 근접해 가는 성장곡선에 가장 가깝게 여겨질 수 있다. 이 두 개의 곡선은 모두 S자형

그림 9-1 교통량 성장의 타입

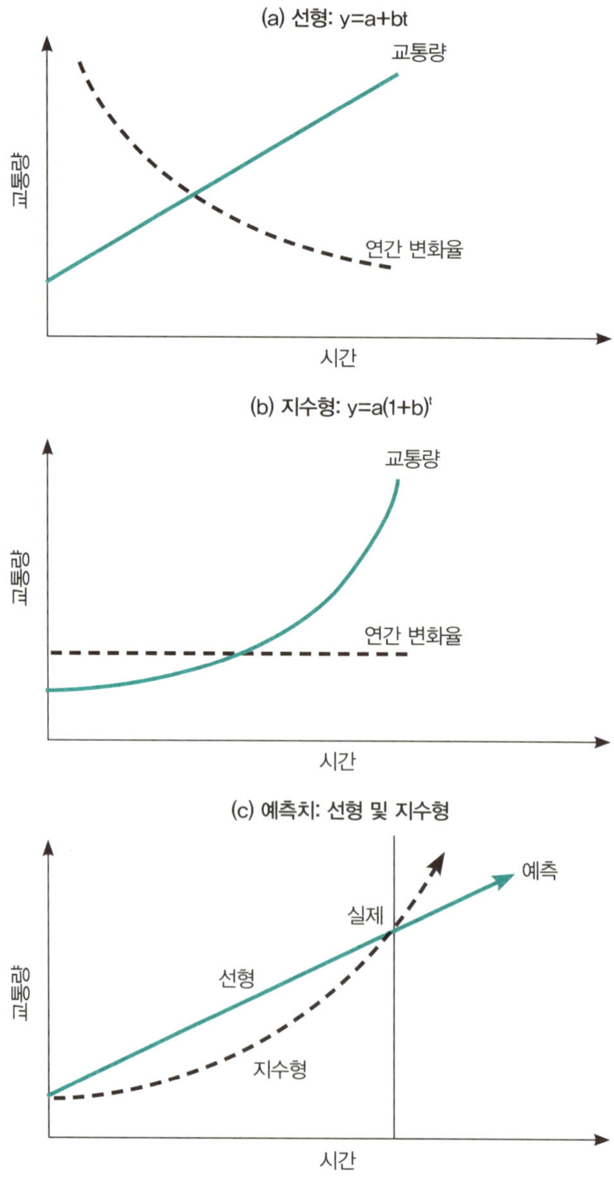

을 나타내며, 시장이 성숙단계에 가까워지면 교통량의 감소가 절대적 및 상대적으로 체감된다. 하지만 실제로는 국제선 항공사들이 수요예측을 위해 로지스틱형이나 곰퍼츠형의 추세곡선을 주로 사용하지는 않는다. 대부분의 시계열예측에서는 지수형 또는 선형이 사용되며 이 가운데 지수형이 간결하고 지금까지 항공수송의 추세가 되는 경우가 많았던 이유로 지수형이 선형에 비해 널리 활용되고 있다. 개별 노선이든 시장이든 대부분의 공표된 예측치는 지수형으로 나타난다. 즉, 예측치는 시간이 지남에 따라 감소하더라도 성장률로 제시된다.

각기 다른 시계열분석기법의 적용 및 시사점은 실제 노선의 수요예측에 적용함으로써 평가될 수 있다. 의미 있는 선행연구로 파리나 다른 지역에서 경유하는 환승객이 거의 없는 단거리 노선인 런던(모든 항공)−프랑스 니스 노선을 하나의 사례로 들어볼 수 있다. 이러한 사례에서 현재시점을 1984년이라고 가정하고 이 노선에서의 5년 후인 1988년의 교통량을 예측하고자 한다고 가정한다. 단순한 논의를 위하여 1984년에서 1988년까지 개별 연도에 대한 예측은 논의하지 않기로 한다. 사용된 데이터는 오래되었지만, 런던−니스 노선은 시계열 데이터를 사용할 때 발생하는 많은 문제를 보여주기 때문에 살펴보기로 한다.

시계열분석을 위해서는 최소 7~10년간의 과거 교통량 데이터가 필요하며, 일부 예측자들은 입수 가능한 과거 통계치의 절반 이상이 되는 장기간의 예측을 하는 것은 바람직하지 않다고 제안한다. 런던−니스 노선에서 1983년까지의 12년간의 교통량 자료를 검토한 결과([표 9−1] 참조), 여객 교통량은 1972년부터 1983년까지 거의 두 배로 증가하였지만, 1974년과 1977년 두 해의 성장은 불규칙하였는데, 이때 교통량은 실제로 줄어들었다. 교통량 증가의 이러한 변동성은 2000년 이후 20년 동안에 나타난 많은 유럽 단거리 노선들의 특징이기도 했다.

실제로 많은 대형항공사들은 시계열분석기법에만 의존하여 수요를 예측하는 것을 망설인다. 그럼에도 불구하고 5년간의 예측치를 검토해 보면 다양한 기법들이 미치는 영향을 명확하게 알 수 있다. 연간 교통량 자료를 토대로 1988년까지의 연간 교통량을 예측할 수 있는데, 월간 또는 주간 교통량 자료를 기반으로 동일한 예측기법을 사용할 수 있을 것이다. 교통량의 계절적 변동이라는 문제가 발생할 수 있지만 이러한 요소들은 조정될 수 있다

표 9-1 총여객 교통량, 런던-니스(왕복), 1972~1983년

연도	터미널 여객 수 (천 명)	연간 변화율(%)	3년 이동평균 여객 수 (Three-year moving average passengers) (천 명)	연간 변화율(%)
	①	②	③	④
1972	140.6			
1973	148.5	+5.6	143.8	
1974	142.4	−4.1	151.6	+5.4
1975	163.8	+15.0	158.6	+4.6
1976	169.6	+3.5	166.9	+5.2
1977	167.4	−1.3	174.0	+4.3
1978	185.0	+10.5	187.4	+7.7
1979	209.9	+13.5	206.7	+10.3
1980	225.1	+7.2	225.4	+9.0
1981	241.2	+7.2	245.0	+8.7
1982	268.8	+11.4	259.3	+5.8
1983	268.0	−0.3		

자료: UK Airports: Annual Statements of Movements, Passengers and Cargo, UK Civil Aviation Authority

런던-니스 노선의 자료는 수요예측에 있어 몇 가지 문제를 나타낸다. 우선 교통량의 자료를 조사하고 그래프상에 점을 표시해도 과거 교통량의 성장이 선형인지 아니면 지수형인지를 파악하기가 어렵다는 것이다. 결과적으로 지수형 및 선형 예측은 후속분석에서 결정될 것이다. 시계열분석을 이용하여 발생하는 또 다른 주요 문제는 과거 교통량 자료의 조사를 위해 어느 정도의 과거 기반 자료조사가 필요한가 하는 것이다. 런던-니스 노선의 사례에서는 1983년까지 10년간의 자료인 경우, 1974년이 첫해가 된다. 1974년은 제1차 석유 위기로 인해 교통량이 슬럼프에 빠졌던 해이다. 그 뒤 1975년에는 교통량이 급격히 증가하였다. 교통량이 급락했던 연도를 자료의 출발시점으로 하게 되면 부정확한 예측을 할 가능성이 있다. 따라서 예측담당자는 본서와 마찬가지로 이보다 2년 전인 1972년까지 소급하는 것이 타당하다고 생각하고 이에 따른 분석을 진행할 수 있다.

그러나 이것은 또 다른 문제를 야기할 수 있다. 이제까지의 과거 자료와 교통량이 향후 5년간에 생길 변화를 적절히 반영할 수 있을 것인가? 더 짧은 기간의 시계열을 활용하는 것은 논리적이지 못한 것인가? 미래예측을 하는 데 먼 과거의 자료보다는 최근의 자료를 활용하는 편이 낫지 않은가? 이러한 의문에 대해 절대적인 해답은 존재하지 않는다. 예측담당자는 각각의 경우마다 가장 현실적인 예측을 가능하게 한다고 생각되는 시계열분석법을 선택해야 한다. 이를 위해서는 자료의 흐름이 근본적인 추세를 정확히 포함하고, 주기적 변동이 존재한다면 이러한 변동을 완벽하게 나타내고 있는지를 확인할 필요가 있다.

9.3.1 지수형 예측

9.3.1.1 평균 성장률(average rate of growth)

다수의 항공사들, 특히 소형항공사들과 비교적 단기간의 자료만을 포함하는 신규노선을 운항하고 있는 항공사들은 과거의 평균 성장률에 근거하여 수요예측을 실행하고 있다. 이러한 접근법은 간결하다는 장점이 있다. 런던 니스 노선의 경우, 1972년부터 1983년까지의 연간 성장률의 변화를 합하여 이를 관찰한 연수인 11로 나누게 되면 아래의 공식을 사용하여 +6.2%라는 연평균 성장률을 산출할 수 있다.

$$y = a(1+b)^t$$

a는 1983년의 실제 교통량이고, b는 평균 성장률, t는 예측년수라고 할 때, 1988년의 교통량을 예측하면 다음과 같다.

$$\text{1988년 교통량} = 268 \times (1.062)^5 = 362.0$$

위의 공식과 이하 아래에 나타나는 공식에서 교통량의 단위는 천 명이다.

런던-니스 노선의 경우 관측치의 수는 상대적으로 적으며, 12개에 불과하다. 이는 많은 항공사의 예측과 마찬가지이지만, +6.2%가 실제 연평균 성장률인지에 대해서는 의문의 여지가 있다. 실제 성장률의 수치가 어느 범위 내에 있는가를 수학적으로 추정할 수 있다. 95%의 신뢰도 수준에서 실제 성장률은 +6.2±4.2%의 범위 내에 있다. 이에 따라 1988년의 예측치를 조정한다면 예측치의 폭은 매우 광범위해진다. 이러한 이유로 대부분의 항공사 예측담당자들은 관측의 수가 비교적 적은 자료가 나타내는 시사점은 무시한다.

9.3.1.2 이동평균 성장률(moving average growth)

연평균 성장률을 이용하는 경우에는 이론적으로 불규칙 변동인지 아니면 근본적인 추세의 변화인지를 파악하기에 충분한 장기간의 시계열 자료를 토대로 해야 한다. 런던-니스 간의 자료와 같이([표 9-1] 참조), 시계열 자료가 충분하지 못하고 해마다 교통량의 성장에 심한 변동 폭이 나타나는 경우, 일부 예측담당자들은 근본적인 추세를 파악하기 위하여 교통량의 큰 변동 폭을 평준화하는 방법으로 이동평균을 사용할 것이다.

이를 위하여 일반적으로 세 개(또는 이상)의 관측치를 합하여 평균치를 구한다. 이 평균치가 3년(또는 월간 자료의 경우에는 3개월) 중 가운데에 있는 연도의 실제 관측치로 주어진다. 런던-니스 노선에서는 1972, 1973, 1974년의 교통량 실적을 합하여 3으로 나누게 되면 143,880이라는 이동평균치를 산출할 수 있고, 이것이 1973년의 교통량이 된다([표 9-1]의 ③열). 다음으로 1972년의 수치를 빼고 1973, 1974, 1975년의 평균치가 계산되면 이것이 1974년의 교통량이 되고, 이를 반복하면 마지막으로 1982년의 이동평균치를 산출할 수 있게 된다. 이동평균에 사용할 관측대상의 수를 결정하는 것은 예측담당자에게 달려있고, 예측담당자의 목적은 장기적 변화의 관점을 잃지 않기 위해 돌발적인 단기간 교통량의 변화를 제거하고자 하는 것이다.

이동평균법은 양 끝년도의 자료를 이용할 수 없으므로 자료의 수가 적으면 사용할 수가 없다. [표 9-1](③열과 ④열)에 나타난 런던-니스 노선의 이동평균치 자료를 보면 변동효과가 차츰 평평해지는 것을(flattening out effect) 알 수 있다. 교통량은 어느 한 해에도 저하되지 않고, 성장이 좋았던 연도의 성장률도 조정하지 않았을 경우보다 높지 않다. 최고치는 1979년의 10.3%이었고, 이후 근본적인 성장률에 하강 추세가 나타난다.

연평균 성장률은 이동평균치의 연간 변화율을 토대로 산출할 수 있다([표 9-1]의 ④열). 이 경우에는 6.8%이다. 이를 활용하여 1988년의 교통량을 예측하면 다음과 같다.

$$1988\text{년 수송량} = 259.3 \times (1.068)^{6} = 384.8$$

이동평균치를 사용하게 되면 이전에 나타난 것보다 더 빠른 성장률을 나타내게 된다.

9.3.1.3 지수평활법(exponential smoothing)

일부 예측담당자들은 가까운 과거가 더 먼 과거보다 미래에 대한 보다 나은 지표가 된다고 믿는다. 과거 교통량의 성장률을 미래에 투영할 때에는 보다 최근의 예측치에 가중치를 두어야 한다는 것이다. 수학적으로 이 기법은 이동평균법과 유사하지만, 오래된 관측치가 아니라 최근의 교통량에 특정 가중치를 두어 조정한다. 이는 다음과 같은 식으로 나타낼 수 있다.

$$y + 1 = \alpha y + \alpha(1-\alpha)_{y-1} + \alpha(1-\alpha)^{2}{}_{y-2} + \alpha(1-\alpha)^{3}{}_{y-3} \cdots$$

α는 평활계수($10 < \alpha < 1$)이고, y는 y년의 승객 수, $y+1$은 예측하는 제1차년도의 예측치를 나타낸다.

α값이 커지면 보다 가까운 시기의 관측치에 부여하는 가중치가 커지며, 예측담당자는 값을 결정할 수 있다. 위의 공식은 비교적 단순한 것이지만, 보다 더 복잡한 기법을 사용하는 경우도 있다. 가장 잘 알려져 있는 것은 박스-젠킨스모형(Box-Jenkins model)으로 다수의 관측치를 필요로 하는 정교하고 복잡한 모형

이다. 그러나 항공사의 예측담당자들은 이 모형을 참고로 할 뿐(Nguyen Dai, 1982), 실제로 사용하는 예측담당자는 거의 없다.

이는 더욱 단순한 공식을 활용할 수 있기 때문인데, 하나는 브라운(Brown)의 이중지수평활모형(double exponential smoothing model)이고, 또 다른 하나는 홀트-윈터즈(Holt-Winters)모형이다. 이러한 두 모형은 추세변동을 포함하고 있는 시계열 자료를 처리하기 위해 평활기법을 사용한다. 런던-니스 노선의 교통량 자료에는 명확한 추세패턴이 보이기 때문에 홀트-윈터즈모형이 사용되었다. 이를 기반으로 산출한 1988년의 예측치는 326,200명이었다. 이는 다른 지수형의 예측치보다 훨씬 낮은 수치인데, 가장 최근 연도인 1983년의 교통량이 미미하게 감소하고 있다는 사실에 큰 가중치를 두었기 때문이다. 일부 다른 산업에서는 지수평활법이 널리 사용되고 있으나, 항공운송산업에서는 여전히 지수평활법의 사용이 거의 제한적이다. 그러나 보다 가까운 시기의 관측치에 큰 가중치를 둠으로써, 예측담당자들이 시계열예측의 정확도를 개선시킬 수 있다고 하는 장점에 대한 인식이 점점 확산되고 있다.

9.3.2 선형 추세예측(linear trend projections)

9.3.2.1 단순 추세(simple trend)

근본적인 가정은 시간이 지남에 따라 변화하는 교통량의 추세를 직선이 가장 잘 나타내 주고, 교통량은 각 기간에 동일한 양으로 증가한다는 것이다. 이 기법은 시계열 자료에 가장 잘 부합되는 직선을 나타내는 것이다. 비록 다른 수학적 기법을 활용할 수도 있지만, 일반적으로 최소자승법(least squares method)을 활용하게 된다. 최소자승기준은 자료에 적합한 직선이 자료의 각 점으로부터 직선까지의 수직 편차의 제곱 합계가 최소가 되는 직선을 산출하는 것이다. 일부 점들은 직선보다 위에 있기 때문에 편차가 플러스가 되고, 일부는 직선보다 아래에 있어 마이너스가 되는 것도 있다. 만약 단순히 편차의 합계를 최소로 하고자 한다면 서로가 상쇄되는 문제가 발생할 수 있다. 편차의 제곱을 이용하면 이러한 문제를 피할 수 있게 된다.

최소자승기준을 충족시키기 위해 $y=a+bt$라고 하는 직선을 시계열 자료에 적합시킬 때, 직선이 해당 데이터에 얼마나 근접하게 대응하는지에 대한 문제가 남아있다. 적합도는 상관계수(R) 또는 R제곱(R^2)으로 알려진 지수로 측정되며, 이는 엄격하게 결정계수를 의미하는데, 실제로는 R제곱이 더욱 빈번하게 이용된다. 자료와 직선이 부합되지 않으면 결정계수의 수치는 0까지 낮아진다. 자료와 직선이 잘 부합되면 결정계수의 수치는 1.0에 근접하게 된다. 항공산업에서의 경험에 따르면 선형 추세선을 사용하여 정확한 예측을 하고자 하는 경우 매우 높은 결정계수가 필요하다. 결정계수는 0.90 이상이어야 하고 가급적 더 높은 것이 좋다.

런던-니스 노선의 자료에 추세선을 부합시키면 다음과 같은 결과를 얻을 수 있다.

$$y = 111.9+12.7t, \quad R^2 = 0.939$$

위와 같은 공식에 의하면 추세선은 승객 수 111,900으로 시작하며, 연간(t) 12,700명씩 승객 수가 증가하고, 결정계수값이 0.939로 높기 때문에 각 연도의 실제 교통량에 잘 부합된다고 할 수 있다. 1988년의 교통량을 예측하기 위해서는 1972년부터 1988년까지 17년 동안 매년 12,700명의 승객 수를 처음 수치인 111,900에 합산하여야 한다.

$$1988\ \text{교통량} = 111.9 + (12.7 \times 17) = 327.8$$

추세예측법(trend projections)은 간단하고 사용하기 쉽지만, 데이터가 큰 변동 없이 일정한 규칙성을 보이는 경우에만 사용할 수 있다. 그러나 많은 항공노선에서는 수요가 특별한 이유 없이 돌발적으로 감소한 후에 크게 증가하기도 하는 뚜렷한 교통량의 변동이 나타난다. 그러한 조건에서는 상당히 높은 결정계수를 갖는 추세선을 산출하기는 어렵다. 이에 대한 해결방안 중의 하나는 이동평균을 활용하는 것이다.

9.3.2.2 이동평균 추세(moving average trend)

이동평균치를 계산하고 새로운 시계열을 설정하여 과거 교통량의 큰 비정상적인 변동을 완화시킬 수 있다. 새로운 시계열 자료는 추세 구성요소만 포함되어야 하며 추세선에 부합시키는 것이 더 용이해야 한다. 런던-니스 노선([표 9-1]의 ③열)에 이동평균 자료를 이용하면, 다음과 같은 추세선과 예측치를 산출할 수 있다.

$$y = 111.9 + 13.1t,\ \ R^2 = 0.961$$

$$1988\ \text{교통량} = 111.9 + (13.1 \times 16) = 329.5$$

런던-니스 노선의 경우, 이동평균 추세를 이용한 예측치는 조정되지 않은 추세를 토대로 예측한 예측치와 거의 차이가 없다. 그 이유는 이 노선에는 대폭적인 변동이 없어 이동평균 추세가 별다른 영향을 미치지 못했기 때문이다. 본서에서는 단순히 사례를 보여주기 위한 목적으로 예를 들었다.

결과적으로 대안이 되는 시계열분석기법을 사용하였는데, 1988년 런던-니스 노선의 다섯 가지 각기 다른 여객 교통량예측치를 산출하였다. 다섯 가지의 결과는 [표 9-2]에 요약되어 있다. 최고치와 최저치와의 차이는 연간 약 58,000명이고, 이는 A320을 65%의 시트팩터로 주당 5회 왕복 운항한 것과 같다. 이 차이는

표 9-2 1988년 런던-니스 간 교통량 시계열예측치(1984년 실행)

예측기법	승객 예측치
지수예측법	
연평균 성장률	362,000
이동평균	384,800
지수평활법(Holt-Winters)	326,200
선형 추세예측	
단순 추세법	327,800
이동평균 추세법	329,500
최고 및 최저 예측치 차이	58,600

매우 크기 때문에 항공사의 전략적 기재계획을 위한 의사결정에 혼란을 일으킬 수 있다. 예측 및 계획담당자는 어느 예측치를 활용하여야 할 것인가? 위의 사례를 보면 지수형 기법은 전체적으로 선형 추세분석기법보다 높은 예측치를 산출한다. 이는 항공사의 수요예측에서 자주 나타나는 결과이며 항공사가 선형 예측보다 지수형 예측을 선호하는 추가적인 이유를 설명해 준다. 이는 항공사들이 그들의 예측에 대해 낙관적이기 때문이다.

런던-니스 노선에서 1988년까지 어떠한 일들이 일어났는가? 1983년 이후 연간 성장률은 상대적으로 빨랐으며, 연평균 성장은 8%에 가까웠다. 1988년까지 392,800명의 승객이 이 노선을 이용하였다. 예측치의 요약([표 9-2] 참조)과 비교하여 보면 이 시장에서의 성장 추세는 명백히 선형이 아니라 지수형이었다. 선형 예측치는 너무 낮았지만, 두 가지 지수형 예측치는 연간 또는 3년의 연간 이동성장률에 기반을 두고 있어 상대적으로 1988년 실적치에 근접하였다. 선형 추세에서 R제곱값이 큼에도 불구하고, 미래 교통량에 대한 예측을 제대로 하지 못했다는 것을 알 수 있다. 이는 수요예측을 할 때 매우 높은 결정계수의 값을 무조건적으로 채택해서는 안 된다는 것을 시사한다.

지수평활예측치는 그다지 정확하지 않았는데, 이는 1983년에 교통량이 소폭 감소했기 때문이다. 교통량 성장이 11.4%인 1982년을 최종연도로 하였다면, 지수평활법은 최근 연도에 더 큰 비중을 두기 때문에 더 높은 예측치를 산출해 냈을 것이다. 지수평활법이 가장 최근 데이터에 너무 의존하기 때문에 장기적 추세를 왜곡할 수도 있다는 것을 이를 통해 알 수 있다. 또한 이 기법은 지수형 평활이라고 불림에도 불구하고 수학적으로는 선형 예측에 더욱 가깝다고 할 수 있다. 이는 1988년 예측치가 326,200명으로 낮은 이유를 설명해 준다.

런던-니스 노선에 대해 십 년 후인 1995년에 1999년 승객 수 예측이 시행되었고 결과는 유사하게 나타났다([표 9-3]). 이 예측은 1983년에서 1994년 사이 기간의 연간 교통량에 근거하였다. 대부분의 예측은 실제 교통량과는 거리가 멀었고, 특히 선형 예측은 더욱 그랬다. 이동평균을 이용한 지수예측이 가장 비슷했는데, 1999년은 약 921,000명의 여객 교통량을 예측했지만, 실제 교통량인 980,300명과 비교 시 실제 교통량보다 60,000명이 부족했다. 그러나 1996년 공급조건에 현

표 9-3 1999년 런던-니스 간 교통량 시계열예측치(1994년 실행)

예측기법	승객예측치
지수예측법	
연평균 성장률	859,700
이동평균	920,700
지수평활법(Holt-Winters)	743,400
선형 추세예측	
단순 추세법	764,200
이동평균 추세법	745,800
1999년 실제 교통량	980,300

저한 변화가 일어났다. 그해 저비용항공사 easyJet은 런던 지역 공항 중 하나인 루톤에서 니스로 항공서비스를 시작했고 매우 낮은 운임을 제공했다. 이는 수요에 큰 영향을 미쳤으며, easyJet이 시장에 자리를 잡은 1998년, 승객 수의 증가가 30%에 달했다. 런던과 니스를 운항하는 모든 항공사는 그해 교통량이 증가했지만, 다음 해부터 성장률이 둔화되었다.

런던과 니스 노선에 저비용항공사의 진입이 미친 영향은 시계열 데이터를 기반으로 한 수요예측의 문제를 나타내 준 것이다. 이러한 예측은 공급 또는 수요조건의 갑작스럽고 중요한 변화를 예측할 수 없으며 허용되지도 않는다. 그러한 예측들은 종종 경영진의 판단이나 시장조사의 결과를 통해 수정될 필요가 있다. 이는 교통량에 영향을 미칠 시장 환경의 향후 변화를 더 잘 예측할 수 있을 것이다.

시장이 성숙하면서 연간 성장률을 늦추기 때문에 결과적으로 지수형 예측은 이러한 성숙기를 반영할 필요가 있다. 런던-니스 시장은 성숙기의 시작을 분명하게 보여준다. 1988년 런던-니스 노선의 승객 수는 392,800명이었고, 11년 후 1999년 교통량이 150% 증가하여 980,300명으로 증가하였다. 저비용항공사 easyJet은 파격적인 운임의 큰 영향으로 인해 연간 평균 성장률은 약 13~14%가 되었다. 1990년대의 매우 높은 성장률을 적용한 1999년 또는 2000년의 수요예측은 심각할 정도로 지나치게 낙관적이었다. 그 후 10년 동안인 2009년까지 교통량은 37% 증가한 약 135만 명이었으며 연간 성장률은 평균 3~4%에 불과했다. 시장은 분명히 성숙했고 낮은 운임은 더 이상 예전처럼 수요를 자극하지 못했다. 실제로 교통량은 2009년 이후 성장을 멈췄다. 교통량의 수준은 변동했지만 2016년까지 이 노선의 교통량은 2009년에 비해 거의 증가하지 않았다.

시장의 성숙기를 평가하거나 지수형 예측 하락을 바로잡기 위해서는 경영진의 판단이 필요할 수도 있다. 그러나 항상 쉽지만은 않다.

런던-니스 구간의 사례연구는 교통량의 성장이 선형보다는 지수형에 더 가깝다고 믿는 많은 항공사들의 견해를 지지해 준다. 그러나 선형 추세예측기법이 더 신뢰할 수 있는 예측치를 생산하는 노선도 있다. 실제로 모든 항공사의 예측 그룹은 예측에 있어 자기 자신의 경험을 바탕으로 위에서 제시한 기법들 중 선호하는 한 개 또는 두 개의 기법을 포함시킨 특정 접근방식을 개발하고 있다.

전 세계적으로 많은 항공사들은 그들의 수요예측 작업의 출발점으로 시계열분석기법을 활용한다. 시계열분석은 과거의 교통량 흐름에 대한 통계적 데이터만 있으면 쉽게 사용될 수 있다. 시계열분석에는 그 외 다른 데이터들이 별로 필요가 없다. 또한 시계열분석은 단기예측을 할 때 비교적 정확하다. 만약 최근 몇 주 동안의 평균 교통량에 대해 알고 있으면, 다음 주의 교통량 예측은 쉽게 이루어진다. 예측이 18개월을 초과하는 경우에는 여러 가지 외부요인이 수요에 영향을 미칠 수 있기 때문에, 시계열예측에 오차가 생길 위험이 커지게 된다. 시계열예측은 항공사로 하여금 각 노선별 예측을 가능하게 해준다. 연간 예측치는 계절변동을 고려하여 어렵지 않게 월간 예측치로 나눌 수 있다. 대안으로 연간 자료를 나누지 않고, 월간 자료를 합하는 방식으로 시계열예측을 실행할 수도 있다.

시계열예측기법은 광범위하게 이용되고 있지만, 이 기법에는 근본적인 단점이 있다. 시계열예측법은 교통량의 성장과 개발이 단순히 시간의 함수라는 가정에 기초하고 있다. 이는 시간의 경과에 따라 수요가 변화한다는 것이다. 그러나 이전의 수요분석에서 나타난 것과 같이 무역 수준, 개인소득과 같은 많은 요인들이 수요 수준에 영향을 미치며, 그러한 요인들 자체가 시간이 지남에 따라 변화한다. 이러한 요인들이 변화하지 않아도, 많은 공급요인들이 있는데, 그중 가장 중요한 요인은 운임 수준으로, 이는 언제나 변화하며 그 과정에서 수요에 영향을 미친다. 수요를 전적으로 시간의 경과에만 관련 지우는 것은 명백히 지나친 단순화이다. 시간은 다른 많은 중요한 변수들의 대리변수로는 부실할 수밖에 없을 것이다. 시계열예측기간이 길어질수록 예측의 정확도는 낮아지는데, 이는 하나 또는 그 이상의 독립변수들의 변화에 따라 수요가 영향을 받을 수 있는 시간과 범위가 더 커지거나 단순히 시장이 성숙되기 때문이다.

이러한 근본적 약점을 극복하기 위한 방법에는 두 가지가 있다. 대다수의 항공사는 시계열예측을 먼저 시작한다. 그런 다음 시장조사의 결과와 경영진의 판단에 근거하여 예측치를 수정하고 다시 한번 예측을 실시한다. 이러한 방법을 통하여 예상된 수요요인의 변화나 항공사가 통제할 수 있는 공급 측면의 계획된 변화가 미칠 수 있는 영향을 판단할 수 있다. 이에 대한 대안으로 일부 대형항공사들은 계량경제 또는 인과예측기법을 시도하는데, 이러한 기법들은 교통량의 성장이 시간뿐만 아니라 일련의 가정된 인과요인들과 관련이 있다고 본다.

9.4 계량경제 또는 인과모형

이러한 모형들의 근본적인 원리는 여객수송 또는 항공화물서비스의 수요가 경제적, 사회적 또는 공급요인 중 하나 이상과 관련되어 있으며 이러한 환경으로부터 영향을 받는다는 것이다. 경제이론에서 어떠한 상품이나 서비스는 주로 가격에 좌우된다는 것을 시사하며, 여기서 말하는 가격이란 상품 및 서비스의 경쟁가격, 상품본질의 가격과 소비자들에게 요구하는 가격, 개인소득의 수준과 소비자의 취향에 따른 가격을 의미한다. 이 변수들 중 하나라도 변화한다면 수요에 영향을 미칠 것이다. 계량경제모델은 수요 수준에 영향을 미칠 수 있는 변수들 중 어떤 하나의 변화를 예측 또는 실행하도록 인과관계를 측정할 수 있게 해준다.

첫 번째 단계는 독립변수로 알려진 요인들을 찾아내고 선택하는 것이다. 이러한 독립변수들은 여객 수준 또는 화물 교통량 수준인 종속변수를 예측하기 위하여 평가되어야 한다. 두 번째 단계는 선택한 독립변수들과 종속변수들 간의 함수관계를 결정하는 것이다. 이는 사용할 모형의 형태를 구체화하는 것을 말한다. 항공사에서는 일반적으로 예측을 위해 회귀모형을 사용한다. 중력타입모형(gravity-type models)과 같은 다른 유형의 모형이 기타 교통 부문에서 활용되기도 하지만 항공 산업에 있어서는 널리 사용되지는 않는다. 예측과정의 세 번째 단계는 모형의 교정과 독립변수와 종속변수 간의 수학적 관계를 검증하는 것을 포함한다. 검증결과 모형으로 정립된 관계가 통계적으로 유의하면 다음의 최종단계로 이동한다. 여기서는 독립변수를 예측하거나 항공 교통량을 예측하기 위하여 다른 사람들의 예측을 활용하게 된다.

9.4.1 회귀모형

항공 교통량예측에 관한 대부분의 계량경제적 예측은 단순 또는 다중회귀모형을 기반으로 하는 경향이 있으며, 여기서 교통량은 하나 또는 둘 이상의 독립변수의 함수이다. 가장 빈번히 사용되는 두 개의 독립변수는 항공운임과 1인당 소득이다. 따라서 런던-니스와 같은 어느 한 노선에 대해 다음과 같은 형태의 모형을 고려할 수 있다.

$$T = f(F,\ Y,\ t) \tag{9.1}$$

T는 런던-니스 간의 연간 승객 수, F는 실질평균 운임, Y는 소득으로서 국내총생산 내지 1인당 소비지출, t는 특정 시간을 나타낸다. 운임 수준, 소득 수준 또는 기타 경제변수들은 인플레이션을 토대로 조정되어야 하고 불변가치 내지는 실질가치로 표시되어야 한다. 운임의 선택은 중요하다. 최저운임에서의 변화만이 전체 시장에 영향을 미치기 때문에 총수요예측에 있어 가장 낮은 최저운임에서의 변화만을 고려하는 것이 이상적이다. 다른 운임 수준에서의 변화는 오직 시장믹스에 영향을 미친다. 많은 노선에서 이러한 것들이 명확하지는 않은데, 최저운임으로 판매되는 좌석수가 엄격히 제한되어 있을 수 있기 때문이다. 또한 최저가를 포함한 많은 운임은 단기간에 걸쳐 지속적으로 변경될 수 있다.

많은 항공사들은 운임변수로 최저운임이 아닌 평균 일드를 많이 활용한다. 소득 수준에서도 추가적인 문제가 나타나는데 수요에 영향을 미치는 변수로 어느 정도의 소득 수준을 기준으로 선택해야 하는가의 문제이다. 위의 사례에서 영국 국민 1인당 소득과 프랑스 국민 1인당 소득을 사용해야 하는가 아니면 런던과 니스의 소득 수준을 결정하여야 하는가? 물가상승분을 고려하여 운임 수준에 대한 조정을 한다면 니스 출발 교통량에 대해서는 유로 운임을 파운드로 표시하는 조정을 해야 한다. 이와 같은 문제 때문에 많은 예측전문가들은 여행의 출발지에 근거하여 한 노선에 대해 두 개의 별도 방향별로 모형을 개발하고 있다. 런던을 출발하여 니스로 가는 여객 교통량은 다음과 같은 식으로 나타낼 수 있다.

$$T_L = f(F_L,\ Y_{UK},\ t_L) \tag{9.2}$$

T_L은 런던발 니스행의 여객 교통량, F_L은 파운드 실질가치로 표시한 런던발 항공운임, Y_{UK}은 영국의 1인당 국민소득, t_L은 런던발 여객 교통량에 대한 기간을 나타낸다.

항공운임, 소득 또는 다른 독립변수들을 여객 수로 전환시키기 위해서는 방정식에 상수(K)가 들어가야 한다.

$$T_L = Kf(F_L,\ Y_{UK},\ t_L) \tag{9.3}$$

대부분의 항공사 예측모형은 독립변수 간의 관계를 배수적(multiplicative)이라고 가정하는데, 다시 말해 각각의 독립변수가 교통량에 미치는 영향은 합산되기보다는 곱해지는 경향이 있다. 각 독립변수가 수요에 미치는 영향은 전혀 달라야 하며, 그렇지 않은 경우에는 이러한 배수관계는 적용될 수 없다. 종속변수와 독립변수 간의 배수관계에 로그 형태(logarithmic form)를 취하면 로그가 선형으로 전환된다.

$$log\ T_L = K + alog\ F_L = blog\ Y_{UK} + clog\ t_L + u \tag{9.4}$$

u는 오차항, a, b, c는 모형의 매개변수(parameter)이고, 매개변수의 수치가 높으면 높을수록 해당 변수의 변화가 교통량 수준에 미치는 영향은 더욱 커진다.

모형이 꼭 로그-선형이 되어야 하는 것은 아니지만, 수요에 관한 많은 실증연구들은 로그-선형이 유용하고 적절한 형식이라고 하고 있다.

많은 수요예측담당자들은 한 해에서 다음 해까지 발생한 교통량의 변화율을 운임 및 수익과 같은 독립변수의 변화율과 대응시켜 나타낸다. 이러한 모형은 다음과 같다.

$$\Delta log\ T_L = K + a\log F_L = b\Delta\log Y_{UK} + c\log t_L + u \tag{9.5}$$

Δ로그는 분석대상변수의 전년 대비 변화율에 로그를 취한 것이다. 위의 식에서 a와 b는 수요 또는 교통량의 탄력성이 된다. a의 값은 런던-니스 노선에서 영국출발 교통량의 요금탄력성이고, b는 이 교통량의 소득탄력성이다. 제8장에서 설명한 가격탄력성과 소득탄력성은 이런 종류의 회귀모형들을 통해 산출할 수 있다.

회귀모형 및 초기에 투입된 독립변수들을 구체화한 다음, 그 모형은 독립변수에 있어 과거의 교통량 수준과 변화를 측정하게 된다. 특정 기간 동안의 과거자료는 시계열 자료를 이용하는 것이 효과적이다. 특정 시점에 많은 노선을 커버하는 횡단면 자료(cross-sectional data)를 활용하여 모형을 측정하는 것도 드물게 나타난다. 최소자승모형의 추정에 근거한 반복과정을 활용하여 회귀모형은 상수항(K), a, b, c의 값을 정하게 된다.

예측을 위한 독립변수를 최종적으로 선택하기 전에 여러 가지 모형을 검증하는 것이 일반적이다. 운임 수준과 소득 수준이 가장 빈번히 사용되기는 하지만, 특정 노선 또는 시장에서 다른 많은 변수들도 의미 있는 결과를 가져오는 것으로 나타나고 있다. 상용출장자에 관한 예측모형은 하나의 변수로서 소득 대신에 산업생산지수(index of industrial production) 혹은 무역량을 이용할 수도 있다. 휴가를 목적으로 하는 교통량이 대부분을 차지하는 모형에서는 관광여행의 흐름과 관련이 있는 호텔요금, 환율 또는 그 밖의 다른 변수들을 포함시킬 수도 있다. 서비스의 질이라는 변수도 모형에 포함될 수도 있다. 서비스의 질을 나타내는 변수 중 가장 단순한 것은 속도 또는 여행시간이라는 변수이지만, 보다 복잡한 소수의 모형에서는 운항횟수, 로드팩터 또는 일부 기타 서비스변수들을 포함시키고 있다.

자료를 적합시켜 상수(K) 및 계수의 값을 결정하면, 예측담당자들은 그들의 모형이 통계적으로 유의한지에 대하여 조사할 필요가 있다. 예측담당자는 모형의 설정된 관계에 대한 신뢰성을 확보한 후에 이를 예측의 도구로 이용할 수 있다. 이를 위해 많은 통계적 검증기법이 활용될 수 있다. 가장 간단한 것은 다중결정계수(coefficient of multiple determination, R^{-2})인데, 이는 시계열 자료가 회귀모형에 얼마나 적합한지를 측정한 값이다. 매우 근접하게 적합될 경우 이 계수의 값은 1.0에 가까워지고, 반면에 0.5 또는 그 이하로 값이 낮은 경우에는 적합도가 낮다는 것을 나타낸다. 어느 정도 확신을 가지고 시계열 자료를 활용하여 회귀모형을 예측에 활용하고자 한다면, 결정계수가 0.9 또는 그 이상이 되어야 바람직할 것이다. 계수는 또한 독립변수들을 각기 다르게 조합한 모형들 중 하나를 선택하는 데도 활용될 수 있다.

R^{-2}값은 예측담당자에게 교통량의 변동이 독립변수의 변동에 어느 정도 잘 부합되는지를 설명할 수는 있으나, 교통량이 각 독립변수와 개별적으로 통계적인 관련성이 있는지에 대해서는 설명하지 못하는데, 이는 편상관계수(partial correlation coefficients)를 통해 알 수 있다. 편상관계수는 다른 변수들이 일정하다고 할 때 교통량이 독립변수들 중에 어느 한 변수와 얼마나 밀접한 관련성이 있는지를 측정해주는 지표이다.

모형의 타당성과 변수들 간의 관계에 대한 유의성을 측정해 주는 다른 방법에는 스튜던트(Student)의 t검정과 F검정이 있다. 검정은 다중결정계수의 대안으로, 자료의 설명된 분산과 설명되지 않은 분산을 비교하는 것이다. 이용할 수 있는 여러 통계적 검정의 수행방법과 유의성을 상세히 다루는 것은 본서의 목적이 아니다. 이러한 것은 다른 많은 통계학 교과서와 일부 항공교통 관련 전문서적에 잘 설명되어 있다(Vasigh et al., 2008).

경제학자들은 항공 교통량을 예측하기 위해 매우 세련되고 강력한 계량경제모형을 개발하고 있지만, 항공사들은 원하는 만큼 통계적으로 유의하지 않을 수 있는 상당히 단순한 모형을 사용하는 경향이 있다. 장기적인 노선 수요예측을 수행하는 일부 항공사는 IATA 또는 항공기 제조업체와 같은 기관에서 시행한 계량경제 기반 예측을 사용할 수 있다. 이들 모두는 항공사들이 자체 예측의 근거로 사용할 수 있는 노선별 또는 국가별 수요예측을 시행한다.

이보다 더 간단한 모델이 특정 경로의 예측에 유용할 수 있지만 계량경제모델은 더 넓은 국가 간 또는 지역 간 시장에서의 교통개발을 예측하는 데 사용된다. 예를 들어, 영국 교통부는 2017년 영국 전체의 항공 교통에 대한 장기예측에서 영국 내외의 교통량을 여행 목적, 승객의 거주지(영국 또는 외국) 그리고 지리적 지역에 따라 16개 국가 및 2개의 국내 시장 부문으로 나누었다. 그 결과, 네 개의 뚜렷한 여행 지역이 나타났는데 이는 영국에서 유럽, 영국에서 신흥 산업 국가, 영국에서 OECD 회원국 그리고 영국에서 저개발 국가이다. 또한 이와 별도로 환승객 세분시장이 있다. 각 세분시장은 자체적인 인과관계 모델을 가지고 있었으며 교통량은 별도로 예측되었다. 이는 항공 교통에 영향을 미치는 독립변수의 영향력의 정도가 시장별로 다르기 때문이다. 항공운임, 환율, GDP, 교역량 및 기타 변수 등 19개 부문 모두에서 과거 데이터에 기초하여 탄력성이 개발되었다. 이러한 탄력성과 독립변수 수준의 예측변화를 이용하여 각 세분시장의 항공 교통량 예측이 2050년까시 시행되었다. 이에 부문별 예측이 더해져 매년 영국의 총항공 교통량을 예측했다(DfT, 2017). 그런 다음 별도의 모델을 사용하여 이 총교통량을 개별 영국 공항의 수로 나누었다.

예측담당자들이 시장세분화를 많이 한다면, 계량경제모델은 매우 복잡하고 정밀해질 수 있다. 또 다른 좋은 사례는 IATA가 실시하여 제공하는 수요예측치다. 앞에서 언급한 바와 같이 2014년 이후에는 델파이 접근방식을 사용하지 않고, 복잡한 계량경제예측모형을 개발하였다. 단기 및 장기 여객 수요예측은 개별 국가 및 국가 간 조합된 4,000여 개의 노선에 대해 시행된다. IATA의 과거 데이터베이스를 사용하는 이전 연구 및 모델에서 주요 모델 간의 관계와 탄력성이 도출되었는데, 이는 국가 간 예측치를 더해 지역 간 예측치와 세계 예측치를 산출한다(IATA/Tourism Economics, 2017).

IATA는 단기예측을 위해 네 가지 주요 독립변수를 사용한다. 첫째, GDP 성장률은 각 국가의 상용출장 및 레저여행에 대한 복합지표로 사용된다. 둘째, 실업률은 장기평균과 비교하여 소비자 신뢰도와 항공여행 지출 가능성의 지표로 간주된다. 셋째, 환율은 각 방문 목적지와 국외여행 모두에 영향을 미친다. 마지막 변수는 항공여행 가격이다.

20년 장기수요예측은 서로 다른 독립변수를 혼합하여 사용한다. 첫째, 1인당 GDP는 생활 수준의 척도로 사용되며 생활 수준이 상승함에 따라 변화하는 성향과 연결된다. 둘째, 각 국가의 인구규모와 인구통계학적 구조 및 예측된 변화가 중요하다. 노년층은 여행량이 적기 때문에 고령화 인구는 미래의 수요에 영향을 미칠 것이다. 셋째, 국가의 무역 개방성과 항공여행의 성향 사이에 높은 상관관계가 나타났다. 국가 총생산량 대비 수출과 수입의 비율은 무역 개방성을 측정한다. 마지막 요소는 미래의 항공운임이다. IATA는 평균 운임 또는 수익률 하락 추세가 매년 1~1.5%의 비율로 지속될 것으로 보고 있다. 이것은 지속적인 효율성 개선과 신기술이 적용된 신규 항공기의 점진적인 도입으로 인해 항공비용이 하락한 결과이다.

IATA는 자체 변수 및 컨설턴트의 독립변수 변경 예측치를 사용하여 국가 간, 지역 간 또는 개별 국가별 총교통량에 따른 미래의 여객 교통량 수요예측을 한다. 마지막 단계는 특정 국가에 영향을 미칠 수 있는 이미 알려졌거나 예상되는 개발에 기반하여 이러한 예측치를 조정하거나 다른 시나리오를 테스트할 수 있도록 하는 것이다. IATA는 장기예측을 조정하기 위해 두 가지 시나리오를 사용한다. 이 중 비관적인 시나리오 테스트는 국제항공 분야에서 보호주의가 커지는 것이다. 이는 국제규제의 추가 완화가 특히 동아시아와 같은 지역에서 기준 사례를 넘어 교통성장을 촉진할 것이라는 좀 더 호의적인 시나리오와 대비된다.

항공기 제조업체 Embraer, Airbus, Boeing도 복잡한 계량경제모델을 사용해 장기 여객 및 화물예측을 진행한다. 예를 들어, Airbus는 국내총생산의 변화가 항공운송 수요의 중요한 원동력으로 남아있지만, GDP가 유일한 요인은 아니라고 생각한다. Airbus는 이에 대해 최대 15가지 설명요인을 사용한다(Airbus, 2017). 흥미롭게도 3개 항공기 제조업체의 2018년 전망은 낙관적이었으며 장기적 연평균 성장률은 4.4~4.7%로 IATA의 3.5%보다 현저히 높았다([표 9-4] 참조).

한편, 계량경제모델에는 몇 가지 방법론적 문제가 제기된다. 수요예측자들은 매

표 9-4 장기 세계 여객예측 비교

측정기관	단위	기간(년)	연평균 성장률(%)
IATA	Passengers	2017～2037	+ 3.5
Airbus	RPK	2017～2036	+ 4.4
Embraer	RPK	2016～2036	+ 4.5
Boeing	RPK	2017～2036	+ 4.7

우 높은 다중결정계수는 그 자체로 인과관계를 보장하거나 독립변수와 종속변수 사이의 밀접한 관계를 보장하지 않는다는 것을 명심해야 한다. 회귀방정식에 의해 생성된 오차항이 패턴에 속할 경우 높은 결정계수가 생성될 수 있다. 이를 자기상관이라고 하며, 유의미한 독립변수가 누락되었을 때 또는 종속변수에 뚜렷한 주기적 변동이 있을 때 발생할 수 있다. Durbin-Watson d 통계치를 사용하여 자기상관 여부를 검정할 수 있는데, 자기상관 여부를 평가할 수 있는 d의 값은 관측치의 수 및 독립변수의 수와 관련이 있다. 일반적으로 Durbin-Watson 통계가 1.5 이하일 경우 또는 2.5 이상일 경우 수요예측자는 자기 상관 가능성에 대해 우려하게 된다.

결정계수가 높을 때 나타날 수 있는 또 다른 문제는 다중공선성 문제인데, 이는 독립변수들이 통계적으로 서로 독립적이지 않을 때 나타난다. 예를 들어, 항공운임과 연료가격은 같은 방향으로 움직일 수 있다. 그러므로 이 두 가지 변수를 독립변수에 모두 포함시킬 경우 다중공선성을 초래하게 되어, 회귀계수를 해석하는 데 어려움이 있을 수 있다. 특히, 그들은 더 이상 엄밀히 탄력성으로 간주되지 못할 수 있다. 다중공선성을 검정하기 위해서는 독립변수들 간의 상관관계를 나타내 주는 매트릭스를 사용할 수 있다. 가령 0.86 이상의 높은 상관관계를 보여주는 독립변수들은 같은 모형에 투입되어서는 안 된다. 항공사 수요예측담당자가 계량경제적 모형을 사용할 때 부딪치는 두 가지 중요한 문제는 자기상관 및 다중공존성의 가능성이다. 그 밖에 이분산성과 같은 더욱더 모호한 문제들이 있지만, 이들 문제에 관한 자세한 논의는 전문서석에서 다루고 있다.

위에서 언급된 모형들이 개발되고 테스트되고 나면, 항공사는 미래 항공 교통량의 예측을 위해 사용될 독립변수들에 관한 예측치를 산출하여야 한다. 이러한 예측, 특히 장기예측을 하는 데 있어 탄력성이 예측기간 동안 일정하다고 가정할 필요는 없다.

총교통량이 늘어남에 따라 탄력성은 틀림없이 변화한다. 이와 같은 이유로 인하여 많은 수요예측담당자들은 자신들의 예측과정에 변동탄력성을 설정한다. 탄력성 값의 변화는 수학적으로 도출하거나 아니면 일정한 값을 가정하게 된다. 앞서 언급된 영국 교통부의 2017년 전망은 시장 성숙을 감안해, 감소하는 소득탄력성을 사용한다(DfT, 2017). 기준연도인 2016년에 영국 레저 승객의 소득탄력성은 +1.4이고 상용출장자의 소득탄력성은 +1.2이다. 2050년에는 각각 +1.0과 +0.8로 감소했다.

독립변수들에 대한 예측을 하는 동안 일부 형태의 민감도 테스트가 예측과정에 포함될 수 있다. 항공사는 만약 산업이 정부가 예측한 대로 빠르게 성장하지 않으면 특정 국가의 경제 및 1인당 소득이 어떻게 변화할지를 고려할 수 있을 것이다. 또한 그들은 중동에서의 원유생산이 원활하지 않게 되면 연료가격이 어떻게 변화할지, 궁극적으로는 경제성장 또는 미래의 항공운임 수준에 어떻게 영향을 미칠지에 대해 분석할 수도 있을 것이다. 이러한 민감도 테스트는 특정 예측치보다는 가능한 교통량 수치 범위를 제시할 수 있을 것이다. 불확실성에 대처하는 또 다른 방법은 가령 GDP 성장이나 미래의 항공사 규제에 대한 여러 시나리오를 사용하여 IATA처럼 다양한 예측을 진행하는 것이다.

2년 또는 그 이하의 예측치에 의존하는 의사결정에 있어서, 항공사 경영자들은 일정 범위의 예측치보다는 특정값의 예측치를 선호하는 경향이 있다. 의사결정이 이루어져야 하는데 일정 범위의 예측치는 의사결정자에게 도움이 되지 않는다. 이들은 정확한 예측치를 원하기 때문이다. 의사결정자들은 수요예측담당자들이 위험 및 외부변수들의 예측에 대한 민감도를 평가하도록 하고 그러한 평가결과를 고려하여 특정한 예측치를 도출하기를 원한다. 그러나 항공사의 장기적인 전략적 의사결정에 있어서는 일정 범위의 예측치가 유용하게 사용될 수 있다. 이러한 예측치는 항공사가 장기계획과 관련한 의사결정에 있어 유연성을 확보할 수 있도록 해주기 때문이다. 항공사는 쉽게 변동시킬 수 없는 규모나 생산 수준을 고정시키는 의사결정을 회피해야 한다. 이는 특히 항공기 구매나 기타 주요 투자에 관한 것일

수록 더욱 그렇다. 일정한 범위의 예측치는 예측에 내재된 불확실성을 분명하게 보여준다.

9.4.2 항공화물예측모형

항공화물 성장에 영향을 미치는 요인들은 복합적이고 때로는 변화가 심한 것들이다. 특정 노선에서 이동하는 화물량은 갑작스럽고 설명할 수 없는 변동에 마주한다. 자신의 출발지로 되돌아오는 성향이 있는 승객과는 달리, 화물의 이동은 방향성이 없으므로 더욱 복잡해진다. 또한 화물은 시간에 크게 민감하지 않는 이유로 화물의 이동 노선과는 무관하다. 따라서 이용 가능한 화물 흐름 데이터는 공항에 착륙한 화물의 실제 출발지를 나타내고 있지 않을 수 있다.

어떠한 노선에서든 화물의 운임은 아주 많은 종류가 있고, 이러한 운임들은 승객운임보다는 불안정한 경향을 보인다. 화물 용량의 많은 부분은 승객 용량의 부산물로서 생겨나고, 결과적으로 종종 화물 용량의 과잉공급이 발생하여 화물운임을 낮추도록 하는 강한 압력을 받게 된다. 부과되는 운임은 때로는 공표된 운임과 거의 관련이 없으며 운임 수준을 설정하는 것 자체가 쉽지 않다. 이러한 복잡성 때문에 개별 노선이나 국가 간 노선들과 관련하여 과거의 화물 성장률을 하나 또는 그 이상의 독립변수들과 연관시키는 것이 어렵다.

이러한 어려움 때문에 화물 성장률을 예측하고자 하는 항공사는 과거의 추세를 예측한 다음 시장조사 및 경영진의 판단에 따라 이러한 추세를 수정하는 경향이 있다. 어떤 경우든 그러한 예측은 단기적인 경향이 있다.

인과화물모형(casual freight models)은 수출량과 같은 세계 무역의 일부 척도와 평균 항공화물운임지표라는 두 가지 독립적인 변수에 의존하는 경향이 있다. 그동안 개발되어 온 극히 소수의 인과화물모형들만이 개별 노선보다 세계 항공화물 수요나 대규모 시장수요를 예측하는 데 활용되는 경향이 있다. Boeing과 Airbus 모두 이러한 모델을 사용한다. 2008년 Airbus Industrie는 144개의 항공화물 흐름방향의 계량경제학적인 방법을 적용하여 분석하고 화물톤킬로미터를 계량경제학적으로 측정하여 세계 전반적인 항공화물 교통량의 장기예측을 하였다. 항공화물에 영향력을 미치는 개별 변수에는 경제성장, 국제무역, 항공화물의 일드와 산업생산량이 있다. 그러나 방향 간 화물수송은 보통 불균형적이고 다른 종류의 상품을 포함하기 때문에, 모든 시장에 있어 각 방향의 교통량은 별도로 분석되었다. 따라서 Airbus의 예측은 교역되는 상품의 타입에 대한 광범위한 분석을 포함한다(Airbus, 2008).

국제민간항공기구는 전 세계 정기편 항공화물의 장기예측을 수행하는 데 있어 계량경제적 모형들을 활용하고 있다(ICAO, 1997). 1960~1991년간의 자료를 사용하여 ICAO는 두 개의 별도 모형을 개발하였는데, 하나는 여객 교통량에 대한 것이고 다른 하나는 항공화물에 대한 것이다. 화물모형은 다음과 같은 형태를 취하고 있다.

$$\log FTK = -0.41 + \underset{(20.3)}{1.58} \log EXP - \underset{(5.1)}{0.37} \log FYIELD \qquad (9.6)$$

*FTK*는 화물톤킬로미터를, *EXP*는 세계 수출량을, *FYIELD*는 화물톤킬로미터당 화물수익을, 그리고 괄호 안의 값은 t값을 나타내고, R^2=0.996이다. 항공화물은 화물운임의 변화보다 세계 무역의 성장률에 훨씬 더 빠른 반응을 보인다는 것을 시사한다.

노선별 항공화물에 대한 대부분의 예측은 경영진의 판단, 시장조사 및 시계열 추세분석의 조합을 토대로 하고 있다. 특정 노선에서 항공기로 운반되는 각기 다른 상품들의 수는 일반적으로 엄격히 제한되기 때문에, 종종 이러한 예측은 상품별로 이루어진다. 특정 노선에서 전체적인 화물의 흐름을 모형화하려는 것보다 개별 상품의 흐름에 대한 인과모형의 개발을 통해 궁극적으로 더 많은 것을 얻을 수 있다.

9.4.3 중력모형

신규 노선에서 교통량을 예측하고자 할 때, 과거 교통량의 자료가 없거나, 교통량에 대한 기록이 부적합하거나 없는 노선에서는 시계열분석 또는 회귀모형은 거의 쓸모가 없다. 전통적으로 이러한 문제는 시장조사 또는 경영진의 판단을 함께 사용하여 극복하였다. 또 다른 방안은 중력모형을 사용하는 것이다. 중력모형은 교통량예측을 위해 개발된 초기의 인과모형이다. 중력모형은 항공운송에서는 상대적으로 거의 사용되고 있지 않지만, 많은 도로교통예측 및 할당모형에서는 중력모형이 결정적인 역할을 하고 있다.

중력모형의 개념에는 오랜 역사가 있다. Henry Carey는 1958년에 '인간 상호작용의 중력개념'으로 알려진 것을 최초로 공식화하였다. 그는 사회현상이 물리현상과 동일한 근본 법칙에 기초하고 있으며, "중력은 물질세계의 다른 곳과 마찬가지로 질량에 비례하고 거리에 반비례한다"고 주장하였다(Carey, 1858). Lill은 1989년 오스트리아 국영철도에서의 움직임을 연구함으로써 이를 최초로 교통 분야에 적용하였다. 이후에 이 개념은 고속도로 엔지니어들에 의해 도로 교통량을 예측하는 중력모형을 개발하는 데 사용되었다. 항공운송에서는 1951년에 최초로 사용된 기록이 나타나는데, 미국 민간항공국에 근무하는 D'Arcy Harvey가 두 지역사회 간의 항공 교통량 흐름을 평가하는 중력개념을 개발하였다(D'Arcy Harvey, 1951).

이러한 개념을 항공운송 관점으로 전환시키기 위해서는 먼저 두 지점 간의 항공교통량이 이들 지역인구의 곱에 비례하고, 이들 지역 간의 거리에 반비례한다는 아래와 같은 간단한 공식으로 출발하게 된다.

$$T_{ij} = K\frac{P_i P_j}{D_{ij}} \qquad (9.7)$$

T_{ij}는 두 도시 i와 j 사이의 교통량을, K는 상수를, P_i 및 P_j는 두 도시의 인구를, D_{ij}는 두 도시 간의 거리를 나타낸다.

공식의 분자인 인구는 교통량을 발생시키는 변수를 포함하고, 분모인 거리는 교통량의 발생을 억제하는 변수를 포함한다. 이는 간단한 인과모형으로 인구의 크기와 거리를 교통량의 흐름에 영향을 미치는 독립변수로써 설정하고 있다. 이러한 개념이 발전되어 교통량을 발생시키는 요인과 억제하는 요인들이 수정됨으로써 모형은 더욱 복잡해져 갔다. 예를 들어, 종종 항공운임의 수준이 거리보다는 항공수요를 억제하는 더 좋은 측정변수로 간주되고 있다. 또한 대략의 인구 수를 수정하여 구매력, 인구의 경제활동의 특성 등을 고려하는 것이 필요하다고 생각되고 있다.

1966년의 초기연구에서는 상호작용의 공식에서 인구를 고려하는 각 도시의 총항공 교통량의 곱으로 대체하고 있다(Doganis, 1966). 총공항 교통량이 그 지역의 소득 수준, 도시 내에서의 경제활동의 타입, 해당 공항을 효율적으로 이용할 수 있는 지역에 대한 좋은 지표를 제공해 준다고 했다. 공항 교통량의 사용은 모형에 다른 경제적 변수들을 포함시킬 필요성을 제거해 준다. 또한 거리항을 1 이상으로 거듭제곱을 시키면 실제 교통량 수준을 측정할 때 모형의 상관관계가 개선된다는 것이 나타났다. 이 모형은 다음과 같은 형태이다.

$$T_{ij} = K \frac{A_i A_j}{D_{ij}^p} \tag{9.8}$$

T_{ij}, K, D_{ij}는 전과 동일하며, A_i 및 A_j는 노선의 양끝에 있는 두 공항의 총여객교통량을, P는 1과 1.5 사이의 값을 취하는 거리의 거듭제곱을 나타낸다.

신규 또는 운항 가능성 있는 노선에서의 교통량을 예측하기 위해 중력모형을 사용한 연구들 중에는 1989년에 유럽연합 집행위원회에서 수행한 연구가 포함된다. 이 연구에는 유럽공동체의 남부 지역 공항들 간의 항공 교통량을 포함하고 있으며, 이들 지역 중 일부는 직항편 항공서비스가 없었다(Westminster, 1989). 1987년 47개 항공서비스를 기반으로 다양한 모형 공식들이 도출되었는데, 이러한 모델들 중 가장 높은 상관관계인 0.97을 산출한 모형은 다음과 같다.

$$T_{ij} = K \frac{(A_i A_j)\ Q^{3/4}}{F^{1/2}} \tag{9.9}$$

K는 상수를, A_i 및 A_j는 두 공항 사이의 정기 여객 교통량을, $Q^{3/4}$은 3/4을 거듭제곱한 서비스품질 변수를, $P^{1/2}$는 1/2 거듭제곱한 일반석 운임을 나타낸다. 서비스품질 변수(Q)는 중간 기착을 허용하는 주간 운항횟수 및 항공기 타입을 측정한 지표였다. 주 1회 직항 제트서비스를 제공하면 Q값은 1이 되고, 1회 중간기착하는 주 1회 서비스는 0.5, 터보프롭으로 주 1회 서비스하면 0.7값이 Q에 주어졌다. 2회 이상 중간 기착하는 서비스는 무시되었다.

중력모형의 가장 큰 장점은 이전에 항공서비스가 없었던 공항 사이의 수요를 예측하는 것이 가능하다는 것이다. 컨설턴트는 이러한 중력모형을 자주 이용한다. 예를 들어, Lufthansa Consulting은 유럽의 새로운 항공서비스의 여객수요를 예측하기 위해 복합 중력모형을 개발하였다. 이러한 복합모형을 생성하는 변수들은 인구, 국내총생산과 두 지역의 관광객 수, 그리고 서비스될 공항의 총여객수요이다(Solomko, 2009). 다른 연구에서는 발생요인과 억제요인의 다양한 조합을 사용하였다(Grosche et al., 2007).

지난 20년간 유럽에서는 저비용항공사들이 기존에 항공서비스가 없었던 작은 규모의 많은 공항으로 새로운 항공서비스를 시작하였다. Ryanair의 경우, 이들의 전략은 "어느 곳이나(nowhere to nowhere) 운항한다"로 나타낼 수 있다. 그러나 저비용항공사는 그들이 새롭게 시작하였던 노선의 잠재수요를 중력모형을 사용해서 측정하지 않았다. 그렇다고 다른 모델을 사용한 것도 아니었다. 저비용항공사들은 경영진의 판단과 제한적인 시장조사를 복합적으로 사용하였는데, 예를 들어 해당 노선 지역의 이주노동자 수 또는 별장 소유의 패턴을 확인하여 시장조사를 하였다. 그러나 무엇보다도 모든 저비용항공사들은 극도로 저렴한 운임을 통해 수요와 새로운 여행패턴을 촉발시켰다. 저비용항공사들이 다른 항공사들에 의해 이미 서비스되고 있던 노선에 서비스를 시작할 것인지에 대한 평가를 할 때는, 그 노선의 과거 교통량에 관한 조사를 진행함과 동시에, 그들이 매우 저렴한 운임으로 기존 항공사의 교통량을 끌어올 수 있다는 점에 중점을 두었다.

Ryanair의 최고경영자인 Michael O'Leary는 "우리는 수요를 충족시키기 위해 설립된 것이 아니다. 우리의 목표는 수요를 만드는 것이다"라고 말하면서 이 접근법을 요약했다. 저비용항공사들은 매우 저렴한 운임전략으로 인하여 복잡한 예측모형이 덜 필요하였지만 유연성 있게 대처하였다. 만약 저비용항공사들이 판단을 잘못하여 목표하였던 교통량에 도달하지 못할 경우, 신속하게 그 노선에서 철수했다.

9.4.4 계량경제모델에 대한 평가

인과예측모형의 강점은 논리적이라는 것이다. 이러한 모형은 수요에 영향을 미칠 수 있다고 예상되는 변수들의 변화에 수요를 연관시키고 있다. 따라서 통계검증결과가 어떠하든 간에 선정된 모형은 논리적이어야 한다. 만약 독립변수가 직관적으로 오류라고 생각된다면 결정계수가 높은 모형이더라도 사용되어서는 안된다. 수요예측담당자의 직접적인 경험과 시장조사를 통해 얻은 시장 상황에 대한 정보는 통계분석과 수학적 상관관계를 통해 얻은 정보보다도 궁극적으로 더욱 유용한 수요행동에 관한 통찰을 제공해 줄 수 있다.

예측에 이용되는 모형은 논리적으로 일관성이 있어야 한다. 모형에 논리적인 일관성이 있다면(3년 또는 그 이상 기간의 독립변수를 예측할 수 있다면) 수요가 단순히 시간의 경과에 따라 변화하는 시계열예측보다 장기 교통량예측을 오차 발생 위험을 낮추며 진행할 수 있다. 여기에는 인과예측의 장점과 약점이 동시에 존재한다. 인과모형의 논리적 일관성과 그 정확도로 인하여 인과모형을 사용하면 항공사의 수요예측담당자는 또 다른 문제에 직면할 수 있다. 항공 교통량을 예측하는 대신에 그들은 다른 사람의 독립변수들에 대한 예측치를 사용해야 하며, 만약 그러한 자료가 없을 때는 스스로 독립변수들에 대한 예측을 실행하여야 한다. 정부, 중앙은행, 기타 기관 등은 독립변수로 사용될 수 있는 국내총생산, 소비지출, 무역량 및 기타 경제적 지표들에 대해 예측을 하고 있다. 이러한 경제예측이 항상 신뢰할 수 있거나 반드시 장기적인 것도 아니다. 2009년 주요 경제가 악화되리라고는 2006년 혹은 2007년 당시 어느 예측담당자들도 예측하지 못했다. 또한 특정 변수에 대해 하나 이상의 기관이 예측을 시행하는 경우, 예측결과가 항상 일치하지 않을 수도 있다. 항공운임을 독립변수들 중의 하나로 활용할 경우, 운임은 항공사의 통제하에 있으므로 항공사가 이론적으로 예측을 수행하기는 쉽다. 실제로는 항공사가 향후 2년 또는 3년 이후의 운임 수준을 예측하는 것은 어려운데, 미래 운임 수준에 영향을 미칠 수 있는 유가나 기타 요인들의 변화에 대한 예측 없이는 더욱 어렵다.

인과기법에는 추가적인 문제점이 몇 가지 있다. 시계열분석과 같이 이 기법은 과거 자료의 이용 가능성 여부에 의존한다. 명백하게도 특별히 필요한 회귀모형을 개발하기 위해서는 양질의 항공 교통량 자료뿐만 아니라 모형에 이용된 독립변수와 관련된 많은 기간 동안의 적합하고 정확한 통계수치가 필요하다. 대부분의 선진국에서는 이러한 자료와 통계수치가 이용 가능할 것이다. 그러나 많은 제3세계 국가들에서는 적절한 자료를 얻기가 불가능하며, 가능하다 하더라도 신뢰성이 낮은 자료들이다. 자료가 유용한 경우에도 모형의 복잡성으로 인해 시간이 많이 걸리고, 특히 항공사가 주요 시장 또는 주요 노선에서 각기 다른 모형을 개발하고자 한다면, 각 시장은 별개의 모형이 필요할 것이다.

계량경제적 예측은 본질적으로 논리적이고 수학적으로 복잡하지만, 이를 단순히 기계적으로 수행하는 것은 아니다. 판단은 모형 구체화에서부터 독립변수의 선택에 이르기까지 모든 단계에서 이루어지는데, 특히 독립변수들의 예측을 위한 여러 가지 대안을 선택하는 경우에 더욱 그렇다.

9.5 예측기법의 선택

위의 분석을 통하여 예측에는 확실성이 없다는 것을 알 수 있다. 어떠한 예측기법도 예측의 정확성에 대해 보증할 수 없다. 매우 유사한 예측기법이라도 매우 다른 예측결과를 나타낼 수 있다. 그러나 예측결과가 불확실하더라도 다양한 의사결정에 예측이 필요하므로 항공사는 예측을 실행할 수밖에 없다. 예측담당자는 이용 가능한 다양한 예측기법들 중에서 어느 하나의 기법을 선택해야 하며, 다양한 요인들이 예측기법에 영향을 미칠 수 있다.

출발점은 예측의 주된 목표를 결정하는 것으로 시작된다. 교통량의 성장에 대한 예측인지, 요금의 인상 또는 운항횟수의 변화와 같은 일부 새로운 전략에 대한 수요의 반응을 예측하는 것인지 또는 신규노선의 교통량을 예측하는 것인지 등이다. 일반적인 상황에서는 모든 기법으로 교통량의 성장을 예측할 수 있지만, 교통량 반응 또는 신규 노선의 수요예측에 적합한 기법은 소수에 불과하다([표 9-5] 참조). 만약 항공사가 완전히 새로운 노선을 취항하고자 한다면 정성적 기법 또는 중력모형을 이용하는 것 이외에는 선택의 여지가 없을 것이다.

표 9-5 항공사 여객 수요예측기법들의 특성

구분	정성적 기법			시계열 분석기법				인과모형	
	경영진의 판단	시장 조사법	델파이	연평균 성장법	지수 평활법	선형 추세법	이동평균 추세법	회귀 분석	중력 모형
정확도									
0~6개월	양호	양호	보통/양호	보통/양호	양호	보통/양호	양호	양호	양호
6~24개월	보통	양호	보통/양호	안 좋음/보통	보통/양호	안 좋음/보통	보통	보통/양호	보통/양호
5년	안 좋음	안 좋음/보통	보통	안 좋음	안 좋음/보통	안 좋음	안 좋음/보통	안 좋음/보통	안 좋음/보통
예측 적합도									
교통량 성장	양호	양호	양호	양호	양호	양호	양호	양호	양호
교통량 변동	보통	양호	보통	n.a.	n.a.	n.a.	n.a.	양호	안 좋음
신규 노선 교통량	안 좋음	보통	안 좋음	n.a.	n.a.	n.a.	n.a.	보통	양호
전환점에 대한 판단능력	안 좋음/보통	보통/양호	보통/양호	안 좋음	보통	안 좋음	안 좋음/보통	양호	안 좋음
투입 자료의 유용성	양호	안 좋음/보통	안 좋음	양호	양호	양호	양호	안 좋음/보통	보통
수요예측을 위해 필요한 기간(일수)	1~2	90+	30~180	1~2	1~2	1~2	1~2	30~90	20~60
비용	매우 낮음	매우 높음	적당	낮음	낮음	낮음	낮음	높음	높음

주: n.a. = 해당 없음(not applicable)

실행하고자 하는 예측의 유형에 적합한 예측기법을 결정하고 나면, 신속성과 자료의 유용성이 중요한 기준이 된다. 빠른 예측을 위해서는 중역의 판단이나 복잡하지 않은 시계열예측을 사용할 수밖에 없다. 자료의 유용성은 기법 선정에 있어 매우 중요하다. 시계열예측은 적당한 기간의 정확하고 상세한 교통량 자료를 필요로 한다. 회귀모형에서는 이와 더불어 모형에 포함되는 독립변수들에 대한 적절한 자료도 필요하다. 교통량 자료 또는 다양한 사회경제학적 변수들에 관한 자료가 유용하지 않고 수집이 불가능하다면, 예측담당자는 정성적 예측기법으로 돌아가야 한다. 비용 또한 중요한 고려사항이다. 소규모의 국제선 항공사는 시장조사에 드는 높은 비용을 부담할 수 없으며, 정교한 인과예측을 하기 위해서는 외부의 컨설턴트를 이용해야 하는데, 이러한 컨설팅에는 큰 비용이 들어간다. 실제로 많은 소규모의 항공사들은 자신들의 장기예측을 위해 항공기 제작업체에 의존하거나 IATA의 예측과 그들의 경영진의 판단을 함께 사용하여 단기예측을 한다.

신속성, 자료의 유용성 그리고 비용이 문제가 되지 않는다면, 항공사는 자신이 이용할 수 있는 예측기법들 중에서 예측 정확도를 기반으로 예측기법을 선택할 수 있다. 이것은 판단하기 어려운 문제이다. 여러 기법들이 [표 9-5]에 나타나 있으며, 단기, 중기, 장기예측에 대한 이들의 정확도가 불량, 보통, 양호라는 3점 척도로 나타나 있다. 그러나 이러한 등급은 다소 주관적인 것이고 개개인의 경험과 판단에 의해 영향을 받는다. 다른 예측담당자들은 다른 평가를 할 것이다. 대부분의 예측기법은 확실히 단기예측 시에는 매우 정확하며, 일부 기법은 2년간의 예측에 타당할 것이다. 이보다 긴 기간의 예측에는 약간의 문제가 발생하기는 하지만, 정성적 예측기법 또는 인과기법들은 좀 더 정확한 예측을 가져올 것이다. 이러한 기법들은 근본적인 교통량 추세의 전환점을 잘 찾아내고 예측할 수 있을 것이다. 이론적으로는 인과모형이 더 좋은 결과를 도출해야 하지만, 일부 항공전문가들은 계량경제적 기법이 단순하고 간단한 접근법보다 더 정확한 교통량예측을 할 수 있다는 설득력 있는 증거가 없다고 주장한다.

대부분의 국제선 항공사들은 다양한 기법을 활용하고 있다. 계획에 필요한 각기 다른 요건들 때문에 항공사는 단기, 중기, 장기의 예측을 함께 수행한다. 단기예측에서는 시계열예측이 빈번하게 활용되며, 경영진의 판단이나 시장조사의 결과에 따라 수정되는 경우가 많다. 정확한 시계열분석기법 또는 각 항공사가 사용할 예측기법들은 항공사 자신의 경험이나 예측담당자의 판단에 따라 결정된다. 신규 노선을 평가할 때에는 잠재수요를 예측하기 위하여 항공사는 시장조사방법을 선호할 것이다. 몇 년 정도의 장기예측을 위해 다수의 소규모 항공사들은 정확성에 대한 의구심에도 불구하고 시계열분석을 지속적으로 활용하고 있다. 일부 대형항공사들은 IATA, ICAO 또는 항공기 제조업체가 준비한 예측을 사용하여 장기예측을 위한 인과모형으로 전환한다. 궁극적으로 매우 많은 외부요인들과 예측 불가한 요인들이 항공수요에 영향을 미칠 수 있으므로 3~5년 이상의 예측은 매우 잠정적인 것이라고 생각해야 할 것이다.

Chapter

10

상품계획

Chapter

10 상품계획

우리의 상품은 적어도 비싼 가격 그 이상으로 우수한 가치가 있어야 한다.

– Lufthansa Roadshow Presentation, 2018년 1월

10.1 중요한 상품특징

상품계획이란 항공사가 각각의 시장에서 어떠한 상품특징과 서비스를 고객에게 제공할 것인지에 대한 결정이며, 동시에 그러한 상품과 서비스가 고객에게 잘 전달될 수 있도록 하는 것이다. 항공사에게 있어 상품계획은 두 가지 측면에서 중요하다고 할 수 있다. 첫째, 상품계획은 항공사가 취항하는 노선에서의 좌석공급과 잠재적인 수요를 연결하는 과정에 있어 중요한 도구이다. 각 항공사는 자사의 서비스 공급을 통제하지만, 수요는 상품계획을 통해 영향을 미칠 뿐이므로 상품계획에 대한 의존도가 높아질 수밖에 없다. 둘째, 앞서 언급한 바와 같이 상품계획은 운영비용에 직접적인 영향을 미친다(제4장 4.6절 및 4.8절).

어떠한 상품으로 서로 다른 시장에 진입할지를 결정함에 있어 항공사는 다양한 목표를 유념해야 하며, 수요분석과 수요예측의 결과로 나타나는 전반적인 마케팅 전략도 고려해야 한다(제8장, 제9장 참조). 항공사는 각기 다른 세분시장에서 잠재고객을 창출하고 만족시키기 위해 노력해야 한다. 이는 각기 다른 세분시장에서의 니즈와 요구사항에 대한 이해를 활용하는 것이다. 이러한 시장에 대한 이해는 각 시장 및 노선에서 자사 및 경쟁사의 과거 실적 검토 및 설문조사 혹은 기타 조사 등을 통해 얻을 수 있을 것이다. 마지막으로 항공사는 단기적 측면이 아닌, 장

기적인 측면에서 수익과 이익을 극대화하는 것을 원하고 바랄 것이다. 요약하면 상품계획의 궁극적인 목적은 항공사가 목표한 세분시장으로부터 고객을 창출하고 유지하며, 이를 통해 충분한 이익을 창출하고자 하는 것이다.

표 10-1 | 여행 결정 및 항공사 선택에 영향을 미치는 상품특성: 운영비용 포함

구분	상품 그룹	상품특징
1	가격	운임 수준 및 조건
2	스케줄 기반	취항 네트워크 크기-취항노선 수
		운항횟수
		항공편 출 · 도착시간
		직항 항공편
		연결편
		정시성
3	안락성 기반	항공기 타입
		인테리어(좌석) 배치
		개인(좌석)공간
		탑승 경험
		기내서비스
		지상 · 터미널 서비스
		항공사 라운지
		기내 엔터테인먼트
4	편의성	예약 · 발권 편의성
		수하물규정
		좌석 운영 · 관리정책
		좌석의 예약 가능 여부
		예약 변경의 편의성
5	이미지	안전에 대한 평판
		브랜드
		디지털 기술의 활용성
		상용고객우대프로그램
		프로모션 및 광고
		포지셔닝

주: 일부 상품특징은 하나 이상의 상품 그룹에 속하는 것으로 간주될 수 있음.

과거 연구에 따르면 승객은 여행을 결정하고 항공사를 선택할 때 다양하고 많은 상품의 특징 및 요인들에 의해 영향을 받게 된다. 이러한 요인들은 [표 10-1]과 같이 다섯 가지로 분류할 수 있으며, 몇몇 요인들은 하나 이상의 그룹이나 범주에 포함될 수 있다.

따라서 항공사는 각기 다른 시장에서 고객의 요구를 만족시키고 고객을 활성화시킬 수 있는 다양한 상품의 특징을 어떻게 결합해야 할지 강구해야 한다. 이는 고객의 요구가 동일 노선 내의 상이한 세부시장에 따라 다르며 인접한 노선과 지정학적 지역에 따라서도 차이가 나기 때문에 매우 복잡한 과정이다. 네트워크의 각기 다른 부분에서 항공사는 [표 10-1]의 다섯 가지 상품특징을 다르게 결합하여 제공할 수 있으며 특정 범위 안에서 상품특징 간에 어느 정도 조정을 할 수도 있다. 예를 들면, 항공기의 좌석수를 줄임으로써 좌석의 안락성을 제공할 수 있지만, 항공운임은 높은 가격에 판매해야 할 수도 있다. 항공운임은 많은 세부시장에서 가장 핵심적인 상품특징이며, 높은 운임에 민감한 레저 또는 친지방문시장에서는 특히 그렇다. 운임이 비탄력적인 상용출장시장에서는 항공사 간의 운임 차별성이 약간의 영향을 미칠 수는 있지만, 운임이 그리 중요한 요소는 아니다. 적어도 규제가 완화된 시장에서는 운임이 거의 매일, 빠르게 변화될 수 있으므로 운임은 가장 다이내믹한 것이 특징이라고 할 수 있다. 게다가 저비용항공사가 영향을 많이 미치는 단거리 시장 및 노선에서의 상품은 유사하므로 운임은 상품에 있어 가장 중요한 요소가 되었다.

이는 IATA가 2017년 10,675명의 전 세계 승객을 대상으로 시행한 설문조사를 포함, 항공사 승객을 대상으로 한 많은 조사에서 확인되었다. 설문조사에 참여한 응답자들은 본인들의 항공사 선택에 있어 가장 중요하게 영향을 미쳤던 가장 중요한 세 가지 요소를 언급했다. 그 결과는 [표 10-2]와 같다. 운임은 2/3(63%)에 달하는 응답자가 세 가지 중요한 요소 중 가장 지배적인 요소로 언급하였다. 이러한 운임 및 수익 창출의 문제는 제11장에서 보다 상세하게 다루어질 것이다.

항공여행은 이제 일상 상품화되었다고 자주 소개되는데, 여행객들이 항공사를 선택함에 있어 운임은 지배적인 요소이며 항공사를 선택함에 있어 운임보다 중요한 것은 없다. 2017 IATA 설문조사는 항공사 선택요인으로 운임의 중요성을 명백

표 10-2 항공사 선택에 영향을 미치는 세 가지 가장 중요한 요인

항공사 선택 요인	비율(%)	운임 이외의 요인			
		스케줄	안락성	편의성	평판
운임	63				
항공편 스케줄	45	✓			
항공사 평판(안전 및 정시성 포함)	39				✓
상용고객우대제도	26				✓
기내 안락성	23		✓		
비행시간	14	✓			
공항환승의 편의성	13	✓			
수하물 허용량	11			✓	
유능하고 친절한 객실승무원	11		✓		
온라인 예약의 용이성	8			✓	
고객서비스 대응성	7			✓	
식음료	6		✓		
기내 엔터테인먼트	5		✓		

주: 응답자들에게 세 가지 요인을 열거할 것을 요청하여 백분율이 합하여 100 이상이 되었음. 5% 미만의 응답자가 언급한 일곱 가지 요인은 위에 포함되지 않음.
자료: 2017 Global Passenger Survey, Geneva: IATA

히 확인해 준다. 그러나 이 설문조사는 놀라운 결과를 보여주었는데 응답자의 39%가 '항공사 평판'의 중요성을 응답한 것이다. 이 설문조사에서 '평판'은 안전도와 증명된 정시성을 포함했으며, 이는 사실상 대부분의 모든 요소를 아우르는 것이다. 이는 왜 '평판'이 이전의 조사보다 해당 IATA조사에서 높은 순위를 차지했는지를 설명해 준다. '평판'에 담긴 중요한 의미는 항공여행이 어쩌면 일상적인 상품 그 이상이라는 것을 암시한다.

운임이 비탄력적이거나 경쟁항공사의 운임이 매우 유사한 시장에서 운임 이외의 상품의 차별화된 특징은 다른 항공사들이 시장 진입을 결정하는 데 있어 상대적으로 더욱 중요하다. 그것들은 또한 중 · 장거리 노선, 특히 장거리 노선에서 상대적으로 더 중요해지는 경향이 있다. 2017 IATA 조사결과에 따르면 스케줄 기반 요소와 이미지는 쾌적성이나 편의성 요인보다 상대적으로 중요하다([표 10-2] 참조). 그러나 전 세계의 여러 지역과 세분시장에 따라 상품의 중요한 특징은 다를 수 있다.

흥미롭게도 상용고객우대제도는 중요성이 감소하고 있는 것처럼 보인다. 2008년 IATA에서 진행한 상용출장 여객 설문조사에서 상용고객우대제도는 항공사를 선택하는 데 있어 가장 중요한 단일 요소였다. 그것은 여전히 중요하게 나타났지만, [표 10-2]에 나와 있듯이 다른 요인들에 비해 그 중요성이 낮은 것으로 나타났다. 2017년 조사는 퍼스트 클래스와 비즈니스 클래스로 여행하는 승객들 사이에서도 이러한 현상이 나타난다는 것을 보여준다. 현재 거의 모든 항공사가 상용고객우대제도를 운영하고 있으며 상용출장 여행객이 하나 이상의 프로그램에 속할 가능성이 있으므로 상용고객우대제도의 매력이 하락했을 수 있다.

예상대로 장거리 노선과는 달리 단거리의 경우 항공사 선택에 영향을 미치는 요인은 상이하다([표 10-3] 참조). 장거리와 단거리, 두 노선에서 가장 중요한 요인은 항공권의 '운임', '항공편 스케줄', '항공사의 평판'이다. 단거리 항공편의 경우 73%의 응답자가 항공운임이 상대적으로 더 중요하다고 언급한 반면, 장거리 항공편의 경우 62%가 본인들의 항공사 선택에 있어 운임을 세 가지 주요 선택요인 중 하나로 언급했다. 항공 스케줄은 장거리보다 단거리 노선의 항공편을 결정할 때 더 중요하다. 지난 20여 년 동안 저비용항공사의 성공과 성장은 신속한 포인트 투 포인트 스케줄, 허브공항에서의 환승 없는 직항 그리고 낮은 수준의 경쟁력 있는 운임과 같은 상품과 명확하게 연관되어 있다.

다소 적게 언급된 요인을 살펴보면 예상했던 대로 장거리 승객의 경우 안락성의 특징들이 단거리 승객보다 항공사 선택에 있어 일반적으로 더 중요하다는 것이 명확하게 나타났다. '기내 안락성', '유능하고 친절한 객실승무원', '식음료', '기내 엔터테인먼트' 등은 단거리 승객과는 달리 더 높은 비율로 언급되었다. 흥미롭게도 '온라인 예약의 용이성'은 단거리 승객의 19%가 언급했지만, 장거리 승객은 7%에 불과했다. 이는 단거리 승객이 장거리 승객보다 훨씬 더 높은 비율로 온라인을 통해 직접 예약을 한다는 것을 시사한다. 이는 사용자 친화적이고 상호작용식 웹사이트가 항공사 유통에 있어 왜 중요한지를 강조한다.

표 10-3 운항거리에 따른 항공사 선택에 영향을 미치는 가장 중요한 세 가지 요인

언급된 선택요인	항공편	
	장거리(%)	단거리(%)
운임	62	73
항공편 스케줄	39	51
항공사 평판(안전 및 정시성 포함)	41	42
기내 안락성	22	18
상용고객우대제도	17	16
비행시간	20	12
유능하고 친절한 객실승무원	17	10
온라인 예약의 용이성	7	19
수하물 허용량	13	15
공항환승의 편의성	10	11
식음료	9	6
고객서비스 대응성	8	8
기내 엔터테인먼트	7	2

주: 응답자들에게 세 가지 요인을 열거할 것을 요청하여 백분율이 합하여 100 이상이 되었음. 5% 미만의 응답자가 언급한 일곱 가지 요인은 위에 포함되지 않음.

자료: Global Passenger Survey 2017, Geneva: IATA

10.2 스케줄 기반의 상품특징

2017년 IATA조사를 포함한 대부분의 설문조사에 따르면 항공 스케줄이 운임 다음으로 가장 자주 언급되는 항공사 선택요인으로 나타났다([표 10-2] 및 [표 10-3] 참조). 소비자 관점에서 볼 때 모든 시장에서 스케줄 기반 항공편의 중요한 특성은 운항횟수, 편리한 출·도착시간대, 총여행시간, 운항 도시, 특히 항공편이 직항인지 또는 한 번 이상의 경유를 해야 하는지 또는 여행 중 항공기를 갈아타야 하는지다. 장거리 항공편의 경우 항공편이 주간 운항인지 야간 운항인지도 중요한 스케줄 요인이다. 흥미롭게도 기종은 중요하지 않은 것으로 보이지만 일부 단거리

노선에서는 터보프롭보다 제트기가 선호될 수 있다.

세분시장마다 항공 스케줄의 선호사항은 다를 것이다. 단거리 상용출장시장의 경우 일반적으로 당일에 출장이 마무리되기 때문에 주중에는 노선의 각 목적지 방향으로 적어도 이른 아침과 이른 저녁 항공편이 각각 한 편씩 필요하다. 그러나 더욱 이상적인 것은 매일 여러 차례 항공편을 운영하는 것이다. 주말 항공편은 상용출장 여행객에게는 그다지 중요하지 않지만, 단기 주말여행시장에 있어서는 매우 중요하다. 또한 운항횟수의 필요성은 시장 유형, 운항거리 및 경쟁 수준에 따라 달라질 것이다. 가령 경쟁항공사가 하루에 10회의 항공편을 운항을 하는 시장에서 하루 한 편의 항공편을 제공한다고 해서 시장에 큰 영향을 미치지는 않는다.

설문조사는 종종 정시성의 중요성을 강조한다. 특히 미국에서 실시된 수많은 설문조사를 보면 낮은 정시성에 대한 승객들의 우려가 높아지고 있다. 이러한 이유로 미국 항공사는 정시성 기록을 교통부에 제출해야 하며, 필요한 경우 항공편 예약 시 승객이 확인할 수 있도록 공개적으로 제공된다. 미국에서 소비자 불만의 두 번째 주요 원인은 수하물의 분실 또는 지연이었다. 정시성과 마찬가지로 항공사는 수하물 분실, 지연 또는 손상 빈도에 대한 비교 통계를 제공해야 한다. 영국 민간항공국은 정시성과 관련하여 미국의 선례를 따랐지만, 유럽시장에서 문제가 덜한 수하물 관련 사항은 제외하였다. 현재, 영국 항공사들은 민간항공국에 정시성 자료를 제출해야 하며, 민간항공국은 이후 이 자료를 공시한다. 정시성은 스케줄과 관련된 특징이지만 데이터가 공개적으로 제공되고 종종 미디어를 통해 조회할 수 있기 때문에 항공사의 정시성 기록은 항공사의 이미지와 브랜드에 상당한 영향을 미친다.

일반적으로 많은 세분시장에서 항공사의 선택에 영향을 미치는 가장 중요한 요소가 운임과 스케줄 관련 요인인 이유는 객관적으로 확인하고 계량화할 수 있기 때문이다. 계량화된 수치는 명확하고 정확하다. 예정된 출발시간과 다른 출발시간을 비교할 수 있고, 또는 경유편과 직항편의 총여행시간을 비교할 수 있다. 그에 비해 항공사의 기내 엔터테인먼트 또는 유통시스템의 품질과 같은 안락성, 편의성 또는 이미지 기반의 상품특징에 대한 평가는 주관적이다. 이러한 상품특징에 대한 고객의 인식은 매 여행마다 그리고 동일한 항공편의 고객마다 다르다. 이러한 상품특징은 쉽게 계량화하거나 다른 항공사들과 비교하기 어렵다.

10.3 안락성 기반의 상품특징

항공서비스의 스케줄 관련 특징은 모든 시장에서 중요하지만, 단거리 노선시장의 경우 스케줄 관련 요소가 안락성 기반 요소보다 더 중요한 것으로 나타난다. 그러나 스케줄 요소는 원하는 대로 변동 가능한 것이 아니다. 항공 스케줄은 변경 불가능한 경우가 많은데 이는 항공사들이 충분한 수의 항공기를 보유하고 있지 않거나 양자간 항공협정 또는 활주로 슬롯의 부재와 같은 외부 제약요인 때문이다. 그러나 시장에서 경쟁이 더욱 치열해짐에 따라서 상품혁신의 필요성이 더욱 강조되고 있다. 항공 스케줄 변경은 대부분의 경우 중 · 장기적인 준비기간을 기본으로 진행되기 때문에 보다 신속하고 필요에 따라 변화시킬 수 있는 안락성 기반 요소에 초점을 두고 상품을 개선시키는 데 중점을 두고 있다. 다음과 같은 항공사 상품의 세 가지 요소는 승객들의 안락성 인식에 영향을 미치는 중요한 요인들이다.

첫째는 항공기 인테리어의 레이아웃과 좌석배치인데, 이는 각 좌석의 너비와 폭에 영향을 미쳐 각 승객의 좌석공간을 결정할 수 있다. 개별적 공간은 중요한 안락성 관련 변수이고 좌석의 품질 역시 중요한 변수로 간주된다. 안락성은 출장 목적의 장거리 여행객 및 레저 여행객 모두에게 중요한 변수이다. 그러나 좌석 밀도와 단위비용을 맞바꾸어 항공기에 더욱 많은 좌석을 배치할 경우 좌석당 비용을 낮출 수가 있다. 따라서 기내 객실 레이아웃과 좌석 밀도를 결정하는 것은 주요한 비용 관련 이슈이다(제4장 [표 4-5] 참조). 이는 다양한 옵션이 존재하며 선택된 사항에 따라 각 항공사의 마케팅 전략에 영향을 미치게 될 것이다.

안락성의 중요한 특징은 각 좌석의 넓이 및 좌석 간 거리와 관련이 있다. 좌석 간의 거리는 한 좌석의 등이 닿는 면과 그 앞 좌석의 등이 닿는 면 사이의 거리로, 다리를 뻗을 수 있는 공간의 치수이다. 특히 각 기내 객실의 좌석 간 거리와 좌석의 폭 그리고 좌석의 유형은 장거리 서비스에 큰 영향을 준다. 이는 또한 기내 좌석수에도 영향을 준다. 더 넓은 좌석일수록 항공기 1대당 좌석수가 줄어드는 것을 의미한다.

좌석 밀도 특히 각 객실에 할당된 좌석수는 항공사의 상품 판매에 있어 핵심 요소이다. 이는 마케팅 전략과 포지셔닝에도 영향을 미친다. 2018년 초 네 개 항공사가 Boeing 787-9 장거리 항공기에서 사용한 좌석 밀도를 비교해 보면 그 차이를 알 수 있다([표 10-4] 참조).

표 10-4 네 개 항공사의 Boeing 787-9 좌석 전략, 2018년

항공사	퍼스트 클래스	비즈니스 클래스	프리미엄 이코노미	이코노미	합계
Air China	-	30	34	229	293
Air France	-	30	21	225	276
United Airlines	-	48	88	116	252
British Airways	8	42	39	127	216

Air China와 Air France는 저운임의 이코노미 승객 유치에 중점을 두었다. 그들은 동일한 항공기를 사용하고 있는 United 또는 British Airways보다 거의 두 배나 많은 이코노미 좌석을 설치했다. 그럼에도 불구하고 좌석 간 거리와 넓이는 네 개 항공사 모두에서 대체로 비슷했는데, 프리미엄 이코노미와 비즈니스 클래스에 훨씬 적은 좌석을 설치함으로써 가능했다. 게다가 그들은 비즈니스 클래스 승객들에게 더 적은 공간을 제공했는데, Air France의 비즈니스 객실의 좌석 간 거리는 42인치, Air China의 경우 60인치였고, British Airways와 United의 경우 각각 72인치와 78인치였다. 그들은 이 모든 것들을 마케팅 전략에 명백히 반영했다. 그 결과 가용할 수 있는 총좌석수는 매우 높았으며 Air China 항공기는 293석, Air France는 276석이었다.

이와 달리, British Airways는 대조적인 접근방식을 보여주었는데, 전반적으로 우월한 상품으로 포지셔닝했다. 네 개의 항공사 중 유일하게 8개의 퍼스트 클래스 좌석을 제공하였으며, 비록 이코노미 클래스 좌석은 127석에 불과했지만, 상당수의 비즈니스 좌석과 프리미엄 이코노미 좌석을 제공했다. 그 결과 전체 좌석은 Air

China가 제공한 총좌석수보다 26% 적은 216석에 불과했다. 상대적으로 낮은 총좌석수는 모든 British Airways 장거리 항공기의 특징으로 보인다. British Airways의 모회사인 IAG의 CEO인 Willie Walsh는 2017년 9월 세계노선회의(World Routes Conference)에서 "British Airways는 퍼스트 클래스를 주요 마케팅 도구로 사용하였다"라고 발표했으며 "우리는 퍼스트 클래스를 승객 업그레이드 용도로도 사용하며, 심지어 비즈니스 클래스의 수요가 높은 노선에서는 클럽 클래스(비즈니스 클래스)로도 판매한다"라고 언급했다. British Airways는 순수 퍼스트 클래스 판매 매출의 점유율이 50% 미만이었기 때문에 퍼스트 클래스를 제공하는 시장을 신중하게 선택했다(HSBC, 2017).

United Airlines는 Boeing 787-9 전체 좌석의 절반 이상을 비즈니스 좌석과 프리미엄 이코노미 좌석을 제공하는 데 초점을 맞춘 다소 다른 전략을 취했다. 실제로 프리미엄 이코노미는 88석이었는데, 이는 표본에 포함된 다른 세 개 항공사의 2배 이상이었다. United는 노선 내 특정 세분시장을 목표로 이 항공기를 이용하고 있었다.

일부 혁신적인 고객 중심 항공사는 내부 객실 레이아웃과 좌석 디자인을 마케팅 도구로 사용하여 경쟁우위를 확보한다. British Airways는 2000년 장거리 비즈니스 클래스에 평면 침대형 좌석을 도입한 최초의 항공사였으며, World Traveller Plus(프리미엄 이코노미) 클래스 공간을 새로 만들었다. 이것은 사실상 가장 비싼 이코노미 요금을 지불하는 승객들을 위한 새로운 클래스였는데, 지금은 프리미엄 이코노미로 불린다. Air France나 Delta Air Lines와 같이 British Airways의 경쟁사들 중 다수는 British Airways를 따라오는 속도가 느렸고 2010년대 중반까지도 장거리 노선에 프리미엄 이코노미 클래스와 같은 서비스를 제공하지 않았다.

2007년에 초대형 항공기인 A380이 도입되면서 이 항공기를 구매한 항공사들은 혁신적인 기내 디자인을 실험할 수 있게 되었다. 퍼스트 클래스 '스위트(suites)'를 가장 먼저 선보인 곳은 이 항공기를 최초로 인도받은 Singapore Airlines이다. 그 뒤를 이은 Emirates는 퍼스트 클래스 '스위트'에 더블베드와 샤워공간이 탑재될 만큼 넓은 A380 캐빈을 선보였다. 완전히 밀폐된 사적 공간인 스위트의 개념이 서서히 채택되면서 소형항공기에도 사용되고 있다. 2017년 12월, Emirates는 Boeing

777-300ER 항공기로 6개의 퍼스트 클래스 스위트를 제공하는 서비스를 시작했다. 각 객실은 면적이 40평방피트로 완전히 밀폐되어 있으며, 1-1-1 좌석 구성으로 3개의 좌석이 나란히 배치되어 있다. 2017년 12월 Singapore Airlines는 A380에 새로운 레이아웃을 갖춘 6개의 '스위트'를 선보였는데, 잘 꾸며진 침실과 '스타일리시하게 꾸며진 2개의 화장실'로 구성되었다!

2017년 말 미국에서 JetBlue는 미대륙 간 서비스 노선에 A321 항공기를 도입했으며, 이 항공기는 비즈니스 클래스에 4개의 스위트와 12개의 평면침대형 좌석을 제공했다. 이 A321 항공기의 총좌석수는 159석이었는데, JetBlue가 운항하는 또 다른 항공기는 총좌석이 201석으로 비즈니스 클래스가 없고 모두 이코노미 좌석만 탑재된 항공기였다.

항공사가 결정해야 하는 인테리어 레이아웃의 기타 특징들에는 상품본질에 영향을 미칠 수 있는 갤리의 수와 위치, 화장실 개수, 기내 디자인 및 색깔, 짐을 보관할 수 있는 공간의 크기 및 적합성 등이 있다.

두 번째 중요한 부분은 기내서비스와 기내식의 수준이다. 여기에는 제공되는 식사와 음료의 품질, 객실 클래스당 승무원의 수, 신문과 잡지의 종류와 다양성, 기내 엔터테인먼트시스템, 기내 전화, 퍼스트와 비즈니스 클래스의 어매니티뿐만 아니라 어린이에게 주는 선물 등이 포함된다.

기내식에 대한 계획과 목표한 기내식 수준을 달성하기 위해서는 큰 노력이 필요하다. 일단 비용 부분을 고려한 후, 이에 따라 고기요리와 곁들인 소스의 중량, 정확한 버터의 양 등과 같은 식사의 구성이 계획된다. 항공사들은 광고를 통해 식사와 와인의 품질에 대해 많은 강조를 하지만, 항공사를 이용하는 승객들이 미식가적인 선호도 때문에 항공사를 선택한다는 증거는 거의 없다. 앞서 논의한 2017년 대규모의 IATA조사에서 장거리 노선에서는 더 높긴 했지만, 승객의 6%만이 식음료를 항공사 선택에 영향을 미치는 세 가지 요소 중 하나로 언급했다([표 10-3] 및 [표 10-2]). 그럼에도 불구하고 기내식 수준은 객실승무원의 자질 및 세심함과 함께 특정 항공사의 이미지를 형성하는 데 중요한 마케팅 또는 브랜드 전략이 될 수 있다.

최근 비용 절감의 노력과 저비용항공사의 시장참여가 확대됨에 따라 많은 대형

항공사들은 단거리 노선에서 이코노미 클래스의 무료 기내식 서비스를 줄이거나 없애고 있다. 미국 대형항공사들은 대부분의 국내선 서비스에서 무료 기내식 서비스를 중단하였고 유럽 항공사들 역시 이에 동참하였다. British Airways와 같은 많은 항공사들은 비즈니스 클래스에서는 기내식을 제공하였지만, 단거리 노선의 이코노미 클래스에서는 무료 기내식과 음료를 없애고 다양한 스낵, 샌드위치, 주류 및 청량음료를 승객들에게 판매했다. 그러나 일부 기존 소규모 항공사들은 더 크고 강력한 대형항공사들과 경쟁하기 위한 방법으로 이코노미 승객들을 위한 기내식 서비스를 유지하고 있다. 이와 관련하여 2018년 운항시간 3시간 30분인 런던과 아테네를 오가는 항공편에서는 British Airways, easyJet 그리고 다른 저비용항공사들은 이코노미 승객들을 위한 무료 기내식을 제공하지 않았지만, 그리스 항공사인 Aegean은 무료 기내식을 제공했다. 이 노선을 정기적으로 여행하는 승객들은 이러한 사항을 인지하고 있었으며 이로 인해 Aegean은 경쟁우위를 확보하였다.

최근에는 장거리 노선 모든 객실 클래스에 기내 엔터테인먼트시설의 품질과 종류를 개선하는 데 많은 노력을 기울였다. 승객들은 항공기 좌석을 통해 다채널의 음악 및 영화, 컴퓨터를 위한 파워 콘센트, 기내 전화와 게임과 같은 다양한 서비스를 제공할 것을 기대한다. 나아가 승객들은 미국의 JetBlue가 제공하는 것처럼 라이브 TV 또는 라디오를 찾게 될 것이다. 그러나 이러한 것들을 좌석에 설치하기 위해서는 비용이 수반되고, 매달 새롭게 영화와 오디오 프로그램을 업데이트하기 위해서는 상당한 비용이 든다. 이러한 모든 전자기기를 통합할 수 있는 구조의 좌석이어야 하기 때문에 좌석의 설치비용은 더 비싸진다. 2010년까지 기내 엔터테인먼트를 설치하는 데 좌석당 약 20,000달러가 소요되었는데, 최종비용은 제공되는 설비의 범위에 따라 달라지며, 이러한 수치는 두 배 이상으로 증가할 수도 있다. 기내 엔터테인먼트시스템은 결국 새로운 광폭동체항공기의 총구매가격의 2%를 차지한다. 처음으로 이코노미 클래스 좌석 의자 뒤에 스크린을 설치하고 다채널 영화를 승객들에게 제공한 항공사들 중 하나인 Emirates와 같은 항공사는 최초 마케팅의 혜택을 보았다. 기내 엔터테인먼트의 발전은 매우 빨리 진행되어 경쟁우위는 쉽게 상실되지만, 높은 비용은 여전히 남아있게 될 것이다.

현재 대부분 장거리를 운항하는 항공사들의 항공기에는 개인 기내 엔터테인먼트시스템이 퍼스트 및 비즈니스 클래스를 비롯하여 이코노미 클래스 좌석에도 설치되어 있다. 따라서 기내 엔터테인먼트시스템은 이러한 객실 클래스를 이용하여 여행하는 승객들이 고려하는 항공사의 특징이 되었다. 대다수의 항공사가 이미 그러한 시스템을 갖추고 있기 때문에, 기내엔터테인먼트에 많은 돈을 투자하였음에도 불구하고, 기내 엔터테인먼트가 항공사를 선택할 때 영향을 미치는 중요한 요인이 아닌 것으로 대부분의 조사에서 나타났다. 2017년 IATA의 여객 설문에 의하면, 앞서 언급한 바와 같이 약 7%의 장거리 승객들이 기내 엔터테인먼트가 항공사 선택에 영향을 미치는 세 가지 요인들 중 하나라고 응답하였다([표 10-3] 참조).

세 번째 항공상품의 중요한 편의성 요소는 승객에게 제공되는 지상서비스이다. 항공사는 자국 외 공항에 자사 체크인 및 핸들링 직원을 파견할 것인지 또는 타 항공사나 아웃소싱 직원을 활용할 것인지를 고려해야 한다. 항공사는 승객들이 탑승수속에 걸리는 합리적인 평균 시간을 파악하고 수속시간에 따라 항공편당 필요한 체크인 카운터 숫자를 결정해야 하기 때문이다. 체크인 카운터 수가 늘어날수록 보다 큰 비용이 발생한다. 온라인 체크인 이용이 증가했음에도 불구하고 2017년 공항 이용객의 46%는 여전히 체크인 데스크를 사용하고 있었으며 15%는 공항 셀프서비스 키오스크(kiosks)를 사용하고 있었다(IATA, 2017). 또한 항공사는 퍼스트 및 비즈니스 승객을 위한 지상의 특별시설, 가령 항공사 라운지, 사무공간 제공서비스, 주차대행 또는 승객들을 집이나 사무실로부터 공항까지 운송하는 리무진서비스의 제공 등에 관하여 결정해야 한다. 만약 그들이 프리미엄 승객들을 위한 라운지를 제공한다면, 그들만의 라운지를 임대하여 설치해야 하는가? 아니면 다른 항공사 또는 제휴 파트너들과 라운지를 공유해야 하는가? 설문조사에 따르면 많은 상용출장 승객은 편의성보다는 공항 터미널을 신속하게 통과하는 것에 주된 관심을 가지고 있다. 즉, 그들은 라운지보다는 별도의 패스트트랙 채널을 더 원한다는 사실이다.

특히 승객이 수하물을 소지하고 있을 경우, 체크인 프로세스의 속도를 높이기 위하여 항공사들은 온라인 체크인뿐만 아니라 공항 내 키오스크를 도입하였고, 또한 호텔(Scandinavian Airlines)이나 기차역(Lufthansa)과 같이 공항 외에서도 가능한 체크인서비스를 도입하였다. Ryanair와 같은 일부 항공사는 온라인으로 체크인하지 않고 공항에서 체크인하는 경우 승객에게 불리함을 준다. 비용을 더욱 절감하기 위해 일부 항공사는 자동 라벨링(labelling)시스템을 도입하여 승객들이 무인 데스크에서 가방을 직접 체크인할 수 있도록 하였다. 항공사들은 장거리 여행을 하는 퍼스트 또는 비즈니스 승객들을 대상으로 하는 도착 라운지 서비스 역시 시행하였다.

승객에게 제공된 서비스 품질과 지상에서의 환경은 승객들의 항공사에 대한 인식에 중요한 영향을 끼치나, 이러한 것들은 공항당국의 정책과 효율성에 의해서도 불가피하게 영향을 받는다. 이런 이유로 항공사들은 자신들의 전용터미널을 소유하거나 운영하기를 원한다. 미국에서는 항공사의 전용터미널이 매우 일반적이지만 다른 곳에서는 드문 현상이다.

위에서 언급된 모든 분야를 뒷받침해 주는 측정이 어렵고 무형적인 기내 안락성 요소는 기내 승무원, 체크인 직원, 항공사 라운지 직원, 탑승게이트 직원을 모두 포함하는 직원의 효율성, 유용성, 친근함이다. 이는 세 가지 요인들에 달려있는데, 그 첫 번째는 승객들과 접촉하는 모든 직원들이 받는 훈련의 품질뿐만 아니라 그들이 지속적으로 받는 재교육의 정도이다.

두 번째 요인은 경영진이 성공적으로 모든 직원들에게 동기를 부여하고 권한을 위임하는 것이다. 직원들은 어떤 문제에 직면했을 때 그러한 문제들을 높은 직급의 상사에게 넘기는 것보다 그들이 '직접' 해결할 수 있는 권한이 있다고 느낄 필요가 있다. 항공사가 지상조업 업무를 다른 항공사 직원 또는 전문지상조업회사에 아웃소싱할 때 직원에게 동기를 부여하는 것은 어려울 수 있다. 이러한 직원은 고객 항공사에 대한 충성도를 거의 느끼지 못할 수 있기 때문에 항공사가 이들이 친절하고 효율적이며 도움이 되는 고객지향 서비스를 제공을 할 수 있도록 동기를 부여하기가 힘들기 때문이다. 이는 2010년대 후반 런던 개트윅공항에서 지상조업을 아웃소싱한 easyJet이 직면했던 심각한 문제였다.

마지막으로 각 기능별 분야(functional area)에 있어 고용된 직원 수가 중요하다. 객실승무원은 일반적으로 가장 규모가 큰 그룹이다. 안전규정에 따르면 승객 밀도와 관계없이 50개의 좌석당 1명의 객실승무원이 있어야 한다. 특히 두 개 이상의 객실 클래스가 있는 장거리 항공편의 경우 항공사 재량으로 법정 최소한도보다 많은 2~3명 이상의 승무원을 초과 탑승시키기도 한다. Emirates와 같은 일부 항공사는 더 많은 승무원을 탑승시킴으로써 비용은 높아지지만 모든 객실에서 더 높은 서비스를 보장한다. 이와 유사하게 지상직 직원들에 대한 결정도 필요한데, 고객 접점에 있는 직원에 대한 동기부여와 훌륭한 역량은 매우 중요하다. 직원의 좋지 않은 태도로 인하여 최고로 계획된 상품이 망가질 수 있다. 반면에 친근하고, 따뜻하고, 승객들을 반갑게 맞이하기 위해 노력하는 직원으로 인하여 상품의 단점을 극복할 수 있으며 이로 인하여 충성고객을 확보할 수도 있다. Singapore Airlines는 승객들이 볼 수는 없지만 체크인 카운터 직원들이 볼 수 있는 곳에 작은 포스터를 붙여놓았는데, 거기에는 이렇게 적혀있다. "만약 당신이 미소가 없는 누군가를 만난다면, 그들에게 미소를 만들어 주세요."

상품 및 서비스 계획은 복잡한 일이다. 상품기획담당자는 반드시 두 가지 관점에서 상품을 기획해야 한다. 상품 및 서비스의 기준이 핵심 경쟁사들 수준과 같거나 뛰어나야 한다는 것을 명심해야 한다. 한편, 자사 기내에서 제공하는 상품 역시 차별화하여 각 객실 클래스에 탑승한 승객들이 지불한 가격에 대해 적정가치를 제공받는다고 느낄 수 있어야 한다.

동일 항공사의 다른 객실 클래스에 따라 승객들에게 가장 뚜렷한 인상을 주는 상품차별화는 항공사의 안락성 기반 상품이다. 이는 항공사 상품 기획자들의 임무가 복잡하다는 것을 의미한다. 이들은 각기 다른 세분시장의 승객들이 매력을 느끼게 하기 위하여 안락성 기반의 상품이 상이한 특징을 가지고 있다는 것을 명확히 해야 한다. 상품특징은 객실 클래스 등급과 항공권의 종류에 따라 차별화되어야 하며, 동일 객실 클래스 내에서도 노선별, 지정학적 영역에 따라 다양한 상품특징이 요구된다. 따라서 유럽 내 비즈니스 클래스는 유럽-아시아 노선의 비즈니스 클래스와 동일한 상품으로 운영되지 않는다.

안락성 기반의 상품특징은 쉽게 바꾸거나 광고할 수 있기 때문에 끊임없이 점검 및 수정되고 있다. 특히 항공사는 항상 경쟁항공사가 도입한 상품의 변화에 대처해야 하고, 혁신적 변화를 도입하는 데 선도적 위치를 점하도록 노력해야 한다. 혁신적인 항공사는 자사의 새로운 상품이 다른 경쟁사에 의해 모방될 때까지 경쟁우위를 누릴 수 있다.

새로운 상품 또는 서비스 개선에 대한 계획을 위해 항공사들은 세 가지 요인의 균형을 맞추어야 한다. 혁신비용, 수익발생 측면에서의 마케팅 혜택 그리고 모방될 때까지의 시간이다. 그러나 이 세 가지의 균형을 맞추는 것이 쉽지는 않다.

10.4 편의성의 특징

상품으로서의 편의성은 다면적이다. 이는 항공사 웹사이트와 예약시스템 품질의 사용자 친화성뿐만 아니라 항공사와 고객들 사이의 정보 교환의 속도 및 빈도에 관한 것이다. 또한 항공사의 웹사이트를 통해 서비스와 상품을 평가할 수 있는 방법에 관한 것이며, 잠재고객이 가용 좌석을 필요할 때 이용할 수 있고, 예약을 변경하거나 취소할 수 있는 용이성에 관한 것이다. 상용고객우대제도는 편의성과 접근성을 높이고 항공사 이미지를 개선하는 데 중요한 역할을 한다. 항공사 관리자들은 다양한 '편의성' 요소가 항공사 서비스 마케팅에 중요한 역할을 할 수 있다는 것을 알아야 한다.

공급석관리는 편의성의 한 측면이다. 각 항공사는 좌석공급관리정책을 결정할 때 상당히 자유롭게 할 수 있지만, 경쟁항공사의 행동에 영향을 받는다. 좌석공급관리는 항공사 경영진의 핵심 도구이며, 두 가지의 광범위한 과제가 있다. 첫째는 수요의 계절적 변동에 대처하기 위해 연중 운항횟수 및 좌석공급석을 어떻게 계획할지에 대한 것이다(제8장 8.6절 참조). 네트워크 항공사의 전통적인 접근방식은 일반적으로 여름 및 종교 축제인 성수기 휴가기간에 운항횟수를 늘려 더 많은 공급석을 제공하는 것이었다. 항공사는 비수기에 운항횟수가 감소되거나 일부 서비스가 완전히 중단되는 등 항공기 및 승무원과 같은 자원의 활용도가 낮아지게 되어 비용이 더 많이 들 수 있는데 성수기의 더 높은 운임과 승객 수의 증가로 이를 보상할 수 있다.

저비용항공사들은 일반적으로 다른 접근법을 채택해 왔다. 일 년 내내 모든 자산의 가동률을 높이기 위해, 성 · 비수기 동안 공급력이나 운항횟수에 큰 변화를 주려고 하지 않는다. 대신 가격책정 메커니즘을 사용하여 수요가 적을 때 수요를 자극하여 공급석을 채운다. 다시 말해, 수요가 많지 않은 준성수기와 비수기에 매우 낮은 운임 및 좌석판매 행사를 통해 비어 나갈 좌석을 채우고자 한다. 그러나 비행당 수익은 감소한다. 이런 메커니즘에도 불구하고 매출이 직접운영비보다 낮아지면 저비용항공사도 운항횟수를 줄이거나 일부 노선을 없앨 것이다.

두 번째 과제는 각 노선에 배치된 좌석을 어떻게 관리하여 좌석 가용성 측면에서 승객의 편의를 보장하는가 하는 것인데, 특히 더 높은 요금이나 프리미엄 요금을 지불할 의향이 있는 고객을 대상으로 좌석관리를 하는 것이다. 더욱이 그러한 좌석 가용성은 항공사가 항공편당 잠재적 수익을 극대화하는 것을 방해해서는 안 된다. 항공사들은 그들의 가용좌석관리시스템과 수익관리자의 효율성을 활용하여 항공기 출발일 직전과 같은 매우 늦은 예약을 원하는 승객들이 훨씬 더 높은 요금을 지불하도록 해야 한다. 이는 항공기의 마지막 남은 몇 좌석이 쉽게 팔려 나가지 않도록 높은 요금을 이용하여 방지하는 것이다.

또 다른 좌석공급관리의 측면은 초과예약에 관련한 것인데, 특히 탑승이 거절된 승객 없이 매우 높은 로드팩터를 달성하기 위해 '노쇼(no-show)' 승객 및 항공권 취소의 패턴을 정확히 예측하는 것이다. 개별 항공편 또는 노선에 대한 초과예약 계획을 수립하고 시행하기 위해서는 고도의 전문지식이 필요하다. 항공사의 수요 예측이 계속 어긋나면 초과예약 승객에게 탑승거절에 따른 큰 비용의 보상금을 지불하게 될 수도 있다. 항공사의 이미지 또한 불가피하게 나빠질 수 있는데, 특히 초과예약 상황이 잘못 처리되어 언론에 보도된다면 더욱 그렇다. United Airlines는 2017년 4월 승객 중 한 명을 직원이 난폭하게 다루는 사건이 발생했으며 이것이 입소문을 타면서 이미지가 나빠졌다.

승객의 관점에서, 특히 업무상 또는 급한 일로 여행하는 경우, 이용할 수 있는 좌석의 가용성은 한 항공사와 다른 항공사를 차별화할 수 있는 중요한 편의요인이다.

편의성의 또 다른 측면은 승객들이 예약했던 항공권에 대한 변경 및 취소 가능성에 관한 것이다. 항공사의 관점에서 항공권의 취소 및 변경은 곧 항공기의 특정 좌석이 나중에 다시 팔리지 않을 수도 있다는 의미이다. 이것은 항공사들의 수익 손실을 의미한다. 따라서 반드시 부담되는 조건을 최소화하면서 새 예약의 유치와 적절히 균형이 맞아야 한다. 대형항공사의 가장 저렴한 운임에는 최소한의 유연성(flexibility)만이 존재하고 변경 시 높은 변경수수료가 부과된다. 일부 항공사들의 경우 항공권 변경은 가능하지만 승객들에게 변경비용을 지불하게 한다. 항공권에 부가비용이 발생하지 않는 완전한 유연성(total flexibility)의 항공권은 가장 높은 운임을 지불했을 때 가능하다. 이것은 모든 객실 클래스에 적용된다. British Airways, Lufthansa 및 기타 다른 항공사들을 포함한 많은 항공사들은 대부분 노선의 비즈니스 클래스에 두 가지 또는 그 이상의 운임을 제공하는데, 한 가지는 항공권 취소에 대한 환불을 추가비용 없이 허용하는 완전한 유연성의 항공권과 다른 한 가지는 저렴한 비즈니스 운임으로서 예약 변경 시 비용이 발생되거나 예약취소의 경우 환불이 불가능한 조건의 항공권이었다.

초기에는 저비용항공사들이 유럽 노선 운임에 약간의 유연성을 허용하였다. 그러나 easyJet과 같은 항공사들은 유연성이 있는 예약조건의 편의성이 중요한 상품 특징이라는 것을 금방 깨달았다. 유럽 저비용항공사들은 일반적으로 항공권의 취소 또는 항공기를 놓쳐서 발생하게 된 경우 환불을 허용하지 않지만, 승객이 약간의 비용을 지불하고 높은 운임으로 항공편을 변경할 수 있으며, 승객 이름도 변경이 가능하며 다른 사람이 예약을 사용할 수 있다. 어떤 경우에는 만약 좌석이 있다면, 승객들은 추가비용 없이 예약 당일에 더 이른 항공기를 탑승할 수도 있다. 네트워크 항공사와 저비용항공사 모두 소위 '플렉스(Flex)'요금 카테고리를 도입하여 승객이 항공편의 일부 구간을 변경할 때 더 큰 유연성을 제공한다.

항공사 마케팅의 주요 의사결정 부분은 상품을 어떻게 유통하여 판매할 것인지와 Opodo, Orbitz, Kayak, Trivago, ebookers 또는 Expedia와 같은 온라인 여행사를 포함한 대리점 외에 어느 정도까지 자체 웹사이트 및 영업소를 운영할 것인지에 대한 것이다. 전통적으로 항공사들은 여행사를 통한 좌석 판매에 수수료를 지불하였으나 항공사들은 자사 영업소를 통한 직접 판매, 콜센터 혹은 웹사이트를 통한 직접 판매에 눈을 돌리게 되었다. 그러나 동시에 항공사들은 여행사에게 많은 부분 영업을 의존하였고 일부 시장, 특히 아시아에서는 여전히 여행사에 크게 의존하고 있다. 여행사 판매의 주요 장점은 매우 많은 여행사의 수와 그들의 넓은 영업망을 통해 항공사에게 훨씬 넓은 유통망(항공사가 직접 하는 것보다 상대적으로 저렴한)을 제공한다는 것이다. 그러나 높은 수수료와 온라인 판매의 발전은 여행사의 역할을 약화시키고 변화시켰다. 온라인 유통은 또한 도심부에 있는 항공사의 자체 영업소 숫자를 감소시키고 철수하게 만들었다. 2000년대 중반 IATA는 회원 항공사들을 대상으로 2007년 연말까지 종이항공권에서 전자항공권으로 바꾸는 대대적인 작업에 착수하였고, 이 작업은 2008년 중반에 마무리되었다. 종이항공권의 소멸은 비용을 절감시켰을 뿐만 아니라 여행사와 항공사 영업소의 필요성을 약화시켰다.

예약뿐만 아니라 쉽게 접근이 가능한 스케줄, 노선, 운임정보 그리고 전자발권이 가능한 항공권은 상용출장 및 레저 여행객들의 편의성과 접근성을 상당히 향상시켰다. 항공사는 이제 항공사 웹사이트의 속도, 품질 그리고 사용자 편의성을 통해 경쟁한다. 또한 호텔예약, 렌터카, 주차 등과 같은 부가서비스의 속도와 품질에 대해서도 항공사의 웹사이트를 통해 경쟁한다. 이러한 경쟁을 주도한 것은 저비용항공사들이었다. 1995년에 등장한 easyJet은 여행사나 다른 중개인을 통하지 않고 100% 직접 좌석 판매를 하였기 때문에 경쟁의 선두에 서 있었다. 처음에는 전화에 초점을 맞추었지만 웹사이트를 통한 온라인 판매로 빠르게 전환하였다. 2007년 후반에 이르러서야 상용출장 승객들에게 접근하여 판매할 목적으로 Travelport와 Sabre와 같은 GDS를 통한 판매를 시작하였었다. 그러나 이러한 판매에 대해서는 수수료를 지불하지 않았다.

대형항공사들은 온라인을 통한 직접 판매로의 전환을 훨씬 늦게 시행하였다. 2000년대 초반 재정적 손실과 저비용 경쟁사의 압박은 대형항공사들이 온라인 판매에 초점을 맞출 수밖에 없게 만들었다. 유통비용을 절감하는 가장 빠른 방법은 온라인을 통해 직접 판매를 개발하는 것으로 이는 서비스 수준을 향상시키는 동시에 여행사와 GDS에 지불하는 높은 수수료를 줄일 수 있었다.

항공사들은 중대한 딜레마에 직면했다. 여행사를 통한 판매는 다양한 시장에 접근해 판매 증대를 이루었으나 이에는 비용이 따랐다. 여행사에 대한 판매수수료나 여행사가 이용하는 GDS에 대한 수수료를 지불해야 했기 때문이다. 따라서 지난

20년간 항공사, 특히 대형 네트워크 항공사들은 GDS를 통한 수수료 지불을 줄이거나 아예 없애기 위해 자사 웹사이트를 통한 직접 판매에 초점을 맞춰왔으며 이는 실질적으로 온라인 여행사를 포함한 모든 여행사에 적용되었다. 여행사를 통한 판매를 얼마나 줄일 것인지가 전략적 결단의 핵심이었다.

2015년 중반 Lufthansa 그룹은 과감한 선도 조치를 취했다. 그해 9월 1일부터 GDS를 통한 모든 예약에는 16유로(약 18달러)의 수수료를 부과한 것이었다. 자사 웹사이트나 Lufthansa의 여행사 전용 온라인 포털을 통한 예약에는 '유통망수수료(Distribution Cost Surcharge: DCS)'를 면제했는데 이는 명확히 직접 예약 혹은 자사 포털을 이용한 예약을 유도하고자 한 것이다. 당시 Lufthansa 그룹 글로벌 매출의 약 70%가 GDS를 통한 것으로 추정되었기 때문에 이는 위험성이 높은 전략이었다. 결과적으로 Lufthansa는 DCS가 총매출에 영향을 끼치지 않았으며 이후 2년간 GDS를 통한 판매가 60%로 줄어들고 자사 웹사이트를 통한 직접 판매가 늘었다고 밝혔다.

그로부터 2년 후인 2017년 여름에는 GDS를 통한 예약에 추가수수료를 부과했다. 'Lite' 운임을 이용객이 Lufthansa의 직접 채널을 이용해 예약하지 않은 경우 첫 번째 수하물을 부칠 때 기본수수료인 25유로(약 30달러) 외에 5유로(약 6달러)의 추가수수료를 부과한 것이다. 이는 Lufthansa, SWISS, Austrian, Brussels Airlines 등 전체 Lufthansa 그룹 항공사에 적용되었다.

British Airways 및 파트너 항공사들도 Lufthansa의 대담한 결정을 뒤따랐다. 2017년 11월부터 British Airways 웹사이트가 아닌 GDS를 통한 British Airways 또는 Iberia 예약에 대해 편도기준 9.50유로(11.40달러), 왕복기준 19유로(23달러)의 수수료를 부과한 것이다. American Express 등 몇몇 여행사에는 예외규정이 적용되었는데, 이들은 항공사의 다양한 상품을 간접 채널에 적용할 수 있도록 하는 IATA의 New Distribution Capability(NDC) 작업을 함께 하기로 동의했기 때문이다. 해당 여행사들은 British Airways/Iberia 항공권을 계속 수수료 없이 판매하였다.

다른 항공사들도 GDS를 통한 예약에 수수료를 부과하는 Lufthansa와 British Airways의 방식을 따를 것으로 예상되었지만, 현재로서는 딜레마가 계속되고 있는 형편이다. 항공사 자사 웹사이트나 포털을 통한 직접 판매와 수수료를 지불해야 하는 GDS를 이용하는 항공서비스 공급업체인 ebookers, Kayak, Orbitz, Expedia 등을 통한 간접 판매의 이상적인 비율은 얼마일까?

대리점을 이용하지 않고 직접 온라인 판매에 집중하려는 항공사들의 노력의 결과로, 특히 자국 시장에서 수수료율이 감소하면서 항공사 유통비용도 감소했다. 1996~1997년 회계연도에 British Airways의 총수수료비용은 매출의 14%였다. 20년 후 이 수치는 3%였다.

앞에서 논의한 편의성의 다양한 측면은 모든 항공사의 마케팅 전략의 핵심 요소이며, 이는 잠재적 고객들과 현재의 고객들에게 전달되어야 한다. 항공사는 고객과의 상호작용을 위해 디지털 세계가 제공하는 다양한 기회를 최대한 활용해야 한다. 즉, 유익하고 빠르고 탐색하기 쉬운 사용자 친화적인 웹사이트가 있어야 한다. 또한 다양한 형태의 소셜미디어를 사용하는 항공사는 자신이 제공하는 것을 광고하고, 각기 다른 세분시장이 원하고 지불할 준비가 되어 있는 사항 및 불만사항에 대해 더 많이 알고 있어야 한다. 현재 많은 항공사가 고객에게 자체 앱을 제공하고 있으며, 이를 통해 해당 항공사에서 직접 예약하고 전자항공권을 받을 수 있다. 앱에서는 항공편 상태, 항공사라운지, 공항 등에 대한 정보도 제공한다. 또한 항공 및 휴가에 대한 정보뿐만 아니라 다양한 기타 비항공상품 및 서비스에 대한 특가 판매를 제공하고 있다.

소셜미디어는 항공사와 다양한 세분시장 간의 중요한 의사소통 채널을 제공한다. 전자상거래(10.6절)의 목적은 항공사가 목적지, 요금, 일정, 호텔, 렌터카 등과 같은 부가서비스 정보를 승객들이 쉽고 편리하게 확인할 수 있도록 하는 것이다.

10.5 항공사 평판 및 브랜드

앞서 논의된 2017년 IATA 여객 설문조사에서 항공사의 평판은 항공사 선택에 영향을 미치는 세 번째로 자주 언급된 요인이었다([표 10-2] 및 [표 10-3] 참조). 평판은 부분적으로 매우 명백하고 투명한 특징이 있으며 특히 안전도와 정시성에 따라 달라진다. 안전도와 우수한 정시성은 모든 항공사의 최우선 과제이다. 그러나 항공사의 평판은 항공사가 자사 상품과 서비스에 대해 만들어 낼 수 있는 이미지와 브랜드에도 달려 있다.

상품특징의 마지막 요소는 항공사가 자신의 고객들과 대중들에게 만들어 내고 싶어 하는 이미지와 관련된 것이다. 이러한 것들은 광고, 프로모션, 소셜미디어 등과 같이 여러 방법으로 이루어진다. 또한 항공사의 로고, 색채계획, 항공기 기내 디자인, 판매 사무소 및 공항라운지를 통해 이루어질 수 있으며, 기내와 지상에서 항공사 직원에 의해 이루어지는 서비스 품질을 통해서도 가능하다. 그리고 우수한 안전기록 역시 중요하다는 것을 명심해야 한다.

1980년대 동안 지속적으로 벌어진 Singapore Airlines의 '싱가포르 걸(Singapore Girl)' 캠페인 광고의 성공은 미소, 도움, 세심한 배려라는 객실승무원의 이미지를 만들었다. Singapore Airlines는 이러한 이미지를 통해 광고 집행기간 동안은 물론 현재까지 높은 로드팩터를 유지할 수 있었다.

브랜드를 구축함에 있어 항공사는 다른 항공사들과 자별화되는 그들의 상품이나 서비스의 특징들을 식별해야 한다. 이러한 고유한 특징은 네트워크 유형이나 서비스 지역 등 상품과 관련된 것일 수도 있고, 기내식 및 객실승무원의 품질과 같이 서비스에 관련된 것일 수도 있다. 예를 들어, Turkish Airlines는 장거리 노선의 퍼스트 및 비즈니스 클래스에서 흰옷을 입은 실제 셰프가 기내식을 제공한다. 이처럼 브랜드 특징은 독특해야 하고 다른 사람들이 모방하기 어려워야 한다. 브랜딩은 항공사 상품의 한두 측면에 초점을 맞출 뿐 아니라 항공사가 하는 모든 것에 스며들어 영향을 미쳐야 한다. 이와 관련하여 Emirates는 하늘 및 지상에서 최고 수준의 서비스를 제공하는 항공사로서의 전반적인 브랜딩 일환으로 비즈니스 클래스 승객을 위해 출발 및 도착지에서 무료 리무진서비스를 제공한다.

브랜드 구축의 중요한 요소는 탑승 전에 약속한 것이 실제 비행이 시작할 때 그대로 실현되고 승객의 기대에 부합하는 것이다. 이를 수행해 낸 Singapore Airlines의 능력은 그들의 성공비결이었다. 다시 말해서 눈길을 끄는 로고와 시선을 사로잡는 색채의 배합만으로는 멋진 브랜드를 확립하기에 불충분하다는 것이다. 항공사들은 항공사 운영의 모든 측면에서 지속적으로 전달되는 서비스 표준과 좋은 상품을 제공해야만 한다. 이것이 마케팅이나 상품계획이 포괄적이며, 판매되는 방법뿐만 아니라 무엇이 제공되는가와 어떻게 전달되는가도 포함되어야 하는 이유이다.

이미지를 만들기 위해서 항공사는 첫 번째로 항공사의 마켓 포지션과 마케팅 전략을 확인해야 할 필요가 있다. 미국의 Southwest Airlines 혹은 유럽의 easyJet의 포지션은 United Airlines나 British Airways와 상당히 다르다. 전자인 저비용 노프릴 항공사들은 후자와 다른 이미지를 계획해야 한다. 그러나 같은 노선의 항공사라도 다른 포지션 및 브랜드를 채택할 수 있다.

easyJet과 Ryanair는 대조적인 사례를 보여준다. 이들은 유럽에서 처음으로 성공적이고 빠르게 성장하는 저비용항공사들이었다. 초기부터 easyJet은 더욱 친절했고, 고객들에게 즉각 반응했다. 무료 기내서비스는 없었지만 편안하고 재미있었으며, 항공편의 지연 및 취소에 더 잘 대처하고 사용자 친화적인 웹사이트를 개발했다. 휴가 목적지뿐만 아니라 유럽 주요 도시 간 운항횟수가 높아 상용출장 수요가 몰리는 등 품질 좋고 고객 친화적인 저비용항공사 브랜딩에 성공했다. 이런 우수한 브랜딩을 통해 easyJet은 많은 시장에서 경쟁항공사보다 높은 운임으로 판매할 수 있었다. 이는 일부 기타 저비용항공사들보다 더 높은 단위비용을 상쇄한다.

반면에 Ryanair는 가장 저렴한 항공사로 자체 브랜딩했다. 다소 좋지 않은 서비스 표준은 매우 낮은 운임으로 균형을 맞출 수 있다고 확신했다. 승객들도 이 사실을 알고 있으며 수백만 명이 Ryanair를 이용한다. 그 결과 Ryanair는 수익성이 높고 성공했지만 브랜드 이미지는, 특히 easyJet과 비교했을 때 어려움을 겪었다. 이에 따라 Ryanair는 2014년 6월 가족 친화적 항공사로 재탄생한다고 발표했다.

시간이 지나면서 항공서비스는 점점 상품화되었다. A지역에서 B지역으로 운항하는 정기편 항공기의 좌석은 실제로 어떤 항공사가 운항하건 승객들은 비슷하게 생각했다. 운임은 상이할 수 있지만 필수적인 상품요소는 매우 유사했다. 앞에서 언급한 것처럼 상품계획에 있어 경쟁사의 상품과 차별화 시도를 했지만 기내식 서비스의 질 또는 지상서비스와 같은 많은 서비스요소가 주관적이기 때문에 부분적인 성공밖에 거두지 못했다. 이러한 까닭으로 브랜딩 개념이 도입되었다.

타깃 고객에 대한 효과적인 광고 및 홍보와 함께 상품과 서비스 향상을 통하여 항공사들은 동일한 상품을 '브랜드'로 변화시키고자 했다. 독자적인 브랜드를 통해 승객들을 더욱 많이 유치하였고, 특정 노선에서는 항공시장의 보편적인 운임보다 훨씬 높은 운임으로 운항할 수 있었다. 브랜드는 서비스와 상품표준뿐만 아니라 항공기 기내, 외부, 지상에서 사용되는 디자인 및 색깔 그리고 포크, 나이프, 식기 등과 같은 일상적인 용품에까지 나타난다. 독특한 로고와 색채조합을 통해 항공사의 상품을 차별화시킬 수 있을 뿐만 아니라 그들이 전달하고자 하는 성공적인 브랜드를 확립할 수 있다. 이 과정에서 고객들에게 브랜드 이미지를 전달하는 직원들은 매우 중요하다.

국제 노선에서 브랜드를 구축한 첫 번째 단계는 1980년대 중반에 나타났는데, 비록 제공하는 상품의 공간과 안락성이 전체적으로 유사할지라도 항공사들은 비즈니스 클래스의 이름을 독특하게 지어 브랜드를 구축하기 시작했다. 앞에서 언급한 것과 같이 Virgin Atlantic은 비즈니스 클래스를 '어퍼 클래스(upper class)'로 칭하며 현재까지 고급스러운 브랜드 이미지를 유지하고 있다. 많은 승객들은 여전히 '어퍼' 클래스가 퍼스트 클래스의 서비스 수준을 비즈니스 클래스 운임으로 이용할 수 있는 상품이라고 생각한다. British Airways는 2000년 비즈니스 클래스의 Club World 브랜드를 유지하기 위해 장거리 비즈니스 클래스에 180도 평면형 침대 좌석을 도입했다. 이 과정에서 Air France 등 경쟁사 일부가 평면형 침대 좌석을 채택하여 한동안 성공할 수 있었다.

많은 항공사들이 장거리 비즈니스 클래스 상품에 고유한 이름을 부여해 특별한 상품으로 브랜딩하려고 노력했다. 지난 20년 동안 장거리 노선에서 퍼스트 클래스를 포기하고 퍼스트 클래스 서비스 수준에 근접한 우수한 상품으로 비즈니스 클래스를 판매해야 하는 항공사의 경우 특히 그러했다. 이와 관련하여 Air France는 'L'Espace Affaires', Delta는 'Delta 1', United의 장거리 비즈니스 클래스는 'Polaris'로 브랜딩을 했다. 여전히 별도의 퍼스트 클래스를 운영하고 있는 항공사들조차 그들의 비즈니스 상품에 화려한 브랜드 이름을 부여했다. Singapore Airlines는 'Raffles' 클래스를, Etihad는 'Pearl' 클래스를 운영하고 있다. 그러나 비즈니스 클래스에 멋진 이름을 부여하는 것만으로는 매력적인 브랜드를 만들 수 없다.

동일한 항공사 내에서 브랜드를 변경하거나 브랜드를 혼합하는 것은 문제가 될 수 있다. 최근 Aer Lingus는 그 문제를 극복하는 데 성공하였다. Aer Lingus는 유럽 내 단거리 운항서비스를 하는 저비용항공사로서 브랜드 이미지를 쇄신하는 동시에, 장거리 노선을 운항하는 전통적인 대형항공사 이미지를 유지하는 데 성공하였다. 반면 Air Berlin은 서로 전혀 다른 정기편 항공사와 부정기편 항공사를 2000년 중반에 인수함으로 인해 Air Berlin의 브랜드를 구분하는 데 어려움을 겪었으며 2017년 붕괴하였다.

계속 성장하는 글로벌 얼라이언스들로 인하여 특정 브랜드와 이미지 문제가 나타나기도 했다. 즉, 기존 항공사 브랜드를 약화시키지 않으면서 효과적인 마케팅 도구가 될 수 있는 항공사 얼라이언스의 브랜드를 어떻게 만들 것인지에 관한 문제였다. 얼라이언스 안에 수많은 항공사들이 있어서, 모든 회원사가 높은 서비스 표준과 좋은 이미지를 가지기 어려울 경우 이 문제는 특히 심각해진다. Star Alliance는 이 문제에 직면하였는데, 25개 이상의 회원사들이 서로 다른 품질의 서비스를 제공했기 때문이었다. [표 10-5]는 영국 승객들이 가장 최근 장거리 여행에서 네 개의 Star Alliance 항공사들을 어떻게 평가하였는지 보여준다(Which, 2018). Singapore Airlines는 탑승 경험, 고객서비스, 식음료의 품질과 범위, 금전적 가치에 대해 매우 높은 고객만족도 점수와 등급을 달성했지만, 나머지 세 개 항공사는 이 모든 범주에서 낮은 등급을 받았고, 특히 United Airlines는 상대적으

표 10-5 영국 승객의 4개 Star Alliance 항공사에 대한 장거리 노선 서비스 평가, 2017년

Star Alliance 항공사	정시성 (%)	탑승절차	고객 서비스	식음료 품질	운임 대비 가치	고객만족 점수
Singapore Airlines	78	*****	*****	****	****	88
South African Airways	74	***	***	***		59
Air Canada	63	***	***	**	**	50
United Airlines	74	**	**	**		39

주: 7,500명 이상의 승객에 대한 설문조사. 빈칸은 응답이 너무 적음을 의미함!
자료: Which?, 2018년 1월, 런던

로 더 낮은 평가를 받았다. 이 항공사들은 전반적인 만족도에서도 낮은 점수를 받았다. 이처럼 Star Alliance 회원들의 매우 다른 서비스 표준으로 인해 Star 브랜드를 개발하려고 할 때 분명한 문제가 야기된다. 다른 글로벌 얼라이언스들도 회원 항공사들이 다양한 품질의 상품과 서비스를 가지고 있으므로 비슷한 어려움에 직면해 있다.

항공사들이 둘 이상의 별도 회사를 운영하는 트윈 브랜드 전략을 채택할 때, 특히 그중 하나 이상이 저비용항공사일 경우, 성공적인 브랜딩의 과제는 더욱 복잡해질 수 있다. 이는 서로 다른 브랜드가 구별되고 잘 연상되며 잠재고객에게 혼란을 주지 않도록 해야 하는 데서 어려움이 발생한다. 멀티 브랜딩과 관련된 어려움으로 인해 Singapore Airlines는 2018년 중반에 지역 항공사 SilkAir를 모기업 SIA와 합병할 것이라고 발표해야 했다. Singapore Airlines는 앞서 단거리 저비용항공사인 Tiger Airways를 장거리 저비용항공사인 Scoot와 합병해 Scoot로 브랜딩하기로 한 바 있다.

승객들의 충성도를 보장하고 항공사들의 이미지를 향상시키는 방법으로서 항공사들은 상용고객우대프로그램(FFP)을 개발하기 시작하였다. 이 제도하에서 승객들은 FFP에 가입한 항공사로부터 각 비행에 대해 포인트를 받는다. 대부분의 FFP에서 획득한 포인트는 운항거리와 좌석등급에 따라 달라진다. 몇몇 항공사들은 이제 티켓가격에 따라 포인트 부여를 달리한다. 포인트가 쌓이면 승객들은 자신이나 가족을 위한 무료항공권, 유료항공권 구매 시 상위 객실 클래스로의 업그레이드 또는 다양한 여행 관련 혜택을 위해 포인트를 사용할 수 있다. 그러나 포인트를 이용한 보너스항공권 사용은 시기나 항공편에 엄격한 조건이 있을 수 있다. 이러한 엄격한 조건은 매출 손실 측면에서 포인트 사용 비용을 최소화한다.

FFP는 보통 등급별로 운영되고, 쌓인 포인트 혹은 일 년 이내에 모항공사(parent airlines)를 이용한 여행횟수가 특정 한계점을 넘으면 높은 등급과 더 많은 특전을 부여한다. 이론상으로 더욱 많은 포인트와 잠재적인 사용 기회(potential award)의 결합, 높은 등급 멤버십에 따라 증가하는 특전(항공사의 공항라운지 입장 등)은 승객충성도를 보장한다. FFP의 효율성, 특히 다양한 멤버십 혜택과 함께 축적한 포인트로 항공편이나 기타 서비스를 사용할 수 있는 용이성은 항공사 브랜드와 이미지 생성의 필수적인 부분이다.

앞서 언급한 것처럼(10.2절 및 [표 10-2] 참조) 상용 승객들 대부분이 보통 3~4개의 다른 FFP에 소속되어 있었음에도 불구하고, 출장여행을 하는 여행자들에게 FFP 멤버십은 항공사 선택에 있어 가장 중요한 요소가 되었다. FFP는 주로 출장여행을 하는 상용 여행자들을 대상으로 하고 있지만, 여행 빈도가 높은 많은 레저 여행자들과 친구 및 친지방문 여행자들 또한 FFP에 가입되어 있다. 모든 로열티프로그램의 주요 목표는 더 많은 좌석을 판매하는 것이다. 항공사들은 새로운 승객을 유치하는 것이 기존의 승객을 유지하는 것보다 마케팅 측면에서 훨씬 비용이 많이 든다는 것을 알고 있다. 결과적으로 FFP의 효율성, 유연성 그리고 사용자 친화성은 핵심적인 마케팅 도구이다.

최근 몇 년 동안 항공사들은 한걸음 더 나아간 FFP 목표를 수립하였다. 로열티 프로그램은 항공사들이 효과적인 고객관계관리(Customer Relationship Management: CRM)를 구축할 수 있는 데이터베이스를 제공하며, 인터넷은 고객들과 의사소통을 할 수 있는 수단을 제공한다. FFP를 시행한 지 오래된 항공사들은 고객들의 여행패턴과 선호도, 가족, 거주지, 근무지 등에 대한 상당한 데이터를 보유하고 있다. 이러한 데이터는 탈퇴를 방지하거나 여행을 촉진하는 역할을 할 수 있다. 여행촉진은 FFP 멤버들이 선호하는 목적지에 할인된 운임을 제공하고, 멤버 가족을 위한 특별운임을 제공하며 FFP 멤버와의 상호적인 관계를 개발하는 것을 통해 시행된다. 인터넷을 통한 고객 니즈 및 선호도에 관한 질문, 고객패널 구성, 기타 설문기법을 통해 항공사들은 고객의 유대와 충성도를 높일 수 있다. 이런 고객관계관리는 항공사 마케팅에서 점점 더 중요해지고 있다.

이처럼 경쟁의 심화로 인하여 브랜드와 고객충성도는 중요한 상품특징이 되었다. 항공사 얼라이언스 및 조인트벤처의 강화로 이는 더욱 중요해질 것이다.

10.6 핵심 요소로서의 전자상거래

전자상거래의 효과적인 운용은 항공사 운영의 다양한 측면에서 필수적이지만 마케팅과 유통에는 더욱 그렇다. 항공사들은 잠재고객들에게 그들의 상품과 서비스의 이점 그리고 다양한 운임과 기타 수수료들에 대한 정보를 잘 전달해야 한다. 또한 고객이 쉽고 편리하게 상품을 구매하고 사용할 수 있도록 해야 한다. 이 모든 것을 위해 항공사들은 디지털과 사이버 공간이 제공하는 잠재 승객, 기존 승객 그리고 과거 승객들과의 상호작용할 수 있는 기회를 극대화해야 한다.

전자상거래시장은 소비자들에게 항공사 서비스, 운항시간, 상품특징과 운임에 대한 정보를 빠르고 효율적으로 접근할 수 있게 해주고 신속하고 쉬운 예약과 결제를 가능하게 해준다. 경제이론 측면에서 소비자나 구매자의 지식 증가는 시장 지배력의 증대를 의미하며, 선택의 자유가 더 커졌다는 것을 의미한다. 항공사는 소비자의 선택을 유치하기 위해 공급 중심에서 고객 중심으로 전환해야 한다. 비행 옵션 및 원하는 상품기능에 대한 정보를 언제, 어디서, 어떻게 접근할지를 결정하는 주체는 고객이다. 항공사는 고객과의 일대일관계를 유지하기 위해 노력해야 한다. 모든 형태의 전자상거래는 효과적인 마케팅, 유통, 고객관계관리의 열쇠가 될 수 있다.

또한 전자상거래는 온라인으로 항공권을 판매할 수 있는 기술을 획득하는 것 이상의 의미가 있으며, 항공사의 비즈니스 모델의 핵심을 전자상거래로 두어야 한다. easyJet의 CEO였던 Carolyn McCall은 이 접근방식을 다음과 같이 요약했다.

> 디지털의 세계에서는 우리 자신을 항공사로 보지 않는다. 나는 항상 우리 자신을 전자상거래 플랫폼으로 본다. … 우리 디지털 채널의 방문횟수는 10억 회이며, 이는 이메일 주소, 문자 연락처 등 엄청난 양의 데이터를 축적할 수 있게 한다. 우리가 가진 데이터들로 많은 것들을 할 수 있지만, 항상 우리이 핵심 괴제는 우리의 고객이 쉽게 이용할 수 있도록 만드는 것이다. (Airline Leader, 2016년 11~12월)

모든 항공사는 어떤 형태로든 전자상거래를 사용하여 그들의 상품을 판매하고 유통하지만, 그들 모두가 전자상거래가 만들어 내는 기회와 잠재력을 극대화하는 것은 아니다. 이는 Michael Hanke 박사가 2016년에 실시한 주요 항공사 전자상거래 연구에 분명히 나타난다. 해당 연구는 전자상거래의 효과적인 사용에 대한 주요 요건을 조사했고, 전자상거래 사용을 평가하기 위해 많은 항공사의 표본을 검토했다. 개별 항공사에 대한 평가는 디지털 속성의 6가지 그룹을 기반으로 했다. 일부는 디지털 플랫폼의 사용범위, 속도 면에서 디지털성능, 항공사 웹사이트의 디자인과 품질 등과 같은 기술적인 속성이었다. 다른 속성들은 웹 고객들에게 제공되는 서비스의 질이나 가격정보가 제시되는 방법을 포함한 품질에 관련된 것이다(Hanke, 2016).

2017년 말 업데이트된 평가에서 다시 항공사들을 6개 분야의 디지털 영역에 대해 점수를 매겼다. 각 영역의 점수는 각 항공사가 전자상거래 면에서 얼마나 발전했는지 보여주는 총 '디지털 항공사 점수'(Digital Airline Score: DAS)로 집계되었다. 각 항공사는 점수에 근거하여 '제한적(constrained)', '신흥(emerging)', '전환적(transitional)', '첨단(advanced)' 전자상거래 항공사로 분류되었다([그림 10-1] 참조).

그림 10-1 항공사의 디지털 역량 측정: 디지털 항공사 점수, 2017년

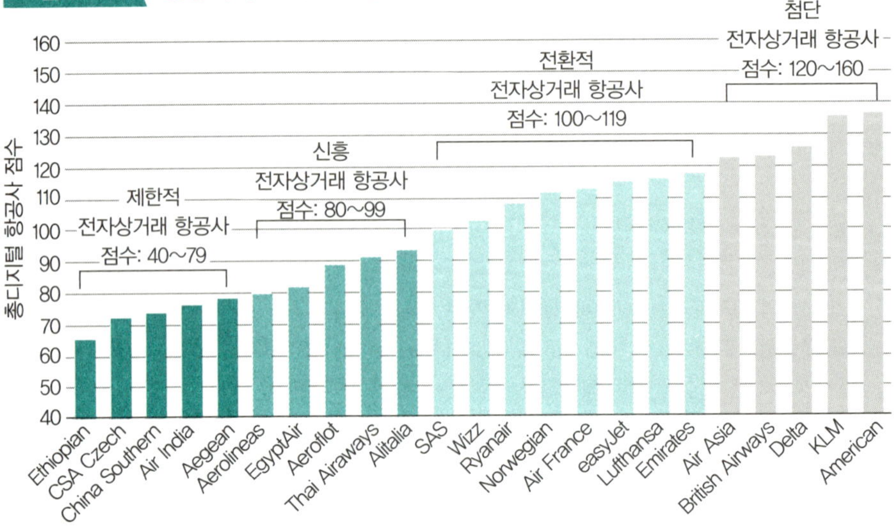

자료: Michael Hanke, SkaiBlue. Santa Monika 2017

'제한적' 항공사들은 전자상거래에 참여하기 시작했지만, 인터넷과 디지털 애플리케이션의 채택과 사용이 제한적이다. '신흥' 항공사들은 전자상거래를 채택하고 사용하는 데 있어 현저한 진전을 이루었지만, 아직 전자상거래 사용을 최적화하지 못하고 있다. '전환적' 항공사들은 전자상거래의 채택과 이용이 평균 이상이며, 사이버 공간의 기능을 지속적으로 확대하고 있다. 전자상거래는 그들 사업의 모든 면에서 핵심적인 역할을 한다. '첨단' 항공사는 전자상거래 이용에 있어 고도의 정교함과 발전성을 갖추고 있으며, 새로운 디지털 애플리케이션을 도입하는 데 혁신적이다. 그들에게 있어 전자상거래는 기업의 전략적 우선순위다.

항공사가 전자상거래를 효과적으로 사용함에 있어 상당한 차이가 있음을 [그림 10-1]에서 알 수 있다. Ethiopian Airlines, Air India 또는 Aegean과 같은 일부 항공사는 아직 전자상거래가 제공하는 기회를 최대화하지 않고 있는데, 이는 비전이 부족하거나 적절한 인재 기반이 없기 때문일 수 있다. 다른 한편으로는 American, KLM, Delta 및 British Airways는 분명히 전자상거래가 제공하는 기회를 극대화하는 항공사이다. 그들은 접근방식이 혁신적이고 정교하며, 전자상거래를 이용하여 자사의 다양한 상품을 보다 효과적으로 광고, 판매 및 유통하고 브랜드와 평판을 높인다. 이들의 경우, 전자상거래는 훨씬 광범위한 활동과 기능의 중심에 있다. 효과적이고 진보된 전자상거래전략을 설계하고 구현하는 것은 항공사 상품계획의 필수적인 부분이 되어야 한다.

10.7 '허빙(hubbing)'의 개념

다른 많은 요소에 영향을 미치는 주요 상품특성은 항공사가 고객에게 제공하는 네트워크 유형이다. 주로 허브 기반 네트워크를 운영하고 있는가, 아니면 포인트 투 포인트 서비스 제공에 초점을 맞추고 있는가? 앞서 설명했듯이(제1장 1.2절과 및 제5장 5.9절) 기존 네트워크 항공사와 새로운 저비용 또는 초저비용 항공사 사이의 가장 뚜렷한 차이는 노선망의 구조에서 발생한다. 전자는 허브앤스포크 시스템을 중심으로 네트워크를 구축하는 반면, 후자는 대부분 매트릭스처럼 네트워크를 운영하며 주로 직항서비스를 제공하여 포인트 투 포인트 교통량 수요를 충족시키는 것을 목표로 한다. 이처럼 서로 다른 네트워크 전략의 영향을 인식하려면 '허빙'의 개념과 이에 수반되는 이익과 비용을 이해할 필요가 있다.

미국 항공산업의 규제완화 이후, 1980년대 대부분의 주요 항공사들은 허빙을 스케줄 기반 상품특징으로서 발전시켰다. 허브앤스포크 네트워크(Hub and spoke networks) 자체는 새로운 것이 아니었다. 그 후, 유럽 항공사 및 미국 외 대부분의 항공사들은 방사형 네트워크로 운영되었는데 국제규정이 항공사들로 하여금 이외의 것을 하지 못하게 막았기 때문이었다. 당시 새로운 것은 방사형 네트워크가 운영되기 시작했다는 것이다. 항공경제학과 경쟁정책에 있어 허빙은 매우 중요한 의미를 지니고 있다.

허빙의 개념은 1970년대 미국 멤피스를 허브로 미국 전역에 걸쳐 익일속달소포운송(carriage of overnight express parcel)을 하고자 Federal Express에 의해 처음 개발되었다. 효과적인 허빙은 하나의 네트워크에서 스포크가 되는, 각기 다른 공항으로부터의 항공편들이 대략 같은 시간대에 허브공항에 도착하도록 하는 것이다. 그 후 항공기는 동시에 지상에서 대기하게 된다. 이는 항공기가 같은 시간대에 착륙하여, 스포크 노선으로 빨리 귀환하기 전의 짧은 시간 내에 항공기 간의 여객 및 화물, Federal Express의 경우는 속달소포의 환적을 가능하게 해준다. 도착 웨이브(wave) 혹은 '뱅크(bank)' 이후 바로 일어나는 출발 웨이브 과정은 콤플렉스(complex)로 묘사될 수 있다. 간단히 말하면 항공기의 도착과 출발이 거의 동시에 일어난다고 볼 수 있는데, 같은 콤플렉스 내에서의 항공기 간 환승은 가능한 한 최대로 신속하게 수행되어야 한다. 주요 허브공항을 보유하고 있는 미국 항공사들은 하루에 몇 개의 콤플렉스를 운영한다. American Airlines는 댈라스-포트워스공항에서 매일 약 8개의 콤플렉스 또는 뱅크를 운영하고 있다. 2018년 Air France도 파리 샤를드골공항에서 5개의 콤플렉스를 운영했으며, Lufthansa는 4개의 콤플렉스를 프랑크푸르트공항에서 운영하였다. KLM은 암스테르담에서 09:00, 12:00, 15:00, 17:00 및 20:00 시간대를 중심으로 5개의 콤플렉스를 운영했다.

일련의 콤플렉스를 지닌 허브앤스포크시스템을 구축하고 운영할 수 있는 항공사는 상당히 많은 잠재이익을 확보할 수 있다. '허빙'의 결과로 얻을 수 있는 도시와 도시 간 운항의 증가는 종종 기대 이상의 효과로 나타난다. 만약 도시 A에서 B와 C에서 D 그리고 E에서 F의 3개 지점 간 직항노선이 G라는 중간지점의 새로운 허브공항을 통해 각 6개 공항에서 6개의 직항노선이 생긴다면 취항 노선 수는 3개에서 21개로 대폭 증가할 것이다. 이러한 장점은 허브공항으로부터 운항하는 노선의 수 또는 스포크 노선 수의 제곱에 비례하여 증가할 것이다. 따라서 만약 한 개의 허브공항이 n개의 스포크 노선을 보유하게 된다면, 허브공항을 통한 환승 연계는 n(n−1)÷2만큼 가능할 것이다.

허브공항을 통해 연결편을 더 많이 추가할 시 나타날 수 있는 영향은 [표 10−6]에 나타나 있다. 어떤 한 출발지에서 다수의 목적지로 도달할 수 있다는 것은 허브시스템을 운영하는 항공사에게 시장에서의 상당한 강점을 제공한다. 효과적인 허빙은 상당한 양의 추가적인 교통량과 수익을 발생시키는데, 대부분의 경우 허브공항을 통하여 발생하게 된다.

많은 추가적인 마케팅상의 이점은 허브공항을 거쳐 연결된 운항 도시 수의 증가에서 나오게 된다. 도시 간의 저수요 항공운송이 허브공항을 통해 기타 목적지로 연결됨에 따라 해당 항공노선의 교통량은 높아질 수 있다. 환승 교통량이 늘어나게 되면 항공사는 더 경제적인 대형 기종을 투입할 수 있고 운항횟수도 늘릴 수 있다. 이러한 것들이 많은 스포크 노선에서 나타날 수 있기 때문에, 두 개의 떨어

표 10-6 허빙이 도시 간 운항횟수에 미치는 영향

허브로부터의 스포크 노선 수 n	허브를 통해 연결되는 지점 수 n(n−1)÷2	직항편에 의해 허브로 연결되는 지점 수 n	총도시 간 운항횟수 n(n+1)÷2
2	1	2	3
6	15	6	21
10	45	10	55
50	1,225	50	1,275
75	2,775	75	2,850
100	4,950	100	5,050

져 있는 스포크 노선을 허브공항을 통해 연결하려는 항공서비스는 지속적으로 증가할 것이다. 이를 통해 교통량을 증가시킬 수 있을 뿐만 아니라, 두 개의 스포크 간에 새롭게 직항서비스를 개설하려고 하는 잠재적인 경쟁항공사의 시장진입을 미리 막을 수 있게 되는데, 이러한 항공사는 운항횟수나 출발시간대 면에서 경쟁이 불가능할 수 있기 때문이다.

허브공항을 활용하여 운항하는 항공사는 포인트 투 포인트 서비스를 통해 직항서비스를 제공하려는 새로운 경쟁사를 약화시키기 위해 연결편 서비스의 항공운임을 낮출 수 있을 것이다. 이는 직접 경쟁이 없는 다른 노선에서 상쇄함으로써 쉽게 달성할 수 있다. 게다가 허브앤스포크 네트워크 내 두 개의 공항 사이의 교통량이 증가하면, 허브 항공사는 새로운 항공사의 진입을 막을 수 있는 직항서비스를 투입할 수도 있다.

여러 출발지에서 승객들을 유치하여 핵심 노선의 교통량 흐름을 높인 효과적인 허브의 힘은 2015년 9월 Lufthansa의 Boeing 747 항공편의 프랑크푸르트-홍콩 노선 사례연구에서 잘 나타나 있다([표 10-7] 참조). 2/3 가까이 되는 항공기의 공급석(364석)이 51개의 상이한 유럽 공항 그리고 북미 및 남미 지점에서 지선 운항 항공편(feeder flight)을 통해 프랑크푸르트로 들어온 237명의 승객들로 채워졌다. Lufthansa의 지선 운항 항공편 교통량 없이는 매일 Boeing 747 항공편이 홍콩으로 운항을 지속하는 것은 어려웠을 것이며, 운항횟수를 줄이거나 또는 운항을 중단하거나 혹은 더 작은 항공기를 투입해 높은 단위비용으로 운영하여야 했을 것이다.

효과적인 허브앤스포크 운항을 통해 얻을 수 있는 가장 중요한 혜택 중의 하나는 개별 항공사의 네트워크로 항공수요를 충분히 충족시킬 수 있기 때문에, 타 항공사와의 인터라인 연결에 승객을 뺏기지 않고 자신의 항공사로 항공서비스를 수행할 수 있다는 점이다. 이러한 현상은 미국 항공산업의 규제완화 이후 명백하게 나타난다. 모든 환승객 중 동일 항공사를 통한 환승객(online connection) 비율은 1977년에 25%에서 90% 이상으로 급속한 성장을 했다. 1984년 런던 히드로공항 환승객의 27%는 British Airways에서 British Airways로 환승하는 승객들이었다. 이 수치는 2017년까지 75% 이상으로 증가하였다.

표 10-7 허빙의 힘: 프랑크푸르트–홍콩 노선의 Lufthansa LH-796편, 2015년 9월 17일

출발지(origin)에서 프랑크푸르트		항공편 LH-796	최종목적지
아래 도시로부터의 환승객 수		프랑크푸르트–홍콩 노선 Boeing 747	목적지로 가는 승객 수
34	파리 샤를드골		
32	프라하		
27	뮌헨		
14	하노버		
14	베를린 테겔		
13	브뤼셀		
10	카라카스		
7	함부르크	좌석수	
6	바르셀로나		
6	두브로브니크	퍼스트 8	30 마닐라
5	애버딘	비즈니스 8	19 타이베이
4	취리히	프리미엄 이코노미 32	9 오클랜드
4	밀라노 리나테	이코노미 244	5 가오슝
3	상트페테르부르크		1 웰링턴
3	로마	합계 364	1 브리즈번
3	뒤셀도르프		
3	보고타		
2	브레멘		
2	코펜하겐		
2	오포르토		
2	예테보리		
2	런던 히드로		
2	뉴욕–JFK		
28	기타 출발지 1–2명		
총지선 운항 항공편 합계 (total feed) 51개의 출발지로부터의 237명 승객		프랑크푸르트–홍콩 총승객 수: 311명	최종목적지로 가는 지선 운항 항공편 합계 (total onward feed) 6개의 목적지로의 62명 승객

자료: Lufthansa

'뱅크' 스케줄링 또는 도착 및 출발 항공편 스케줄의 콤플렉스는 동일 항공사가 연결편을 활용하여 최초 출발지에서 특정 목적지까지 지속적으로 서비스를 할 수 있는 가능성을 높여 주었다. 한 항공사에서 다른 항공사로 환승을 할 때, 항공사 간 정산해야 하는 인터라인요금(interlineable fares)은 더 이상 필수적인 것이 아니다. 편도 노선 연결편에 경쟁항공사가 존재하는 병렬여정(parallel journey)에서조차도, 그것을 이용하는 것은 상당한 비용이 발생할 것이다. 다시 말하면, 허브공항을 이용하여 운항하는 항공사는 허브에서 다른 항공사를 통해 환승을 하는 것보다 자신의 항공서비스를 이용함으로써 승객들에게 낮은 항공운임을 제공할 수 있다. 승객들 또한 단일 항공사의 일관된 서비스를 통해 편의성과 신뢰성을 얻을 수 있다. 또한 상용고객우대제도는 다른 항공사를 통한 인터라인 항공서비스보다 동일 항공사가 직접 운항하는 항공서비스의 이용을 촉진시켰다.

허빙에 의해 생성된 특정 도시 간의 연결은 교통량을 상당히 증가시킬 것이다. 이러한 수요는 경유서비스의 제공을 통해 촉진되었다. 항공기가 본래 출발지로부터 동일 노선으로 복귀하는 전통적인 스케줄 방법과는 달리 이제 항공기는 허브공항을 통해 잠재성이 가장 높은 시장을 중심으로 운항하게 되었다. 이는 보통 미국에서 행해졌고, 유럽에서는 이러한 사례가 극히 드물다.

이 모든 결과를 통해 노선과 운항횟수 측면에서 특정 허브에서의 메이저 항공사는 높은 환승객 점유율을 확보하는 지배적인 항공사가 될 수 있을 것이다. 1980년 초반 '허빙'은 미국에서 시행되기 시작하였고, 항공편수로 봤을 때 단일 항공사가 시장점유율을 50% 이상 보유한 대형 공항들은 15군데 중에 두 군데 정도였다. 2010년대 후반에 이 공항들 중 다수가 주요 허브 항공사를 보유하고 있었으며, 해당 항공사는 자사 또는 계약된 지역 항공사와 함께 70% 이상의 항공편 점유율을 차지했다. 그들은 포트리스 허브(fortress hubs)가 되었다. 2017년 American Airlines는 댈러스-포트워스에서 85%, 샬롯에서 90%의 항공편을 운항했으며, United Airlines는 휴스턴에서 81%의 항공편을 운항했다. Delta Air Lines는 애틀랜타에서 79%, 디트로이트에서 76%, 미니애폴리스-세인트폴에서 73%의 항공편을 운항했다(Anker, 2018). 이러한 지배적 위치는 로스앤젤레스나 뉴욕 JFK와 같은 주요 국제선 관문공항(international gateway)에서 드물게 나타나는데, 이는 많은 외항사들이 이 공항들로 운항했기 때문이다.

유럽 항공사들은 방사형 네트워크를 운영하고 있음에도 불구하고 효과적인 허빙서비스를 제공하기 위한 스케줄을 개발하는 데 있어 미국 항공사보다 훨씬 뒤처졌다. 그러나 유럽이 경험한 강력한 허브의 발전은 다음과 같은 세 가지 측면에서 미국의 항공사와 대조를 이룬다.

첫째, 독점(dominance)은 나타나지 않았다. 2017년 기준 몇몇 소수의 유럽 주요 공항들에서만 허브 항공사가 60% 가까운 항공편을 운항하였다. 프랑크푸르트에서 Lufthansa와 이들의 자회사가 64%의 출발편을 운항한 것과 뮌헨에서 59%의 출발편을 운항한 것이 하나의 사례이다. 그리고 암스테르담에서는 KLM과 여러 자회사들에 의해 전체 항공편의 52%가 운항되었다. 런던-히드로에서는 British Airways 항공편의 점유율이 53%였다(Anker, 2018). 이는 모든 유럽 공항들이 많은 외항사들로부터 사용되는 국제선 관문공항이었기 때문이다.

둘째, 유럽 항공사들은 일반적으로 하나의 허브만 운영하였다. 전(former) Swissair(취리히 및 제네바) 혹은 Alitalia(로마 및 밀라노)와 같이 두 개의 허브를 운영한 항공사들은 심각한 문제에 직면하여 두 번째 허브를 축소하였다. Lufthansa는 두 번째 허브를 뮌헨 지역에 설립하였는데 프랑크푸르트공항의 활주로 슬롯의 부족이 뮌헨 지역에 두 번째 허브공항 개발의 부분적인 이유였다. 미국의 메이저 항공사들은 두 개 혹은 그 이상의 멀티 허브 네트워크(multi hub networks)를 운영하는 경향이 있다. 예를 들어, Delta Air Lines는 과거 Northwest의 합병으로 애틀랜타, 미니애폴리스-세인트폴, 디트로이트 및 솔트레이크시티에 주요 허브를 운영하고 있으며 시애틀, 로스앤젤레스, 보스턴 그리고 신시내티에 더 작은 허브를 운영하고 있다. 단일 허브에 주력하는 것을 어느 정도 극복하기 위해서 유럽 항공사들은 멀티 허브시스템 발전을 위한 목적으로 다른 유럽 항공사들의 인수를 시작하였다. 예를 들어, Air France는 KLM을 인수하여 파리와 암스테르담의 두 개의 주요 허브를 보유하고 있으며 Lufthansa Group 항공사는 유럽 중앙에 다섯 개의 다양한 크기의 허브(프랑크푸르트, 뮌헨, 취리히, 비엔나 및 브뤼셀의 작은 허브)를 보유하고 있다. 이는 너무 많은 것일지도 모른다!

마지막으로 유럽은 두 개의 항공사가 각각 동일한 공항에서 상당한 시장점유율을 차지하고 있는 공유 허브(shared hubs)가 없다. 미국에서는 American과 United Airlines가 시카고 오헤어공항을, United Airlines와 Southwest가 피닉스 공항을 공유하고 있다.

허빙 항공사들이 일단 항공편 점유율과 교통량 면에서 우위를 차지하였다면, 다른 항공사들이 동일한 공항에 경쟁 허브를 만드는 것은 매우 어려운데, 비슷한 수의 도착지를 위한 충분한 활주로 슬롯을 확보하기가 어렵기 때문이다. 미국의 허브 운영사는 또한 터미널 게이트의 대부분을 통제한다. 만일 신규 진입 항공사가 허브공항에서 몇몇 직항노선을 운항하여 경쟁하려 한다면, 이러한 항공사는 허브 항공사 대비 경쟁우위를 달성하지 못할 것이다. 이는 자사 항공서비스를 위한 충분한 지선 항공편을 확보하지 못하기 때문이다. 이런 이유로 '포트리스 허브' 개념이 나타나게 되었다.

고객들은 더 많은 운항횟수와 허빙이 정교하게 발전되기 전보다 단축된 연결시간을 통해 더 많은 목적지로 갈 수 있다는 면에서 허브앤스포크시스템의 혜택을 확실히 받았다. 반면에 허빙의 결과로 인해 승객들이 직항서비스를 이용하지 못하게 된 것은 좋지 않은 결과일 수도 있다. 더욱이 다른 대안 노선이 없는 경우, 여행시간은 더욱 길어질 수도 있고 운임은 더욱 높아질지도 모른다. 또 다른 단점이 있다. 허빙은 정시운항이 매우 중요하며, 항공기의 지연은 '콤플렉스' 전체에 혼란을 발생시키고 연결 항공편들을 연쇄적으로 심각한 문제에 빠트릴 수 있다는 것이다. 왜냐하면 지연된 항공기는 상당히 많은 환승객을 태우고 있을 수 있고, 이러한 승객들이 모두 발이 묶이기 때문이다. 도착편과 출발편 사이의 짧은 환승시간은 많은 양의 연결편 수하물 처리를 하는 데 있어 큰 혼란을 만들 수 있다. 미국에서 허빙이 확산됨에 따라 정시성과 승객의 목적지가 아닌 엉뚱한 목적지로 보내지는 수하물에 대한 인식과 우려가 상당히 증가하였다.

10.8 허빙의 경제성

허빙은 스케줄 기반의 효과적인 마케팅 수단이 될 수 있으며 시장의 확대를 도모하고, 수익 증대와 결과적으로 많은 노선에서 시장지배력을 높일 수 있다. 그러나 운영하는 항공사에 일정한 비용부담이 발생하기 때문에 허빙의 경제성은 매우 복잡하다. 그 비용적인 부담에는 크게 두 가지 종류가 있다. 직항편과 비교했을 때 더 많은 항공편과 승객 핸들링이 추가적으로 필요하다는 것이다.

추가 항공편과 관련한 사항은 런던시장 내 Swiss Airlines가 런던에서 취리히를 거쳐 로마로 가는 항공편을 판매한 사례에서 볼 수 있다. 여기에는 승객들을 수송하기 위한 두 가지 노선이 포함되는데, 1시간 40분의 블록시간이 소요되는 런던-취리히 노선과 1시간 35분의 블록시간이 소요되는 취리히-로마 노선으로 총 3시간 15분의 시간이 소요되는 노선이다. 그러나 런던-로마 노선의 직항편은 2시간 30분의 블록시간이 소요된다. 다시 말해, 취리히를 통하여 운항하는 경우 40분의 추가적인 시간이 필요하다. 직항편과는 달리 허브를 통한 환승 승객 수송에는 여러 가지 부분에서 비용 증가가 발생하게 된다. 길어진 비행시간과 추가적인 착륙 및 이륙으로 인해 연료 소비량이 높아지기 때문에 연료비는 상승할 것이다. 사실 착륙료를 포함하여 모든 직접운영비용은 항공기의 착륙빈도가 높아짐에 따라 증가하게 된다. 특히 유럽에서는 공항사용료가 높기 때문에 이는 심각한 비용부담이 될 수 있으며 항행안전시설사용료 또한 높아질 수 있다. 지선 항공편을 허브공항 첫 뱅크 출발 항공편에 연결하기 위해, 항공사들은 항공기 및 승무원을 단거리 스포크 마지막 노선에 야간 체류시키고 이른 아침 출발을 계획하여야 한다. 이러한 항공기의 야간 주기는 비용이 많이 발생하게 된다.

허브공항에서 환승을 하는 각 승객은 두 번의 탑승 및 하기, 허브에서의 수하물 이동, 두 개 또는 세 개의 출·도착라운지 이용과 연관되어 있다. 이러한 핸들링 비용은 매우 비싸며, 항공사는 2회의 공항사용료를 지불해야 할 수도 있다. 더욱이 허브에서는 항공편이 복잡하고, 가능한 짧은 시간 안에 승객을 환승시키고 수하물을 처리해야 하므로 직원과 시설에 큰 부담이 가해진다. 이는 일반적으로 수요가 하루 동안 분산되는 일반적인 운영과 대조된다. 이렇게 급격하게 수요가 몰려드는 시간대에 업무를 원활히 수행하기 위해서는 콤플렉스 사이 시간에는 추가 인력이 필요할 수 있다. 또한 더욱 정교한 수하물 및 승객 처리장비와 시설이 요구되기도 한다.

허빙의 비용 불이익은 유럽 항공사가 다른 유럽 지점을 연결하는 것과 같은 단거리 및 중거리 허브 노선을 운항할 때 더욱 심해진다. 단거리에서 장거리 서비스를 연결하는 관문공항에서의 허브 서비스의 비용부담은 적은 편인데, 이는 허빙으로 인해 발생하는 총비행 거리의 증가가 덜 명확하기 때문이다.

허빙의 경제성은 허브를 통한 항공기 운항 및 승객과 관련한 높은 간접운항비에 전적으로 달려있으며, 앞서 언급한 Lufthansa의 프랑크푸르트-홍콩 노선 서비스의 사례처럼 대형항공기를 적은 단위비용으로 운영하는 능력으로 상쇄될 수 있다. 대형항공기 투입은 스포크에서 허브공항으로 가는 각각의 방사형 서비스에서 나오는 적은 수요들이 결합해 나온 결과여야 한다. 많은 교통량과 높은 운항횟수를 통해 항공기 가동률을 높일 수 있는데, 이는 비용적인 측면에서도 적절한 균형을 이룬다. 소형 지역제트기(regional jet)의 등장은 저비용으로 포인트 투 포인트 항공서비스를 가능하게 하였으나 단거리 노선 서비스에 있어 허빙의 비용경제는 더욱 불안정하게 만들었다.

승객 수 증가와 승객당 일드 향상을 통해 증가된 수익으로 높은 비용과 균형을 맞추는 것은 어느 정도까지 가능한가? 확실한 것은 항공사들이 허브공항을 통하는 서비스의 운임을 증가시키는 방법으로 허빙의 비용 증가를 상쇄하기 위하여 노력을 해왔다는 것인데, 이는 두 가지 방법으로 설명할 수 있다. 우선 스포크와 허브공항 사이만을 이용하는 지역승객에게는 할증료(premium)를 부과하였으며, 특히 독점 노선일 경우에는 더욱 그러하였다. 예를 들어, 2006년 Swiss를 인수함에 따라 Lufthansa는 취리히와 제네바에서 프랑크푸르트와 뮌헨의 허브공항으로 가는 지방 노선을 사실상 독점하게 되었다. 해당 노선을 이용하는 지역 수요에 높은 운임을 부과할 수 있었다. 두 번째 방법은 직항 노선이 없는 두 지점 사이에 허브 서비스를 제공할 때 높은 운임을 부과하는 것이다. 이러한 경우가 많을 수도 있다.

반대로 경쟁항공사가 두 지점 사이에 직항서비스를 제공하거나 자체 허브로 더 나은 연결 항공편을 제공한다면, 이와 경쟁해야 하는 항공사는 승객 유치를 위해 자사 연결편 승객에게 낮은 운임을 제공해야 하기 때문에 수익 창출에 부정적인 면이 있을 수 있다. 예를 들면, 2018년 1월 초 British Airways는 2월 9일에 출발하여 일주일 후에 돌아오는 런던-싱가포르 노선 왕복 이코노미 클래스 최저요금을 939파운드에 판매하고 있었지만, Lufthansa는 Frankfurt 허브를 경유하는 같은 노선을 단지 802파운드에 판매하고 있었다. 이 802파운드의 수익은 런던-프랑크푸르트와 프랑크푸르트-싱가포르 두 구간으로 나누어지는데, 이는 두 구간의 평균 일드를 떨어뜨렸다. 실제로 관련 구간에 대한 Lufthansa의 별도의 최저 이코노미 운임은 각각 215파운드와 854파운드로 총 1,069파운드였다. 환승객에게 이 좌석을 겨우 802파운드에 판매한다는 것은 상당한 일드의 하락을 의미한다.

허빙의 경제성은 지선 자체가 좀 높은 운임을 지불하고도 탑승할 만큼 교통량이 충분하여 환승객들의 낮은 일드를 상쇄할 수 있는지에 달려있다. 즉, 허브공항 자체가 교통량을 발생시킬 수 있거나 승객을 유치할 수 있는 뚜렷한 이점을 가지고 있어야 한다는 것을 의미한다. 또한 각 스포크 노선으로의 환승 교통량 비율은 이론적으로 55~60%를 넘지 않는 것이 이상적이다.

미국 및 최근 유럽 그리고 싱가포르, 두바이 등 장거리 노선 허브의 사례를 볼 때, 공항이 더욱 효과적인 허브가 되기 위해서는 5가지의 속성을 반드시 보유하고 있어야 한다. ① 단 · 중거리 노선이나 대륙 간 노선 여부와 관계없이 운항하는 시장을 기준으로 중심이 되는 지정학적 위치, ② 충분한 활주로 용량, ③ 허브 항공사를 위한 단일 터미널 또는 허브 항공사를 위한 환승이 원활한 콤플렉스, ④ 허브공항을 최종목적지로 출 · 도착의 수요가 높은 곳이다. 많은 공항들이 이러한 기준을 충족한다. 만약 지역 수요가 충분하지 않다면 싱가포르와 두바이의 경우처럼 지역산업, 비즈니스 또는 관광인프라를 건설하여 해당 요소를 충족시키기 위해 노력할 수 있다. 가장 중요한 다섯 번째 요소는 도착 뱅크와 출발 뱅크 운영을 통해 효율적인 허빙을 구축할 수 있는 ⑤ 강력한 허브 기반 항공사를 보유하는 것이다.

2000년대 초 항공산업의 불황 이후 미국 항공사들은 Delta Air Lines가 신시내티 허브에서 했던 것처럼 2차 허브를 축소하거나, 콤플렉스 중심 스케줄을 해제해

'컨티뉴어스(continuous)' 또는 '롤링허브(rolling hubs)' 운영방식을 채택했다. 목표는 승객이 급격하게 늘어나는 콤플렉스 동안 승객 처리비용을 줄이는 것이었다. 그러나 시간이 지나면서 일부 환승시간이 더는 편리하지 않기 때문에 손실된 수익이 비용 면에서의 절감액보다 더 크다는 것이 명백해졌다. 이에 Delta와 United는 곧 항공 스케줄을 도착과 출발의 콤플렉스로 재조정했다. 마지막으로 이를 행한 항공사는 American으로 2013년 12월 US Airways와의 합병에 이어 2014년 여름까지 콤플렉스를 부활시키지 않았다. 최고경영자인 Doug Parker는 이러한 변화의 이유를 다음과 같이 요약했다. "연결을 극대화할 수 있도록 스케줄링을 하는 대신 (롤링허브는) 비용 절감을 위한 스케줄링을 하였다: 자산 가동률 향상, 조종사 및 비행 승무원 활용률 향상을 통해 비용 절감을 이루고자 했다. … 하지만 수익 손실이 훨신 크며 그것은 비용 절감을 압도한다"(Dallas News, 2013년 12월 22일).

유럽에서 SWISS는 2002년 이후 25개의 국내선 및 유럽 노선을 운항하던 제네바 허브공항을 외항사 공동운항 노선과 몇 개의 노선만 남기고 축소시켰다. 그러나 2000년대 후반 제네바에서 easyJet과의 경쟁이 심화되면서 SWISS는 2차 허브를 재건하기 시작했다. 2008년 Alitalia는 로마에 집중하며, 밀라노-말펜사 허브공항을 거의 버려두다시피 했다. 지선 노선에서 저비용항공사의 영향으로 북미, 유럽 및 여러 곳의 우려가 점점 커졌다. 네트워크 항공사들이 주요 허브로 운항하는 지선 수요를 저비용항공사들에게 빼앗기게 되면, 일드가 높은 지점 간 교통량이 사라지기 때문에 일부 노선들은 지탱하기 어렵게 된다. 몇몇 노선들은 포기해야 할 것이고, 이에 따라 허브에서 출발하는 수요에 더욱 의존하게 된다.

Chapter

11

이익을 위한 가격?

Chapter

11 이익을 위한 가격?

우리는 6년 동안 알라카르트 가격정책을 시행해 왔고 이는 우리 고객들에게 호응을 받고 있다. … 우리 승객들의 약 47%가 높은 운임의 상품을 선택한다: 낮은 운임의 선택이 가능한 가운데에서도.

– Montie Brewer, CEO, Air Canada, 2009년 4월

11.1 항공사 가격정책의 목표

가격설정은 항공사 경영에 있어 결정적으로 중요한 요소이다. 이는 수요를 창출하기 위해 계획되고 함께 결합되는 여러 가지 상품과 서비스의 특징 중 하나인 동시에 공급이 적정 수준의 이윤을 창출하도록 하는 주요한 장치이다. 항공사의 우선적인 목표는 준비된 공급석을 판매하는 것이고 이러한 좌석의 판매는 충분한 수요를 창출하면서 적절한 이익을 보장할 수 있는 가격에서 이루어져야 한다. 여기서 각 항공사는 적절한 이익을 어느 정도로 생각하느냐가 중요하다. 일부 국영항공사들에게는 이익의 수준이 손익분기점을 다소 넘는 수준이 될 수도 있다. 다른 항공사들에게는 적절한 이익이 주주들에게 배당될 적정 배당률 또는 유용자산에 대한 목표수익률로 나타날 수도 있다. 더 나아가 일부 항공사들에 있어서는 유동자산에 대한 투자수익률뿐만 아니라 항공기와 같은 새로운 자산을 가능한 빨리 취득하기 위해 자기자본을 보장하는 적절한 예비자금을 산출할 수 있는 정도로 설정할 수 있다. 최근 Singapore Airlines는 이 중 후자로 언급된 목표를 추구하고 있다. 따라서 항공사의 가격설정에 있어 이익 목표조차도 항공사에 따라 상이한

시사점을 제공할 수 있다.

또한 이익 목표에 있어서는 시간적 차원이 존재한다. 일부 항공사들은 현재의 이익에 더 많은 관심을 기울이는 반면, 다른 항공사들은 장기적인 수익성에 중점을 두기도 한다. 새로운 서비스를 시작하거나 신규시장에 들어가는 항공사들은 장기적인 수익성을 위해 단기적인 이익은 포기할 수 있다. 시장에서 자리를 잡고 점유율을 높이기 위해 낮은 운임을 제공해야 하기 때문에 단기적 손실은 더 악화될 수 있다.

특히, 설립 초기의 국영항공사들은 이익보다는 관광산업의 수요, 고용 관련 또는 충분한 국제적 항공 커넥션과 같은 간접편익을 창출하는 것이 더욱 중요했다. 이익은 단기적으로 우선시되기보다 바람직한 장기적 목표로 생각되었다. 이러한 현상은 1993년에 설립된 Qatar Airways와 아부다비 지역에서 2003년에 설립된 Etihad Airways 등 걸프 지역 신생항공사의 사례에서 분명히 나타났다.

국제선 항공사들은 대개 명백한 이익 목표를 가지고 있으나 그것은 단지 수많은 기업 목표 중의 하나일 뿐이다. 다른 기업 목표들 역시 가격정책에 영향을 줄 수 있다. 새로운 노선 및 시장의 개척은 많은 항공사들의 기업 목표에서 상당한 부분을 차지한다. 노선 및 시장 확장이 자체적인 목표가 될 수도 있고, 급속한 성장 또는 특정한 운항규모를 달성하는 것이 궁극적인 목표가 될 수도 있다. 많은 항공사들은 대형화되기를 원한다! 성장을 통한 비용효율성의 혜택이 있을 수 있으나 궁극적인 목적은 수익 극대화에 있다. 그러나 수익 극대화(revenue maximising)는 이윤 극대화(profit-maximising)와는 다르다는 것을 2000년대 후반에 Air Berlin 사례에서 알 수 있다. Air Berlin은 2006년 주식시장에 상장된 후 급속히 팽창했고 이후 2년 동안 총수익은 두 배로 증가했지만, 이윤을 내지는 못했다. 계속되는 손실을 막기 위해 2012년 Etihad Airlines를 29%의 주주로 영입했으나 구조조정이 실패하고 2017년 항공사가 무너졌다. 신규시장의 개발이나 급속한 성장이 항공사의 가격결정정책의 목적이라면, 항공사가 채택하는 가격전략은 그 영향을 받을 수밖에 없다.

계절적 수요변화와 일일 수요변화가 비용에 초래하는 부정적인 효과로 인해 항공사들은 이러한 큰 폭의 변화를 줄이기 위한 방법으로 가격설정 메커니즘을 사용할 수 있다. 이것은 성수기 수요를 관리하고 수익을 높이기 위해 운임을 높게 설정하거나 비수기 수요를 자극하기 위하여 낮은 운임을 책정할 수 있다는 것을 의미한다. 이러한 정책은 모든 잠재수요를 수송하기 위하여 성수기에 서비스의 공급을 늘리는 정책에 의해 창출되는 총수익의 감소를 가져올 수 있다. 그러나 수익극대화는 단기적으로 단위비용을 줄이기 위해 공급량을 줄여 성수기 수요를 억제하는 것보다 덜 중요할 수 있다.

또한 가격설정에는 이론상 새로운 투자의 가이드가 되는 추가적인 역할이 있다. 상품 및 서비스의 합리적 이윤을 포함해서 총비용을 기꺼이 지불할 준비가 되어 있는 소비자들의 수가 공급량을 초과하는 곳에서는, 생산자가 소비자에게 동일한 가격 또는 낮은 가격에 공급을 더 늘릴 수 있다면 추가적으로 많은 이익을 창출할 수 있는 수요가 충분하다는 것을 쉽게 알 수 있다. 반대로 전체 수요가 충분하지 않아 특정 서비스에 대한 제비용을 상쇄할 정도의 충분한 수익을 창출할 수 없다면, 서비스를 확대하는 것에 투자하는 것은 어리석은 일일 것이다. 만일 가격설정이 추가투자를 위한 가이드로 활용되어야 한다면, 각기 다른 서비스에 대한 가격들은 생산비용을 확실하게 반영하여야 한다. 그렇지 않으면 수요는 인위적으로 높아질 수 있거나 억제될 수도 있다. 북대서양 노선의 경우 매우 낮은 운임으로 인한 폭발적인 수요로 로드팩터가 매우 높은 수준까지 올랐던 사례가 있다. 일부 항공사들은 이러한 현상을 잘못 해석하여 공급석을 증대하였다. 대부분의 항공사들은 매우 저렴한 운임일 때만 채울 수 있는 좌석을 추가 생산하였고 결과적으로 경제적 피해를 발생시켰다. 항공사의 낮은 운임으로의 판매는 퍼스트 클래스나 비즈니스 클래스의 운임같이 높은 운임의 수요가 낮은 운임의 수요와 결합하여 비용이 상쇄될 수 있을 때 비로소 가능한 것이다. 낮은 일드의 항공수요만을 위해 배타적으로 추가서비스를 할당하는 것은 파산을 야기하는 행위인데, 창출된 수익이 비용을 상쇄시키기에 불충분하기 때문이다. 따라서 가격 메커니즘을 추가적인 투자의 가이드로 사용 시에는 신중히 사용되어야 한다.

요약하면 소수의 국제선 항공사들은 가격정책에 있어 비록 수익성 확보가 대부분을 차지할지라도 하나의 목표만을 설정하지 않는데, 특히 민영 항공사의 경우가 그렇다. 대부분 항공사들의 가격정책은 수많은 기업 내부의 목적을 달성하기 위한 수단으로 사용되지만, 기업 외적으로 부과된 목표일 수도 있다. 일부 국적항공사들은 외국인 관광수요를 창출하기 위하여 정부로부터의 요청을 받기도 한다. 이와 같은 이유로 항공사들은 항공사 자체의 재무적 어려움이 있음에도 불구하고 저운임정책을 수용할 수밖에 없다. 각기 다른 가격설정 목표를 동시에 달성하기 위한 시도는 가격정책에 있어 갈등과 모순을 야기할 수도 있다. 항공사가 각기 다른 노선에서 상이한 목적을 추구하기 때문에 이러한 갈등과 복잡성은 더욱 가중된다. 항공사들은 일부 노선, 특히 항공운임에 대한 경쟁이 없거나 일부만 존재하다고 여겨지는 노선에서 이윤을 극대화할 것이고, 반면에 운임 경쟁이 심한 다른 노선에서의 최우선적 목적은 시장점유율을 확보하는 것 또는 성장률을 극대화하는 것이 될 수 있다. 따라서 계절적 시기와 운항 노선의 차이에 따라 상이한 가격 목표를 설정하는 것은 불가피한 것이다.

11.2 세 가지 핵심 변수

본서의 주제는 항공사 경영진이 대체로 통제 가능한 항공서비스 공급과 대부분 통제가 불가능한 항공수요로부터 적정 수준의 이윤을 창출할 수 있도록 하는 것이다. 대부분 항공사들의 중요한 목표인 수익성은 세 가지 변수의 상호작용에 의해 달라지는데, 공급량과 상호작용을 하는 단위비용, 수요와 관련되는 단위수익 또는 일드 그리고 로드팩터이다. 이러한 세 변수들의 상호작용은 간단한 사례를 통해 알 수 있다.

2010년대 후반 유럽의 저비용항공사는 400석에 달하는 높은 좌석 밀도의 A330-300 항공기를 뉴욕으로 주 3회 운항하였는데, 편도 80,000달러의 운항비용이 발생했다. 여기에 근거한 손익분기 로드팩터곡선(break-even load factor curve)은 [그림 11-1]과 같다. 이는 항공사가 달성해야 하는 로드팩터가 상이한 평균 운임수준 또는 일드에서 손익분기점에 도달해야 하는 것을 보여준다(평균은 모든 운임의 가중평균으로 측정됨). 이 곡선의 어느 지점에서도 평균 운임(수직눈금)에 승객 수 또는 로드팩터(수평눈금)를 곱한 값은 80,000달러로 동일하다. 매달 또는 시즌별로 일일 항공편의 평균 운임과 달성된 평균 로드팩터를 그래프로 나타내면, 그 항공편의 수익성이 있는지 없는지를 확인할 수 있다. 그래프에서 보는 것과 같이, 여름시즌의 첫 달 3일 동안의 기록이 나타나 있다. 월요일과 토요일 모두 평균 운임과 승객 로드팩터의 합은 손익분기선 이상으로 나타났다. 월요일과 토요일의 항공편 운항은 수익성이 좋지만 평균 일드가 낮고, 로드팩터가 평균 40% 정도로 저조하게 나타난 목요일 항공편의 운항은 문제가 있는 것으로 나타났다.

이러한 문제점을 해결하기 위해 무엇을 하여야 하는가? 로드팩터를 증가시키거나 운임을 인상하는 두 가지 분명한 전략이 떠오를 것이다. 목요일의 편도운임은 평균적으로 200달러 이상이었고, 로드팩터의 손익분기점을 넘기 위해서는 최대 85% 이상으로 평균 로드팩터를 올려야만 하는데, 이는 비현실적으로 보인다. 다른 한편으로는 40%의 로드팩터 수지를 맞추려면 평균 운임이 두 배 이상 증가하여 500달러가 되어야 수익성 있는 운항을 할 수 있게 된다. 그러나 만약 운임이 많

그림 11-1 단위비용, 일드, 로드팩터의 상호작용(총운영비용, 유럽–뉴욕 편도=$80,000)

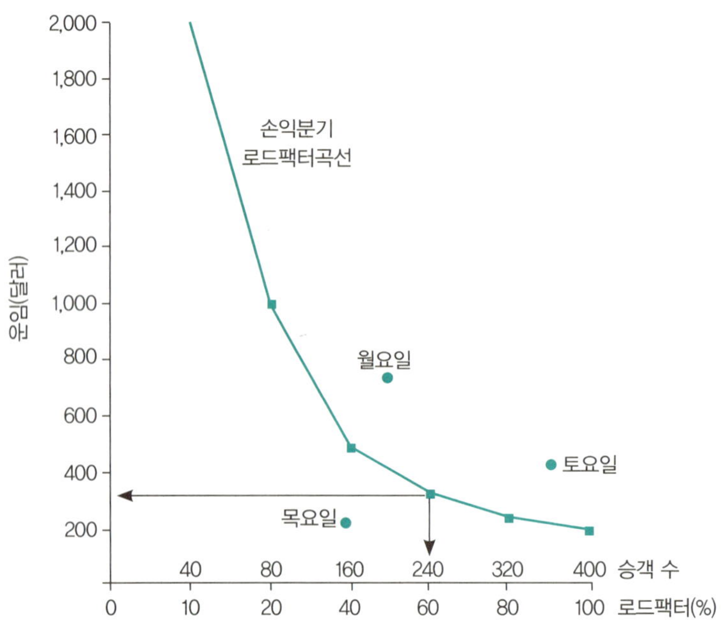

이 상승한다면 승객의 반응이 부정적이 되어 여객 교통량을 동일하게 유지하기 어렵게 될 것이다. 목요일 운항을 위한 가장 쉽고 분명한 방법은 손익분기곡선에 가깝게 맞추도록 시도하는 것이다. 다시 말해, 평균 일드와 평균 로드팩터 모두를 증가시키는 것이다. 이것은 높은 일드의 비즈니스 클래스 승객들을 타깃으로 광고 등에 초점을 맞추어 트래픽 믹스를 개선시키는 방법으로 이행될 수 있다. 추가적인 해결방법으로는 엄격한 비용관리 또는 가능하다면 목요일에 운항하는 항공서비스에 Boeing 777-200과 같은 260~300석의 작은 항공기 운항을 통해 낮은 운항비용으로 손익분기곡선을 하향시키고 총운영비용을 절감시켜 오른쪽으로 이동하도록 하는 것이다. 항공사 관리자들은 수익성 있는 운영을 위해서 단위비용, 운임 그리고 로드팩터라는 세 가지 변수들을 효과적으로 다뤄야 한다.

11.3 항공운임의 근본적인 불안전성

앞의 단순한 사례와 같이 항공사 관리자들은 단위비용, 일드 그리고 로드팩터가 서로 상호작용하는 세 가지 요소를 잘 활용하여 수익성 있는 조합을 만들어야 하는데 이러한 과정은 항공산업에 내재되어 있는 가격의 불안정성으로 매우 복잡하며 쉽지 않은 과정이다. 항공운송산업은 단기적으로 한계비용이 거의 제로에 가까운 것이 특징이다. 다시 말해, 빈 좌석으로 출발예정인 항공편에 추가적인 승객을 운송하는 경우 한계비용은 단지 추가적인 기내식, 공항사용료, 추가적인 무게로 인해 조금 더 소비되는 항공유에 불과하다. 그러나 문제는 70% 이상의 높은 로드팩터로 항공기를 운항할 때조차도 상당수의 좌석이 비어있다는 점이다. 이러한 빈 좌석은 재고로 처리되거나 향후 판매가 가능한 것이 아니다. 만일 좌석이 바로 판매되지 않는다면 그 좌석과 좌석킬로미터는 쓸모없게 된다. 이는 팔리지 않은 화물공간에도 동일하게 적용이 된다.

특정 시즌에 정기편을 운항하는 항공사와 일련의 부정기편을 운항하는 여행알선업자는 단기 총비용이 고정되어 있어 변경될 수 없다는 것을 알고 있기 때문에 수익을 극대화하려는 노력을 하게 된다. 항공사나 패키지 투어 전문여행사는 가능한 정상가격으로 좌석을 많이 판매하고, 동시에 한계비용을 초과하는 가격이라면 남는 좌석을 어떠한 가격이라도 책정하여 승객들에게 판매하여 운송하려고 한다.

문제는 미리 정상운임을 지불하여 항공여행을 하려는 승객들이 기존의 예약을 변경 또는 취소하고 낮은 운임으로 다시 이용하게 되는 것을 방지하는 것이다. 만일 이러한 상황이 발생한다면 총수익은 감소할 수 있다. 항공운임이 강하게 규제되는 시장에서는 '장벽(fences)'이라고 불리는 환경조건에 의하여 매우 낮은 운임의 사용이 제한된다(11.5절 참조). 그러나 시장 대부분은 더 이상 규제가 거의 없으며, 규제가 있는 경우에도 강하게 적용되지 않는다. 결과적으로 추가승객(또는 화물운송)을 태우는 데 필요한 한계비용이 낮으면 이코노미, 비즈니스 또는 퍼스트 클래스 운임을 포함한 모든 운임에 대한 강한 하락 압력이 있다. 항공사들은 과잉공급 상황에서 한계비용가격에 의존할 수밖에 없다.

국제선 시장에서는 많은 부수적 요인들에 의해 가격의 불안정성이 심화되었다. 이 중 하나는 앞에서 이미 언급된 바와 같이 기존 시장에서 보다 낮은 항공운임을 책정하여 시장점유율을 높이려는 신규 항공사들에 의한 것이다. 규제된 항공시장까지 영향을 미치는 가장 중요하고 광범위한 요소는 제6자유를 통한 공급력의 사용 가능성이다. 지점 간 운항을 하는 항공사와 제3자유 및 제4자유 운수권을 활용하는 항공사들은 항공운임의 적정 수준을 유지하려 노력하지만, 제6자유를 활용하여 자국을 경유하여 운항하는 항공사는 항공기의 빈 좌석에 운임을 받지 않고서라도 승객을 운송하려고 할 것이다. 만일 최종목적지까지 가는 승객의 중간기착지점 환승 시간이 매우 긴 경우, 제6자유 항공사들의 운임은 특히 더 낮을 수가 있다. 허빙의 발전으로(제10장 10.7절) 항공기를 통한 여행의 노선과 시간대가 다양해졌고 운임에 대한 문제는 더욱 악화되었다. 이것은 상당히 많은 양의 추가적인 공급력을 가능하게 했으며 경쟁을 심화시켰다. 대부분의 장거리 국제항공노선에서 경유편 과잉공급현상이 곳곳에서 많이 나타나고 있으며, 이로 인해 항공운임이 하락하고 있다. 일부 노선에서는 추가적으로 한계항공사(marginal carrier)의 문제가 나타나는데, 이는 항공사의 노선이 총항공기 운항 대비 미미할 경우에 발생하게 된다. 이러한 노선에서 낮은 항공운임을 사용하는 것은 큰 문제가 되지 않는데, 특히 항공사가 특정 노선을 나머지 네트워크 노선으로 교통량을 유인하기 위해 사용할 경우에 해당된다.

제6자유 항공사의 다양한 가격 압력은 2018년 4월 런던에서 싱가포르로 가는 노선([표 11-1] 참조)에서 찾아볼 수 있다. Singapore Airlines(SIA)의 이코노미 클래스 운임은 1,366파운드로 높았으며 British Airways는 714파운드로 거의 절반이었다. British Airways는 분명히 표에 열거된 제6자유 운송 항공사 일부의 운임을 맞추려고 하고 있었다. 이들은 Singapore Airlines 이코노미 운임보다 수백 파운드 낮췄지만, 만약 승객이 훨씬 더 일찍 구매했다면 Singapore Airlines 운임 자체가 더 낮았을 것이다. 비즈니스 클래스는 Singapore Airlines가 경유편 운항 경쟁사의 운임을 맞추려고 한다. Singapore Airlines의 비즈니스 클래스 운임 3,549파운드는 Emirates(3,257파운드)와 Etihad(3,654파운드)에 가깝고 British Airways 운임보다는 다소 낮다. 이코노미 클래스와 비즈니스 클래스 모두에서 지금까지 가장 낮은 운임은 Finnair와 Turkish가 제공하는 운임이다! Singapore Airlines와 British Airways는 가격책정 및 수익관리에서 기타 경쟁사가 시장에서 무엇을 제공하고 있는지 지속적으로 주시해야 한다.

2018년 런던-싱가포르 노선에 신규 항공사가 진입하여 가격을 더욱 불안정하게 하였다. 2018년 4월 저비용항공사인 Norwegian은 런던에 있는 개트윅공항에

표 11-1 이코노미 클래스와 비즈니스 클래스 최저 운임 샘플: 런던-싱가포르, 2018년 4월

이코노미(파운드)		비즈니스(파운드)	
Singapore Airlines	1,366	British Airways	4,120
British Airways	714	Singapore Airlines	3,549
Air France	835	Air France	4,004
Etihad	846	Etihad	3,654
Emirates	802	Emirates	3,257
Lufthansa	758	Lufthansa	2,836
Finnair	630	Finnair	2,622
Turkish	606	Turkish	2,347

주: 2018년 4월 7~15일 항공편에 대해 항공사의 웹사이트에서 2월에 제공한 운임. 저비용항공사인 Norwegian이 직항편 운항을 시작한 2018년 초까지 British Airways와 Singapore Airlines만 직항편을 운항했음.

서 Singapore까지 매주 4차례의 직항서비스를 제공하고 있었다. Norwegian의 최저 왕복운임은 기내식을 제외할 경우 552파운드 또는 왕복 기내식을 포함한 경우 652파운드였다. 이는 Finnair와 Turkish의 운임과 비슷하거나 낮았고([표 11-1], Norwegian은 이 노선에서 직항으로 운영될 예정이었기 때문에 Singapore Airlines와 British Airways 모두에게 더 큰 위협이었다.

모든 항공사는 아니지만 다수의 제6자유 항공사 운임이 British Airways 또는 Singapore Airlines보다 일반적으로 낮았다. 유럽 항공사의 경우, 그들이 런던에서 유럽 허브까지 고비용의 짧은 구간으로 승객들을 운송해야 했음에도 불구하고 상황은 마찬가지였다. 싱가포르로 가는 중간 허브에서 항공기를 갈아타야 하는 불편함에도 불구하고 매우 저렴한 제6자유 운임으로 승객 유치를 시도한 것이다.

[표 11-1]이 분명한 운임구조를 보여주듯이 많은 낮은 운임과 많은 공급석의 존재는 모든 항공사들, 특히 British Airways와 Singapore Airlines와 같은 자국 항공사들에 엄청난 압박을 가했으며, 탑승률이 저조할 경우에는 더욱 강한 압력을 준다는 것을 보여준다. 그들은 인터넷 여행사에 저렴한 운임을 제공하거나 자체 웹사이트에서 빈번히 가격을 변경하였다.

다른 노선들의 가격 불안정성은 재무적으로 취약하거나 정부에서 보조를 받는 항공사들로 인해 증가될 수 있다. 놀랍게도 대부분의 경쟁시장에서 항공운임 하락의 원인이 되는 항공사는 재무상태가 취약하거나 적자를 내는 항공사들인데, 이들은 매일 지불요구에 대처하기 위한 충분한 현금흐름을 확보해야 하기 때문이다.

일부 국영항공사들은 손실을 보전해 주는 국가보조금에 의존할 수 있기 때문에 일드 및 탑승률이 비경제적인데도 불구하고 특정 노선을 계속 운항하는 경우도 있다. 그러나 이 과정에서 그들은 시장을 위축시켜 다른 항공사들에게 영향을 미치게 된다.

가격의 안정성을 약화시키는 기타 요인들과 추가적인 승객 수송을 위한 낮은 한계비용은 국제선 항공사들이 경쟁적인 시장환경에서 종종 항공운임을 극히 낮은 수준으로 책정해야 한다는 것을 의미한다. 항공운송시장의 내재적 불안정성은 단기간을 제외하고는 가격을 어떠한 이익도 창출할 수 없는 수준으로 만들 수 있다. 항공사들이 가격 수준에 대해 그들 사이의 암묵적인 이해나 명시적인 합의에 도달하도록 강요하는 것은 무엇보다도 이러한 두려움 때문이다. 경쟁사가 두 개뿐이거나 두 항공사가 대부분의 교통량을 운송하는 노선에서 실제 가격경쟁을 없애는 한 가지 방법은 이들 두 항공사가 공동운항협정을 체결하거나 얼라이언스를 체결하는 것이다. 그들은 여전히 가격경쟁을 할 수 있지만 제한적이다. 최적의 해결책은 항공사가 공동으로 운항하는 시장에서 운임을 수정할 수 있도록 하는 것이다. 이는 규제당국의 승인을 받아 메탈중립 조인트벤처를 운영하는 경우에 가능하다(제7장 7.5절).

11.4 인터넷이 항공사 가격책정에 미치는 영향

지난 20년간 인터넷이 빠르게 확산되고 사용된 까닭에 본래 불안정했던 항공사의 가격정책은 상황이 더욱 나빠졌다. 인터넷의 영향은 두 부분으로 나타났다. 첫째, 인터넷을 사용하는 잠재여행객들에게 항공사 운임에 관한 즉각적인 정보를 쉽게 제공하게 된 것이다. 기존의 여행사를 통할 필요가 없는 인터넷은 시상지배력을 공급자인 항공사에서 소비자로 이동시켰다. 항공사 웹사이트와 온라인 여행사를 이용하는 고객들은 항공사들이 제공하는 운임, 스케줄, 이용 가능한 좌석, 서비스가 무엇이 다른지 거의 완벽한 정보를 빠르게 얻을 수 있었다. 인터넷은 완전한 투명성을 띠며 이를 통해 고객들은 상당한 힘을 갖게 되었다. 고객은 다양한 모든 옵션정보를 바탕으로 손끝의 클릭만으로 항공사 선택을 할 수 있었다. 단거리 구간인 경우 항공사마다 제공하는 기본적인 노선서비스 대부분이 비슷하거나 중요하지 않기 때문에, 다양한 운임 옵션에 대한 소비자 인지는 항공사들 간의 차별화 요소로 가격을 강조하게 만들었다. 사실상 많은 단거리 노선시장에서는 인터넷으로 인하여 항공여행이 일상용품화되어 가격이 거의 유일한 변수가 되었다. 이러한 이유로 항공사들은 그들의 가격 수준과 적합한 전략을 수립하는 것이 더욱더 중요하게 되었다.

인터넷의 두 번째 영향은 항공사의 실시간 가격책정을 더욱 다이내믹하게 만들었다는 것이다. 컴퓨터 예약시스템의 발달과 이후 자동화된 수익관리프로그램은 실시간으로 작동하여 항공사의 수익관리자들에게 경쟁사들의 운임변동 정보를 즉각적으로 알 수 있게 한다. 또한 대형항공사들은 상이한 운임이 어떻게 판매되는지 확인할 수 있다. 인터넷은 웹사이트와 GDS를 통해서 몇 초 안에 전 세계적으로 소통할 수 있게 하여 신규운임 혹은 동일운임으로 즉시 대응할 수 있게 한다. 많은 시장에서 신규운임이 도입되고 동일운임으로 대응하는 속도는 항공사의 운임 불안정성을 확대한 추가적인 요인이다. 시장경쟁이 치열해질수록 내재된 불안정성도 커지게 된다.

여러 경쟁사들의 상품과 서비스 기준이 유사한 시장에서 하나 혹은 여러 항공사가 운임을 낮춰 경쟁력을 확보하고자 하는 경우, 필연적으로 다른 모든 항공사가 동일 수준 운임으로 대응하게 된다. 결과적으로 항공사들은 비슷한 운임을 제공하게 되고 경쟁을 하는 동안은 수익성이 낮으며 어느 항공사도 경제적으로 우월하지 않게 된다. 인터넷은 이렇게 항공요금의 인하를 이끈다.

11.5 비용 기반 및 시장 기반 가격

국제선 항공사들은 가격전략을 수립하기 위해서 반드시 가격책정 목적과 내재된 항공사 운임의 불안정성 두 가지를 명심해야 한다. 이를 위해 대체로 두 가지의 대안적인 전략이 있다. 첫째는 서비스 제공에서 발생하는 비용과 각각의 운임을 연관 짓는 것이다. 이것은 '서비스비용(cost of service)' 가격으로 비용 기반 가격설정으로 더욱 자주 언급된다. 다른 하나는 비용에 기반을 두는 대신 고객들이 지불할 수 있고 지불할 의향이 있는 다양한 서비스운임에 기반을 두는 방법이다. 이것은 시장가격(market pricing) 또는 수요 기반 가격(demand-related pricing)이다. 시장가격은 비용을 무시하지는 않지만 비용을 커버하는 총수익을 보장하는 것보다는 개별적인 고객 또는 그룹들이 특정한 비용을 커버하는 것에 목적이 있다.

1980년대 중반까지 40년의 세월 동안 전 세계 대부분의 국제 및 국내운임은 IATA와 정부에 의해 규제되었다(제2장 2.7절 참조). 만약 운임이 논리적이고 정량화할 수 있는 기초에 근거해서만 규제된다면, 비용 대비 공인된 항공운임으로 나타나게 될 것이다. 일부 규제기관들과 유럽 정부(CEC, 1983) 또는 유럽경제공동체(CEC, 1984)는 비용 기반 가격설정을 강하게 지지했다.

유용성과 운송서비스에 대한 비용 기반 가격에 찬성하는 주장은 공정성과 경제적 효율성에 달려있다. 초과이윤을 창출하기 위해서 또는 이용한 항공서비스의 총원가보다 적은 운임을 지불한 다른 소비자들을 위한 교차보조를 위하여, 항공서비스를 이용하는 일부 고객들이 서비스 제공 비용보다 더 많이 지불하게 되는 것은 불공평한 것으로 간주되었다. 만약 운임이 비용 기반 가격설정이 아니라면 이러한 운임들은 차별적 요소를 띠게 된다. 이는 특정 승객들에 대해 비용에 근거한 것이 아니라 나이, 결혼 여부 혹은, 예를 들어 승객이 목적지에서 6박 이하로 체류할 경우 차별이 이루어질 것이라는 의미이다.

효율성에 대한 시사점도 있다. 만약 운임이 서비스 수준보다 높으면 비용 기반 가격설정에 근거한 가격이 수익성이 있을지라도 해당 서비스 수요는 억제될 것이다. 반대로 원가 이하의 운임은 특정 서비스에 대한 초과수요를 발생시키고 승객들로부터 전체 비용을 충족하지 못하더라도 항공사가 그러한 서비스를 확대하도록 유도할 수 있다. 이는 분명하게 자원배분이 효율적으로 이루어시지 않게 되는 상황이다. 비용 기반 가격설정은 사회적인 이유로 고객 간 차별을 줄이기 위하여 지지되었고, 항공사의 효율성 향상과 생산자원을 타당하게 할당한다는 믿음으로 경제적인 차원에서 지지되었다.

다른 한편으로 비용가격책정(cost pricing)은 원칙에 대한 여러 가지 논쟁이 발생할 수 있다. 첫째로 운송업계는 공동비용 발생 시 특정 사용자에게 배분할 방법이 없다는 것으로 대다수의 고정비용이 독단적으로 배분되었다는 것을 의미한다. 하나의 서비스 생산 시 다른 서비스가 의도치 않게 제공될 때 공동비용은 발생한다. 상용출장 수요를 위한 일일 정기항공편은 화물서비스에 대한 적정한 수요 여부와 관계없이 화물공급력을 발생시켰다. 이들의 운영은 관광수요를 위해 판매할 수 있는 좌석이 비어 나가는 경우를 초래할 수도 있다. 항공편의 주목적인 상용출장 승객과 화물 또는 휴가 여행객들 간의 항공비용을 어떻게 할당할 것인가? 어떤 공동비용의 배분이든 반드시 임의적인 요소가 그 안에 있어야 한다. 비용 기반 가격을 추구하는 항공사들은 각각의 사용자 카테고리에 특화된 개별 비용보다는 모든 사용자들의 평균 비용에 가까운 방식으로 계산하게 된다.

비용 기반 가격에 반대하는 또 다른 주장은 가격전략이 비용 상쇄가 가능할 만큼의 수익을 발생시키지 못할 가능성이 있는 일부 노선은 결과적으로 지속적인 서비스 운영을 확신할 수 없다는 것이다. 한 가지의 운임 및 객실 클래스로 구성된 단순한 노선의 비용 기반 운임은 수익성을 보장하는 충분한 수요를 발생시키지 못할 가능성이 있다. 다른 한편으로 서로 다른 가격탄력성을 가지고 있는 두 개의 세분화된 시장을 식별할 수 있다면, 수송비용에 큰 차이가 없을지라도 항공사는 두 가지의 개별적인 운임을 두 시장그룹에 청구하여 높은 수익을 발생시키는 것에 관심을 가질 수 있다. 이와 달리 차별성 없는 시장 기반 운임으로 서비스에 무관심해질 수 있으며, 이는 소비자에게는 득이 되지 않을 것이다. 이것의 예시는 가격탄력성의 개념을 논의할 때 앞에서 설명되었다(제8장 8.8절).

수요 또는 시장가격은 비용을 무시하는 것은 아니지만, 모든 이용자들이 확실히 인지할 수 있는 비용을 지불하도록 하기보다는 노선 또는 항공편의 총비용을 상쇄하도록 하는 것에 중점을 두어야 한다. 항공사 측면에서는 수요 기반 가격(demand-related pricing)전략이 보다 이치에 맞다. 항공 스케줄을 공지해야 하고 생산자원을 이용하여 스케줄대로 항공편을 운항하는 정기항공사는 단기간의 총비용이 거의 고정되어 있다. 이러한 상황에서는 비용을 상쇄할 만한 충분한 수익을 창출할 수 있도록 서비스에 대한 자유로운 가격설정이 필요하다. 가격이 비탄력적인 세분시장에는 비용보다 많은 운임을 받고, 탄력적인 세분시장에는 비용보다 적은 운임을 받는 것을 의미한다. 자유화된 경쟁시장에서 항공사 간 경쟁은 시장 기반 가격설정으로 인해 항공사가 지나친 이익을 창출하는 것이 남용되지 않도록 해야 한다.

경쟁이 거의 없고 신규진입이 어려운 시장에서는 차별적인 가격책정을 이용한 폭리의 위험이 생길 수 있다. 이러한 상황에서는 규제력을 지닌 정부개입을 통한 비용, 운임 및 항공사 수익률 감시가 폭리를 막기 위하여 필요할 수 있으나, 이러한 정부의 개입이 얼마나 효과적일지는 불확실하다. 운임, 공급석 제어 그리고 시장진입의 규제완화는 폭리의 가능성을 최소화시키는 가장 효과적인 방법일 것이다.

1978년 이후 미국 국내선에서 운임 자유화, 운수권 및 시장진입 확대가 시작되고 이어 국제선 시장으로 확장되면서 항공산업은 점차 비용 기반 운임에서 시장 기반 혹은 수요 기반 운임으로 변화하였다. 미국과 유럽에서는 이러한 전환이 빠르게 진행되었는데, 이는 저비용항공사의 빠른 성장과 이들의 혁신적인 가격정책 때문이었다. 오늘날 대부분의 자유화된 시장에서 수요 기반 가격이 많이 사용되지만, 이는 장거리 항공기의 퍼스트 클래스 또는 비즈니스 클래스 승객들과 같은 상이하게 세분화된 시장의 수익성을 지속적으로 관찰하지 않는다는 의미는 아니다. 정부가 운임을 통제하기 원하는 국가나 시장에서만 운임을 비용과 연계하려는 시도가 이루어질 수 있다.

단순하고 가정적인 사례는 비용 기반 가격과 시장 기반 가격의 접근방법이 기본적으로 다른 점을 보여준다. 아테네와 그리스 섬 사이의 일일 항공서비스 수요는 [표 11-2]의 첫 번째 열에 나타나 있다. 이 수치는 섬으로 비행하기 위해 각각의 잠재적인 승객이 기꺼이 얼마를 지불할 것인지를 보여준다. 이것은 각 승객이 이러한 서비스로부터 얻게 되는 가치 또는 혜택의 측정치를 보여준다. 일부 부유한 아테네 사람들은 섬에 별장을 소유하고 있고, 5시간의 보트 서비스를 이용하는 대신 35분 비행하는 것에 300달러 이상의 비용을 기꺼이 지불할 의사가 있다. 첫 번째 열은 하강곡선형으로 나타나는 수요곡선이며 비용 또는 운임이 감소함에 따라 수요가 얼마나 증가하는지를 보여준다.

35분 거리 노선의 10인승 쌍발항공기 서비스의 총편도 운영비용은 1,200달러이다. 이것은 평균적으로 좌석당 비용이 120달러라는 것을 의미한다. 만약 비용 기반 운임이 120달러로 측정된다면, 첫 열에서 보이는 것과 같이 승객이 기꺼이 지불하고자 하는 비용에 근거하여 매일 7명의 승객이 있을 것이고, 여행의 가치는 120달러 이상이 될 것이다. 시트팩터는 70%로 좋게 나타나지만, 항공사는 항공편당 360달러의 손실을(두 번째 열) 볼 것이다.

표 11-2 가격 대안: 아테네–그리스의 섬 사례연구

10석 항공기 총운영비=$1,200(편도)

승객들의 지불의사, 즉 수요곡선		평균 비용 기반 가격 (Average cost pricing)		시장 기반 가격 (Market pricing)
		좌석당 비용 기반 운임 = $120	승객당 비용 기반 운임(60% 시트팩터) = $210*	세 가지 개별 운임: $300, $150, $90
①		②	③	④
		여행객들에 의해 지불되는 운임($)		
1	310	120	210	300
2	310	120	210	300
3	280	120	210	150
4	260	120	210	150
5	230	120	210	150
6	210	120	210	150
7	160	120		150
8	110			90
9	90			90
10	55			
11	55			
12	50			
13	40			
etc				
총수익		$840	$1,260	$1,530
흑자–적자		–$360	+$60	+$330
탑승률		70%	60%	90%

주: 승객당 비용 200달러에 이윤 10달러 추가

항공사 관리자들은 좌석당 비용의 운임에 근거해서는 안 되며 승객당 비용에 바탕을 두어야 한다. 만약 항공사가 60%의 시트팩터를 목표로 한다면 승객당 비용은 200(1,200÷6)달러가 될 것이다. 항공사는 승객당 10달러의 이윤을 남기고 210달러를 청구할 것이다. 그러므로 6명의 승객들이 탑승한다면 총수익은 1,260

달러로 향상될 것이고, 적은 이윤을 창출할 것이다. 그러나 세 번째 열과 첫 번째 열의 비교가 분명하게 나타나듯이 여러 명의 승객들은 서비스보다 훨씬 더 적은 비용을 지불하고 있다. 경제학자들은 이것을 '소비자잉여(consumers surplus)'라고 부른다. 항공편을 이용하기 위해 310달러의 운임을 지불할 준비가 되어 있던 2명은 역시 210달러만 지불하면 되는 것이다.

시장 기반 가격은 서비스 제공자가 이런 식으로 손해를 보지 않도록 보장하는 것을 목적으로 한다. 비용보다 시장수요에 가깝게 조절한 운임인 마지막 열 ④에서 나타나듯이 만약 한 항공사가 90달러, 150달러, 300달러로 세 단계의 운임구조를 도입한다면, 시트팩터와 수익은 현저히 상승하게 될 수 있다. 이 사례연구는 세 단계 운임구조로 항공편당 330달러의 잉여금과 90%의 시트팩터가 창출된다.

실제가격은 앞서 제시했던 예시만큼 단순하지 않지만, 기본적인 원칙은 여전히 적용된다. 시장 기반 가격은 대부분의 시장에서 항공사들에게 높은 수익을 발생시킬 수 있게 한다. 이러한 가격 도입의 복잡성은 나중에 논의될 것이다. 예를 들어, 앞의 사례연구처럼 고운임(high-fare passengers)이 저렴한 운임을 이용하는 것을 방지하기 위해 운임 일정한계범위(fare fence)를 마련해야 할 것이다.

시장지향적 유임의 단기전략은 수익을 극대화하는 방법으로는 타당하지만, 이런 전략 자체로는 가격경쟁시장에서의 수익성을 보장하지 못한다. 왜냐하면 앞서 이야기했던 항공사 운임의 극히 낮은 단기 한계비용으로 인한 내새적인 불안정성과 시장 기반 가격설정은 발생한 총수익이 총비용을 상쇄하기에 불충분하기 때문이다. 이는 낮은 운임으로 인해 발생한 수요를 채우고자 추가공급석이 제공될 경우 특히 그렇다. 수익 극대화는 단기적인 가격책정을 목적으로 하는 반면, 장기적 관점에서 항공사들은 이익 창출 또는 손실 최소화를 목적으로 할 가능성이 있다. 이는 수익이 비용을 상쇄하지 못하는 노선은 철수하거나 항공사들의 가격정책을 바꿔서 수익이 비용을 커버하도록 보장해야 함을 의미한다.

항공사들이 자사의 가격정책을 통해 목적을 달성하기 위해서는 세 가지를 실행해야 한다. 첫째, 항공사들은 상품특성과 가격 측면에서의 개별시장과 개별 고객요구 등 다양한 세분시장에 대한의 근본적인 이해가 필요하다(제8장 8.5절 참조). 둘째, 비용 기반 운임보다 시장 관련 운임이 우세한 시장에서 항공사들은 반드시 효율적인 일드관리 혹은 수익관리를 시행하여야 한다. 이는 고운임 승객들이 저렴한 운임을 사용하여 수익저하가 발생하지 않고 항공사들의 총수익이 극대화되도록 하는 데 필요하다.

마지막으로 시장세분화가 상당히 분명한 경우, 항공사들은 각 세분화된 시장 또는 교통량 그룹이 항공사 비용을 상쇄하는 정도를 파악해야 한다. 이는 항공기에 대한 투자 필요 분석, 새로운 노선, 상품과 더불어 항공사가 조심스럽게 각각의 서비스에 대한 일련의 비용을 고려할 수 있도록 한다. 각 노선의 시장 상황에 따라 적용할 수 밖에 없었던 모든 가격의 책정방법은 일반적으로 항공사들이 제공하는 상이한 서비스의 비용을 평가하는 것에서부터 시작한다. 시장 기반 가격 또한 비용을 무시하지 못한다. 가격과 비용 사이의 관계를 이해하는 것은 효율적인 항공사 경영을 위한 기본이 된다. 간단히 말해서 성공적인 수익발생의 핵심은 시장지식, 효과적인 수익관리 그리고 비용에 대한 인지이다.

11.6 가격 및 상품전략의 선택

승객들에게 부과하는 운임은 단지 항공사가 다양한 좌석등급의 승객들에게 제공하는 상품 또는 서비스의 한 측면에 불과하다. 상품의 특징에는 운항횟수, 시간, 좌석의 안락성, 지상서비스 및 기내서비스 품질 등이 있다. 제10장에서 분석했듯이, 특히 레저와 VFR 승객에게는 가격이 가장 중요한 요인이다. 각 노선에서 항공서비스를 계획할 때 항공사는 적절히 필요한 수요를 창출할 수 있는 다양한 가격과 상품믹스를 결정해야만 한다. 규제가 심하지 않고 가격경쟁이 심한 시장에서 가격에 대한 옵션이 매우 많을 수 있으며, 그러한 많은 옵션에서 선택되는 것은 더욱 어려울 수 있다

운임의 구조와 수준 그리고 그와 관련된 상품특징을 결정하는 가격전략을 결정하는 시작점은 수요와 항공사 가격전략의 목적에 대한 평가로부터 시작해야 한다. 항공사가 특정 이윤을 달성하고자 하는지, 급속한 확장을 하고자 하는지, 시장점

유율을 확대시키려 하는지 또는 달성하고자 하는 다른 목적이 있는지 등이다. 가격정책에 대한 목적을 확인한 후, 항공사는 잠재고객들이 원하는 것과 그에 대해 지불할 준비가 되어 있는지 분석하여 시장에 내놓을 상이한 상품들의 비용을 조사하여야 한다. 모든 세분시장의 요구에 대응할 것인가 또는 특정 세분시장에서의 수요만 끌어올 것인가? 어떻게 포지셔닝하고 브랜딩할 것인가? 항공사는 고수익 승객을 목표로 하여 시장의 최상위를 향하여 나아갈 수 있는데, 이는 낮은 로드팩터와 시장점유율의 손실을 가져올 수 있다는 것을 의미한다.

정부로부터 운임관리를 받는 국제선 시장이라면 가격전략은 또한 자국 정부가 수용을 해야 하며, 국제선의 경우 상대국 정부도 수용해야 한다. 상대국 정부의 대응은 자국 항공사의 이익에 달려있고, 특히 자국 항공사의 비용 및 목적이 제안된 운임과 관련되어 있는 정도에 달려있게 된다.

보다 가격경쟁이 심한 시장에서는 가격전략이 다이내믹하고 경쟁항공사에 의해 도입된 가격 또는 상품변화에 대응하여 변화해야 할 필요성이 있다. 이처럼 항공사들은 어려운 의사결정을 많이 해야 한다. 경쟁사의 단위비용이 낮은 것을 인지하고 경쟁사가 출혈경쟁을 하려는 것 혹은 엄청난 정부지원금을 받고 있는 것을 알면서도 경쟁사의 낮은 운임에 대하여 같은 수준의 운임을 제공해야 하는가? 공급석 중 어느 정도의 좌석을 가격경쟁력이 높은 운임으로 제시해야 할 것인가? 저운임전략에 대응한다면 경쟁사의 항공운임보다 어느 정도 저렴하게 해야 할 것인가? 이런 다양한 사항들이 개별시장에서 채택하는 가격전략 및 운임 수준에 영향을 미칠 것이다. 그러나 다음과 같은 궁극적인 목적이 간과되어서는 안 되는데, 항공사는 항공수요와 공급을 통해 기업 목표를 달성할 수 있어야 한다.

11.7 국제선 여객운임의 전통적인 구조

많은 국제선 시장, 특히 장거리 시장에서 전통적인 항공사의 운임구조는 객실 클래스와 IATA 운임기구를 통해 개발된 복잡한 규칙을 적용하여 사용되었다(제2

장 2.7절 참조). 2000년 이후, 국내 및 국제시장이 점진적으로 자유화됨에 따라 저비용항공사의 혁신적인 가격정책에 의해 대체로 유연한 운임구조가 등장하였다(이러한 새로운 가격책정구조는 다음 11.8절에서 논의됨). 동시에 IATA 운임기구로부터 운임을 승인받아 사용하던 시장은 점차 위축되었다. 결국, 2018년 11월 IATA는 운임을 설정하는 역할에서 물러났다. 그럼에도 불구하고 과거에 국제항공 노선에 IATA 운임이 광범위하게 채택되었기 때문에 오늘날 네트워크 항공사의 항공운임은 각기 가격 수준이 다를지라도 구조에 상당한 균일성이 있다.

전통적인 국제운임의 복잡한 특징은 두 가지다. 첫째, 운임종류의 다양성으로 퍼스트, 비즈니스, 프리미엄 이코노미, 이코노미 클래스 운임 및 이와 연계된 할인운임과 다양한 프로모션 운임이 포함된다.

전통적으로 대부분의 국제선에서 기존 네트워크 항공사는 별도의 객실등급인 퍼스트, 비즈니스 및 이코노미 클래스에 해당하는 운임 유형을 제공했다. 현재는 유럽 노선과 일부 장거리 노선에서 더 이상 퍼스트 클래스 서비스를 제공하지 않는 경우도 있다. 일반적으로 퍼스트 및 비즈니스 클래스 운임은 한 종류이며, 경우에 따라 몇 가지 운임이 있기도 하지만 이코노미 클래스에는 여러 가지 다양한 운임이 있는 경우가 많다. 이코노미 클래스의 기본 '정상'요금으로 간주되는 것은 이코노미 요금 중 할인적용과 제약조건이 전혀 없는 최상위의 이코노미 운임(economy full fare)이지만, 아래에서 논의될 다양한 종류의 이코노미 클래스 운임도 있다. 장거리 노선에서 몇몇 항공사는 개량된 이코노미 클래스 객실을 점진적으로 도입했다. 이 객실은 일반적으로 프리미엄 이코노미라고 불리며 2000년 British Airways에 의해 처음 시작되었다. 그러나 일부 항공사는 느리게 도입했는데, United Airlines는 2018년 하반기까지 자체 '프리미엄 플러스(Premium Plus)' 객실을 도입하지 않았다.

우대운임(preferential fares)은 나이, 가족관계 또는 직업 등과 같은 기준에 부합한 승객에게 적용되는 할인운임이다. 통상 정상운임의 일정비율의 할인으로 표시되며 일반적으로 세계 대부분의 지역에서 적용된다. 가장 많이 적용되는 할인운임은 12세 이하의 어린이에게 33~50%까지 적용되는 할인운임과 좌석을 제공하지 않는 항공권으로 2세 이하의 유아에게 적용되는 90% 할인운임이다. 또한 특정 지역에서는 해외에서 공부하는 지역을 왕복하는 유학생들에 대한 할인이 있을 수 있고, 군인 또는 선원을 대상으로 한 할인운임 역시 존재한다. 전통적으로 우대운임의 목적은 지역사회 내의 특정 집단들로부터 수요를 창출하기 위한 것이었으며, 아이 또는 학생이 있는 가족단위로부터 수요창출을 시도한 점에서 부분적으로는 사회적인 성격이 있었다.

할인운임으로 종종 언급되는 프로모션 운임은 항상 하나 또는 그 이상의 제약이 있는 다양한 저운임인데, 승객들은 이코노미 클래스의 정상운임에서 많은 금액을 할인받게 된다. 이러한 프로모션 운임은 대부분의 우대운임처럼 특정 대상에 대해 일반적으로 적용하는 것이 아니라 특정 시장 또는 노선에 대해 설정된다.

프로모션 운임을 도입하게 된 초기 목적은 비수기수요 또는 패키지 관광수요와 같은 특별한 세분시장을 자극하기 위한 것이었는데, 항공사는 공표한 운항 스케줄대로 운항해야 하기 때문에 이러한 수요를 창출함으로써 한계비용의 이점을 누리게 되기 때문이다. 비수기운임, 주말운임, 야간운임, 그룹(GTX) 또는 개인(ITX) 패키지 운임 등이 이러한 종류의 운임이었고, 이후에 많은 다양한 프로모션 운임이 개발되었다. 본질적으로 이러한 운임을 사용해야 할 정당성은 한 가지이다. 항공사의 순수익을 증가시켜야 하고 이를 통해 이윤을 창출해야 한다. 이는 높은 운임수요가 낮은 운임으로 전환해 발생하거나, 낮은 운임 자체로 발생하는 수익손실을 더 많은 교통량으로 증가시킴으로써 달성할 수 있다.

높은 운임을 취소하고 낮은 운임으로 변경하는 위험을 최소화하기 위해서 제한(fence) 또는 까다로운 조건들이 프로모션 운임에 적용된다. 프로모션 운임은 하나 이상의 제한이 있는 경우가 많다. '제한'에는 세 가지의 종류가 있다. 첫째, 사용기한의 제한이다. 대부분의 프로모션 운임은 최소 및 최대 체류기간에 대한 제한사항이 있다. 둘째, 출발시간에 제한이 있을 수 있다. 하루 중 특정 시간 아니면 주중 또는 시즌의 특정한 날에는 사용할 수 없다는 조건이 있는 것이 일반적이다. 이러한 목적은 비수기에 수요를 창출하기 위해서거나 특정 항공편의 시간대나 요일에 빈 좌석으로 운항할 수밖에 없는 좌석을 채우고자 하는 것이다. 셋째, 일부 최저가격의 프로모션 운임은 구매시점의 제약을 수반한다. 이는 출발시간 제한보다 더 효과적으로 수요를 유도하기 위한 것에 목적이 있다. 이들은 최소한 출발

수일 전에 예약과 항공권 결제를 완료하여야 하거나 또는 출발 임박 항공권으로 일반적으로 해당 항공편으로부터 24시간 이내에만 또는 실제 항공기가 출발하기 직전에만 구매가 가능한 운임이다. 이는 수요가 낮게 예견된 날짜에 교통량을 증가시키는 것을 목적으로 한다.

마지막으로 여행대리점이나 여행 알선업자들이 구매해 포괄여행(Inclusive Tour: IT) 패키지 구성에 이용하는 비공식적 포괄여행운임(IT fare)이 있다. 이러한 패키지 상품은 일반적으로 숙박을 포함하고 있으나, 숙박을 제공하는 대신 렌터카, 문화행사 티켓, 운동경기 티켓과 같은 것을 포함하기도 한다.

많은 시장에서 프로모션 운임의 필요성이 보다 새롭고 유연한 가격구조에 의해 낮아졌지만, 포괄여행운임은 여전히 유럽뿐만 아니라 아시아와 북아메리카에서도 널리 사용되고 있다. 이는 기본적으로 네트워크 항공사와 저비용항공사 모두 여행사에 판매하는 좌석의 비공시운임이다. 포괄여행운임은 기존 네트워크 항공사가 차터항공사와 보다 효과적으로 경쟁할 수 있도록 했다(제6장).

그러므로 전통적인 운임구조는 비용 기반 가격과 시장 기반 가격의 결합이다. 항공사들, 특히 재정적으로 취약한 항공사들을 보호하고, 쉽고 저렴한 항공여행에 관심이 있는 고객들의 균형을 맞추고자 한 시도는 엄격하고 유연함이 없으며 시장 필요변화를 충분히 반영하지 못하는 가격책정체제를 만들었다. 이 운임구조는 상당히 복잡했다. 보통 한 항공편에 수십 개 이상의 별도 운임이 있었고, 이 중 몇몇은 공식적으로 제공되었지만, 일부 운임들은 대리점을 통해서만 제공되었고 각각의 복잡한 운임조건이 몇 페이지씩 이어지기도 했다. 항공노선이 길수록 운임과 운임에 적용되는 조건은 더욱 복잡했다.

하지만 1990년대 후반과 2000년대 초, 특히 유럽에서 훨씬 단순하고 저렴한 운임구조를 사용하는 단거리 저비용항공사의 폭발적인 성장은 많은 대형항공사들로 하여금 자사 운임, 특히 단거리 운임에 대해 다시 생각하도록 만들었다. 유럽연합 내 규제완화와 국내 및 국제시장의 추가적인 자유화는 이를 더욱 쉽게 만들었다. 2000년대 중반까지 Air Canada와 Aer Lingus와 같은 항공사들은 단순하고 더욱 유동적인 시장지향적 가격책정방식을 도입하였다. 다른 기존 항공사들은 새로운 가격전략을 일정 부분 채택했다.

11.8 저비용항공사의 신규 가격전략

저비용 모델의 핵심적인 특징은 기존 항공사와 지상교통수단을 이용하는 승객들을 유치하기 위하여 매우 저렴하고 단순한 운임을 사용하고, 여행을 하지 않았던 승객들을 유인하여 새로운 수요를 발생시키는 것이다. 미국 Southwest, 유럽 Ryanair 및 easyJet, 브라질의 Gol 그리고 말레이시아의 AirAsia는 조건 및 제약을 최소화하며 단순하고 저렴한 운임을 제공해 빠르게 성장하며 성공했다. 운임은 투명하고 이해하기 쉬웠다. 수요패턴 변화에 따라 자주 변화하는 유동적인 시장기반 가격을 통해 수요를 발생시키는 것에 초점을 두었다. 저비용항공사들은 단거리, 주로 지점 간을 운항하기 때문에 운임을 단순화하는 것이 용이했다.

모든 저비용항공사들의 운임정책이 동일한 것은 아니다. 하지만 대부분의 저비용항공사는 공통적으로 앞에서 설명한 전통적인 운임구조와 차별화되는 가격설정의 특징을 나타낸다.

- 승객들은 편도항공권을 구매할 수 있다. 왕복항공권을 구매해야 할 의무는 없다. 역사적으로 대형항공사들은 단거리 노선에 편도항공권을 거의 제공하지 않았다. 만약 편도항공권의 구매가 가능하다면 왕복항공권 운임의 절반 이상으로 비쌌다. 이는 왕복항공권을 구입하게 만드는 강한 유인수단이었다. 물론 저렴한 프로모션 운임은 왕복항공권에만 제공되었다.
- 저비용항공사 예약 시 특정 항공기에는 일반적으로 한 가지 또는 드물게 두 가지 혹은 세 가지의 운임이 있다. 운임구조의 단순함은 예약 시 한 항공편에 대해 다양한 조건과 함께 수많은 개별 운임을 이용할 수 있는 네트워크 항공사의 전통적인 가격설정과 대조를 이룬다. 사실 저비용항공사는 단일 좌석등급으로 가격설정을 단순화하기 용이했다.
- 각각의 저비용항공사 항공편에 한 가지(혹은 두 가지)의 운임이 사용 가능한 반면, 같은 날 동일한 노선의 다른 항공편은 상이한 운임을 제공하기도 한다. 이것은 각 노선의 상이한 수요패턴을 반영한 것이다. 다시 말해, 이는 일반적으로 같은 노선 항공편에는 운임을 달리하지 않는 전통적인 가격설정과는 대

조되는 것이다.

- 저비용항공사 운임은 빠르게 변한다. 저비용항공사의 가격설정은 출발일에 한참 앞서 매우 저렴한 운임을 제공한다. 출발일이 다가오거나 저렴했던 초기 운임으로 채워진 좌석들로 인해 각 항공편의 단일운임은 단계적으로 상승한다. 하지만 항공권의 판매가 저조할 경우 운임은 하락할 수 있다. 다시 말해, 각 항공편의 운임은 특정 항공편 수요에 빠른 반응을 보인다. 전통적으로 대형항공사의 단거리 노선 운임은 수요에 훨씬 덜 유동적이고 빠른 반응을 보이지 않는 경향이 있다. 일부 운임 유형은 없어지거나 다른 유형이 새로 사용되었지만, 일반적으로 운임 수준은 수요에 반응하지 않았다. 만일 다량의 좌석이 팔리지 않은 채로 남아있는 경우, 몇몇 시장에서는 출발일 직전에 운임을 저렴하게 할인판매하였다. 이는 마지막에 운임을 상승시키는 저비용항공사의 가격설정 철학과는 반대되는 것이다.
- 저비용항공사의 운임조건은 수가 많지 않고 간단하며 모든 운임과 항공기에 균등하게 적용된다. 이는 한두 가지 운임종류만 존재할 경우 용이하다. 예를 들어, 항공권 환불 불가 등의 운임조건은 엄격할 수 있지만 균일한 경향이 있다. 대형항공사들이 제공하는 다양한 운임의 조건은 매우 복잡하지만, 저비용항공사의 운임조건은 승객들이 이해하기에 복잡하거나 어렵지 않다.

저비용항공사 가격설정전략의 핵심요소는 성수기 바로 전인 2018년 5월 easyJet이 운항했던 런던 개트윅과 아테네 간 노선 운임의 사례에서 볼 수 있다([표 11-3] 참조). easyJet이 매일 2회 운항했던 이 노선의 운임은 영국 정부의 여객서비스비와 공항사용료가 포함된다. 2018년 5월 9일 월요일 출발 5월 13일 금요일 귀국 운임을 항공편의 출발 3개월 전인 2018년 2월 10일부터 약 2주 간격으로 모니터링하였다. 출발일이 다가올수록 검토한 운임은 [표 11-3]과 같이 다음과 같은 특징을 나타낸다.

- 특정 시점의 각 항공편에는 단 하나의 기본적인 운임이 사용 가능하다. 아주 비싼 '플렉시(flexi)' 운임도 있었다.
- 동일한 노선을 운항함에도 불구하고 같은 날 항공편 사이의 운임은 다양하다.

- 편도여행 시에도 표시된 가격으로 구매할 수 있다.
- 출발일이 다가옴에 따라 운임이 상승하고, 때로는 매일 오르기도 하지만 판매가 목표치를 밑돌 경우 하락할 수도 있다. 예를 들어, 런던발 아테네행 오후 항공기의 운임은 상승 및 하락 폭이 크다.
- 런던발 새벽 항공편(5시 45분 출발) 운임이 저렴하고 변동성이 적은데 이는 오후 출발편 선호 경향을 보여준다.
- 출발일에 가까워지면 잔여 좌석이 적어지므로 운임이 최고치로 조정될 수 있다.
- 빈번한 운임 변경은 예약 수준(즉, 수요)의 변화뿐만 아니라, British Airways, Aegean, Ryanair 등 런던-아테네 노선의 다른 경쟁사들의 운임 수준에 대한 대응이기도 하다.

[표 11-3]에 나타난 운임은 개별 운임이다. 승객들은 여러 가지 추가서비스 또는 상품을 구매할 수 있다. 위탁수하물을 체크인할 경우, 5kg의 가방 한 개에 대해 편도 42파운드씩 지불해야 하며, 26kg의 가방은 73파운드를 지불해야 한다. 승객이 출발일 전에 좌석배정을 원한다면 일반 좌석은 4파운드, 색실 앞쪽 좌석은 18.5파운드, 비상구나 맨 앞줄 좌석은 20파운드를 지불해야 한다. 따라서 2~3개월 전 예약 시 큰 수하물과 좌석배정수수료가 좌석가격보다 더 비쌀 수 있다.

그 대신에 승객은 훨씬 더 높은 '플렉시' 운임을 선택할 수 있으며, 이는 승객에게 무료 수하물, 무료 좌석배정 및 다음 혜택을 제공한다.

- 두 번째 기내 수하물 무료
- 우선 탑승
- 수하물 우선 수속(체크인)
- 패스트트랙 보안검색
- 무제한 날짜 변경
- 무료 노선 변경
- 7파운드 기내 바우처

표 11-3 easyJet의 런던 개트윅과 아테네 간 노선의 운임변화(5월 9일 월요일 출발, 2018년 5월 13일 귀국)

(단위: 파운드)

구분	2018년 easyJet 웹사이트의 날짜별 운임 견적						
	2월 10일	2월 25일	3월 10일	3월 24일	4월 10일	4월 25일	5월 5일
개트윅-아테네							
출발시간 05: 45	57	71	77	77	77	77	120
출발시간 14: 40	67	125	87	150	95	95	150
아테네-개트윅							
출발시간 12: 20	45	123	123	93	93	93	123
출발시간 21: 05	37	93	74	68	107	107	140

주: 운임은 공항사용료와 세금을 포함한 편도요금. 그러나 승객의 재량에 달려있는 우선 탑승(priority boarding) 또는 수하물 등 기타 부가서비스사용료는 제외됨.
대부분의 옵션을 포함하는 플렉시 운임은 표시된 기본운임보다 100~350파운드 높음.

그러나 이를 위해 높은 가격을 지불해야 했다. 예를 들어, 2018년 2월 초에 예약 가능한 2018년 5월 런던-아테네 항공편 최저운임은 57파운드이지만 동일한 항공편의 플렉시 운임은 354파운드로 대폭 증가한다! 대신 승객은 연간 easyJet Plus 카드를 200파운드에 구매할 수 있었다. 이것은 그들에게 기본적인 운임만 지불하더라도 easyJet으로 여행할 때마다 날짜와 노선 변경을 제외하고 플렉시 운임에 포함된 대부분의 혜택을 주었다.

easyJet의 경우와 같이 다른 저비용항공사들에게도 체크인 수하물 및 좌석 배정에 대한 수수료가 빠르게 일반화되었다. 유럽 저비용항공사들이 도입한 기타 수수료로는 항공권 발행에 대한 서비스수수료, 온라인 체크인이 아닌 공항에서의 체크인수수료 등이 있으며, 네트워크 항공사들이 계속 부과해 왔던 항공권 변경수수료, 스포츠 장비에 대한 수수료 등도 도입했다.

일부 미국 저비용항공사들은 유럽 항공사와 유사한 가격정책을 따르고 있지만, Southwest는 약간 다른 접근법을 채택했다. Southwest는 세 가지 운임을 제공하지만, 항공운임을 세부적으로 나누어 승객이 필요한 서비스를 따로 구매하는 형식의 운임형태인 '알라카르트(a la carte)'와 같은 형식의 운임구조는 아니었다. 2018년 Southwest에서는 매우 낮은 'Wanna Get Away' 환불 불가 운임과 항공권의 조건이 유연한 'Anytime' 운임을 판매하고 있었는데, 이 운임은 여행 당일에 추가 운임 없이 변경할 수 있고 환불도 가능했다. 'Anytime' 운임은 급격히 상승하는 성수기를 제외하고 'Wanna Get Away' 운임보다 3~4배 높을 수 있다. 그러나 Southwest는 추가수수료와 함께 일련의 선택적 서비스를 제공하는 대신에 'Business Select' 운임을 제공했는데, 이것은 'Anytime' 운임에 20~30달러를 추가하여 상용출장승객을 대상으로 우선 탑승, 우선 보안검색, 주류 및 보너스 마일리지를 포함했다. 높은 운임 안에 '부가서비스(add-on)'를 통합하는 방법으로 Southwest는 추가비용이 없다는 것을 강조하여 광고하였다. 이들은 독특한 상품 특징을 가진 3개의 개별운임을 제공한다. 이는 간단한 가격전략이다!

저비용 비즈니스 모델에 내재된 가격책정 철학은 이해하기 쉽고 제한이 적은 매우 낮은 단순운임을 제공하는 것이다. 운임은 같은 날, 같은 노선([표 11-3] 참조)이라도 항공편마다 다르며, 출발일이 다가올수록 수요의 수준변화에 따라 변동된다. 운임 일드는 '다이내믹(dynamic)' 요금전략 또는 '알라카르트' 가격, 즉 좌석 배정이나 체크인 수하물과 같은 다양한 서비스에 추가요금을 부과함으로써 보완할 수 있다. 특정 승객을 운송하는 비용을 운임과 연관시키려는 시도는 거의 없다. 수하물수수료와 같은 추가수수료 중 일부는 비용 관련이라는 주장도 있지만, 발생하는 추가비용과의 연결고리는 실제가 아니라 개념적이다. 저비용의 항공운임은 시장주도형이다. 운임을 변경할 때 비용을 무시하지는 않지만, 특정 승객의 개별비용이 아닌 항공편이나 노선의 총비용을 충당할 수 있도록 하는 것이 목적이다. 따라서 수익관리는 중요하지만, 나중에 논의될 바와 같이 운임구조의 단순성으로 인해 저비용항공사의 수익관리는 훨씬 쉬워졌다.

정리하면 저비용항공사의 등장은 항공사 운임에 세 가지 측면에서 영향을 미쳤다. 첫째, 저비용항공사는 더 적고 단순한 제약으로 운임을 간소화시켰고, 수요에 대한 대응력을 높였다. 둘째, 운임을 나누어 더 투명하게 만들었다. 승객들은 단순운임을 구매한 후 다양한 '추가'서비스나 그들이 원하는 상품을 구매할 수 있다. 셋째, 저비용항공사는 이러한 '추가'요금이 기내 면세점, 초과수하물요금 등과 같은 전통적인 부가수수료와 더불어 실질적인 부가서비스 수익을 창출할 수 있음을 입증했다. 저비용항공사는 부가서비스 수익이 항공사 총수익에서 훨씬 더 중요한 부분이 될 수 있다는 것을 보여주었다. 2016년 Ryanair 전체 수익의 27%가 부가서비스로 창출되었다!

11.9 네트워크 항공사의 '알라카르트' 가격 채택

2000년대 초, 네트워크 항공사들은 업계 전체가 위기에 처하고 많은 항공사들이 손실을 보았을 때에도 계속해서 수익성 있게 운영한 Southwest나 Ryanair 같은 저비용항공사들의 성공을 매우 의식하게 되었다. 이 현상은 2008년 이후에도 다시 일어났다. 더구나 저비용항공사들은 기존 네트워크 항공사들이 가지고 있던 단거리 노선의 시장점유율을 끊임없이 높이고 있었다. 2000년대 중반부터 점차적으로 네트워크 항공사들은 운임을 단순화하고 항공상품을 분리하는 저비용항공사 가격전략을 채택하였다. 유럽에서 이를 가장 먼저 채택한 항공사 중 하나는 Aer Lingus였다. 이는 유럽 최대의 저비용항공사인 Ryanair가 Aer Lingus의 허브공항인 더블린공항에서 대규모로 운영되었기 때문이다. Aer Lingus는 대부분의 다른 유럽 항공사들보다 앞서 갔다. Aer Lingus는 단거리 노선에서의 비즈니스 클래스를 완전히 포기하고 이코노미 단일 클래스를 운영했고, 이코노미 클래스 운임 범위 안에서 다른 속성을 가진 세 가지의 별개 운임을 제공했다. 2018년 이코노미 클래스 운임은 'Economy Saver', 'Economy Plus' 그리고 'Economy Advantage' 세 가지였다.

이들 각각의 운임에 따라 추가비용 없이 다양한 상품 또는 서비스 기능이 추가로 포함된다. 이것들은 [표 11-4]에 나열되어 있다. 'Saver' 티켓 구매자에게는 추가상품 기능을 최소로 제공하지만 필요한 경우 대부분의 상품을 따로 구매할 수 있다. 2018년 라운지 이용은 30유로, 우선 탑승은 5유로, 위탁수하물은 무게에 따라 가격이 책정되며 탑승 전 좌석 선택은 10~16유로 사이이다.

저비용항공사가 그렇듯이 Aer Lingus는 같은 노선의 각 항공편마다 각기 다른 운임을 제공하며, 출발일이 다가올수록 이 운임은 바뀔 수 있다. 같은 날짜의 여

표 11-4 Aer Lingus 유럽 이코노미 운임 카테고리 및 혜택, 2018년

구분	EconomySaver	EconomyPlus	EconomyAdvantage
상용고객우대프로그램 포인트	Yes	Yes	Yes
위탁수하물(20kgs)		Yes	Yes
사전 좌석배정		Yes	Yes
우선 탑승		Yes	Yes
더 일찍 출발하는 항공편 대기		Yes	Yes
라운지 이용			Yes
무료 변경 및 환불			Yes
패스트트랙 보안검색: 더블린			Yes

주: 포함되지 않은 일부 서비스는 수수료 지불 시 구매할 수 있음. Aer Lingus는 단거리 노선에 비즈니스 클래스가 없음.

러 항공편 운임이 동일하게 변동하지 않으며, 각 특정 항공편에 대한 수요에 따라 운임이 변동한다.

British Airways나 Lufthansa 같은 다른 유럽 네트워크 항공사들도 각각 다른 상품이나 서비스 특징을 탑재한 개별 운임 클래스를 제한적으로 제공하며 유사한 접근방식을 채택했다. 대부분의 이코노미 클래스에는 2~3개의 별도 운임, 비즈니스 클래스에는 2개의 운임 카테고리가 있다. 또한 승객이 구매한 운임 카테고리에 포함되어 있지 않은 다양한 상품 및 서비스가 추가로 구매 가능할 수 있다. 하지만 항공사 간의 차이는 존재한다. 예를 들어, 일부 항공사는 같은 날 같은 노선의 모든 운임에 큰 차이를 두지 않고 거의 비슷하게 유지하려고 한다. 시간이 지남에 따라 운임 수준이 바뀌는 속도 또는 횟수도 항공사에 따라 다르다.

북아메리카에서는 캐나다 저비용항공사 Westjet과의 강한 경쟁에 맞서, 2003년 Air Canada는 새로운 가격책정의 관행을 바꾼 최초 항공사 중 하나가 되었다. 장거리 국내선에 Air Canada는 네 가지 운임 카테고리 또는 객실 클래스를 제공했다. 이코노미 클래스 운임은 가장 낮은 Tango 요금에서부터 Tango Plus, Latitude까지 있다. 그리고 비즈니스 클래스에는 executive fare가 있었다. 같은 카테고리 운임은 수요 수준에 따라 같은 날짜의 여러 항공편 간에 차이가 나는 경우가 많았다. Air Canada는 대부분의 저비용항공사들과 마찬가지로, 특히 Tango

와 Tango Plus 운임에 대해 광범위한 수수료를 도입했다. 2009년 Air Canada의 최고경영자인 Montie Brewer은 그들의 가격전략을 다음과 같이 요약했다.

> 우리는 6년 동안 알라카르트 가격정책을 시행해 왔으며 이는 우리 고객들에게 인기를 끌고 있다. 우리는 명확한 혜택을 지닌 네 가지 기본적인 운임상품을 제공한다. 약 47%의 고객들이 더 낮은 운임이 존재함에도 불구하고 상품속성 때문에 높은 운임을 선택한다. 그리고 우리는 고객들에게 위탁수하물이나 라운지 이용 등의 서비스를 제외하고 할인을 받을 것인지, 아니면 추가로 구매할 것인지에 대한 옵션을 제공한다.
>
> (Airline International, 2009년 4~5월)

이러한 가격전략으로 인해 Air Canada는 공격적인 가격설정과 저렴한 비용으로 운항하는 저비용항공사인 Westjet과 국내에서 효과적이며 수익성 있게 경쟁을 할 수 있었다고 주장한다. 2018년 기준 Air Canada는 장거리 국내선에 프리미엄 이코노미를 포함한 이코노미 4개, 비즈니스 클래스 2개 등 최대 6개의 운임상품을 제공했다.

Air Canada와 달리 미국의 네트워크 항공사들은 '알라카르트'나 다이내믹 가격책정(dynamic pricing)을 바탕으로 더 적은 수의 운임상품을 채택하고 있다. 2018년 Delta Air Lines는 국내선 노선에서 이코노미에 2개, 퍼스트 클래스에 1개의 개별 운임을 제공했다. 일부 노선에는 초저가의 기본 이코노미 운임도 있었다. 출발이 임박하면서 개별 운임이 인상되었지만, Air Canada 운임에 비해 인상속도가 느리고 폭도 작았다. 대서양 횡단 서비스에서도 Delta Air Lines는 이코노미 운임 2개와 퍼스트 클래스 운임 1개를 제공했는데, Delta Air Lines 퍼스트 클래스는 비즈니스 클래스 상품에 더 가까웠다. Delta Air Lines는 자체 항공기에 프리미엄 이코노미가 없었고, Virgin, Air France 또는 KLM이 운항하는 공동운항 항공편에서만 이용할 수 있었다. 또한 Air Canada와 달리, Delta Air Lines는 국내선 승객에게 우선 탑승 및 기내 와이파이만을 제공하며 부가기능을 줄였다. 저비용항공사 가격전략의 채택은 유럽 항공사보다 미국 항공사가 소극적인 것으로 보인다.

미국 항공사들과는 대조적으로 다른 많은 장거리 국제항공사들은 수많은 운임상품 또는 카테고리 전략을 채택했다. 2018년 Singapore Airlines는 퍼스트 클래스를 제외하고 유럽행 서비스에 8가지 운임상품을 보유하고 있었다. 이코노미 클래스에 3개의 별도 운임, 프리미엄 이코노미 클래스에 2개의 운임 그리고 놀랍게도 비즈니스 클래스에 3개의 운임을 제공했다. 이 모든 운임에는 승객들이 그들의 특정한 운임등급과 관련된 규정을 따르지 않을 경우 페널티를 포함한 상당히 까다로운 조건들이 있었다. Singapore Airlines의 이코노미 및 프리미엄 이코노미 운임과 관련된 조건과 페널티는 [표 11-5]에 명시되어 있다. 세 가지 비즈니스 클래스 운임 카테고리에는 각기 다른 조건이 있었다. Singapore Airlines의 다양한 종류의 운임은 장거리 노선에서 제공하는 3개 또는 4개의 객실로 인해 생겨난 결과이다.

저비용항공사는 기본적으로 두 가지의 간단한 운임 모델이 있다. Ryanair 및 easyJet은 기본적으로 각 항공편에 대해 단일운임을 제공하며 출발이 가까워질수록 운임이 달라진다. 승객들은 수수료를 지불하고 다양한 상품과 서비스를 추가할 수 있다.

easyJet은 모든 부가적인 것들을 포함하는 훨씬 높은 운임을 따로 제공하지만, 운임은 매력적이지 않으며 실제로 동일한 혜택을 얻으려면 easyJet Plus 로열티 카드를 구매하는 것이 더 저렴하다. 이 모델과 대조적으로 Southwcst는 다양한 추가상품기능을 3개의 개별 운임에 포함시키고 추가기능을 제공하지 않는다. 두 모델 모두 심플하고 소비자 친화적이다.

항공사 운임을 단순화하는 저비용항공사의 접근법을 채택하는 기존 항공사들은 승객들이 구분하고 평가하기 어려울 수 있는 다양한 조건의 복잡한 운임구조를 만들어 낸 경우가 많았다. [표 11-5]에 표시된 Singapore Airlines의 다양한 운임상품 및 운임조건과 앞서 언급한 Air Canada의 다양한 운임 카테고리는 항공운임의 복잡한 구조를 보여준다.

운임관리자와 팀원의 역할이 더욱 중요해지고 있지만, 운임변동성이 커지고 다이내믹하게 변화함에 따라 더욱 어려워졌다. 또한 운임이 수요 또는 시장지향적으로 증가함에 따라 운임관리자는 수익을 보장하기 위해 효과적인 수익관리 도구에 전적으로 의존하게 된다. 이것은 전통적인 대형항공사들과 저비용항공사들에게 똑같이 적용된다.

표 11-5 Singapore Airlines 이코노미 및 프리미엄 이코노미 운임에 부과되는 조건 및 수수료, 2018년

구분	이코노미			프리미엄 이코노미	
	Lite	Standard	Flexi	Standard	Flexi
좌석 배정	$15	일반 좌석만 무료	일반 좌석만 무료	무료(레그룸이 넓은 좌석 제외)	무료(레그룸이 넓은 좌석 제외)
취소	No	$200	$100	$200	$100
예약 변경	$200	$50	무료	$50	무료
노쇼 페널티	$300	$100	$100	$200	$200
마일리지	50%	75%	75%	200%	200%

주: 수수료/페널티는 미국달러로 표시됨.
Singapore Airlines는 또한 Business Lite, Business Standard 및 Business Flexi의 3가지 장거리 비즈니스 클래스 요금을 제공함. 일부 시장에서는 퍼스트 클래스도 제공함.

11.10 수익관리이론

수익관리에는 항공사 예약 통제시스템을 통해 특정 운임으로 이용할 수 있는 운임 수준과 좌석수를 제어하여 운임당 총여객 수익을 극대화하는 것이 포함된다. 이는 높은 로드팩터 또는 높은 평균 일드를 보장하는 것과 동일한 것은 아니다. 실제로 수익을 극대화하는 것은 어려운 일이며, 심지어 이 두 가지 중 어느 것도 달성하지 못한다는 것을 의미하기도 한다. 수익관리는 대형항공사와 저비용항공사 모델 모두에 있어 동일하게 중요하다.

수익관리는 수요곡선을 통하여 표현되는 효용의 단순한 경제개념에 기초하고 있다. 각각의 고객이 상품 혹은 서비스에 기꺼이 지불하려 하는 최대가격이 존재한다. 그 가격은 그 상품을 소비함으로써 얻을 수 있는 효용 또는 이익과 상응한다. 고객들은 그 효용의 가치보다 적게 지불하면 행복해 하겠지만 효용 이상은 지불하려 하지 않을 것이다. 각기 다른 고객들은 특정 상품 또는 서비스로부터 각기 다른 효용 수준을 느끼며, 따라서 고객은 가격이 자신이 생각하는 효용 또는 이

익보다 크지 않을 경우에만 특정 상품 또는 서비스를 구매하게 된다. 대부분의 항공서비스는 다른 상품들과 유사하게, 가격이 낮으면 낮을수록 수요가 늘어나게 된다. 상이한 가격 수준에 따른 수요의 합산을 통해 수요곡선을 추정할 수 있다. 수직축은 항공운임, 수평축은 좌석수요를 나타내는 단순한 그래프에서 특정 두 도시 간의 항공서비스에 대한 수요곡선을 그릴 수 있다. 이는 가상적 단거리 노선을 사례로 나타낸 [그림 11-2] (a)에서 나타난다. 그림과 같이 우하향 직선인 수요곡선을 관찰할 수 있는데, 이는 상이한 가격에 판매될 수 있는 좌석수를 나타낸다.

특정 항공사가 100석의 항공기로 이 서비스를 공급하려는데 편도 운항비용이 3,500달러라고 가정한다. 목표로 한 시트팩터가 70%이면 이는 70명의 승객을 운송한다는 의미이다. 만약 가격이 완전히 비용기준으로 책정된다면 항공사는 이코노미석 편도운임으로 50달러(즉, 3,500달러를 승객 70명 목표로 나눈 값)를 부과할 것이다. 수요곡선을 보면 이 운임에서 항공사는 단지 50명의 승객만을 운송할 수 있고 그로 인한 수익은 2,500달러이기 때문에, 결국 항공사는 상당한 손실을 보게 될 것이다([그림 11-2] (a)부분). 그리고 로드팩터는 70%가 아니라 50%가 될 것이다.

또한 이 수요곡선을 통해 50달러를 지불한 많은 승객들이 운임을 더 지불할 수도 있음을 알 수 있다. 이 승객들은 꽤 좋은 거래를 한 것이다. 이들이 서비스를 사용해서 얻은 효용 또는 이득은 지불한 운임보다 훨씬 크다. 50달러와 이들이 얻은 효용 간의 차이가 이른바 '소비자잉여'이며 이는 [그림 11-2] (a)에 별색 영역으로 나타난다. 수익관리의 목적 중의 하나는 소비자잉여의 일부를 생산자인 항공사로 이전시켜 항공사의 수익을 극대화하는 것이다. 또한 수요곡선을 보면 또 하나의 중요한 사실을 알 수 있는데, 만일 운임이 50달러일 경우에 좌석의 반은 공석이 되는 한편 50달러 이하로 여행하고자 하는 사람들이 존재한다는 것이다.

'소비자잉여'의 문제와 빈 좌석을 채울 필요성이라는 두 가지를 깨달은 항공사는 이제 세 가지의 항공운임을 도입하기로 결정한다. Flexi Economy 운임 70달러, Standard Economy 운임 50달러, Economy Lite 운임 20달러이다(운임 Y, E A [그림 11-2] 참조). 여기에는 다양한 조건이 있는데, 예를 들어 Economy Lite 운임은 변경 및 환불이 불가하다는 것이다. 실제로 너무 저렴하므로 많은 승객들

그림 11-2 수요곡선과 가격전략의 상호작용

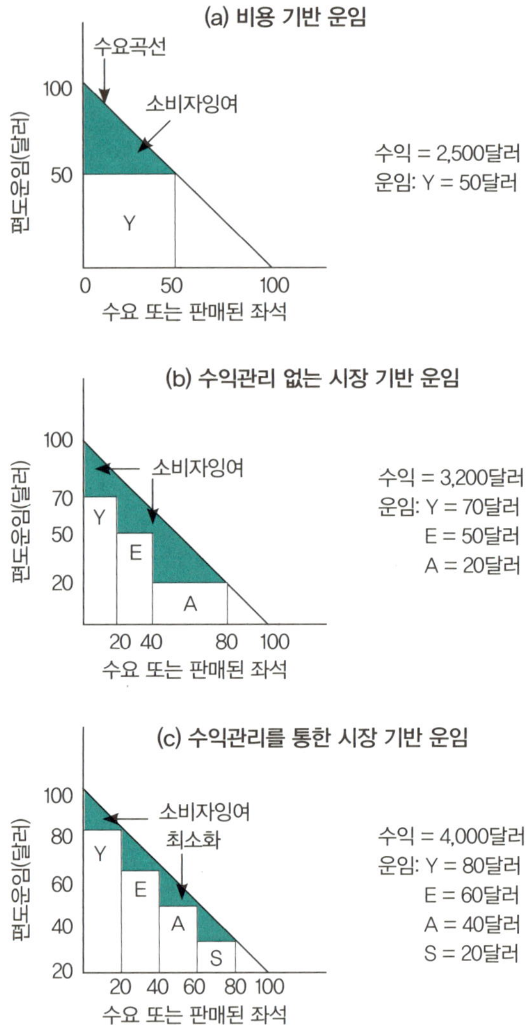

운임 유형: Y = Economy Flexi, E = Standard Economy, A=Economy Lite, S = Super Saver

은 Lite 운임(A)을 선택하고 결국 판매는 늘어나게 된다. 그러나 결국에는 너무 많은 좌석(40석)이 이와 같이 낮은 가격에 판매되기 때문에, 남아있는 60석이 높은 가격이라도 기꺼이 지불하려는 사람들에 의해 이후에 예약된다. 이러한 결과는 [그림 11-2] (b)에 나타나 있다. Lite(A) 운임으로 판매된 40석, 표준(E) 운임으로 20석, 플렉시(Y) 운임으로 20석이다. 시트팩터는 80%로 상승하고, 수익도 3,200달러로 증가하나 여전히 소요비용을 상쇄할 정도는 못 된다. 게다가 많은 승객들이 여전히 기꺼이 지불하려고 하는 운임 수준 이하로 항공권을 구매하는 이유로 인해 항공사는 여전히 적절한 수준으로 '소비자잉여'를 옮겨오는 데 실패하게 된다.

이론적으로 수익을 극대화하고 소비자잉여를 옮겨오기 위해서 항공사는 각 좌석을 최대의 가격으로 판매해야 하는데, 각각의 승객은 100달러에서 1달러까지 골고루 지불하게끔 해야 할 것이다. 이는 분명히 비현실적이지만 보다 현실적으로 수익을 극대화하기 위해서는 4개의 각기 다른 항공운임 형태가 필요하다. 80달러 full Economy Flexi(Y) 운임, 60달러 Standard(E) 운임, 40달러 Lite(A) 운임, 20달러 Super Saver(S) 운임이다. 만약 이러한 운임으로 각각 20석의 좌석을 판매한다면, 총수익은 탑승률이 80%일 경우 한 편당 4,000달러가 되고 500달러의 이익이 발생하게 된다([그림 11-2], (c)부분).

근본적인 문제는 어떻게 각 운임별로 20석의 좌석을 판매하느냐는 것이고, 특히 판매 초기에 너무 많은 좌석이 가장 낮은 가격인 20달러에 판매되는 것을 어떻게 피할 수 있느냐는 것이다. 이것이 바로 수익관리의 기능이다. 이는 수익 극대화를 위하여 각각의 항공편별로 각각의 운임별 좌석에 대한 이용 가능성을 모니터링하고 통제하는 것이다. 이는 잘 훈련된 직원에 의해 수행되는데 이들은 수익관리를 위해 예약 컴퓨터에서 지속적으로 갱신되는 판매 정보와 다른 핵심적 데이터를 사용하게 된다.

전통적으로 운임구조가 유연하지 않을 때 각 운임의 예약조건 및 좌석이용 가능성은 더 높은 운임을 지불하는 승객에게 좌석을 제공하는 데 사용되는 도구였다. 운임조건 또는 '제한'(11.7절)은 특정 운임 유형에 대한 수요를 예약특성이 다른 개별 세그먼트로 분리했다. 이로써 판매 가능한 좌석의 통제를 통해 항공편 수익을 극대화할 수 있도록 각 수요층을 유도할 수 있다. 수익관리는 출발 날짜에 가까워지는 승객들의 경우 종종 더 높은 운임을 기꺼이 지불하고, 많은 저운임 승객들은 특히 휴가를 위해 여행하는 경우 일찍 예약하는 것을 개의치 않기 때문에 필요하다. 낮은 운임만 지불하려는 승객이 이후에 더 높은 가격으로 판매할 수 있는 좌석을 먼저 구매하지 못하도록 하는 것이 목표이다. 오늘날 이것은 수익관리자에 의해 행해진다.

11.11 수익관리의 실행

수익관리자들은 항공편당 수익 극대화의 목표를 달성하기 위해 사용할 수 있는 두 가지 수단이 있다. 첫째, 출발일이 다가올수록 항공편 운임을 상향 조정하여 가격탄력성이 낮은 수요를 활용하거나 수요가 약할 경우 운임을 낮출 수 있다. 둘째, 특정 항공편에서 다른 운임들이 존재한다면, 그들은 좌석공급력을 조정하여 다양한 운임을 활용할 수 있다. 저비용항공사는 단순한 운임구조 때문에 수익을 극대화하기 위해 가격을 사용하는 데 초점을 맞추고 있으며, 네트워크 항공사는 가격과 공급력을 모두 사용하는 복잡한 작업을 수행한다.

기존 네트워크 항공사들은 수익관리에서 복잡한 문제에 직면해 있다. 먼저 앞에서 보여준 것처럼 그들은 각각의 노선과 객실 클래스에 여러 개의 운임상품을 제공한다. 둘째, 허빙 네트워크를 운영하기 때문에 특정 운임 카테고리에서 이용할 수 있는 좌석도 다중 구간 항공편의 일부로 판매될 수 있다. 예를 들어, 런던-프랑크푸르트 항공편의 British Airways 이코노미 클래스 좌석은 British Airways Economy Basic 또는 British Airways Economy Plus로 판매될 수 있지만, 뉴욕-히드로-프랑크푸르트 구간의 일부 또는 싱가포르-런던-프랑크푸르트 구간의 일부로 판매될 수도 있다. 이들 각각은 런던-프랑크푸르트 노선에서 서로 다른 수익을 창출할 것이다. 유사한 문제가 이 노선의 비즈니스 클래스 좌석에서도 발생하는데, 이 좌석은 전 세계 어디에서나 British Airways 또는 제휴 파트너가 판매하는 다구간 티켓의 일부로 판매될 수 있다. 더욱이 그러한 판매는 다른 통화로 이루어진다.

British Airways나 Lufthansa 같은 국제선 네트워크 항공사들은 서로 다른 상품으로 판매되는 운임과 판매 가능한 좌석수를 모두 관리해야 한다. 이는 다이내믹한 과정이다. 다양한 운임상품이 각각 다른 운임코드 또는 '버킷(buckets)'에 배치된다. 규정이 유연한 이코노미 운임은 제한이 많은 이코노미 운임보다 높은 운임코드에 배치될 것이다. 여러 구간이 포함된 티켓의 일부로 판매 가능한 좌석은 자체 운임코드에 있거나 다른 클래스 중 하나에 포함될 수 있다. 출발일을 기점으로 약 1년 전에 각 항공편의 운임코드에 대한 공개 또는 시작가격(opening or starting price) 및 해당 운임코드에 할당된 좌석수가 정해진다. 공개가격과 향후 가격 변동률은 과거 수요변동의 경험 및 예약 동향뿐만 아니라 휴가기간, 스포츠 이벤트, 주요 산업박람회 또는 기타 특별 이벤트 등 이미 알려진 수요 창출이 가능한 기간을 고려한다. 이에 따라 해당 날짜의 공개운임은 12개월 전이라도 높게 책정될 수 있다.

시간이 지남에 따라 특정 항공편에서 여러 운임코드의 좌석이 점진적으로 판매되면서 두 가지 상황이 발생할 수 있다. 첫째, 운임코드가 증가된 수요로 인해 빨리 소진이 된다면 해당 운임코드의 운임이 인상될 것이다. 이는 수익관리시스템에 내장된 알고리즘에 의해 자동으로 진행되거나 특정 시장에 대한 수익관리자들의 직접 개입으로 진행될 것이다. 둘째, 각 운임코드의 실제 판매에 맞추어 수익관리자는 특히 높은 운임으로 판매되는 경우 특정 운임코드를 다른 운임코드로 변경할 수 있다. 그들은 심지어 특정 운임코드를 완전히 닫아서 잠재 승객들이 다른 운임코드를 조회하도록 할 수도 있다. 나중에 다른 운임코드의 판매량이 예상치를 충족하지 못하면 이전에 닫았던 운임코드를 다시 열 수도 있다.

대부분의 항공사는 10~12개의 운임코드를 사용하며 최대 20~25개까지 올라갈 수 있다. 2017년 British Airways는 일부 구간에서 최대 40개의 운임코드를 사용했다. 각 운임코드에는 여러 운임 유형이 포함될 수 있다. 예를 들면, 런던-프랑크푸르트 구간의 경우 뉴욕이나 몬트리올에서 판매되는 British Airways의 경유 항공권이 낮은 운임코드에 포함될 것이다. 가장 낮은 운임코드는 보통 항공사 마일리지를 활용해서 발행되는 티켓이다. 경유운임은 네트워크 항공사, 특히 장거리 노선이 있는 항공사에 복잡성을 증가시킨다. 뉴욕에서 판매된 British Airways 티켓의 런던-프랑크푸르트 구간은 운임코드가 낮을 수 있지만, 뉴욕-런던 구간은 더 높은 운임코드일 수 있다. 수익관리시스템에 런던-프랑크푸르트 구간을 위한 좌석이 없어서 항공사가 이 항공권의 수익을 잃는 것을 방지하기 위해 총여정에서 창출되는 수익과 개별 구간에서의 수익을 분석하는 세밀한 모델이 개발되었다. 이는 투입되는 운임코드에 영향을 미치고, 이러한 새로운 모델의 목적은 개별 구간의 수익을 최적화하기보다는 다구간 노선의 운임의 수익 극대화에 초점을 맞추는 것이다.

좌석 클래스별 판매예측은 출발 12개월 전부터 주기적으로 검토되며 이에 따라 운임코드가 마감되거나 열리게 된다. 그러나 수익관리자나 통제직원에 의해 이루어지는 중요한 결정과 변화들은 주로 마지막 한 달 동안에 일어난다. 대형항공사들은 자사 항공 네트워크의 특정 부분을 통제하는 직원들을 100명까지도 고용할 수 있다. 현재까지의 운임코드별 판매와 과거 예약 추세에 대한 예약 컴퓨터의 데이터를 사용하여 그들은 자신이 책임지고 있는 다음 달 운항 예정 개별 항공편에 대해 특정 운임코드를 열거나, 닫거나, 대기 목록에 두는 신속하고 중대한 의사결정을 수행해야 한다. 목표는 항상 항공편당 수익을 극대화하는 것이다. 만약 출발일자가 다가와도 항공권의 판매가 부진하다면, 낮은 운임코드에 좌석을 보다 많이 할당할 수도 있다. 반대로 수요가 많다면, 낮은 운임코드의 좌석은 이들이 모두 판매되기 전에 이미 판매가 마감될 수 있다. 이는 매우 정교한 컴퓨터시스템이 없으면 이루어질 수 없는 상당히 복잡하고 중요한 작업이다. 운임코드를 열고 닫고 하는 일부 결정은 컴퓨터시스템에서 자동으로 이루어질 수 있지만, 많은 부분 결정은 수익관리자의 몫이다. British Airways의 경우, 유럽 지역 수익관리담당자는 특별한 운임코드에 할당된 수많은 좌석의 변화에 대한 의사결정을 약 2,500개의 운항편을 대상으로 동시에 해야 한다.

또한 변경이나 환불이 가능한 항공권을 소지한 승객의 노쇼(no-shows) 문제도 있다. 이들은 고운임 승객의 10% 이상을 차지한다. 초과예약이 항공사의 해결책이 될 수 있으나, 이 역시 항공사가 보상을 해야 하는 탑승 불가 승객이 나타나거나 공석의 발생 가능성이 있다. 각 항공편을 위한 초과 예약권을 갖는다는 것은 항공사가 더 많은 수익과 더 많은 만족한 승객을 확보할 수 있다는 것이다. 이를 위해 항공사는 노쇼를 예측할 수 있는 모델을 개발해야 하며, 노쇼를 방지하기 위한 예약조건을 설정하거나, 이후 여정을 취소해 노쇼 승객에게 불이익을 주는 방안을 마련해야 할 것이다.

마지막으로 항공운임이 엄격하게 규제되어 있지 않은 시장에서 수익관리자들은 항상 경쟁항공사들이 제시하는 운임을 파악해야 하며, 수익을 극대화하는 한편 시장점유율에도 신경을 써야 할 것이다. 시장점유율이 떨어진다는 것은 높은 단위비용을 의미한다.

수많은 연구에서 나타나듯이 효과적인 수익관리시스템을 경쟁노선에 도입한 결과, 미국 항공사들은 5~10%의 수익을 증가시킬 수 있었다. '승객들이 지불할 의사가 있는 수준에 근접한 운임을 구매하도록 해 수익을 창출하는 것이다(Belobaba and Wilson, 1997). 경쟁사가 수익관리를 시행하지 않는다면 이러한 영향은 더욱 크다. 그러므로 수익관리시스템은 수익성을 보장하는 데 결정적으로 중요하다.

저비용항공사의 경우 운임구조의 상대적 단순성으로 인해 효과적인 수익관리를 보다 쉽게 구현할 수 있다. 각 항공편에 대해 한 번에 1, 2 또는 3개의 운임만 이용할 수 있으므로 일정 수의 좌석이 채워지거나 출발 날짜가 가까워질수록 단계적으로 운임을 올리는 더 간단한 알고리즘을 사용할 수 있다. 또는 수요가 예상보다 낮은 경우 운임이 내려갈 수 있다.

easyJet은 수익관리에 대한 저비용항공사의 대표적인 접근방식을 보여준다. 12개월 이상 전에 항공사의 운임관리자는 각 노선의 항공편을 공개하고 시작운임을 책정한다. 같은 노선의 같은 날이라도 항공편마다 시작운임이 다른 경우가 많다. 이는 승객 선호도, 이미 알려진 수요, 과거의 예약패턴에 따라 조정하기 때문이다. 종교적인 휴일, 학교 방학, 음악 또는 스포츠 축제와 같은 알려진 특별행사 부근 항공편의 시작운임은 높은 수준이다.

특정 항공편의 좌석이 판매되거나 출발 날짜가 다가오면 운임은 상향 조정될 것이다. 각 항공편에 단 하나의 운임만 이용할 수 있기 때문에 단계별로 운임을 상향 조정하는 간단한 알고리즘을 사용할 수 있다. 이 과정은 각 세분시장을 잘 알고 있는 수익관리자를 통해 전산화되고 자동으로 진행되며 경쟁사 운임을 포함한 운임을 모니터링하고 수동으로도 개입한다. 좌석 판매에 대응하여 운임이 인상되는 요율은 항공편마다 다르며, 해당 항공편의 과거 판매 경험에 기초한다. 앞서 나왔던 2018년 5월 런던-아테네 운임의 사례연구에서 볼 수 있듯이 운임은 매출이 기대 또는 목표보다 낮을 때 하락할 수도 있다. easyJet은 높은 수준의 'Flexi' 운임을 추가로 제공하며 동일한 방식으로 관리된다.

저비용항공사의 경우, easyJet이나 Ryanair와 같은 많은 항공사들이 경유운임을 제공하지 않기 때문에, 2개의 구간을 여행하는 환승객들 역시 문제가 덜하다. 승객들은 2개의 별도 티켓을 구매한다. Southwest와 같이 경유운임을 제공하는 저비용항공사 역시 여전히 많은 운임 유형과 다양한 통화로 운임을 최적화해야 하는 네트워크 항공사에 비해서는 쉬운 문제이다.

각 항공편에 운임이 1~2개만 있는 저비용항공사는 최대 24개 이상의 별도 운임코드가 있을 수 있는 기존 네트워크 항공사에 비해 수익관리가 간단하고 효과적이다. 저비용항공사들에게는 운임이 기본 지렛대지만, 네트워크 항공사들은 수많은 운임을 조정하면서 같은 항공편의 운임코드들 사이의 좌석수를 효율적으로 관리해야 한다. 그들은 또한 2개의 구간을 연결하는 승객들로 야기되는 문제를 다루어야 한다. 수익관리는 특히 네트워크 항공사의 경우 더욱 복잡하고 번거롭다.

수익관리는 본질적으로 시장 기반 가격과 연관된 것이다. 일부 고객들은 수익관리로 인해 더 높은 운임을 지불하게 되고, 만석으로 빽빽한 항공기에 탑승하게 되지만 전체적으로 볼 때 고객들이 얻는 혜택은 더 좋을 것이다. 높은 수익을 창출하기 위한 고운임과 저운임의 승객믹스를 통해 적자로 인해 운항이 불가능했을 항공편의 운항이 가능해진다. 매우 다양한 항공운임의 종류는 운임을 더 지불하더라도 급히 항공기를 탑승해야 하는 승객에게 마지막 순간까지 항공권의 구매를 가능하게 한다.

11.12 가변적 가격책정 도구

항공사들이 '알라카르트'의 가변적 가격을 채택하기로 한 경우, 마케팅 책임자와 가격책정 관리자들은 복잡하고 상호 관련 있는 결정을 내려야 하며, 다음과 같은 문제를 해결해야 한다.

- 몇 개의 운임상품이나 운임코드를 제공해야 하는가? easyJet처럼 1~2개, Southwest처럼 3개 또는 Singapore Airlines처럼 최대 8, 9개까지 제공할 것인가? 이는 각기 다른 네트워크에 따라 다를 수 있다.

- 각 운임등급에 얼마나 많은 좌석을 할당해야 하는가?
- 각 운임등급에 어떤 상품 또는 서비스 기능이 포함되어야 하는가? 이는 각 운임코드가 특정 세분화된 집단에게 그들이 지불한 가격에 합당한 가치를 제공하는 것을 목표로 한다([표 11-4] 및 [표 11-5] 참조).
- 운임상품 또는 운임코드 등급에 포함되어 있지 않은 경우 구매할 수 있는 추가상품 또는 서비스 기능은 무엇인가?
- 특정 운임규정에 대한 수수료의 속성, 예를 들어, 일정 수준 이하의 운임에 부과되는 변경수수료 같은 속성은 어떠한가?
- 특정 노선 또는 유사한 노선에는 비슷한 수준의 운임이 제공되어야 하는가? 아니면 요일 또는 출발시간에 따라 다르게 적용되어야 하는가? 즉, 어느 수준까지 운임이 표준화되어야 하는가, 각각의 항공편은 각각의 운임을 제공해야 하는가?
- 특정 항공편 또는 항공편들의 운임은 얼마나 자주 인상 혹은 인하해야 하는가? 운임변화를 주도하는 원리는 무엇인가? 결국 그것이 '다이내믹' 운임의 근거가 되는 것이다.
- 운임은 어떤 비율로 인상해야 하는가? 소폭 또는 더 큰 폭으로 인상해야 하는가?
- 두 가지 이상의 운임상품 또는 운임코드를 제공하는 경우, 판매된 좌석기준 혹은 출발시점기준으로 어느 시점에서 한 운임코드에서 다른 운임코드로 옮겨가게 해야 하거나 특정 운임코드의 판매를 아예 닫아야 하는가? 즉, 공급석 또는 판매 가능 좌석이 수익관리 도구로 사용되어야 하는가?

11.13 여객운임 및 비용

수익관리의 목적은 항공기당 총수익의 극대화와 충분한 이익 발생 또는 최악의 경우, 손실을 최소화하는 것이다. 모든 승객을 대상으로 한 단일 객실등급과 비슷한 서비스 기준을 가지고 있는 저비용항공사 또는 대형항공사는 명확한 절차를 가지고 있다. 이 절차의 목적은 각 항공편당 운송하는 각 승객으로 얻어지는 평균 운임 또는 일드를 최대화하는 것에 있는데, 승객 한 사람이 지불하는 운임과는 관계없이 승객당 평균 비용은 동일할 것이기 때문이다.

많은 장거리 노선에서 항공사가 제공하는 2개 혹은 3개, 4개 객실등급에 대해 항공사들은 각 등급에서의 승객당 수익 및 비용을 관찰하고자 한다. 이것은 두 가지 이유에서 가치가 있다. 첫째, 각 객실등급의 가격설정정책을 결정하는 데 도움을 주며, 특히 객실등급 간 운임 차이를 결정하는 데 유용하다. 둘째, 각각의 구별된 객실등급을 유지하는 것이 재정적으로 타당한지 또는 한 개 이상의 현존하는 객실등급을 제거하는 것이 재정적으로 매력적인 선택인지에 관한 결정을 항공사 관리자들이 할 수 있게 한다. 예를 들어, 이는 장거리 항공사들이 프리미엄 이코노미 객실 도입을 결정하는 데 도움이 될 것이다.

각 객실등급의 승객당 비용과 각각의 객실등급이 비즈니스에 기여하는 과정은 하나의 사례를 통해 쉽게 이해할 수 있다. 장거리 노선 항공기이자 4개의 객실등급(퍼스트 4석, 비즈니스 48석, 프리미엄 이코노미 28석, 이코노미 184석)과 각 등급별 상이한 좌석 배열 및 좌석 간 거리를 제공하는 Boeing 777-300ER이 그 사례이다. 이것은 2018년 초반 유럽 노선을 운항하는 Singapore Airlines의 Boeing 777-300ER에 대한 좌석배치이다.

이 항공기를 모두 이코노미 좌석으로만 운영한다면 한 좌석당 비용을 산출하는 것이 가능하다. 만약 이코노미 좌석당 할당된 총노선비용이 100이라고 가정한다면, 추가적인 공간이 필요한 퍼스트 클래스와 비즈니스 클래스의 비용을 수립하는 것이 가능한데, 퍼스트 클래스와 비즈니스 클래스 같은 객실등급은 훨씬 더 넓은 좌석 간 거리가 필요하고 항공기에 나란히 배치할 수 있는 좌석수가 훨씬 적기 때문이다. 이러한 분석(2018년 Singapore Airlines Boeing 777-300ER에 대한 실제 좌석 간 거리와 좌석배치도를 이용)은 [표 11-6]에 나와 있다. 표에 나와 있듯이 네 가지 객실등급에 있어 순수하게 공간구성에 근거한 운임원가율은 이코노미 클래스의 비용지수가 100일 때 569:387:134:100이다([표 11-6]의 5번째 줄).

사례에는 적용하지 않았지만 화장실과 갤리에 할당된 높은 공간비율로 인해 위의 비율은 약간 조정될 수 있다. 만약 세 가지 객실별로 계획된 로드팩터 또한 상이하다면 어떨까? 항공사들은 높은 일드 수요를 빼앗기지 않기 위하여 퍼스트 클래스의 50%와 비즈니스 클래스의 75% 정도의 연평균 로드팩터 달성을 계획한다. 다른 한편으로 항공사들은 프리미엄 이코노미와 이코노미 등급의 연간 로드팩터를 90%에 가깝게 보장하기 위해 프로모션 운임 설정과 수익관리시스템을 사용할 것이다. Singapore Airlines의 유럽행 Boeing 777-300ER의 로드팩터 계획은 알 수 없지만, 네 개 객실등급의 계획된 로드팩터를 60, 75, 90, 90%로 가정한다면 좌석당 원가지수를 승객당 비용의 원가지수로 변환할 수 있다([표 11-6]의 여섯 번째와 일곱 번째 줄 참조).

마지막으로 승객한정비용(passenger-specific costs)을 비용산출에 추가해야 한다. 이는 음식, 음료, 기내 엔터테인먼트와 신문 또는 잡지 그리고 지상전용시설(exclusive ground facilities)과 같은 상이한 기내서비스의 승객당 비용을 포함한다. 퍼스트 클래스 및 비즈니스 클래스 승객에 배치된 승무원의 높은 비율 또한 조정되어야 한다. 이 모든 가정이 승객한정비용에 반영된다([표 11-6] 여덟 번째

표 11-6 Boeing 777-300ER 항공기의 장거리 노선 객실등급별 단위비용, 2018년

구분		퍼스트 클래스	비즈니스 클래스	프리미엄 이코노미	이코노미
1	모두 이코노미석인 경우 좌석당 비용				100
2	좌석 간격(인치)	81	55	38	32
3	좌석 간격을 고려한 좌석 비용지수	253	172	119	100
4	좌석 개수(열기준)	4	4	8	9
5	좌석 간격 및 한 줄 좌석 개수를 고려한 좌석비용지수	569	387	134	100
6	계획된 로드팩터	60%	75%	90%	90%
7	로드팩터로 조정된 승객당 비용	948	516	149	111
8	승객한정비용	70	35	20	10
9	승객한정비용을 포함한 승객당 비용	1018	551	169	121
10	이코노미($121) = 100일 경우 승객당 비용지수	841	455	140	100

주: 좌석 간격과 열기준의 좌석은 Singapore Airlines가 표시한 실제 좌석임. 예상 로드팩터 및 승객특정비용은 저자의 추정치임.

줄 참조). 이는 명확한 우리의 추정치이다.

이러한 승객한정비용을 [표 11-6]의 승객비용지표에 추가시키면 퍼스트, 비즈니스, 프리미엄 이코노미, 이코노미 좌석 승객당 관련 비용의 마지막 지표가 841:455:140:100으로 나타난다. 이는 주로 원가에 기반을 둔 경우, 장거리 노선 Boeing 777-300ER 항공기의 비즈니스 운임은 일반적인 이코노미 운임보다 4배 가량 높고, 퍼스트 운임은 거의 8배 높아야 한다는 것을 의미한다. 프리미엄 이코노미 승객, 이코노미 승객, 비즈니스 승객 또는 퍼스트 승객에 있어서, 이들은 상이한 시장 기반 운임으로 여행할 수 있는데, 이는 운임보다는 각 객실별 승객 평균 일드를 적용해야 할 필요가 있음을 의미한다. 실제로 각 객실등급의 실제 장거리 운임 및 일드가 퍼스트, 비즈니스, 프리미엄 이코노미, 이코노미석 간 841:455:140:100의 비용관계를 반영하였는가?

2018년 초반 Singapore Airlines는 싱가포르-파리 노선을 Boeing 777-300ER로 [표 11-6]에 나와 있는 좌석배치구성 및 좌석 밀도로 매일 운항하였다. 파리-싱가포르 노선의 왕복항공권에 대해 2018년 3월 출발운임을 2018년 2월에 조회해 본 결과, 두 가지 상이한 이코노미 운임이 조회되었으며, 평균은 1,826 싱가포르달러이다. 이 객실등급의 실제 평균 일드는 이코노미 총수익을 최대화하기 위한 수익관리시스템에 달려있다.

두 개의 프리미엄 이코노미 운임은 평균 2,494싱가포르달러지만, 두 개의 비즈니스 클래스 운임은 평균 7,137싱가포르달러, 퍼스트 클래스 운임은 10,437싱가포르달러였다. 만일 이코노미 평균 운임 1,826싱가포르달러를 100으로 지수화 한다면, 네 개 객실의 평균 운임비율은 571:390:135:100으로 나타난다.

이러한 운임비율은 [표 11-6]의 10행, 즉 841:455:140:100과 합당한 연관성을 보여주지만, 매우 현저한 예외가 하나 있다. 다른 객실에 비해 일반적으로 낮은 시트팩터와 점유공간 때문에 퍼스트 클래스의 운임은 이 객실에 소요되는 비용에 비해 너무 낮은 것으로 보인다. 이 예외의 경우를 제외하고 다른 세 개 객실의 운임 수준은 비용과 어느 정도 관계가 있는 것으로 보인다. 일부 핵심 가정이 [표 11-6]의 비용 계산에 포함되었지만, 항공사는 자체적인 실제 데이터를 사용하여 이 분석을 수행할 수 있다.

단순한 사례연구에서 나타나듯이 항공사 가격설정은 점점 더 시장 기반으로 증가하는 한편, 비용은 가격설정정책에 있어 여전히 중요하며, 특히 장거리 시장에서 복합적인 객실등급을 포함하는 항공편에서 매우 중요하다.

2000년대 초 IATA의 연구를 보면 다수의 시장에서 수많은 항공사들은 퍼스트 클래스 탑승률이 높은 비용을 상쇄할 만큼 충분히 높지 않았다는 것을 알 수 있다. 만약 비용이 위와 같다면, 많은 항공사들은 퍼스트 클래스에서 지속적으로 수익을 창출하지 못하게 된다. 반대로 비즈니스 객실등급의 운임과 로드팩터는 많은 시장에서 수익성을 보장할 만큼 충분히 높다. 사실 많은 장거리 노선의 비즈니스 등급은 세분시장에서 가장 수익성이 좋다. 이코노미 등급의 수익성은 노선과 항공사별로 다양하다. 그러나 절대치로 본다면 이코노미석의 수익 기여도는 일반적으로 비즈니스석보다 적다. 이것은 마치 이코노미와 비즈니스 클래스 승객들이 항공기 앞쪽에 앉아있는 배부른 자본가들(fat cats)에게 보조금을 지급하는 것처럼 보인다. 이러한 연구들은 1990년대 이후 KLM, Scandinavian Airlines, Delta Air Lines, Air Canada등의 많은 국제항공사들이 왜 퍼스트 클래스 서비스를 중단하거나 좌석수를 줄이고 비즈니스 등급의 좌석과 서비스품질을 향상시켰는지를 설명한다. 가장 최근에는 이코노미의 일드를 강화하기 위해 여러 항공사들이 장거리 구간에 이코노미 운임보다는 비싸지만 조금 더 넓은 공간을 제공하는 프리미엄 이코노미 등급을 도입하였다. 다만 미국 항공사들은 도입이 늦었다.

11.14 항공사 승객 일드의 결정요인

가격설정은 항공사 마케팅 전략의 중요한 요소이지만 수익 측면에서 볼 때 승객 운임의 수준과 구조는 항공사가 실제로 얻게 될 일드보다 다소 덜 중요하다. 일드는 항공사가 운송한 승객, 승객킬로미터 또는 승객 톤킬로미터당 평균 수익이다. 이 모든 것은 판매된 생산량 단위당 평균 수익(average revenue per unit of output sold)을 측정한다.

단일 클래스만 제공하는 저비용항공사의 평균 일드는 평균 운임에 가까울 것이다. 어떤 노선이건 평균 운임은 다양한 운임믹스와 각각의 운임에서 구매된 항공권의 수에 달려있다. 이는 항공사의 수익관리에 의해 결정된다. 평균 일드는 우선탑승권 또는 수하물과 같은 부가서비스에 달려있으며, 여기서 얻어지는 수익은 항공권 수익의 일부분으로 고려될 수 있다. 유럽의 동일한 지역에서 운항하는 저비용항공사들 사이의 평균 승객 일드(승객당 혹은 승객킬로미터당)를 보면 이에 대한 타당성이 나타나는데, 이는 단일좌석등급을 제공하는 단거리 항공기들이 비슷한 시장 환경 내에서 비슷한 거리를 운항하기 때문이다. 승객당 평균 일드는 주로 각 항공사의 가격전략에 따라 달라진다. 따라서 Ryanair 또는 Wizz의 일드는 easyJet보다 낮은 경향이 있는데, 이는 물론 낮은 단위비용을 반영하여 운임이 저렴하기 때문이다.

다양한 대형항공사들의 평균 일드를 비교할 때, 특히 그들이 장거리 및 단거리 노선을 운항하는 경우, 큰 차이를 발견할 수 있다. 지금까지의 논의는 항공사 자사가 채택한 가격책정전략을 통해, 특히 여객운임의 구조와 수준에 따라 수익 수준과 일드를 결정할 수 있다고 암묵적으로 가정해 왔다. 실제로는 부분적으로만 그런데, 이는 부과한 운임과 달성한 일드 사이의 관계가 훨씬 더 복잡하고, 운임 구조 자체가 시작점에 불과한 여러 가지 요인에 의해 다양하게 영향을 받기 때문이다.

승객 일드에 영향을 주는 핵심 요소는 항공사가 운항하는 지리적인 영역이다. 과거 정부의 운임규제 혹은 최근의 경쟁의 증가로 인한 영향과 같은 여러 가지 이유로 항공운임은 세계 지역 간 상당한 차이가 있다.

2017년 IATA의 지역별 평균 승객 일드 분석결과, 평균 운항거리가 비슷한 시장에서도 일드 수준의 차이가 두드러졌다(Pearce, 2017). 예를 들어, 유럽 내 노선의 평균 일드는 운항거리가 유사한 동아시아 내 노선 또는 아세안 국가 간 노선보다 상당히 낮았다([그림 11-3] 참조). 단거리 운임이 가장 높은 곳은 아프리카 내 노선이었지만 유럽 내에서도 북유럽 내 노선의 운임 수준이 남유럽 노선 수준을 훨씬 상회하는 경향이 있어 북유럽의 높은 생활 수준과 물가를 반영하고 있다.

[그림 11-3]에서 항공사가 운항하는 곳과 특히 여러 시장들 사이의 교통량 믹

스는 항공사의 평균 승객 일드에 상당한 영향을 미치는 것을 확인할 수 있다.

동일한 지리적 시장 내에서 운항하더라도 항공사는 종종 평균 일드가 크게 다를 수 있음을 인지하게 된다. 다시 한번 그러한 차이를 설명하는 데 도움이 되는 한 가지 요인은 평균 운항거리의 차이이다. 운항거리가 증가함에 따라 단위비용이 감소하기 때문에(제4장 4.7절) 킬로미터당 운임은 거리에 따라 점점 더 낮아진다. 결과적으로 동일한 지역에서 운영되는 다른 항공사와 비교하더라도 항공사가 달성한 일드는 항공사가 운항하는 구간거리에 의해 매우 큰 영향을 받는다. 평균 운항거리와 승객 일드 사이의 관계는 [그림 11-3]에서 매우 분명히 나타난다.

그러나 운항거리가 수익률에 영향을 미치는 유일한 변수는 아니다. 네트워크 항공사의 경우, 모든 노선의 승객킬로미터당 일드는 개별 운임 수준뿐만 아니라 교통량믹스에 따라 다르다. 여기에는 두 가지 측면이 있다. 첫째, 일드가 높은 퍼스트 클래스와 비즈니스 클래스 승객 그리고 일드가 훨씬 낮은 다양한 이코노미 클

그림 11-3 지역 및 평균 운항거리에 따른 평균 일드, 2017년

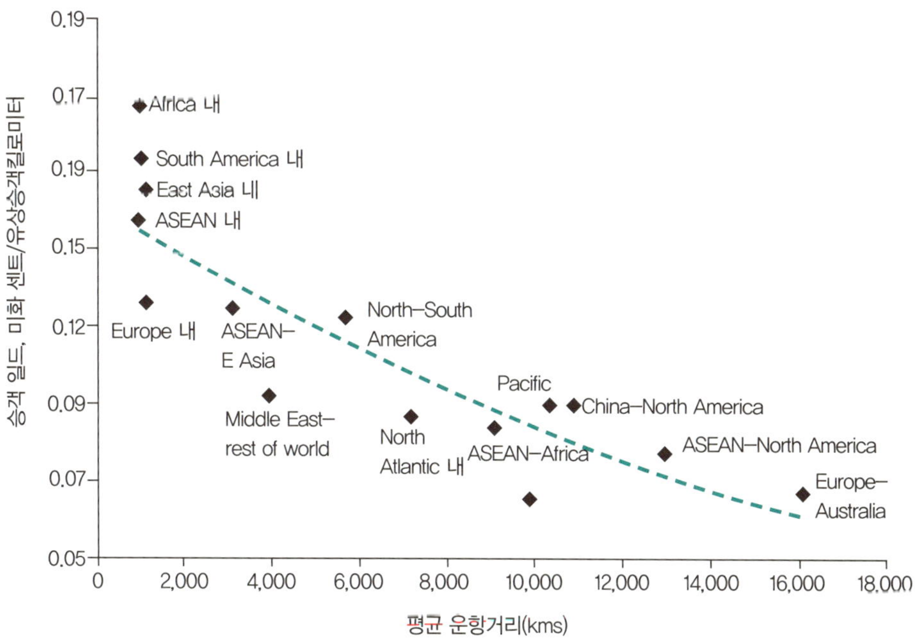

자료: IATA Economics(Pearce, 2017) Paxis+데이터 활용

래스나 프리미엄 이코노미 클래스 승객 사이의 전반적인 믹스이다. 일부 항공사들은 마케팅 전략의 일환으로 상용출장시장을 공략하고, 고운임 승객들을 유치하고 비즈니스 클래스 좌석을 더 많이 제공하기 위해 그들의 상품과 기내서비스를 계획한다. 개선된 서비스는 제공하는 데 더 큰 비용이 들 수 있지만, 승객들이 지불할 준비가 되어 있는 더 높은 운임으로 보상받을 수 있다.

교통량믹스의 두 번째 측면은 저렴한 프로모션 운임으로 여행사에 판매되고 투어 패키지를 만드는 데 사용되는 좌석수와 관련이 있다. 이것은 특히 이코노미 클래스의 일드에 영향을 미칠 것이다.

환율과 환율변동도 일드에 영향을 미친다. 만약 항공사의 자국 통화가 평가절하되고 자국 시장에서의 매출이 수익에서 상당한 부분을 차지한다면, 예를 들어 미국달러로 환산했을 때의 평균 일드는 부정적인 영향을 받을 것이다. 대규모 국제항공사의 경우 주요 시장 중 한 곳에서의 환율변동이 평균 일드를 높이거나 낮출 수 있다.

일드에 영향을 미치는 또 다른 요인은 노선의 출발지와 목적지에서의 서로 다른 요금이다. 이는 각 시장의 서로 다른 수요탄력성과 경쟁 압력을 반영한다. 예를 들면, 2018년 초 Singapore Airlines는 파리-싱가포르 노선에서 같은 좌석을 싱가포르 국적 승객에게 판매할 때보다 파리에서 더 저렴한 가격에 판매하고 있었다. 이는 파리에서 Air France가 더 잘 알려졌고 더욱 강력한 상용고객우대프로그램이 있는 프랑스의 홈 마켓에서 Air France와 경쟁해야 했기 때문이다.

네트워크 항공사의 경우, 또 다른 주요 수익 원천은 여러 구간에서 승객의 수익을 비례하여 배분함으로써 발생한다. 두 개 이상의 구간에서 단일 예약으로 여행하는 인터라인(interline) 또는 온라인(online) 승객에게는 각 구간의 별도 운임 합계가 아닌 종단 간(end-to-end) 운임이 부과된다. 거리에 따라 운임이 낮아짐으로 인해 부과되는 종단 간 운임은 일반적으로 별도의 운임의 합보다 적다. 동일 항공사 환승 혹은 타 항공사 환승 시 합의된 비례 배분(pro-rating)방식에 따라 다른 구간에서 벌어들인 수익을 나눈다.

대형항공사와 저비용항공사의 평균 일드는 이들이 서비스를 제공하는 지역시장에서의 일반적인 항공운임의 수준과 수요를 발생시키기 위해 채택한 가격설정전략에 달려있게 된다. 운임으로 인한 일드는 운항거리에도 영향을 받게 될 것이다. 이와 같은 운임의 틀 내에서 궁극적으로 총수익과 이로 인한 단위 일드(unit yield)를 결정하는 것은 각 운임코드로 여행한 승객의 비율을 나타내는 교통량믹스이다. 이는 효율적인 수익관리가 중요한 이유를 설명해 준다. 네트워크 항공사들은 또 다른 문제에 직면하는데, 항공사의 수익은 타사와의 인터라인 혹은 자사 연결항공권의 운임할당에 따라 감소된다는 것이다. 이로 인해 다구간을 이용하는 연계승객의 비율은 항공사의 일드를 결정하는 중요한 요인이 된다. 어떤 항공사든지 시장 또는 노선에서의 최종일드는 공표된 운임과 거의 전혀 관계가 없으며, 이러한 사실은 항공사의 가격결정에 대한 이슈를 더욱 복잡하게 한다. 항공사가 가격전략을 결정하고 다양한 세분시장에 대한 항공운임을 결정하는 데 있어, 항공사는 다양한 운임을 평균 일드로 전환시키는 이러한 모든 요소를 조화시키고 기술적으로 처리해야 한다. 항공사가 수익과 재무목표를 달성할 수 있는지를 결정해 줄 수 있는 요소는 달성한 로드팩터, 단위비용과 연계된 일드이다.

11.15 부가서비스의 힘

항공운임만이 여객 수익의 원천은 아니다. 최근 몇 년간 좌석 가격책정 영역 전체가 승객들이 직 · 간접적으로 지불하는 이른바 '부가서비스' 수익의 출현으로 왜곡되어 왔다. 많은 항공사의 경우 부가서비스 수익은 상당하며, 여객 관련 비용을 완전히 충당하기 위해 운임을 통한 충분한 수익을 보장해야 할 필요성을 분명히 감소시킨다. 이는 확실히 가격정책에 영향을 미친다.

가격전략에 대한 이전 논의에서는 승객이 항공편 패키지의 일부로 구매할 수 있는 광범위한 부가서비스와 상품을 설명했다. 이들은 부가적인 수익원이며, 최근에 나타난 것은 아니다. 승객들은 초창기부터 초과수하물, 스포츠 장비, 때로는 신용카드 사용에 대한 비용을 지불했으며, 오래전부터 기내에서 면세품 및 기타 상품을 구매할 수 있었다. 그러나 저비용항공사들은 운임을 분리한 승객들에게 다양한 부가서비스와 상품을 구매할 수 있는 선택권을 제공함으로써 몇 가지 추가적인 수익원을 새로 도입했다. 네트워크 항공사들은 이러한 부가서비스수수료 중 일부를 채택했으며 소매점, 은행 등에 마일리지 포인트를 판매하는 등 일부는 그들 자체의 부가서비스수수료를 도입했다.

대부분의 저비용항공사는 이제 부가서비스를 통해 총수익 중 상당 부분을 창출한다. 2016년 미국의 Spirit, Frontier 및 Allegiant 그리고 유럽의 Wizz의 경우, 부가서비스 수익은 총수익의 40% 이상을 차지했다(Car Trawler, 2017). 몇몇 다른 저비용항공사에서 이 비율은 20~40%였다. 많은 저비용항공사의 경우 부가서비스 수익은 이익과 손실 간의 차이를 만든다. 네트워크 항공사의 경우, 부가서비스 수익은 총수익의 비율에 있어서 덜 중요할 수 있지만, 절대치로 볼 때 매우 큰 수익을 창출한다. 또한 최상의 성과를 내는 네트워크 항공사의 승객당 부가서비스 수익은 많은 저비용항공사의 부가서비스 수익보다 더 높다. 부가서비스 수익이 항공사 비즈니스 모델의 경제성에 점점 더 중요한 역할을 하고 있다는 것은 분명하다. 부가서비스 수익원 및 수익원으로서의 상대적 중요성에 대한 보다 상세한 평가는 다음 제12장에 제시된다.

Chapter

12

부가서비스의 영향력

Chapter

12 부가서비스의 영향력*

언젠가는 Ryanair의 항공운임을 모두 무료로 하고 싶다. 우리의 부가서비스 수익은 이미 우리 수익의 30%를 차지한다. 달성하지 못할 수도 있지만, 일단은 이것이 목표다.

– Michael O'Leary, Ryanair CEO, 2017년 1월

12.1 게임체인저(game changer)

부가서비스 수익(ancillary revenue)은 지난 수년간 항공산업이 재정적 성과를 창출하는 데 있어 핵심 항목이 되었다. 항공사 경영진들은 부가서비스 수익구조를 이용하여 수익 채널의 다변화에 집중하도록 영업 부문을 독려해 왔다. 부가서비스 수익은 수익관리를 재정립하는 흥미로운 신개념으로, 추가수익을 여러 단계에서 발생시키는 패러다임 혁신을 이끈다.

부가서비스 수익은 다양한 운임 카테고리 또는 브랜드 운임 판매로 창출된 수익 외에 추가적으로 발생하는 모든 수익을 의미한다.

기내 면세품 판매는 가장 오래된 부가서비스 수익 형태 중 하나이며, 이것은 지난 수십 년간 승객이 항공기에 탑승하고 있는 시간 동안 항공사가 창출할 수 있는 유일한 추가 수익이었다. 많은 승객이 항공기 탑승 전 공항면세점을 통과해 탑승함에도 불구하고 기내 면세품 판매는 좋은 수익원이었다. 세계적으로 연간 500억 달러 상당의 면세품이 공항과 기내에서 판매되는데 이는 면세품사업이 본질적으로 수익성이 높다는 것을 보여준다. 즉, 승객들이 항공운임 외 상품을 구매할 의

*제12장은 John F. O'Connell 박사가 집필하였다.

향이 있음을 명확히 알 수 있다. 예를 들어, Korean Air는 2017년에 1억 5,100만 달러 상당의 면세품을 판매했다. 현재 한국을 기반으로 운항하고 있는 이 항공사는 A380의 기내 좌석 13개를 없애고 기내 면세점을 설치하기도 했다.

항공사들은 수하물, 좌석 배정, 기내식, 음료, 기내 엔터테인먼트 등의 아이템이 모두 번들 패키지로 묶여져 있는 운임을 판매해 왔는데, 소비자들의 구매 의도를 그간 잘못 해석했을 수도 있다. 이에 비해 해상여객운송의 일종인 페리 보트와 같은 대체 운송수단의 경우 항상 식사, 음료, 수면실, 영화관 출입 등에 대해 요금을 부과해 왔다.

부가서비스 수익은 2008년 103억 달러에서 2017년 822억 달러로 기하급수적으로 증가했다([그림 12-1] 참조). 이 822억 달러를 세계 항공사의 이윤액 380억 달러와 비교했을 때 부가서비스의 중요성은 명백해진다. 한편, [그림 12-1]에서 나와 있듯이(부가서비스 항목이 아닌) 항공화물이 창출한 수익은 2008년과 2017년이 비슷한 결과를 보여주는데, 이는 10년이 흘렀지만 별반 달라진 것이 없다. 라이트 형제가 항공기를 발명한 이후 화물은 항공운송의 주요한 부문이었지만 재정적으로는 지속적인 의문점이었다. 항공사 가치사슬 내의 사업부(예 정비, 기내식,

그림 12-1 부가서비스 수익과 항공화물 수익, 2008~2017년

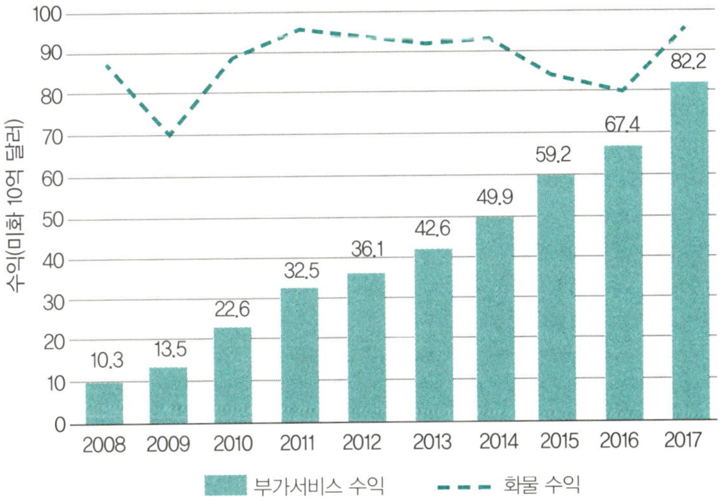

자료: Ideaworks, 2018; IATA, 2018

화물 등) 중 26%의 연간 성장률을 보이며 성장한 부문은 부가서비스 외에는 전혀 없다.

일부 저비용항공사 및 풀서비스 네트워크 항공사의 총수익 대비 부가서비스 수익비율은 [그림 12-2]와 같다. 2016년 총수익을 기준으로 Wizz Air가 39.4%, Ryanair가 26.8%, AirAsia Group이 18.7%의 부가서비스 수익을 기록한 것을 보면, 특히 저비용항공사가 부가서비스 수익에 크게 의존하고 있다는 것을 알 수

그림 12-2 총수익 대비 부가서비스 수익률, 2016년

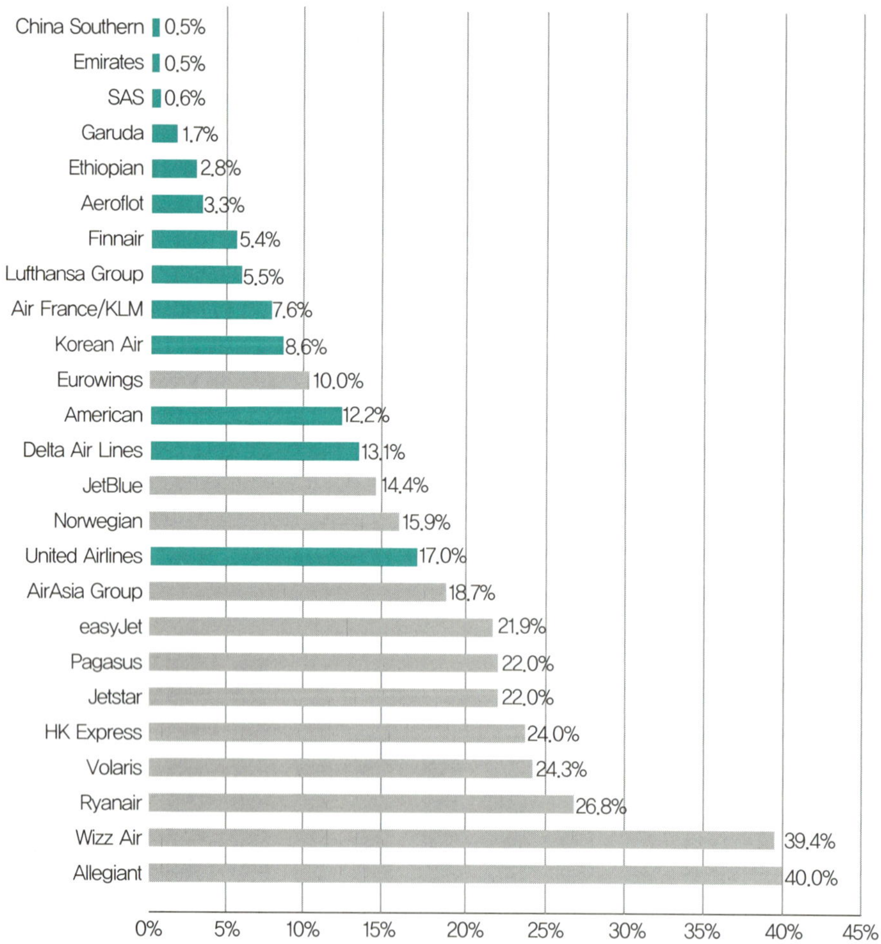

참고: 저비용항공사는 회색, 풀서비스 네트워크 항공사는 별색으로 표시함

자료: Ideaworks, 2017

있다. 한편 풀서비스 네트워크 항공사들은 부가서비스 수익을 핵심 역량의 일부로 통합하는 데 뒤처졌고, Air France/KLM이 7.6%, Lufthansa가 5.5%, Emirates가 0.5%의 부가서비스 수익률을 기록했다.

하지만 [표 12-1]에 나와 있듯이 절대적 수치로 본다면 세계 여타 항공사들보다 미국 주요 항공사들이 더 많은 부가서비스 수익을 창출했다. 순수하게 운항 규모로 볼 때, 2016년 기준 United Airlines가 62억 달러로 1위를 차지했고 Delta Air Lines와 American Airlines가 각각 51억 달러와 49억 달러로 그 뒤를 이었다. 다양한 부분에서 수익이 창출되었지만 지금까지 단일 수익원으로 가장 큰 비중을 차지한 부가서비스 수익원은 상용고객우대프로그램(FFP) 포인트 판매였다. Qantas나 Lufthansa와 같은 네트워크 항공사 또는 레거시 항공사의 경우에도 FFP 포인트 · 마일 판매가 부가서비스 수익의 가장 큰 부분을 차지한다. 이에 비해 저비용항공사는 절대로 FFP를 수익 창출에 있어 우선순위에 두지 않으며, 상당히 많은 저비용항공사에는 그러한 프로그램이 아예 존재하지 않는다. 그러나 저비용항공사가 승객당 창출하는 높은 부가서비스 수익을 보면, 그들이 얼마나 성공적으로 다양한 부분에서 부가서비스 수익을 창출하는지를 알 수 있다.

표 12-1 항공사 부가서비스 수익 분류, 2016년

항공사	부가서비스 수익 (10억 달러)	상용고객우대프로그램 (FFP)	알라카르트 (수하물, 좌석 등) 및 수수료(호텔, 렌터카 등)
United Airlines	6.2	48%	52%
Delta Air Lines	5.1	52%	48%
American Airlines	4.9	43%	57%
Southwest	2.8	80%	20%
Air France/KLM	2.1	33%	67%
Ryanair	1.9	0%	100%
easyJet	1.4	0%	100%
Lufthansa	1.3	57%	43%
Qantas	1.2	90%	10%
Air Canada	1.1	45%	55%

자료: Ideaworks, 2017

또한 FFP 포인트 판매에서 발생하는 수익은 잠재적으로 상당한 비용과 맞물려 있다는 사실을 잊지 말아야 한다. 포인트를 보유한 사람이 포인트의 일부를 사용할 경우, 항공사는 좌석을 제공하고 해당 승객을 운송하는 데 발생하는 비용을 부담해야 한다.

부가서비스 수익은 알라카르트 판매, FFP, 커미션 기반 상품, 광고의 네 개 주요 항목으로 분류할 수 있다.

12.2 알라카르트(A La Carte) 판매

알라카르트 수익이란 기존에 항공권 가격에 포함되어 있던 상품이나 서비스를 각각 별도로 판매함으로써 창출되는 수익이다. 알라카르트는 ① 분리 · 별도 판매 아이템(unbundled items)과 ② 수수료(punitive charges)의 두 가지 항목으로 나눌 수 있다.

12.2.1 분리 · 별도 판매 아이템

저비용항공사는 운임을 다양한 개별 항목으로 나누어 '알라카르트' 과정에 착수하였으며, 이는 '분리 · 별도 판매 항공상품(unbundled flight product)'으로 알려지게 되었다. 이런 별도 요금부과 항목에는 위탁수하물, 추가수하물, 좌석 배정, 우선 탑승, 다리를 뻗을 추가공간, 식음료, 기내 엔터테인먼트, 기내 와이파이, 운임 고정(fare lock), 우선 업그레이드, 라운지 이용 등이 포함된다.

항공사들 간의 가격경쟁이 매우 치열해짐에 따라 항공사들은 이전에 함께 묶음으로 판매하던 많은 상품들을 여러 항목으로 분리했다. 이는 최저 기본운임까지 가격을 낮춰 인터넷 검색 엔진에서 최저가 요금으로 검색될 수 있도록 만들기 위한 전략이다. 이로써 유통시스템 안에서 대형 풀서비스 항공사들이 비로소 저비용

항공사와 경쟁이 가능해졌고 승객들은 여행 검색 엔진이나 온라인 여행사들을 통해 쉽게 검색할 수 있게 되었다. 항공사들이 좌석 단독 운임을 제시, 홍보함에 따라 고객은 운임 수준만 고려하면 되는 것이다. 따라서 높은 단위비용 때문에 높은 운임을 책정하며 저비용항공사에 비해 가격경쟁력을 잃었던 대형항공사에게는 분리 · 별도 판매상품은 필수전략이 되었다. 단위비용의 차이는 매우 뚜렷해서 Ryanair와 easyJet의 2017년 단위비용(유로센트 CASK)이 3.2유로센트와 5.5유로센트였던 것에 비해, Lufthansa는 8.24유로센트, Air France/KLM은 7.6유로센트, IAG는 6.6유로센트였다(저자 추정).

Flybe는 2005년 12월 체크인 수하물 한 개당 2파운드를 징수함으로써 '수하물수수료'를 도입한 최초의 항공사이며, 한 달 후 Ryanair가 같은 정책을 도입했다. 이제 수하물은 알라카르트 수익의 가장 큰 부분을 차지하고 있다. 미국의 주요 항공사들은 총부가서비스 수익의 약 20%를, 미국 외 항공사들은 약 30%를 수하물수수료에서 창출하고 있다. [표 12-2]에서 볼 수 있듯이 미국 교통부(2018a)는 2017년 미국 주요 항공사들이 수하물수수료로 약 45억 달러의 수익을 올렸다고 밝혔다.

2017년 American Airlines는 위탁수하물로 총운영수익의 3.6%에 해당하는 11억 달러의 수익을 냈고, Delta Air Lines는 총운영수익의 2.3%에 해당하는 9억 700만 달러의 수익을 냈다. American Airlines는 2008년 5월 유가가 배럴당 약 150달러에 육박할 때 미국 항공사 최초로 위탁수하물수수료를 도입하였다. 이는 세계 금융위기로 인한 유가 상승과 곧 닥칠 경기침체 영향을 상쇄할 수 있는 효과적인 메커니즘이었다. 위탁수하물수수료로 인한 수익 성장은 기록적이었다. 일례로 American Airlines는 2009년에서 2017년까지 수하물수수료 부문에서 147%의 수익 상승을 기록했다(Fightglobal, 2018; 미국 교통부, 2018a). 한편, Southwest는 수하물수수료를 징수하지 않는 원칙을 고수하면서 2017년 4,600만 달러 수익에 그쳤고, 이 중 대부분은 초과수하물에서 비롯되었다. 이는 운영수익 부문에서 수익 창출의 기회를 놓친 것이 명확하나, 하지만 이는 다시 높은 운임으로 상쇄되었다.

수하물수수료는 이제 새로운 여행 시대의 표준이 되었고 사람들의 생활방식에

표 12-2 미국 항공사의 수하물수수료, 2017년

순위	항공사	US(천 달러)
1	American	1,172,728
2	Delta	907,626
3	United	794,489
4	Spirit	492,645
5	Frontier	364,142
6	JetBlue	289,839
7	Allegiant	192,583
8	Alaska	147,243
9	Hawaiian	81,156
10	Virgin America	62,680
11	Southwest	46,111
12	Sun Country	20,056
13	Island Air Hawaii	4,994
	총계	4,576,291

자료: 수하물수수료 2007~2017년, 미국 교통부, Schedule P-1.2

크게 녹아들었다. 또한 전 세계 항공사들에게 수하물은 주요한 부가서비스 항목이다. 예를 들어, AirAsia는 2018년 1분기 총부가서비스 수익의 56%를 수하물에서 창출했다. AirAsia는 수하물 운용에 다이내믹 운임구조를 채택해 현재 위탁수하물에 60개의 운임체계를 갖추고 있다. 이 운임구조는 노선수요, 예약시점 등에 세밀하게 반응하며, 수하물 선구매 시 낮은 가격을 제공하는 구조이다. 새로운 운임구조에 힘입어 AirAsia의 승객당 수하물 수익은 2017년에 9% 상승했다(AirAsia, 2017). 현재 일부 항공사들은 다이내믹 고객 그룹(dynamic customer grouping), 정수 선형 프로그래밍(integer linear programming) 최적화, 특정 상품에 대한 수요의 가격탄력성을 기반으로 한 변경 등의 더욱 정교한 기법을 사용하고 있다. 2016년 British Airways는 6,300만 파운드, easyJet은 4억 8,250만 파운드의 수하물수수료 수익을 달성했다(Ideaworks, 2017).

그러나 항공사 간 IT 플랫폼이 통일되지 않아 인터라인 수하물을 완벽하게 운송

할 수 없기 때문에 운항 및 재무 부분에서 문제가 발생할 수 있다. 예를 들어, 승객과 수하물이 Egyptair(수하물수수료 없음)에서 United Airlines(수하물수수료 있음)로 같은 Star Alliance 회원사 간 연결되고, 그런 다음 COPA Airlines(수하물수수료 없음)에 다시 연결된다면, IT시스템이 완전히 통합되지 않아 일부 시스템은 호환될 수 없다.

항공사들은 수하물에서 얻을 수 있는 수익의 영역을 계속 확장하고 있다. Spirit Airlines는 이 개념을 한 단계 더 진화시켜 2018년 노트북 가방 사이즈를 초과하는 기내 수하물에 대해 59달러를 부과하였다. 다만 여행자가 Spirit's Fare Club(2018년 기준 연회비 59.95달러)의 회원이라면 기내 및 위탁수하물수수료를 할인받을 수 있다. Air France와 American Airlines는 수하물 택배서비스로 승객 맞춤 여행 서비스를 도입했다. Air France는 2018년 기준 80유로의 요금으로 파리의 샤를드골공항과 오를리공항에서 출발하는 항공편에 대해 파리 지역 내의 자택이나 사무실에서 위탁수하물(최대 4개)을 픽업하고 체크인해 주는 서비스를 제공했다. 한편 2018년 American Airlines는 도착공항에서 40마일 반경에 있는 어떤 장소건 수하물 2개까지 39.95달러에 배달한다. 또한 AnadoluJet은 지상 교통편 부가서비스 수익의 새로운 장을 열었는데 탑승객의 집에서 이스탄불 및 앙카라 지역의 공항까지의 교통편을 2018년 7월 기준 6.40달러부터 제공하고 있다.

수하물수수료의 수익 창출 성공으로 항공사들은 새로운 판매 항목들을 개발하는 데 박차를 가하게 되었다. Air Canada의 저비용항공사 자회사인 Tango는 2001년에 좌석배정수수료를 최초로 도입했다. 지난 10~15년 동안, 레저 승객들은 항공여행에 대한 지식이 많아졌고 창가나 복도 쪽 좌석, 비상구 좌석을 요청하는 일이 잦아졌다. 항공사들은 승객들이 원하는 좌석을 배정하며 수수료를 징수해 이 기회를 놓치지 않고 현금화하기 시작했다. 객실 내 주어진 특정 좌석은 개수가 한정되어 있으므로 그 잠재력을 최대화해야 할 필요가 있었다. 이러한 요금을 도입함으로써 시장수요에 근거하여 기내 특정 좌석에 가치를 부여할 수 있게 되었다.

설문조사 결과, 탑승객들은 '있으면 좋은' 상품보다는 식음료와 함께 좌석 지정 및 수하물과 같이 '필수'로 인식되는 특정 부가서비스에 대하여 비용을 지불할 의사가 있는 것으로 나타났다(Warnock-Smith et al., 2017). 영국 국내선 항공편에서 선호 좌석 관련 '지불의사'에 대해 진행한 설문결과에 의하면, 승객의 50% 이상은 특정 좌석에 요금을 지불할 의사가 있는 것으로 밝혀졌다. 이는 단거리 구간인 것을 고려하면 매우 놀라운 결과였다. 가운데 좌석은 양옆 좌석 사이에 끼어서 승객의 시야 확보 측면에서의 단점과, 창문이 없고 기내 복도와 좌석 위 사물함(overhead-bin) 공간에 대한 접근성이 떨어지는 이유로 탑승객들은 확실히 가운데 좌석을 선호하지 않으며, 이는 분명 창가 좌석이나 복도 좌석이 가치가 있다는 것을 의미한다.

2018년 봄, British Airways는 영국 국내선 및 유럽 노선의 이코노미 좌석에 편도 11달러부터 시작하는 사전 좌석배정서비스를 제공하였고 비상구 좌석에는 더 큰 비용을 부과하였다. 장거리 국제선의 경우에는 30달러 이상의 비용을 추가로 청구하였다. British Airways는 2016년 좌석 지정 비용으로 6,620만 달러의 수익을 창출했으며 easyJet은 7,000만 달러, 초저비용항공사인 Spirit Airlines는 1억 1,100만 달러를 벌어들였다(Ideaworks, 2017).

비상구 열 좌석은 좌석 간 거리가 넓기 때문에 독특한 판매 이점을 지닌다. Qantas는 거리에 따라 이러한 좌석을 세분화하여, 단거리 노선의 경우 호주달러로 20~60달러, 중거리 노선은 90달러, 장거리 노선은 160달러를 책정했다. 최근 Ryanair는 승객들의 디지털 경험 혁신을 위해 Ryanair Labs를 출시했다. 타 항공사의 디지털 플랫폼에 비해 Ryanair Labs의 창의성은 두드러지게 눈에 띈다. Ryanair는 기내 좌석을 특정 색깔로 나누어 판매가격을 표시했다. '다리를 뻗을 수 있는 추가공간(extra legroom)'이라 표시된 좌석이 가장 높은 가격에 판매되며, '앞쪽 좌석'(항공기의 첫 번째 열 좌석), 표준 좌석(창가 또는 복도 쪽 좌석)과 '할인(on sale)' 좌석까지 단계적으로 가격이 달리 책정되는 구조다. 일부 저비용항공사들은 10개의 좌석 구역을 제공하기도 한다.

다른 항공사들도 좌석을 바탕으로 부가서비스의 경계를 넓혀가고 있다. 한국의 Jeju Air는 Air New Zealand의 '스카이 카우치(Sky Couch)'와 같이 100달러에 3개의 좌석을 구매할 수 있는 '슬립 시트 패키지(sleep seat package)'를 제공한다. 스페인의 Vueling과 같은 몇몇 항공사들은 여행자들에게 요금을 받고 가운데 좌석을 블록(block)할 수 있는 서비스를 제공한다.

알라카르트 상품 중에는 식음료 판매도 포함되어 있다. 2009년 British Airways는 연간 2,200만 파운드를 절약하기 위해 2.5시간 이내의 단거리 노선 이코노미 클래스에서 제공하던 무료 샌드위치를 가벼운 스낵으로 대체했다(Flightglobal, 2018). 한발 더 나아가 2017년에는 단거리 노선의 이코노미 클래스에 무료 간식을 없애고 유료 식음료서비스를 제공하겠다고 발표했다. 한편 미국의 United와 American Airlines는 기존의 기내서비스 정책을 변경하여 현재는 국내선 승객에게 음료와 간식을 무료로 제공하고 있으며, Delta Air Lines는 일부 미대륙 횡단 노선에서 이코노미 클래스 이용 승객에게 무료 기내식을 제공하고 있다.

기내 판매는 수익성이 좋은 아이템이다. Ryanair(2018)는 2017년 전체 부가서비스 수익의 10.2%에 해당하는 1억 8,200만 유로를 기내 판매로 벌어들였는데, 그중 상당 부분이 식음료 판매에서 창출되었다. 2018년 1분기 부가서비스 수익에서 두 번째로 큰 부분이 식음료 판매였고 전체의 8%를 차지했다(AirAsia, 2018).

비즈니스 클래스의 특정 상품을 이코노미 클래스 승객에게 판매하는 경우에도 높은 수익성을 기대할 수 있다. 예를 들어, Austrian, Swiss, British Airways, Air France는 장거리 노선을 이용하는 이코노미 클래스 승객에게 비즈니스 클래스의 기내식을 판매한다. 2018년에는 이 기내식을 약 25달러에 판매했으며 Air France에서는 8,500마일리지 포인트로도 구매가 가능했다.

분리 · 별도 부가서비스 상품은 우선 탑승, 좌석 업그레이드, 멤버십 프로그램 회원비(easyJet plus; Wizz Air Discount Club; Volaris VClub), 운임 고정, 라운지 이용권, 패스트트랙, 와이파이, 기내 엔터테인먼트, 노키즈존(child free zone), 이벤트 행운권 등이 포함된다.

이러한 알라카르트 상품은 승객들이 자신만의 맞춤여행을 즐길 수 있게 해준다. 여행 IT업체인 Sabre가 2016년 전 세계 6개 지역 내 20개국의 항공편 이용 승객 1,500명을 대상으로 수행한 글로벌 연구에서는 80%의 승객이 최근의 여행에서 추가비용을 지출했으며 이러한 추가항목 구매로 평균 62달러를 사용한 것으로 나타났다. 그런데 이 연구는 승객들이 맞춤여행을 위해 99달러까지 지불할 의사가 있음을 밝혔다. 조사결과 북미와 유럽 지역의 승객은 좌석 배정과 다리를 뻗을 수 있는 추가공간을, 라틴 아메리카의 승객은 기내 와이파이를, 아시아 태평양 지역의 여행자들은 추가수하물 허용량을 선택하는 등, 각 부가서비스의 수익 카테고리별 인기는 지역에 따라 상이한 것으로 나타났다. 아프리카와 중동 지역의 승객은 각각 기내 식음료서비스와 보안검색대를 빨리 통과할 수 있는 패스트트랙을 가장 많이 선택했다(Sabre, 2016).

IATA는 회원사에게 부가서비스를 판매할 기회를 더 많이 제공하기 위해 2015년 차세대 유통시스템(New Distribution Capabilities: NDC)을 런칭했다(IATA, 2015). NDC는 항공사와 여행사 간의 소통을 개선하는 XML 기반 전송표준이다. 항공사는 이제 제3자의 개입 없이 승객에게 투명하고 콘텐츠가 풍부한 추가상품 및 서비스를 제공할 수 있게 되었다. 항공사는 이러한 방식으로 승객의 정보를 수집하는 동시에 승객이 이용 가능한 맞춤형 서비스 제공이 가능하게 되었다. 이는 이번 장 후반에 언급할 빅데이터분석 및 딥 개인화(deep personalization)의 관점에서 특히 이점을 지닌다고 볼 수 있다.

12.2.2 수수료

승객이 여정을 변경하거나 신용카드(직불카드 대신)로 항공권 구매 시 지불하는 수수료 역시 주요한 수익원이다. 2017년 미국의 항공사를 이용한 승객의 예약 변경수수료는 총 28억 달러에 달했으며, 그중 American Airlines는 8억 8,000만 달러를 벌어들였다([표 12-3] 참조). 2018년 초 미국의 3대 주요 항공사들은 국내선 항공권 변경 시 200달러(운임차액 별도), 국제선 항공권 변경 시 500달러를 징수하였다. 하지만 대중의 심한 불만으로 인해 미국 교통부는 미국 국내 혹은 미국행 항공편을 운항하는 항공사들에 대해 고객이 항공편 출발일 기준 7일 이전의 항공편을 예약 후 24시간 이내 취소한 경우 원래 지불했던 수단으로 환불이 가능하도록 입법화했다. Southwest는 승객이 예약 변경 시 수수료는 일체 적용하지 않으며 승객에게 운임 차액만 지불하게 함으로써 서비스에 차별화를 두었다. 또한 'Wanna Get Away'라고 불리는 최저가 운임 카테고리를 제외하고 모든 항공권이

표 12-3 미국 항공사의 취소 및 변경수수료 수익, 2017년

순위	항공사	미화(천 단위)
1	American	878,278
2	Delta	830,644
3	United	709,338
4	JetBlue	135,972
5	Alaska	115,842
6	Spirit	48,934
7	Virgin America	44,352
8	Frontier	36,501
9	Hawaiian	22,826
10	Sun Country	18,616
11	Allegiant	14,533
12	Island Air Hawaii	460
	합계	2,856,296

자료: 미국 교통 통계처, Schedule P-1.2

환불 가능하며, 'Wanna Get Away'의 경우에도 항공권을 향후 여행 시 사용할 수 있도록 했다.

유럽이나 아시아 항공사들은 각 항공사들이 개별적으로 수수료를 책정한다. 영국 민간항공관리국(CAA)은 항공사수수료 비교표를 발행해 운임에 따라 다른 수수료를 비교할 수 있게 한다. 2018년 6월 25일 기준수수료는 easyJet의 경우 취소수수료 27파운드, 이름 변경 20~52파운드, 항공편 변경 17~52파운드 및 운임 차액이며, Ryanair의 경우 이름 변경 110~160파운드, 항공편 변경 30~90파운드, 노쇼수수료 100파운드, 탑승권 재발행 15유로이다(UK CAA, 2018).

가장 빠르게 증가하고 있는 수수료는 신용카드수수료로 대부분의 항공사들이 그 부담을 승객에게 전가하고 있다. 예를 들어, 2018년 KLM은 American Express, JCB, Diners Club, UATP/Air Plus로 지불한 항공권 예약에 대해 2%의 수수료를 부과하였다.

12.3 상용고객우대프로그램

American Airlines는 1981년 'AAdvantage'라는 항공사 최초의 상용고객우대프로그램을 도입하였다. 다른 경쟁사들은 재빨리 이 전략을 모방하였고 오늘날 그러한 프로그램은 특히 풀서비스 항공사들 사이에서 핵심 역량으로 뿌리내리고 있다. 상용고객우대프로그램(Frequent Flyer Programs: FFP)은 승객이 경쟁사를 이용하여 여행할 것으로 예측될 때 고객의 유출을 막는 방어막 역할을 하는 동시에, 승객과 관계를 맺으며 반복적인 거래를 유도하기 위한 도구로 여겨진다. 또한 승객의 여행패턴 및 구매력에 대한 프로필을 생성하는 강력한 데이터 마이닝 수단으로서의 역할을 한다. 이 프로필은 충성도를 제고하고 고객생애가치(customer lifetime value)를 높이는 고객접점 플랫폼의 기반이 된다. FFP는 수익 채널 중 하나로 변화해 특히 풀서비스 네트워크 항공사들에게 주요한 수익 창출수단이 되었으며, 저비용항공사(Southwest Airlines 제외)의 비즈니스 모델과 비교해 중요한 차별성을 제공해 준다. 이는 회원 포트폴리오 자체의 규모와 이러한 프로그램의 오랜 운영기간 덕분이다.

최근 몇 년 동안 전 세계의 항공사들은 두 가지 기본 동력을 바탕으로 FFP를 중심으로 이익을 집중화하고 있다. 첫째, 탑승거리에 기반한 이용방식에서 운임과 고객등급에 따른 수익 기반 이용방식으로 탈바꿈했다. 최상위 등급(예 Gold, Platinum) 고객들은 더 많은 마일리지를 적립한다. 예를 들어, Delta Air Lines의 Platinum 등급 멤버는 1달러를 소비할 때마다 9마일을 적립할 수 있으며, Silver와 일반 멤버는 각각 7마일, 5마일을 적립할 수 있다. 이로 인해 고객충성도가 높아지고, 더 많은 혜택을 누리기 위해 상위등급으로 올라가고자 하는 욕구도 커지게 된다. 등급이 높을수록 더 많은 혜택이 주어진다. 예를 들어, British Airways의 Tier 1 Gold 등급은 탑승 클래스와 상관없이 퍼스트 클래스 · 비즈니스 클래스 체크인 카운터 이용, 추가수하물, 일부 공항에서의 패스트트랙 이용, 우선 탑승, 선호 좌석 사전 배정, 대기 예약 · 탑승 우선 처리, 퍼스트 클래스 · 비즈니스 클래스 라운지 1인 동반 이용 등 다양한 혜택을 누린다.

둘째, FFP는 항공사들이 은행들과 영리적 파트너십을 맺으면서 빠르게 '부가서비스 수익 창출 동력'이 되고 있다. 은행들은 항공사와 공동 브랜딩한 신용카드를 발행하며 해당 신용카드로 소비할 때마다 달러당 해당하는 마일리지로 보상을 준다. 그러므로 여행 빈도는 낮지만 소비 빈도는 높은 승객도 항공사의 FFP로부터 혜택을 누릴 수 있다. 그들은 여행 또는 여행 외 상품을 구매함으로써 마일리지를 쌓고 항공편으로 교환할 수 있게 되었다.

은행들이 항공사들과의 이러한 상호 파트너십을 형성하고 있던 초기에는 이용 가능한 좌석 숫자에 제한을 두었고, 이로 인해 신용카드 소지자들이 누적 마일리지를 사용하는 데 제한이 있었다. 이용 기회를 늘리기 위해 항공사들은 점차 좌석 수 제한을 없애고 이용 불가 날짜(예 크리스마스)를 줄이는 등 제한사항을 줄여나갔다. 결과적으로 은행과 Visa, MasterCard 및 American Express 등 신용카드 브랜드들이 고객들에게 적극적으로 카드 홍보를 함에 따라 은행 고객들이 항공사 브랜드 신용카드를 사용하는 비율이 높아지게 되었다. 예를 들어, 2017년 United Airlines는 총유상승객마일 중 7.5%를 마일리지 보너스 항공권 사용에 배정했으며 사용된 총마일의 85%는 무료 항공편 또는 업그레이드에 쓰였다(United Airlines, 2018).

은행들은 지역사회 깊숙한 곳까지 자리잡아 강력한 시장지배력을 갖추고 있다. 오늘날 항공사 마일리지 신용카드는 풀서비스 네트워크 항공사가 수익을 창출하는 강력한 수단으로 자리잡았다. 또한 호텔, 렌디카, 여행사 보험 등 수평적으로 연계된 다양한 여행상품들, 소매/온라인업체 등도 항공사 마일을 인센티브로 사용하고 있다. 예를 들어, United Airlines과 Marriott Hotels는 현재 서로의 상용고객우대프로그램 간에 마일리지와 포인트를 주고받을 수 있도록 했다.

은행과 기타 소매업자, 서비스 제공업체들은 이용자들에게 제공할 마일이나 포인트를 항공사로부터 구매한다. 금액은 서로 상이한데, 한 연구에 따르면 은행이 마일리지당 영국파운드 기준 1.5~2.5펜스를 지불하는 것으로 나타났다. 또한 대다수의 마일리지 카드는 연회비를 청구한다. 예를 들어, American Airlines와 협업한 Citibank Mastercard는 카드 소유자에게 매해 95달러를 연회비로 청구한다. 항공사는 카드 발행 은행에게 마일 구매액 외에 연회비 혹은 거래 관련 수수료의 일부를 요구하기도 한다. 연회비가 있는 신용카드를 사용하는 은행 고객들은 통상 고소득자이며 카드를 이용한 지출도 많이 하기 때문에 거래 관련 수수료가 더 많이 발생한다. 이러한 고객들은 높은 신용점수를 유지하고 결제일을 준수하므로 채무불이행 가능성이 낮다. American Airlines(2018)는 2015년 약 3,150억 마일의 AAdvantage 마일을 발행했으며 그중 58%는 은행 등 제3자 파트너에게 판매되었고 나머지 42%는 승객이 직접 여행한 마일이다.

FFP 포인트 판매는 놀라운 결과를 빚어냈다. American Airlines는 2017년 상용고객우대프로그램으로 24억 달러, United와 Delta는 각각 23억 달러와 18억 달러를 벌어들였다. Delta Air Lines는 American Express 파트너십으로 2021년까지 매년 40억 달러의 수익을 낼 수 있을 것이며, 그때까지 매년 3억 달러 이상씩 증가세를 기록할 수 있을 것이라 밝혔다(American Airlines, 2018; United Airlines, 2018; Delta Air Lines, 2018). 확실히 FFP는 항공사의 재정적 변신을 앞당기고 있다.

앞서 논의한 바와 같이 [표 12-1]을 통해 FFP가 특정 항공사 부가서비스 수익에 기여하는 바를 알 수 있다. 풀서비스 항공사, 특히 미국 주요 항공사의 부가서비스 수익에서 FFP가 차지하는 부분은 매우 크다는 것을 명확히 알 수 있다. 또한 Qantas의 부가서비스 수익 중 약 90%가 이런 방식으로 창출되고 있다.

전 세계의 일부 항공사들은 핵심 비즈니스에서 FFP를 분리해, 화물이나 정비 부문과 같이 연간 결산을 별도로 하는 FFP 전담 법인으로 분사시키기도 한다. 예를 들어, 2017년 Qantas는 10억 달러 수익 중 3억 6,900만 달러의 이자 및 세전 이익을 FFP에서 창출했으며, 이는 Qantas의 화물 부문보다 약 8배 많은 수치이다. Qantas FFP의 운영이익률은 2017년에 24.5%에 도달하면서 다른 모든 자회사에 비해 상당한 성과를 냈다. 이는 국내선 여객(11.5%), 국제선(5.4%), 화물(5%)에 비해 괄목할 만한 수치이다. 현재 호주 내 신용카드 지출의 35%가 Qantas FFP 신용카드에 Qantas 포인트로 적립되고 있으므로 Qantas의 FFP는 호주 국민들에게 매우 광범위하고 깊은 영향력을 발휘하고 있다(Qantas, 2017).

Reales와 O'Connell(2017)의 연구에서 미국 주요 항공사 FFP의 가치가 모기업 시가총액의 25~50%에 해당하는 것으로 나타났듯이, FFP의 가치는 매우 높다.

2018년 7월 10일 기준, 월스트리트는 각 항공사 FFP의 가치를 Delta Air Lines 305억 달러, United Airlines 195억 달러, American Airlines 178억 달러로 평가했다.

현재 FFP는 61.1%의 투하자본수익률을 달성하는 것으로 추정되는데, 미국 항공사들은 9.2%, 유럽 항공사들은 6.2%, 아시아 항공사들은 5.7%를 기록하고 있다(de Boer, 2018). 그렇기 때문에 앞서 논의한 기업들이 기업분리를 통해 개별 회사로 설립되는 것이 놀랄 만한 일도 아니며, 이런 맥락에서 최근 몇몇 항공사들은 FFP 자회사를 기업공개(Initial Public Offerings: IPO)를 통해 주식시장에 상장시켰다. 따라서 Air Canada의 FFP인 Aeroplan의 2005년 IPO는 약 20억 달러의 가치로 평가되었으며, 2010년 브라질의 TAM FFP인 Multiplus는 IPO를 통해 4억 달러를 창출하기도 했다(Dunn, 2013). 본질적으로 FFP는 필요한 자본이 매우 적고 진입장벽이 높으며 높은 재정적 수익을 이끌어내기 때문에 현대 항공산업의 '게임체인저'로 여겨지고 있다.

12.4 커미션 기반 부가서비스

항공사 웹사이드를 통해 판매되는 제3자 상품 · 서비스에서 발생하는 커미션 역시 주요한 부가서비스 수익원 중 하나이다. 이러한 판매는 호텔이나 렌터카와 같이 여행과 관련이 있을 수도 있고, 관련 없는 상품이나 서비스일 수도 있다.

오늘날 항공사들은 운임, 제약조건, 최종선택이 실시간 좌석 상황에 연동되는 다이내믹 패키지에서 수익을 창출하고 있다. 볼트온 하이퍼링크(bolt-on hyperlink)를 통한 기술은 항공사 웹사이트에서 호텔 예약, 여행자 보험, 렌터카와 같은 다양한 여행요소들을 결합할 수 있게 한다. 이러한 상품들은 확실히 항공사의 좌석 판매와 자연스럽게 연관되는 상품들이기 때문이다. 조합된 여행상품은 단일 거래, 1회 결제로 마무리된다. 관광 관련 데이터는 명확한 플랫폼으로 통합되어, 소비자들이 스스로 여행사의 역할을 하며 자신들이 원하는 맞춤여행상품을 구성할 수 있다. 커미션 기반 부가서비스는 승객들에게 불쾌감을 주지 않으면서도 부가가치를 창출하는 것으로 여겨진다.

항공사들은 커미션 기반 부가서비스를 제공하는 데 있어 굳건한 위치를 지켜왔다. 설문조사에 따르면 커미션 기반 상품에 대한 구매결정은 항공사가 제공하는 해당 상품에 대한 응답자들의 의견에 영향을 받는 것으로 나타났다(O'Connel and Warnock-Smith, 2013). 또한 항공사들이 예약과정 중에 너무 많은 부가서비스를 추가하여, 승객이 항공사에 더 많은 수익을 가져다주는 핵심 부가서비스를 건너뛰고 바로 결제단계로 넘어가게 만들어 버릴 수 있다는 우려가 있었다. 교차판매 시 모바일 앱은 교통, 목적지 관련 부가서비스(렌터카, 호텔 등)와 구매 충동을 수렴시키는 데 있어서 기존 웹사이트보다 우위에 있다.

British Airways는 부가서비스의 9%를 맞춤여행 다이내믹 패키지를 도입한 휴가 부문에서 창출했다. 현재 British Airways는 더 넓은 고객군을 끌어들일 수 있도록 해변여행, 골프여행 등 17개에 이르는 휴가상품을 보여준다. '저렴'한 호텔에서 '럭셔리' 호텔까지 여러 가격대의 다양한 호텔들을 조합할 수 있고 공연 티켓, 테마파크 등도 추가 구매가 가능하다.

전자상거래 환경에서 고객 중심화와 권한 부여는 새로운 관광시장의 주요 원동력이 된다. 항공사들은 수익관리, 부가서비스 수익, 고객분석의 상호작용을 추구하고 있다. 미래에 경쟁우위를 가지기 위해 이 세 영역을 통합한 모델을 구축할 수 있다. 데이터분석은 서비스와 선택을 조합해 개별 고객들에게 더 정교한 맞춤상품을 내놓을 것이다. 이커머스 데이터 마이닝 및 구축한 승객 데이터에 기반한 추천상품(휴가 혹은 출장)을 구현하는 알고리즘을 통해 승객의 여행 구매행동 프로파일링이 보강될 것이다. 하지만 명백한 약점이 여전히 존재한다. Sabre가 밝혔듯이 항공사들은 여전히 그들이 구축한 승객 데이터의 12%밖에 사용하지 못하고 있다(Flightglobal, 2018).

수십 년간 항공사들은 제3의 공급업체에게 엄청난 양의 수익이 빠져나가도록 두었지만, 이는 다이내믹 패키지로 인해 현저히 줄어들 것으로 기대된다. 1950년 2,500만 명이었던 세계 관광객 숫자가 2016년 10억 2,300만 명으로 기하급수적으로 늘었고 1950년대 20억 달러였던 관광수익이 2016년 1조 2,000억 달러로 성장하며 세계 경제에 몇 배의 촉매효과를 가져온 것을 볼 때, 항공사에서 기대할 수 있는 잠재력은 엄청나다. 2016년 세계 여행객의 절반 이상(53% 혹은 6억 5,700만 명)이 휴가, 휴양 및 기타 레저 목적으로 여행했고, 27%가 친지 방문(VFR)을 비롯한 기타 목적으로 여행했다. 시간이 지날수록 이러한 여행객들은 항공사 웹사이트나 앱을 통해 자신에게 맞는 여행상품을 조합할 것이고, 여기서 발생시킬 수 있는 추가 수익구조는 엄청나다.

커미션 기반 부가서비스의 상위 세 가지는 렌터카, 호텔, 여행자 보험이다. 항공사들은 자사 웹사이트나 앱을 통해 이러한 여행과 관련한 상품 구매가 이루어질 때마다 공급업체로부터 커미션을 받는다. CarTrawler(2014)는 이 세 가지 여행 관련 부가서비스 상품들이 미국 외 항공사 부가서비스의 30%를 차지하고 있는 반면, 미국 항공사들은 겨우 5%를 점유하고 있다고 밝혔다. 항공사들은 사업상 민감한 정보의 수준에 따라 분류하고 손익계산서에서 커미션 기반 부가서비스를 별도로 명시하지 않고 있다.

세계 렌터카시장의 가치는 2016년 기준 약 582억 6,000만 달러로 추산되며, 2017~2022년 사이 약 13.5%의 연평균 성장률을 기록하여 2022년에는 그 시장 규모가 대략 1,245억 6,000만 달러에 이를 것으로 기대하고 있다(Zion Market Research, 2018). 항공산업과 마찬가지로 렌터카업계도 주요 통합과정을 겪고 있으며, 미국에서는 Avis-Budget Group, Hertz, Enterprise가 미국 내 시장의 90%를 장악하며 과점상태를 만들었고, 유럽에서는 다섯 개 업체가 65%를 차지하며 시장지배력을 강화했다(Bloomberg, 2016). 차량 대여의 약 60%는 공항에서 이루어지며, 항공사들은 이 수요를 놓치지 않고 현금화하고자 파트너사의 인벤토리를 자사 웹사이트나 앱의 예약과정 중에 노출한다. 2017년에 개최된 Ancillary Revenue World 컨퍼런스 간담회에서는 모바일 앱과 개인 맞춤형 프로파일링으로 인해 렌터카의 항공사 웹사이트 노출률이 2017년에 6% 상승했다고 밝힌 바 있다. 단일 렌터카업체와 맺는 독점적 거래는 기본 대여요금의 12~18%의 높은 커미션을 지불해야 한다(Ideaworks, 2011). 반면, 다수의 렌터카업체와의 거래는 통상 6%의 커미션을 항공사에 지불한다.

호텔은 매우 다른 경우로, 노출률이 1% 정도로 낮은 수준이다. 다변화된 호텔

업계 특성에 따라 고객들은 렌터카업체보다 훨씬 강한 정서적 애착을 호텔업체와 형성하기 때문이다. easyJet의 CEO인 Johann Lundgren은 그들의 고객 중 50만 명만이 항공사의 웹사이트를 통해 호텔을 예약하는 반면 2,000만 명은 기타 수단을 이용했다고 호텔의 낮은 노출률을 재차 강조했다(The Guardian, 2018년 5월 16일). 한편 Ryanair는 향후 항공권 구매에 사용 가능한 10%의 리베이트를 제공함으로써 제3업체로의 고객 유출을 막으려 했다. 예를 들어, 고객이 더블린에서 4박에 400유로짜리 호텔을 예약하는 경우 'MyRyanair' 어카운트에 40유로 크레딧을 제공하는 방식이다. 2017년 Ancillary Revenue World 컨퍼런스에서 Ryanair는 여타 인터넷 예약업체의 커미션이 12~14%지만, 자사 웹사이트를 통한 호텔공급을 5% 커미션에 제공할 의사가 있음을 밝혔다.

어떠한 경우든 유럽의 항공사들은 패키지 여행 및 관련 여행 협약에 대하여 유럽의회와 위원회의 지침(EU) 2015/2302를 전적으로 준수해야 한다. 1990년대에 제정된 이전 지시서에 더해, 2018년 7월 1일부로 새로운 지시서가 소비자 보호규정을 추가했다(Directive EU 2015/2302). 특히, 항공사가 커미션 기반 여행 패키지 서비스(호텔 등)를 자사 웹사이트에 탑재해 항공권 예약 시 노출하면, 항공사는 (여행사와 비슷한) 패키지 조직자로 간주되어 패키지의 모든 부분에 대해 법적 책임을 져야 한다. 따라서 항공사들은 여행 관련 파트너들을 선택하는 데 있어 매우 조심스러워졌다. 만약 여행 관련 파트너가 파산한다면 항공사 웹사이트를 통해 다이내믹 패키징을 선택한 승객이 보상 청구 제기를 할 수도 있기 때문이다(European Commission, 2015).

여행자 보험시장은 여행공급망의 또 다른 요소이다. 관광객 수가 증가함에 따라 수하물 분실, 긴급 의료, 중요 서류 분실, 천재지변 등의 사건이 많아지게 되었다. 이에 따른 위험성을 줄이고자 점점 더 많은 여행객들이 여행자 보험을 구매하고 있으며, 일부 국가에서는 입국 비자 발급의 선제조건이다. Allied Market Research(2016)에 따르면 2015년 전 세계 평균 보험 보급률이 6.3%를 기록했지만, 2022년에는 보험료 총액이 282억 달러에 이를 것으로 예측된다. 2015년에는 단일 여행보험이 대세로 총시장 수익의 71%를 차지했는데, 이는 연중 휴가, 가족 단위 여행객, 해외쇼핑, 겨울에 따뜻한 지역으로 떠나는 휴가 등의 인기에 힘입은 것이다. 영국의 여행자 보험시장도 역시 수익성이 매우 높은 시장으로, 2015년에는 영국 소비자들이 6천 570만 번의 해외여행을 떠나며 여행보험에 6억 2,500만 파운드가 넘는 비용을 지출했다. 한편 Travel Insurance Market Survey에 따르면 미국인은 2014년 22억 달러의 여행자 보험을 구매했다(US Travel Insurance Association, 2015).

12.5 광고

부가서비스에서 가장 작은 부문인 광고는 다양한 분야에 걸쳐 집행이 이루어진다. 기내지, 기내 좌석 위 사물함, 의자 뒷면, 탑승교, 단독 라운지, 게이트 지역에 설치하는 광고를 비롯해 수수료를 받고 배치하는 샘플이나 상품 등에서 발생한 수익이 이에 해당한다. 좌석 위 사물함, 트레이 테이블과 탑승권 등에 실린 광고는 항공사 승객이 기억할 수 있도록 메시지를 각인시키는 효과적인 커뮤니케이션 플랫폼이다. 이러한 아이템(예 보관함, 테이블 등)은 탑승 중 직접 노출되기 때문이다. 기내지는 럭셔리 상품 광고와 더불어 스포츠, 기업 스토리를 실어 승객의 주의를 끈다.

현재 전 세계 150개 이상의 항공사가 기내지를 제공하고 있으며, 이는 잠재적인 수익원이다. 2009년 Wall Street Journal에 따르면 80%의 승객들이 좌석 앞에 놓인 기내지를 읽으며, 기내지를 읽는 데 항공편당 평균 30분 정도를 소요한다고 밝혔다(Michaels, 2009). Lufthansa에 따르면 독일 내 소득 상위 20% 가구가 자사 기내지를 접하며 Time Magazine Europe, Newsweek Europe, The Economist보다 더 많은 수의 구독자를 보유하고 있다고 한다(Huson, 2015). 광고단가를 살펴보면 2013년 전 좌석에 배포되는 Aeroflot 기내지의 전면 컬러 1페이지 한 달 광고비는 약 16,000달러였다(IMM, 2013). Cathay Pacific 기내지 광고단가는 더 높아서 전면 컬러 1페이지가 1개월에 27,120달러였는데, 이는 발행 부수가 높고 매달 187만 명의 이상의 승객이 접할 수 있기 때문이다(IMM, 2013). Emirates

Airlines의 30초 기내 TV 광고는 1개월에 114,000달러부터이며, Air France의 20~45초 기내 TV 광고는 64,000유로부터 시작된다.

12.6 부가서비스의 미래

항공사 마케팅은 비행 전, 비행 중, 비행 후 상품이 부가서비스의 흐름에 따라 추가 수익을 발생시키는 새로운 방식으로 변화해왔다. 화제의 중심에 선 부가서비스는 수익구조에 새로운 층을 더하고 패러다임의 전환을 가져오는데, 항공 좌석이 기본적으로 일용품 기준의 가격을 가지는 것에 비해 훨씬 더 높은 이윤을 창출할 수 있기 때문이다. 전 세계 항공사들이 부가서비스 수익을 강조하고 있으며 항공사 경영진들은 여기에 크게 주목하고 있다. [그림 12-3]은 알라카르트, FFP, 커미션 기반 상품, 광고 등 오늘날 부가서비스 수익의 네 가지 주요 영역을 보여준다.

오래전부터 항공사들은 모든 비용이 포함된 하나의 운임으로 승객을 최종목적지까지 운송하였다. 차츰 이 운임은 해체되어 각각의 항공상품으로 별개 판매되기 시작했다. 이 과정은 더 이상의 해체가 어려워짐에 따라 현재는 정체상태이다. 반면 제11장에서 논의한 바와 같이 항공사들은 이제 특정 상품을 부가서비스결합운임(banded fares)으로 다시 묶어 판매하면서 잠재적 수익 손실을 메우고자 한다. 이는 특정 그룹의 여행객들은 특정 항공상품을 별도로 구매한다는 승객 세분화에 근거해 작용하며 수익구조에 혁신을 가져왔다. 부가서비스결합운임은 추가 수익을 발생시키는 새로운 구조를 통해 상위 카테고리 운임을 구매하도록 이끄는 수단이기 때문에 항공사들이 환영해 마지않고 있다. 하지만 부가서비스결합운임이 항공사들의 자사 고객 혹은 잠재 고객으로부터 끌어낼 수 있는 잠재적 수익을 극대화하는 것은 아니다. 그러므로 특히 실질적으로 평균 운임이 하락하고 있는 것을 고려할 때 추가 수익 원천으로서 부가서비스의 중요성이 뚜렷하다(제1장 [그림 1-1] 참조).

그림 12-3 카테고리별 부가서비스 수익 아이템 개요

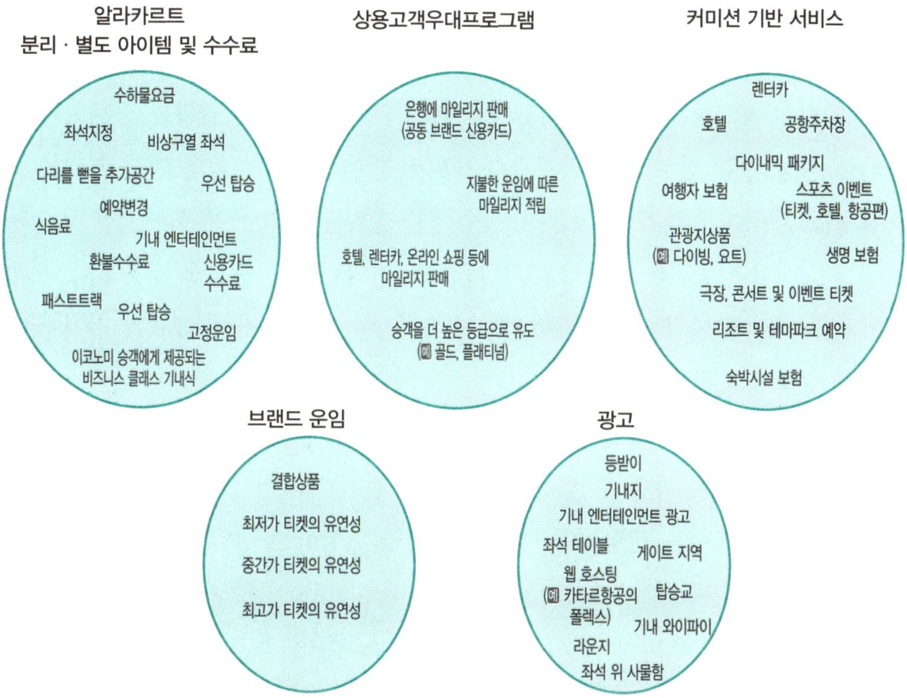

앞서 살펴보았듯이 알라카르트 판매 수익, 기타 공급업체로부터의 커미션, FFP 마일 · 포인트 판매, 광고 수익은 모두 부가서비스 수익의 중요한 원천이다. 그 상대적인 중요성은 항공사 및 지역에 따라 다르다.

그런데 그중 향후 잠재력이 가장 큰 상품은 FFP와 커미션 기반 부가서비스이다. FFP는 공동 브랜드의 리워드 기반 신용카드를 사용하여 신발 쇼핑에서부터 생명보험 가입에 이르기까지 고객이 다양한 범위에서 포인트를 얻을 수 있는 '풍부한 원천'이다. 은행 고객들이 점점 더 리워드 기반 카드를 원하고 있기 때문에 은행은 마르지 않는 샘을 가진 것과 마찬가지이며, 항공사들과 상호 시너지관계를 형성해 더 깊은 통합을 이루고 번성하게 된다. 항공사와 은행 간의 공생관계는 전례가 없는 것이며, 그 결과 놀라운 재정적 이점을 가져다준다.

FFP는 회원 포트폴리오 그 자체의 규모와 이러한 로열티 프로그램의 오랜 운영기간 덕분에 풀서비스 항공사와 저비용항공사를 차별화하는 중요한 요소이다.

제3자에게 빠져나가던 부분을 항공사에서 확보할 수 있게 됨에 따라 커미션 기반 부가서비스도 렌터카, 호텔 등으로의 수평적 확장이 전망된다. 빅데이터와 고객분석은 이전 여행자의 행동에 기반해 고객 욕구를 분석하는 예측 알고리즘을 통해 개인화의 새로운 트렌드가 되었다. 예를 들어, 다이빙을 즐기는 승객이 플로리다에 출장을 갈 경우, 고객관계관리 데이터 마이닝 알고리즘이 이를 기회로 인식해 인근 바하마로의 1박 2일 다이빙 여행을 할인된 가격에 제공하는 것이다. 항공사는 승객이 항공편과 숙박을 추가함으로써 다양한 추가 수익을 창출한다. 또한 항공사는 다이빙 센터로부터 커미션을 받는다. 이 과정을 통해 승객과 가치 창출 구조를 형성하게 된다.

결론적으로 부가서비스는 오랫동안 계속된 경기침체 시기에도 항공산업의 성장과 지속 가능성을 유지할 수 있을 정도로 재정적 잠재력이 풍부하다. 부가서비스는 끊임없이 변화하는 상황에서 재정적 미래를 보장하는 게임체인저로서 주목받는 수단이다.

Chapter 13

항공화물운송의 경제학

Chapter

13 항공화물운송의 경제학

우리 업계에서 성공적인 기업은 앞으로 서비스와 수익성을 보장하기 위해 재점검, 재설계 및 재투자하는 기업이 될 것이다.

– Brendan Canavan, President UPS Airlines, 2015년 8월

13.1 항공화물운송의 추이

지금까지 설명한 항공사 경제학의 많은 개념과 원리는 화물운송 분야에도 적용될 수 있다. 동시에 화물운송에는 별도의 분석과 처리가 필요한 특별한 이슈와 어려움이 있다. 톤킬로미터로 측정되는 국제선 항공운송산업에 있어 화물의 중요성은 과소평가되어 왔으나, 국제항공운송량의 1/4 이상이 화물이고 일부 항공사는 이를 훨씬 웃돌고 있다(제1장 [표 1-2] 참조). 비록 화물이 수익에 기여하는 정도는 총수익의 1/8 정도로 크지 않지만, 많은 항공사의 수익성에 많은 기여를 해왔다. 화물만을 운송하는 항공사들이 있는 반면, 저비용항공사는 화물운송을 하지 않지만 대부분 여객항공사에 있어 항공화물은 불가결한 부분이다.

2003년 이후 15년 동안 항공화물운송은 항공산업의 여객 쪽보다 훨씬 더 격동적이었다. 2003~2007년까지 화물톤킬로미터(FTK)로 측정된 항공화물량 및 화물수익은 꾸준히 증가했다([그림 13-1] 참조). 그 후 2008~2009년 세계 경제 충격 및 경기침체로 인해 화물량과 수익이 붕괴되었다. 이후 2010~2017년까지 몇 년 동안 화물운송이 급격하게 증가하는 동안 화물운송에서 발생하는 수익은 감소했다.

항공화물은 큰 모순에 직면했다. 화물량은 증가했지만 총화물 수익은 감소했다. 이는 FTK당 수익 또는 일드도 하락했음을 의미할 수 있다. 이 기간에 화물 일드가 감소한 것은 국제화물시장에서 항공사 간 경쟁이 심했기 때문이기도 하지만, 2014년 이후 특히 항공유 가격이 하락한 데 대한 반응이기도 했다. 화물 일드 하락의 심각성은 화물운송에 있어 가장 큰 회사 중 하나인 Singapore Airlines의 사례로 충분히 설명된다. Singapore Airlines 화물의 평균 일드는 2007년과 2008년 그리고 2016년과 2017년 사이에 3분의 1(33%) 감소했다. 승객 일드도 15년 동안 감소했지만 화물의 수준과 같은 수준은 아니었고 2008~2009년 이후 여객교통량의 증가는 여객서비스가 창출하는 총수익의 증가를 이끌기에 충분했으며, 이는 이윤으로 이어졌다. 2009년 이후 몇 년 동안 여객항공사에게는 행복한 시기였지만 항공화물에 중점을 둔 항공사에는 그렇지 않았다. 항공화물 운송회사는 더 큰 문제에 직면했다. 2017년 세계 경제가 빠르게 성장하면서 항공화물도 증가하였다. 그러나 이러한 상승세가 지속될 것인가?

그림 13-1 2010년 이후 전 세계 화물 교통량은 느리게 증가했지만 화물 수익은 증가하지 못함

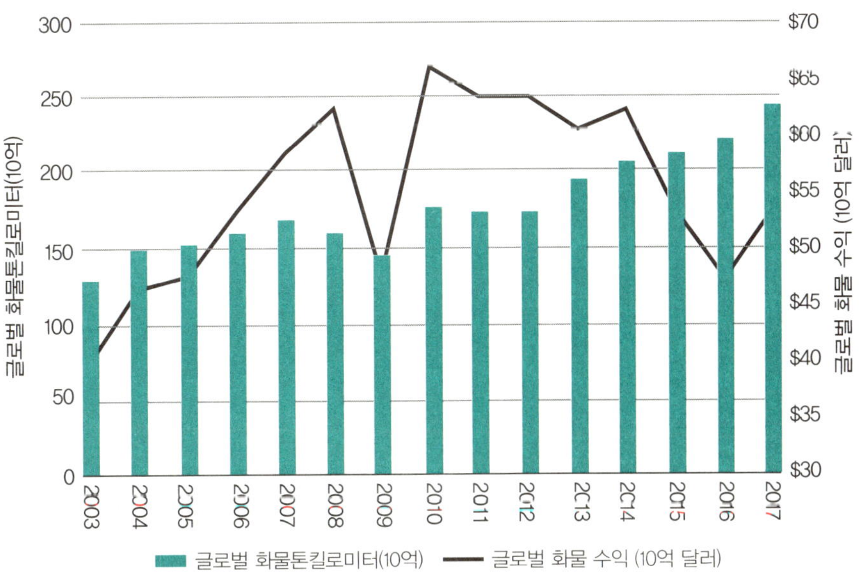

자료: IATA 자료를 활용해서 저자 재구성

수출지향적이고 빠르게 성장하는 경제를 바탕으로 아시아 항공사들은 지난 30년 동안 급속하게 국제화물운송을 확장해 왔다. Korean Air, Cathay Pacific, Singapore Airlines(SIA)와 같은 항공사들은 세계평균보다 성장률이 훨씬 높으며 대부분의 유럽이나 북미 항공사들이 달성하는 것보다 훨씬 크게 화물사업을 성장시켰다. 그 결과 2017년 아시아 태평양 항공사는 세계 정기 국제화물의 1/3(33.1%)을 운송하며 국제항공화물시장을 지배했다([표 13-1] 참조). 한때 지배적이었던 유럽 항공사의 점유율은 23.6%로 떨어졌고 북미 항공사의 점유율은 절반으로 하락했다. 2017년 아시아 항공사 중 Cathay Pacific, Korean Air, Singapore Airlines, Air China, China Southern, China Airlines, China Eastern 7개 항공사가 화물운송과 관련하여 세계 10대 화객혼용항공사(combination carriers)에 이름을 올렸다.

표 13-1 항공사 등록 지역별 세계 항공화물 점유율, 2017년

항공사 등록 지역	글로벌 화물톤킬로미터 점유율(%)
국제	
아시아 태평양	33.1
유럽	23.6
중동	13.7
북아메리카	12.8
라틴아메리카	2.3
아프리카	1.9
국제 총합	87.4
국내	
북아메리카	7.7
아시아	3.9
유럽	0.6
기타	0.4
국내 총합	12.6
전 세계 총합	100.0

자료: Air Freight Market Analysis, 2017년 12월, 제네바: IATA

세계 항공화물의 매우 많은 양(87%)이 국제항공화물이며 1/8만이 국내항공화물이다. 그러나 국내 화물의 대부분이 주로 FedEx 및 UPS에 의해 북미지역 내에서 이동한다([표 13-2] 참조). 중국에서도 상당량의 국내 항공화물이 나오고 있다. 국내 및 국제항공화물을 통합하면 톤킬로미터 측면에서 FedEx와 UPS는 2016년 세계에서 가장 큰 화물운송사 3개 중 2개가 된다([표 13-2] 참조).

국제항공화물에서 눈에 띄는 특징은 2대 주요 노선인 아시아-북미 노선(2015

표 13-2 2017년 세계 최대 글로벌 화물운송사

총 정기 화물톤킬로미터(백만)						
순위	화객혼용항공사 (Combination carriers)		순수화물항공사 (All-cargo airlines)		종합집배항공사 (Integrated carriers)	
1					Federal Express	16,851
2	Emirates	12,715				
3					UPS	11,940
4	Qatar Airways	10,999				
5	Cathay Pacific	10,772				
6	Korean Air	8,015				
7			Cargolux	7,322		
8	Lufthansa	7,317				
9	Air China	6,701				
10	Singapore Airlines	6,592				
11	China Southern	6,174				
12	China Airlines	5,741				
13			Air Bridge	5,543		
14	All Nippon Air	4,810				
15	Turkish Airlines	4,728				
16			Polar Air	4,378		
17	British Airways	4,364				
18	Etihad	4,303				
19	United Airlines	4,249				
20	Asiana	4,008				

자료: World Air Transport Statistics 2018년, 제네바: IATA

년 글로벌 화물톤킬로미터의 22.7%) 및 아시아-유럽 노선(20.3%)과 이 2개 노선의 2차 노선 그룹인 아시아 내 노선(14.9%)과 대서양 횡단 시장(8.3%)에 의하여 시장이 장악되고 있는 수준이다. 대서양 횡단 시장의 중요성은 감소하고 있지만, 이들 4개 노선 그룹은 국제항공서비스에서 총화물톤킬로미터의 2/3를 생성한다. 흥미롭게도 Lufthansa, British Airways 또는 FedEx와 같은 대규모 국제 화물운송항공사와 앞서 언급한 아시아 항공사는 모두 이 네 노선 그룹 중 2개 이상의 노선에 크게 참여하고 있다. 항공사가 국제항공화물 목표를 높이 잡고자 하는 경우 이는 필수요건으로 보인다.

1970년대와 1980년대 동안 장거리 노선에서 Boeing 747과 같은 광폭동체항공기와 중거리 노선에서 A310과 Boeing 767 항공기의 도입은 교체 이전의 협폭동체항공기와 비교 시 더 넓은 화물공간을 확보하여 화물공급력을 증대시켰다. 더욱이 이러한 새로운 항공기는 화물의 탑재와 처리를 용이하게 하는 큰 컨테이너와 단위탑재용기(unit load devices)를 수송하였다. 항공사들은 협폭동체항공기와 연료 소모량이 많은 화물기의 사용을 중단하였고, 화물을 새로운 광폭동체여객기의 화물전용공간(belly)에 싣기 시작하였다.

항공화물 수요의 빠른 성장, 특히 동아시아의 수출지향적 경제는 1990년대 중반에 이르러 항공화물정기편 서비스의 상대적인 하락 추세를 뒤집게 된다. 몇몇 주요 노선에서 여객기 객실 아래의 화물전용공간 용량이 수요에 대응하지 못하게 되었다. 이러한 시장에서 항공사들은 정기편과 차터 화물 운반서비스를 늘리기 시작하였다. 2000년대 중반까지 여객기의 화물운송 대비 순수화물항공사로 운송된 국제항공화물 킬로미터의 점유율은 53%로 증가했다. 국내선 서비스에서는 점유율이 더 높았는데, 이는 미국 내 대형 국내선 시장에서 자체 화물기를 운영하는 FedEx 및 UPS와 같은 종합집배항공사의 우위 때문이다. 그 후 10년 동안 화물기 이용 증가 추세가 이어지던 것이 중단되었으며, 국제선 및 국내선 전체에서 화물기 점유율은 2017년 52%로 떨어졌다(IATA, 2018).

오늘날 대부분 유럽 지역 내의 항공화물은 트럭으로 운송되며, 대부분의 경우 항공편 번호를 부여한 정기적인 트럭운송으로 이루어진다. 거리가 상대적으로 짧고 중심지점으로의 하룻밤 새 육로운송이 가능할 시에는 트럭운송이 더 저렴하고 신속하다. 심지어 장거리 운송의 경우에도 초반 운송은 트럭에 의해 수송된다. British Airways는 다른 주요 유럽 화물운송사와 마찬가지로 유럽 화물 네트워크를 운영한다. 트럭(일반적으로 임대)들은 스칸디나비아, 스페인을 포함한 거의 모든 유럽 지역에서 화물을 실어 히드로와 스텐스테드에 있는 British Airways의 화물센터로 수송한다. British Airways는 이러한 방법으로 미국이나 멕시코로 가는 항공화물수송에 있어 Scandinavian Airlines와 경쟁할 수 있게 되었다. 그러나 Scandinavian Airlines 역시 영국의 장거리 화물을 코펜하겐까지 육로를 통해 수송함으로써 장거리 화물수송 경쟁을 하였다. 대부분의 주요 유럽 화물항공사들은 트럭운송을 많이 포함시켰다. 유럽의 도로는 야간에 대형 트럭으로 분주하며, 일부는 항공편 번호를 달고 '항공'화물을 수송한다!

국제항공화물운송은 대체로 여객운송서비스 같은 방법으로 동일한 양자간 항공협정에 의해 규제된다. 운수권과 화물공급석, 특히 국제항공노선에서의 화물운송서비스는 적절한 양자간 항공협정에 의해 제약될 것이다. 그러나 대부분의 경우 정부가 여객운송서비스보다 빠르게 화물운수권과 공급력을 완화하고자 한다. 화물운임은 원래 IATA 운임기구를 통해 규제되고 합의되었지만, 이제는 그렇지 않다(13.8절 참조). 대부분의 정부는 항공무역의 자유화 혜택을 높이 평가하여 시장에 개입하는 것과 화물운임을 통제하는 시도를 꺼려왔다. 운임통제도 어렵지만, 일부 정부는 자국에서 수출을 촉진하기 위해 일반적으로 채소나 과일과 같은 농산물과 같은 특정 상품에 대해 낮은 관세를 부과했다.

13.2 항공화물의 주요 플레이어

역사적으로 여객운송서비스에 비해 항공화물운송서비스의 느슨한 규제는 여러 주요 플레이어(key players)로 이루어진 꽤 다양한 종류의 산업의 등장을 이끌었다. 분명한 것은 가장 중요한 운송업자는 여객 및 화물 모두 운송하는 정기항공사라는 것이다. 이러한 운송업자들은 화객혼용항공사라 불리며 두 종류로 나뉜다.

대부분은 여객기의 화물전용공간을 이용해 화물을 운송한다. 소수 항공사들은 여객기로 화물을 수송하는 한편, 화물기를 운항하거나 리스하기도 한다.

화객혼용항공사와 더불어 정기편과 전세편을 운항하는 몇몇 순수화물항공사(all-cargo carriers)가 있다. 2018년 기준 유일하게 독자적으로 운영 중인 대규모 순수화물항공사들은 Cargolux와 DHL이 49% 지분을 보유한 미국의 Polar Air Cargo 그리고 Russian Air Bridge Cargo이다. 이러한 화물항공사들은 주로 정기적인 네트워크로 비행하지만, 특별 차터나 리스를 제공한다. 추가적으로 다양한 소규모의 정기편 또는 차터 순수화물항공사도 있다. 여기에는 Nippon Cargo Airlines, Air Hong Kong(현재 Cathay Pacific 소유), Lufthansa와 DHL의 조인트벤처인 독일의 Aerologic, 미국의 Kalitta Air와 ABX Air가 있다. 일부는 Air Hong Kong처럼 특정 지역 내에서 운영하는 틈새 항공화물사들이다.

화객혼용항공사와 순수화물항공사의 뚜렷한 차이점은 다른 항공사들이 Lufthansa와 Singapore Airlines의 사례를 따름으로 인해 점점 불분명해졌다. 1990년대 후반에는 화물운송을 별도의 자회사로써 분리했을 뿐만 아니라 직원, 조종사, 화물항공기도 분리하였다. 정기편 화물서비스를 제공하는 것과 더불어, 이러한 항공사들은 자사 여객기의 화물공간을 사용하기 위해 비용을 지불한다. Singapore Airlines는 2018년 초 자사의 화물 자회사를 모기업 여객항공사에 다시 통합한다고 발표했는데, 이는 화물항공사의 새로운 유형이었다.

항공화물의 주요 플레이어의 세 번째 그룹은 이른바 종합집배사(integrators)이다. 최근 이러한 종합집배사들은 산업 부문에서 가장 다이내믹하고 빠르게 성장하였다. 전통적으로 제한적인 집하와 배송서비스, 공항과 공항 사이에서 운송만 제공하던 화객혼용항공사와 순수화물항공사와는 다르게, 종합집배사들은 도어투도어 서비스를 제공하며, 화물의 집배를 위해서는 트럭운송의 공급이 필요하다. 또한 그들은 인도 날짜 보장과 경쟁사 가격 매칭을 최초로 제공하였다. 지난 25년간의 성공으로 종합집배사들은 현재 세계 최대의 항공화물사로 성장했다. 특히 Federal Express(FedEx)와 United Parcel Service(UPS)는 매우 큰 규모이다. 그뿐만 아니라 2개의 중견급 종합집배사들인 DHL Express와 2016년 FedEx에 인수된 TNT를 비롯해 다수의 지역 회사도 있다. 이러한 4개의 주요 종합집배사들은 국제항공화물 및 국제항공특송의 3/4을 장악한다.

지금까지 설명한 세 가지 주된 그룹이 담당하는 국제선 항공화물운송에서의 역할은 [표 13-2]에서 어느 정도 파악할 수 있다. 이는 2017년 세계 최대 화물운송업체 20개사의 전 세계 운송량을 나타내고 있다. 해당 업계는 특히 동아시아 항공사들을 중심으로 하는 화객혼용항공사에 의해 지배되고 있는 것으로 나타났다. 상위 20개 화물운송회사 중 8개가 동아시아 항공사들이며, 3개의 순수화물항공사들과 2개의 종합집배사들은 상위 20위 안에 든다. 미국 내 시장에서는 대규모 종합집배사가 화객혼용항공사를 완전히 넘어섰다. 그 결과, 정기 및 국내 화물의 합계인 총화물기준으로 FedEx는 세계 최대의 화물운송업체이며, UPS는 세 번째로 큰 화물운송업체이다. 이는 상위 20위 화물운송업체 가운데 미국의 화객혼용항공사가 하나밖에 없는 이유이기도 하다. 종합집배사의 영향에 대해서는 추가로 검토할 필요가 있다(13.6절 참조).

주요 플레이어의 네 번째 그룹은 특정 우편당국(postal authorities)으로 구성되어 있다. 전통적으로 편지와 작은 소포는 정부 우체국의 영역이었다. 국내 및 단거리 국제서비스를 위해 과거에는 자체 차량과 철도를 이용했고, 일부 국가에서는 자체 소형항공기 또는 차터 항공기를 사용하여 정기적인 야간서비스를 제공했다. 국제선 거리가 더 길어질 경우 그들은 우편물을 정기편 화객혼용운송업자, 보통 그들의 국적항공사에게 전달했다. 전 세계 우체국은 특히 소형 화물의 경우 항공화물운송에 있어 중요한 역할을 한다. 항공화물에 대한 국제규제가 완화됨에 따라 종합집배사는 증가하는 문서나 소포 부문의 점유율을 우체국으로부터 가져올 수 있었다.

1990년대 우체국은 반격하기 시작했다. 유럽에서 독일 Deutsche Post는 DHL의 초기 지분 25%를 매입했으며 2000년 9월까지 대부분의 지분을 인수했고, 2001년 3월에 Deutsche Post는 DHL International을 완전히 지배하게 되었다. Deutsche Post는 화물용 '원스톱 숍(one-stop shop)' 전략을 펼치며 대형 화물운송회사도 인수하기 시작했다. 1999년에는 Danzas와 AEI를, 2005년에는 영국계 포워더(forwarder)인 Exel을 인수했다. 이후 Deutsche Post World Net(DPWN)으로 리브랜딩해 증시에 상장되었다. 한편 1996년 부분적으로 민영화된 네덜란드의 우편서비스는 네 번째로 큰 종합집배항공사인 TNT를 인수했지만 2년 후 TNT는 분할되어 주식시장에 상장되었고 이후 2016년 FedEx가 인수하였다.

최근 국제항공화물시장에서 비교적 새로운 화물항공사의 등장이 나타났는데, 이들은 계약항공화물사(contract freighter operator) 혹은 포괄임차(wet lease) 제공자였다. 이들은 화물전용기를 운항하는데, 주로 포괄임차계약을 통해 다른 항공사를 대신하여 운항하며, 여기에는 25~30개의 항공사들이 있다. ATSG(Air Transport Services Group)는 가장 큰 회사 중 하나이며 잘 알려진 중요한 사례는 1993년에 운항을 시작한 미국의 Atlas Air이다. 2018년 초 Atlas는 95대의 광폭동체화물기와 7대의 협폭동체화물기를 보유하고 있었으며, Asiana, Cathay Pacific, Emirates 및 Qantas와 같은 화객혼용항공사, 정기 순수화물항공사 또는 DHL과 같은 종합집배항공사에 항공기, 승무원, 정비 및 보험(Aircraft, Crew, Maintenance and Insurance: ACMI)을 포함하는 포괄임차를 제공하였다. 2016년 12월 Atlas Air 항공기 37대가 DHL을 위해 운항했다. 일반적으로 이 계약은 매달 최소블록시간이 보장되는 3~5년간의 계약이다. 고정된 ACMI 1시간당 요금은 Atlas 혹은 항공기, 승무원, 정비 및 보험비용을 제공하는 여타 포괄임차업체의 충당금을 포함한다. 연료비, 착륙료, 승무원 호텔비용과 기타 비용들은 임차인의 책임이며, ACMI 요금은 달러로 명시되어 환율변동성으로부터 Atlas를 보호한다. 더욱이 시간당 ACMI 요금은 운송량 혹은 수익 수준과 관련이 없기 때문에 ACMI 임대인은 단기적인 교통량변동 혹은 화물 일드 하락에 영향을 받지 않는다.

하지만 여객, 화물항공사 모두에게 차터 화물기에 대한 항공사의 ACMI 계약은 매력적이다. 이는 그들이 화물공급석을 추가하거나 줄이는 데 있어 큰 유연성을 제공하기 때문이며, Atlas 같은 전문적인 항공사의 저비용구조는 동일한 공급력 제공 시 항공사의 자체 비용보다 30% 이상 낮게 제공 가능하기 때문이다. 일부 순수화물항공사는 ACMI 기준으로 항공기 리스를 제공하기도 하지만, 이는 단기간인 경우가 많다.

Atlas Air에게 있어 리스는 그들의 거의 모든 사업을 대표한다. 2001년 7월, Atlas는 Polar Air를 인수하여 자체 정기화물서비스를 제공하는 보다 전통적인 화물운송업체로서 계속 운영되고 있다. 2007년 종합집배항공사인 DHL Express는 Polar Air에서 49%의 지분과 25%의 의결권을 획득했다. 이 계약으로 Polar는 DHL로부터 다수의 노선에서 많은 화물운송량을 보장받았다. Atlas는 2016년 5월 Amazon과 장기관계를 맺고 Boeing 767-300 화물기 20대를 제공해 Amazon의 전자상거래사업을 지원하기로 했다. 흥미로운 사실은 Atlas Air는 국제화물톤킬로미터로 볼 때 세계 5위 정도의 화물운송사업자에 속하지만, 이 중 자체적인 이름으로 운송되는 것은 없고 모두 다른 항공사들을 대신해 운송한다. 더 중요한 것은 대형 ACMI 화물 운영이 항공화물산업에서 가장 수익성 높은 부문 중 하나라는 사실이다. Atlas Air는 교통량 감소의 단기적 위험이 Atlas Air 항공기를 임대한 항공사가 부담하기 때문에 상대적으로 위험에 노출되지 않는 것으로 보인다. 결과적으로 Atlas Air와 Polar Air의 모회사인 Atlas Air Worldwide Holdings는 최근 몇 년 동안 수익성 있는 실적을 거두었다.

항공화물의 주요 플레이어로 구성된 최종그룹은 화물 포워더(freight forwarders) 및 혼재업자(consolidators)이다. 가장 큰 규모로는 DHL Global Forwarding, Kuehne+Nagel, DB Schenker 및 Panalpina가 있다. 그들의 역할은 승객 측면에서 여행사의 역할과 유사하다. 그들은 항공사와 최종고객인 화주(shipper) 사이의 연결을 제공한다. 일부는 자체 화물기서비스를 운영하기도 한다. 이 점에 있어서 그들의 역할은 다음 절에서 설명할 것이다.

최근에는 항공화물 분야에서 새로운 발전이 이루어졌다. 2016~2017년에 창고와 고객 네트워크 사이를 운송하는 온라인 소매업체인 새로운 플레이어가 등장했다. 앞서 언급한 바와 같이 2016년 초 ATSG는 20대의 Boeing 767 화물기를 Amazon에 임대하여 운영은 ATSG 항공사가 하지만, Amazon으로 브랜딩했다. ATSG는 또한 Amazon에 ATSG 지분의 최대 19.9%를 인수할 수 있는 권리를 부여했고, Amazon은 약 10%의 지분을 즉시 취득했다. 이후 2016년 5월 Amazon은 Atlas Air와 비슷한 계약을 맺었다. Atlas Air는 장기 전략관계의 일환으로 2018년 8월까지 화물기 20대(Boeing 767-300)를 추가로 제공하기로 했다. Atlas는 또한 Amazon이 모회사인 Atlas Air Worldwide 지분의 최대 20%를 인수할 수 있는 권리를 부여했으며, Amazon은 'Prime Air'로 브랜딩해 운영했다. Amazon

은 이미 종합집배항공사를 포함한 다양한 다른 항공화물운송사업자를 이용해 상품을 항공편으로 선적하고 있지만, 2019년까지 'Prime Air'는 Cargolux보다 더 큰 규모의 광폭동체항공기 화물항공기를 보유하게 될 것이다. 전자상거래가 급속도로 성장함에 따라 'Prime Air'도 급성장할 것이다. Prime Air는 주요 플레이어가 될 것이고 기존의 일부 항공화물 사업자들에게 위협이 될 것이다.

13.3 항공화물서비스의 수요

항공화물은 여객보다 이질적이기 때문에 몇 가지 방식으로 범주화시킬 필요가 있다. 한 가지 방법을 예를 들면, 선적되고 있는 상품의 종류, 개별 화물의 무게, 또는 배송속도에 따라 분류할 수 있다. 여객 교통량과 같이, 화물시장을 화주의 동기에 따라 구분해 볼 수도 있는데, 이는 가격산정을 위해 제공되어야 하는 항공화물서비스의 타입에 대한 이해를 도와준다.

항공운송의 가장 명확한 역할은 긴급화물(emergency freight)의 운송이다. 긴급화물에는 백신 같은 긴급의약품, 교체 부품이 올 때까지 작동을 멈춰야 하는 기계 혹은 다양한 장비들을 위한 예비 부품 등이 있다. 지난 30년간 긴급화물은 급속히 성장해 왔는데, 이러한 긴급화물에는 비즈니스 계약서 또는 기타 법률문서, 의학 기록, 금융 문서, 논문, 리포트, 사진 필름(photographic negative), 예술품, 컴퓨터 테이프 또는 디스크 등이 있다. 그러한 선적물들은 속달 소화물 운영사 또는 운반동행서비스(courier-accompanied services)를 제공하는 회사에 의해 원활히 처리되며 종합집배항공사의 성장 기반이 되었다. 문서의 전자화는 전통적인 운반서비스의 경제성을 침해한 반면, 무역의 지속적인 세계화는 문서와 소화물 운송에 대한 특송화물의 지속적인 급성장을 이끌었다.

항공서비스는 지상 교통이 정체되거나 자연재해 등으로 문제가 발생했을 때 혹은 국가 우편서비스가 지체되거나 제대로 작동하지 않을 때도 이용된다. 그러한 모든 상황에서는 신속함이 가장 중요하고 선적비용은 비교적 중요하지 않다. 긴급 상황을 위한 수요는 불규칙적이고, 간헐적이며, 각각의 화물 크기나 양을 예측하기 어렵다. 따라서 항공사들의 계획수립을 어렵게 만든다. 높은 운항횟수와 출발 직전까지의 여유공간을 원하는 화주들의 요구는 항공사의 화물 로드팩터를 낮추고 단위비용을 높일 수 있다. 다른 한편으로 이러한 수요는 비교적 가격에 둔감하기 때문에 높은 운임을 부과할 수 있다.

무게에 비해 매우 높은 가치(ultra-high value)를 지니는 상품은 일반적으로 매우 높은 보안성을 필요로 하기 때문에 항공편으로 운송된다. 속도는 그 자체보다도 상품이 위험에 노출될 시간을 줄일 수 있으므로 중요하다. 금, 보석, 다이아몬드, 귀금속, 진귀한 모피, 예술품 등이 여기에 포함된다. 보안의 중요성이 우선적이며, 반면에 선적되는 화물의 가치를 고려하면 운송비용은 중요하지 않다.

긴급을 요하거나 높은 가치의 화물은 높은 품질의 서비스를 필요로 하게 된다. 그러한 화물의 화주들은 일반적으로 정시도착의 보장과 함께 특정 항공편의 예약 가능한 공간을 요구하게 된다. 그들은 선적물 취급 시 그리고 세관통과 시 우선처리를 원하며 선적물의 취급과정에 대한 최신의 정보를 원한다. 이러한 관점에서 이러한 화물은 취급에 더 큰 비용이 들어가게 된다.

항공화물의 선적물 대부분은 우리가 통상화물(routine freight)이라고 부르는 것을 포함하게 되는데, 항공운송을 활용하고자 하는 화주의 결정은 적절한 운송수단의 평가에 기초한 것이지 돌발적이거나 예기치 않은 문제에 대한 반응은 아니며, 보안을 고려한 것도 아니다. 통상화물에는 매우 많은 범주가 있다. 가장 단순하고 광범위하게 쓰이는 구분은 변질성(perishable)화물과 비변질성(nonperishable)화물이다. 통상변질성화물(routine perishable)의 경우에는 선적하는 상품의 시장이 항공운송에 달려 있다. 상품의 수명이 짧고 생산자와 소비자가 상품의 수명이 끝나기 전에 신속히 연결되어야만 하는 상품, 즉 생선, 비제철 채소, 신문, 뉴스필름, 제약품, 패션 섬유 등이 있다. 오직 항공화물운송만이 이러한 화물을 처리할 수 있다. 화물운송비용이 생산품 가격에 비해 비싸지만, 최종소비자가 이를 다른 지역 대체품으로 대신할 수 없고, 이에 따른 할증료를 지불할 준비가 되어 있기 때문에 높은 비용은 합리화될 수 있다.

식료품의 경우, 희귀하거나 비제철상품을 기꺼이 구매하고자 하는 프리미엄 고객층이 한정적이다. 결과적으로 항공화물에 대한 수요는 가격에 매우 민감하다. 항공으로 운송되는 모든 식료품에는 사실상 식료품비용에 추가적으로 높은 운송비용이 포함되는데 이는 상품의 최종시장가격이 더는 소비자들에게 매력적이지 않게 된다. 많은 식품류는 자체 가격이 매우 낮으므로 임계 운임 수준도 매우 낮다. 그렇기 때문에 항공사의 가격전략은 매우 중요하다. 변질성화물에 대한 새로운 수요를 개발하기 위해서 항공사는 노선에서 많이 사용하는 운임 수준보다 특정화물에 대한 운임을 낮게 책정할 필요가 있다.

대부분 변질성화물은 계절성이 매우 강하고 성수기가 단기간이며, 장기간에 걸쳐서는 수요가 거의 발생하지 않는다. 이러한 사례로는 사이프러스에서 영국으로 향하는 조생종 포도의 운송을 들 수 있는데, 이 기간 중에는 높은 비용에도 불구하고 항공으로 운송되지만 그 기간은 2~4주간 지속될 뿐이다. 이후에는 이탈리아나 프랑스에서 나오는 포도가 저렴한 비용으로 도로를 통해 운송된다. 사이프러스로부터 항공으로 수입된 고가의 포도는 더 이상 가게에서 경쟁할 수 없게 된다. 통상 변질성화물에 계절성이 존재한다는 것은 연중 높은 화물 로드팩터를 달성하기가 어렵다는 것을 의미한다. 반면에 수요의 패턴을 미리 알 수 있기 때문에 항공사들은 비수기 동안 다른 상품들을 활용해서 수요를 자극할 방안을 찾을 수 있다.

통상비변질성화물(routine non-perishable)이 항공에 의하여 운송되는 이유는 높은 운송비용이 유통비용의 다른 요소들에서의 절감으로 인해 충분히 상쇄되기 때문이다. 항공운송으로 인한 결과로 다양한 부분의 비용이 줄어들 수 있다. 서류작성이나 보험비용이 일반적으로 낮지만, 가장 큰 비용 절감은 직접비인데, 포장, 지상집하, 배송과 처리 등 운송과 관련된 비용이 여기에 포함되며, 이러한 것들은 모두 운송 관련 비용들이다. 다른 분야에서도 비용 절감이 가능한데, 재고량을 줄여서 창고비용을 낮출 수 있고 상품의 운송기간에 자본의 고정을 줄임으로써 비용을 절감할 수 있다. 특정 국가에서 이자율이 높은 경우, 화주나 생산자들은 대량의 재고품 유지로 인한 높은 비용에 매우 민감하게 된다. 따라서 그들은 재고를 최소화하기 위한 목적으로 물류체인을 재검토한다. 이것이 '적시생산방식(Just In Time: JIT)'이라는 개념을 만들어 냈다. 항공화물운송은 신속성과 신뢰성 때문에 JIT 물류체인이 매우 적합하다. 항공화물운송의 간접적 이익은 장거리 노선일수록 커지는데, 이는 해상이나 육로로 20~60일 또는 그 이상이 소요되는 장거리 운송이 항공기로는 이틀 정도면 목적지에 도착할 수 있기 때문이다. 종합해 보면 항공을 활용한 총유통비용은 항공운송과 경쟁적 관계에 있는 다른 운송수단과 비슷하거나 더 저렴할 수도 있다.

통상비변질성화물은 깨지기 쉬운 높은 가치의 상품이 대부분인데, 정교한 광학 및 전자제품, 다양한 종류의 의류 및 기계류, 마이크로칩과 같이 다양한 생산과정에 활용되는 반제품 등이 있다. 이러한 제품들은 신속성뿐 아니라 항공운송의 보안성 및 파손과 분실을 줄일 수 있다는 점에서 항공운송이 선호된다. 이러한 상품들의 높은 가치는 또한 항공운송이 전체적인 유통비용 측면에서 가장 저렴하지 않더라도 선호될 수 있는 원인이 된다. 예를 들면, 일부 화주나 생산자들은 비용이 많이 드는 창고나 유통시스템 없이 새로운 시장이나 멀리 떨어져 있는 시장에 신규로 진입하거나 테스트하기 위한 목적으로 항공운송을 이용하기도 한다. 만약 테스트가 성공한다면 그들은 비용이 적게 드는 지상 교통수단으로 변경할 것이다.

통상비변질성화물 선적은 정기적이며, 미리 알 수 있고, 크기가 일정한 편이다. 비록 신속성이 중요하지만 수집과 운반에 있어 하루 또는 이틀의 지연은 화주가 대처할 수 있다. 비변질성화물은 높은 가치로 인해 변질성화물보다는 가격에 덜 민감하지만 항공운송의 총유통비용에는 민감한데, 특히 경쟁관계에 있는 지상 교통수단의 비용과 관련해서 그렇다.

대부분의 항공화물은 무게에 비해 높은 가치를 가지고 있다. 화물운임은 일반적으로 무게에 따라 결정되기 때문에, 무게에 비해 화물의 가치가 높을수록 최종시장가격에서 차지하는 운송비의 비중은 하락하게 된다. 상품이 더 높은 항공운송운임을 흡수할 수 있는 능력은 높은 가치의 상품일 경우 더욱 증가한다. 높은 가치의 상품이 항공으로 운송되는 경향은 상품이 분실되기 쉽거나 파손되기 쉽고, 또는 지상 교통에 의한 운송시간이 너무 많이 걸려 자본의 비유동성이 증가하는 경우 더 커질 것이다. 많은 산업 국가에서 소비자의 수요는 무게당 가치가 높은 상품으로 변화되어 가고 있으며, 카메라, 비디오 기기, 가정용 컴퓨터, 계산기, 고가신발 등이 그 예이다. 이러한 상품들은 항공을 통한 운송이 필요하므로 항공화물의 미래 전망은 매우 밝다. 항공사의 관점에서 더욱 중요한 것은 그러한 상품을 생산하는 국가가 항공화물 수요를 창출하는 가장 큰 발생자라는 것이다. 이는 동아시아의 항공화물 교통량이 다른 지역에 비해 빠른 성장을 나타내는 이유이며, Korean Air, Cathay Pacific, Singapore Airlines, China Airlines가 국제화물톤킬로미터에 있어 세계 10위 안에 드는 이유를 설명해 준다([표 13-2] 참조).

항공화물은 화주의 동기에 의해 범주화되고 시장이 세분화되는 한편, 넓은 범위의 제품 및 반제품, 원자재 그리고 농산품과 같이 공통성이 거의 없는 매우 이질적인 형태를 띤다. 화물믹스(commodity mix)는 노선마다 다를 것이나, 일부 광범위한 일반화는 이루어질 수 있다. 전 세계적으로 국제항공화물의 1/3은 제조품으로 구성되어 있다(국제무역분류표준 그룹 6과 그룹 8). 이는 사무용품, 컴퓨터, 전자제품 및 부품을 포함한다. 다른 1/3은 기계류와 수송장비(국제무역분류표준 그룹 7), 자동차 부문과 장비, 건설장비, 산업장비, 통신장치 등을 포함한다. 나머지 1/3은 다양한 상품으로 구성되어 있는데 그중 신선한 식료품, 기타 농산품, 의약품, 화학품, 옷, 신발 등은 모두 비교적 중요하다.

이들 3개 제품 그룹은 2015년 아시아로부터 세계에서 가장 밀도가 높은 항공화물시장인 북미 지역으로 항공화물로 운송한 상품 구성에 뚜렷하게 반영되어 있다. 통신장비는 전체 화물의 32%를 차지했고 16%는 전기기계와 가전제품이었고 13%는 의류였다. 북아메리카에서 아시아 방향으로 가는 화물믹스는 달랐다(Boeing, 2017).

항공화물의 이질성은 특히 새로운 시장을 식별하고 개발하려고 할 때 항공사에 수많은 마케팅 문제를 제기한다. 이는 상이한 노선 간 달라지는 화물믹스뿐만 아니라 같은 노선에서 각 방향 사이에 달라지는 화물믹스로 인해 더욱 문제가 되기도 한다. 2015년 해산물, 꽃 및 채소가 라틴 아메리카에서 북미로 운송된 항공화물 톤수의 2/3(63.7%)를 차지했지만, 이러한 상품은 돌아오는 항공편에서는 미미했다(Boeing, 2017).

항공화물의 또 다른 이질성은 화물의 모양, 크기, 밀도, 무게가 각기 다르다는 것이다. 화물운송을 위한 표준단위 또는 크기가 없으며 공간의 표준단위도 없다. 화물의 밀도는 항공화물의 경제성에 중요한 역할을 한다. 화물탑재량(cargo payload)은 무게뿐만 아니라 용적능력(volumetric capacity)에 의한 제한을 받는다. 화물운임은 무게에 기반을 두고 있기 때문에, 항공사는 유상하중을 최대로 활용할 수 있는 무거운 화물을 이용함으로써 화물 수익을 극대화할 수 있다. 낮은 밀도의 선적(low-density shipment)을 통해 낮은 총중량으로 화물공간을 채울 수는 있지만, 이로 인해 총수익이 낮아질 수밖에 없다. 따라서 일정 수준 이하의 밀도를 갖는 선적물의 경우에는 추가운임을 부과하는 경우가 많다. 항공사는 항공기의 용적능력과 유상하중을 최대한 이용할 수 있도록 화물의 평균 밀도 달성을 위해 노력해야 한다. 선적되는 화물의 다양성으로 인하여 용적능력이 유상하중공간(payload capacity)을 채우기 전에 소모되는 위험이 있을 수 있다.

크기, 모양, 무게, 밀도가 다른 비교적 작은 화물을 대량으로 처리하는 어려움은 화물의 신속한 처리와 취급비용을 줄이려는 데 커다란 압력으로 작용할 수 있다. 결과적으로 대부분의 항공화물은 단위탑재용기로 운반되는데, 이것은 네 가지 주요 그룹으로 나눌 수 있으며, 신축성이 없는(rigid) 또는 신축성이 있는(flexible) 빌트업(built-up)이나 반팔레트(half-pallets)의 형태가 있다. 일부는 신축성 없이 그물로 선적되는 상품을 감싸는 형태도 있다. 둘째, IATA가 승인한 가벼운 섬유판 또는 합판 컨테이너나 박스로, 온팔레트나 반팔레트에 맞는 것이 있다. 셋째, 신축성이 없는 항공사 컨테이너로 광폭동체항공기에 탑재할 수 있도록 표준화된 크기로 다양하게 만들어져 있다. 대다수의 화물들이 일반적으로 광폭동체항공기로 운반되기 때문에 이러한 신축성이 없는 컨테이너는 항공화물수송에 있어 큰 부분을 차지하고 있다. 마지막으로 Boeing 747F와 같은 광폭동체화물전용기에만 쓰이는 ISO Inter-modal 타입의 컨테이너가 있다. 이와 같은 다양한 단위탑재용기는 포워더에 의해 사용되고 채워지며 운송을 목적으로 항공사로 보내지게 된다. 많은 노선에서 특정 단위탑재용기에 대한 낮은 운임 제공을 통해 단위탑재용기를 취급하는 낮은 비용은 화주나 포워더가 부담한다. 단위탑재용기로 운송되는 많은 화물이 각각 상이한 상품들로 포장되어 있고 각기 다른 화주들로부터 보내지기 때문에 항공화물 마케팅은 더욱 복잡해지게 된다.

13.4 화물 및 여객시장의 차이

화물시장 및 여객시장에는 많은 중요한 차이가 존재한다. 일부는 자명하지만 이러한 차이를 설명하는 것이 중요하다. 왜냐하면 이들은 항공화물의 경제성과 마케팅 모두에 큰 영향을 미치기 때문이다.

항공화물 수요의 핵심적인 특징은 단일방향성(undirectional)이란 것이다. 여행객들은 일반적으로 왕복여행을 하거나 적어도 자신이 출발한 곳으로 돌아오지만, 화물은 그렇지 않다. 결과적으로 항공화물에 있어서는 심각한 흐름의 불균형이 존재한다. 암스테르담–뉴욕 노선과 같은 일부 주요 국제화물노선의 경우에는 화물의 흐름이 각 방향 간에 있어 어느 정도 균형이 잡혀있으나, 기타 대다수 노선에서는 불균형이 발생하고 있다. 일부 주요 항공화물 노선에서는 가장 밀도가 높은 한 방향의 운송량이 역방향의 운송량보다 거의 2배 또는 2배 이상 되는데 홍콩–도쿄 노선과 방콕–홍콩 노선이 그러한 경우이다. 아시아와 유럽 간 노선에서도 비슷한 패턴이 발생하며 아시아에서 유럽으로 향하는 화물운송량은 유럽에서 아시아로 향하는 것보다 2배가량 높다. 부수적이지만 여전히 중요한 화물노선에서 화물량의 불균형은 더욱 현저하게 나타나는데, 홍콩에서 뉴욕으로 향하는 노선의 화물밀도는 되돌아 올 때와 비교해 보면 4~5배가량이 된다. 낮은 밀도의 방향에서의 매우 낮은 로드팩터는 왕복 로드팩터를 불가피하게 감소시키기 때문에 이러한 불균형은 특히 순수화물운송업자들에게 심각한 문제를 일으킨다.

방향 사이의 큰 불균형은 왜 많은 화물기를 가진 화물운송사가 화물운송에서 전반적으로 비교적 낮은 로드팩터를 달성하는지를 설명한다. 분명한 것은 화물 로드팩터는 승객 로드팩터보다 훨씬 낮은 경향이 있다는 것이다. 예를 들어, 2016년 Cathay Pacific은 화객혼용항공기 및 화물기를 활용한 화물운송에서 64.4%의 로드팩터를 기록한 반면, Cathay Pacific의 승객 로드팩터는 84.5%였다. 승객탑승 공간 없이 화물기로써만 운항하는 Cargolux는 2016년에 67%의 로드팩터를 달성했을 뿐이다.

많은 노선에서 화물량의 불균형은 낮은 밀도의 방향에서 수요를 촉진시키기 위해 낮은 운임을 활용하는 가격정책에 의해 더욱 악화된다. 결과적으로 한쪽 방향에서의 더 적은 화물량으로 인한 낮은 화물운임 때문에 수익 불균형은 더욱 심화된다. 대부분의 화물이 여객기로 운반되는 곳에서는 수익의 불균형이 쉽게 흡수될 수 있지만, 때때로 항공사들은 한 방향에서 화물적재공간이 적합하지 않다는 것을 알게 된다. 이러한 대규모 불균형은 화물전용기를 운용하는 회사에서 더욱 큰 손실을 초래하게 되는데, 이는 그들의 화물공간이 거의 빈 채로 돌아오는 구간에서 여객영업을 통해 손실을 만회할 방법이 전혀 없으며, 이러한 이유가 전반적으로 낮은 화물 로드팩터를 보일 수밖에 없기 때문이다. 이와 같이 돌아오는 편에서 화물량이 보장되지 않는 점은 항공운송산업의 화물 분야에 있어 독특한 마케팅과 가격 문제를 일으키게 된다.

항공화물시장의 차별성을 나타내는 두 번째 핵심은 여객 운송시장에는 수천만의 개별적인 의사결정자가 있지만, 화물시장에는 적은 수의 주요 고객들이 대부분의 운송량을 발생시킨다는 것이다. 최근 포워더들 사이의 합병으로 인하여 종합집배항공사가 운송하는 소화물을 제외하고는, 상위 20위의 화물운송업자들이 고중량 국제화물의 2/3 정도를 다루고 있다. 이는 화물항공사들이 자사 서비스를 마케팅함에 있어 각 시장에서 적은 수의 주요 고객, 즉 대형 포워디들에게 집중해야 한다는 것을 의미한다. 이렇게 각 포워더가 제어하는 대규모 비즈니스는 상당한 시장지배력을 형성하며, 특히 초과 화물수요가 있는 경우, 항공사들을 서로 경쟁시켜 화물운임을 낮추게 된다.

세 번째 차별점은 화물에 대한 결정은 여객운송과 다르게 여행지속시간이 아닌 도착지에서의 인도기한에 따른다는 것이다. 선적물의 도착시간은 화주와 포워더에 대한 핵심 서비스 요건이다. 긴 중간경유 및 환적이 있는지에 따른 총운반시간은 비교적 중요하지 않다. 이는 한 노선에서 두 지점 간의 직항서비스를 제공하지 않는 항공사들도 그들의 허브를 경유하는 방식으로 화물을 운송하여 해당 노선에서 여전히 화물공급력을 판매하거나 제공할 수 있기 때문에, 어느 노선에서나 화물 경쟁은 치열하다. 요구된 목표도착시간 내에 최종목적지까지 배송이 가능하다면, 훨씬 긴 비행시간과 수송시간에도 불구하고 항공사들은 이러한 방식으로 화물운송을 할 수 있다. 화물은 대부분의 승객들이 용납할 수 없을 만한 것도 견뎌낼 것이다. 이는 노선에 관계없이 직항편 운항사 외에도 어떤 항공사건 항공화물시장에 뛰어들 수 있다는 것을 의미한다. 여기에는 공급과잉과 화물운임 하락 압력이 위험요소로 작용한다.

또 한 가지 측면에서 항공화물시장은 여객시장과는 다르다. 항공사 선택에 대한 화주 혹은 포워더의 결정과정이 훨씬 합리적이다. 화물운임, 집하 및 인도시간, 보험비용 및 다른 서비스요소와 같은 확실한 정보에 근거한다. 편리성이나 개인적인 기호에 따른 주관적인 평가 혹은 취향에 근거하지 않는다. 이는 다시 항공사가 화물서비스를 마케팅하는 방식에 영향을 미친다.

의사결정에서 객관적인 기준의 중요성은 2015 IATA Global Shipper Survey에서 강조되었는데, 336명의 화주들에게 다른 교통수단 대신 항공을 선택하는 데 가장 중요한 세 가지 기준을 제시하도록 했다. 그 결과 거의 90%가 항공화물의 속도를 1위 판매 포인트라고 답했으며, 정시도착 및 항공의 신뢰성이 그 뒤를 이었다 (IATA, 2015).

13.5 종합집배사의 도전

지난 30년간 항공화물운송 분야에서 가장 큰 변화는 미국의 FedEx가 선두를 달리고 있는 속달화물(express parcels) 분야의 성장이었다. 1971년에 설립된 FedEx는 전통적인 항공사들이 대형 잠재 화물운송시장의 두 가지의 핵심 니즈를 간과했다고 인식했다. 하나는 법률문서와 같은 긴급하거나 중요한 소화물의 신속한 취급과 운송이었다. 두 번째는 다른 중개인을 거치지 않는 도어투도어 서비스의 제공이었다. 이러한 두 가지 상품특징을 염두에 두고서, FedEx는 화물 허브를 멤피스와 테네시에 설치하고, 여객운송을 하는 항공사가 잠재적인 혜택을 극대화하기 위한 허빙을 이해하기 전에 이미 허빙의 효과를 활용한 운송을 시작하였다 (제10장 10.7절). 미국 전역에서 멤피스에 도착한 항공기들은 심야에 한 시간에 걸쳐 소화물을 바꿔 싣고 몇 시간 내에 원래의 출발지로 되돌아간다. 이러한 방법으로 운항함으로써 FedEx는 미국 내 지역에서의 익일 배송을 가능하게 하였는데, 이는 서비스를 제공하는 도시마다 소형 트럭을 활용하여 직접 화물을 집하하고 배송함으로써 가능하였다.

화물상품이 재정립되었다. 무게와 가격이라는 주요 특성 대신에 편리성, 속도, 신뢰성이 상품의 핵심적인 요소가 되었다. 오늘날 국내와 국제특송서비스는 무게뿐만 아니라 배달속도에 근거하여 세분화되고 가격이 책정된다.

도어투도어 속달화물 비즈니스는 미국 내에서 붐을 이루었으며, 이 분야의 성장률은 전통적인 항공화물 분야의 성장률을 훨씬 능가하게 되었다. FedEx 모델은 미국의 UPS와 유럽에서 강세를 보인 DHL International 및 TNT를 비롯한 다른 업체들에 의하여 채택되었다. FedEx와는 다르게 이들은 사업 영역을 소화물에만 국한시키지 않고 대형 화물도 취급하였다. 이어 FedEx도 같은 전략을 채택했다. 종합집배사들은 자신들의 항공기뿐만 아니라 필요에 따라 여객기 및 화물기의 공간을 구매하기도 한다. 종합집배사의 특징은 운송을 위한 모든 것들을 포함한다는 것인데, 여기에는 집하 및 배송, 수송, 세관통관, 문서 업무 처리, 컴퓨터를 이용한 개별 탁송물 및 송장에 대한 추적 등이 포함된다. 단일 시스템을 통해 전 세계 모든 종류의 화물을 취급할 수 있으며 지정된 시간 내의 배송을 보장한다.

1980년대 후반까지 미국 시장의 대부분을 잠식한 종합집배사들은 국제시장으로 진출하기 시작했으며, 유럽을 시작으로, 이후 아시아 시장에 수력했다. 미국 기업들의 해외진출은 이 분야 내 수직적 · 수평저 통합이 동반되었다. 그들은 DHL 및 TNT와 함께 택배사 및 육상 기반 화물회사, 심지어는 전 세계 여러 지역의 항공사까지 인수하기 시작했다. 종합집배사들은 또한 대형 화물을 유치하고 처리하기 위해 포워더를 인수하기 시작했다. 종합집배사들은 특히 국제화물운송에서 화주를 위한 원스톱 샵을 제공하고자 했다. 따라서 2001년 UPS는 포워더 Fritz를 인수했고 3년 후 Menlo Worldwide Forwarding을 인수했다. FedEx는 American Freightways를 인수했고, 이미 종합집배사 DHL을 소유하고 있던 Deutsche Post는 2005년 12월 유럽 최대 포워더 중 하나인 Exel을 인수했다. 합병은 2016년 FedEx가 또 다른 대형 종합집배사인 TNT를 인수해 유럽 영업을 더욱 확대하면서 정점을 찍었다.

속도, 정시 배송, 신뢰성 및 대응성을 내세움으로써 종합집배사들은 미국 국내 시장에서의 점유율을 70% 이상으로 높였다. 앞서 언급했듯이 3대 종합집배사인 FedEx(TNT 포함), UPS, DHL은 항공화물 부문에서 가장 빠르게 성장하고 있는 글로벌 소형 패키지시장의 75%를 장악하고 있다. 대형 종합집배사의 규모와 세계적인 영향은 앞서 지적한 바와 같이, 2017년 FedEx는 많은 화물이 소형이고 비교적 단거리 운송임에도 불구하고 운송된 화물톤킬로미터 기준으로 세계 최대 화물운송업체였다는 점에서 뚜렷이 나타난다. UPS는 세 번째로 컸다([표 13-2] 참조).

전통적으로 여객운송을 지향하던 항공사들이 직면한 주요한 문제는 종합집배사들의 도전에 성공적으로 대응할 수 있을 것인가 아니면 종합집배사들의 운송량 확대로 인한 화물수송의 감소에 직면해야 하는가 하는 것이다. 이러한 도전에서 살아남기 위해서 항공사들은 그들의 주요 자산을 활용하여야 했는데, 이는 다양한 목적지로 향하는 많은 운항횟수의 항공편을 빠른 도어투도어 통합서비스와 결합하는 것이다. 그러나 이러한 서비스는 지상에 근거한 집하시스템에 대한 큰 투자를 필요로 했다. 대안적인 접근방법으로는 종합집배사와 더욱 긴밀한 관계를 유지하는 방안이 있다. 사실 모든 종합집배사들은 그들이 소유한 항공기만을 사용하는 것이 아니고 정기 여객항공편에 수송을 맡기기도 하며 순수화물운송 항공편의 공간을 구매하거나 간혹 탑재공간 할당 협정을 맺기도 한다. 종합집배사와 화객혼용항공사 간의 긴밀한 협력은, 특히 화객혼용항공사들이 글로벌 얼라이언스에 들어갔을 경우, 종합집배사들로부터의 도전에 대한 부분적인 답변이 될 것이다.

최근 사례는 Lufthansa를 통해 알 수 있다. 2004년 Lufthansa는 자사 화물기를 이용하여 DHL을 위해 5대륙으로 운항하기 시작했다. 이러한 협력을 통해 Lufthansa와 DHL은 2009년 초 조인트벤처 화물항공사를 설립했는데, 이는 Boeing 777 화물항공기를 보유한 AeroLogic이다. 주중에는 DHL Express를 위해 아시아로 서비스를 제공하지만, Lufthansa Cargo를 위한 북대서양 노선도 운항한다. 이러한 방법으로 Lufthansa는 종합집배사 전용인 고수익 속달화물사업에 직접적인 참여가 가능해졌다.

포워더들에게 종합집배사들은 다른 도전을 제기한다. 고객과 화주에게 직접적인 판매를 함으로써 종합집배사들은 중개인 혹은 조력자(포워더)의 역할을 무력화시킨다. 초반에 포워더들은 종합집배사들의 확장은 포워더들이 다루기에는 비용이 많이 드는 소형 화물에 국한되어 있다는 견해를 펼쳤다. 그러나 최근 종합집배사들은 이전에 포워더들이 그들 고유의 시장이라고 생각해왔던 대형 화물을 다루기 시작하였다. 종합집배사들은 화물의 무게와 다양성이 그들의 물류지향적인 접근방식과는 맞지 않는다고 생각했다. 포워더들은 대형 화주들을 유인하고 유지시키는 방법으로써 세계적인 서비스와 규모의 경제를 제공할 수 있는 몇몇 대형 업체들로 통합되고 합병하는 것으로 맞섰다.

13.6 포워더 혹은 '글로벌 물류 공급업자'의 역할

항공화물의 이동절차는 여객의 이동보다 훨씬 더 복잡하다. 여기에는 포장, 광범위하고 복잡한 문서, 보험, 화주로부터의 집하, 출발지와 목적지에 있어서의 세관통과 및 최종배송 등이 포함된다. 이러한 복잡성으로 인하여 화주를 대신하여 이러한 업무의 일부 또는 전부를 대신하고 화주와 항공사 간의 연계를 담당할 전문 포워더의 성장이 촉진되었다. 이러한 회사들에는 그들의 화물을 직접 항공사나 대형 항공화물혼재업사(freight consolidators)에게 보내는 상대적으로 소규모의 IATA 승인 및 비승인 대행사들이 있다. 항공화물혼재업자들은 그들의 고객을 위해 화물을 직접 취급하기도 하며 소규모 대행사들의 화물을 집하하거나 분류하기도 한다. 화주, 포워더, 혼재업자, 항공사들이 다양한 화물에 각기 다른 정도로 관여하기 때문에 항공화물업계는 상당한 복잡성을 띠게 된다. 이러한 복잡성으로 인해 항공사들은 상품계획 및 마케팅에 어려움을 겪게 된다. 항공화물수송에 필요한 연쇄활동 중 어느 한 부분이 화물운송서비스 전체를 잘못되게 할 수 있지만 항공사는 이러한 부분에 어떠한 통제도 할 수가 없다. 항공사는 또한 마케팅의 대상을 화주로 할지 아니면 포워더로 할지에 대한 판단을 하는 데 어려움을 겪게 된다.

대규모의 포워더와 혼재업자는 더 많은 물류서비스를 발전시키고 화주와의 종단 간 서비스(end to end service)를 제공하기 위해 수직적으로 확대하였다. 그들은 공급망 디자인, 서류, 세관통과, 창고업, 재고관리, 지상집하서비스를 제공하고 항공편과 컨테이너선의 스케줄과 운임을 공표할 수도 있다. 그들은 자체 유통망을 구축해 공급망계획의 복잡성을 제거했다. 그들은 항공사들을 비교해 최적의 운송과 노선 옵션을 선택하거나 항공기를 임대하기도 하며, 오일이나 자동차산업과 같은 특정한 산업 분야의 세부적인 요구에 대응한다. 항공사와는 다르게 특정한 항공기 스케줄에 얽매여 있거나 개별 항공편의 로드팩터를 증가시킬 필요가 없으므로 화주의 특정한 요구조건에 유동성 있게 대응할 수 있다. 또한 항공사시스템은 내부 운영조건에 맞춰진 경향인 반면, 이들의 IT 시스템은 운송현황, 개별 비용, 기타 거래 정보에 대하여 훨씬 유용한 실시간 정보를 제공하기 때문에 고객지향적이다. 마지막으로 대형 포워더들은 전 세계 서비스를 제공하는데, 이는 매우 소수의 항공사만 할 수 있는 것이다. 이러한 장점으로 인해 포워더들은 그들의 화물운송 지분을 꾸준히 증가시켰다. 포워더들의 대형 항공화물운송(속달화물 제외) 점유율은 85% 정도였으며, 시장점유율의 나머지 15%만이 항공사에 의한 직접 판매로 나타났다.

항공화물운송산업 내 합병은 두 가지 필요조건이 있다. 첫째, 고객에게 '원스톱샵' 서비스를 제공하기 위한 규모의 경제 필요성과 수직적 통합, 둘째, 전 세계로 범위를 넓히기 위한 새로운 시장진입의 필요성이다. 간단히 말해서 이러한 두 가지 목표는 총물류지원이 전 세계적으로 확대될 수 있도록 하기 위한 것이다. 수많은 인수합병 이후 세계적인 영향력이 있는 몇몇 대형 포워더들이 등장했다. 가장 큰 규모는 DHL Express도 지분을 소유하고 있는 Deutsche Post World Net의 DHL Global Forwarding이다. 또 다른 대기업으로는 독일계 DB Schenker 및 Kuehne+Nagel, 스위스계 회사인 Panalpina, 일본의 Nippon Express가 있다. 그들은 함께 항공화물시장을 장악하기 시작했다. 특히 초대형 화물선적의 경우 더욱 그러하다. 실제로 세계적인 물류 공급자들이 등장한 것이다.

영국-북미와 같은 많은 개별적인 시장에서 몇몇 대규모 포워더들은 선적되는 항공화물의 절반 이상을 통제할 수도 있다. 이를 통해 그들은 막강한 시장통제력을 보유하고 있다. 많은 소화물을 대규모로 집화함으로써 대규모 선적에 따른 상당한 할인 혜택을 받을 수 있는데, 그들은 항공사들로부터 항공기의 화물공간을 대규모로 사들여 화주들에게 판매한다. 노선에 따라 선적할 화물량이 많을 경우 그들은 항공사들 간에 경쟁을 시켜 운임을 매우 낮추기도 하는데, 이는 특히 화물 적재능력이 과잉생산되는 노선에서 흔히 발생한다. 이를 통해 항공사의 화물 일드는 하락하게 되나, 화주들 역시 혼재업자들이 항공사들로부터 획득한 낮은 운임에 따른 충분한 혜택을 얻지 못하게 된다.

시장에서의 공급과잉으로 인해 항공사들은 총수요 및 시장점유율을 높이기 위해 특별히 할인된 운임을 대형 포워더나 혼재업자들에게 제시하게 된다. 그러나 많은 수의 소형 화물 대리점들은 낮은 특별운임에 따른 혜택을 얻을 정도의 충분한 화물량을 만드는 것이 불가능하며 대형 혼재업자들을 통해 선적하는 것도 자신들의 고객을 그들에게 빼앗길까 염려하여 신중히 처리하게 된다. 하나의 중요한 현상으로, 소형 화물대리점의 경제적인 압력으로 인해 새로운 전문가인 화물도매점(freight wholesaler)이 생겨났다. 이는 중요한 현상이다. 이들은 대형 혼재업자들에게 비교할 만한 운임으로 대량의 공간을 구입한 후 소규모의 화물대리점들에게 다시 판매한다. 이들은 혼재업자와는 달리 지상물류업무나 포장과 같은 보조적인 서비스를 제공하지 않기 때문에 소규모 화물업자들의 고객을 위협하지 않는다. 이들은 단순히 화물공급력을 매개하는 중개업자이다.

항공화물 수요가 몇몇의 혼재업자와 도매업자들에 계속 집중되는 현상으로 인하여 화물공급서비스를 제공하는 항공사에게 두 가지의 커다란 어려움이 나타나고 있다. 첫째, 항공사를 최종고객과 분리시킴으로써 항공사가 고객의 욕구나 새로운 기회를 잘 알지 못하고 반응하지 못하게 만든다. 이러한 현상을 극복하기 위하여 일부 항공사들은 직접 화물운송 자회사를 설립하기도 하기만, 이는 일반적으로 성공적이지 못하다. 둘째, 잠재적으로 보다 큰 손실인 것은, 이미 언급한 바와 같이 혼재업자나 도매업자의 활동으로 인해 화물 일드가 하락 압력에 직면한다는 것이다.

화물혼재업자가 항공사 일드에 미치는 영향은 2018년 초반 런던-나이로비 노선의 저밀도 500kg 화물 정기운송(단, 700kg의 중량무세)에 관한 사례를 통해 알 수 있다([표 13-3] 참조). 이 노선에서는 특수상품운임보다 훨씬 낮은 계약운임이 존재하였기 때문에, 혼재업자나 대리점들은 항공사들로부터 이러한 매우 낮은 운임으로 화물적재공간을 구매할 수 있었다.

[표 13-3]에 나타난 사례와 같이 혼재업자는 킬로그램당 0.90파운드의 최저 계약운임으로 공간을 구매한다. 그런 다음 그들은 이 공간을 1파운드/kg의 더 높은 운임으로 소형 화물 포워더들에게 판매하고, 그들은 다시 1.60파운드/kg의 훨씬 더 높은 운임으로 화주에게 판매한다. 화주는 위탁화물 체적중량 700kg에 대해 총 1,120파운드인 1.60파운드/kg을 지불하여야 하지만, 화주는 공표된 운임보다 훨씬 적은 금액을 지불하는 것에 만족해야 했다.

소형 포워더는 부피 중량을 혼재업자와 분할하여 혼재업자에게 600kg만 지불하는 반면, 혼재업자는 부피가 큰 저밀도 선적을 고밀도 화물에 섞어서 부피 중량을 줄이고 0.90파운드에 500kg만 항공사에 지불하므로 총 450파운드를 지불한다

▮ 표 13-3 ▮ 화물혼재업자와 도매업자들이 항공사 수익에 미치는 영향: 런던–나이로비 사례, 2018년

500kg 저밀도 운송물*	런던–나이로비(£)
운임구조	
정상 화물운임	6.45
500kg 이상 일반화물운임	3.27
최저 특정상품운임	3.03
계약운임	0.90~1.60
판매운임	
혼재업자를 위한 항공사의 계약운임	0.90
혼재업자가 포워더에게 재판매하는 운임	1.00
포워더가 화주에게 판매하는 운임	1.60
창출된 수익	
화주가 포워더에게 700kg에 대해 지불하는 비용, kg당 1.60파운드	£1,120
포워더들은 체적중량(volumetric weight)을 혼재업자와 분할함. 600kg을 kg당 1파운드에 지불	£600
혼재업자는 밀도 높은 화물을 체적중량으로 혼합함. 항공사에게 500kg을 kg당 0.90파운드에 지불	£450
화주가 지불한 금액(450파운드) 대비 항공사 수익비율(1,120파운드)	40%

주: *비용 산정을 위한 체적중량 = 700kg

([표 13-3] 하단 참조).

그 결과 그러한 화물을 운송하는 항공사들은 종종 화주들이 그들의 화물을 운송하기 위해 지불한 금액의 절반 이하를 받게 되었고, 차액은 중간 상인들에게 돌아갔다. 사례에서 런던에서 나이로비로 이 화물을 운반하는 항공사는 화주가 500kg을 나이로비로 보내는 데 지불한 금액의 40%만 받게 된다. 이런 식으로 화물 수익을 희석하는 것은 항공화물의 수익성을 분명히 훼손한다. 이러한 중간 상인들의 성장력, 특히 여유공간이 있을 때 화물운임을 강제로 낮출 수 있는 능력은 국제항공사들이 직면한 지속적인 문제이다.

항공사들에게 글로벌 물류 공급자(global logistic suppliers)는 큰 고객이기도 하지만 상당한 운임 할인 압력을 행사할 수 있는 시장지배력을 가지고 있기 때문에 위협요인이기도 하다. 이는 화물운임에 대한 하락 압력을 악화시킬 것이다.

13.7 공급의 경제학

항공화물운송의 경제성에 대해 평가할 때, 특히 비즈니스 수익성의 정도에 있어, 화객혼용항공사가 여객과 화물 사이의 비용을 어떻게 분담할 것인지가 주요 딜레마이다. 많은 비용이 공동비용이고 여객 혹은 화물 수송비용에 구분이 명확하지 않기 때문이다. 예를 들어, 객실승무원비용은 승객에게 특정하고 항공기가 승객을 운송하는 경우에만 필요하지만, 운항승무원비용은 공동비용이다. 여객을 운송하기 위해서 조종사가 필요하지만, 이 과정에서 화물운송에 필요한 조종사의 공급력 또한 발생된다. 또 다른 공동비용은 착륙료로 항공기의 최대이륙중량에 근거하여 계산되며 실제 운송하는 것과는 별도의 항목이다. 비용분담의 쟁점은 주로 여객기가 화물을 운송하는 경우 혹은 화객혼용항공기일 때 발생한다. 화객혼용항공기의 메인데크(main deck)는 여객운송에 사용될 뿐만 이니라 화물실로도 분리되어 있다. 현재 운용되는 화객혼용항공기는 극소수이다.

13.7.1 동체 하부 화물실의 적재능력(Belly-hold capacity)

IATA에 따르면 약 절반에 가까운 국제항공화물과 우편물(2016년 49%)이 항공사 여객기의 동체하부를 활용해 운송된다. 전통적으로 화객혼용항공사는 화물 및 우편물을 여객서비스에 수반되는 부산물로 취급해 왔다. 만일 화물수익이 화물수송과 직접적으로 관련된 지상조업, 화물 판매 및 마케팅, 초과연료 소모 등의 비용들을 커버한다면, 그러한 비용을 초과하는 수익은 여객서비스비용을 상쇄시키는 데 이바지하게 된다. 이러한 공헌의 중요성은 2000년대 초 British Airways의 사례를 통해 알 수 있는데, 여객기에 의한 화물수익의 60%로 화물 관련 비용을 충분히 커버했으며, 나머지 40%는 화물의 유무와 관계없이 발생하는 다른 비용을 상쇄시킬 수 있었다. 화물수익의 잠재적 기여의 중요성은 연료와 같은 주요 투입비용이 다르므로 시간이 지남에 따라 달라질 것이다. 그럼에도 불구하고 여객기 동체하부에 화물을 싣는 것은 British Airways뿐만 아니라 다른 항공사들의 수익성에 매우 높은 공헌을 하는 것으로 나타난다. 이러한 이유로 British Airways는 동체 하부 화물실에 주력했고, Lufthansa, Singapore Airlines, Air France와 달리 자사 소유의 화물항공기를 운영하지 않았다. 그러나 화물용량이 많은 특정 시장을 위해 ACMI 기반으로 화물기를 리스했다.

비용에 있어 여객운송의 부산물이라는 접근방식에서 보자면 화물이 다른 비용들을 분담해야 하는가라는 질문으로 이어지게 된다. 항공기를 운영할 때 투입되는 주요 비용은 여객과 화물로 분리되어 할당될 필요가 있는 공동비용으로 간주될 수 있는가? 이러한 논쟁은 광폭동체항공기의 아래쪽 화물실을 주방이나 라운지로 대신 사용할 수 있다는 사실로도 증폭될 수 있다. 화물의 적재는 적어도 이러한 대안으로서의 사용을 포기하는 기회비용을 상쇄시켜야 한다. 또한 광폭동체항공기의 형태, 크기, 수용력은 동체하부에 화물을 싣는 데 필요한 조건에 의해 영향을 받기 때문에 화물이 반드시 항공기 관련 직접비용을 공유해야 한다고 주장할 수 있다. 그러나 공동비용의 할당은 필연적으로 자유재량에 의한다.

IATA 비용위원회는 2004년 여객기나 화객혼용항공기에 있어서의 화물 수익은 모든 비용들이 화물과 여객 사이에 충분히 할당되고 나서 평가되어야 한다고 권고했다. 이는 다음과 같이 세 단계로 수행할 수 있다.

① 동체하부에 화물을 수송하는 여객기의 직접운영비는 항공기에 각각 할당되는 가용량 기준으로 여객과 화물에 나누어져야 한다. 이러한 직접운영비에는 연료비, 승무원비용, 항공기 정비비, 착륙료, 감가상각 혹은 리스비용, 기체보험 등과 같은 항공기 비용 등이 포함된다(제4장 4.3절 참조). 예를 들어, 광폭동체항공기 두 가지 데크(decks)의 총용적은 650세제곱미터(cubic meter)이다. 승객의 좌석 위에 위치한 사물함(overhead locker), 갤리, 화장실 등을 제외한 화물기로서의 메인 데크(main deck)의 용량은 450세제곱미터로 총용량의 69%이다. 하부 데크(lower deck)는 200세제곱미터(31%)를 제공한다. 이를 근거로 여객이 탑승하는 메인 데크는 직접운영비용의 69%를 차지하며 동체하부는 31%를 차지한다. 그러나 이것은 이렇게 간단하지 않다. 동체하부 용량의 일부분을 여객수하물 공간으로 반드시 배분해야 한다. 또한 화물 혹은 여객 용적을 어떻게 계산할 것인지에 대한 중요결정이 이루어져야 하는데, 다른 간단한 할당기준 또한 사용될 수 있다. 예를 들어, 두 가지 교통량으로 인한 수익발생에 비례하여 직접운영비용을 할당할 수 있지만, 실제로는 용량에 근거한 할당량이 더욱 널리 사용된다.

② 화물고유(cargo-specific) 또는 여객고유(passenger-specific) 비용은 적절하게 개별적으로 분리되고 할당되어야 한다. 이는 전부는 아니지만 대부분의 간접운영비를 포함한다. 화물 측면에서 고유비용은 화물 판매와 마케팅, 화물 집하와 배송, 지상조업과 창고, 공항화물요금과 화물보험, 화물부서의 관리비를 포함한다. 여객 측면에서는 발권비용, 판매 및 예약비용, 객실승무원비, 지상조업 및 지상직원비용, 여객 관련 스테이션비용, 여객보험, 기내식비용, 공항세 등이 포함되어야 한다.

③ 관리비 및 기타 간접비는 모든 기타 비용을 합하여 여객과 화물의 비율에 따라 분담되어야 한다(즉, 위의 ①+②).

만약 이러한 방법으로 공동비용이 할당된다면 동체하부 화물운송은 수익이 미미하거나 발생하지 않을 것이다. 대부분 시장의 동체하부화물은 할당된 비용을 상쇄시키지 못한다. 그럼에도 불구하고 유럽과 동아시아 간 노선과 같은 일부 노선에서는 항공화물운송의 수익성이 매우 높다. Air France 같은 일부 항공사들은 위와 같은 방식으로 화물비용을 산출한다. 그러나 특히 많은 소형항공사들은 동체하부의 화물을 미미한 수익 혹은 수익을 창출하지 못하는 공동상품으로 간주하기보다는, 전반적인 수익에 중요한 기여를 하는 수익성 있는 부산물로 간주하는 경향이 있다.

어떤 방법을 사용하든 '공동비용'을 전혀 할당하지 않는 경우는 화물을 운송하지 않으면 공동비용이 전혀 줄어들지 않을 것이다. 여객기는 여전히 운행될 것이며, 모든 여객고유비용 및 공동비용을 부담해야 할 것이다. 따라서 그러한 비용은 실제로 공동비용이 아니라고 볼 수 있다.

공급자(항공사)와 고객의 관점에서의 동체하부 화물은 여러 가지 장점이 있다. 부산물 기반으로 계산한다면 비용은 분명히 저렴해진다. 화주는 여객서비스의 높은 운항횟수를 매력적으로 생각하는데, 특히 긴급화물의 경우에 더욱 그러하며, 더 나은 서비스를 위해 기꺼이 할증료를 지불하고자 한다. 이러한 점과 더불어 여객기에는 크기나 양에 대한 할인을 받지 않는 소화물이 차지하는 비중이 크기 때문에 대부분의 노선에서, 동일한 노선을 운항하는 동체하부화물의 평균 화물 일드가 화물기의 평균 화물 일드보다 일반적으로 높다.

이들 중 Lufthansa, Scandinavian Airlines, Singapore Airlines와 같은 일부 항공사들은 화물운영을 독립된 사업체로 분리해 왔다. 일단 분리하면 여객기에 대한 공동비용 문제가 해결되어야 한다. Lufthansa Cargo 또는 Singapore Airlines Cargo에서는 자체 운항승무원과 화물기를 운영하고, 자체 시설 및 화물 창고 내에서 모든 화물 판매 및 취급 업무를 수행한다. 이 모든 비용을 지불하는 것은 문제가 되지 않지만 그들은 또한 모회사의 여객기 화물공간을 구매해야 한다. 이는 완전히 별도의 비용계산이 필요하다. Singapore Airlines의 경우 Singapore Airlines Cargo는 화물전용 부피 용량을 기준으로 할당된 공동비용을 반영한 가격으로 동체하부공간을 구매한다. 이 공간은 Singapore Airlines Cargo에서 지불해야 한다. 2016/2017 회계연도에 Singapore Airlines Cargo는 여객기로 운송되는 화물에 대해 Singapore Airlines에 9억 300만 싱가포르달러(미화 6억 2,500만 달러)를 지불했다. 이는 Singapore Airlines Cargo 총비용의 46%였다. Lufthansa Cargo는 여객기를 운영하는 Lufthansa의 여객사업부로부터 동체하부공간을 구매한다. 화물비용이 명시적이고 현실적이기 때문에 여객기를 이용한 화물운송의 진정한 수익성을 평가하기가 더 쉽다.

13.7.2 화물전용기(all-cargo aircraft)

화물기의 주요 경제적 이익은 여객 배열 형태의 동일 항공기와 비교했을 때 절반 이상의 유상하중을 증가시킬 수 있다는 점이다. 불필요한 여객 관련 시설 및 갤리, 화장실, 옷장 혹은 좌석 위 사물함과 같은 무거운 여객 관련 시설을 제거하여 중량을 줄임으로써 Boeing 747-200 화물기는 100~110톤의 화물을 탑재할 수 있는데, 동일 항공기를 여객기로 사용하여 동체하부에 화물을 싣는 경우 전형적인 탑재능력은 60~70톤 내외 정도가 된다. 이론상으로 탑재능력의 증대는 여객기의 ATK당 비용과 비교하여 화물기의 톤킬로미터당 직접운영비용을 1/3 이상 절감시켜 준다.

화물전용기의 화물운송 총비용은 손쉽게 식별할 수 있으며, 이론적으로 운임전략은 비용을 초과하는 수익을 보장하는 것이다. 현실적으로는 경쟁과 공급과잉이 비용보다 운임을 시장에 근거하게 만든다. 게다가 화물전용기에서는 대부뷴의 화물이 대량화물에 대한 할인(bulk discount)과 계약운임(contract rates)에 의해 운송되기 때문에 일드가 여객기로 운송하는 화물보다 현저히 낮다. 시장에 따라 큰 편차가 있지만, 일반적으로 정기편 화물전용서비스에 의한 일드가 여객기로 운송하는 화물의 일드보다 5~10% 정도 낮았다. 그럼에도 불구하고 항공사가 정기편 화물서비스에서 높은 로드팩터를 유지해 오던 곳에서는 화물전용기의 서비스가 높은 수익성이 있는 것으로 나타났다.

장거리 화물기서비스의 지속적인 성장 가능성을 위해 필요한 요인은 출발지와 목적지 모든 구산에서의 높은 수요, 여객기 화물공간의 용량 부족, 화물전용서비스에 대한 일부 제약 등이다. 일부 장거리 시장에서의 그러한 공급력 통제는 제3

자유 및 제4자유를 활용하여 운항하는 항공사들이 경쟁보다는 협력을 통하여 화물기를 운영함으로써 달성될 수 있다. 이는 Singapore Airlines와 Lufthansa의 싱가포르-독일 노선에서 찾아볼 수 있다. 이러한 협력은 화물운임을 떨어뜨릴 수 있는 과도한 화물기의 공급도 막을 수 있다.

과도한 공급에 따른 위협은 모든 시장에서 나타나고 있으며, 이에 따라 많은 항공사들은 화물전용기보다는 여객기 동체하부를 이용하여 화물을 운송하는 것을 선호하게 되었으나, 아직 화물전용기의 역할은 남아있다. 화물이 중요하다고 생각하는 항공사들은 전반적인 화물운송의 주요 부분을 화물전용기를 운영함으로써 지속할 것이다. 그들은 중국-유럽 또는 중국-미국 등 수요가 많은 노선에 고객들에게 전반적으로 더 나은 서비스를 제공하기 위해 화물기를 투입하거나, 화물의 10% 정도를 차지하는 동체하부에 싣기에 너무 큰 화물이나 위험화물을 운송하기 위해 화물기를 운용한다. 화물전용기의 스케줄은 화주의 필요에 따라 조정될 수도 있다. 여객수요가 적은 일부 노선에서는 동체하부의 공급력이 화물수요를 채우지 못한다. 유상탑재능력 또는 운항거리의 제한이 있는 노선에서도 여객기에 의한 효과적인 화물 운송능력은 감소할 것이다.

13.8 항공화물운송의 가격설정

13.8.1 화물운임의 구조

화물운임의 구조는 매우 복잡하다. 여러 공시운임뿐 아니라 항공사와 각각의 대형 고객사와 맺은 비밀의 개별 운임이 혼재하기 때문이다. 많은 주요 시장에서 각사의 숨겨진 개별 운임이 공시운임보다 훨씬 많이 사용된다. 여객운임과 함께 국제화물운임은 IATA를 통해 항공사들 간의 합의를 거친 후 관계국 정부의 승인으로 이루어져 왔다. 자유화의 확산과 많은 시장에서의 공급과잉으로 IATA의 화물운임은 세계적으로 그 중요성이 다소 낮아지는 경향이 나타났다. 그럼에도 불구하고 화물운임은 IATA 운임회의에서 타결되었다. 이러한 IATA 운임은 제한적이지만 항공사 간 화물연계의 바탕이 되며 일반시장 내의 화주 혹은 개별적인 화주가 보는 기본적인 운임으로서의 역할을 하였다. 그러나 IATA를 통한 고정된 화물운임이 반경쟁적이라고 판단한 미국과 유럽위원회의 압력으로 IATA는 바뀔 수밖에 없었다.

그 결과 2000년대 중반 이후 화물운임에 합의하는 과정이 훨씬 더 유연해졌으며 항공사들은 IATA 운임 사용 여부를 자유롭게 결정할 수 있게 되었다. IATA는 TACT로 알려진 '항공화물 운임 및 규정(The Air Cargo Tariffs and Rules)'을 발행한다. 여기에는 필요한 문서의 유형 및 특성과 같이 항공화물에 적용되는 수많은 규칙과 규정이 담겨 있다. TACT는 또한 35만 개의 도시에 대해 500만 개가량의 개별 화물운임을 담고 있는데, 이 화물운임은 전 세계 회원들과 가입자들에게 컴퓨터 단말기로 유통된다. 표시된 운임은 두 종류로, 첫째, IATA의 화물운임조정(Cargo Tariff Co-ordination: CTC) 회원들이 이메일로 합의하는 '산업(industry)'운임이 있다. 이러한 산업운임은 자주 바뀌지 않는다. 이러한 산업운임 외에도 개별 항공사는 CTC 회원 여부에 관계없이 특정 노선에 대한 자체 운임을 TACT에 자유롭게 제출할 수 있다. 그러한 개별 운임은 특정 상품에 자주 적용된다. 대부분의 항공사는 TACT를 사용하지만, CTC 회원이 아닐 수 있으며 특정 배송에 대해 TACT에 나열된 운임을 사용할 의무가 없다. TACT 운임은 지표일 뿐이다!

화물운임 합의에 대한 IATA의 전통적인 역할로 인하여 IATA 운임 또는 개별적인 항공사의 운임 등 오늘날의 운임구조는 동일하다. 세계 주요 도시를 잇는 노선에서는 대부분 IATA의 일반화물운임(general cargo rate)이 설정되어 있다. 다른 모든 항공화물의 운임처럼 일반화물운임도 킬로그램당으로 표시되며, 탁송화물당 최저운임이 있을 수 있다. 세계적으로 살펴보면 일반화물운임은 킬로미터당 운임이 노선의 길이에 따라 낮아지게 된다. 이는 비용과 관련이 있으나 이런 현상이 일반적이거나 항상 명백한 것은 아니다. 또한 이러한 일반화물운임은 같은 노선에서라도 출발지와 목적지의 방향성에 따라 상이하게 적용되는 중대한 변동성이 있다. 따라서 아프리카의 사하라 남부에서 유럽까지의 일반운임은 유럽을 기점으로 하는 화물운임의 2/3 정도이거나 더 낮을 수 있다. 운임 수준에 있어 남북 간의 불균형과 비슷한 형태가 남미와 북미 간에도 나타난다. 예를 들어, 2000년대 중반 부에노스아이레스–로스앤젤레스 노선의 일반화물운임은 로스앤젤레스–부에노스아이레스의 노선보다 40% 낮았다. 이러한 운임의 차이는 화물의 흐름에 있어서의 불균형성을 줄이고, 북쪽으로 운송되는 화물을 늘리기 위한 목적이었다. IATA 운임은 출발지의 현지통화로 표시되는데, 이럴 경우 각 노선의 환율 불균형에 따른 가치 저하는 더 심해질 것이다.

대부분의 노선에서는 정규 일반화물운임보다 더 낮은 운임이 존재하는 경우가 있다. 첫째, 화물의 무게가 특정 계약된 무게의 분기점(break point)을 넘어서게 되면 킬로그램 또는 파운드당 운임이 낮아지는 수량일반화물운임(quantity general cargo rates)이 있다. 대부분의 노선에서는 단지 한 개 또는 두 개의 양적인 운임이 있는데, 100kg과 500kg이 일반적인 분기점이고, 미국 출 · 도착 노선에서는 수하물의 무게가 늘어남에 따라 점진적으로 더 낮은 운임이 적용되는 것과 같이 다양한 분기점이 존재한다.

수량일반화물운임은 대형 화물을 촉진시킬 수는 있지만 특정 상품의 운송을 자극하지는 못한다. 이는 특정 상품이나 명백히 규정된 상품에 대하여 개별적으로 낮은 운임인 특정상품운임(specific commodity rates)을 적용함으로써 가능하다. 일부 노선에서는 1~2개의 특정상품운임만이 존재하는 반면, 노선에 따라서는 40개 이상의 다른 운임이 존재하기도 한다. 그러한 운임은 각 노선에서 특정 방향으로 운송되는 상품이 항공기로 운송되는 것을 촉진시킬 수 있다. 많은 상품운임은 또한 화물의 크기가 증가할수록 저렴한 운임을 포함한다. 특정상품운임의 수준은 다양하며 때로는 일반화물운임보다 40% 정도 낮은 경우도 있다. [표 13–3]에 사용된 런던–나이로비 사례에서 최저 특정상품운임(3.03파운드 kg)은 일반화물 운임(6.45파운드 kg)의 절반 미만이었다.

할인운임의 세 번째 종류는 특정 단위탑재용기와 관련이 있는 ULD 운임(Unit Load Device rate)이다. 이 운임은 모든 시장에서 적용 가능한 것이 아니다. 여기에는 ULD당 고정된 최소의 운임이 있는데, 이것은 팔레트나 컨테이너의 크기가 커짐에 다라 비례적으로 감소하게 된다. 최소요금은 중심무게(pivot weight)로 알려진 ULD의 각 타입의 무게에 해당된다. 만약 ULD 내의 내용물이 이 중심무게를 넘어서게 되면 킬로그램을 기준으로 추가운임을 부과하게 되는데, 이는 일반적으로 일반수량화물운임이나 대다수의 특수화물운임보다 더 낮다. 그들의 목적은 화주나 운송업자들로 하여금 가능한 한 화물을 ULD로 만들도록 하는 것이다. 추가적으로 컨테이너 안의 상이한 무게와 밀도를 가진 선적물을 혼합시킴으로써 항공사에 지불하는 평균 화물운임을 줄일 수 있다(이러한 혼합의 예는 [표 13-3] 참조).

화물운임의 다소 상이한 종류는 클래스운임(class rates)이라고 불리는 것인데, 일반화물운임에 할인(동반 화주가 없는 화물 또는 신문), 추가부담금(금 또는 유해) 등을 포함하고 있다. 이들은 특별한 취급을 필요로 하는 특정 상품들에 적용된다. 클래스운임에 의해 운반되는 화물은 매우 적은 비율이다.

British Airways와 같은 주요 화물운송사는 TACT에 공표된 IATA의 운임이 적용되는 시장에서 5% 이하의 할인율을 시장에 적용하였다. 할인율은 전통적으로 항공화물의 중요성을 인식하지 못한 Air India 혹은 Philippine Airlines와 같은 항공사에게 훨씬 크게 적용될 것이다. 대부분의 화물이 운송되는 운임은 대형 포워더들과 직접적으로 협상되며 공개되지 않는다. 많은 항공사들이 정규고객을 위하여 특별한 계정보유자운임(account holder tariff) 또는 이와 비슷한 운임을 보유하고 있다. IATA 운임구조와 비슷한 이러한 운임은 수량분기점(quantity break-point)과 ULD 운임이다. 이 운임은 고정적인 계정보유업체가 될 수 있는 충분한 물량을 지닌 포워더에게 제공된다. 후자는 항공사와 공간보장계약(Guaranteed Capacity Agreement)을 체결할 수도 있다. 이는 향후 6개월 또는 더 긴 기간 동안 특정 노선 또는 항공편에서 포워더에게 공간을 보장한다. 각 항공사는 이러한 정기적인 고객에게 고유의 운임을 제공할 것이다.

특정 시장에서 만연하는 시장운임을 반영한 가장 낮은 운임은 계약운임(contract rates)으로 일정기간에 걸쳐 최저화물중량을 보장하는 고객들과 개별 항공사가 직접 협상한다. 대형 화물항공사는 DB Schenker 혹은 Nippon Express와 같은 15~20개의 대형 세계 포워더들이 세계 화물운송 비즈니스의 2/3 이상을 발생시킨다는 것을 알 수 있다. 이들 및 각 나라의 대형 포워더들은 개별적인 계약

운임을 협상할 수 있다. 증가하는 포워더의 시장지배력과 초과 공급력을 판매하기 위한 항공사의 경쟁 압박으로 인해 북대서양, 북태평양 및 몇몇 노선에서 매우 낮은 계약운임이 시장을 지배하였으며 화물가격은 공표된 TACT 운임과의 관련성이 거의 없어, 계약운임은 일반화물운임보다 20%가량 낮았다. 또한 각국에 사무소를 보유한 포워더를 유치하고 비즈니스를 지속하기 위해, 충실적이 특정 합의한 수준을 초과 발생하는 경우, 항공사들은 연말 리베이트 형식의 인센티브를 제공할 것이다.

마지막으로 특정 시장과 특정 시간에 예상되는 잉여용량을 채우기 위해서 항공사들은 특정 시점운임(spot price)을 제공할 수 있다. 이는 매우 저렴한 운임으로서 출발일 2주 이내 모든 화물업체들이 사용 가능하다.

1990년대 후반 이후, 종합집배사의 도어투도어 물류체인과 배송시간 보장에 맞서 여러 항공사들은 확정인도화물상품(time-definite cargo products)과 확정인도운임(time-definite rate)을 시행하였다. 이는 집하와 송달을 제공하고 특정 시간 내 배송을 보장하여 일드 및 수익을 증가시키려는 목적이다. 전통적인 화물상품은 비행 스케줄과 도착시간에 중심을 두는 반면, 확정인도(time-definite: td) 서비스의 마케팅 초점은 집하에서 배송 보장시간까지의 총경과시간을 최소화하는 것이다. 포워더나 화주가 중요하게 여기는 것은 이것이 전부다. 유럽의 확정인도가격은 Lufthansa Cargo가 최초로 시행하였으며 1998년 4월 세 가지 확정인도상품을 시행하였다. 그 세 가지는 24시간 이내 배송을 보장하는 'td.Flash', 48시간 이내 배송을 보장하는 'td.X', 72~96시간 이내 배송을 보장하는 'td.Pro'이다. 당연히 서비스가 빠르면 운임도 높았다. 이러한 서비스를 시행한 해에 Lufthansa는 일반화물의 대략 20%가 확정인도운임으로 운송되었으며 확정인도화물의 수익은 다른 화물보다 30% 높다고 주장하였다(Kraus, 1999). 그 뒤에 Cathay pacific과 Singapore Airlines와 같은 대부분의 주요 항공화물운송사들 또한 확정인도상품 및 운임과 비슷한 서비스를 도입하였다.

그 후 몇 년 동안 경쟁 압박의 증가로 주요 화물항공사들은 특별한 상품 분야의 전문화된 요구를 충족하기 위해 추가적인 개선 및 새로운 서비스 개발이 필요해졌다. 2018년까지 Lufthansa Cargo는 세 가지 기본 서비스를 제공하고 있었다.

'td.Basic'은 낮은 비용이 중요하고, 표준 화물 배송을 위한 'td.Pro'보다 최대 3일 더 걸릴 수 있다. 'td.Flash'는 우선순위가 높은 화물을 위한 것이며, td.Flash를 사용하는 경우 화주가 항공기 출발 2시간 전까지 화물을 공항으로 배송할 수 있으며, 목적지 공항에서 항공편 도착시간 2시간 후에 수령할 수 있다. 또한 Lufthansa는 다음과 같은 전문상품운임(specialist product rates)으로 전문서비스를 제공했다. 이러한 서비스는 위험한 상품을 위한 'Care/td', 일정한 온도로 배송되어야 하는 의학제품을 위한 'Cool/td', 고가의 화물을 위한 'Safe/td1', 부패하기 쉬운 화물을 위한 'Fresh.td', 살아있는 동물의 운송을 위한 'Live/td' 등이다. Cathay Pacific과 기타 주요 화물운송사들도 다른 이름을 사용하여 비슷한 종류의 특별한 상품을 배송하였다. 당연히 각 상품의 운임은 항공사 관련 비용과 관련 화주의 화물에 대한 수요탄력성을 모두 반영하는 경향이 있다.

13.8.2 가격은 비용 기반이 아닌 시장 기반

위와 같은 화물운임의 구조분석을 통해 화물운임이 화물비용과 크게 관련이 없다는 것을 알 수 있다. 취급 및 운송비용 면에서 명확한 차이가 없어도 같은 노선에서 상이한 상품들에는 각각 다른 운임이 책정될 수 있다. 일반화물운임은 유사한 운항거리를 유사한 항공기로 운항하더라도 현저한 차이가 있다. 같은 노선에서도 방향에 따라 다른 운임을 적용하며, 거리에 따른 킬로미터당 운임의 하락은 일관성이 없으며 비용과도 밀접한 관련이 없다. 일부 항공사들이 비용과 화물운임을 연계시키려고 노력해 왔으나, 특히 화물운임에 관해서는 이론의 여지가 거의 없는 궁극적으로 '교통량에 따른 운임설정(charging what the traffic will bear)'이라는 시장연계 가격설정이 기본적인 점이다. 이러한 가격전략은 항공화물을 부산물이라는 관점에서 본 것이다. 여객서비스의 부산물로서 화물을 운송하게 되면 낮은 추가비용만을 부담하게 되며, 이 비용을 상회하는 수익은 전반적인 수익성에 공헌하게 된다.

시장 기반 운임은 화물에 따라 비용보다 높은 운임 또는 낮은 운임이 부과될 수 있기 때문에 차별적일 수 있다. 이는 의심의 여지가 없으나 항공화물운송시장의 본질 때문에 이를 회피할 수 있는 방법을 찾기는 쉽지 않다. 또한 비용 기반 운임의 사용을 저해하는 두 가지의 독특한 특징이 있다. 첫째, 화물혼재업자와 도매업자들의 존재로 인해 고객과 항공사가 분리되고, 가격메커니즘을 왜곡시킬 뿐만 아니라 대규모 화물업자들이 시장지배력을 갖게 된다. 둘째, 화물운송은 규제가 있는 시장에서조차도 여객운송보다 경쟁적이다. 이는 긴급화물을 제외한 대부분의 화물이 출발지에서 목적지까지의 노선에 있어 제약이 없기 때문이다. 화주는 뉴욕에서 리스본으로 화물을 보낼 경우 암스테르담이나 프랑크푸르트 또는 코펜하겐 공항을 경유하면서 6시간에 걸쳐 물건을 옮겨 싣더라도 리스본까지 정해진 시간 내에만 도착한다면 경유를 통한 운송에 크게 신경 쓰지 않을 것이다. 반면 여객은 이러한 경유노선의 지루함을 인내하지 않을 것이다. 대부분의 경우, 화물은 최종 목적지에 도착할 때까지는 수많은 경유지(또는 항공사)가 있을 수 있다. 이는 동일 노선의 여객수송에서는 발생하지 않을 수 있는 항공사 간의 경쟁이 화물수송에서는 어느 정도 필연적임을 나타낸다. 이러한 화물운송시장의 특성 및 많은 여객기의 동체하부공간의 이용 가능성으로 인하여 비용 기반 화물운임의 설정은 의미가 없게 된다.

항공사들은 수익 극대화를 위한 운임설정전략을 수립하는 데 별다른 선택옵션이 없다. 주요 노선의 일반적인 시장조건하에서는 교통량에 근거한 운임설정이 적용되고 있다. 비용 기반 가격은 수송비용이 많이 드는 특수 처리 및 보관시설이 필요한 제품에 대해서만 가능하다. 특히 소수의 항공사만이 이러한 시설을 제공할 수 있다면 그 적용범위는 더 작아진다. 이 경우에는 운임에 대한 경쟁 압력이 줄어든다. 저온 운송 취급이 필요한 의약품이 그러한 상품 중 하나이며 살아있는 동물의 운송도 포함될 수 있다.

시장 기반 가격전략, 혼재업자나 도매업들의 큰 영향력, 화객혼용항공사가 혼재업자들에게 시장점유율을 잃고 있는 상황하에서 화물운임은 세 가지 변수들을 반영하는데, 이는 운송의 속도, 화물이 루즈(loose) 또는 단위탑재용기로 운송되는지, 특별한 취급이 필요한지이다. 이러한 구조 내 운임 수준은 각 시장이나 노선의 시장조건을 당연히 반영할 것이다. 운임은 화물용량의 수요가 공급을 초과하는 시장이나 노선에서 가장 높을 것이다.

13.8.3 화물 일드

여객시장에서와 같이 화물 일드는 시간이 지남에 따라 감소하는 경향이 있다. 1990년대 정기편 화물 일드는 물가상승률 조정을 고려할 때 3%가량 매년 감소했다. 이러한 감소는 여객기와 화물기 운영비용의 하락 추세를 반영하며, 화물용량 공급이 증가되었고 경쟁이 심화된 까닭도 있다. 2000년대 초반, 특히 2003년 이후 항공유 및 안전 할증료가 추가로 도입됨으로써 화물 일드는 증가하기 시작했다. 그러나 2008년 세계 금융위기로 인해 2009년 화물 일드는 15%나 폭락했다. 다음 해에 다시 14% 뛰어 올랐으나 이후 일드가 꾸준히 하락하는 시기에 접어들었다. 2011년과 2016년 사이에 일드는 매년 평균 8%씩 떨어졌다. 2017년까지 소폭의 상승도 없었다. 일드의 하락은 여러 요인 때문이었다. 주요 경제 둔화로 인한 항공화물 수요 증가 추세 둔화, 해상화물운송의 경쟁력 강화, 과잉공급으로 인한 결쟁 심화는 일드 하락을 부채질했다. 2015년과 2016년의 유가 하락은 일드 하락을 더욱 심화시켰다. 일드는 2년 동안 1/4 이상 떨어졌다. 2010 년대에 가격결정력은 공급자와 항공사에서 소비자로 옮겨졌다. 이는 항공화물의 미래에 대한 나쁜 징조였다.

항공사의 화물 일드에 다양한 요인들이 영향을 미친다. 주요 시장에서 일반적인 화물운임 수준과 항공사의 교통량믹스는 분명히 화물 일드의 주요 결정요인이다. 다른 가격요소들도 일드에 영향을 미친다. 특히 중요한 것은 낮은 특정 상품 운임의 도입과 궁극적으로 높은 할인운임의 계약으로 인해 일반화물운임이 얼마나 하락하였는지이다. 이는 시장 상황, 특히 화물공간의 가용성 및 항공사 간 경쟁 정도에 따라 결정된다. 대형 화물은 킬로당 비용이 적기 때문에 다양한 크기의 화물 믹스가 항공사에 지불되는 운임을 결정하는 데 중요하다. 킬로미터당 화물운임은 거리에 따라 감소하는 경향이 있으므로 이러한 화물의 운송거리도 일드에 영향을 미친다. 또한, 유사한 요인들이 항공사 노선망의 다양한 부분에서 달성되는 화물 일드에 영향을 미칠 것이다.

개별 항공사의 경우, 세 가지 추가요인이 평균 화물 일드에 영향을 미칠 수 있다. 첫째는 화물전용기를 운영하는 규모의 정도인데, 화물전용기의 일드가 여객기의 화물 일드보다 낮은 경향이 있기 때문이다. 둘째는 구간거리인데, 짧은 구간거리는 킬로미터당 운임이 더 높기 때문에 더 높은 일드를 달성하는 경향이 있다. 마지막으로 빠른 배송을 필요로 하는 높은 확정인도운임을 마케팅하거나 의약품 또는 고부가가치상품의 운송과 같은 특수 취급이 필요한 서비스 상품을 성공적으로 개발하는 것이다.

13.9 복합 수익성

역사적으로 항공화물의 수익성은 꽤나 미미했다. 화물의 수익성은 동일한 세 가지 변수, 즉 단위비용, 단위수익 또는 일드 및 달성된 로드팩터의 상호작용에 달려 있다는 점에서 여객과 다르지 않다.

항공화물 대부분을 여객기로 운송하고 화물기가 극소수이거나 전혀 없는 항공사의 경우, 화물 수익성은 화물 일드와 달성된 화물 로드팩터뿐만 아니라 비용을 할당하는 데 사용되는 방법에 따라 달라진다. 실제로 여객기의 낮은 화물 로드팩터는 불가피하다. 여객기는 운항하는 모든 노선에서 각 노선의 화물수요량과 관계없이 화물공급석을 창출한다. 대부분의 항공사들은 화물수요가 미미한 여객노선에서 운항하지만, 운항횟수가 높고 광폭동체항공기를 사용하기 때문에 화물공급 가용량은 상당하다. 간단히 말해서 항공사 화물매니저는 반드시 단위비용, 단위수익, 로드팩터 간의 균형을 맞추도록 노력해야 할 것이지만 로드팩터를 증가시키기 위해 적재량을 효과적으로 통제할 수는 없다는 것이다. 화물적재량의 대부분이 여객수요에 의해 창출되기 때문이다.

궁극적으로 여객기의 화물 수익성은 비용적 접근이 연관되어야 한다. 과거 IATA는 각 용적사용량에 비례하여 여객과 화물 간의 공동비용을 배분할 것을 권고했다(13.7절). 만약 총비용이 이에 근거한다면 여객 · 화객혼용항공기의 화물은 일반적으로 많은 항공사에 있어 수익성이 없게 될 것이다. 그러나 British Airways를 포함한 여러 항공사들은 동체하부 화물을 결합생산물(joint product)보다는 여객서비스의 부산물(by-product)로 취급한다. 그 다음 항공사들은 화물 측면에서 화물 수익의 모든 개별 비용을 차감한 후 화물을 여객서비스의 총수익에 기여하는 측면으로 평가한다. 이 기준에서는 동체하부 화물이 많은 노선의 전반적인 수익성에 값진 공헌을 하는 것으로 나타난다. 특히 화물기를 운항하지 않는 항공사들 혹은 화물에 많이 관여하는 항공사들의 화물 매니저들은 이러한 접근방법을 선호하는 경향이 있다.

화객혼용항공기나 화물항공사 혹은 종합집배사에 의해 운항되는 정기편 화물운송서비스는 대부분 수익을 창출하는데, 이는 제공된 공급석과 특정 시장에 대한 수요의 조화를 쉽게 할 수 있기 때문이다. 항공사 화물 매니저와 세일즈맨에 의한 영향을 직접적으로 받기 때문에 로드팩터는 향상될 수 있다. 그러나 화물운송업자는 적절한 로드팩터를 달성하기 위한 두 가지 큰 과제에 직면한다.

첫째, 다른 화물운송업체들이 수요가 높은 시장에 매력을 느끼기 때문에 과잉생산의 위험이 지속적으로 존재한다. 또한 이러한 경쟁사들은 특정 포인드 두 포인트 시장에서 사업을 전개하고 있는 기업들뿐만 아니라 자사의 허브를 통해 간접서비스를 제공하고 있는 기업일 수도 있다.

둘째, 다른 항공사와의 경쟁을 제외하고, 적절한 로드팩터를 달성하는 데 직면할 수 있는 주요한 어려움은 동일한 노선에서의 각 방향에 대한 화물 흐름의 불균형이 발생한다는 것이다. 한 방향에서의 매우 높은 로드팩터는 돌아오는 방향의 미미한 흐름을 메울 수 있다. 두 방향에서의 로드팩터가 좋고 화물운송적재량이 과잉공급되지 않았다면 적절한 로드팩터와 충분한 수익달성이 가능할 것이다. 개별 시장에서의 수요와 공급조건은 순수화물서비스의 수익성에 중요한 영향을 미친다. 일반적으로 이러한 운영은 어느 정도 수익성이 있는 것으로 보이지만, 주요 시장 혹은 노선 사이와 화물기서비스를 운영하는 항공사에 따라 결과는 상낭히 다르세 나타날 수 있다.

2007~2017년 10년간 순수화물항공사 Lufthansa Cargo와 Cargolux, 종합집배

사 UPS와 FedEx의 이익률 비교분석은 서로 다른 재무성과를 보여준다([표 13-4] 참조). 이 기간에 FedEx와 UPS는 한두 번의 예외를 제외하고 매년 5~9%의 이익률을 달성했다. 이는 Lufthansa Cargo 또는 Cargolux보다 훨씬 우수하고 일관된 결과이다. 소포 및 소형 항공화물운송을 포함하는 대부분의 종합집배사사업은 매우 수익성이 있는 것으로 보인다. 고객이 신속한 도어투도어 운송서비스를 보장받기 위해 지불하는 상대적으로 높은 운임은 종합집배사의 화물 집하 및 배송과 관련된 높은 비용보다 더 크다.

일부 여객항공사는 화물 자회사를 설립해 화물운송에 공동비용을 어떻게 배분할 것인가 하는 문제를 해결했다. 화물기 운영은 물론 모 여객항공사로부터 필요에 따라 여객기의 공간을 사들였는데, Lufthansa Cargo가 이러한 자회사 중 하나이다. Lufthansa Cargo의 2007년 이후 10년 동안의 재무성과는 합리적이었지만 혼재되어 있다. 2009년과 2016년에 손실이 있었지만, 다른 해에는 이자 및 세전 운영이익이 2~6%로 낮은 반면 수익성은 좋았다([표 13-4] 참조).

그러나 이러한 결과는 화객혼용항공사에 속하는 또 다른 주요 화물사업자인

표 13-4 총수익의 비율로 조정된 이익: 선택된 화물운송업자, 2007~2017년

연도	화객혼용항공사 Lufthansa Cargo(%)	순수화물항공사 Cargolux(%)	종합집배사 UPS(%)	종합집배사 Federal Express(%)
2017	9.6		8.0	8.4
2016	− 2.4	0.3	8.3	6.1
2015	3.1	2.3	8.4	3.9
2014	4.3	0.1	7.5	8.4
2013	3.6	0.4	7.8	5.8
2012	4.2	− 2.0	8.1	7.5
2011	9.1	− 1.0	9.2	6.1
2010	11.4	3.4	7.0	5.8
2009	− 8.0	− 11.3	6.1	2.1
2008	6.2	− 3.1	5.8	5.5
2007	5.7	− 2.8	8.8	

자료: 회사연차보고서

Singapore Airlines Cargo의 결과와 대조된다. [표 13-4]에 나와 있지 않지만, Singapore Airlines Cargo는 2007/2008년 및 2010/2011년을 제외하고 2007~2017년까지 매년 적자를 냈다. Lufthansa Cargo 및 Singapore Airlines Cargo 두 항공사 모두 유사하게 큰 화물항공기를 가지고 있고 화물톤킬로미터 면에서 10대 화물항공사에 속해 있음에도 불구하고, Lufthansa Cargo는 Singapore Airlines Cargo보다 훨씬 더 성공적으로 운영되고 있다([표 13-2] 참조). 그 이유는 독일이 항공편으로 이동하는 다양한 상품의 세계 주요 수출국 및 수입국 중 하나로 Lufthansa가 주요 항공화물 흐름의 한쪽 끝에 있기 때문일 것이다. 반면에 Singapore Airlines Cargo는 싱가포르 외부 지점에서 싱가포르 허브를 통해 최종 목적지까지 화물의 상당 부분을 유치하는 방식으로 경쟁해야 한다. 이는 경쟁이 치열한 시장에 놓여있는 것을 의미하며, 결과적으로 일드와 로드팩터에 강한 하향 압력이 발생한다.

놀랍게도 Singapore Airlines Cargo처럼 최대 규모의 전문 순수화물항공사인 Cargolux는 2007년부터 10년 동안 재정적으로 좋은 성과를 거두지 못했다. Cargolux는 초기인 2010년에 한 번을 제외하고 매년 적자를 냈고, 2012년 이후에는 매우 낮은 한계이익만을 기록했다([표 13-4] 참조)

분명히 UPS 및 FedEx와 같은 종합집배사의 이익률은 기존의 화객혼용항공사 또는 Cargolux와 같은 순수화물항공사가 달성한 것보다 훨씬 높은 경향이 있다. 종합집배사의 비즈니스 모델은 큰 이점이 있다. 종합집배사는 도어투도어 서비스를 제공함으로써 훨씬 더 많은 부가가치를 창출하며, 특히 빠른 배송 보장서비스에 대해 훨씬 더 높은 운임을 부과할 수 있다. Lufthansa, Singapore Airlines와 같은 항공사의 화물 자회사가 도어투도어 및 시간 확정 배송서비스 제공에 점점 더 주력하고 있는 이유다.

13.10 미래 전망과 도전

2006년 이후 10년 동안 1~2년의 큰 성장에도 불구하고 항공화물은 연평균 약 2%의 성장률을 보이며 부진했다. 이에 비해, 여객 교통량의 증가는 연간 약 4.8%로 훨씬 더 높았다. 2017년 세계 경제가 다시 가속화되기 시작하면서 항공화물에 대한 장기적인 전망은 더욱 낙관적으로 나타났다. Airbus와 Boeing은 항공화물이 향후 20년 동안인 2036년까지 훨씬 더 빠르게 증가할 것으로 예측했다. Boeing은 연평균 성장률을 4.2%, Airbus는 3.8%로 예측했다. 2018년초에 볼 때 이는 지나치게 낙관적으로 보였다.

2017년 12월 IATA의 Alexandre de Juniac 사무총장도 다음과 같이 낙관적인 전망을 했다.

> (항공화물의 경우) 매우 어려운 환경이었지만 2017년에는 매우 좋은 수치로 회복했다. 공급력은 4% 미만으로 증가했지만, 수요는 9% 증가했다. 따라서 이전과 다르게 많은 항공사들이 화물사업에서 수익을 창출할 수 있을 것이다.

향후 몇 년 동안의 성장률이 어떻든 간에 네트워크 항공사는 종합집배사의 지속적인 확장과 대형 포워더의 시장지배력 증가에 적응하고 대응해야 한다. 화객혼용 항공사가 떼려야 뗄 수 없이 얽혀있는 두 개의 공동상품, 즉 여객운송과 화물운송에 관여한다는 전통적인 견해는 점진적으로 두 상품이 완전히 다른 상품이라는 믿음으로 대체될 것이다. 이 두 상품은 지리, 경로, 계절상 일시적으로는 서로 다른 수요패턴을 나타낸다. 이는 항공사들이 별도의 다른 유통 채널을 통해 판매되는 다른 서비스와 상품기능을 제공하도록 유도한다. 여객과 화물은 완전히 별개의 사업이며, 둘 모두 더 발전함에 따라 그들 사이의 차이는 더욱 뚜렷하고 분명해질 것이다. 항공산업의 특정 부문은 이를 오랫동안 알고 있었다. 저비용항공사는 화물을 운송하는 경우, 빠른 턴어라운드와 최소한의 지상조업으로 창출하는 그들의 경제성을 약화시킬 수 있으므로 화물운송을 원치 않는다. 비즈니스의 다른 측면에서 종합집배사는 화물운송 부문에서 상품전문화의 이점을 확인했다.

두 사업을 분리해야 한다는 경제적 · 운영적 압박의 결과로, 화물운송에 대한 접근방식에서 화객혼용항공사들 간의 양극화가 심화될 가능성이 있다. Delta Air Lines, American, Air India 또는 폴란드 항공사인 LOT와 같은 항공사들은 기본적으로 그들 자신을 주로 여객운송업자(primarily passenger carriers)로 간주할 것이다. 이러한 항공사는 화물을 상당한 재정적 자원이나 노력을 투자할 준비가 되어 있는 비즈니스의 주요 부분으로 보지 않을 것이다. 이들은 어느 정도의 화물을 운송하겠지만 부산물로 취급할 것이며, 그 자체로 별도의 사업이 아니라 여객 쪽에 재정적 기여를 하는 방향으로 생각할 것이다. 여객과 달리 화물은 유상톤킬로미터의 최대 20%까지 생산될 수 있지만, 총수익의 10% 미만에 불과한 것이다. 더욱이 시간이 지남에 따라 이 두 비율은 더 낮아질 것이며, 불가피하게 이들 항공사가 운행하는 노선에서 화물운송이 차지하는 비중도 감소할 수밖에 없을 것이다.

스펙트럼(spectrum)의 다른 쪽에는 화물을 자체의 필요와 요건을 갖춘 중요하고 잠재적이며 수익성이 좋은 비즈니스 활동으로 간주하는 소수의 항공사와 진정한 화객혼용항공사(true combination carriers)가 있을 것이다. 그러나 여객 측면의 비즈니스와는 달리 이들에게는 별도의 논의를 요하는 활동이다. 이러한 항공사는 Lufthansa, Singapore Airlines, Malaysia Airlines의 사례를 점점 더 많이 따르고 별도의 독립 자회사 또는 사업부로 화물을 운영할 것이다. 후자는 자체 운항승무원으로 함께 화물기를 운영하고 마케팅, 판매, 지상조업, 창고, 관리 등 모든 업무를 담당하게 된다. 그들은 그들의 모항공사나 심지어 다른 항공사로부터 필요로 하는 화물공간을 구매하고 지불할 것이다. 일부는 모회사가 일부 주식을 보유하며 증권거래소에 상장되거나 완전히 매각될 수 있다. 이러한 화물 중심의 대형항공사나 항공사 자회사들은 화물에만 사업을 집중할 수 있게 될 것이다. 더 중요한 것은 항공화물이 A에서 B로 상품을 운송하는 것이라는 전통적인 시각에서 벗어나 비즈니스 활동의 초점을 달리할 것이다. 미래의 성공은 이보다 훨씬 더 많은 것을 이해하는 것에 달려 있다. 항공화물은 배송서비스를 제공하고 공급망을 관리하는 것이다. 이 사실이 종합집배사들이 이처럼 성공을 거둔 이유이며 대형 포워더들과 심지어 우체국까지 항공사의 영역이었던 활동과 시장에 뛰어들고 있는 이유이다.

종합집배사들은 다음과 같이 사업과 시장을 계속 확장할 것이다. 첫째, 더 많은 비속달(non-express)화물과 대형 선적을 지향하고, 둘째, 그들이 인수한 대형 포워더를 이용하여 시장을 확대하고 비핵심 사업으로의 이전을 용이하게 할 것이다.

대형 항공화물항공사는 종합집배사의 장기적인 위협에 대처하기 위해 몇 가지 운영상의 과제에 직면할 필요가 있다. 첫째, 그들은 대규모 전문시장 부문의 매우 구체적인 요구를 충족시키기 위해 맞춤형 서비스 및 상품을 제공하는 데 초점을 맞추어야 한다. Lufthansa Cargo와 Singapore Airlines Cargo의 경우처럼, 항공화물 분야에서 중요한 역할을 하고자 하는 항공사는 의약품, 부패하기 쉬운 상품, 위험물 또는 높은 보안이 요구되는 물품 등과 같은 상품에 대한 맞춤형 취급장비를 구비해야 할 것이다. 이러한 서비스는 제공하는 데 비용이 많이 들 수 있지만, 공급자들에게 마케팅 우위를 제공하고 더 높은 수익을 창출한다.

둘째, 화물항공기를 현대화해야 할 것이다. 구형 항공기는 미래의 항공화물시장의 요구를 감당할 수 없기 때문에 일드 압력에 따라 항공사들은 연료 효율이 가장 높은 화물기를 운영해야 할 것이다. 2014년 말 유가가 하락했지만 이후 점차 상승해 장기적으로는 여전히 상대적으로 높은 수준에서 유지될 가능성이 크다. A300F나 Boeing 747-400F 항공기와 같은 많은 구세대 화물기의 경우 유가가 2014년 초 정도로 높을 때 연료비용이 왕복 운항비용의 75%를 차지했다. 이러한 항공기는 또한 점점 더 환경 관련 이슈가 중요해지는 상황에서 큰 소음을 발생시키는 문제를 낳는다. 노후화로 인해 유지보수에 시간이 오래 걸리고, 정시운항이 어려워 지연이 발생할 수 있다. 정시배송에는 시간 엄수와 신뢰성이 필요하다. 간단히 말해 화물항공기를 현대화해야 한다. 새로운 화물기는 자본비용이 훨씬 높지만, 이는 낮은 연료비용으로 상쇄될 수 있다.

셋째, 항공화물에 대해 진지한 노력을 기울이는 항공사는 IT시스템을 개선해 정시 배송 통합서비스 유형 제공에 필요한 상당한 투자를 수행해야 할 것이다. 이는 빠른 배송 추적, 첨단 기술 창고, 자동화된 고객 중심 리포팅시스템, 내부 또는 지상조업 에이전트를 통한 시간 보장, 집하 및 배송서비스 제공을 의미한다. 또한 전통적인 항공사들이 화물 분야에서 성공하려면 물류혁신이 필요하다는 사실을 인식해야 한다. 그들은 유통망, 전자 데이터 교환(Electronic Data Interchange:

EDI) 그리고 화주의 요구사항을 충족시키는 데 필요한 기타 시설에 집중 투자를 해야 한다. 그들의 목표는 단순히 항공편으로 화물을 운송하는 것이 아니라 화주의 상품에 가치를 더하는 것이어야 한다. 이렇게 함으로써 그들은 그들의 서비스에 더 많은 비용을 청구할 수 있고 이에 따라 운임 하락 압력에 대응할 수 있다.

반드시 충족되어야 할 마지막 과제는 글로벌 배송서비스를 어떻게 제공할 것인가이다. IBM, Nokia, Ford 또는 General Motors와 같은 항공화물의 주요 이용자는 여러 국가에서 상품을 제조 또는 공급하고 전 세계적으로 판매한다. 이들 및 기타 대부분의 대형 화주들은 항공운송서비스 제공자의 세계적인 범위의 서비스 제공이 필요하다. 전통적인 항공사의 경우 이는 글로벌 네트워크를 제공하기 위해 화물 얼라이언스를 구축하는 것을 의미한다. 이론적으로 이는 이미 Star Alliance나 SkyTeam 같은 세 개의 글로벌 얼라이언스 중 하나 안에 있는 항공사에 의해 이루어질 수 있다. 그러나 회원 항공사의 우선순위가 다르기 때문에 화물 얼라이언스는 보통 몇몇 항공사나 한정된 숫자로 제한되어 있다. 2001년에 출범한 Lufthansa, Scandinavian Airlines, Singapore Airlines의 WOW 화물 얼라이언스가 그랬듯이 화물 얼라이언스는 크게 성공하지 못했다.

글로벌 화물 얼라이언스가 성공하기에는 각자 자사 고객들을 강하게 보호했기 때문에 파트너들 간의 진정한 협력관계를 확립하는 것은 어려운 일이었다. 장기적인 성공을 위해서는 이러한 여러 회원 항공사 간 얼라이언스는 극복해야 할 많은 문제가 있다. 우선 여러 회원이 참여하는 화물 얼라이언스는 보는 시장에서 공통 브랜드 이름을 가진 공통상품 포트폴리오를 출시해야 하고, 정보교환을 위해 IT시스템을 통합해야 한다. 또한 표준 처리 프로세스와 조화된 서비스 표준을 개발하는 동시에 영업 팀과 마케팅에 대한 노력을 통합해야 한다. 그런 통합은 시간이 필요할 것이다.

항공화물에 많이 관여하는 항공사의 보다 현실적인 다음 단계는 동일한 시장에서 운영하는 하나 이상의 항공사와 함께 양자간 메탈중립 조인트벤처를 추진하는 것이다. Lufthansa는 Star Alliance 파트너인 ANA와 조인트벤처를 2015년에 시작했으며, 이는 이전의 화물 얼라이언스보다 한층 더 발전했기 때문에 획기적이었다. 이 조인트벤처는 관련 규제당국의 승인을 받았으며 두 항공사가 메탈중립적인 방식으로 운영할 수 있도록 했다. 그들은 운임을 통합하고 IT시스템, 창고 및 처리시설을 조정하고 공동 화물판매를 위한 인력을 구성했다. 조인트벤처는 메탈 중립적인 수익이기 때문에 다른 항공사를 판매하지 않고 자사 공간 판매를 고집할 이유가 없다. 2017년 초 Lufthansa cargo는 Oneworld 글로벌 얼라이언스의 회원사인 Cathay Pacific과 다른 유사한 화물 조인트벤처를 출시했다. 그러한 조인트벤처는 파트너 항공사에 여러 가지 혜택을 제공한다. 주요 시장에 제공되는 공급력이 통제되고 주요 항공사 간의 운임 경쟁이 없어지며 조인트벤처 파트너들의 경쟁력은 강화된다. 또한 일부 화물 특정 비용도 줄일 수 있다. 이처럼 세 개 이상의 파트너사와의 화물 조인트벤처 및 양자간 조인트벤처 추세는 불가피한 선택일 것이다.

더 많은 양자간 및 광범위한 조인트벤처에 합류하고, 이를 통해 마케팅 및 운영을 보다 효과적으로 통합함으로써 화객혼용항공사들은 종합집배사들과 글로벌 물류 공급자들의 도전과 장기적인 위협에 맞서게 될 것이다.

Chapter

14

성공전략

Chapter

14 성공전략

오늘의 문제는 미래가 오늘과는 다르다는 점이다.

– Paul Valery, 프랑스 시인, 1871~1945

2018년 중반 세계 항공산업은 호황을 누리고 있었다. 거의 10년 동안 매년 이익을 냈으며, 최근 4년간은 사상 처음으로 자본비용보다 연간 매출액이 더 높았다(제1장 [그림 1-3] 참조). 2018년에도 높은 이익이 예상되었다. 항공유 가격이 2014년 중반 폭락 후 점차 상승했음에도 불구하고 이러한 결과를 빚어냈다. 유례없던 이익에 항공사 최고경영자들 사이에서는 낙관주의가 팽배하고 있었다. 하지만 어두운 현실이 숨어 있었다. 2017년과 2018년에 많은 항공사들이 운영손실을 기록하였고 유럽 및 그 외 지역의 몇몇 항공사들이 파산했으며 일부는 정부 자본이나 지원금의 투입으로 겨우 명맥을 유지하고 있다. 그러나 이는 항공산업 역사상 수익성이 가장 오랫동안 유지되었던 기간이었다. 이 기조가 과연 지속될 수 있을까? 미래를 예측하는 것은 어렵지만 항공은 갑작스럽고 예견할 수 없는 외부 충격에 취약한 산업이다. 세계 경제 둔화는 여객수요 성장을 가로막고, 유가 급등은 비용부담을 증가시키며, 무역전쟁과 같은 외부적인 사건들이 작용하여 항공사를 새로운 위기의 국면으로 몰아넣을 수 있다. 이러한 위기들은 곧 닥칠 것이다.

항공사는 이러한 만일의 사태에 어떻게 대비해야 하는가? 항공 경제학의 선행 분석에 기초하여 몇 가지 권고안을 제시해 볼 수 있다. 첫째, 모든 항공사들이 규모나 사업 모델과 관계없이 반드시 고려해야 하는 운영상 및 기술적 조치가 있다. 둘째, 항공사가 속해있는 분야에 따라 다양한 전략적 옵션이 달라진다.

14.1 모든 항공사의 선결과제

제일 중요한 것은 비용을 면밀히 살피는 것이다. 항공사들은 위기 시 여러 비용에 대한 엄격한 조치를 시행하고 비용 절감을 위해 노력하지만, 수익이 나고 미래에 대한 전망이 낙관적인 시기에는 연료 이외의 비용에 대해 느슨해지는 경향이 있다. 이런 비용들은 부지불식간에 조금씩 늘어나게 된다. 경쟁이 더 치열해짐에 따라 비용관리는 손익에 따라 단기간에 적용되는 조치가 아니라 장기적으로 반드시 실행되어야 하는 항목이다.

비용관리는 모든 연료 이외의 항목에 반드시 적용되어야 하지만, 그중에서도 세 가지 영역에 초점을 맞추어야 한다. 첫째, 모든 항공사들에게 가장 큰 비용 항목 두 가지 중 하나가 인건비이기 때문에 이 부분을 관리하거나 절감하는 것이 필요하다. 이는 업무 관행의 변화나 재협상에 의한 노동생산성 향상, 또는 승무원 스케줄링과 같은 주요 분야의 더욱 효율적인 관리에 의해 이루어질 수 있다. 직원 수, 특히 본사 및 행정담당 직원의 수를 줄임으로써 인건비를 줄이는 것도 가능하다. 디지털화와 전자상거래로 인해 많은 분야에서 사람의 손길이 덜 필요하게 되었다. 그러나 많은 항공사들은 이로 인해 가능해진 인력 감축의 이점을 아직도 누리지 못하고 있다. 둘째, 항공사는 GDS, 온라인 여행사 또는 은행과 같은 제3자에게 지불하는 수수료를 줄이거나 없애야 한다. 이는 잠재고객들이 예약 시 GDS나 온라인 여행사(OTA)를 이용하지 않도록 하게 함으로써 가능하다. 항공사 직판 채널을 이용하지 않고 제3자 채널을 이용하는 고객들에게 추가수수료를 물리는 Lufthansa나 British Airways의 사례를 따를 수 있을 것이다. 셋째, 항공사는 더욱 낮은 가격에 서비스를 제공할 수 있는 전문아웃소싱업체에 다양한 업무를 아웃소싱함으로써 비용을 절감할 수 있다. 예를 들어, 다수의 중소규모 항공사들은 다양한 종류의 정비를 자체적으로 수행하고 있는 환경에서 이를 전문정비업체에 맡기면 비용 절감을 꾀할 수 있는데, 정비 분야에서는 규모의 경제가 확실하게 작용하기 때문이다.

항공유 가격은 외부요인에 의해 결정되기 때문에 연료비용을 줄이는 것은 거의 불가능하다. 하지만 효율적으로 운항관리를 하거나 Airbus NEO, Boeing MAX, Bombardier C-series 등 연료 효율이 10~15% 좋은 차세대 기종을 도입해 연료 소비를 줄일 수 있다. 물론 연료 효율이 좋은 기종으로 교체하는 것이 항상 가능한 것은 아니며 노후화된 기종을 단계적으로 줄여나가면서 가능한 일이다.

너무 다양한 유형의 항공기를 보유하고 있는 항공사들은 기종 최적화를 통해 비용을 줄일 수 있다. 기종의 종류가 줄어들면 승무원, 정비, 심지어는 지상조업비용까지 절감할 수 있다. 만일 이러한 과정 중에 기종의 평균 크기가 늘어난다면 그 자체만으로도 좌석킬로미터당 비용을 낮추는 효과를 누릴 수 있다. 기종 최적화는 노후화된 항공기를 연료 효율성이 좋은 신기종으로 교체할 수 있는 기회이다.

American Airlines의 기종 최적화는 이러한 잠재적 이점을 잘 보여준다. 2014년 US Airways와의 합병 이후, American Airlines는 2017년 말까지 469대의 신기종을 보유하고 있다. 항공기의 평균 기령은 14년에서 10년으로 낮아졌다. 신기종 도입으로 연료 효율성은 10% 증가했다. 이와 함께 단거리 노선에서 운항하던 99~160석 규모의 항공기를 161~200석의 더 큰 기종으로 변경하면서 단위비용에서 상당한 절감을 이끌어냈다. American보다 훨씬 작은 항공사들에게도 기종 최적화는 비용을 확실히 절감할 수 있는 수단이다.

유가가 상승하는 시기에는 향후 항공유 비용을 줄이고 미래 항공유 비용에 대한 예측을 할 수 있다는 점에서 연료 헷징이 매우 중요하다. 그러나 헷징은 위험을 수반하기 때문에 항공사들은 반드시 설계가 잘된 유연한 헷징정책을 실행해야 한다. 이러한 정책에서는 얼마나 더 앞서서 헷징을 해야 하는지, 향후 헷징이 필요한 연료비율이 어느 정도인지 등이 주요 변수가 된다. 이러한 변수들은 반드시 지속적으로 검토되어야 한다.

연료비는 항공기 구매나 리스 그리고 일부 다른 비용과 마찬가지로 미국달러로 정산된다. 따라서 많은 항공사들, 특히 현지통화가 약세인 국가를 기반으로 하는 항공사나 그러한 시장에서 상당한 수익을 얻는 항공사들은 헷징의 일부 혹은 전부를 경화(hard currency)로 진행하는 것이 필요하다.

비즈니스의 세계는 변화하고 있다. 전자상거래는 이제 고객 대 기업, 기업 대 기업관계의 핵심이 되었고, 이를 뒷받침하는 인터넷 기반 기술은 지속적으로 진화하며 새로운 기회를 창출하고 있다. 항공사들에게 있어 두 번째 주요한 당면과제는 전자상거래가 가져온 기회를 극대화하는 것이다. 전통적인 온라인 마케팅 및 판매방식에서 한 걸음 더 나아가 전자상거래를 더욱 적극적으로 이용해야 한다. 전자상거래는 항공사의 계획과 운영의 핵심이 되어야 하며, 고위 경영진이 전자상거래 부문을 직접 책임지는 구조를 갖춰 명확한 전략에 기반해 충분한 인적 · 물리적 자원을 투입해야 한다.

효율적인 전자상거래전략은 다양한 소셜미디어를 비롯한 여러 형태를 통해 온라인 판매 및 유통시스템 개발과 모니터링, 마케팅(효과적인 브랜딩 포함), 고객에게 좋은 서비스를 제공할 수 있는 웹사이트를 개발하는 것 등을 의미한다. 소셜미디어는 밀레니얼 세대와 젊은 고객을 유치하고 유지하는 데 매우 중요한 역할을 한다. Delta Air Lines와 같은 몇몇 항공사는 전자상거래의 이점을 선제적으로 잘 포착한 반면 다른 항공사들은 이에 뒤처져 있어 디지털 부문 개선을 우선과제로 삼아야 하는 상황이다.

마지막 우선과제는 지속적으로 수익원을 개선하고 모니터링하는 것이다. 이를 위해서는 각각의 노선에 대한 좌석킬로미터당 평균 일드 및 평균 탑승률을 끌어올릴 수 있도록 더욱 효율적인 수익관리와 재고관리를 해야 한다. 많은 네트워크 항공사들은 특히 중 · 단거리 노선에서의 로드팩터를 높이기 위해 저비용항공사들로부터 많은 점을 배워야 할 것이다. 이를 통해 미국의 주요 네트워크 항공사들은 국내선 시드팩터를 높였는데, 특히 유럽이나 아시아에서 단거리를 운항하는 소규모 항공사들이 약 75% 정도의 시트팩터로 운항하고 있는 것에 비해 훨씬 높은 수치이다. 이는 단 · 장거리 허브로 운항하는 항공사들에게는 어려운 일인데, 단거리 노선 서비스의 주요 목적이 장거리 노선으로의 연결편 역할인 경우, 단거리 노선의 시트팩터를 높이는 것이 문제를 가져올 수 있기 때문이다.

덧붙여 이전에 살펴보았듯이, 특히 네트워크 항공사들은 부가서비스 수익을 극대화해야 한다. 이들 항공사는 저비용항공사에게 배워야 하며, 특히 장거리 노선에서 새로운 부가서비스 수익원을 개발하는 데 힘써야 할 것이다. 다양한 부가서비스 수익원을 효과적으로 개발하면 재정적으로 게임체인저가 될 수 있다(제12장).

14.2 대형 네트워크 항공사

전통적인 대형 네트워크 항공사들은 앞서 나온 우선과제들에 초점을 맞추는 것뿐 아니라, 그들이 속해 있는 부문에서 또 다른 과제를 맞이하게 될 것이다. 그들은 이전에 단거리 시장에서 그랬던 것처럼 자유화된 장거리 시장에서 저비용 경쟁자의 도전에 직면하게 될 것이다. 동시에 새로운 얼라이언스 또는 조인트벤처에 참여한 항공사나 기존 얼라이언스를 강화한 다른 네트워크 항공사들로부터 더욱 커다란 압박을 받게 될 것이다. 이러한 문제를 헤쳐나가기 위해서는 과연 어떠한 전략이 필요할 것인가?

먼저 합병이나 지분 투자를 통한 지속적이고 추가적인 통합을 우선순위에 두어야 한다. 이러한 통합의 목표는 비용을 절감하는 것이라기보다는, 운항 지역 다변화 및 일부 시장에서의 독과점으로 더 넓고 강력한 네트워크를 형성함으로써 추가 수익을 발생시키는 데 있다. 독과점의 경우는 자사 및 파트너 항공사가 특정 노선에서의 시장지배력이 너무 막강해서 경쟁사들이 공급석 확대를 꺼리고 신규진입을 주저하는 경우에 발생한다. 통합의 결과로 파트너를 맺은 항공사들이 주요 공항에서 피크 시간대 대부분의 활주로 슬롯을 실질적으로 통제하는 경우 그들의 시장지배력은 더욱 강화된다.

특정 지역이나 대규모 시장에서 통합이 이루어지면 주요 항공사들의 숫자가 줄어들게 되고, 이에 따라 공급석을 최적화하고 줄이는 '암묵적인' 결탁이 용이하게 된다. 미국의 대형항공사들의 수가 10개에서 겨우 4개로 줄었을 때, 공급석 증가속도는 더욱 느려졌고 로드팩터는 증가하였으며 수익성도 개선되었다.

부분 통합을 통해 수익 및 시장이익을 달성할 수 있는 또 다른 효과적인 방법에는 해당 국가기관의 승인을 받은 메탈중립 조인트벤처를 이용하는 방법이 있다(제7장 7.5절). 이는 글로벌 얼라이언스의 회원으로 가입하는 경우보다 훨씬 더 강력한 통합방법이다. 이러한 조인트벤처는 마케팅과 지상조업, 때로는 정비 부문에서 일부 비용을 효과적으로 줄일 수 있게 해준다는 추가적인 장점이 있다. 조인트벤처를 통해 운임체계 최적화가 더 쉬워지면 더욱 효과적으로 경쟁할 수 있게 된다.

또한 스케줄과 공급석을 조정하고 통제할 수 있으므로 로드팩터를 높이고 대형항공기를 투입할 수 있으며, 좌석킬로미터당 단위비용을 줄일 수 있다. 이와 같이 잠재적 이점이 크기 때문에 대형 장거리 항공사들은 조인트벤처의 신속한 확대를 비즈니스 및 성장전략의 핵심으로 삼아야 한다. 2018년 중반 기준, Delta Air Lines와 American은 이미 국제선 공급석의 55% 이상을 기존 혹은 승인 대기 중인 JV로 운항하고 있으며, 이 수치는 더욱 상승할 것이다.

런던-뉴욕과 같은 장거리 인기 노선에서는 네트워크 항공사들이 많은 운항편을 투입하고, 그중 일부 좌석만을 매우 낮은 경쟁운임으로 판매하며 저비용항공사의 도전에 맞설 수 있다. 또한 새로운 저비용항공사는 주요 공항에서 충분한 활주로 슬롯을 확인하는 것이 어렵기 때문에 큰 문제가 아니다. 하지만 수요가 충분하지 않은 장거리 노선, 혼잡하지 않은 공항에서는 장거리 저비용항공사가 점점 더 큰 위협으로 자리잡을 수 있는데, 장거리 저비용항공사가 단거리 연결편을 자사가 운항하는 경우 더욱 그렇다.

전통적 네트워크 항공사들은 Singapore Airlines가 Scoot, Air Canada가 Air Canada Rouge를 만든 것처럼 자사 장거리 저비용항공 자회사를 만들어 특정 레저시장에 서비스를 제공함으로써 장기적으로 이러한 위협에 대처할 수 있을 것이다. 하지만 장기적인 성공을 거두려면 오래된 장거리 운항 기종, 기존 승무원 및 직원들을 신규 저비용항공 자회사로 투입하는 것에만 의존해서는 안 된다. Boeing 787, A350 등 연료 효율이 좋은 최신 기종을 투입하고 사측에 도움이 되는 근무조건으로 직원을 고용해야 한다. 이는 결국 Norwegian이나 Scoot같이 시장에 신규진입한 진정한 장거리 저비용항공사들이 해야 할 일이다.

네트워크 항공사들의 가장 큰 문제는 단거리 시장에서 점점 더 강력해지고 때로는 시장을 지배하고 있는 저비용항공사들과 어떻게 효율적으로 경쟁할 것인가 하는 것이다. 일부 시장에서는 이를 위해 두 가지 접근법을 시도하고 있다. 일부 네트워크 항공사들은 저비용항공 모델을 복제해 비용을 대폭 삭감하고 좌석 간격을 줄였으며, 운임을 분리해 가장 기본적인 운임 외에는 기내서비스 및 상품을 부가판매하는 저비용항공 운임전략을 모방했다. Aer Lingus는 아일랜드에서 이러한 접근법을 시도했으며 이 방법이 성공적임을 입증했다. 하지만 이러한 전략은 저비용항공의 단위비용 수준을 목표로 삼아 기존 업무 관행, 심지어는 급여 등을 변화시키지 않고는 어렵기 때문에 직원들의 적극적인 협조가 필요하다.

또 다른 시도는 서비스 차별화를 통해 운임 수준을 높여 네트워크 항공사의 시장점유율을 확장하는 것이다. 일부 네트워크 항공사들은 모든 객실 클래스에서의 기내식, 무료 위탁수하물 등으로 자사 상품을 차별화하고, 저비용항공사가 피크시간대에 슬롯을 얻기 어려운 인기공항으로 운항하는 것으로 그들의 상품을 차별화하려 노력해 왔다. 하지만 상품 차별화에는 비용이 수반되며, 단거리 시장에서 이러한 전략의 성공 가능성은 충분히 입증되지 않았다.

저비용항공사의 도전에 맞서 펼치는 이러한 전략은 장기적으로는 성공하기 어렵다. 저비용상품을 모방하는 모델의 경우, 경쟁을 효율적으로 할 수 있을 정도로 네트워크 항공사가 운임 수준을 낮추고, 다른 한편 이를 상쇄할 만큼 단위비용을 줄여야 한다는 것을 의미한다. 하지만 앞 장에서 살펴본 바와 같이 단거리 운항편이 장거리 노선의 연결편 역할을 하는 허브 중심 네트워크에서는 불가피하게 내재된 비용이 존재한다(제5장 5.7절). 더구나 이러한 네트워크를 운항하는 대부분의 대형항공사들은 오래된 업무 관행에서 기인한 낮은 노동생산성과 높은 인건비 문제를 안고 있다.

높은 운임을 정당화시키기 위해 상품을 차별화하려는 네트워크 항공사들의 시도는 여객운송량을 유지하거나 확대해야만 성공할 수 있는데 결국은 저비용항공사에게 시장점유율을 내어주게 될 것이다. 이는 저비용항공사의 낮은 운임뿐만 아니라, 저비용항공사가 비즈니스석 도입이나 무료 수하물 제공 등 필요에 따라 자사 상품을 업그레이드할 수 있기 때문이다.

장기적으로 단거리 시장에서 저비용항공사의 도전에 대응하기 위해 네트워크 항공사는 또 다른 두 가지 전략을 고려해야 한다. 첫 번째 전략은 저비용 자회사를 설립하는 것이다. 이는 유럽에서는 아직 걸음마 단계지만 아시아에서는 이미 많은 항공사가 채택한 전략이다. 그러나 이 전략을 실행한 많은 항공사들은 한두 가지 실수를 범했다. 한 가지 실수는 기존 모회사 항공기와 승무원을 활용하여 저비용항공 자회사를 설립하면서 어떻게든 단위비용을 낮추기를 바랐던 것이다. 또 다른 실수는 어중간한 접근법을 채택하여 저비용항공 자회사가 모회사와 너무 직접적이고 심하게 경쟁하지 않도록 상대적으로 적은 수의 항공기로 소규모로 운영하게 한 것이다. 이것은 Air France와 Transavia의 사례에서 볼 수 있다.

저비용항공 모델에 대한 분석에서(제5장) 비용적 측면에서는 규모의 경제에 한계가 따르며, 마케팅이나 수익적 이점이 더 크다는 것을 보여주었다. 이를 인지한 Lufthansa는 2017년 200대 이상의 항공기를 투입해 단 · 장거리 노선을 운항하는 저비용항공 자회사 Eurowings를 출범시켰다. 하지만 Lufthansa는 신생 저비용항공사들의 장점인 극도의 저비용 기반이 아닌 기존의 전통적인 항공사체제에서 Eurowings를 성장시키려는 실수를 범했다. British Airways/IAG는 경제적으로 안정적인 접근법을 채택했는데, 이미 성공이 입증된 저비용항공사인 Vueling을 인수하여 단거리 운항에 투입한 것이다.

대형 네트워크 항공사들은 흔히 멀티 브랜드 전략을 보유한다. 하지만 멀티 브랜드 전략은 운항, 마케팅, 운영 측면의 복잡성으로 이어지기 때문에 성공을 보장할 수 없다. 2003년 Qantas가 호주 시장에서 저비용항공사 Virgin Blue와 경쟁하고자 저비용항공사 Jetstar를 출범시킨 것은 멀티 브랜드 전략이 성공한 경우이다. 2017년 Jetstar와 Jetstar Asia의 총승객 마일은 Qantas 총승객 마일의 거의 절반에 달했다. 2017년 Jetstar와 Qantas는 각각 2억 4,000만 달러와 5억 4,600만 달러의 이자 및 세전 이익(EBIT)을 기록하며 높은 수익을 달성했다. 하지만 2000년대 초반부터 시도된 몇몇 조인트 브랜드 전략은 실패로 돌아갔다. 실패 사례로는 2003년 설립되었으나 1년도 되지 않아 무너진 Scandinavian Airlines의 저비용항공사 'Snowflake'와 2004년에서 2009년까지만 운영되었던 United Airlines의 저비용항공사 'Ted' 등이 있다.

두 번째 전략은 주요 네트워크 항공사들이 성공을 입증한 대형 저비용항공사들과 공동운항이나 조인트벤처에 들어가는 것이다. 이로써 편도 혹은 왕복 구간에 저비용항공 파트너를 이용할 수 있다. 저비용항공사는 네트워크 항공사의 자체 서비스가 불가능한 노선에서 네트워크 항공사 허브공항으로 피더서비스의 전부 또는 대부분을 운항하면서 동시에 다른 단거리 노선을 운항한다. 혹은 네트워크 항공사의 허브 연결편은 그대로 두고 저비용항공사가 허브 이외 도시를 운항하는 경우도 있다. Lufthansa의 저비용항공 자회사 Eurowings가 이러한 방식으로 운영되고 있다. 하지만 프랑크푸르트, 뮌헨 허브로 운항하는 Lufthansa 자사 연결편이 Ryanair나 easyJet과 같은 저비용항공사와의 경쟁 구도에 놓이는 것은 피할 수 없다.

14.3 중소규모 네트워크 항공사

전 세계 수많은 중소규모의 전통적 허브 기반 네트워크 항공사들은 상당수가 전체 또는 일부가 정부의 소유로, 대형항공사들과 동일한 우선과제에 집중할 뿐 아니라 같은 문제에 직면하고 있다. 하지만 이러한 항공사들은 근본적인 구조적 문제를 품고 있다. 대부분의 중소규모 항공사는 장거리 시장에서 대형 글로벌 네트워크 항공사와 효율적으로 경쟁할 만큼 규모가 크지 않으며, 단거리 시장에서 저비용항공사와 성공적으로 경쟁할 수 있을 정도로 단위비용이 낮지 않다. 이들 중 몇몇 항공사는 주요 허브공항을 통해 단 · 장거리 노선 서비스를 모두 운항하고 있으며, 대부분의 항공사는 주요 허브를 통해 중 · 단거리 국제선과 국내선을 운항하고 있다. 보유 항공기 숫자도 상대적으로 적은 편인데, 일반적으로 150대 미만의 항공기를 보유하고 있으며, 많은 경우 그보다 훨씬 적은 수의 항공기를 보유하고 있다.

중소규모 항공사들은 몇 가지 이유에서 장거리 시장을 운항하는 데 불리하다. 본국 출발 장거리 수요가 상대적으로 적고, 자국 방문객 수요도 많지 않은 경우이다. 결과적으로 이들의 네트워크는 협소하고 장거리 노선의 숫자가 적다. 수요층이 얇기 때문에 장거리 목적지로 적은 횟수로 운항하며, 매일 운항하지 않을 수도 있다. 이 모든 이유로 잠재적인 여행객에게는 매력이 떨어지는 시장이 된다. 따라서 승객들은 다양한 목적지로 운항하고, 운항빈도도 높으며, 환승이 용이하고, 많은 경우 운임도 더 낮은 대형 네트워크 항공사의 인접한 허브를 이용하게 되고, 결과적으로 중소규모 항공사들의 이용 승객 수가 줄어들게 된다.

단거리 시장에서 중소규모의 네트워크 항공사는 경쟁자인 저비용항공사보다 작은 기종 그리고 여러 기종을 운항하기 때문에 어려움을 겪게 된다. 이는 비용상의 약점으로 직결된다. 이 약점은 점점 더 확대되어 상대적으로 작은 규모의 항공사로 남아있게 된다. 오래전에 설립된 항공사이기 때문에 직원의 숫자가 많고 낡은 업무 관행이 지속되는 경우가 많다. 강력한 노동조합이 존재하는 경우가 많고, 정부 소유인 경우 노동 및 운항 문제에 정부의 개입 정도가 지나치게 높을 수 있다. 경영구조는 지나치게 수직적이고 권위적일 수 있다. 이 모든 이유로 인해 중소규모 항공사들은 단거리 시장에서 저비용항공사와 효율적으로 경쟁하는 데 어려움을 겪게 된다.

또한 장 · 단거리 시장을 모두 운항하는 중소규모 항공사들은 작은 규모로 인해 마케팅 및 수익 창출 측면에서의 약점이 심하고, 제한적이기는 하나 비용 측면 약점도 존재한다.

이러한 항공사들은 장거리 시장에서는 충분히 강력하지 않고 단거리 시장에서는 충분히 낮은 비용을 달성하지 못한다. 만일 중간 규모의 허브공항에서 운항하려 한다면 그들은 소멸될 위기에 처할 것이다. 미국에서 처음 시장이 자유화되었을 때가 좋은 사례로, 대다수의 미국 중소규모 네트워크 항공사들이 수년간 무너져 내리거나 대형 네트워크 항공사 3사에 인수 혹은 합병되었다. 2012년 이후 유럽에서는 하이브리드 항공사 Air Berlin, 헝가리 항공사 Malev 등이 위기 상황이며, 러시아의 Transaero는 파산했다. 혼수상태에 있는 Alitalia는 이탈리아 정부의 지원으로 간신히 명맥을 이어가고 있다. 동유럽 항공사 및 Air India 등 아시아 항공사, 남미의 일부 항공사들도 위기 상황이다. 이들을 포함한 중소규모 네트워크 항공사들은 본 장의 서두에서 논의하였던 전술적 우선과제 이외에 어떤 생존전략을 취해야 하는가?

장거리 노선을 운항한다면, 일부 항공사가 최근 몇 년간 그랬듯이 장거리 운항편을 단항하거나 대폭 축소함으로써 재정적인 안정성을 되찾을 수 있다. 그 대신에 얼라이언스 가입 혹은 인접한 대형항공사와의 공동운항협정 등을 통해 장거리 네트워크를 확장할 수 있으며, 본국 허브로 운항하는 장거리 항공사들과 다수의 공동운항협정을 체결할 수도 있다.

혹은 중소규모 항공사들이 경쟁우위를 가질 수 있는 지속가능한 특정 틈새시장을 발견할 수 있는 경우에만 자사의 장거리 네트워크를 유지하거나 개발해야 한다. Air Portugal(TAP)은 유럽과 브라질 사이에서 이러한 틈새시장을 발견했고 유럽 항공사 중 가장 많이 브라질 목적지로 운항하고 있다. 실제로 TAP은 2017년 유럽과 브라질 간 공급석의 25%를 차지했으며 다른 항공사가 운항하지 않는 브라질 내 6개 공항에 항공편을 운항했다. 하지만 TAP의 재정 상황은 여전히 나아지지 않은 상태이다. Finnair는 헬싱키의 지리적 위치를 이용하여 지구의 대권(Great Circle)을 통과해 유럽과 동아시아 사이를 가장 짧은 거리로 연결함으로써, 매우 낮은 운임과 짧은 비행시간으로 헬싱키 허브공항을 거쳐 베이징, 도쿄와 같은 지역으로 가는 틈새시장을 개발했다.

단거리 시장에서는 이러한 규모의 항공사들이 취할 수 있는 전략적 옵션이 제한적이다. 그들은 아일랜드 항공사인 Aer Lingus가 단거리 노선에서 했던 것처럼 비용을 절감하고, 상품특성을 바꾸고, 저비용항공사로서 효율적인 운항을 위해 노력해 볼 수 있다. 하지만 오래된 비용구조와 업무 관행은 변화를 어렵게 만든다. 설사 변화를 이루어낸다고 하더라도, 마케팅과 비용규모에서 오는 이점을 누리는 대형 저비용항공사들과 많은 시장에서 경쟁해야 한다. 만약 공항이 지역적으로 특수한 시장에 위치해 있고, 슬롯이 부족한 상태에서 다수의 슬롯을 확보할 수 있다면 성공할 가능성이 있다. 소규모 네트워크 항공사들은 '우수한' 상품과 서비스를 제공하는 항공사로 포지셔닝해 높은 운임을 정당화할 수 있을 것이다. 이는 쉽게 실행할 수 있는 방법이지만, 고가 포지셔닝 전략이 저비용항공사와의 경쟁 구도에서 항공사의 어려움을 해결해 주지 못했던 이전 사례를 볼 때, 그 결과는 불확실하다.

상대적으로 작은 규모의 그리스 지역 항공사인 Aegean은 이러한 전략을 채택했다. Aegean은 낮은 단위비용을 달성할 수 있었는데, 그 이유 중 하나는 설립된 지 오래되지 않은 항공사이기 때문에 과잉인력이 없었고 낡은 업무 관행도 없었기 때문이다. 또한 Aegean은 단거리 국제선 서비스에 기내식을 포함한 높은 수준의 기내서비스를 유지했다. Aegean은 이를 통해 매력적인 풀서비스 항공사로 브랜딩할 수 있었다. 전에 있었던 Olympic Airways는 북미 등 장거리 노선을 운항했지만 Aegean은 그렇게 하지 않았다. 이러한 전략의 결과, Aegean은 자사의 모든 유럽 노선 및 국내선에 침투한 저비용항공사와 성공적으로 경쟁할 수 있었으며 지속적으로 이익을 창출해냈다.

다른 옵션으로는 글로벌 얼라이언스에 가입해 얼라이언스 회원사 허브로 연결편을 운항하는 것이다. 소규모 네트워크 항공사의 단위비용이 저비용항공사의 단위비용보다 높아도, 대형 얼라이언스 파트너사보다는 단거리 노선 단위비용이 낮으므로 이는 모두에게 매력적일 수 있다. 이러한 연결을 통해 소규모 항공사는 단거리 노선 운항을 지원하여 더 많은 연결 교통량을 창출할 수 있다. 이들은 얼라이언스 파트너사로부터 마케팅 지원을 받을 수도 있지만, 과거의 사례에 따르면 그 자체만으로는 충분하지 않다. 글로벌 얼라이언스 한 곳에만 가입하는 것이 제약사항을 가져올 수 있으므로, 여러 글로벌 얼라이언스 회원사들과 공동운항협정을 체결하는 것이 대안이 될 수 있다. 이것이 Air Baltic이 채택한 전략이다.

한 걸음 더 나아가 소수 지분을 마케팅, 운영, 재정적 지원이 가능한 대형 네트워크 항공사에게 매매하고, 연결편 좌석 상황 접근 및 제어 권한을 제공하는 것이다. 이는 2013년 인도의 Jet Airways 지분(24%), 2014년 이탈리아의 Alitalia 지분(49%)을 인수한 Etihad의 전략이다. 이 투자는 Jet Airways가 어려운 시기를 버틸 수 있게 해주었지만 2018년 당시 Jet Airways의 미래는 불투명했으며, Alitalia를 구제하는 것도 실패했다.

중소규모 항공사의 궁극적인 방어전략은 글로벌 항공사에 자사를 매각하는 것이다. Austrian Airlines, SWISS, Brussels Airlines는 위기 상황을 거치며 모두 Lufthansa에 인수되었다. 이를 통해 이 항공사들은 재정적 지원 및 마케팅 지원을 확보했고 제한적이나마 비용적인 측면에서 시너지를 이끌어낼 수 있었다. 이들은 생존했지만 독립된 회사로 살아남지는 못했다. 구조적 문제 역시 그대로 남아있었다. 이 항공사들은 많은 시장에서 단위비용이 훨씬 낮은 대형 저비용항공사들과의 치열한 경쟁에 직면하게 될 것이다. 이들이 대형 네트워크 항공사에 속해 있더라도 미래 수익성이 보장된 것은 아니다.

파산과 폐쇄, 강력한 대형항공사로의 합병이 중소규모 네트워크 항공사의 미래로 보인다. 결국, 미국에서 일어났던 사례와 마찬가지 결과가 될 것이다. 인수되지 못한 항공사 중 일부는 정부의 재정지원을 통해서만 살아남을 수 있을 것이다. 나머지는 그들이 방어할 수 있는 틈새시장을 찾아야만 생존이 가능할 것이다.

14.4 지역 항공사

100석 남짓한 규모의 항공기로 운항하는 소규모 지역 항공사가 성공하기 위해서는 앞서 살펴본 모든 항공사들이 취해야 할 전술과 우선과제에 집중해야만 한다(14.1절). 이들은 자사 비즈니스 모델에 본질적으로 내재되어 있는 근본적인 문제에 직면하고 있다. 앞서 살펴본 바와 같이(제4장 4.6절) 소형항공기는 운항비용은 낮지만, 저비용항공사나 대부분의 네트워크 항공사가 사용하는 더 큰 규모의 항공기보다 좌석킬로미터당 단위비용이 높거나 때에 따라서는 훨씬 더 높을 수 있다. 지역 항공사들의 경우 간접비와 비항공 관련 비용이 더 낮을 수 있지만, 이것이 소형항공기 운항에서 발생하는 약점을 상쇄하기에는 역부족이다.

즉, 지역 항공사가 성공하기 위해서는 저비용항공사가 눈독들일 만할 정도로 교통량 밀도가 높은 노선이나 저비용항공사의 운임이 낮아 잠재적으로 상당한 수요를 촉발시킬 수 있는 노선은 피해야만 한다. 하지만 대부분 중 · 소도시 사이 노선인 수요가 적은 노선을 운항하는 것이 지역 항공사의 안전막이 되기에는 부족하다. 이들은 높은 단위비용을 상쇄할 높은 운임을 징수할 수 있는, 수요가 적은 노선을 운항해야 한다. 즉, 시간에 민감한 상용수요가 기꺼이 운임을 지불할 만한 노선, 도로나 철도가 부족하거나 없어서 항공서비스가 명확한 이점으로 작용하는 노선에 집중해야 할 것이다. 바다, 호수, 강 등을 가로지르는 수요가 많지 않은 노선이 이에 해당된다. 일부 승객에게서라도 높은 단위운임을 판매할 수 있는 주요 운항 노선을 확보해 두지 않은 지역 항공사는 어려움에 직면할 것이다.

또 다른 전략은 네트워크 항공사들이 해당 노선에 대형항공기를 투입할 경우 운항비용이 높아 경제적으로 운항할 수 없는 노선에서 주요 네트워크 항공사와 공동운항을 통해 승객수요를 네트워크 항공사의 허브(들)로 연결하는 것이다. 이러한 연결편은 탑승률과 평균 일드를 끌어올리게 된다. 이것이 미국의 많은 지역 항공사들을 살아남게 해준 전략이다.

14.5 저비용항공사

지난 20년간 특히 아시아와 유럽 지역에 많은 신생 저비용항공사가 출현하며 항공산업의 저비용시장에는 다층구조가 형성되었다. 2018년 기준으로 북미의 Southwest, 유럽의 Ryanair, easyJet과 같은 300대 이상의 항공기로 여러 베이스에서 운항하는 초대형 저비용항공사들이 존재한다. 다음으로는 대략 100~150대 항공기를 보유한 중간 규모의 저비용항공사가 있다. 유럽의 Eurowings, Norwegian, Wizz, 캐나다의 Westjet, 브라질의 Gol 그리고 아시아의 AirAsia, Indigo, Lion Air 등이 여기에 해당한다. 이들 중 일부는 항공기 주문을 대량으로 마친 상태이다. 마지막으로 소규모 항공기를 보유한 저비용항공사들이 다수 존재하며, 많은 경우 네트워크 항공사의 자회사 형태이다.

주요 저비용항공사들은 지난 수년간 지속적으로 수익을 창출해 왔다. 앞서 살펴본 것과 같이 가장 큰 요인은 비용 절감과 수익 증가에 초점을 맞췄기 때문이다(14.1절 참고). 중소규모 저비용항공사들의 운명은 뒤섞여 있는데, Indigo와 같이 재정적으로 순탄한 경우도 있지만 그렇지 않은 경우도 있다. 대규모 항공기와 광범위한 네트워크 확장은 저비용항공사의 주요 성공요인이다. 항공기 규모가 큰 경우에는 비용 절감에 도움이 된다. 특히 항공기를 대량으로 주문하는 경우 항공기 보유비용이 여기에 해당된다. 게다가 정비비용도 줄일 수 있다. 광범위한 네트워크를 보유하면 당연히 마케팅과 브랜딩에 도움이 된다. 또한 큰 규모로 구축이 잘 된 경우, 광범위한 브랜드 인지도 향상에도 도움이 된다. 저비용항공사는 대규모 항공기에 기반해 운항횟수를 늘려 시장을 장악할 수 있다. 즉, 중소규모 저비용항공사의 생존전략은 몸집을 키우는 것이다.

신규 항공사와 심지어 외항사까지 진입할 수 있도록 자유화된 시장에서 작은 규모의 저비용항공사는 장기적으로 수익을 내며 생존하기 힘들다. 생존은 규모에서 비롯되는 마케딩적 이점, 큰 항공기에 기반한 비용적 이점에 달려있다. 즉, 다른 소규모 저비용항공사와 합병하거나 큰 저비용항공사 중 하나에 인수되는 것을 말한다.

또 다른 전략은 항공기 대량 주문을 통해 급속 성장을 이루는 것인데, 2017년 인도네시아의 Lion Air와 AirAsia가 택한 전략으로 각각 250기 이상의 항공기를 주문했다. 이는 항공기 신규 취득과 새로운 시장 개척에 엄청난 자본 투자가 필요한 고위험전략이다. 이 때문에 네트워크 항공사의 자회사 저비용항공사들은 이러한 전략을 구사하지 않는 경우가 많은데, 모회사는 일반적으로 위험을 회피하고자 하기 때문이다. 동남아 등 자유화가 실제적, 효율적으로 시행된 지역에서 소규모 저비용항공사들은 버티기 어렵다.

중대형 저비용항공사들이 유럽의 대부분, 많은 아시아 및 남미 단거리 시장을 지배할 것이다. 이들은 기존 네트워크 항공사들의 시장점유율을 빼앗고, 새로운 노선을 취항하면서 점점 더 강력한 경쟁력을 갖추게 될 것이고 매우 중대한 시점이 도래할 것이다. 성공은 몇 가지 요인에 달려있는데, 우선 마케팅적 이점을 위해 큰 규모가 용이하다. 또한 낮은 운임도 중요하지만 운임 수준과 브랜드를 잘 조합하는 것이 중요하다. 바로 이런 방식으로 각 항공사는 상품과 서비스 면에서 자사를 포지셔닝하고 브랜드화하기 때문이다. 서비스 수준이 낮은 경우 승객은 운임이 극히 낮아야만 이용할 것이다. 저비용항공사는 반드시 가성비를 추구해야 한다. 저비용항공사 간의 경쟁으로 인해 필연적으로 몇몇 항공사들은 제공하는 상품과 서비스를 차별화하려 시도할 것이다. 이는 그들에게 적절한 전략일 수 있지만, 이 과정에서 야기되는 비용과 벌어들여야 할 운임 수준이 비경제적 수준까지 상승하지 않게 해야 한다.

또한 저비용항공사가 성공하기 위해서는 투입 자본 대비 실적이 좋지 않은 노선이나 베이스를 신속하고, 유연하고, 결단력 있게 폐쇄할 수 있어야 한다. 과거의 예를 볼 때 저비용항공사들은 이 부분에 있어서 네트워크 항공사들보다 훨씬 빨랐다.

항공기와 네트워크 크기의 이점을 살리려면 작은 규모의 저비용항공사들은 국적사라는 마음가짐에서 벗어나 여러 국가와 지역을 아우르며(자사 항공기와 승무원으로) 베이스를 만들어야 한다. 이것이 북미, 유럽, 인도의 대형 저비용항공사들이 채택한 전략이다. 일부 지역에서는 국제규약으로 인해 이와 같은 행보가 불가능한데 AirAsia나 Jetstar의 경우처럼 다른 나라에 자회사를 설립하는 방식으로 국적규정을 회피할 수도 있다. 동남아시아에서는 이미 이런 규정이 완화되었으며 다른 지역에서도 점진적으로 완화되고 있다. 저비용항공사는 반드시 이 기회를 이용해야 한다.

마지막으로 대형 저비용항공사들은 장거리 저비용서비스를 개시해야 할 것인지에 대해 전략적 의사결정을 내려야 한다. 유럽 외 지역에서는 몇몇 항공사가 제한적 범위에서 이를 시도했다. 여기에는 AirAsia X를 설립한 AirAsia와 Cebu Pacific, Westjet 등이 해당된다. 유럽에서는 Norwegian이 장거리 노선 개발에 힘쓰고 있다. 그 외 대형 유럽 저비용항공사들도 그러한 전략을 논의 중이기는 하나 여전히 망설이고 있다.

그들이 그러한 전략을 신중하게 고려해야 하는 데에는 두 가지의 설득력 있는 이유가 있다. 첫째, 일부 저비용항공사들은 수도에 위치한 주 베이스를 보유하고 있을 뿐 아니라 기타 여러 대도시에 대형 베이스를 보유하고 단거리 노선을 운항하고 있다. 네트워크 항공사들은 자사 주요 허브에서의 장거리 노선에 집중하기 때문에 규모가 큰 다른 공항에서는 운항하지 않는다. 베를린을 이런 경우의 예로 들 수 있는데, Lufthansa는 베를린에서 대도시나 관광지로의 장거리 노선을 전혀 운항하지 않지만, easyJet은 베를린공항에 항공기를 상주시키며 단거리 노선 연결편 수요를 뉴욕이나 방콕 장거리 노선으로 운송하고 있다. easyJet은 밀라노-말펜사 노선에서도 같은 전략을 운용하며, Wizz Air는 부다페스트 베이스에서 장거리 노선을 취항하였다. 이러한 운항방식의 경제적 효과는 잘 평가되어야 한다. 저비용항공사들이 장거리 저비용항공사를 출범하는 두 번째 이유는 대형 네트워크 항공사가 저비용 자회사를 설립하는 것과 같은 이유다. 하지만 단거리 저비용항공사들과 다르게 네트워크 항공사들은 하나 혹은 두 개의 주요 허브에서만 효과적으로 연결 수요를 가져올 수 있다. 그럼에도 불구하고 저비용항공사들은 장거리 저비용 시장을 일단 선점해야 한다. 만약 성공한다면 이를 먼저 런칭한 항공사들은 첫 주자로서의 이점을 누리게 될 것이다.

다른 지역에서는 아직 미미하지만, 유럽에서는 저비용항공사들이 대도시에서 소도시 혹은 소도시 간 많은 노선을 취항했다. 이들 중 대부분은 이전에 아예 항공노선이 없거나 아주 적었던 노선이다. 극도로 낮은 운임은 잠들어 있던 수요를 자극했고 수익성 있게 운영을 지원할 수 있을 만큼 충분한 수요를 창출해냈다. 하지만 수요층이 두텁지 않으며 시장은 정점에 이르러 더 이상 빠르게 성장하기 어렵다. 미래에 빠른 성장을 이끌어내기 위해서는 저비용항공사들이 대형 네트워크 항공사들이 독차지하고 있는 주요 허브로부터의 인기 노선을 공략해야 한다. easyJet은 오래전부터 이러한 전략을 펼쳐왔지만 다른 유럽 저비용항공사들은 대부분 그렇지 않았다. 그런데 여기에는 문제가 있다. 주요 허브는 공급이 포화상태에 이르러 적절한 시간대의 활주로 슬롯을 확보하는 것이 어려울 수 있다. 또한 혼잡으로 인해 상공 혹은 지상에서의 지연이 발생하기 때문에 저비용항공사 경제의 주요 항목인 항공기 퀵턴(fast aircraft turn–rounds)이 어려울 수 있다. 그럼에도 불구하고 유럽 저비용항공사들은 네트워크 항공사들의 대형 허브로 향하는 풍부한 수요를 공략해야 한다.

14.6 결론

항공산업은 매우 다이내믹하고 빠르게 변화한다. 갑작스럽고 예상치 못했던 외부 충격, 기술적 변화 또는 경영진 판단에 따른 내부적 혼란 등으로 수많은 일들이 발생한다. 2010년부터 10년간 이어진 세계적인 이윤 창출도 머지않은 미래에 끝날 가능성이 있다. 새로운 위기의 시대에 생존하고 번영하기 위해서 항공사 경영진은 현재 전략을 면밀히 살피고 새로운 전략을 구상해야 한다. 본 장에서는 고려할 가치가 있는 몇 가지 아이디어를 제시했지만, 틀림없이 다른 아이디어들도 더 존재할 것이다.

부록 A 하늘의 자유(Freedoms of the air)

양자간 항공협정에서의 하늘의 자유

제1자유 영공통과의 자유 타국의 영공을 착륙 없이 비행할 수 있는 자유

제2자유 기술착륙의 자유 여객의 탑승이나 하기 목적이 아닌 기술적 사유(예 연료 보급)로 인해 착륙할 수 있는 자유

제3자유 타국으로의 운수의 자유 자국(A)에서 타국(B)으로 여객 및 화물을 운송할 수 있는 자유

제4자유 자국으로의 운수의 자유 타국(B)으로부터 자국(A)으로 여객 및 화물을 운송할 수 있는 자유

제5자유 상대국 · 제3국간 운수의 자유 자국(A)에서 출발 또는 도착을 기본으로 유상여객 및 화물을 타국(B)과 제3국가인 타국(C) 또는 타국(D) 구간을 운송할 수 있는 자유(제5자유의 경우 C국가 또는 D국가의 승인 필요)

기타 하늘의 자유

제6자유 자국(A)의 항공사가 제3자유 및 제4자유를 활용하여 여객과 화물을 2개의 타국으로 운송할 수 있는 자유로서 자국(A)을 경유지로 활용하여 운송하는 자유

제7자유 자국(A)의 항공사가 자국(A)이 아닌 2개의 타국 사이에서 여객 및 화물을 운송할 수 있는 자유

제8자유(또는 카보타지) 자국(A)의 항공사가 자국(A)에서 출발하여 타국(B)의 국내선 2지점(B−1, B−2)에서 여객 및 화물을 운송할 수 있는 자유

제9자유 자국(A)이 아닌 타국(B) 내 2개의 국내선(B−1, B−2)에서 여객 및 화물을 운송할 수 있는 자유

제6자유는 항공협정에서 명쾌하게 다루어지는 경우가 매우 드물지만, 국가 간 항공협정 시 첨부되는 양해각서 내용에 묵시적으로 포함될 수 있다. 오늘날 현실에서는 대부분의 국가에서 그러한 권리를 사실상 받아들였다.

제7자유, 제8자유 그리고 제9자유는 매우 드물게 승인이 되기도 하지만, 유럽연합 회원국들의 항공사들은 다른 회원국의 국내선 또는 다른 회원국들 간의 국제선 서비스에 대해서 그러한 권리를 가지고 있다.

부록 B 비경제적 기술 및 안전규제

수많은 규제들은 항공사들의 전반적인 운영활동에 있어 직접적인 연관이 있다. 폭넓게 이야기하자면, 항공사 운영활동에 연관되어 있는 규제는 아래 범주 중 하나에 속한다.

① 항공기의 설계 및 생산표준뿐만 아니라 이륙 중 엔진 고장과 같은 다양한 운항조건에서의 성능을 다루는 항공기의 감항성에 관한 규정

② 정비 작업의 시기, 성격 및 감독과 정비 작업을 수행하는 엔지니어들의 훈련 및 자격을 포함하는 규정

③ 운항승무원 및 객실승무원 수, 훈련 및 면허, 기내 업무 및 역할, 업무량 및 스케줄에 관한 규정

④ 항공기 운영방식, 즉 비행 준비 및 기내 운영절차와 같은 측면과 항공사 자체의 운영방식 모두를 포괄하는 세부규정으로 모든 국가에서 항공운송 사업자는 민간항공당국의 허가를 받아야 하며 특정기준과 운영기준을 충족해야 함.

⑤ 마지막으로 공항, 기상서비스, 항행안전시설 등과 같은 항공 인프라를 다루는 복잡한 규제와 권고표준이 있음.

각 국가별 국토교통부 또는 민간항공국에서 공표한 상당히 많은 부분의 기술 및 안전에 대한 자격요건은 일반적으로 특정 항공기 및 타입을 지정하지 않는다. 미국의 경우 연방항공규정(Federal Aviation Regulations)으로 알려져 있으며, 유럽에서는 의무 권한을 가진 유럽항공안전국(European Aviation Safety Agency: EASA)에 의해 안전규정이 공표된다.

기술 및 감항성 규제는 국가마다 세부사항이 다를 수 있지만, 일반적으로 국제민간항공기구(ICAO)가 '국제민간항공에 관한 협약(Convention on International

Civil Aviation)'의 16개 부속서로 공표한 일련의 '국제표준 및 권장 관행(International Standards and Recommended Practices)'에 기초하고 있다. 이것은 1944년에 서명된 이른바 시카고협약이다. 예를 들면, 부속서 8은 '항공기의 감항성(Airworthiness of Aircraft)'을, 부속서 1은 '항공종사자 면허(Personnel Licensing)'를 다룬다. 이러한 부속서들은 지속적으로 수정되고 업데이트된다. 이러한 이유로 대부분의 ICAO 회원국들은 항공운송에 대한 기술규정이 대부분 동일한 경향이 있다.

항공기 타입별 운영 및 안전요건은 항공기별 비행 매뉴얼에 포함되어 있지만, 비행 메뉴얼에서 권고하는 운영상 제약 및 관행은 위에서 언급한 것보다 일반적인 규정을 준수하며 이와 관련하여 감항당국의 승인을 받는다. 다른 필요요건 중에서 항공기 매뉴얼은 고온 또는 활주로의 길이가 짧은 공항에서 항공기 탑재량을 제한하고 있다. 이를 포함한 다수의 감항성 및 기술적 규제는 항공사에 직접적인 경제적 여파를 초래한다.

국제 기술 및 안전규정이 사실상 모든 국가에 의해 채택되었지만, 그것들은 항상 완전하고 충분하게 시행되지는 않는다. 1990년대에는 특정 국가에 등록된 항공기의 감항성 및 안전기준에 대한 우려가 커졌다. 이에 대한 대응으로 1996년부터 ICAO는 안전요건의 효과적인 적용을 감독하기 위해 개별 국가의 능력에 대한 의무 감사를 운영해 왔다. 또한 미국 연방항공국(FAA)은 우려가 제기된 특정 국가에서 감항성 및 기타 안전 관련 규정이 적절하게 이행되는 정도를 FAA가 자체적으로 검사하고 모니터링하는 자체 '안전감독(safety oversight)'절차를 도입했으며, 120여 개국 이상 검사를 시행했다. 특정 국가의 감항성기준이 표준요건에 충족되지 못하는 경우 해당 국가의 항공기는 미국으로의 운항이 금지될 수 있거나 또는 기존 미국행 운항횟수의 증편이 금지될 수 있으며 미국 항공사와의 공동운항협정을 포기해야 할 수도 있다.

EASA를 통한 유럽 국가들은 비유럽 국가의 항공기가 유럽으로 들어오는 것에 대한 자체 안전평가프로그램이 있다. 이는 유럽 공항에 착륙하는 항공기를 램프검사 기반으로 실행한다는 점에서 FAA의 접근방법과는 다르지만, 궁극적인 제재는 유럽으로의 항공기 운항을 금지하는 것과 같다. 이로 인해 매년 몇몇 항공사들이 블랙리스트에 올라 유럽 시장에 진출하지 못한다. 주요 목적지 국가의 이 같은 제재조치는 국제항공사를 목표로 하는 국가의 민간항공당국에 강력한 동기부여로 작용하여 감항성규제와 기준이 충족되도록 하고 있다. 이와 병행하여 IATA 항공사는 항공사의 운영관리 및 제어시스템을 평가하는 IATA의 운영안전인증(IATA's Operational Safety Audit: IOSA)을 받아야 한다. IOSA 요건을 충족한 항공사만이 IATA에 가입할 수 있다.

이러한 다양한 기술표준 및 안전절차는 의심할 여지없이 항공사 관리자들을 통제하는 요인으로 작용하고, 동시에 항공사에는 운영상의 벌금으로 부과한다. 그러나 높은 안전기준이 유지되려면 그러한 외부 통제는 불가피하며, 모든 항공사가 동일한 영향을 받는다. 그 어떠한 주요 국제항공사도 일반적으로 허용되는 수준 이하의 감항기준으로 운영이 되면 경쟁우위를 누릴 수 없다. ICAO 표준의 이행과 안전감독절차를 함께 수행함으로써, 해운 부문과 달리 항공운송에 있어 항공사가 비용을 절감하기 위해 국가 또는 국제 안전 또는 관리규정을 회피할 수 있는 '편의의 깃발(flags of convenience)'이 거의 없음을 확신한다. 규정을 어기는 소수의 항공사들은 조만간 주요 시장에 진출하는 것이 금지될 것이다.

*주요 항공운송 용어

객실승무원(Cabin crew) 남성 객실승무원 또는 여성 객실승무원을 의미한다.

공동운항(Code sharing) 둘 또는 그 이상의 항공사들이 각각 자체 항공기 편명코드를 사용하거나 항공사들 중 하나의 항공사에 의하여 운항이 될 때 편명을 공유하는 것을 의미한다.

광폭동체항공기(Wide-bodied aircraft) 항공기 내 2개의 승객 통로를 가진 항공기이다(Boeing 767). A320과 같은 협폭동체항공기(narrow-bodied aircraft)는 기내에 1개의 통로만 가지고 있다.

기득권(Grandfather rights) 항공사가 오랜 기간 지속적으로 특정 이 · 착륙 슬롯을 사용하였기 때문에 이와 같은 과거 사용 경험을 기준으로 슬롯을 사용할 수 있는 권리를 획득하는 것이 관례이다.

네트워크 항공사(Network airlines) 네트워크망을 운영하는 저비용항공사와 달리 허브 기반의 네트워크를 운영하는 항공사를 의미한다. 대부분의 네트워크 항공사는 레거시 항공사이기도 하다.

레거시 항공사(Legacy airlines) 허브앤스포크 네트워크를 운영하는 전통적인 기존 항공사이다. 본서에서는 레거시 항공사를 '네트워크(network)' 항공사라고도 한다.

브레이크오브게이지(Break of gauge) 항공협정 시 사용되며, 항공사가 자국인 A국과 B국 사이의 운항을 하고 제5자유 운수권을 활용하여 B국에서 C국으로의 운항을 할 때, 한 가지 기종으로 A국과 B국 사이를 운항하고, 다른 기종(일반적으로 작은 기종)으로 B국과 C국 사이를 운항하는 것이다. 이는 일반적으로 B국가의 항공기와 승무원을 기반으로 한다. United Airlines와 American은 브레이크오브게이지 권리를 활용하여 런던과 유럽의 지점을 1990년대 중반까지 운항하였다.

블록시간(Block time) 각 비행구간에서 항공기가 운항된 시간으로, 항공기가 출발지 공항의 게이트나 스탠드에서 출발하여 도착지 공항의 게이트나 스탠드에 도착할 때까지의 시간을 의미한다. 이는 항공기가 출발지 공항에서 자체 엔진파워로 움직이는 시간부터 도착지 공항에서 엔진이 꺼질 때까지의 시간을 의미한다.

손익분기 로드팩터(Break-even load factor, %) 주어진 평균 운임 또는 일드를 통해 창출되는 총수익과 운영비용이 일치하는 탑승률이다. 손익분기 로드팩터는 각 항공편별 또는 연속으로 운항한 항공편을 합하여 산출할 수 있다.

스테이지 또는 구간거리(Stage or sector distance) 양 공항 간의 거리를 의미한다. 실제로 많은 항공사들은 더 짧은 대권거리(great circle distance)를 사용한다.

슬롯(Slot) 공항에서 지정된 시간에 항공기가 이 · 착륙을 할 수 있는 권리이다.

승객 로드팩터(Passenger load factor, %) ASKs의 백분율로 표시되는 RPKs로 RPKs를 ASKs로 나눈 값이다(단일노선에서는 승객 수를 판매 가능 좌석수로 나눈 값이다).

승객 일드(Passenger yields) 승객킬로미터당 평균 수익이고, 총승객 수익을 총승객킬로미터로 나눈 값이다. 이는 노선별 또는 네트워크별로 산출할 수 있다.

승객킬로미터 또는 유상승객킬로미터(Passenger kilometres or Revenue passenger kilometres: RPKs) 각 항공기 운항 구간에서 운임을 지불하는 승객 수에 항공기의 운항거리를 곱한 것이다. 이 지표는 항공사의 여객 교통량을 측정하는 지표이다.

시트팩터 또는 승객 로드팩터(Seat factor or passenger load factor) 단일노선에서 승객 수를 판매 가능 좌석수로 나누어 백분율로 산출한 값이다. 노선 네트워크에서는 RPKs를 ASKs로 나누어 백분율로 산출한 값이다.

시트피치(Seat pitch) 항공기의 좌석 밀도를 측정하는 기준이다. 이는 한 좌석의 뒷부분과 앞좌석의 뒷부분과의 거리이다.

ATK당 운영비용(Operating costs per ATK) 총운영비용을 총ATKs로 나눈 값이다. 운영비용에서 이자비용, 세금, 임시 항목은 제외된다. 그것들은 또한 RTK당 측정될 수 있다.

오버롤 또는 웨이트 로드팩터(Overall or Weight load factor) 활용 가능한 공급석이 팔린 비율을 측정하는 지표이다. 이는 RTK를 ATK로 나눈 값이다. 측정값은 마일단위일 수도 있다.

온라인 승객(Online passenger) 하나의 항공편에서 다른 비행편으로 환승할 때 동일항공사의 항공편으로 환승하는 승객이다.

운영비율(Operating ratio, %) 운영비용이 백분율로 표시되는 운영수익이다. Revex 비율(Revex Ratio) 또는 운영마진(operating margin)이라고도 한다.

운항승무원(Flight or cockpit crew) 기장 및 부기장(조종사 및 부조종사) 을 의미한다.

웨트리스(Wet lease) 항공기 리스 시 운항승무원을 포함하는 리스이며, 객실승무원 및 정비지원 역시 포함될 수 있다. 드라이 리스(Dry lease)는 추가적인 지원 없이 오직 항공기만 임차하는 것이다.

유상톤킬로미터(Revenue tonne kilometres: RTKs) 실제 판매된 생산량을 측정하는 지표이다. 이는 각 항공편에 적재한 총여객과 화물의 톤에 운항거리를 곱한 값이다(RPKs는 RTKs로 변환할 수 있는데, 일반적으로 승객 한 명을 무료 및 초과수하물을 포함하여 90kg으로 가정하나, 일부 항공사는 더 많은 무게를 사용한다. 예를 들어, British Airways는 CAA의 지침에 따라 평균 무게를 90kg에서 95kg으로 증가시켰다).

유효좌석킬로미터(Available seat kilometres: ASKs) 판매를 위한 좌석수에 운항거리를 곱한 값이다.

유효좌석킬로미터당 비용(Cost per available seat-km: CASK) 항공편, 노선 또는 네트워크의 총운영비용을 총유효좌석킬로미터로 나눈 값이다. 마일로 측정된 경우 이는 CASM이다.

유효좌석킬로미터당 수익(Revenue per available seat-km: RASK) 항공편의 노선 또는 네트워크의 총수익을 유효좌석킬로미터로 나눈 값이다. 단위비용, 즉 CASK와 직접 비교할 수 있다. 마일로 측정되는 경우는 RASM이다.

유효톤킬로미터(Available tonne kilometres: ATKs) 각 비행구간별로 승객 및 화물을 실을 수 있는 공급톤수에 운항거리를 곱한 값이다.

인터라이닝(Interlining) 여객운송에 있어 'A항공사'의 항공권이 'B항공사'에 의해 발급된 것을 'A항공사'가 인정해 주는 것이다. 인터라인 승객(interline passenger)은 둘 또는 그 이상의 개별 항공사들을 포함한 여행에서 각기 다른 항공사의 운임률 하나로 묶인 운임으로 사용하는 승객이다.

일드(Yield) 승객킬로미터 또는 화물톤킬로미터당 평균 수익이다. 승객 일드(passenger yield)는 항공편에서의 총승객수익을 승객킬로미터로 나눈 값이다. 이는 지불한 가중평균 운임에 대한 지표이다.

종합집배사(Integrators) 육상화물 수거 및 배송을 포함한 도어투도어 속달 및 소형 화물의 운송을 하는 항공화물회사를 의미한다. FedEx, DHL, UPS가 가장 큰 종합집배사이다.

통과여객(Transit passenger) 다구간 항공편에서 중간 기착지 공항에 잠시 기착하고 동일한 항공기를 이용해 계속 여행하는 승객이다.

평균 운항거리(Average stage or sector length) 연간 총항공기킬로미터를 항공기의 출발횟수로 나눈 값이다. 이는 항공사의 가중평균 운항거리를 표시하는 것이다.

평균 항공기용량(Average aircraft capacity) 항공사의 총유효톤킬로미터를 항공기의 운항거리(킬로미터)로 나눈 값이다. 이는 운항한 평균 항공기 크기를 측정한 것이다.

프랜차이징(Franchising) 대형항공사(총판권을 주는 항공사)와 소형항공사(가맹 항공사)와의 협정을 의미하는데, 소형항공사는 대형항공사를 대신하여 특정 구간에서 일부 또는 모든 항공 서비스를 제공한다. 이때 소형항공사의 항공기 색채 조합, 유니폼 그리고 상품특징이 사용된다.

항공기 가동률(Aircraft utilisation) 각 항공기가 사용된 평균 블록시간이다. 항공기 가동률은 일반적으로 일일 또는 연간 단위로 산출된다.

항공기 생산성(Aircraft productivity) 톤(tonne)으로 계산된 최대적재상태(maximum payload)에서의 시간당 톤킬로미터(tonne-kms per hour)에 평균 블록속도(average block speed)를 곱한 값이다. 시간당 좌석킬로미터(seat-kms per hour)는 블록속도(block speed)에 좌석용량(seat capacity)을 곱한 값이다.

항공기 킬로미터(Aircraft kilometres) 항공기의 운항거리이다. 항공기의 총운항은 항공기가 운항했던 운항횟수에 운항거리(stage distance)를 곱한 값이다.

화객혼용항공사(Combination carrier) 일반적으로 같은 항공기에 여객과 화물을 동시에 운송하는 항공사이다.

화물 일드(Freight yields) 정기편 화물의 총수익을 화물톤킬로미터(FTKs)로 나누어 산출한 값이다(주로 FTK당 미화 센트로 표시된다).

화물톤킬로미터(Freight tonne kilometres: FTKs) 적재된 화물톤에 운항거리를 곱하여 산출한 값이다. 이는 항공사의 화물 교통량을 측정하는 지표이다.

환승객(Transfer passenger) 중간 기착지 공항에서 항공기를 갈아타는 승객이다.

*참고문헌

Ainley, J. (2018) *European Airlines–Head to Head*, March 2018, London: Citi Research.

AirAsia (2017) *AirAsia Group Berhad Annual Report 2017*, Kuala Lumpur, Malaysia.

AirAsia (2018) *1Q2018 Results Briefing, May*, Kuala Lumpur, Malaysia.

Airbus (2008) *Global Market Forecast 2007–2026*, July, Blagnac, France: Airbus Industrie.

Airbus (2017) *Global Market Forecast 2017–2036*, Blagnac, France: Airbus Industrie.

Airline Monitor (2017a) *Airline Monitor*, August 2017, Ponte Vedra Beach, FL: ESG Aviation Services.

Airline Monitor (2017b) *Airline Monitor*, October 2017, Ponte Vedra Beach, FL: ESG Aviation Services.

Airline Monitor (2018) *Airline Monitor*, August 2018, Ponte Vedra Beach, FL: ESG Aviation Services.

Allied Market Research (2016) *Travel Insurance Market to Reach $28,264 Million, Globally, by 2022*, London: Hanover Square.

American Airlines (2018) *Annual Report*, Fort Worth, Texas.

Anker (2018) *The Anker Report*, January 2018.

Anna Aero (2017) *The Best and Worst of Ryanair Bases*, 1 February 2017, UK: PPS Publications Ltd.

Belobaba, P. and Wilson, J. (1997) Impact of yield management in competitive airline markets, *Journal of Air Transport Management*, 3(1).

Bloomberg (2016) *Car Rental Companies Discover Mergers, and You're Going to Pay for It*, May 25.

Bloomberg (2017) *Airlines Make More Money Selling Miles than Seats*, 31 March.

Boeing (2017) *World Air Cargo Forecast 2016–2037*, October 2017, Seattle: Boeing Commercial Aircraft.

CAA (2006) *No-Frills Carriers: Revolution or Evolution*, CAP 770. Annex, November, London: Civil Aviation Authority.

CAA (2008) *Recent Trends in Growth of UK Air Passenger Demand*, January, London: Civil Aviation Authority.

CAA (2015) *UK Airline Statistics 2014–15*, London: Civil Aviation Authority.

CAA (2016) *UK Airline Statistics–2015*, London: Civil Aviation Authority.

CAA (2017) *CAA Passenger Survey Report 2016*, London: Civil Aviation Authority.

Carey (1858) *Principles of Social Science*, (1): 41–43, Philadelphia.

CarTrawler (2014) An*nual CarTrawler Survey of Airline Ancillary Revenue*, July, Shorewood: IdeaWorks Company.

CarTrawler (2017) *Annual CarTrawler Survey of Airline Ancillary Revenue*, July, Shorewood: IdeaWorks Company.

CEC (1983) *Council Directive Concerning the Authorisation of Scheduled Inter-Regional Air Services between Member States*, Brussels: Commission of the European Communities.

CEC (1984) *Civil Aviation Memorandum No. 2 Progress Towards the Development of a Community Air Transport Policy*, COM (84) 72 Final, Brussels: Commission of the European Communities.

CEC (1987a) *Council Directive of 14 December 1987 on Fares for Scheduled Air Services between Member States*, 87/ 601/EEC, Council Decision of 14 December 1987 on the sharing of passenger capacity on scheduled air services between Member States, 87/602/EEC, Brussels: Commission of the European Communities.

CEC (1987b) *Council Regulations (EEC) No. 3975/87 and No. 3976/87 of 14 December 1987* on the application of rules of competition in the air transport sector, Brussels: Commission of the European Communities.

CEC (1988) *Commission Regulation (EEC) No. 2671/88 of July 1988, Official Journal*, 24 August, Brussels: Commission of the European Communities.

CEC (1992a) *Commission Regulation (EEC) No. 2407/92, on licensing of air carriers*, Official Journal, 24 August, Brussels: Commission of the European Communities.

CEC (1992b) *Commission Regulation (EEC) No. 2408/92, on access for community air carriers to intra community air routes, Official Journal*, 24 August, Brussels: Commission of the European Communities.

CEC (1992c) *Commission Regulation (EEC) No. 2409/92, on fares and rates for air services, Official Journal*, 24 August, Brussels: Commission of the European Communities.

Clark, P. (2017) *Buying the Big Jets. Fleet Planning for Airlines*, third edition, London: Routledge.

D'Arcy Harvey (1951) Airline passenger traffic pattern within the United States, *Journal of Air Law and Commerce*.

De Boer, E.R. (2018) *The FFP Trinity: Data, Loot and Loyalty*, Airline Leader Summit, Dublin, 17–18 May, Centre for Asia Pacific Aviation.

Delta Air Lines (2018) *Annual Report*, Atlanta, Georgia.

DfT (2014) *Public Experiences of and Attitudes Towards Air Travel*, London: Department of Transport. DfT (2017) Air Traffic Forecasts, October, London: Department of Transport.

Directive (EU) 2015/2302 of the European Parliament and of the Council of 25 November 2015 on package travel and linked travel arrangements, amending Regulation (EC) No 2006/2004 and Directive 2011/83/EU of the European Parliament and of the Council and repealing Council Directive 90/314/EEC.

Doganis, R. (1966) Traffic forecasting and the gravity model, *Flight International*, 29 September.

Doganis, R. (1992) *Flying Off Course*, second edition, London: Routledge.

Doganis, R. (2006) *The Airline Business*, London: Routledge.

Doganis, R. (2017) UK departure opens Pandora's box, *Flight Airline Business*, June, London.

DOT (1990) *Secretary's Task Force on Competition in the US Domestic Airline*

Industry, Washington, DC: Department of Transportation.

DOT (2007) *Final Order: International Air Transport Association Tariff Conference Proceeding*, Washington, DC: Department of Transportation, Order 2007.3.23.

Dunn, G. (2013) In a spin over loyalty, *Airline Business* (March): 28–31.

European Commission (2015) *Strong EU Protection for Package Holidays: How Will it Work in Practice?* Brussels: European Commission.

Federal Reserve Bank of Boston (2017) *The 2015 Survey of Consumer Payment Choice*.

Flightglobal (2018) *Analysis: Ancillary Revenue Gains Hinge on Ending Siloed Approach*, 16 February.

Gillen et al. (2003) *Air Travel Demand Elasticities: Concepts, Issues and Measurement*, Ottawa Department of Finance, Government of Canada.

Graham, A. (2000) Demand for leisure air travel and limits to growth, *Journal of Air Transport Management*, 6(2), April.

Graham, A. (2008) *Managing Airports; An International Perspective*, third edition, London: Butterworth– Heinemann.

Grosche, T., Rothlauf, F. and Heinzel, A. (2007) Gravity models for airline passenger volume estimation, *Journal of Air Transport Management*, 13(4), July.

Hanke, M. (2016) *Airline E–Commerce. Log On. Take Off*, London: Routledge.

HSBC (2017) *Airline Analysts Report*, 26 September 2017, London: HSBC.

Huson, S. (2015) *Lufthansa Magazine*.

IATA (2006a) *Profitability: Does Size Matter?* Economics Briefing, June, Geneva: International Air Transport Association.

IATA (2006b) *Airline Cost Performance*, Economics Briefing No. 5, July, Geneva: International Air Transport Association.

IATA (2008) *Corporate Air Travel Survey* (CATS), Geneva: International Air Transport Association.

IATA (2015) *New Distribution Capability (NDC) Strategy Paper*, Geneva: International Air Transport Association.

IATA (2017) *Global Passenger Survey 2017*, March, Geneva: International Air Transport Association.

IATA (2018) *World Air Transport Statistics*, June, Geneva: International Air Transport Association.

IATA/Tourism Economics (2017) *Overview of Forecasting Framework*, April, Geneva: International Air Transport Association.

ICAO (1980) *Convention on International Civil Aviation*, sixth edition, Doc. 7300/6, Montreal: Interna- tional Civil Aviation Organization.

ICAO (1997) *Outlook for Air Transport to the Year 2005*, Circular 270, Montreal: International Civil Aviation Organization.

ICAO (1999) *Safety Oversight Manual*. Doc. 9734-AN/959, Montreal: International Civil Aviation Organization.

Ideaworks (2011) *Planes, Cars and Ancillary Revenues*, 31 January, Shorewood: IdeaWorks Company.

Ideaworks (2017) *The 2017 CarTrawler Yearbook of Ancillary Revenues*, Shorewood: IdeaWorks Company.

Ideaworks (2018) *Ancillary Revenue Defined*, Shorewood: Idea Works Company.

IMM (2013) *Inflight Media News*, 24 January.

Kraus, M. (1999) *Time Definitive Services. The Shift of Paradigm for Cargo Airlines*, The 10th world express and mail conference, Brussels: May.

Lill (1889) 'Die Grundgesetze des Personenwerkehrs', *Zeitschrift fur Eisenbahnen und Dampfschiffsfahrt der Osterreichischungarischen Monarchie*, Vienna, No. 35-36.

Lobbenberg, A. (2001) Strategic Alliances, *Air Transport Executive Seminar*, Cranfield College of Aeronautics (unpublished).

Lufthansa (2016) *Annual Report 2016*, May, Germany: Lufthansa Group.

Michaels, D. (2009) *Magazine Publisher Finds Profit in Airlines*, Wall Street Journal, 27 November.

Morrell, P. (2011) *Moving Boxes by Air. The Economics of International Air Cargo*. London: Routledge.

Morrell, P. (2013) *Airline Finance*, 4th edition, London: Routledge.

Nguyen Dai Hai (1982) The Box Jenkins Approach, *ITA Bulletin*, September Paris: Institut du Transport Aérien.

O'Connell, J.F. and Warnock-Smith, D.W. (2013) An investigation into traveller preferences and acceptance of airline ancillary revenues, *Journal of Air Transport Management*, 33, 12-21.

ONS (2016) *Travel Trends 2016*, Office of National Statistics, London: HMSO.

Pearce, B. (2017) *Top of the Cycle or Further Gains for Airline Markets and Profits*, October 2017, Geneva: IATA.org/economics.

Qantas (2017) *Annual Report and Accounts*, Sydney, Australia

Reales, C. and O'Connell, J.F. (2017) An examination of the revenue generating capability of co- branded cards associated with frequent flyer programs, *Journal of Air Transport Management*, 65, 63-75.

Sabre (2016) *Global Study Reveals Travelers Would Spend $100 on Airline Ancillaries to Personalize Travel Experience*.

SIA (2017) *Annual Report 2016-17*, May 2017, Singapore: Singapore Airlines.

Solomko, S. (2009) Forecasting demand in underserved markets, *Marketing and Market Research in Air Transport*, February, London: University of Westminster.

Tae Hoon Oum and Chunyan Yu (1995) A productivity comparison of the world's major airlines, *Journal of Air Transport Management*, 2(3-4): 181-195.

The Guardian (2018) *EasyJet to Expand Holiday Business as It Reduces Losses*, 16 May, London.

UK CAA (2018) *Check the Current Airline Fees and Charges*, June, London: Civil Aviation Authority.

United Airlines (2017) *Annual Report Form 10-K*, February.

United Airlines (2018) *Annual Report Form 10-K*, February.

US DOT (2018a) *Baggage Fees 2007-2017*, Washington: Department of Transportation.

US DOT (2018b) *Reservation Cancellation/Change Fees by Airline* 2017, Washington: Department of Transportation.

US Travel Insurance Association (2015) *More than 152 Million Covered by Travel*

Protection in 2014.

Vasigh, B., Fleming, K. and Tacker, T. (2008) *Introduction to Air Transport Economics*, Aldershot: Ashgate.

Warnock-Smith, D., O'Connell, J.F. and Maleki, M. (2017) An analysis of ongoing trends in airline ancillary revenues, *Journal of Air Transport Management*, 64: 42-54.

Westminster (1989) *Air Transport and the Southern Regions of the Community. Vol. IV.* Route Forecasts, London: Transport Studies Group, University of Westminster.

Which? (2018) *Best and Worst Airlines*, January 2018, Hertford: Which?

Zion Market Research (2018) *Global Car Rental Market Share 2016 Will Grow USD 124.56 Billion by 2022*, 30 March

*찾아보기

[저자 소개]

Rigas Doganis
항공사 최고경영자를 역임하였고 easyJet 및 South African Airways의 사외이사로서 역할을 하였다. 그는 항공산업의 자문위원 및 항공사, 정부기관, 은행, 유럽연합, UN, 세계은행 등 수 많은 곳에서 고문을 역임했다. 그는 또한 영국 Cranfield 대학교 항공운송학과 교수이자 학과장을 역임했다.

[역자 소개]

박진우
인하대학교 경영학사
Embry-Riddle Aeronautical University, Master of Business Administration in Aviation
University of New South Wales, PhD in Aviation

〈주요 경력〉
한국교통연구원 항공교통연구실 책임연구원
청주대학교 관광학부 관광경영학과 교수
청주국제공항 활성화 대책 추진위원회 전문위원
Griffith University 방문교수
국토교통부 항공분과 정책자문위원
국토교통부 민간투자사업심의위원회 전문위원
인천국제공항 전문위원
인천국제공항보안 자문위원
한국공항공사 상업시설 운영 심의위원
인천국제공항공사 시민참여혁신단(경제 분과) 위원
Journal of Air Transport Management Editorial Board Member
Sustainability, Guest Editor of Special Issue “Aviation Management and Air Transport Industry”
현) 한국항공대학교 경영학부 교수

항공사 경제학 및 마케팅
Flying off Course: Airline Economics and Marketing(5th ed.)

2022년 2월 10일 1판 1쇄 인쇄
2022년 2월 15일 1판 1쇄 발행

저 자 | Rigas Doganis
역 자 | 박진우
발행인 | 이수영
발행처 | 도서출판 청람
서울시 마포구 독막로 288(대흥동, 세양상가 109호)
전 화 | 02)3272-2601(대)~2
팩 스 | 02)3272~2603
이메일 | crbooks@daum.net
홈페이지 | http://www.crbooks.co.kr
등 록 | 2000년 8월 26일 제6-0509호

ISBN 978-89-5972-852-7 93320 [정가 32,000원]